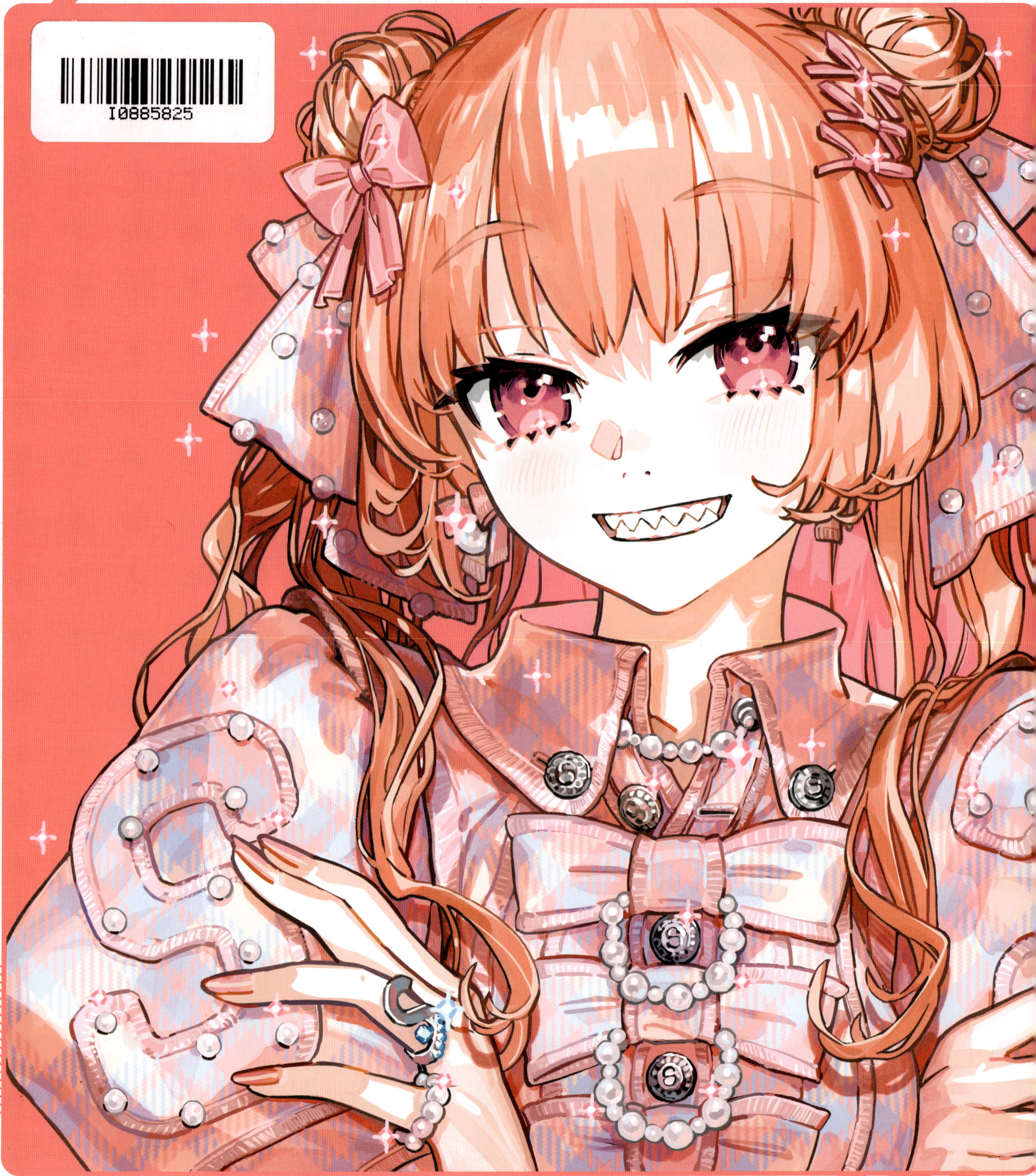

Cover Illustration by Wada Arco

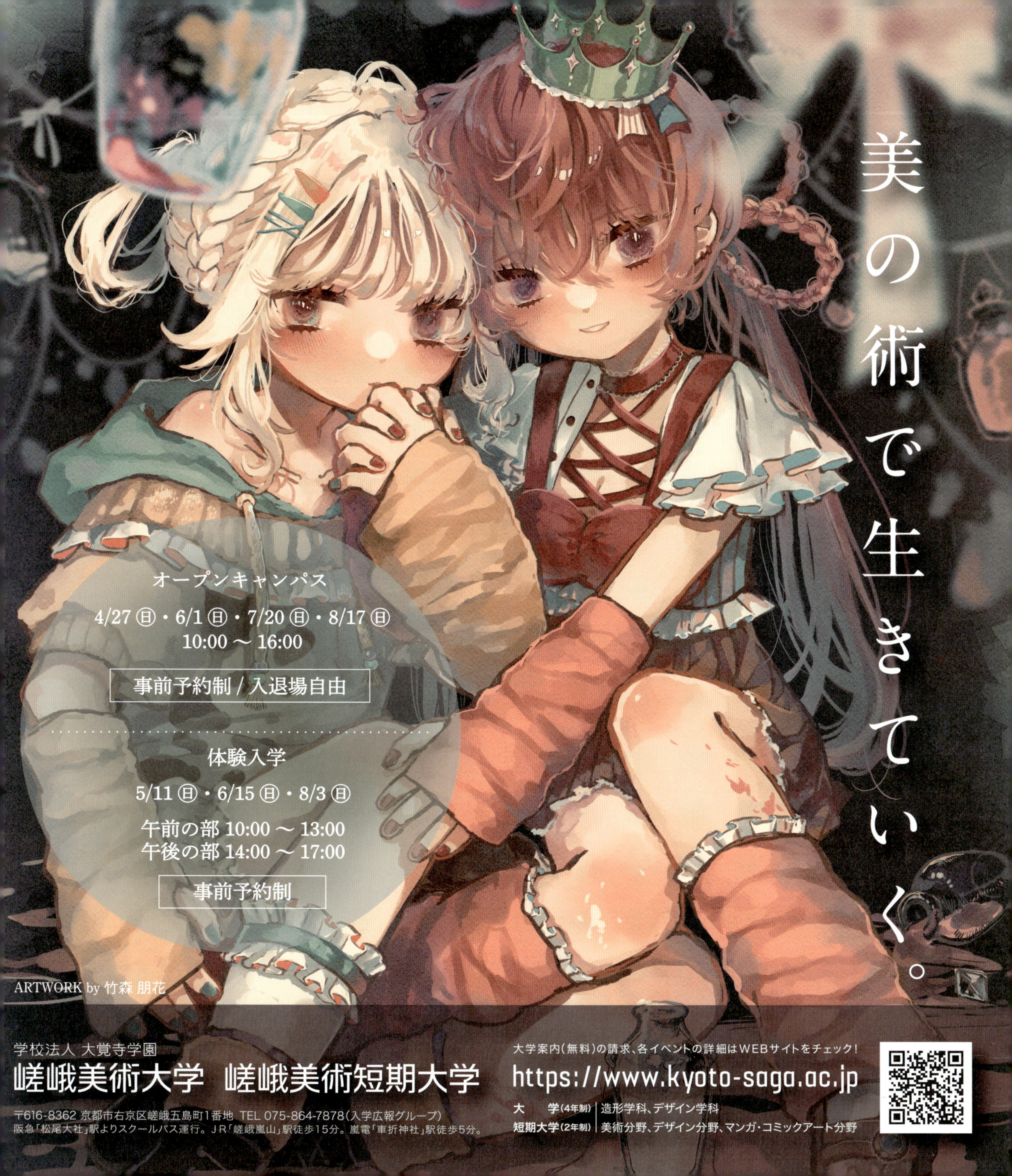

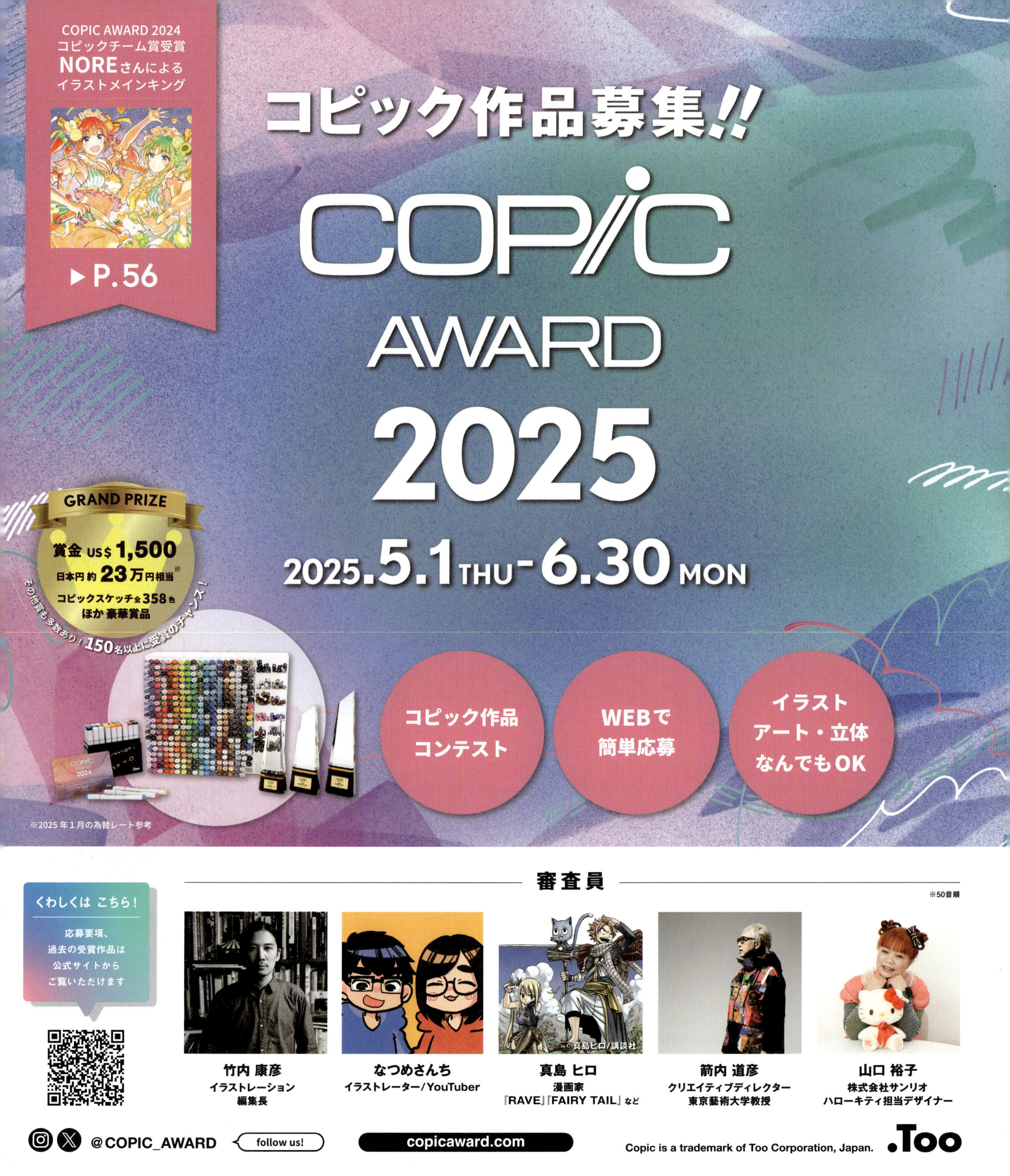

COPIC AWARD 2024
コピックチーム賞受賞
NOREさんによる
イラストメインキング
▶ P.56
コピック作品募集!!
COPIC
AWARD
2025
2025.5.1 THU - 6.30 MON
GRAND PRIZE
賞金 US$ 1,500
日本円 約 23万円相当※
コピックスケッチ全358色
ほか 豪華賞品
その他賞も多数あり！150名以上に受賞のチャンス！
※2025年1月の為替レート参考
コピック作品
コンテスト
WEBで
簡単応募
イラスト
アート・立体
なんでもOK
審査員
※50音順
くわしくは こちら！
応募要項、
過去の受賞作品は
公式サイトから
ご覧いただけます
竹内 康彦
イラストレーション
編集長
なつめさんち
イラストレーター/YouTuber
©真島ヒロ/講談社
真島 ヒロ
漫画家
『RAVE』『FAIRY TAIL』など
箭内 道彦
クリエイティブディレクター
東京藝術大学教授
山口 裕子
株式会社サンリオ
ハローキティ担当デザイナー
@COPIC_AWARD
follow us!
copicaward.com
Copic is a trademark of Too Corporation, Japan.
.Too

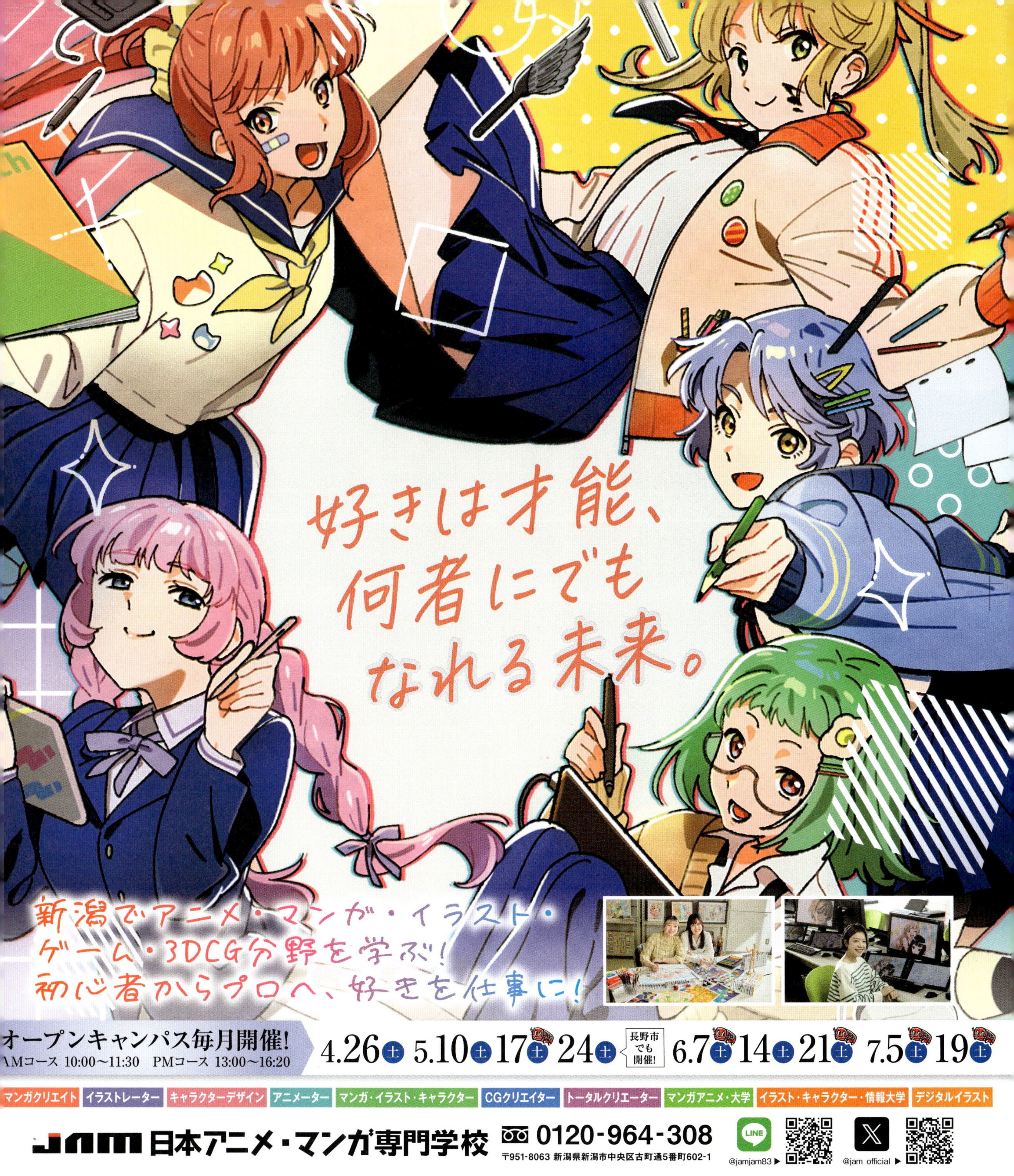

好きは才能、
何者にでも
なれる未来。
新潟でアニメ・マンガ・イラスト・
ゲーム・3DCG分野を学ぶ!
初心者からプロへ、好きを仕事に!
オープンキャンパス毎月開催!
AMコース 10:00~11:30 PMコース 13:00~16:20
4.26土 5.10土 17土 24土 長野市でも開催! 6.7土 14土 21土 7.5土 19土
マンガクリエイト
イラストレーター
キャラクターデザイン
アニメーター
マンガ・イラスト・キャラクター
CGクリエイター
トータルクリエーター
マンガアニメ・大学
イラスト・キャラクター・情報大学
デジタルイラスト
JAM 日本アニメ・マンガ専門学校
0120-964-308
〒951-8063 新潟県新潟市中央区古町通5番町602-1
LINE
@jamjam83
@jam official

ZIG® Cartoonist™

KURECOLOR Fine & Brush for MANGA

Q KURECOLORって？

強弱が簡単に付けられる アルコールマーカー

Fine と Brush のツインタイプのアルコールマーカー
ベタ塗りも細部も思いのまま！

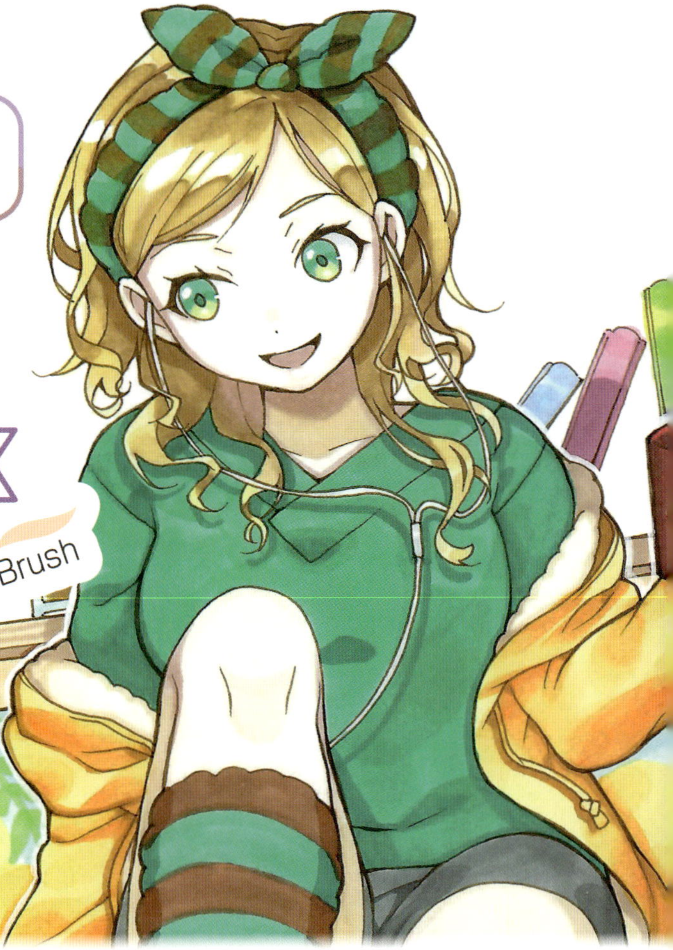

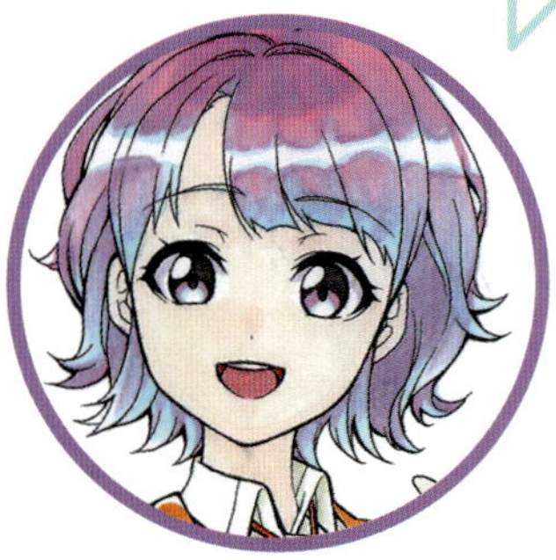

グラデーション

混色

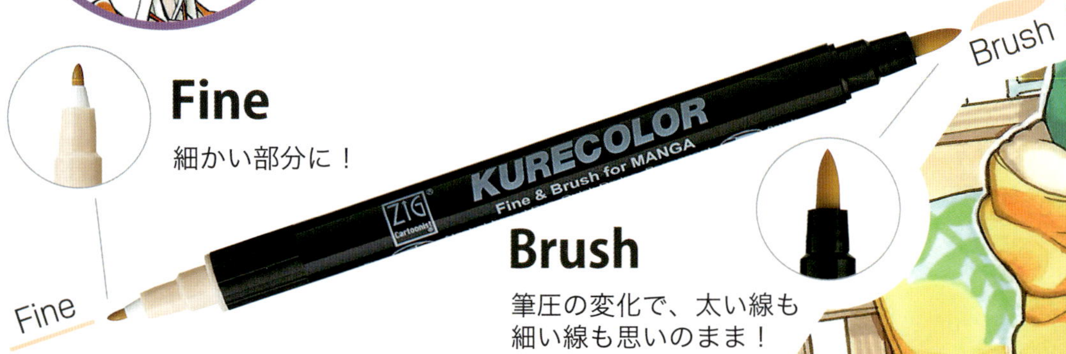

Fine
細かい部分に！

Brush
筆圧の変化で、太い線も
細い線も思いのまま！

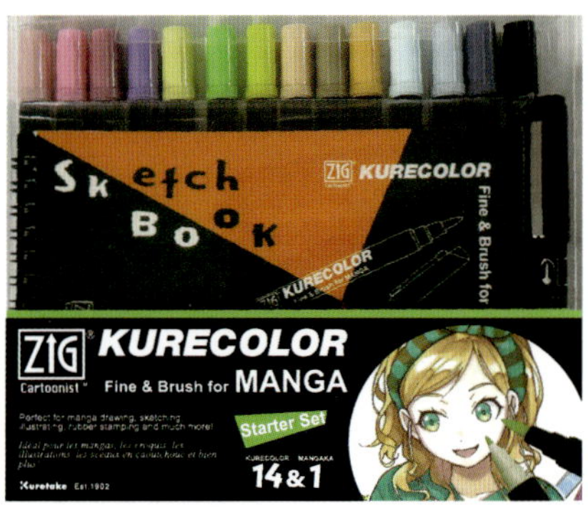

スケッチブックや塗り絵も付いた
充実のスターターセット

CNKC-2200N/15VS

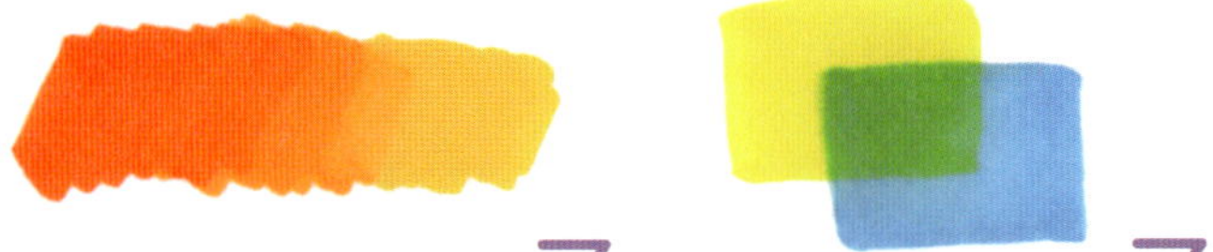

202 PALE PINK	222 LIGHT PINK	262 PALE ROSE	603 LILAC
100 PALE YELLOW	502 PALE GREEN	125 YELLOW GREEN	426 ROSE BEIGE
843 BRICK BEIGE	736 MUSTARD	340 HAZE BLUE	842 GREEN GRAY2
832 BLUE GRAY	900 BLACK	MANGAKA 01 BLACK	

CNKC-2200N/6VBA

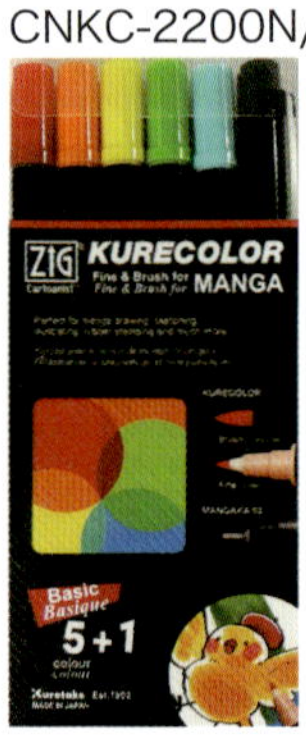

Basic 5+1 colour

217 CADMIUM RED	406 CADMIUM ORANGE
104 MID YELLOW	504 LIGHT GREEN
305 COBALT BLUE	MANGAKA 03 BLACK

CNKC-2200N/6VPO

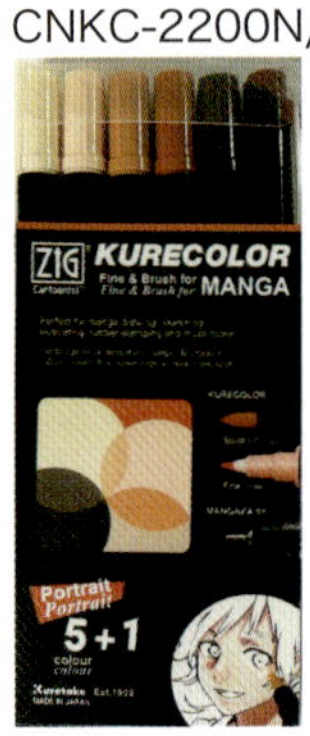

Portrait 5+1 colour

424 LIGHT BISQUE	419 ENGLISH ROSE
730 OATMEAL	723 SAND
764 MID BROWN	065 MANGAKA 01 SEPIA

CNKC-2200N/6VPA

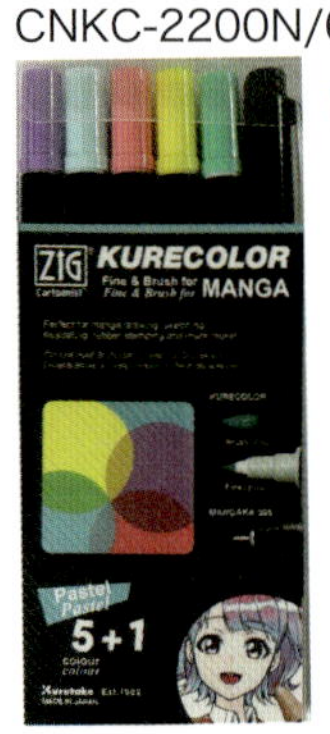

Pastel 5+1 colour

634 LIGHT VIOLET	303 LIGHT BLUE
204 LIGHT CARMINE	102 LEMON YELLOW
532 AQUA	MANGAKA 0 BLACK

Instagram @ kuretakejapan

X(Twitter) @ kuretakejapan

Kuretake 公式オンラインショップ

Kuretake アート＆クラフト カンパニー
https://www.kuretake.co.jp/

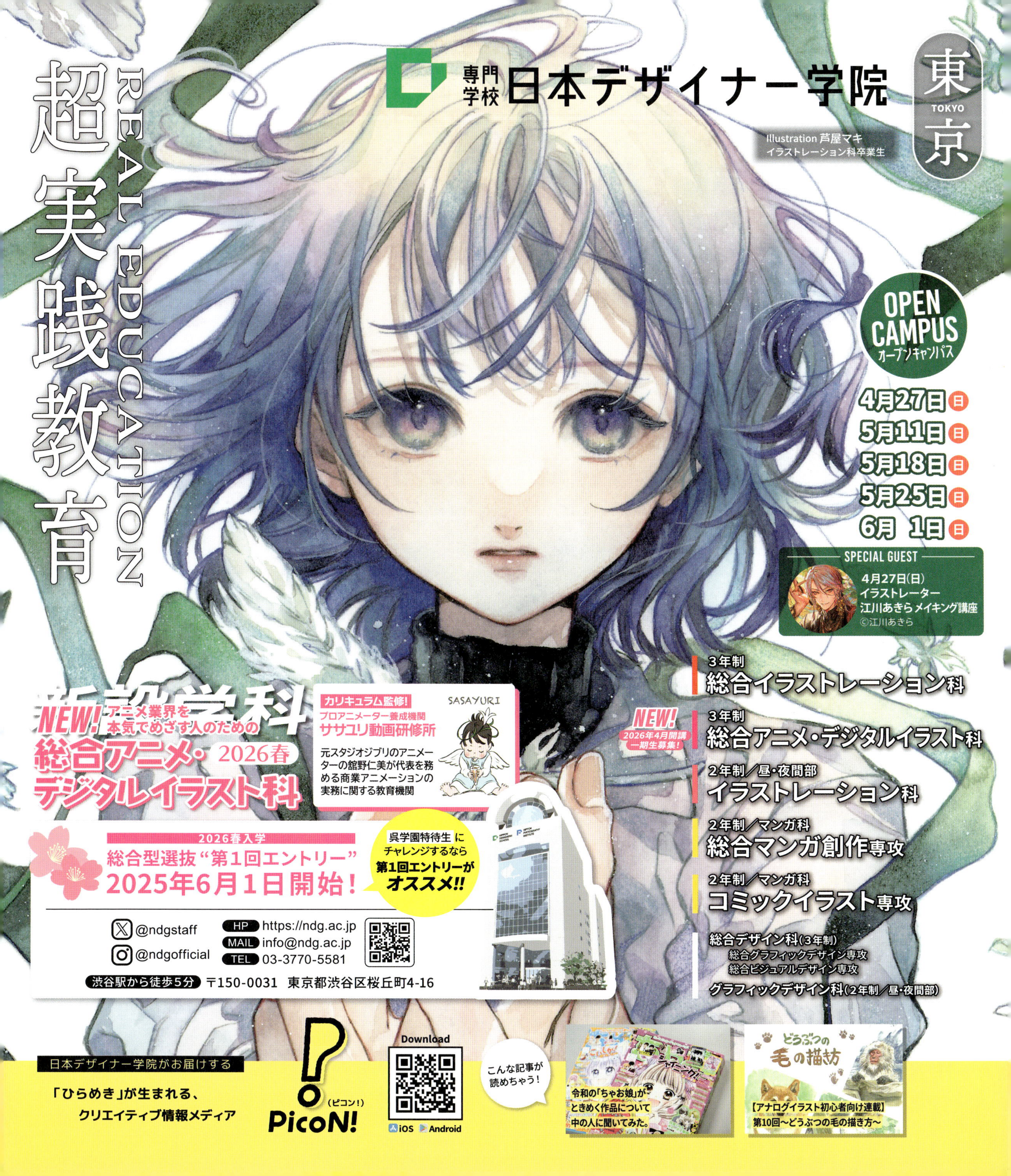

専門学校 日本デザイナー学院
東京 TOKYO
Illustration 芦屋マキ
イラストレーション科卒業生
超実践教育
REAL EDUCATION
OPEN CAMPUS
オープンキャンパス
4月27日 日
5月11日 日
5月18日 日
5月25日 日
6月 1日 日
SPECIAL GUEST
4月27日(日)
イラストレーター
江川あきら メイキング講座
©江川あきら
3年制
総合イラストレーション科
NEW!
2026年4月開講
一期生募集!
3年制
総合アニメ・デジタルイラスト科
2年制／昼・夜間部
イラストレーション科
2年制／マンガ科
総合マンガ創作専攻
2年制／マンガ科
コミックイラスト専攻
総合デザイン科(3年制)
総合グラフィックデザイン専攻
総合ビジュアルデザイン専攻
グラフィックデザイン科(2年制／昼・夜間部)
新設学科
NEW! アニメ業界を本気でめざす人のための
総合アニメ・デジタルイラスト科
2026春
カリキュラム監修!
プロアニメーター養成機関
ササユリ動画研修所
SASAYURI
元スタジオジブリのアニメーターの舘野仁美が代表を務める商業アニメーションの実務に関する教育機関
2026春入学
総合型選抜“第1回エントリー”
2025年6月1日開始!
呉学園特待生にチャレンジするなら
第1回エントリーがオススメ!!
@ndgstaff
@ndgofficial
HP https://ndg.ac.jp
MAIL info@ndg.ac.jp
TEL 03-3770-5581
渋谷駅から徒歩5分 〒150-0031 東京都渋谷区桜丘町4-16
日本デザイナー学院がお届けする
「ひらめき」が生まれる、
クリエイティブ情報メディア
PicoN! (ピコン!)
Download
iOS Android
こんな記事が読めちゃう!
令和の「ちゃお娘」がときめく作品について中の人に聞いてみた。
どうぶつの毛の描き方
【アナログイラスト初心者向け連載】
第10回～どうぶつの毛の描き方～

イラストが大好き! 描いてみたい! という人たちに送る メイキング&投稿マガジン

創刊20周年 特大号!

SS81号もくじ

巻頭イラスト

イラストメイキング・講座

SS学園

イラスト連載・描き下ろしイラスト

カラーイラスト投稿コーナー

モノクロイラスト投稿コーナー

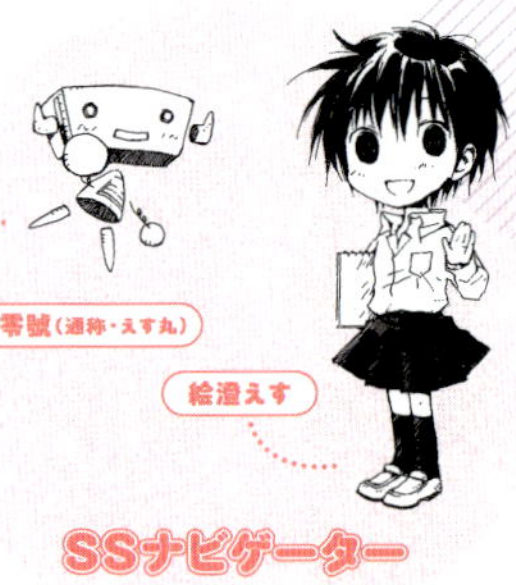

SSナビゲーター
キャラクターデザイン:水谷ゆたか

スモールエス 2025 Vol.81
SS第81号/2025年6月1日発行 年4回発行(1,4,7,10月発売)

SSは季刊エスの「妹」雑誌です。小さなSでスモールエス。1号目はSS(エスエス)と表記してましたが、正式名はスモールエス。通称はこれまで通りSS(エスエス)です。よろしくお願いします〜。

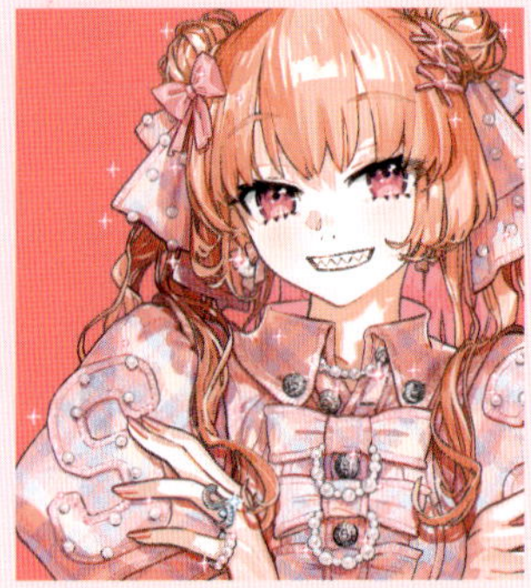

表紙イラスト

ワダアルコ

ピンクのカラーをメインとした、豪華な衣装のキラキラした女の子のイラストです。

SSの背表紙に掲載されるえす丸は投稿イラストのなかから採用しています! 今号は【北海道・緑虎】さんが描いてくださった、20年をお祝いする豪華なろうそく付きの大きなケーキを運ぶえす丸です。三角帽子を乗せたニコニコな表情が可愛いです★ 引き続き20周年のお祝い背表紙もまってます!

今号のえす丸背表紙

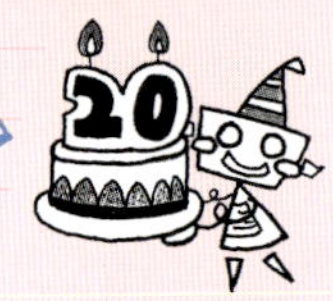

《STAFF》

Editor-in-Chief
天野昌直

Editor
高橋祐美
水谷文香
草野友美加
中村穂乃香

Design
佐々木弥生

Support Staff
斉藤真子
紺野恵未　新井日和
今井野乃歌　斎藤真帆
大城麻優見　石黒陽南
篠田侑里　吹野文要

Public Relations
杉本歩美

Publisher
三芳寛要

Printing Director
加藤弘貴(広済堂ネクスト)

●発売=株式会社 パイ インターナショナル
〒170-0005
東京都豊島区南大塚2-32-4
TEL:03-3944-3981(代表)

●制作=株式会社 パイ インターナショナル　エス編集部
〒150-0041
東京都渋谷区神南1-13-3アーク神南ビル2F
TEL:03-6455-0223(編集部直通電話)

●印刷=株式会社広済堂ネクスト

PIE International Inc.
2-32-4 Minami-Otsuka, Toshima-ku, Tokyo 170-0005
email international@pie.co.jp
www.pie.co.jp/english

Printed in Japan

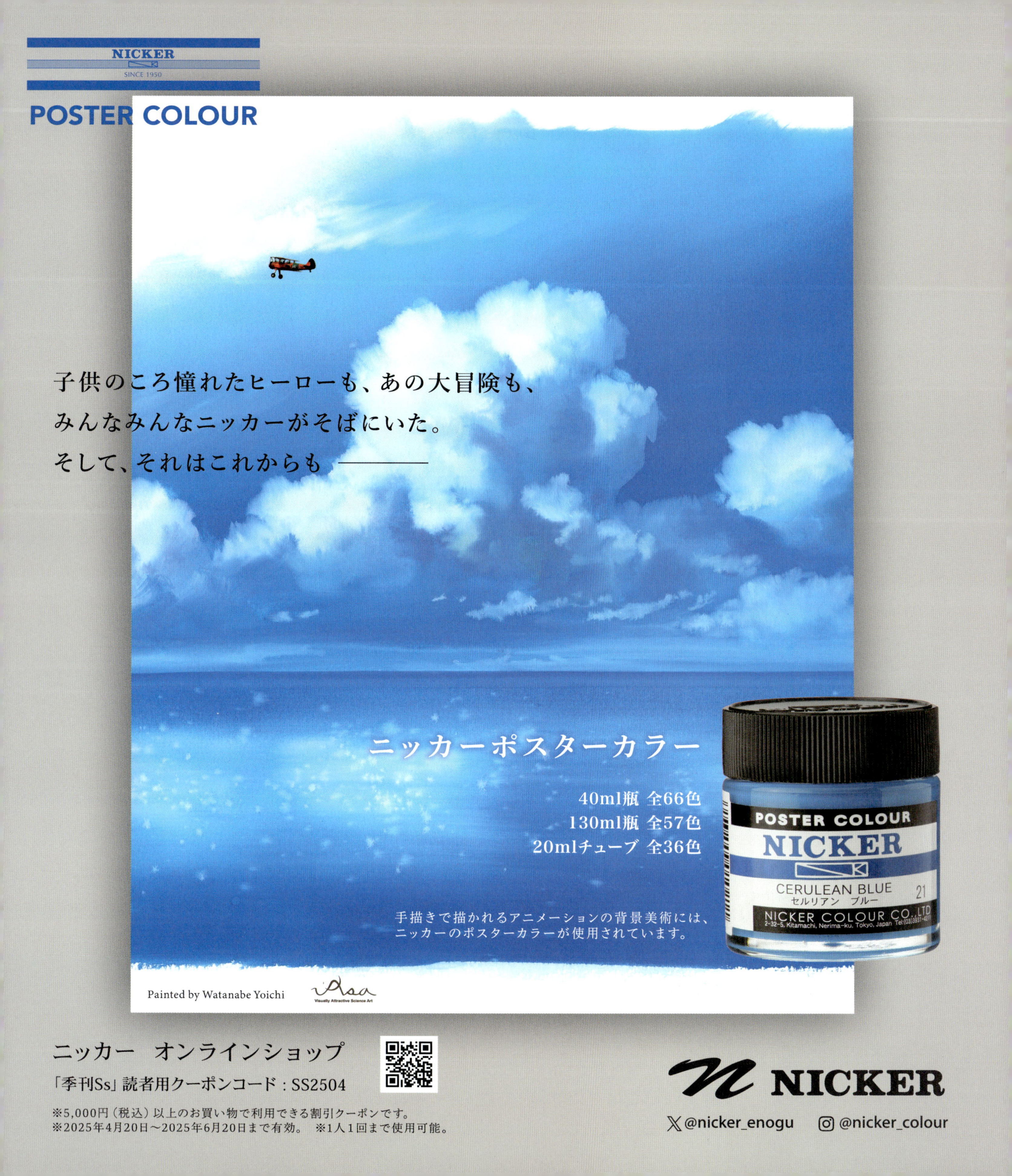

人々が息づく街、心に響く夕焼け、古い家の匂いや手触り、
現実には存在しない世界、記憶の中の風景——。

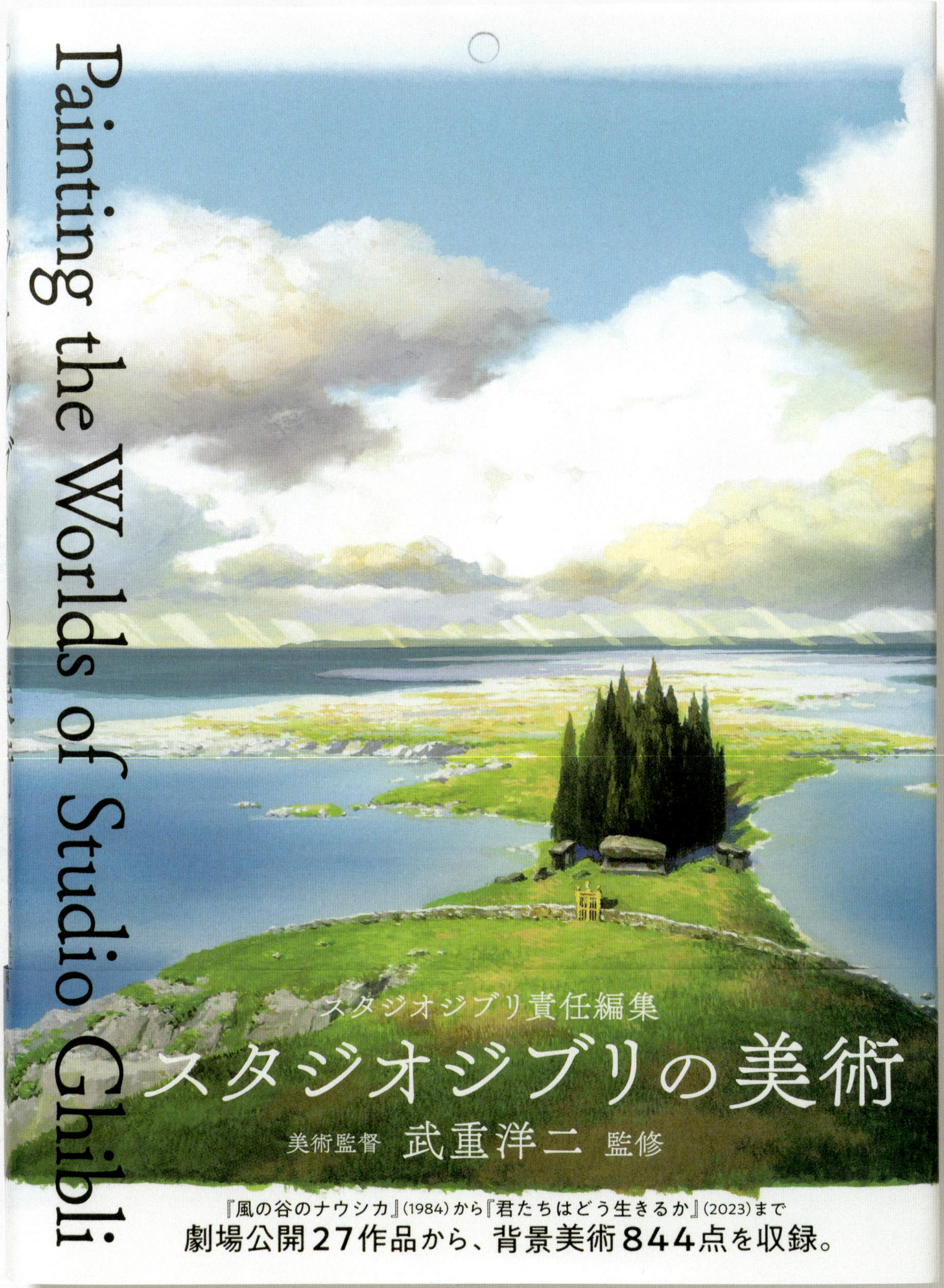

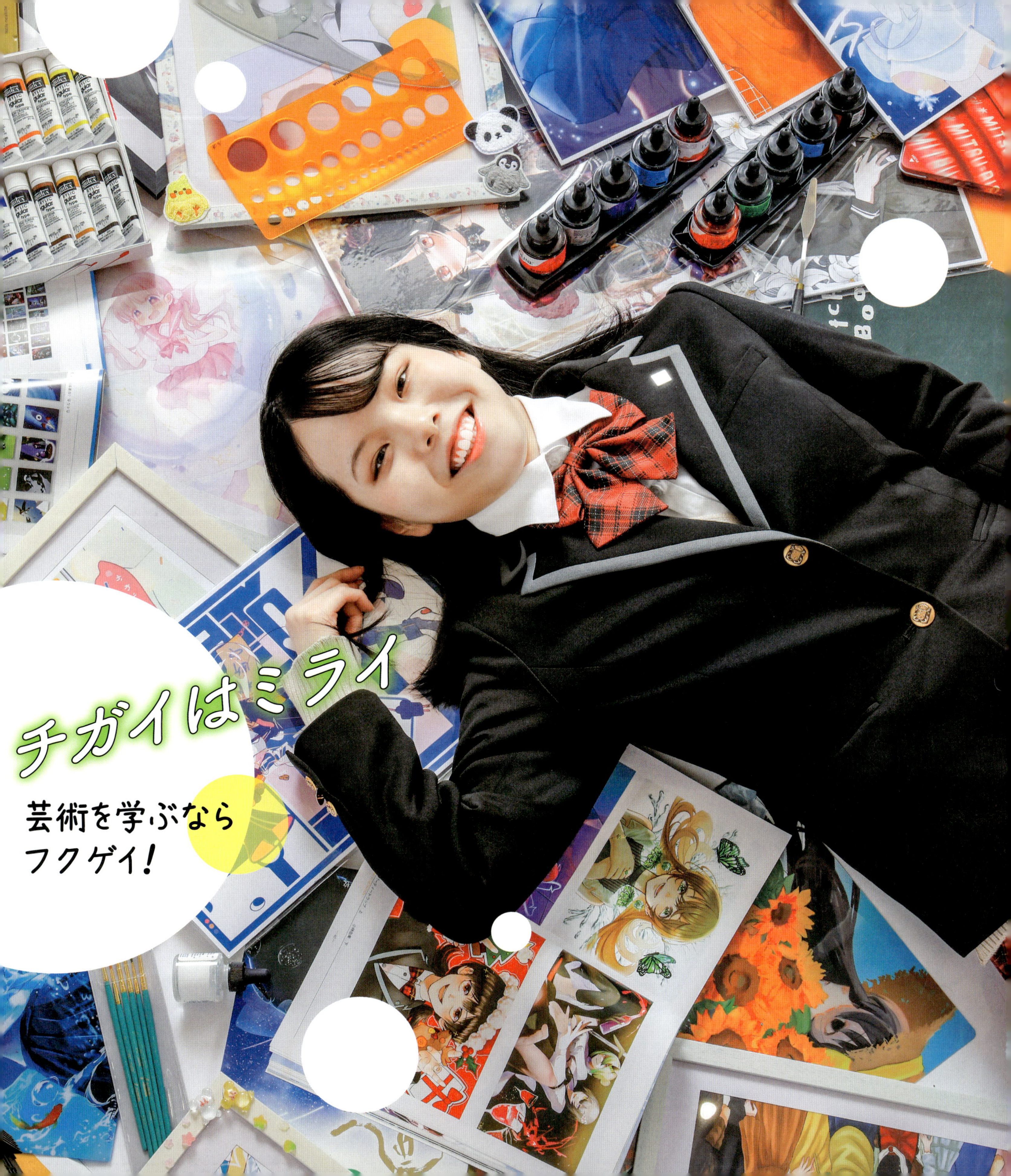
チガイはミライ
芸術を学ぶなら
フクゲイ！

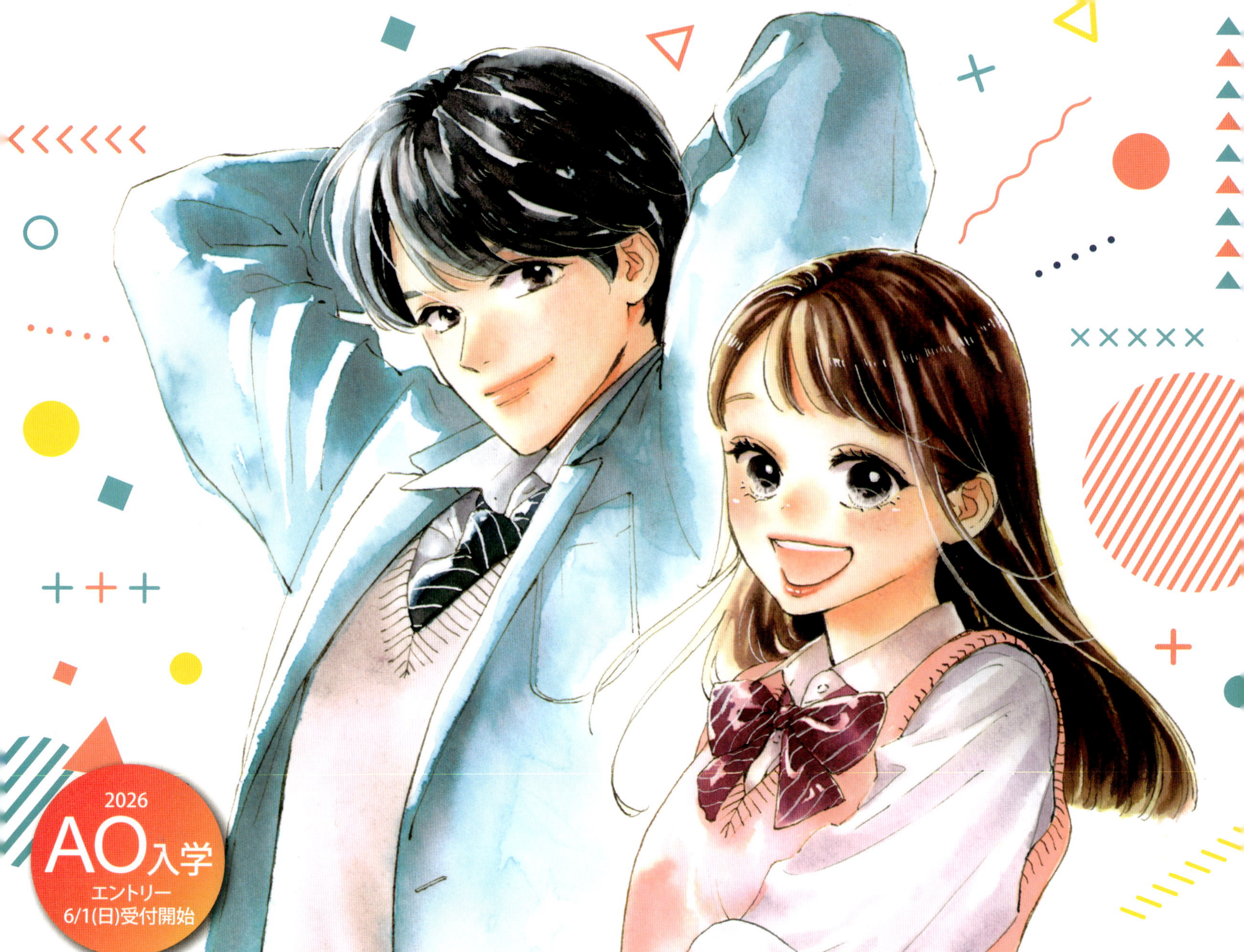
2026
AO入学
エントリー
6/1(日)受付開始

SS -mono Software Hardware Materials etc

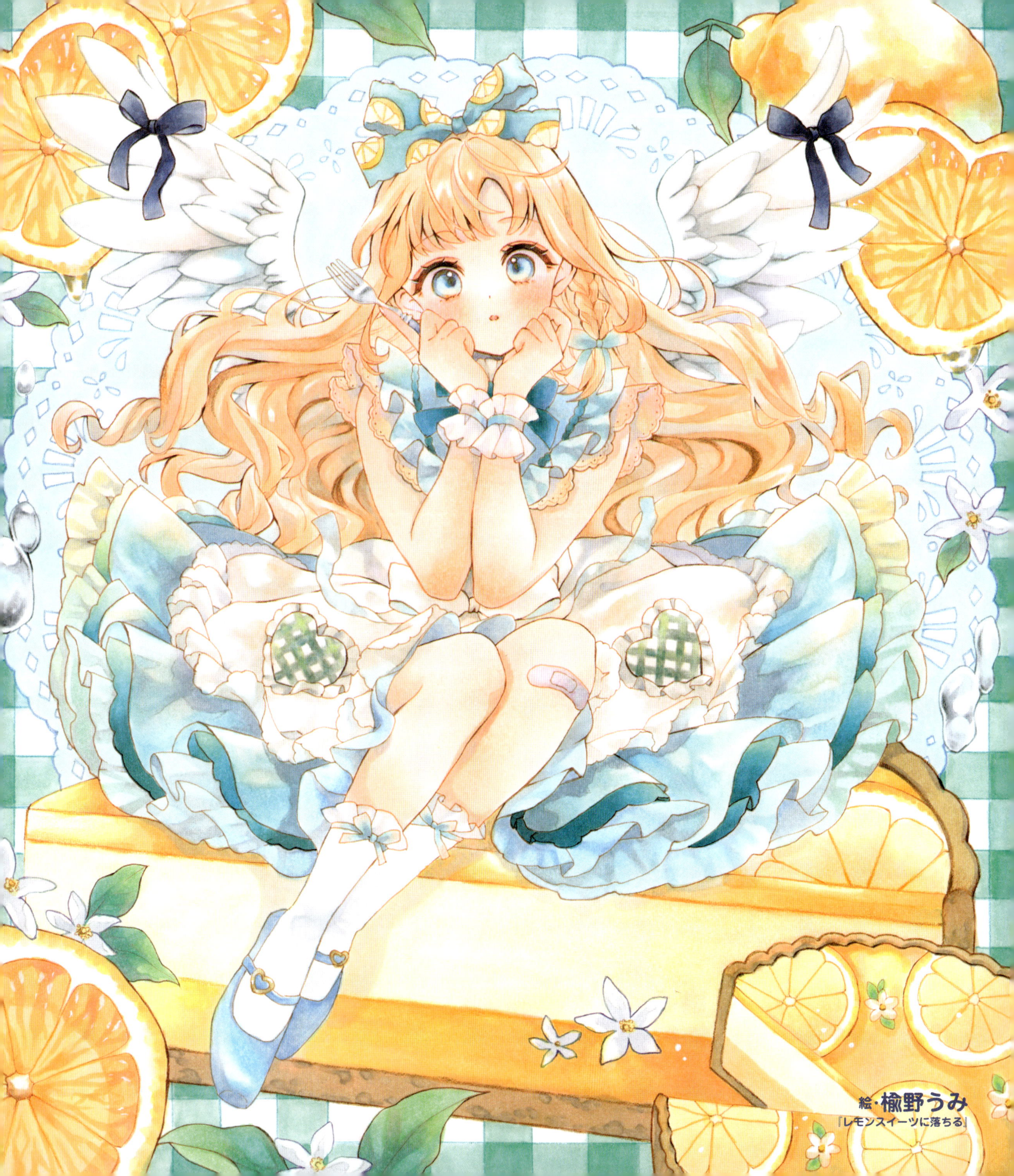

絵・楡野うみ
『レモンスイーツに落ちる』

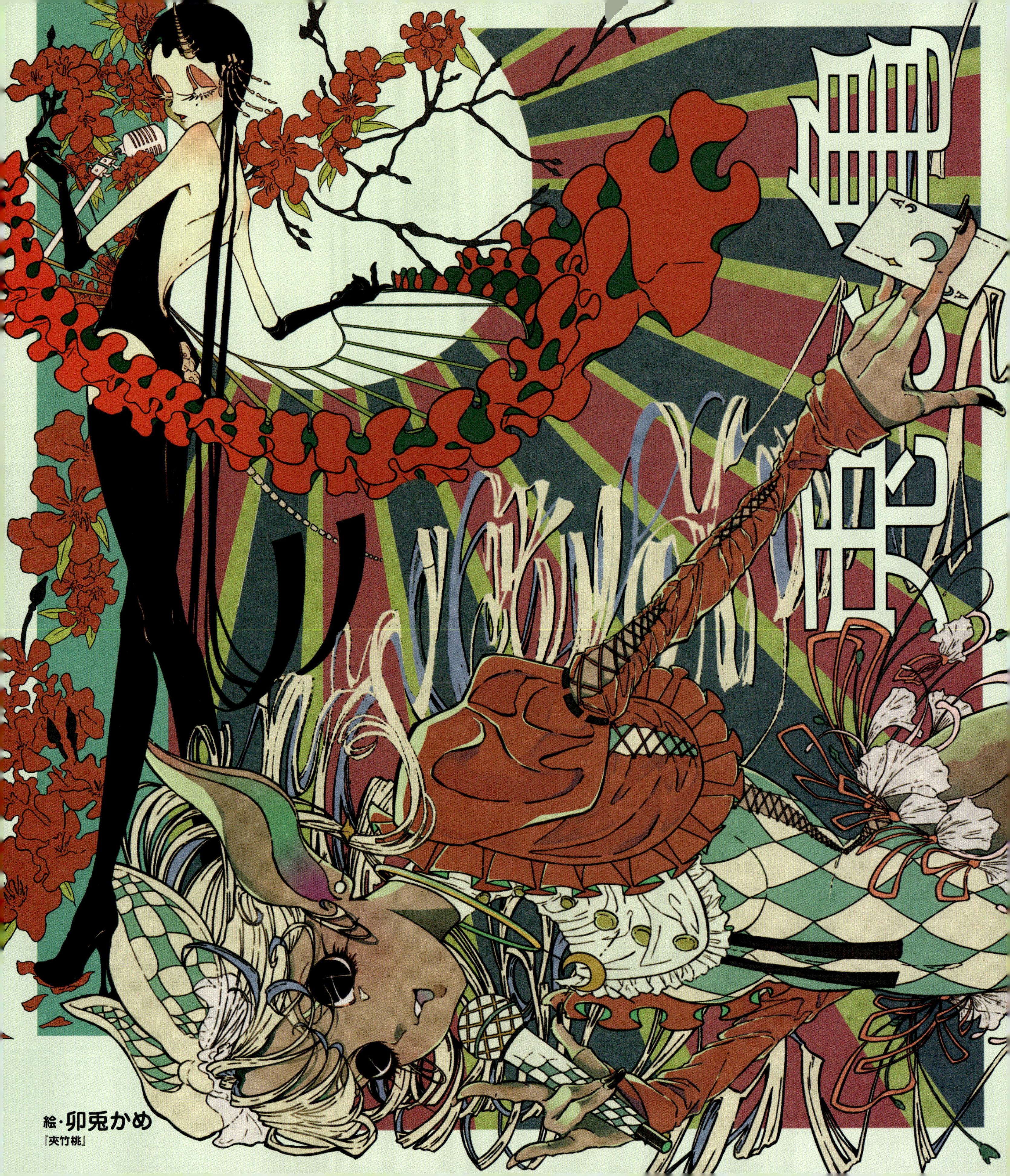

絵・卯兎かめ
『夾竹桃』

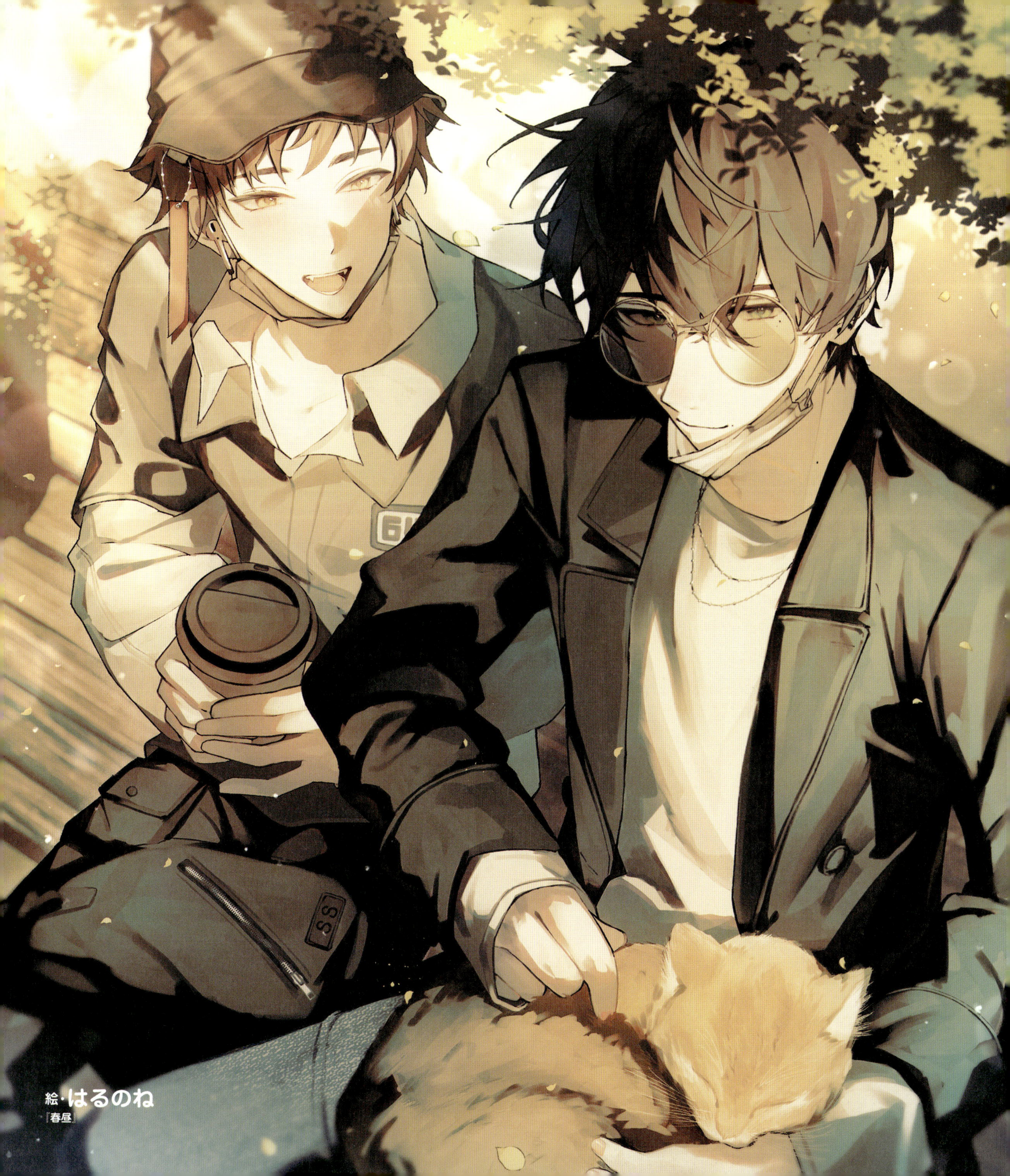

絵・はるのね
『春昼』

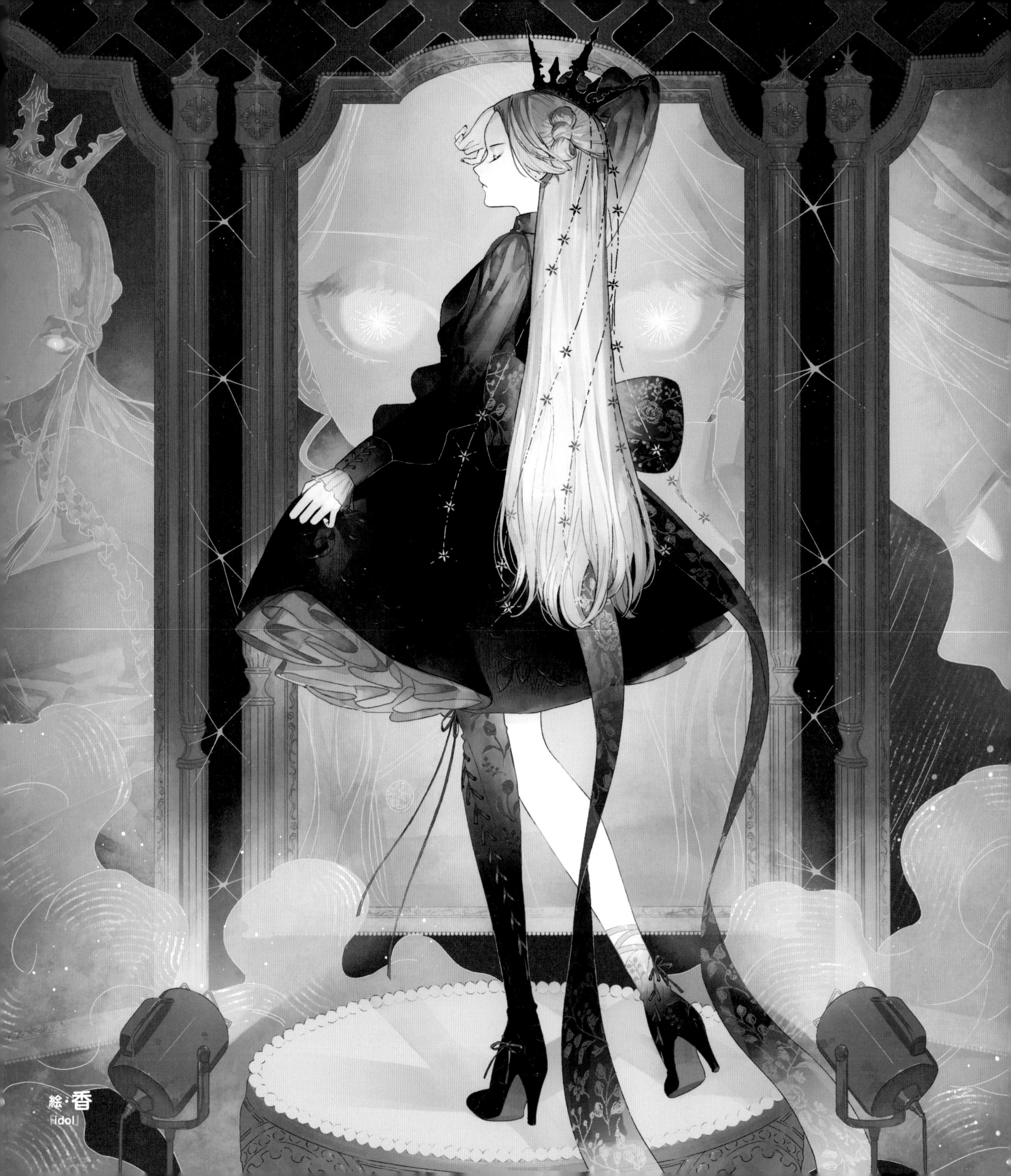

絵・香
「idol」

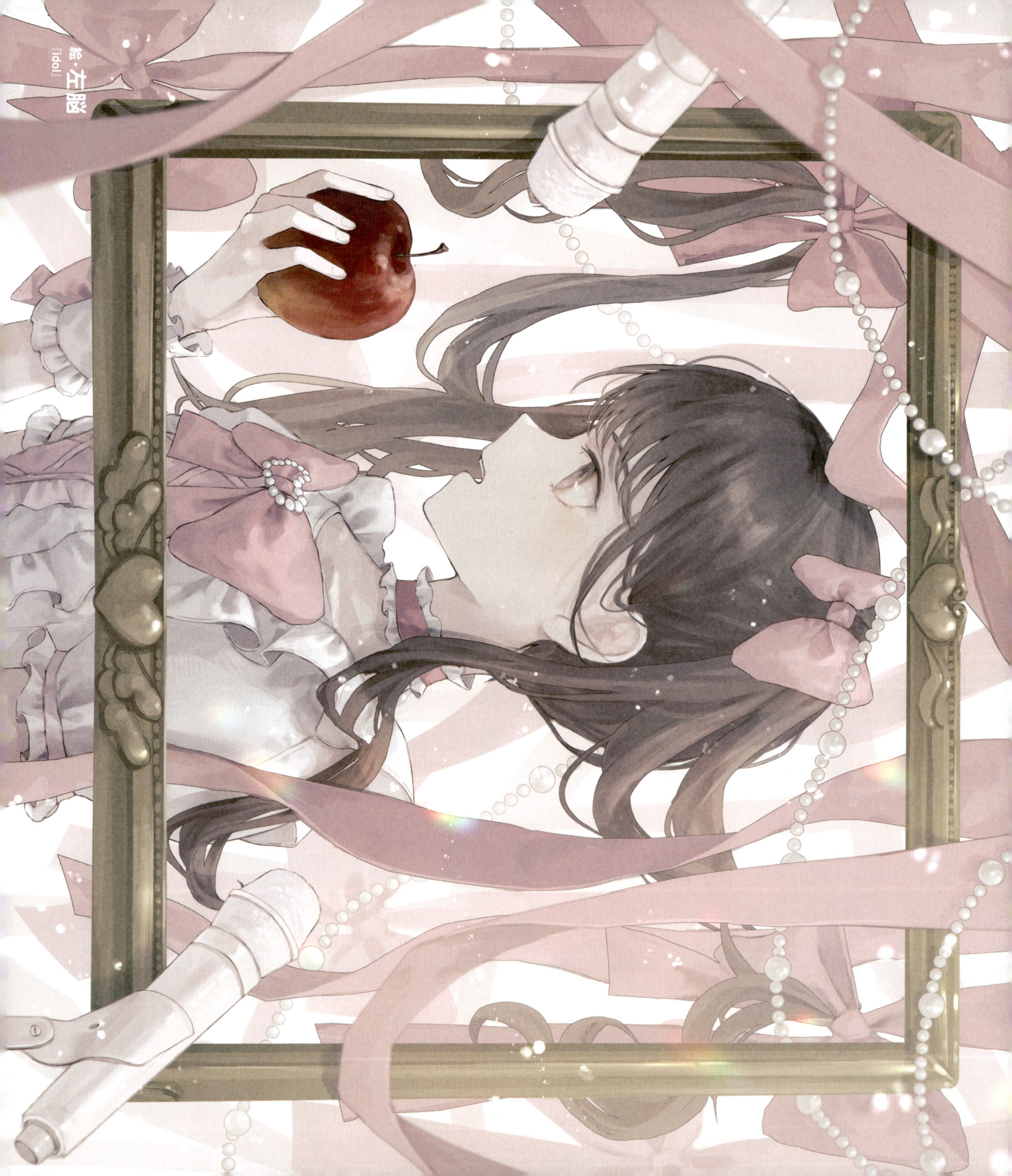

絵・左脳
「idol」

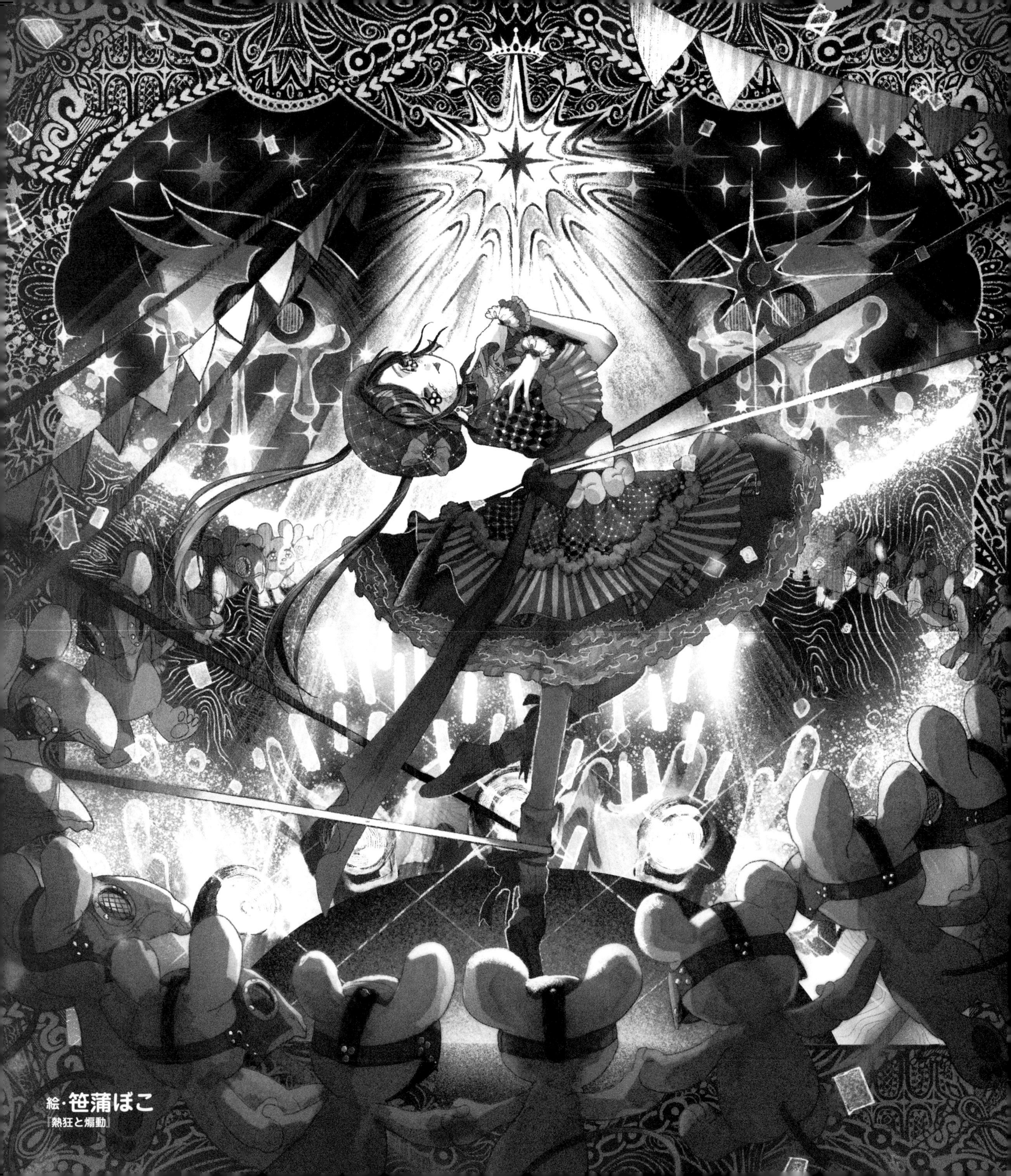
絵・笹蒲ぼこ
『熱狂と煽動』

Wada Arco interview

ワダアルコ インタビュー

近年はゲームの「Fate」シリーズのイラストやデザインで活躍しているワダアルコ。イラスト文化が興隆し始める2000年代の初頭にイベントやネットの活動で注目を集めて、まだ個人でカラーイラストを同人誌にすることも難しかった時代から、旺盛に個人制作をおこなっていた。今回は、幼少期や学生時代に好きだったものも含めて、ワダアルコの活動初期の様子を中心にインタビュー。制作のはじまりにどんなことがあったのかをいろいろと伺った。

ワダアルコ

イラストレーター、キャラクターデザイナー。ゲーム、アニメ、小説、漫画といった幅広い分野で活躍。近年の活動としては、2022年に『Fate』シリーズをまとめた画集「愛 -Fate ART WORKS-」(発売：TYPE-MOON BOOKS)を発表し、「ワダアルコ展 Fate & Fate/EXTRA ART WORKS」を開催。Hololive English -議会-所属VTuber『オーロ・クロニー』のキャラクターデザインも務めた。

ワダルコ　X【@tsubuanfes】

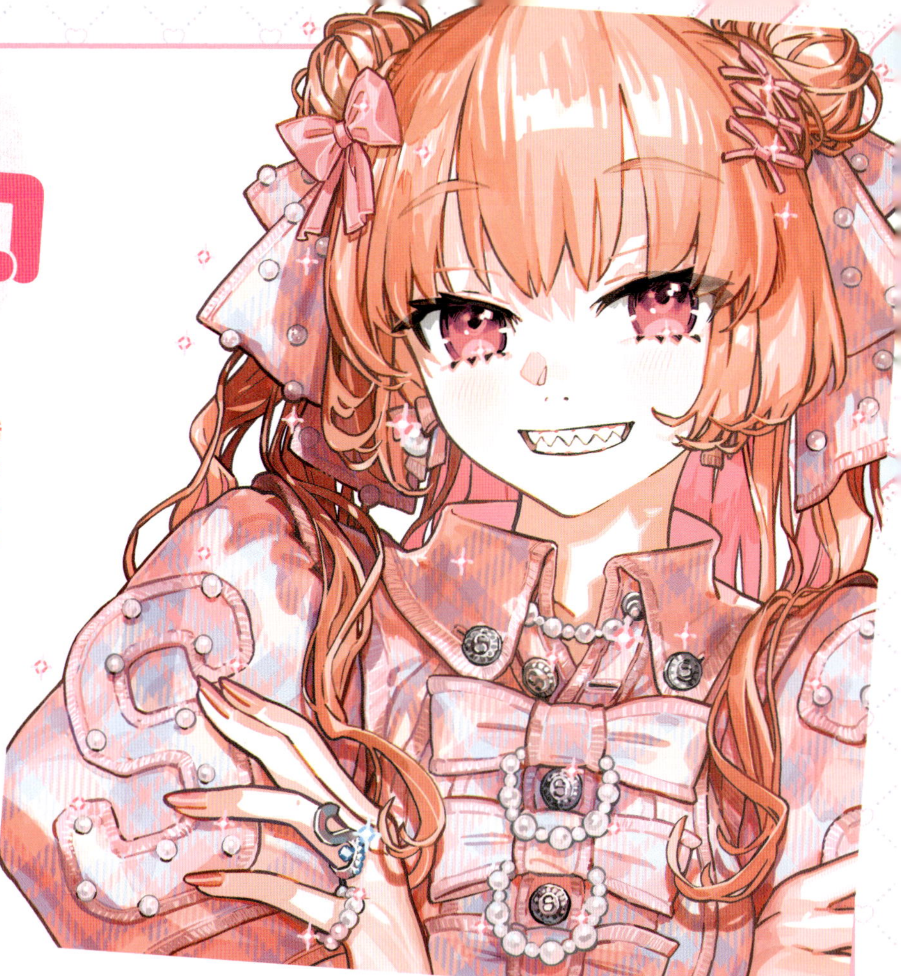

©ワダアルコ

— 「スモールエス」の読者層には、絵を描き始めようとする人たちも多いので、ワダさんの幼少期のお話から聞かせてください。

ワダ　幼稚園の頃からお姫さまを描くのが好きで、小学生の時もお姫さまばかり描いていました。おばあちゃんの家にグリム、アンデルセン、イソップ童話のフルカラーの大判の絵本集があって、その挿絵がものすごくきれいだったんです。漫画っぽい絵ではなく、繊細で古典的な海外の画風でした。それを気に入ったのに、私が描いていたのは、目が大きくて、リボンやフリルがいっぱいのドレスのお姫様で、あんまり反映されてなかったですね。手当たり次第にリボンやキラキラをつけまくった豪華なドレスを楽しく描いていました。

— 目の大きい女の子を描いていたということは、少女漫画も読んでいたんですか？

ワダ　小学校の頃は「りぼん」「ぴょんぴょん」が好きでした。「ぴょんぴょん」は「女の子版の『コロコロコミック』」みたいなかんじでしたね。友だちが「なかよし」、「月刊プリンセス」、「週刊少年ジャンプ」を買っていたので、交換して読んでいました。そして、そのまま小学校高学年になって、すごく絵の上手い友だちが出来たんです。今思うと彼女は早熟なオタクでした。私の知らない少年漫画だけでなく、版権物のいわゆるBL要素のあるアンソロジーを見せてくれて「わあっ！　知ってるアニメのエッチなやつだ……！」という驚きを知りました。私は当時は特に少女小説が好きでしたが、周りの影響もあっていろいろなジャンルの作品を楽しんでいました。でも、描く絵は女の子だけでしたね。まったく女の子以外は描けないし描く気もしなくて…！　早熟なオタクの友人は、とても絵がうまくて美麗でかっこいい、ちょっとエッチなメンズの絵を描いていました。すごかったです。なので一緒に絵を描き合うような関係ではなく、いろいろ教えてくれる友だちという感じでした。

— 中学校では、絵を通じた交流をはじめたりしましたか？

ワダ　吹奏楽部だったので、絵の部活ではなかったのですが、オタクの友だちが出来たので、絵を交換したりしていました。相変わらず女の子しか描けなかったので、女の子に友人の好きな男性キャラクターの格好をさせて、男の子を描けたことにしていました。その頃は、特にゲームのファンアートを描いていました。『ドラクエ』や『ファイナルファンタジーVI』とか。そのうちだんだん女の子以外のキャラクターも描けるようになりたいなと思うようになりました。可愛い女の子の体型でマッチョのキャラを描いてもときめかないなと。ゲームのキャラクターのおかげで、女の子以外を描けるようになったんだと思います。自分がカッコ良いと思ったキャラクターは、出来れば原作のようにカッコ良く描いてあげたいので、素直に模写から練習していました。

— 中学生の頃はどういう画材を使っていたのですか？

ワダ　水性ペンを水に溶いて塗っていましたね。鳥山明先生方式です。だから、当時はまず鉛筆で描いて、水性ペンで色を塗って、着彩したら主線をペンではっきりさせるという描き方でした。パレットに水性ペンを色づけて、そこに少しだけ水を加えて筆で塗る。ポスターカラーや学校の水彩絵具もありましたが、色ムラが気にならないのと、後片付けが楽だったので、もっぱら水性ペンを好んでいました。紙は年賀状の余りとかで、基本ハガキサイズのものを描いていました。

— 画材にこだわらず、身近にある道具を使って描いていたんですね。今は画材情報が豊富だから、何を使えばいいか気になる人も多いでしょうけど、とにかく描いて楽しんでいたのですね。

ワダ　自由帳のらくがき感覚でしたからね。そんな感じででも毎日いっぱい描いていると、だんだん想像していた感じの何かが描けるようになってくるんです。それでやっと、「もうちょっと上手く描きたいな」とか「これも描いてみたいな」という欲が生まれてきました。別の欲としては中古ゲーム屋さんが出している「ぱっくんぽっけ」という新聞(wanpakuというチェーン店が出していたミニコミ誌)がありまして。それに掲載されるとポイントがもらえて、ポイントが貯まるとゲーム機やソフトがもらえました。とにかく新作のゲームソフトが欲しすぎて、それに載るためにがんばって描いていました。雑誌の「ゲーメスト」にも賞金がもらえるシステムはあったのですが、みんなの絵が上手す

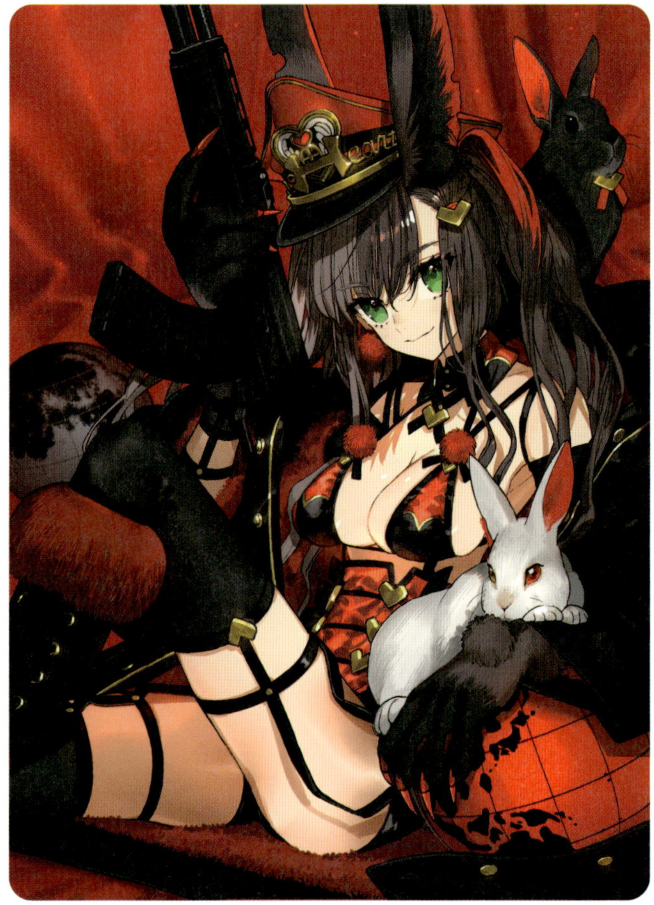

「スモールエス」のお姉さん雑誌「季刊エス」65号の表紙（2019年）。「けものとひと」というテーマで、うさぎ耳のキャラクターを描いた作品。一つの色で見せたいと思ったイラストで、全面を赤で統一している。衣装は刑務官と鼓笛隊をブレンドしたもので、かっこよさ、可愛さ、セクシーさが同居していて魅力的だ。

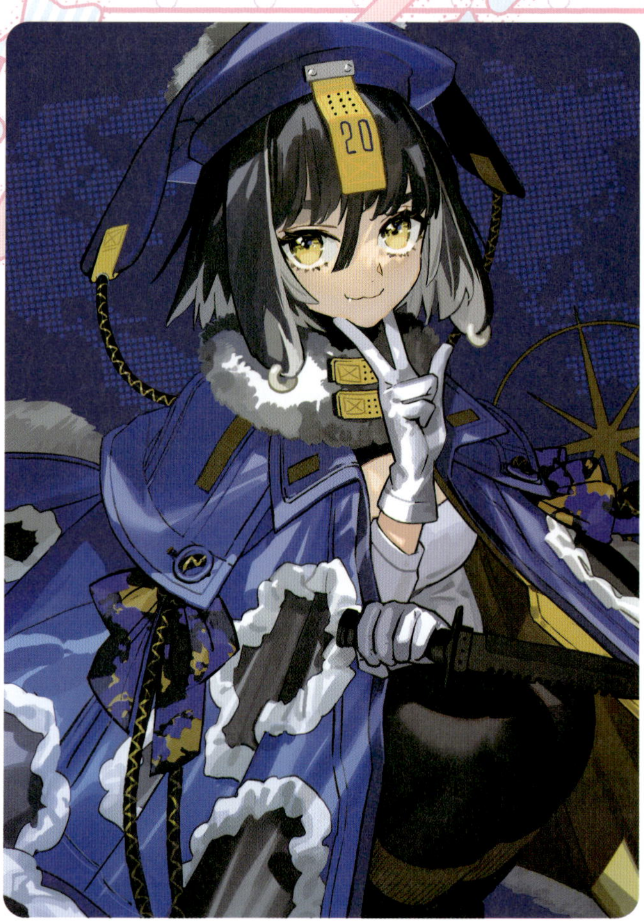

「スモールエス」と「季刊エス」を制作するエス編集部の20周年を記念した展覧会のために描いた作品。こちらは青をテーマカラーにしている。帽子をかぶり、ナイフ型の武器を手にしていて、「季刊エス」の赤い子とシリーズのように見えるキャラクターだ。衣装の細やかなデザインも楽しい。

ぎて、「これは載らないな」と思っていて。

— 投稿してゲームをもらうためだったんですね。そういえば、絵について聞きたいのですが、水性ペンはコピックと違って、肌色はどうしていたんですか？

ワダ ピンクと黄色を溶いたもので薄くベースを入れて、あとは色鉛筆で細部を詰めていたと思います。高校生になってからは、美術部でアクリルガッシュも使うようになりましたが、投稿はハガキサイズだったので、あまり使う気が起きませんでしたね。甲斐あってゲームソフトはもらえました。その後にだいぶ経ってからイベント会場で『ぱっくんぽっけ』に投稿していませんでしたか？」と聞かれたことがありますよ。ペンネームはワダアルコでしたから。

— 長いキャリア！ オリジナルキャラは描いていましたか？

ワダ TRPGのキャラはオリジナルですね。うさ耳のノースリーブでショートパンツの女の子です。昔から、耳が生えているキャラと、男装や女装といった異性装をしているキャラが好きなんです。高橋留美子先生の『らんま1／2』や、アニメの『少女革命ウテナ』が好きでした。だから当時は耳が生えていて、男の子っぽい格好をしている女の子をよく描いていました。

— 楽しそうですね。中高生の頃、絵について悩みはありましたか？

ワダ 当時は、「私、絵上手いなあ」と思っていました（笑）。めっちゃ井の中の蛙で。今思えば全然上手くはないんですが。ただいつも私の心の根っこにある喜びをお絵描きが担保していたんですよ。嫌なことがあったり、つまらない毎日だったりしても、絵を描くと楽しくて機嫌が良くなる。そうやって自分で自分の機嫌を取っていました。志の低さに対して出来上がった絵に対する自己採点がいつも高いんです。いい意味で井の中の蛙でいれたからですね。「なんでこれが描けないんだろう」と思うことはあまりなくて、「これは難しいから簡単に描ける絵にしよう」と思うタイプでした。一番得意な絵を毎日描いて気分を良くしていたという感じですね。学生の皆さんにも毎日絵が上手くなっていると思う時がきっとあると思います。錯覚かもしれなくても、「昨日よりめっちゃ上手に描けた！」と毎日感じることができていたのは、とても精神衛生上良かったです。「昨日の絵下手すぎ！」とセットではありますが……。

— 自信のない人も多いですから、その考え方は素敵だと思います！ ところで高校の美術部というのは、どういう活動だったのですか。

ワダ 普通科の高校の美術部で、油絵を描いていました。コンクールに出すために風景画などを五〇号くらいで描いたりします。自分としては、「この部室で甘いお茶を飲んでおしゃべりをするために課せられた義務」と思っていました（笑）。「みんなで遊ぶためには、油絵を年に一枚描かなければいけないんだな」と。地元の画家の先生が、非常勤で顧問を担当されていました。おじいちゃん先生で、デッサンについても聞けば教えてくれる感じでした。その先生の画塾で絵を習って、ちゃんとした受験デッサンはやらないままですね。美術系の大学に進学して将来の進路としては、ゲーム会社に行きたいと思っていました。

— なるほど。そうして、同人イベントやネットの活動も始めていくわけですよね。そういった個人活動についても聞かせてください。

ワダ 高校生の頃は、地元の福岡のコミックシティに一般で遊びに行ったりはしましたが、サークル側での参加はしていませんでした。そのかわり雑誌「ファンロード」で見つけたオールジャンルの「会員制サークル」に参加していました。会員間で描いた絵を集めて、会費と引き換えに会誌が配本される形態の創作活動ですね。そこで仲良くなった人たちと遊んだりしていましたし、相変わらずゲームの絵をよく描いていました。大学に入ると、オリジナル作品をよく描くようになりました。結構、欲も出てきましたし、「独自の表現をしてみたい」とか「描いたことがないから描いてみたい」というような、チャレンジの意識もわいてきました。イラストのホームページを作って、はじめて買ったペンタブにバンドルされていたPhotoshop LEで描き始めて、後にPainterを使うようになりました。

— ネットで絵描きさんと交流はありましたか？

ワダ 大学時代は、とにかくずっと同人誌を作っていたので、どちらかというと、ネットよりイベン

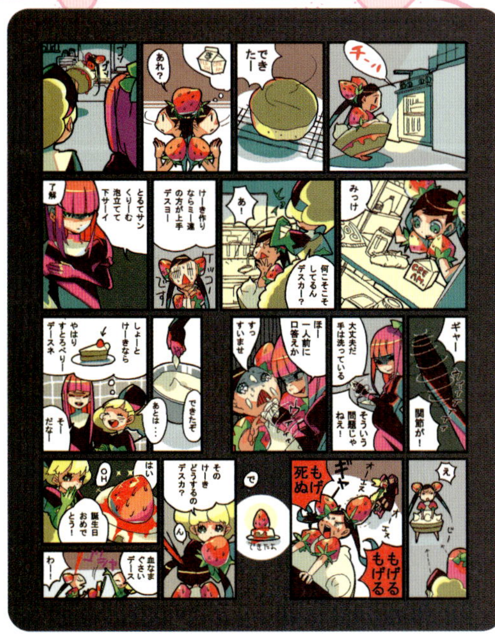

「季刊エス」にて、2005年より連載されていたカラー漫画『ケーキキューブ』の第1回原稿。人間の男の子の家に居候する3人のケーキの精霊を描いたストーリー。ストロベリーショートケーキ、チョコケーキ、モンブランの精たちがドタバタを繰り広げる、ちょっと過激なコメディ漫画。

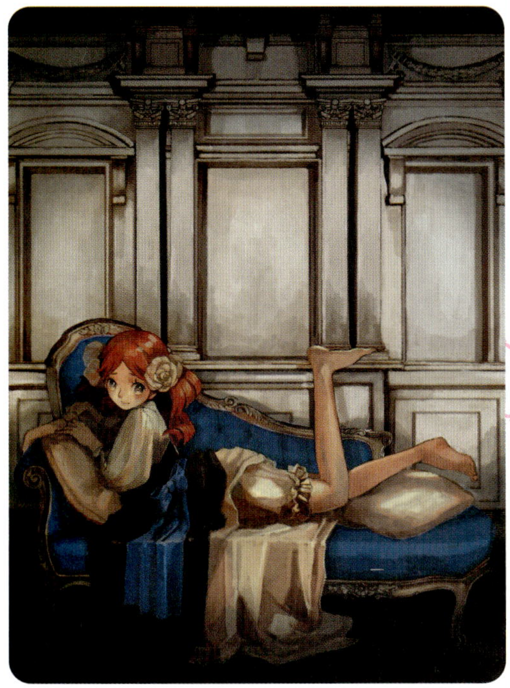

2000年代初頭に発表していたオリジナル作品。この頃は建築物と女の子を組み合わせた絵をいくつか描いていた。PhotoshopとPainterを使用していた時期で、厚塗りで深みのある着彩が特徴的だった。女の子のファッションはクラシカルで、人物造形は今の画風とも通じるデザイン。

ト会場で知り合う人の方が多かったです。大阪のイベントを中心に活動していましたが、夜行バスで東京のコミティアなどにも参加していました。

――「季刊エス」の創刊当時にも登場いただいていた、榎本さんとイベントに一緒に出たりされていましたよね。

ワダ　そう。えの（榎本さんのこと）は本当に絵が上手くて！　もう本当に上手い！　その時はじめて人と比べるというか、「この人の横においても見劣りしないような絵を描きたい！」と思いました。

――榎本さんと知り合ったきっかけは何だったんですか？

ワダ　ホームページを開いて早々に知り合いました。昔、ウェブリングってあったじゃないですか。隣同士だったんです。「Next」にえのがいました。

――そこで、「こんなに上手い人がいる！」となったんですか？

ワダ　あまりに上手くて、ちょっと引いた（笑）。当時は、えのちゃんと一緒に本を出していて、せめて「ワダの絵もあってもまあいい、許してやる」と思われるくらいの絵をどうにか描くのが目標でした。

――最近、皆さんにプロになる前に周りにいた絵描きさんを聞く機会があるのですが、「ネットにあった掲示板にいて…」というお話を聞いたりします。ワダさんはどこにいたんですか？

ワダ　私はですね、イベント会場にいました（笑）。主な活動場所と言えば、そうなりますね。村田蓮爾さんのブースのサイン列に並んだりしていました。サラサラとかわいい女の子のイラストつきでサインをくださって、大物はすげえなと感動しました。私にはとても無理です、今も。イベントで実際にお話をしたのは、ネットの個人ホームページが相互リンク状態だったり、最低限の交流があった人たちが多かったと思います。自分の本を持って挨拶に行くこともありましたね。今も交流がある多くの友人ともだいたいイベントで出会っています。

――リアルの場での交流ですね。話は戻りますが、ワダアルコさんはゲーム会社のカプコンに就職されましたよね。弊誌の読者もゲーム会社に進みたい人が多いです。カプコンは難関なイメージがあります。

ワダ　私はラッキーだっただけだと思いますよ。同期はみんな私より上手かったですし。ただ、モラトリアムを同人誌制作にぶっこんでたのでポートフォリオとして出せる絵がいっぱいあったんです。ペンネームがばれるのが嫌すぎてわざわざ印刷してファイルに入れて持っていきましたが、別にばれても何のデメリットもなかったので、同人誌をそのまま提出したほうが良かったと思います。印刷して本の形にして頒布していたという事実は、思っている以上にアピールになるということが今はわかります。

――どういう試験があったんですか？

ワダ　最初にポートフォリオを送って、その審査が通れば、設問に応じた絵を描く実技がありました。その後に面接があって合否が出ます。OBやOGも知人にいませんし、実技で何をするのか情報はなかったので、出たお題を楽しく描いて帰りました。実技の対策は難しいと思いますが、動物、背景、機械、難しいポーズなどいろいろなものを一度だけでもいいから描いているといいんじゃないかなと思います。面接では「好きなゲームは？」と聞かれたので、延々と他社さんの好きなゲームの話をしました。アクションゲームは苦手なので、カプコンのゲームはやりこんだ人ほどの話はできないのでしませんでしたね。ただ、カプコンのデザイン室にいた作家さんたちの描かれる絵がすごく好きだったので、そこは具体的に「このゲームのこの絵が好きで」とお伝えしました。

――実際に入社されていかがでしたか？

ワダ　いろいろなことを学びました。ものを作るには工程があって、私が作業を止めたら"どこかの工程で誰かがその遅れを巻き取ることになる。本来クオリティアップに使いたい有能な人の時間をそのフォローに使う。そのせいで結果的にクオリティが下がる。高いクオリティの作品は個人の能力のみに依存して作られているわけではないということを体感できたのが一番の学びだったと思います。「天才じゃないんだから締め切りは守る」というベースの心構えが出来たのは就職したからだと思います。カプコンでは、「3Dありでキャラ担当と、2Dのみで背景担当どっちがいい？」と聞かれて、今思うとせっかくのチャンスで何事も勉強なんだから3Dやっとけよと思うんですが、当時の私は絵しか描きたくないんだぜ!!!　と無駄に尖っていたので、配属されたのが2Dイラストの背景班でした。人間のキャラクターを描くのが好きだったので、会社で描かない分、家に帰って描いていましたね。背景は学びがとても多かったです。ただ今も背景を描くのは苦手です…！　できれば…！　人しか描きたくない…!!!!　その後に、家庭の事情もあって退職したのですが、落ち着いて同業界に再就職を考えていた頃にイラストや漫画の仕事をいただきました。

――エスにも、「カプコンを辞めたので、なにか仕事ないですか」と連絡をいただきましたね。それで「季刊エス」で連載してもらったのが、『ケーキキューブ』というカラー漫画でした。当時は今のようにイラストの仕事がなかった時代でしたね。

ワダ　同人誌を出していたので、「お金がなくて詰む！」ということはなかったので、フリーを選択できました。当時はソシャゲもなかったですから、ホームページに依頼が来た仕事をしていました。

――フリーで受ける仕事もそうですが、同人誌の収入も大事なことだと思います。ワダさんは、イラストを描いている人たちが「自分の活動で生活できる！」と思えた黎明期の世代ですが、カラーの同人誌を制作したのがエポックメイキングだったと思うんです。あの当時は個人がカラーの本を出すなんてあり得ないことでした。

ワダ　村田蓮爾さんがめちゃめちゃかっこいい凝ったカラー本を出されてたんですよ。それで、「カラーの本ってやろうと思えば作れるんだ！」と思って、一緒にやっていたえのちゃんと一緒にいろんな印刷所を探しました。当時同人印刷所のカラー印刷は同人誌の巻頭などに差し込むピンナップ用で、カラー冊子として作る前提ではないものが多く、全ページカラーでの見積もりは、とても高額で手が出ませんでした。そこで一般の企業のパンフレットを印刷しているような印刷所に、パンフレットの仕

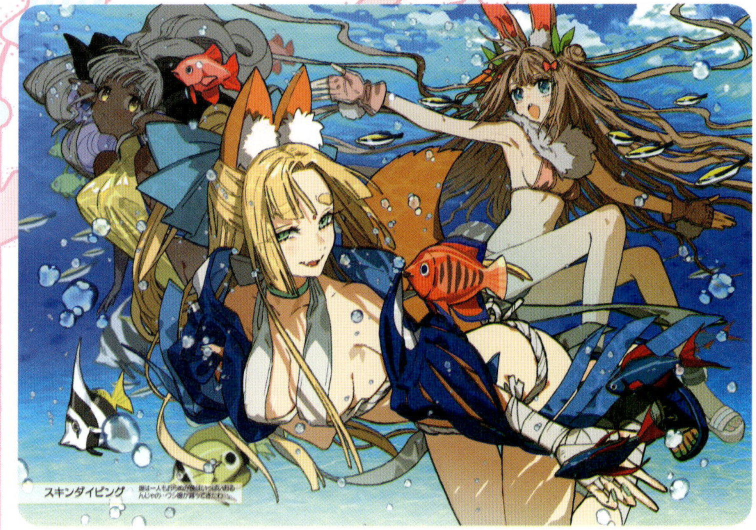

スキンダイビング（ボンベなどの器材をつけずに潜るマリンスポーツ）と題された作品。『けももみずぎ３』に収録。手前のきつね耳の女性は胸も大きくて妖艶で、目つきもなまめかしい。キャラクターの体型の描き分けが印象的な一枚。

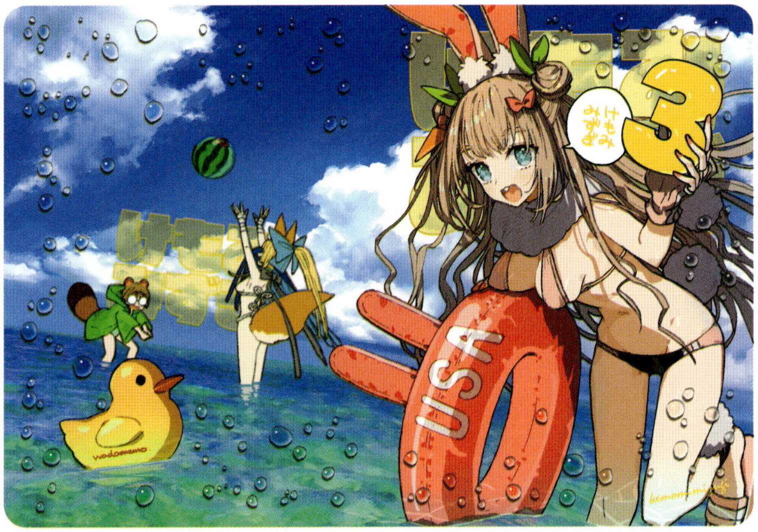

2019年の8月のコミックマーケットで頒布された同人誌『けももみずぎ３』より。右側に描かれたキャラはうさぎ耳の子で、大分県の宇佐市出身の15歳。胴は細長いけれど、胸の膨らみはあるという体型で、すらりとしながらも肉感を感じさせる。

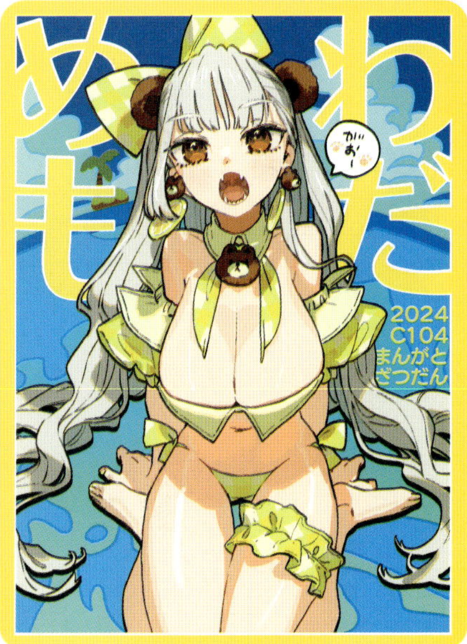

2024年の8月のコミックマーケットで頒布された同人誌「わだめも」。こちらは衣装やロゴがイエローでまとめられており、ワダさんがエスで描いてくれているカラーシリーズとあわせて見るのも楽しい。同人誌の中には、ワダさんが温泉に行ったレポート漫画が収録されており、ゆるい感じのエッセイとしても味わえる一冊だ。

様でイラストの冊子を作ってもらうために、総当たりで問い合わせをかけました。インターネットで手当たり次第に検索して出てきた「印刷所」で出してもらった見積もりを比較して、出来るだけ安いところを探すんです。

——すごい！　安いと言っても何十万かはしましたよね？

ワダ　当時の私の部数で一〇〇万弱は飛びましたね。原価率も五〇パーセントは余裕で超えていました。だから余ることがとにかく怖くて……！　フルカラーではなく、前半だけカラーで後半はモノクロにするなどの工夫もしていました。

——イラスト本を作りたい人にとって、何部くらい印刷出来たら「行ける！」と思えるんでしょうね。

ワダ　行けるの基準にもよりますが、学生さんだったら、描いていた時間を時給で換算してバイトくらいの売り上げだな、と思える部数は、三〇〇部くらいだと思います。

——「スモールエス」の投稿者たちだと、一回に三〇部くらいの売上だと思います。

ワダ　そうですね、なのでいっぱいイベントに出ます（笑）。三〇〇部作って、コミケとかでも一〇〇部から一五〇部くらい売れたなら印刷代はペイできる。でも一五〇部以上残るじゃないですか。それを一年、二年かけていろんなイベントで売っていく。創作のイラスト本はそんなに売れるものではなかったですから。残りの一五〇部からは、交通費などの経費を引いた残りが利益ですよね。バイト代になれば良いなというのは、そこの金額です。上手くいけばバイトするより楽しいし、絵も上手くなるし、最高じゃん！　と思っていました。

——なるほど～。絵を描いて活動したいと思った場合、イラストの仕事がほんの少しあるとして、生活するためのウエイトを同人誌に置くならば、一〇〇〇部近く売れなければダメですかね？

ワダ　昔だったら、一〇〇〇部からが生活のゾーンだったと思います。でも今はskebや個人のクライアントさんからのご依頼や、電子書籍など在庫を持たない販売などで絵を描いて対価をいただくアプローチがたくさんあるので、同人に限らずいろんな柱を作ったり、自分に向いた形を探ったりするのがいいと思います。ただ同人誌はお金だけではなくて、現物を介した交流をもてるので楽しいよ♥　おすすめです。学生さんが活動をするなら、「描いた時間をバイト代にする！」という気持ちを持てると目標も作りやすいし、続けやすいんじゃないでしょうか。まず自分がバイトするとしたら、時給いくらのバイトをするだろう？「時給一〇〇〇円で良いかな」とか、「一五〇〇円は欲しいな」とか。そのうえで今五時間かけて絵を描いているなら？　と考えます。

——時給一〇〇〇円だとしたら、五時間で五〇〇〇円だから、その金額相当になれば良いというわけですね。ワダさんはそうして今に至るまで、自分の同人誌も出し続けながら、商業仕事もされているわけですね。

ワダ　仕事の絵は「オーダー」というものがあって、それにどう応えられるのかを考えますし、喜びでもありますが、同人誌は手遊びとして描けて、それが変わらず楽しいですね。昔も今もずっと趣味ではありますね。

——素敵なお話です。それでは、ここから今号の「スモールエス」の表紙について聞かせてください。最初にいただいたラフのとき、女の子の表情は「ドヤ顔」な感じと言っていましたね。

ワダ　表紙に、ピンクの似合う強めな顔のかわいい子を描きたいなと。でも、不機嫌に見えると良くないと思って、いろいろ考えましたね。メイキング動画を見たら、顔ばっかりずっと描いている時間があると思います。いろいろと顔をいじって、機嫌よさそうなドヤ顔を探している……。

——衣装については「カジュアルだけど、豪華な服飾感を出したいな」と言ってましたが、最終的には結構ドレッシーになりましたね。

ワダ　バチバチになりましたね。今回、背景がベタ面なのもあって、服に柄を入れたんです。最初は、全部ピンクでフラットなトーンで描こうと思っていたんですけど、ちょっとカラー幅を柄で持ちたくなって。私の悪いクセなんですが、計画を立ててもどんどん描き足したくなるんですよ。ベタ面の背景に載せた時に、もう少し盛り目な印象が欲しくなり……顔も同じく。絵を描いている時間の半分くらい、顔を描いていることもあります。いろいろな可能性を試したいんですよね。「顔の中にはっきり赤い色が欲しいから」という理由で口の開け閉めを決めることもあります……。今回はぱっと見の印象をピンクにしたかったので、口の中の赤は不要ということでギザ歯ドヤ顔ですね。その上で今回は「目が合う絵」が一番良いかなと思いました。雰囲気のいい絵も好きですけど、「可愛い子を描きたい」と思っている読者が手に取ってくれるイラスト雑誌

『Fate/Grand Order』に登場するアルターエゴクラスのサーヴァント「キングプロテア」と、そのオルタ化した姿である「キングプロテア・オルタ」が描かれたイラスト。ワダさんが2024年末の冬コミで頒布した同人誌『FateGO/MEMO9』に所収。Wポケットクリアファイルケースにもなったので、そのデザインが施されている。キングプロテアは身長が巨大なので、渋谷の街にあるSHIBUYA109を超えるサイズで登場していてインパクト絶大。ピンクがかった全体の色味も美しい。

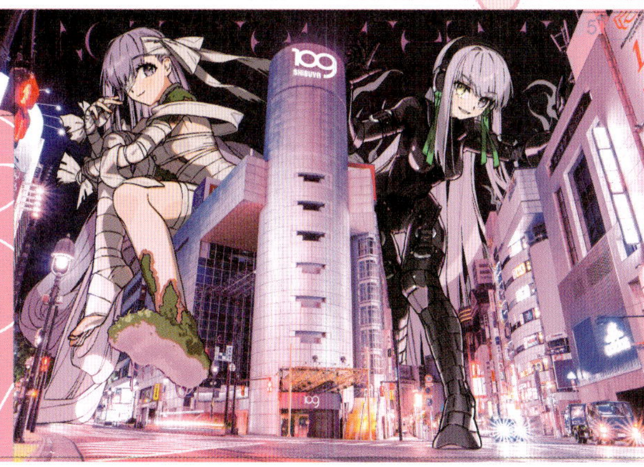

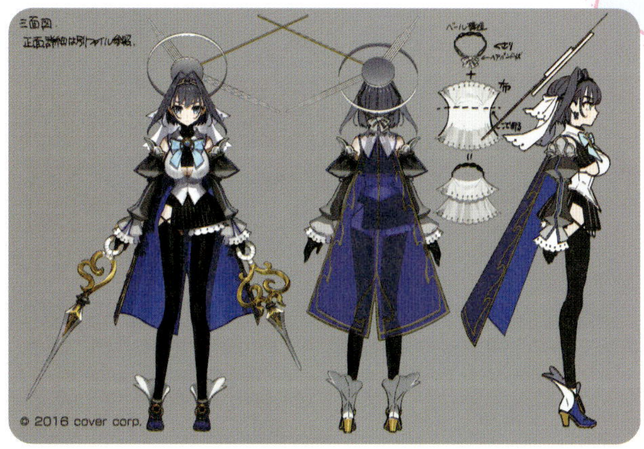

ワダアルコさんがキャラクターデザインをつとめたVTuber「オーロ・クロニー(Ouro Kronii)」。「ホロライブプロダクション」の英語圏で活躍する「Hololive English」に所属する。2021年にデビュー。「議会」の一角であり、神々より作られし三番目の概念「時間」の典獄にあたる。YouTubeでは歌をうたったり、ゲーム配信などをしている。オリジナルのソロ曲は「Daydream」「蒼天に燃ゆ」をリリース。

YouTube【@OuroKronii】 X【@ourokronii】

の表紙なら、顔を重視で描きたいなと。なので目の色は最初はピンクだったのですが、他のピンクにまぎれて印象が弱くなってしまったので水色に変更しました。衣装に関しては元々ハロー！プロジェクトの女性アイドルが好きなんですが、最近男性アイドルにも興味がわいてきまして……。ハロプロのアイドルとは衣装の方向性がちょっと違うので、そういう男性アイドルの衣装の派手さをちょっとだけ意識しています。ツイードに真珠、ちょっとパフリーで肩幅は広く。それを「女の子が着たらどうなるかな？」と思って描いています。

――まさにワダさんが幼少期から大好きな、男子の服を着る女の子だ！

ワダ 男の子要素はないけど！ 気持ちはそう！ シャネル・ツイードのステージ衣装のイメージですね。

――賑やかになりました。ありがとうございます。最後にお仕事の話も少し聞かせてください。Hololive EnglishのVTuberであるオーロ・クロニーを描かれていますね。ワダさんもXで感想を書いたりされています。

ワダ 可愛いくて面白いから…いい声なので作業が捗ります！ 最初は聞いていれば英語が上手くなるかな？ という下心もあったんですが、それはまったくない(笑)。

――ここ数年は『Fate/Grand Order』の仕事がメインですか？ 昨年の「奏章Ⅲ」は絵の点数が多すぎて、ファンがワダさん死ぬんじゃないかと心配していました。

ワダ 生きてます(笑)。いっぱい描かせてもらって、すごく楽しかったです。たくさん振ってもらえるのは本当に嬉しいです。可能な限り応えたいといつも思っています。

――昨年末の冬コミでワダさんの新刊グッズにもなっていた、キングプロテアとキングプロテア・オルタの絵が印象的でした。スモールエス編集部は渋谷にあるので、いつも見てるSHIBUYA109を超えるサイズのキングプロテアたちが凄かった。

ワダ リアルなサイズ感～！ 楽しく描きました。

――近年人気の巨大女のようなサイズ。

ワダ 性癖というよりはモチーフとしてクソデカ怪獣サイズの女の子がロマンチックですごく好きですね。雲から地面に突き刺したローファーの脚みたいな…。神々しい…。

――すごかったです。性癖というか、ワダさんがきゅんと来る女の子キャラは、先ほどお話していた異性装になるんでしょうか。ボーイッシュな子とも違うんですかね。

ワダ そうですね。ボーイッシュは傾向であって、ある種の「背徳感」がないですよね。もう少し「させられている感」というか、本人にはその意識がなくても、ある種の洗脳のようなもので「自分がそういう格好をしたいと思わされている」みたいな方がときめきます。秘密の花園で、ある意味望んで男役をかって出ているように見える少女が、周りが全員女の子でなかったら、そうなったかどうかは分からない。本人は「私は私だよ」と思っているけれど、結果的にさせられているところもあるかもしれない…という可能性がある感じが好きですね。でも普通にガチガチのイケメンのメロい女も好きです。かっこいいので…。

――なるほど。女子高で王子さまのように祭り上げられてしまう子っていますものね。

ワダ いいですね～～。男子校でお姫さまになっている子も好きです～。まんざらでもない感じも好きだし、嫌がっているのも好きですね。

――確かに少し背徳感がありますね…。さて、それでは最後に今後の活動を聞かせてください。

ワダ もうすぐ発表の準備中のものがあります～。ご注視いただけますと幸いです。個人的な展望でいえば、なんかもっとピュアい感じで絵を描きたいと思っています。先日、それが偶然出来たんですよね。友だちの誕生日会で集まってみんなで豆色紙にその子の推しをいっぱい描いたんです。高校のときの部室みたいに楽しくて、純粋な感じがしました。自分のためだけの絵を描きたいということかもしれないので、一枚だけ描いたら満足しそうですが(笑)。なにはなくとも仕事がものすごく好きなので……。日々一枚一枚ちゃんと納得して、これからも絵を描いていきたいですね。

――そうですか～。絵の仕事をたくさんしながら、楽しく個人活動もされているワダさんならではですね。今日はいろいろなお話をありがとうございました。

サイン色紙プレゼント

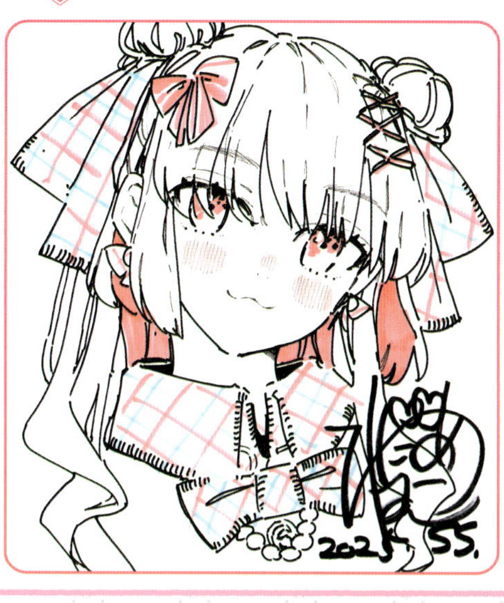

the making of SAI2

coverillustration making

スモールエス vol.81 表紙イラストメイキング

ワダアルコ

今号の「スモールエス」の表紙はワダアルコさんに、ピンクのカラーが目を惹くイラストを描き下ろしていただきました。お団子ハーフツインの女の子が着た、「S」のロゴがたくさんあしらわれたツイード素材の衣装は華やかで、ニッとイタズラに笑う口元のギザ歯にもときめきを感じます。その表情やデザインからは、かわいらしさだけでなく、カッコいい印象も伝わってきます。ここからは、ワダアルコさんの制作工程を紹介します。インタビューでも話をしてくださっていた、顔のデザインや表情を何度も思考する様子にもご注目ください。

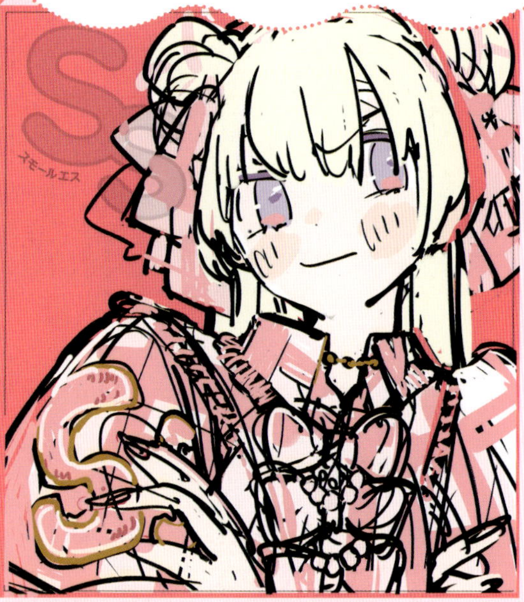

ラフ

ワダさんからSS編集部に送られてきたラフ。これまでエスで描いてくださった赤い色の絵、青い色の絵（P27掲載イラスト）に続く、ピンク色がテーマカラーになるようにイメージしたもの。ラフでは髪色が金髪で、瞳も紫色だった。一方で女の子の衣装はこの段階からイメージが変わらないのがわかる。

作業環境　Windows SAI2　@tsubuanfes

ペイントツールとしてSAI2を使うのは、起動も早く、動作も軽いからです！

◀ワダアルコの自画像キャラ

下絵を描く

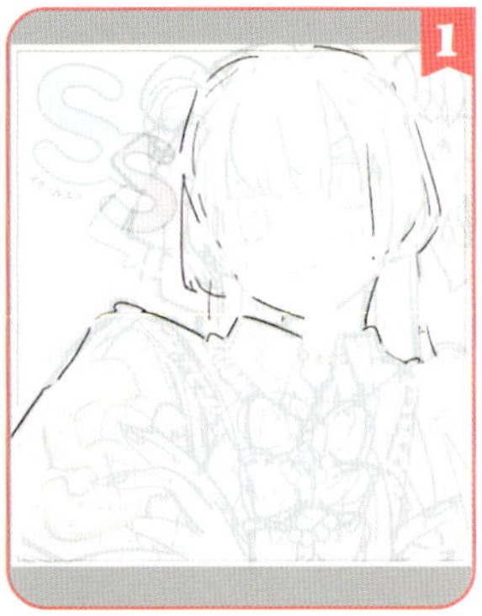

1 ラフ（上図）をベースに下絵を描く。ラフのレイヤーの不透明度を下げ、上に新規レイヤーを作成。キャラクターのシルエットをざっくりと描きおこしていく。「鉛筆」ツール（画用紙：33／にじみ：21）を使用した。

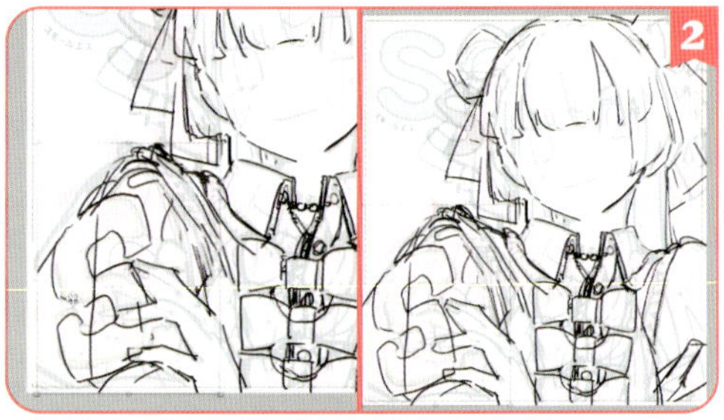

2 「鉛筆」ツールをつかい、ラフを描き進めた状態。衣装のデザインもラフよりはっきりと描かれた。肩の位置は、「選択」ツールで調整する。わずかに内側に移動した。

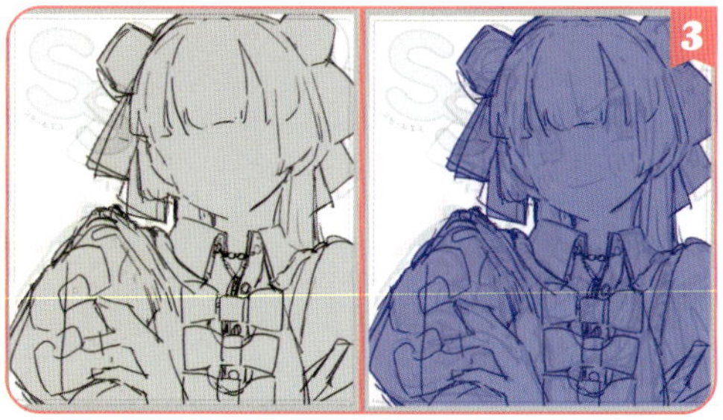

3 人物の顔のパーツ以外を描き終えたら、人物全体を「選択」ツールで選択して、グレー色に塗りつぶす。

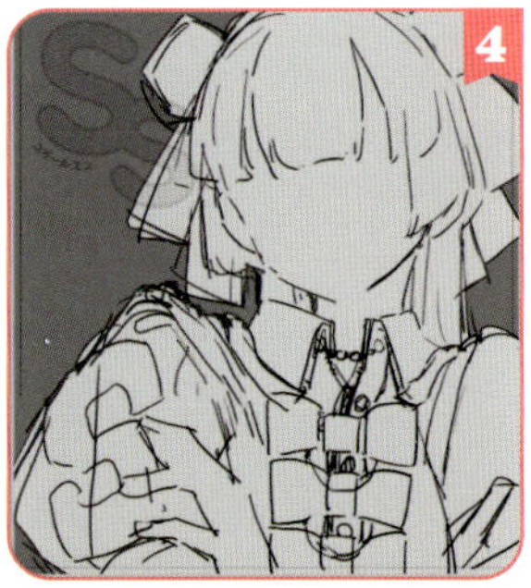

4 人物とは別のレイヤーに、背景を「バケツ」ツールでベタ塗り。人物よりも濃いグレー色を置いた。

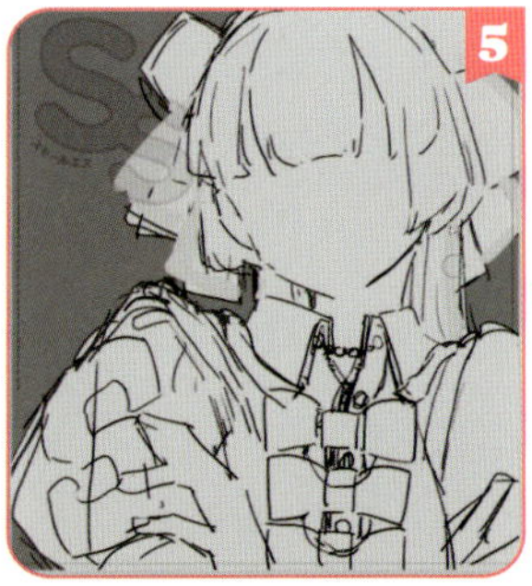

5 モノクロでシルエットを確認し、人物の髪を結ぶリボンのシルエットを大きく広げた。

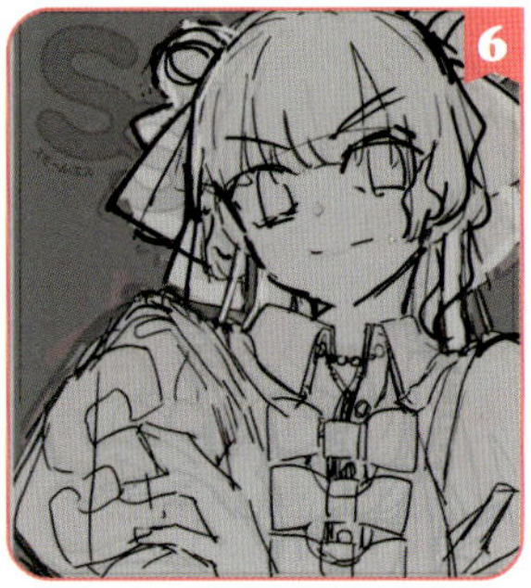

6 新規レイヤーを作成し、ヘアスタイルを加筆。この段階では顔の横の髪にウェーブが、かかっているのがわかる。また、別のレイヤーに顔のパーツをざっくりと描いた。

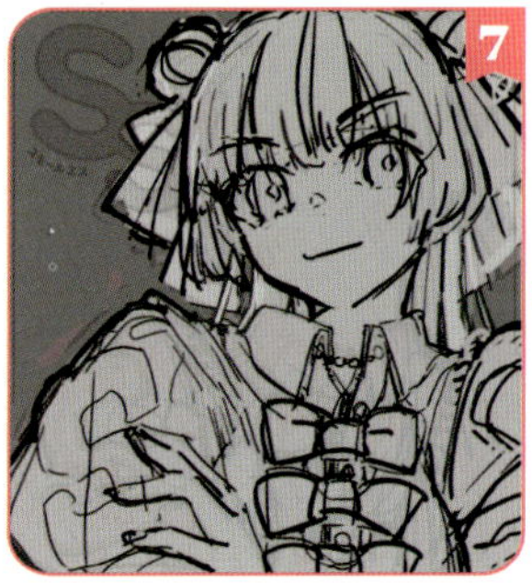

7 下絵の完成。ラフに比べて、目の形がはっきりしただけでなく、まゆげなどのパーツもしっかりと描かれた。完成絵と見比べると、指輪やヘアピンなどのアクセサリーはこの段階では描かれていない。

PICKUP!

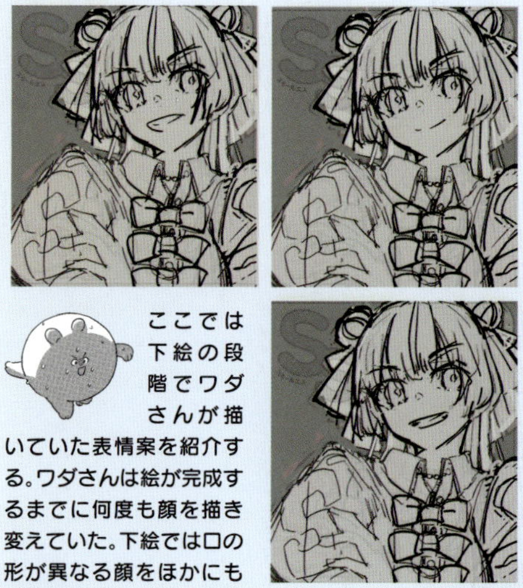

ここでは下絵の段階でワダさんが描いていた表情案を紹介する。ワダさんは絵が完成するまでに何度も顔を描き変えていた。下絵では口の形が異なる顔をほかにも3種類描いていた。よく見比べてみると、口の端（口角）の角度が微妙に違う。

イラストメイキング

線画を描く

線画は、迷っている顔のパーツ以外を先に描き進める。顔のパーツのみレイヤーを分けておくと便利。短いストロークで細かい線を重ねるように引くのがワダさんの描き方。

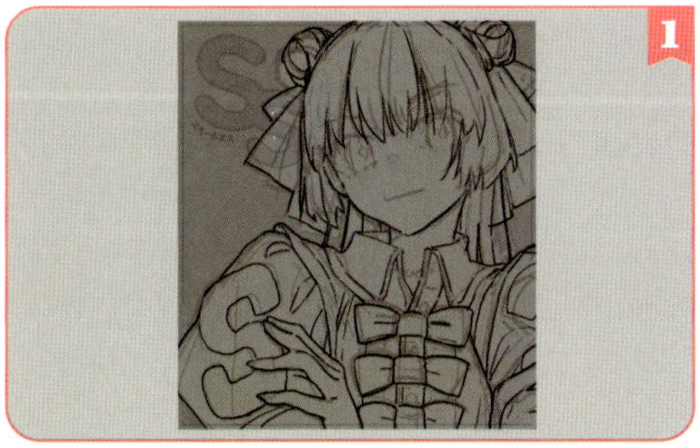

1 「鉛筆」ツールを使用して下絵の上から線画を描く。顔のパーツ以外(髪、衣装、手など)は同じレイヤーを使う。髪や手、衣装の形がはっきりと描かれた。

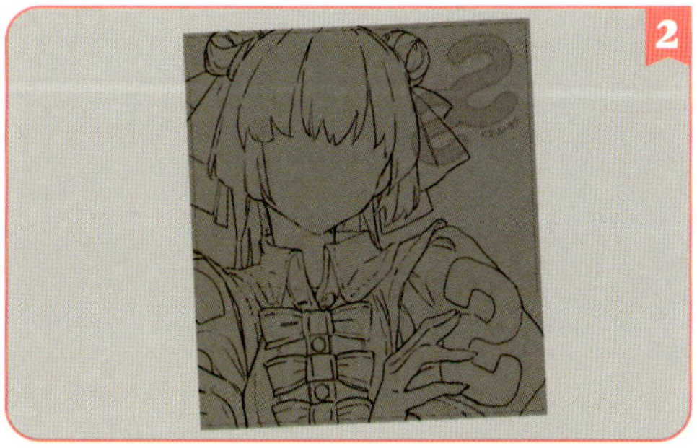

2 下絵を非表示にして前髪まわりの毛束感を調整する。ボリュームやシルエットを「鉛筆」ツールで描く。衣装にもデザインやシワを細かく加えれば、顔以外の線画の完成。

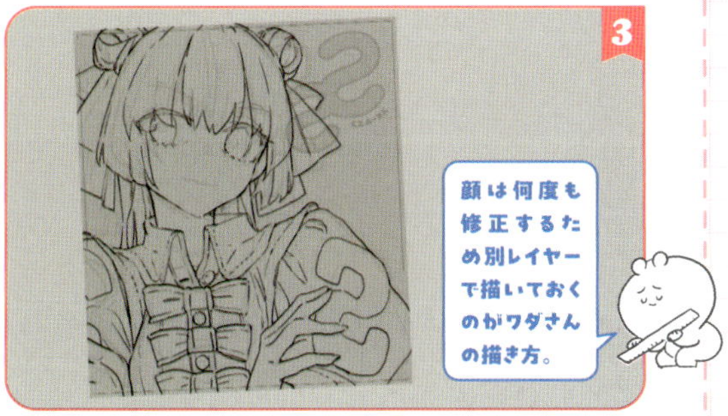

3 顔のパーツを新規レイヤーを作成して描く。下絵を再び表示して描くが、下絵はあくまでもアタリ。左右反転しながら、顔のパーツを描いていく。

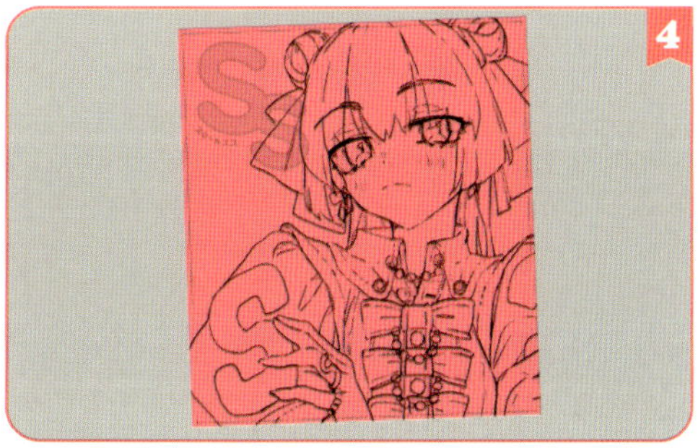

4 衣装とは別のレイヤーにアクセサリーの線画を描き終えた状態。画面に表示したピンク色は、テーマカラーとして考えていた色。ピンク色を敷いて、絵のイメージを見る。

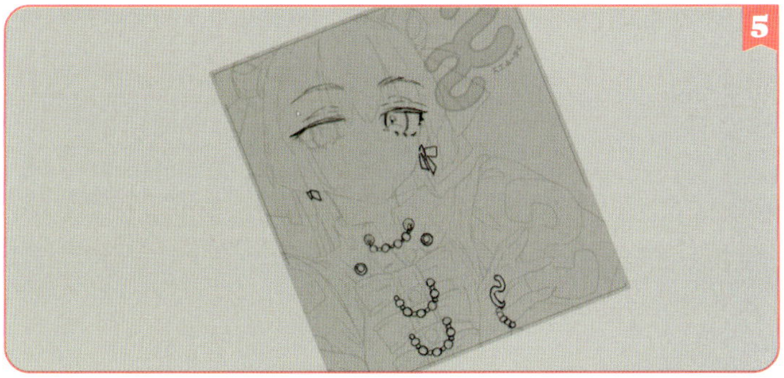

5 新規レイヤーを作成し、顔を描きなおす。顔のパーツを描いた線画(工程④の状態)をベースに整える。衣装の線画レイヤーを非表示にして描くことで、描く線を見やすくした。

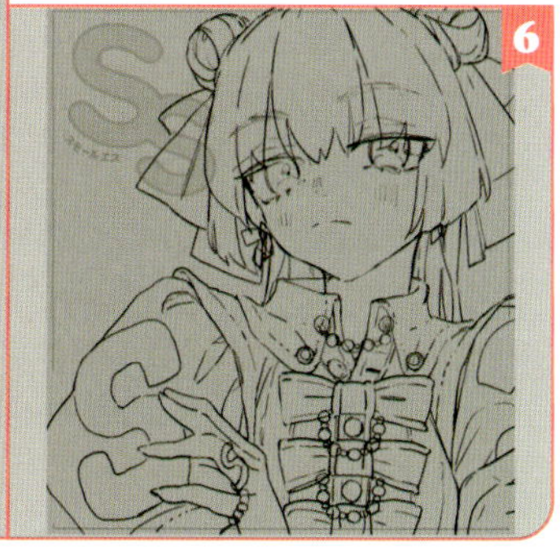

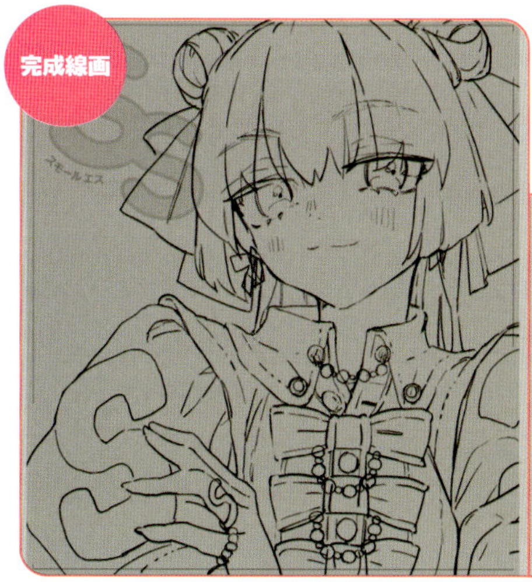

完成線画

6 線画の完成。表情は線画の段階では決めかねているため、候補である顔を2パターンを残しておく。目を描いたらレイヤーを複製して、「への字口の顔」、「ドヤ顔」の2種の表情のレイヤーを作成した。

PICKUP!

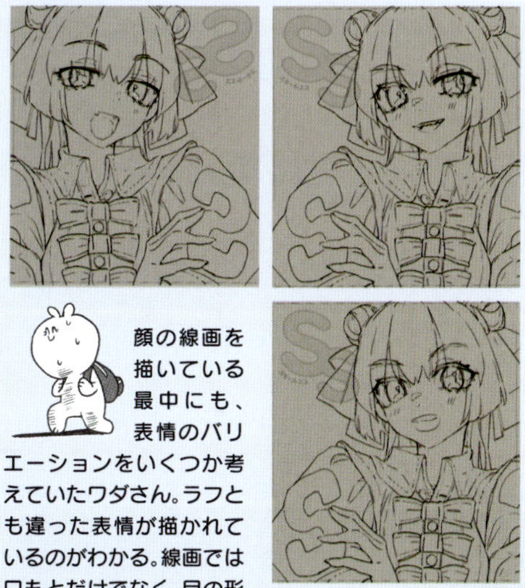

顔の線画を描いている最中にも、表情のバリエーションをいくつか考えていたワダさん。ラフとも違った表情が描かれているのがわかる。線画では口もとだけでなく、目の形もそれぞれ違っている。

色分け

このあとの着彩をスムーズに進めるために、肌、髪、衣装、小物にレイヤーを分ける。分けたいモチーフごとに、「選択」ツールを使用して「バケツ」ツールでベタ塗りすると簡単に色を分けられる。

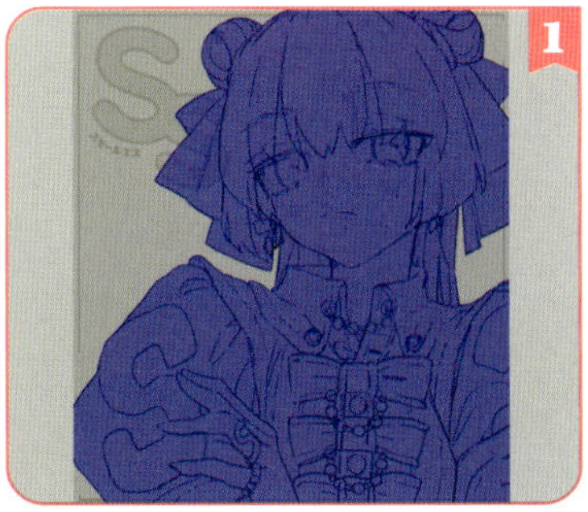

1 このあとの工程で色塗りをスムーズにするために髪、肌、衣装、小物の4つにレイヤーを分ける。まず、衣装のレイヤーを作成する。衣装の面積は多いため、人物全体を選択。

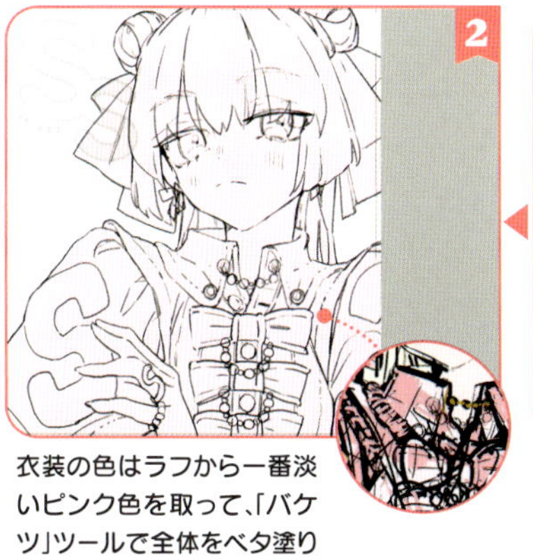

2 衣装の色はラフから一番淡いピンク色を取って、「バケツ」ツールで全体をベタ塗りする。

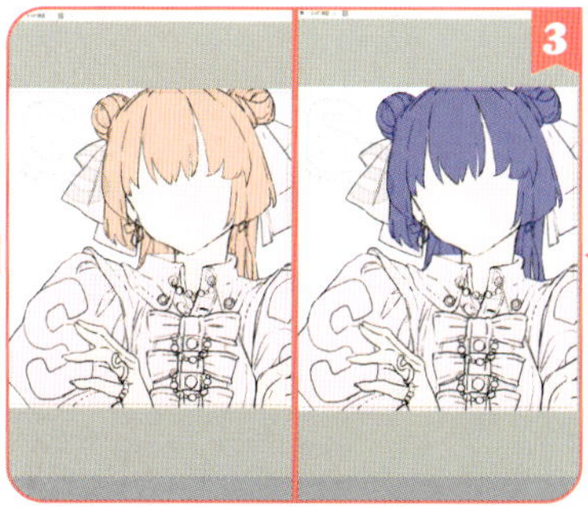

3 同様の手順で、肌、髪、小物(アクセサリー)もそれぞれ色分けしていく。ラフから色味を変えようと思った髪や、着彩していなかった小物はカラーサークルから色を選ぶ。

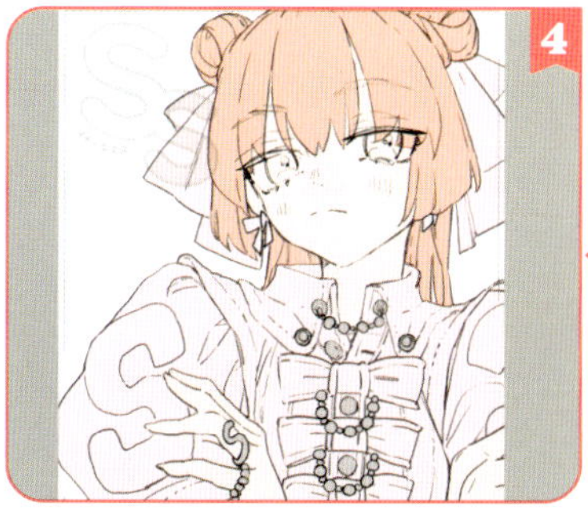

4 色分けの完成。肌、髪、衣装、小物にレイヤーを分けつつ、固有色をベタ塗りした。色分けはあくまでもベースの色。これからカゲを加えていくため、まずは淡い色を敷く。

下塗り①（顔を描く）

ワダさんは下塗りの段階で一度、絵を完成に近づける。おおまかな着影の方向性を決めたら、あとは細かいモチーフのディテールを加筆していくだけ。今回は下塗りとして顔まわりと全体の雰囲気を描く工程をクローズアップして紹介する。

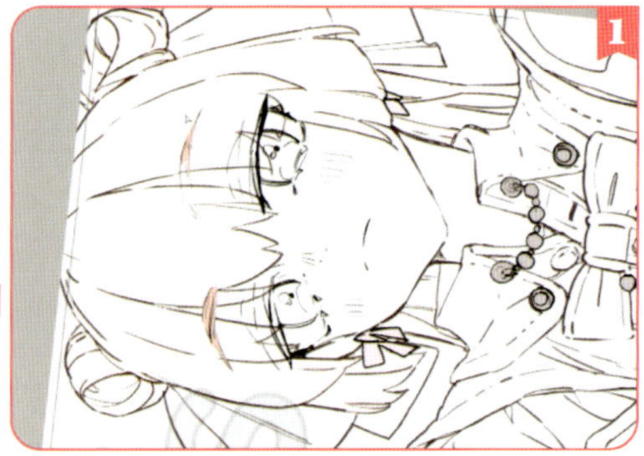

1 顔のパーツを塗るためのレイヤーを新規作成する。色分けしたレイヤーを一度非表示にして、髪と同じベージュ色でまゆげを塗った。下塗りは基本的に「鉛筆」ツールをつかう。

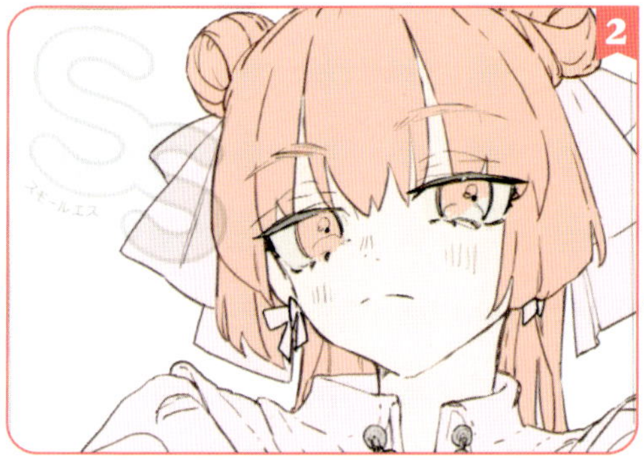

2 ①と同じレイヤーで目を塗る。まず、目全体にグレーがかった淡い黄色を敷いた。続いて、髪と同じベージュ色で瞳をベタ塗り。「鉛筆」ツールをつかった。

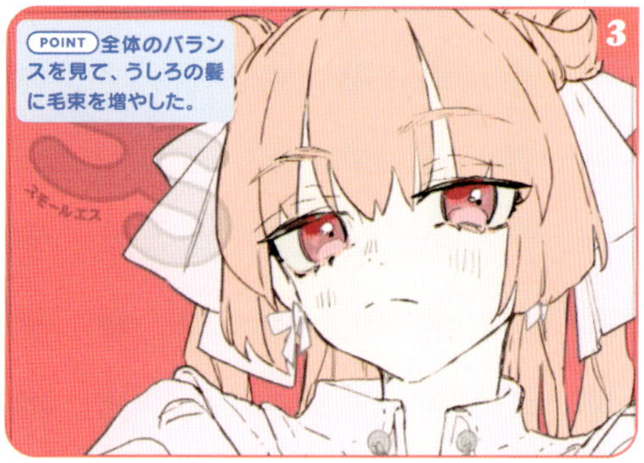

POINT 全体のバランスを見て、うしろの髪に毛束を増やした。

3 一度、背景にイメージカラーであるピンク色を表示。背景に負けないよう、瞳を加筆していく。背景から「スポイト」でピンク色を取って瞳全体に乗せて、上からデザインを描く。

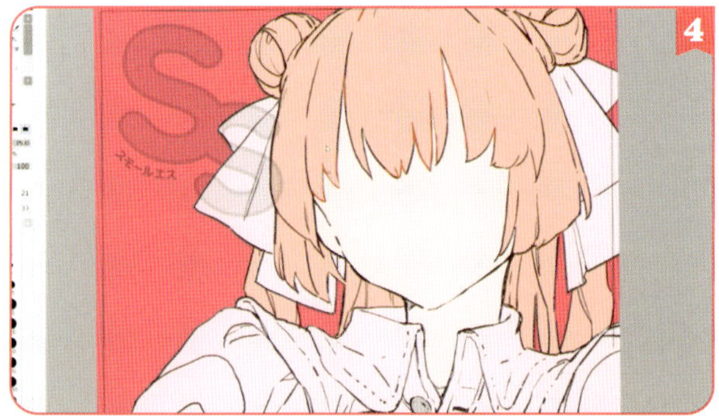

4 顔のパーツを非表示にして、髪の線画を整える。線画に、ワインレッドの色をところどころ乗せる。加筆して、線が太くなりすぎた場所は、ベースの色を「スポイト」で取り、色を削る。

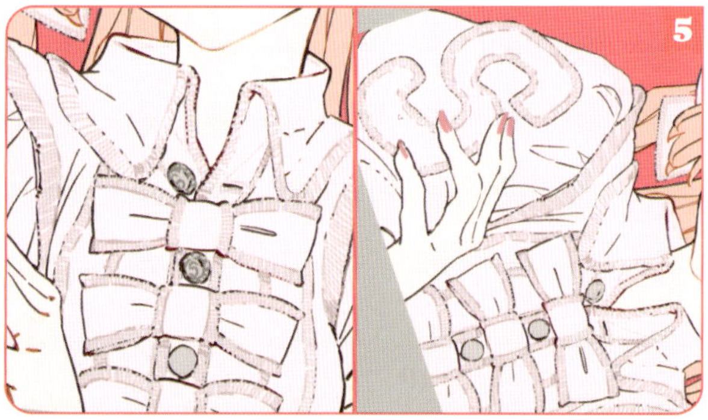

5 衣装に線でディテールを加える。布のフチにリブのような凸凹感を1本ずつ細かく描く。色はくすみピンク色をつかった。また、ネイルをピンクでベタ塗りし、シャツのボタンに「S」のロゴを追加。

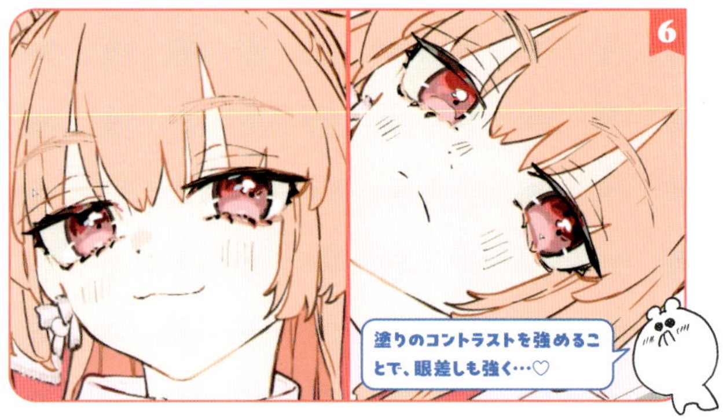

6 ③から、さらに目を加筆した状態。瞳の線も太くして、ハイライトを添える。下まつげや下まぶたにも色を重ねていき、立体感を出す。また、鼻にもカゲを描いた。左目が完成したら右目も整える。

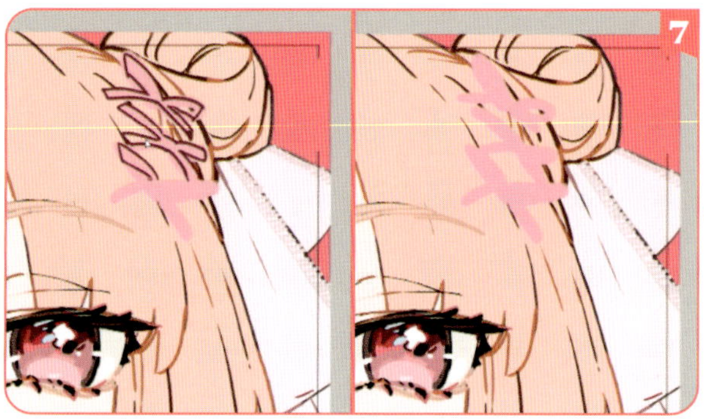

7 アドリブでヘアアクセサリーを加える。新規レイヤーに、ピンク色でリボンのシルエットをざっくりと取る。黒色でアウトライン（線画）を描けば絵になじむ。

下塗り②（全体の陰影を調整をする）

続いて、全体的にカゲを加筆して絵の雰囲気を調整していく。

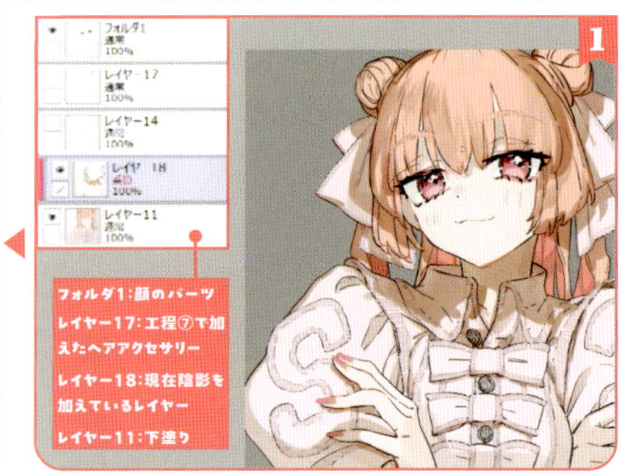

1 下塗り①に新規レイヤーをクリッピングし、髪や衣装におおまかなカゲを描いていく。まずは、首周りや袖などにカゲを乗せた。次に、髪スジや前髪によって落ちる肌のカゲをひたいに描く。「マーカー」（合成モード：乗算）や「鉛筆」を使用。

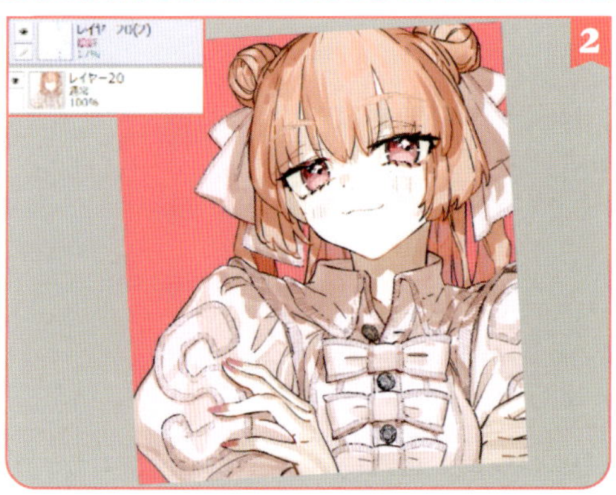

2 手や衣装に陰影を加筆し終えたら、髪にカゲをさらに描く。「鉛筆」や「マーカー」をつかった。徐々にコントラストが生まれ、立体感が出る。ここで、レイヤーの合成モードを「除外」（不透明度を6%）にして、レイヤーを統合した。

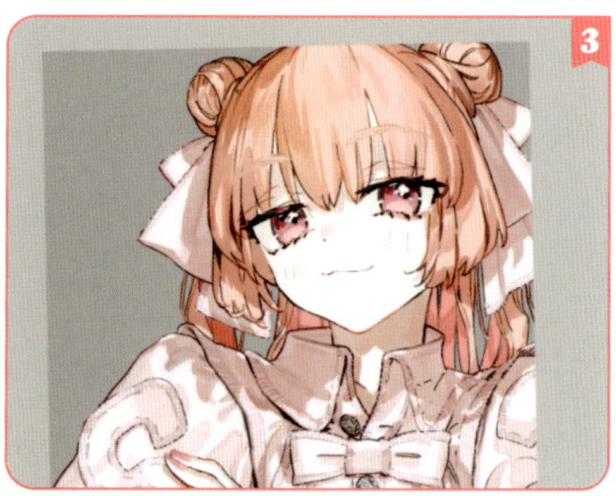

3 顔の横に垂れる髪の毛束感を調整する。毛先のいくつかを内側に跳ね上げさせた。ところどころ線画に深い色みを重ねることで、人物の印象を強める。うしろの髪にも細い毛束を追加し、やわらかな髪の雰囲気を出した。

イラストメイキング

髪を描く

P33で紹介した下塗りのレイヤーをベースに上から色を重ねていく。ワダさんは絵のバランスを見て全体的に塗りを進めていたが、今回はパーツごとに紹介する。

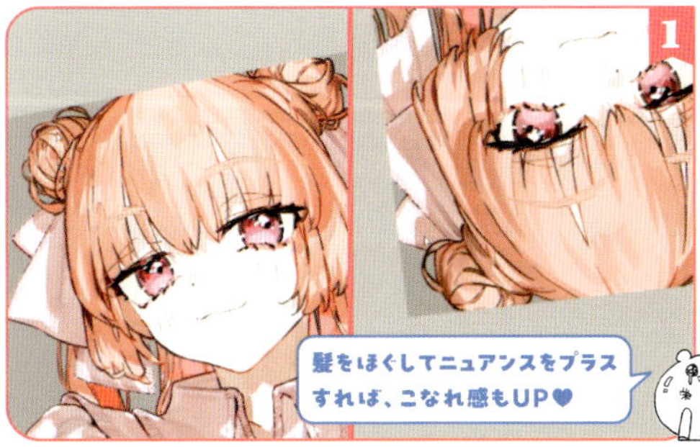

新規レイヤーを作成して、お団子部分の髪と、顔周りの髪を調整する。お団子ヘア部分には「鉛筆」ツールで、はみ出す毛束を加えていく。下塗りした絵から「スポイト」で色を取りつつ、描くことで絵になじませる。

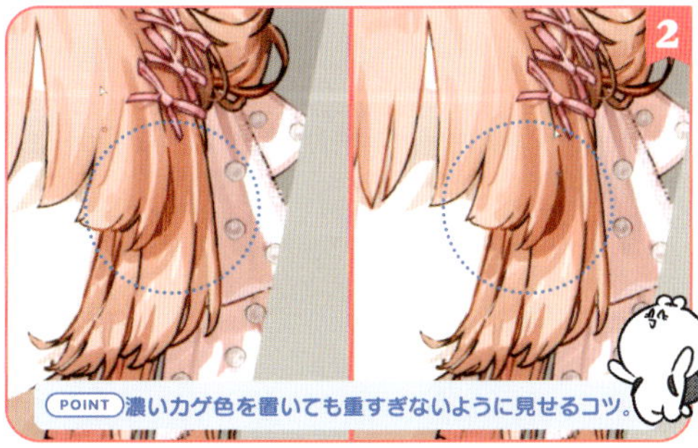

濃いカゲを描いて前後感を出す。まず、濃い赤茶色で毛束のラインに沿ってカゲを描く。次に、下に乗せていたくすんだ赤茶色を「スポイト」で取り、濃い赤茶色で描いたカゲのラインを斜線を引くようにして削る。絵の情報量もアップした。

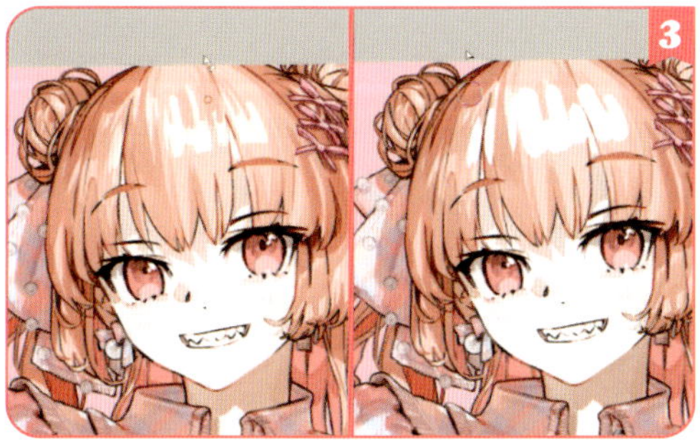

前髪にハイライトを加える。まず「鉛筆」ツール（合成モード：発光）でざっくりとハイライトを描く。レイヤーの不透明度を28%まで下げて、ハイライトを「消しゴム」で削り、形を整える。同様の手順で、お団子部分にもハイライトを加えた。

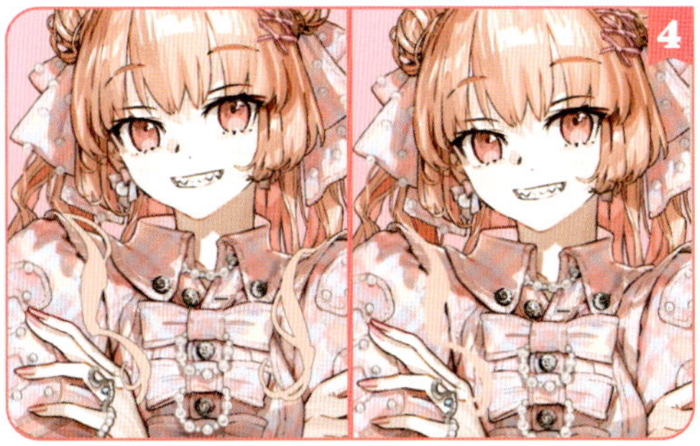

衣装の手前に髪を追加することにした。まず、サーモン色をつかい、「鉛筆」で髪の流れを描く。続いて、髪を黒い線でフチ取る。「選択範囲→選択領域を1ピクセル膨張→ふちどりたい色を選択して塗りつぶす」ことで、簡単に線画が表現できる。

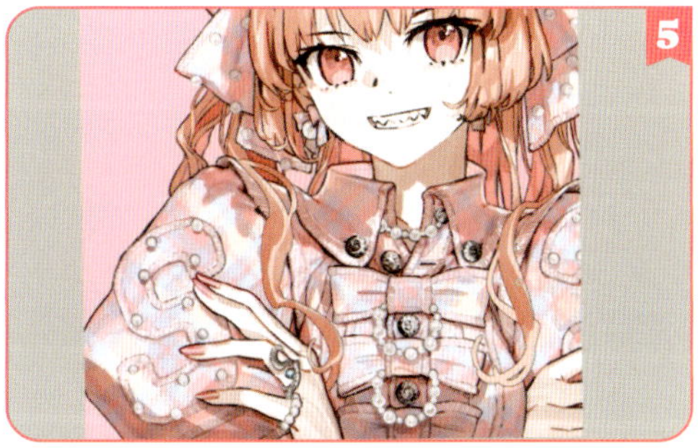

上から、レンガ色で毛束にカゲを描く。「マーカー」（合成モード：乗算）で表現した。また、うしろの髪となじむまで色を重ねたり線画を加筆して髪色を濃くしていく。

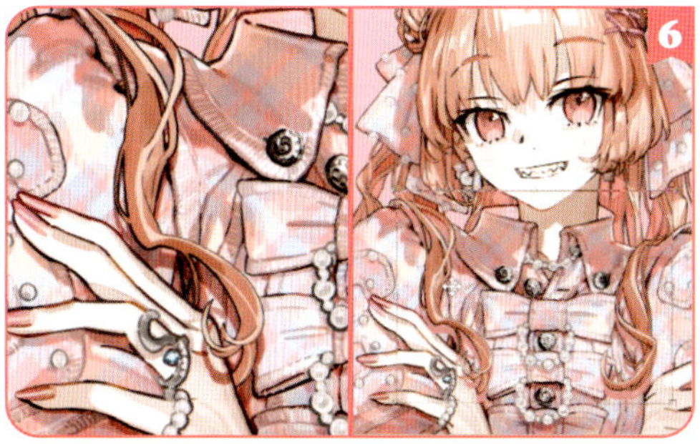

髪、手、体の前後感を表現するために、衣装や手に落ちる髪のカゲを描く。まず、⑤で描いた毛束を複製する。合成モードを「通常→乗算」に変え、色みが絵になじむよう調整した。手に被る不要なカゲ色などを消せば、簡単にカゲが描ける。

顔を描きなおす

ワダさんは再び顔のパーツを見つめ直し、表情を描きなおすことにした。何度も表情のバリエーションを見つめて一番しっくりくるかわいい顔を探す。

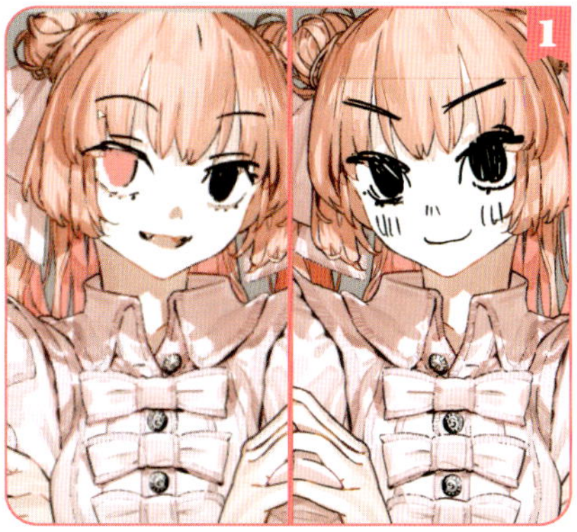

顔を描きなおす。顔のパーツのレイヤーを非表示にして、新規レイヤーに黒色でざっくりと表情を描く。表情が決まったら瞳に背景と同じピンク色を塗る。

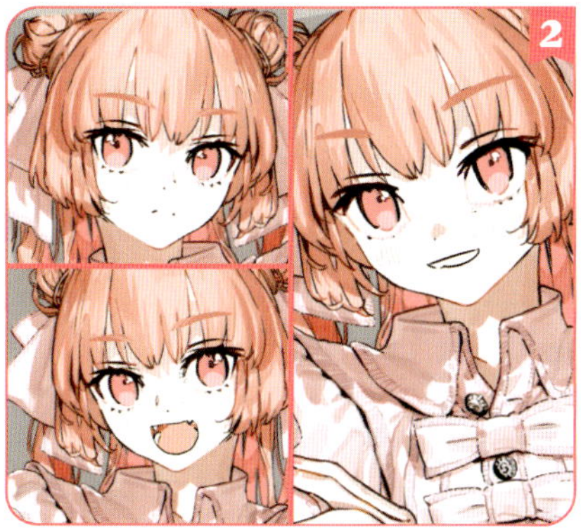

瞳を描き進めた状態。瞳孔、ハイライト、反射光を瞳に加える。また、この段階でも口のパターンをいくつか考えて描き変えていた。

PICKUP!

目の別案

口の別案

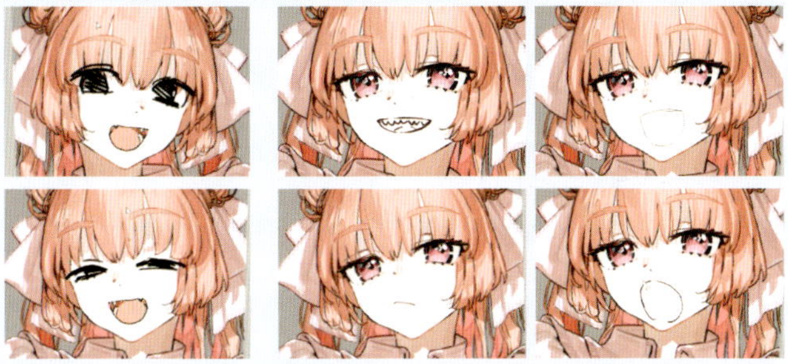

着彩中にも表情を見直していたワダさん。下塗りで描いた目に合わせて、口のバリエーションもいくつも考えられていた。ほかにも、にっこりとした口に合わせて、瞳の形を2種類描いていた。

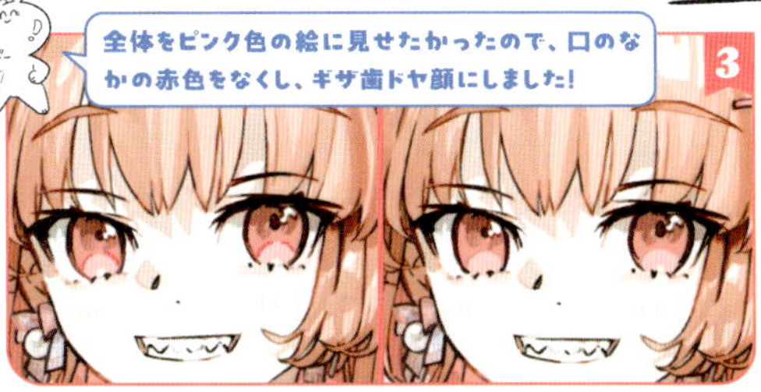

白目にもカゲを描き、瞳のなかも描き進めた状態。口はギザ歯に決定した。瞳下部に反射光として描いたピンク色の半円は、鮮やかなチェリーレッドで囲うと印象的な瞳になる。

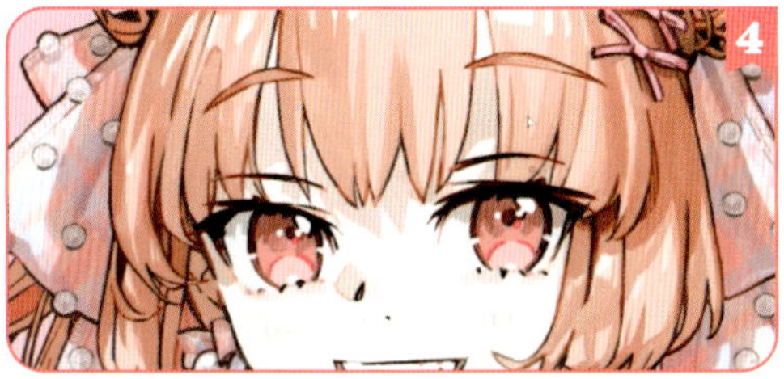

瞳上部には、暗い色をさらに加えてコントラストを強くした。また、瞳孔にかぶせるようにチェリーレッド色で点を打つ。ハイライトを左右にも加えたら、きらめきがアップする。

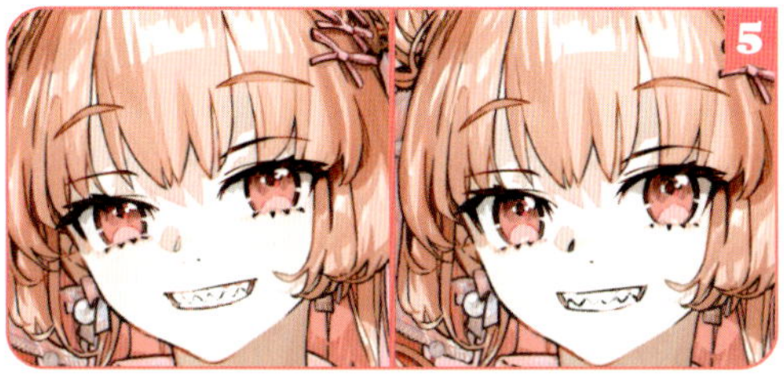

縦長ぎみだった目の形を少し横長ぎみに変形した。元気でハツラツとした印象からイタズラっぽさが増した。最後に頬に斜線を加えて血色感を加える。

衣装を描く

衣装は、全体の陰影をしっかりと描き込んでいれば、平面的な素材を乗せても絵になじむ。柄の素材を乗せるときには、衣装の切り替えしごとに柄の向きを変えると良い。

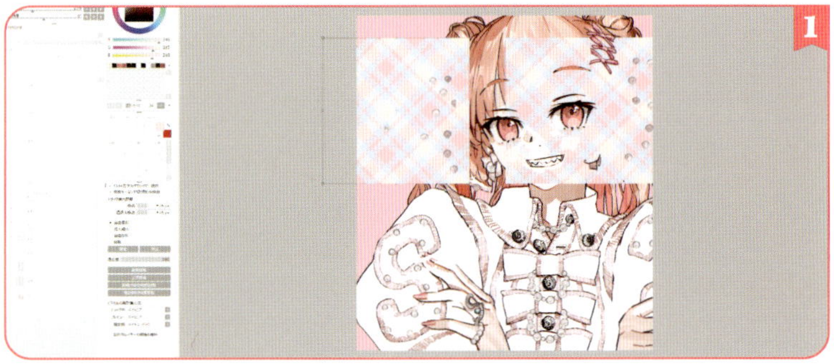

衣装の模様は、まずチェック柄の素材を貼り付ける。衣装の面積が大きいため、素材を複製して、レイヤーを統合する。衣装の素材はツイード生地をイメージしているそう。

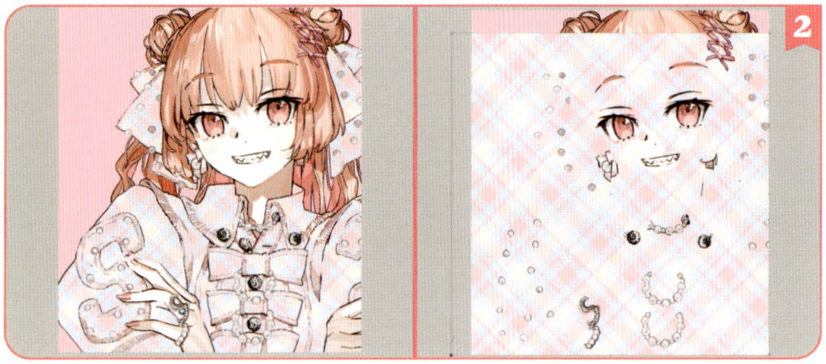

チェック柄の素材を好みのサイズに合わせて拡大する。衣装が隠れるほどのサイズに拡大したら、衣装を描いていたレイヤーにクリッピングする。

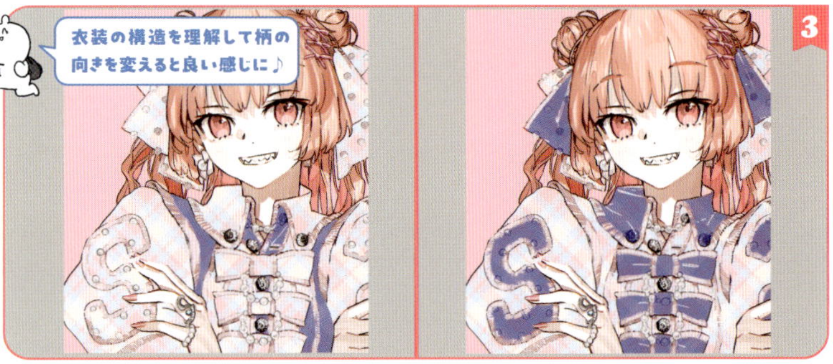

柄の模様の見え方を調整する。えり、リボン、袖のロゴを選択して、柄の向きを変える。ほかにも、衣装の切り替えしごとに細かく柄の向きを調整すると平面的すぎない絵になる。ヘアアクセサリーのリボンも、手前と奥でチェックの柄の向きを変えるのがポイント。

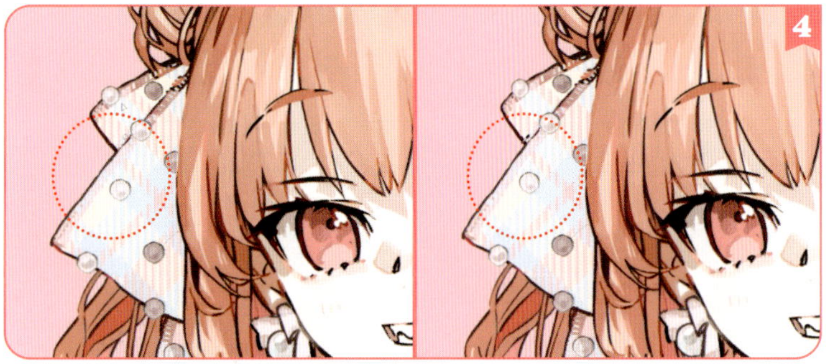

ヘアアクセサリーのリボンの柄のサイズは、衣装よりも大きくした。レイヤーの重なりの関係でできてしまった模様の欠け(隙間)は、「鉛筆」ツールで埋める。スポイトで色を取り、ザクザクと模様を繋げた。細かい表現も逃さないことで、絵の完成度を高める。

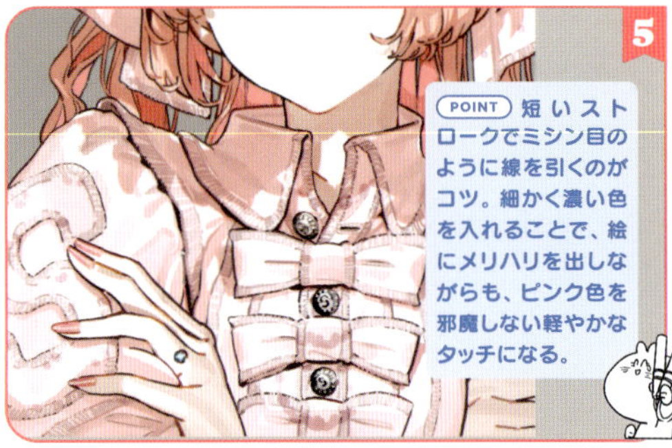

POINT 短いストロークでミシン目のように線を引くのがコツ。細かく濃い色を入れることで、絵にメリハリを出しながらも、ピンク色を邪魔しない軽やかなタッチになる。

衣装の柄を非表示にする。全体のバランスを見ながら、リブのような凹凸を描いた部分のアウトラインをところどころ太くしたり濃くする。新規レイヤーに「鉛筆」ツールで描いた。線を加えたら、数ミリ単位で色を削って見え方を調整する。

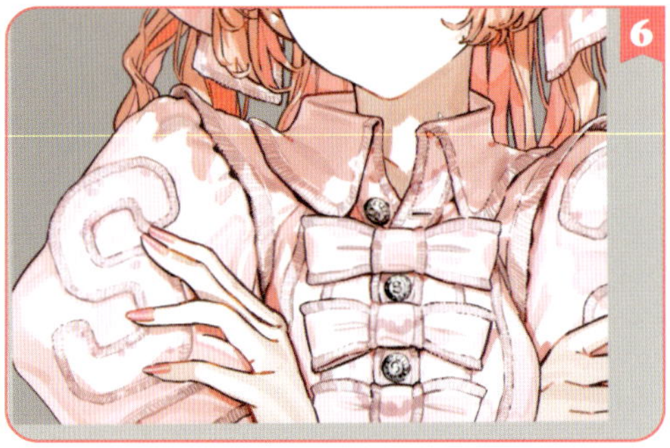

工程⑤と比べると、リボンのアウトラインなどがわずかに濃くなった。色みを少し鮮やかにして、衣装の一番暗くなるカゲ部分に濃いピンク色(合成モード:乗算)を乗せる。そのあと下塗りで陰影を加筆したレイヤーと統合した。

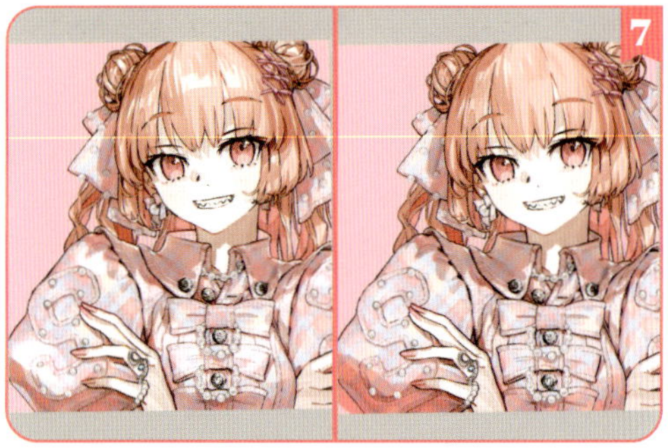

⑥でカゲを加筆した状態の下塗りのレイヤーの上に、衣装の柄を再び乗算で表示して重ねた。また、柄の色みが濃くなるように、色調整をした。最後に服のカゲ(合成モード:乗算)とハイライト(合成モード:発光)を「鉛筆」で加える。

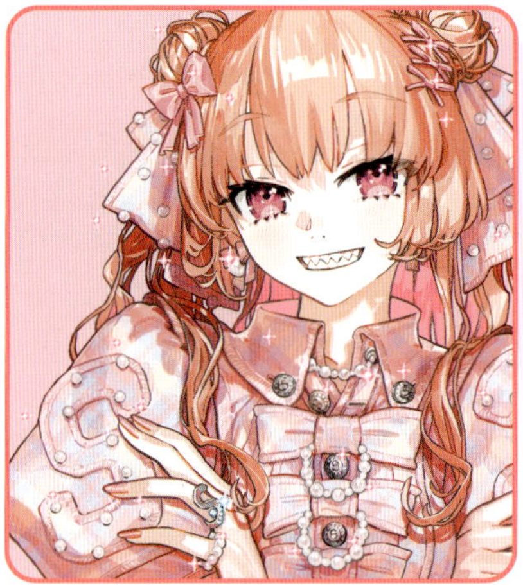

完成!

ニッと微笑む口元からギザ歯が覗く、お団子ハーフツインヘアの女の子の完成! ワダさんの制作工程を見ていると、ラフの段階から衣装やヘアスタイルのイメージは変わらずに進みましたが、一方で人物の表情は何度も変化しました。どの工程でも、顔のバランスや表情を見つめ直していたのが印象的です。また、ツイード素材の衣装も構造に合わせてチェックの柄を貼り付けるなど、細やかなテクニックが光っていました。さらに、色を塗り込む段階では、短いストロークで何度もモチーフのアウトラインを加筆しては削る、という工程を繰り返すことで手描き感も残した、ワダさんならではの作品に仕上げています。

仕上げ・キラキラを描く

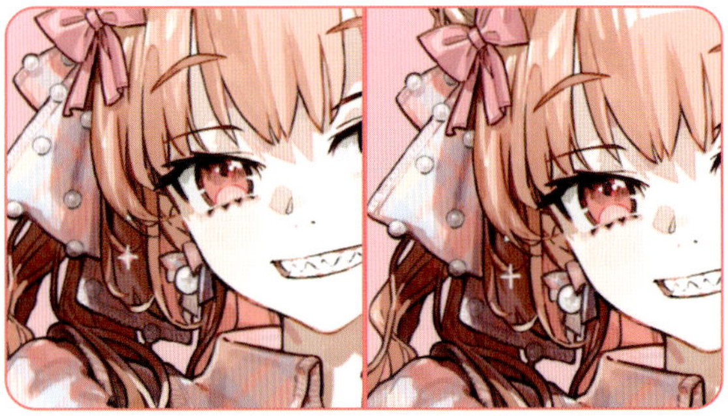

仕上げにキラキラを加えていく。まず淡いピンク色をつかい、「鉛筆」ツールで十字を描く。ピンク色で十字を囲えばキラキラの完成。これをベースに絵全体に複製してきらめきを追加。瞳のなかにも加えた。

the making of 透明水彩

透明水彩による美しい色彩と、フリルやリボン、ケモノ耳にお花、ぬいぐるみなどのドリーミーでロマンチックな装飾によって、魅力的な少年少女たちを多数描いてきたあおねさん。そんなあおねさんが「アイドル」をテーマに、ツンとした表情と大きなリボンが可愛い、ピンク色のふわふわなポニーテールが印象的なアイドルの女の子をメイキング!

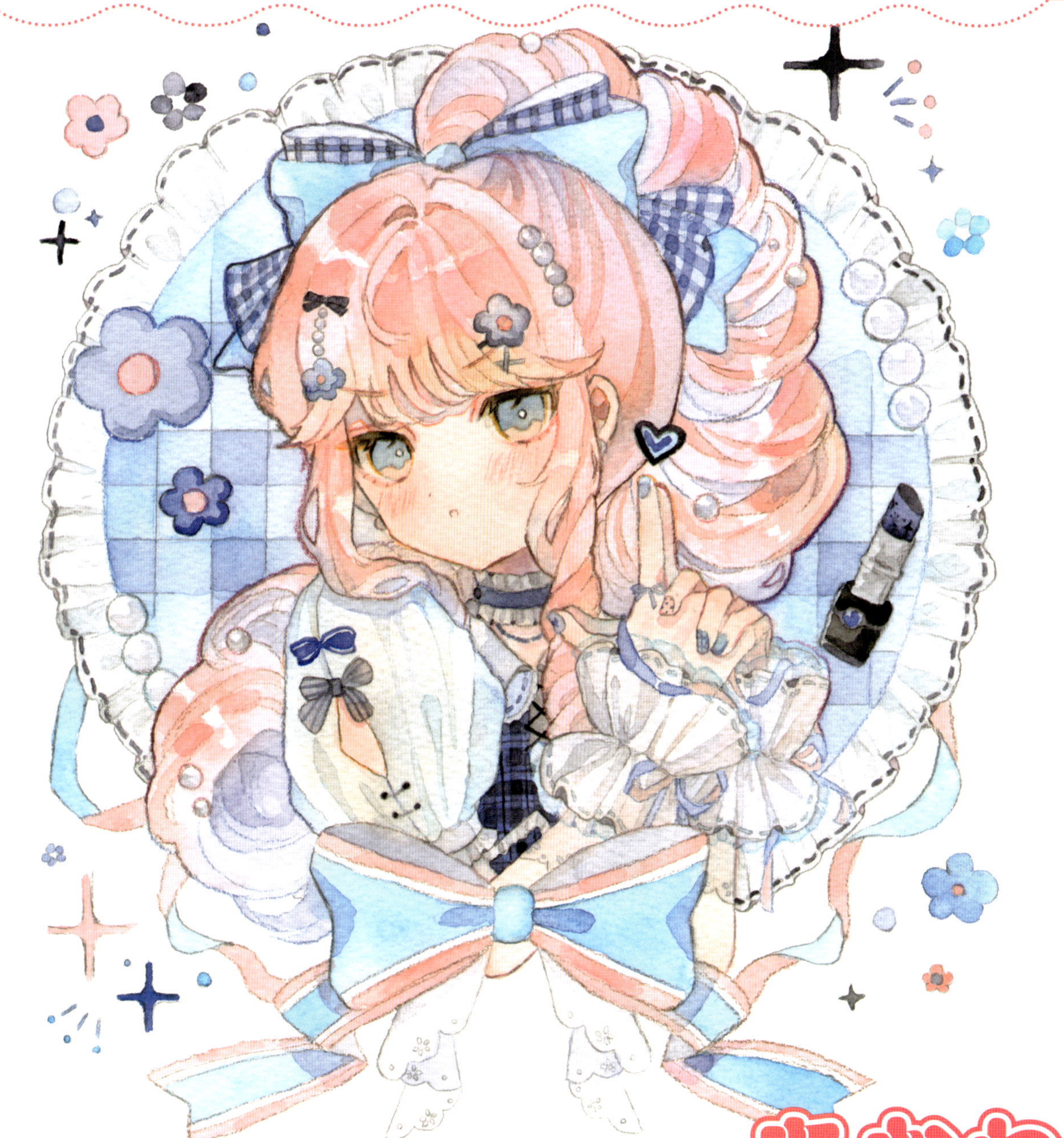

あおね

画材 ホルベイン透明水彩絵具(メインで使用)、クサカベ専門家用透明水彩絵具、三菱絵筆ユニカラー色鉛筆、シャープペンシル、ホワイト

用紙 ウォーターフォード(中目)300g

X @aoyagi630630

Instagram aoyagi874

今回使用する画材はコチラ!

透明水彩絵具

- 透明感のある絵具で、重ねると下の色が透ける。
- 混ぜる水の分量で濃淡をコントロールし、単色、混色、にじみ、グラデーションまで、幅広い表現ができる。
- 乾いても水に溶けるので、パレットに出した絵具は一回ごとに洗わず、そのまま保存して繰り返し使用する人が多い。

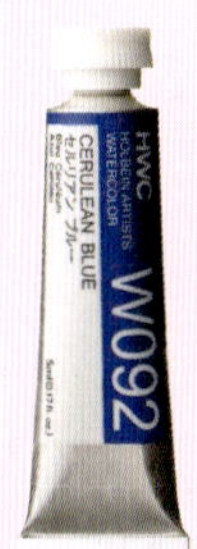

ホルベイン 透明水彩絵具

顔料とアラビアゴムのメディウムから作られた透明水彩絵具。色数が多く手軽で使いやすい。分離色のグラニュレーティングカラーズや偏光色のイリデッセントカラーズなどもある。

全160色

5ml(2号) 各価格 220〜660円(税込)

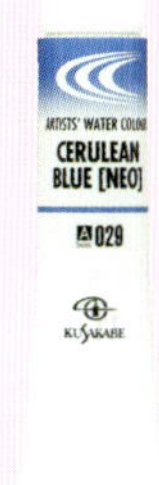

クサカベ 専門家用透明水彩絵具

「環境と人にやさしい絵具」として、耐光性に優れた高機能有機顔料を数多く使用した透明水彩絵具。日本画材に使われる顔料の色に近い名前が「和名」として各色に併記されている。

全90色

5ml(2号) 各価格 242〜330円(税込)

information

発売元
ホルベイン画材株式会社
https://www.holbein.co.jp

発売元
株式会社クサカベ
https://www.kusakabe-enogu.co.jp

※価格は税込表示です

ラフ〜線画

アイデアラフ

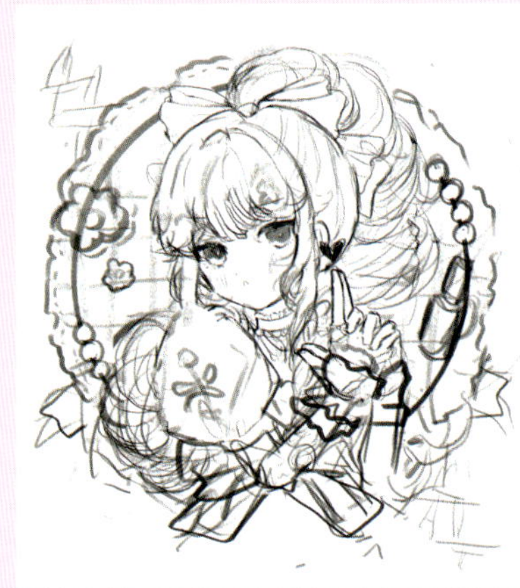

投稿テーマの「アイドル」に寄せて、あおねさんが描いてくれたアイドルの女の子のラフ。同じ構図で、ウィンクしたものや、ちょっとタレまゆ気味なものなど、表情やディテールの異なる4パターンのラフの中から、ちょっとツンとした表情が可愛い、こちらのラフが決定稿に。

カラーラフ

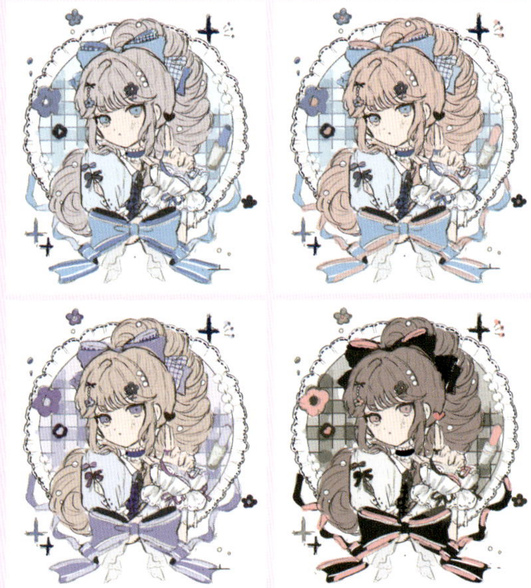

決定したアイデアラフを清書したカラーラフ。中央のリボンが前に来て、目立つ形に。ピンク×青、青、ピンク×黒、紫など、様々なカラーバリエーションの中から、「ピンク×青」バージョンに決定。

完成線画

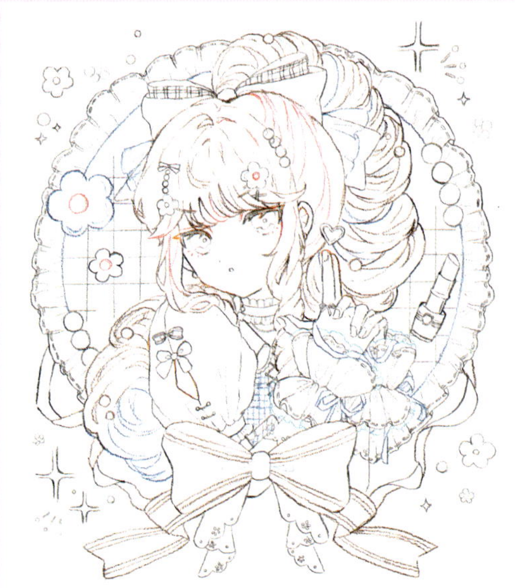

デジタルのカラーラフをもとにシャープペンシルと色鉛筆で描かれた線画。髪の毛は赤と青で描き分けられているなど、素材や光の当たり方によって、細かく線の色が変えられている。

肌を塗る

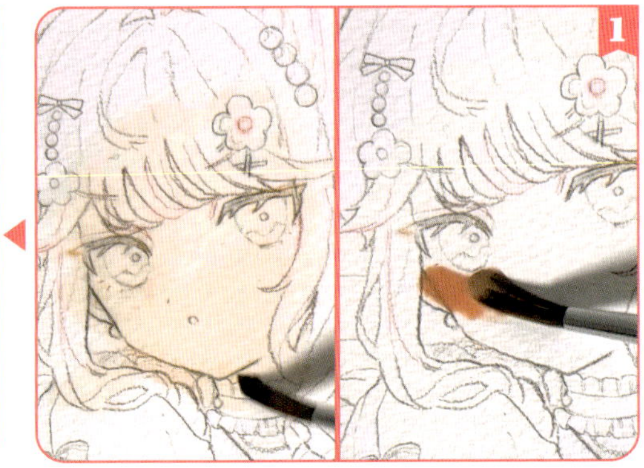

1 肌のベースを塗る。ジョーンブリヤンNo.2＋プライムレッド（クサカベ）の薄い赤茶色を頬に置き、水筆で顔全体、耳や前髪あたりまで伸ばし広げる。

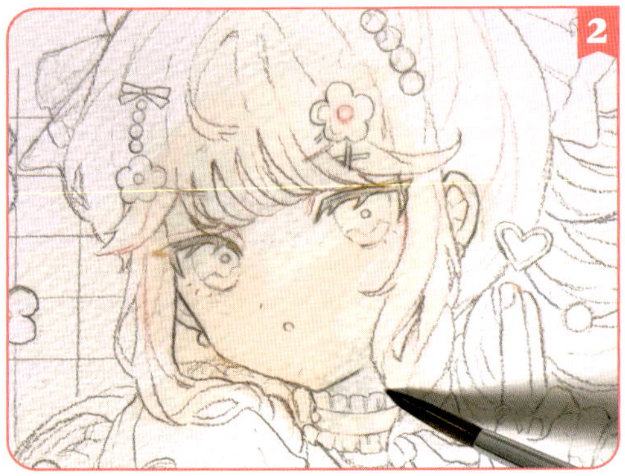

2 カゲの下塗り。たっぷりの水で溶いたコンポーズブルーを前髪、首もとなどカゲが落ちる部分に淡く塗る。

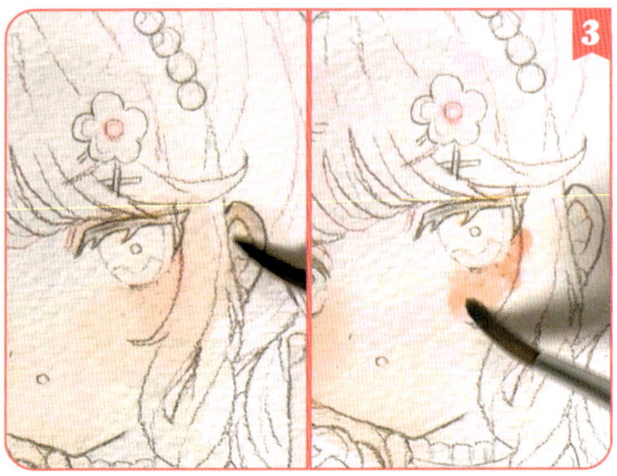

3 赤みを入れる。①でつくった赤茶色を頬、二重部分、耳などに重ねて、水筆でぼかしてなじませる。

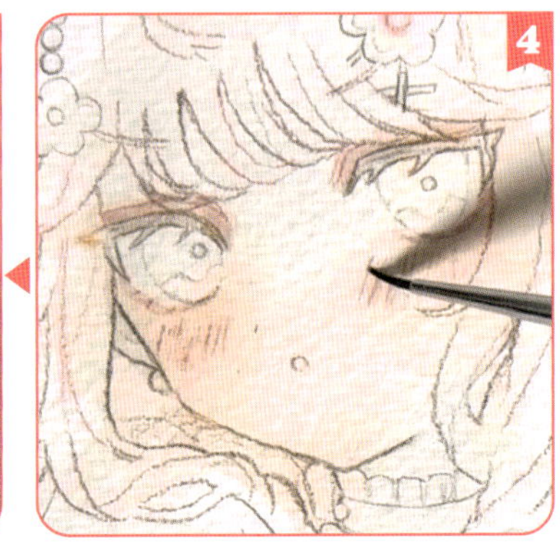

4 赤みを強くする。バーミリオンヒュー＋ミネラルバイオレットのくすんだ紫色を二重部分、下まつげに重ね、頬には斜線を引く。頬は濃くなりすぎたら、ティッシュや筆でぬぐって調整。

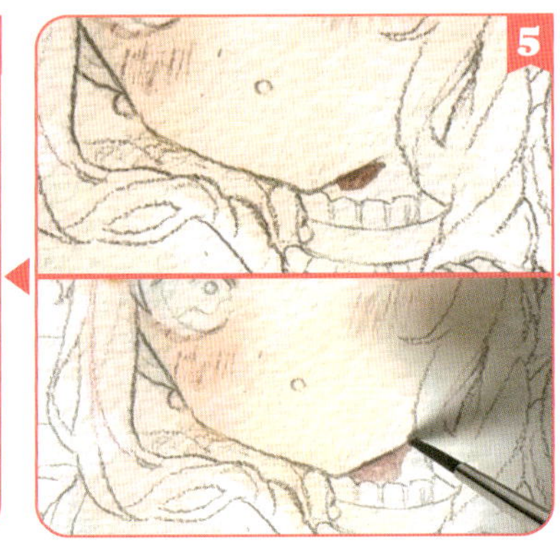

5 ④でつくった、くすんだ紫色でカゲを入れる。まずはアゴの下に、やや濃いめに溶いた状態で置いて、水筆でぼかしながら首全体に広げる。同様に耳にもカゲを入れる。

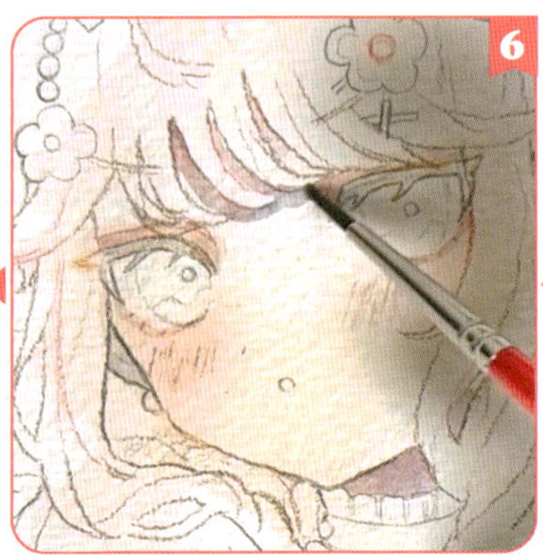

6 首、耳と同様に前髪の下にも④でつくった、くすんだ紫色でカゲを入れる。部分的にコンポーズブルーを多めにするなどして、奥行きや抜け感を出す。

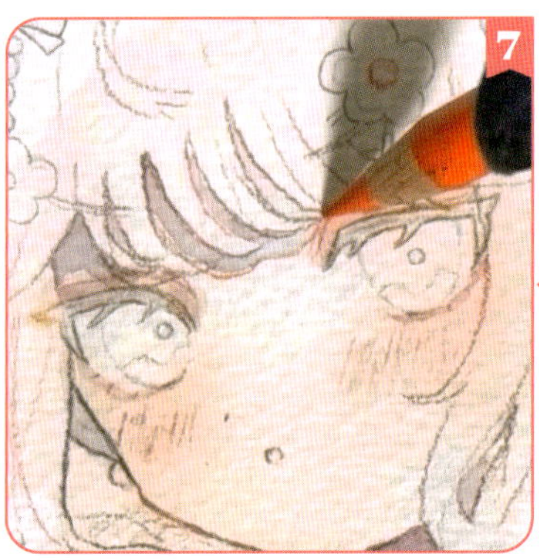

7 肌を塗り終わったら、前髪や耳のカゲをオレンジ色の色鉛筆でふちどる。これはカゲとの境目をはっきりさせ、メリハリをつけるため。

瞳を塗る

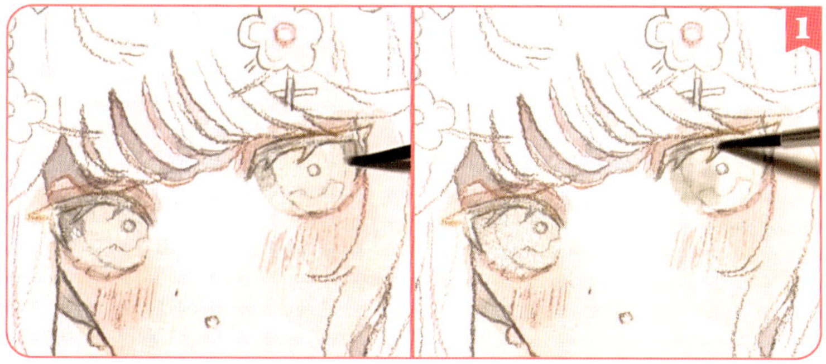

1 アイボリブラック＋ジョーンブリヤンNo.2のグレーで目全体を下塗り。そのあと同じグレーで白目の上部にカゲを入れる。

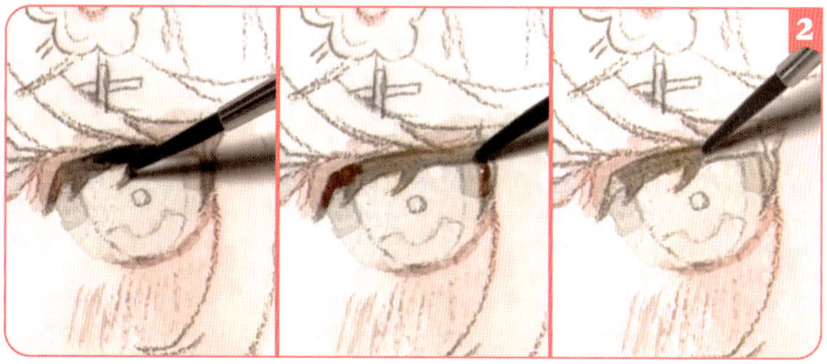

2 上まつげを塗る。①のグレーを中央に置いて伸ばしたあと、両端にセピア＋バンダイクブラウン（クサカベ）の茶色を重ねて混ぜる。最後にアイボリブラックをまつげの中央に重ね、グラデーションにする。

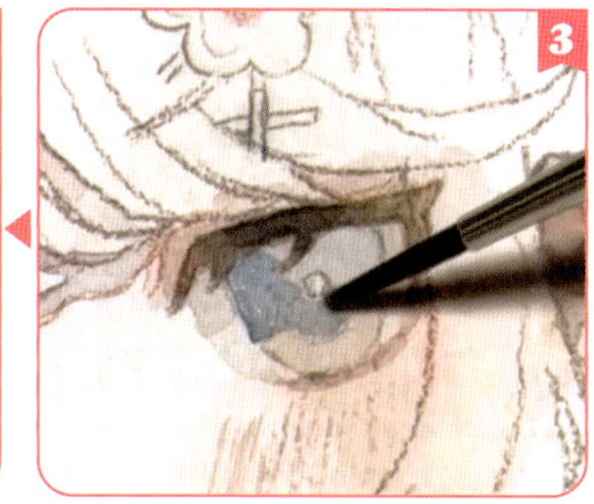

3 瞳を塗る。上部はコンポーズブルー、下部はジョーンブリヤンNo.2。コンポーズブルーは二度塗りで、徐々に濃くする。

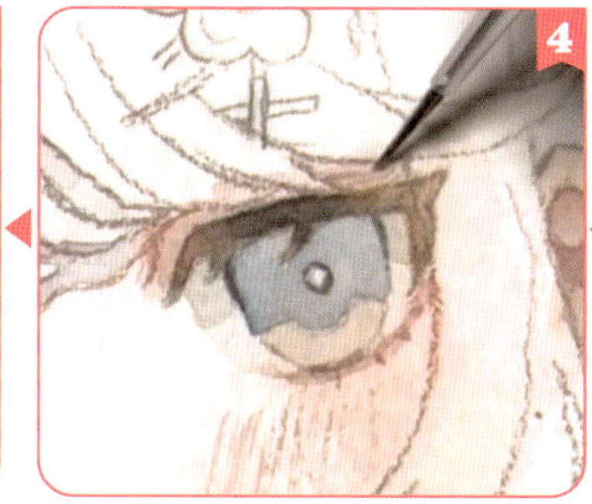

4 瞳孔、瞳上部の左右をニュートラルチントでふちどり、バーミリオンヒュー＋ミネラルバイオレットの紫色で下まつげを描き入れ、二重のラインをなぞる。

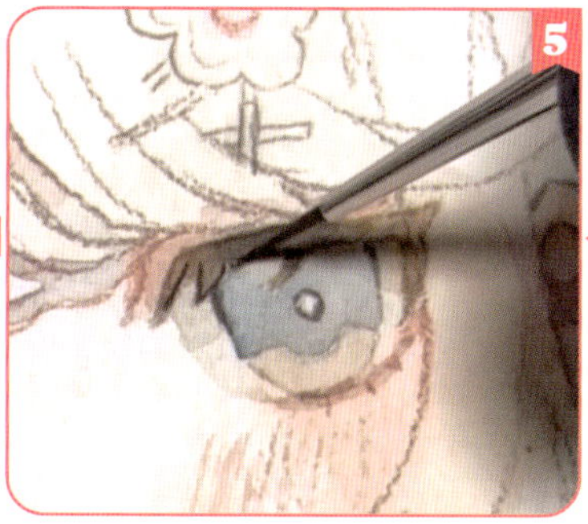

5 上まつげをアイボリブラックでふちどる。瞳の上部の青いところも、そのまま淡くふちどる。瞳の印象が強くなった。

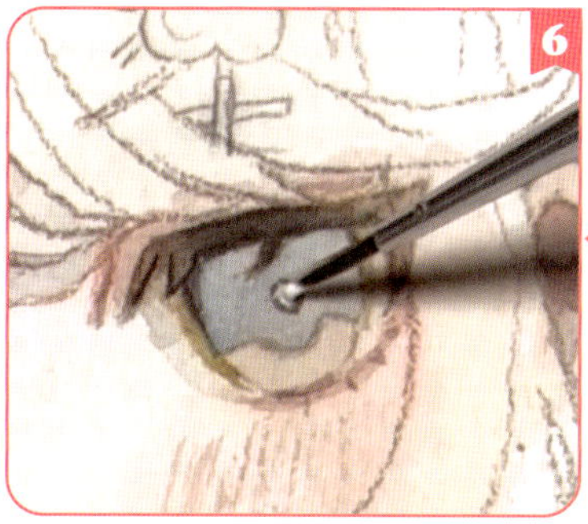

6 パーマネントイエローオレンジで瞳の左右をふちどり、瞳孔にホワイトを入れたら、瞳が完成！　彩度の高い色を差し色として入れることで瞳の印象がより際立った。

髪を塗る

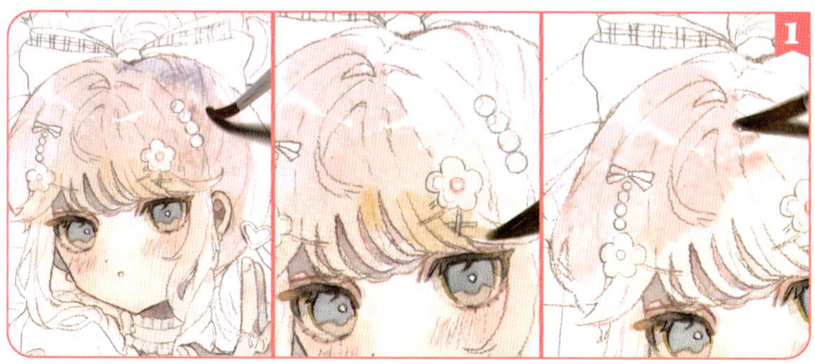

1 セピア＋シェルピンクのくすんだピンク色でハイライトを残しながら下塗り。前髪のあたりにジョーンブリヤンNo.2、頭頂部のほうにはラベンダーを広げ、抜け感や奥行きを出す。

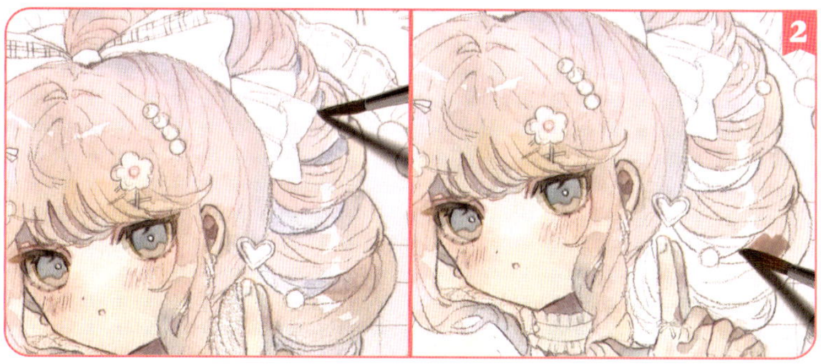

2 ポニーテールの巻髪部分も①のくすんだピンク色で下塗りしていく。ハイライトとカゲになる部分は白く塗り残し、カゲ部分にはラベンダーを重ねて筆で伸ばし広げる。

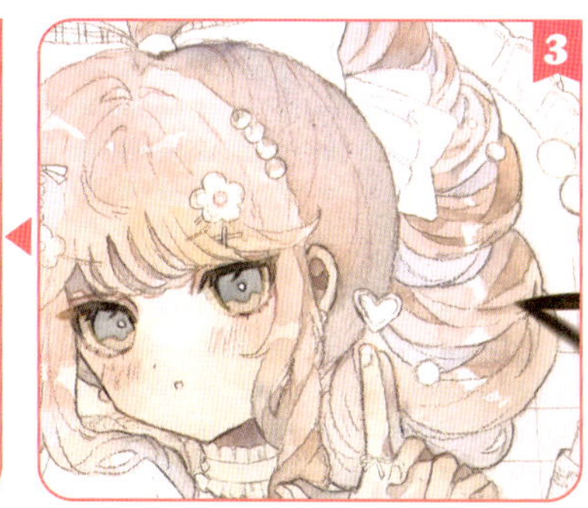

3 どんどん塗り進めていく。くすんだピンク色を、向かって右側の側頭部に薄く塗り重ね、巻髪部分にはジグザグとカゲを加えていく。

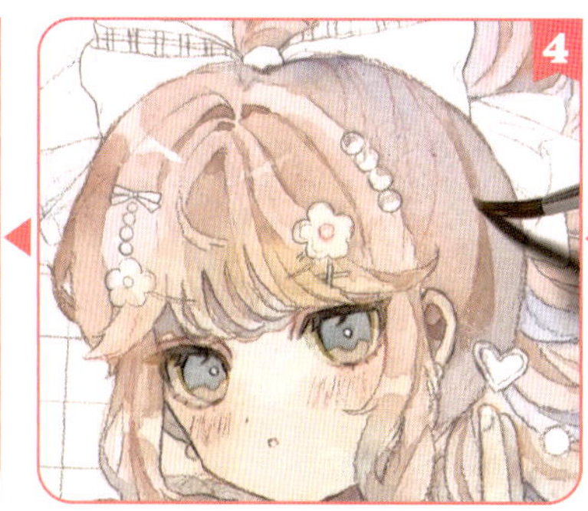

4 くすんだピンク色でさらにカゲを入れていく。前髪や側頭部にも髪の束感をつくっていく。

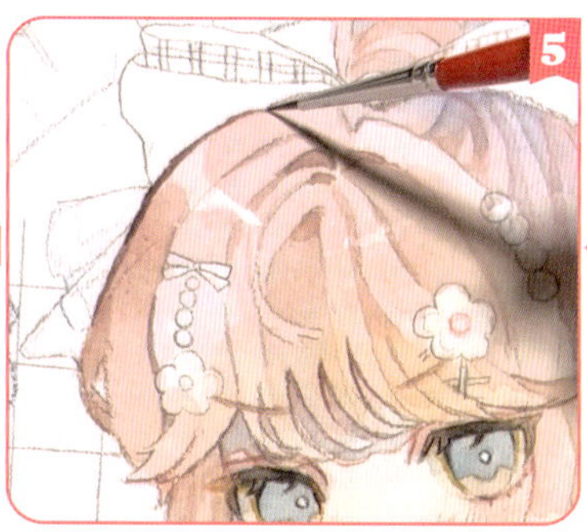

5 極細筆でさらに濃いカゲを入れたり、輪郭線をなぞったりする。

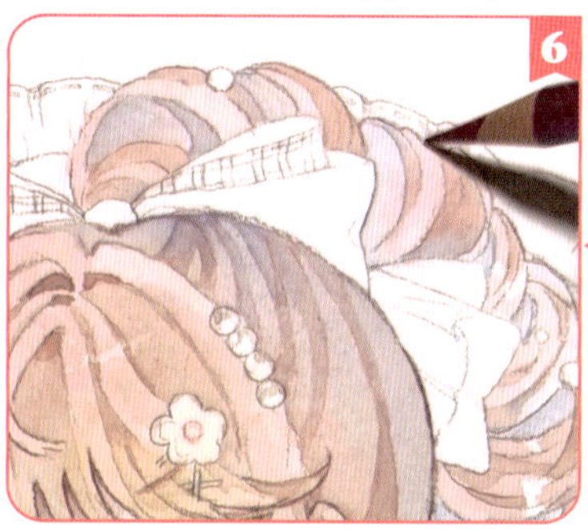

6 巻髪の輪郭線は、部分的に赤い色鉛筆ででなぞる。アイドルのアクティブなイメージに合った差し色で、画面に変化も出せる。

リボンを塗る

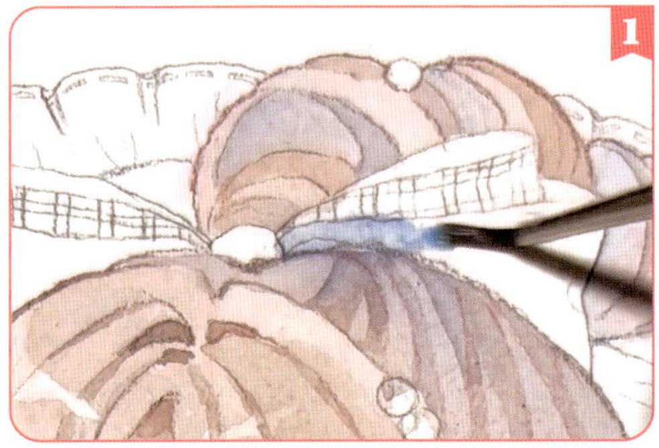

1 無地のリボンの地色を塗る。コンポーズブルーをたっぷりの水で溶いて、少しずつ伸ばし広げる。

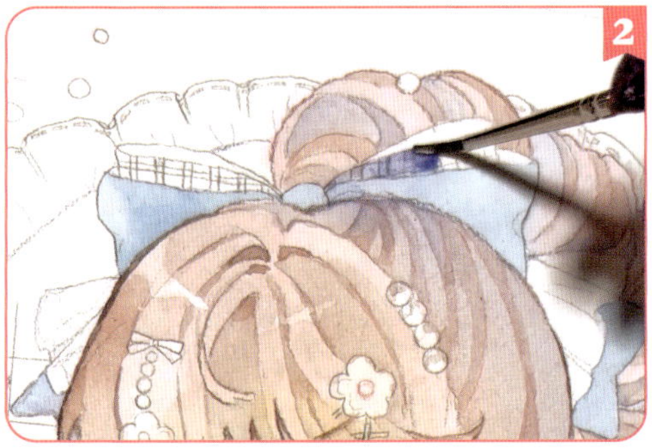

2 チェック柄のリボンの地色を塗る。ロイヤルブルー＋ペインズグレーの青色を、①同様に少しずつ伸ばし広げる。

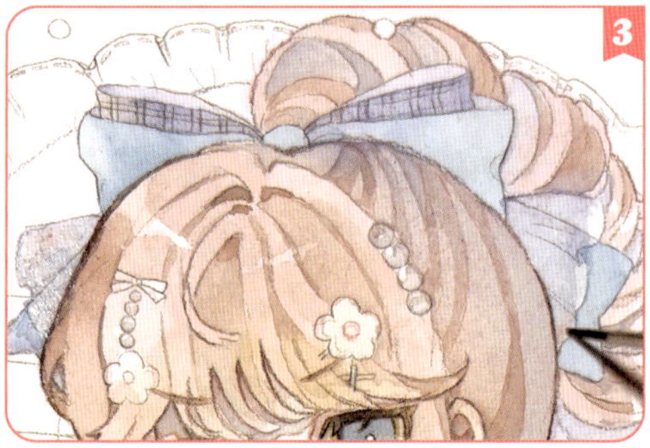

3 シェルピンクやラベンダーをところどころに混ぜることで、単調にならず、抜け感や立体感が出せる。

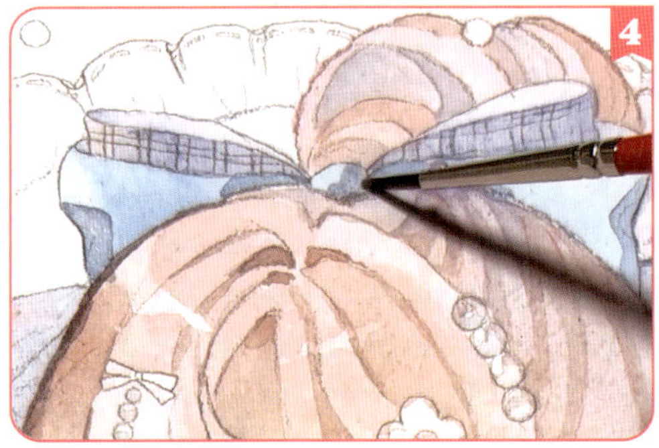

4 無地のリボンにカゲを入れる。①が乾いたことを確認して、コンポーズブルーで結び目のシワやくぼみを塗る。

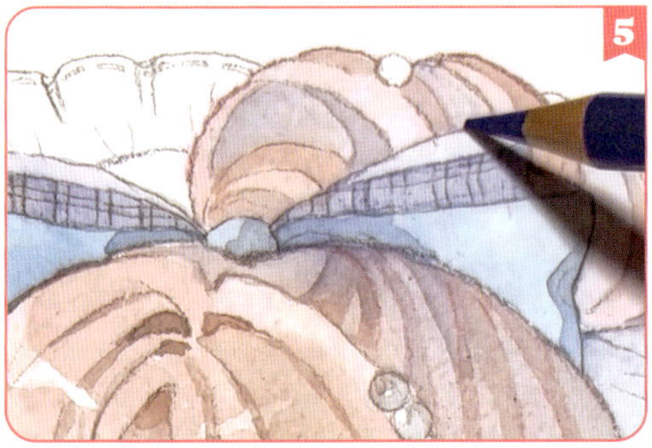

5 青色の色鉛筆で主線をなぞる。

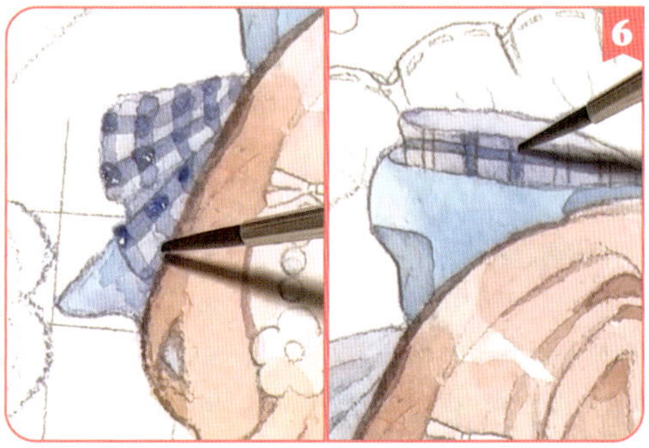

6 ②③が乾いたら、チェック柄を描き込む。②の青色で、横線、縦線の順に引き、最後に交差部分にも色を重ねる。

リップを塗る

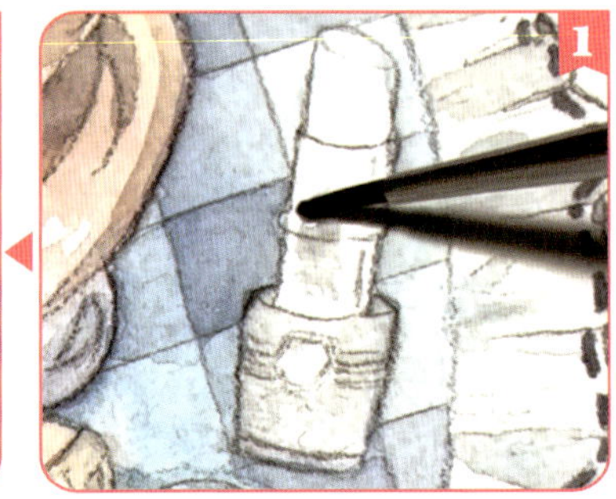

1 小物には、メインのモチーフに使った色を組み合わせて全体の統一感を出す。まずは、たっぷりの水で溶いたニュートラルチントで、リップのパッケージ全体を下塗り。

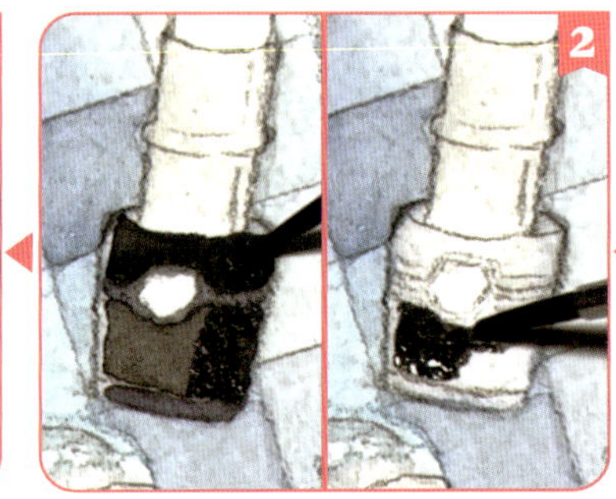

2 パッケージ下部をアイボリブラックで塗る。光沢感、立体感を出すために、部分的に重ね塗り。

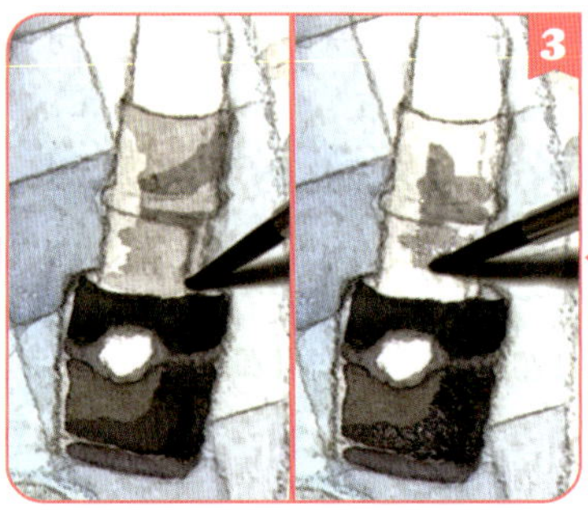

3 ニュートラルチントでパッケージ上部のシルバー部分にカゲを入れる。凹凸を意識しながら。

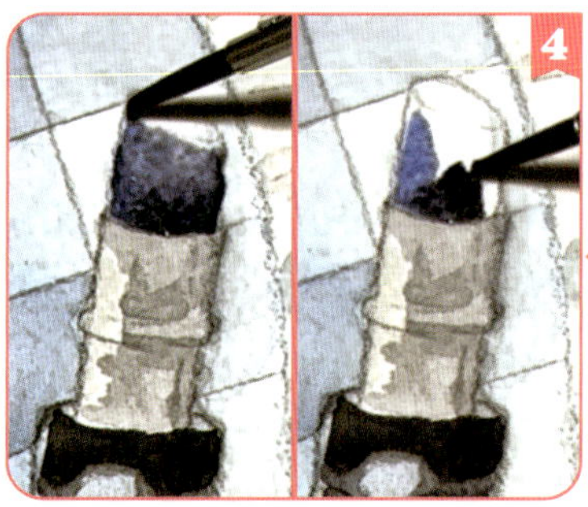

4 コンポーズブルーでリップ部分を塗る。下側にポンと絵具を置いて水筆で伸ばして自然なグラデーションにする。

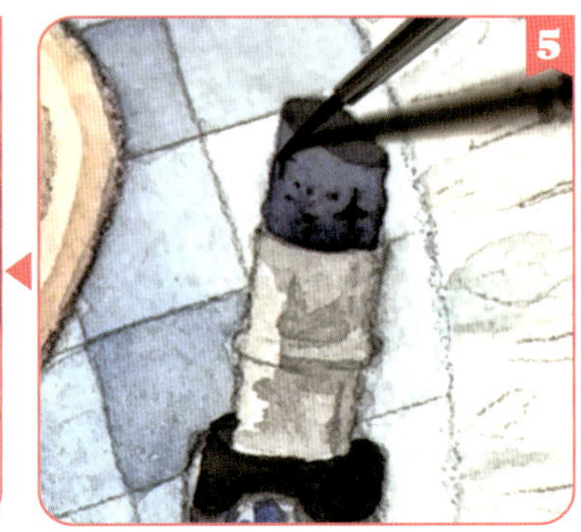

5 コンポーズブルーでリップに星の刻印を入れる。そのまま主線もなぞる。

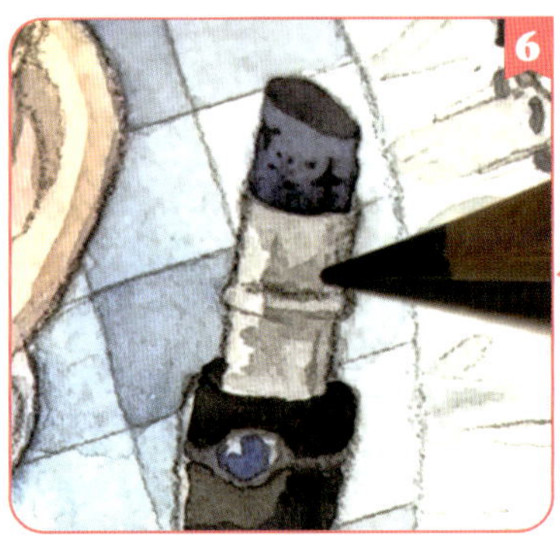

6 色鉛筆の藍色で、パッケージのシルバー部分の主線をなぞったり、カゲを入れたりする。これで完成！

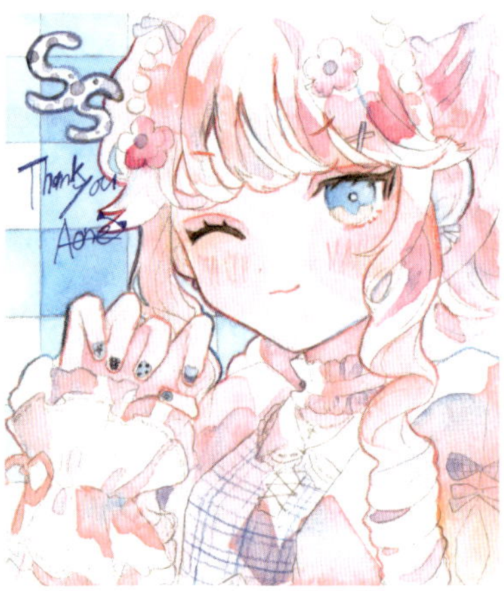

サイン色紙プレゼント

ツンとした表情が可愛いアイドルの女の子のイラストが完成！　とにかく丁寧な重ね塗りに、抜け感や奥行きを出すための差し色の使い方が印象的だったあおねさん。もともと青色をメインに用いた作品が多いあおねさんですが、差し色でわずかな暖色が入るだけでも、こんなふうにイメージに広がりが出せます。またモチーフが多くても色数を絞ることで、まとまりのある画面になることもわかったのではないでしょうか。

the making of ステッドラー ピグメントブラッシュペン

今回は時雨さんが、特殊水性顔料インク「ステッドラー　ピグメントブラッシュペン」を使い、イラストを描き下ろしてくださいました。「ステッドラー　ピグメントブラッシュペン」は2024年11月に新色が24色追加され、現在は60という色数があります。また、線画を描くのに使用した「ピグメントライナー」は、ブラックの他に、カラーは12色もの数が展開されています。今回のメイキングでは「ステッドラー　ピグメントブラッシュペン」をマーカーとして使用するだけでなく、クリアファイルにインクを乗せて混色をしたり、「マルチインク　ブレンディングリキッド」で色を溶かしたり、水でインクを薄めて水彩のようなタッチで着彩していきます。

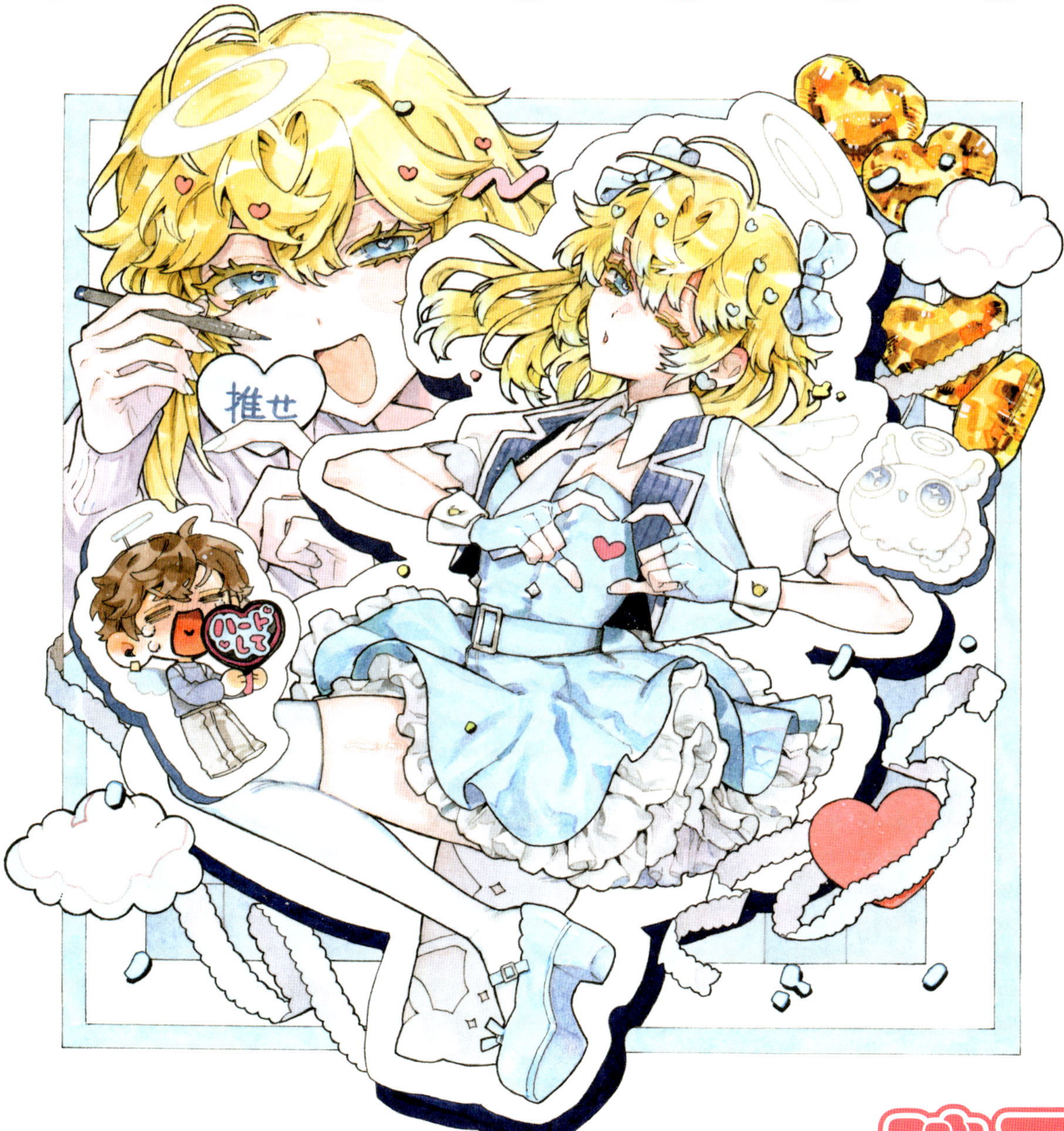

時雨 しぐれ

画材 ステッドラー　ピグメントブラッシュペン、ステッドラー　ウォーターブラシ（水筆）、ステッドラー　ピグメントライナー、マルチインク　ブレンディングリキッド、タチカワ　ピュアホワイト

用紙 ホルベイン　ウォーターフォード水彩紙（ホワイト、細目）

X @shigure0528

Instagram sh0_gu_nh

今回使用する画材はコチラ！

ステッドラー ピグメントブラッシュペン

- 長期間日光に当たっても色褪せない脅威の耐光性。
- 描いてすぐに乾き、乾燥後は耐水性に。
- 重ねて塗っても鮮やかな発色で、一本で美しいグラデーションが可能。
- 細かい描写がしやすいブラッシュ芯。
- 紙以外にも木材、ガラスなど様々な素材に描くことができ、裏写りしない。

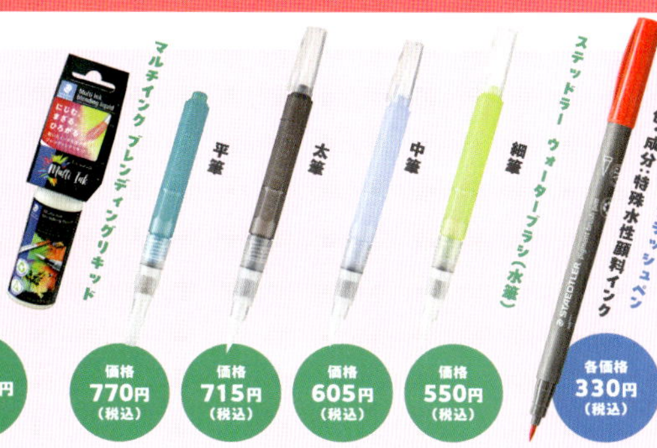

ステッドラー　ピグメントブラッシュペン　色数：60色・成分：特殊水性顔料インク　各価格 330円（税込）

ステッドラー　ウォーターブラシ（水筆）　細筆 価格 550円（税込）／中筆 価格 605円（税込）／太筆 価格 715円（税込）／平筆 価格 770円（税込）

マルチインク　ブレンディングリキッド　価格 1,320円（税込）

ピグメントブラッシュペンで描いたインクを溶かし、にじみやぼかし、混色、グラデーションをつくることができます。

information

発売元
ステッドラー日本株式会社
https://www.staedtler.jp

※価格は税込表示です

ラフ〜線画

ラフ

投稿テーマ「アイドル」に合わせてiPadを使って描いてくれた時雨さんのラフを紹介する。こちらにハートポーズをしながらウィンクをする仕草が愛らしい。

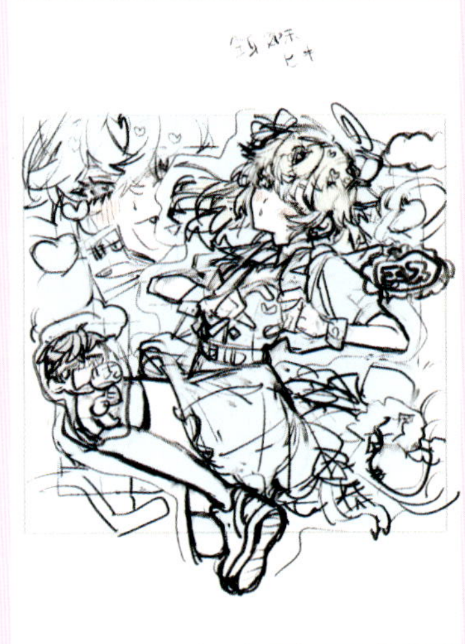

時雨　「天使（無性別）がアイドルをしているイメージです。左下に、ちびキャラとして描いた人間である一般人男性にファンサをしてあげているシーンを描きました。左上の天使の子のアップの顔は、"推せ"の文字をステッドラーのペンを使って書いている場面です。」

下絵

ラフをさらに整えた状態。これを下絵にする。下絵のデータを印刷して、水彩紙にトレースをして線画を描く。

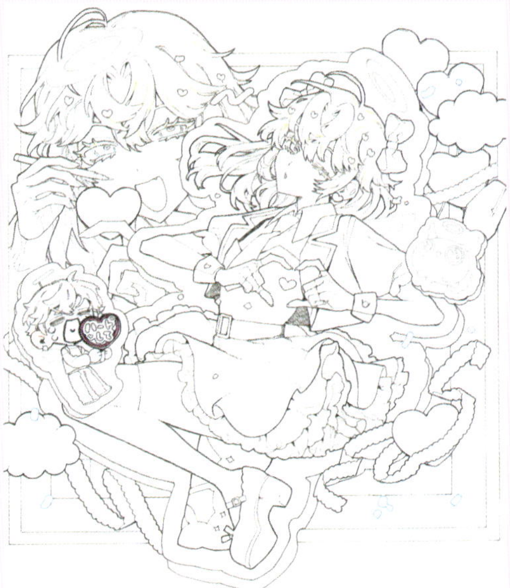

完成線画

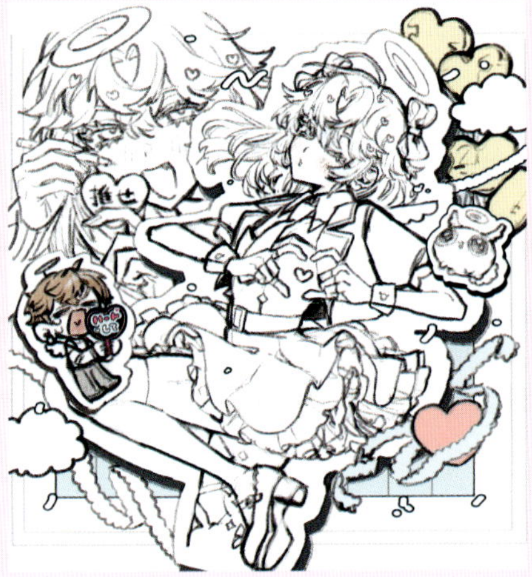

線画はピグメントライナーを使って描く。基本的にはブラックを使用しているが、ところどころ肌にはライトブラウンを使用しているのがわかる。また、天使の毛束などはイエローを使い、散った紙吹雪や瞳の一部の線はライトブルーで描いた。うちわはフクシアで色を塗りつぶす。あまり主張をしなくてもいい場所などはグレイで描いているのがわかる。

時雨さんの描き方

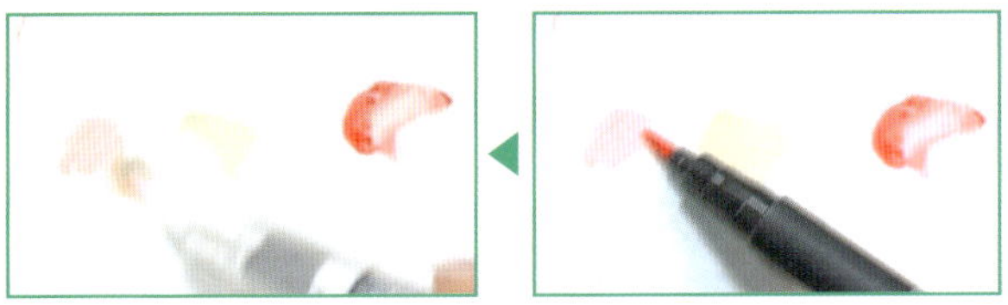

時雨さんは水筆を2種類、準備していた。1本はステッドラーウォーターブラシ（水筆）に水を入れて、もう1本は「マルチインク ブレンディングリキッド」を入れて使用している。また、ペンで直接描画をしている場所以外、基本的にはクリアファイルにインクを置いてから水筆で色を取って塗っていた。

時雨　「下塗りやべた塗りしたい部分は水を使い、重ね塗りしたいところや乾いたあとになじませたい場所はマルチインク ブレンディングリキッドで塗りました。また、混色時は基本的に水の入った水筆で色を混ぜています」

線画を描く

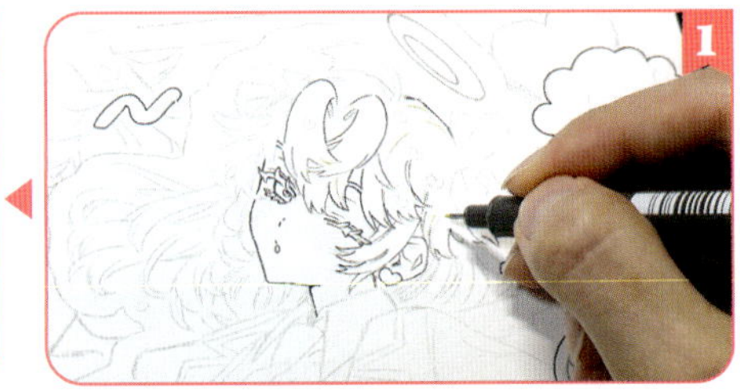

1 天使の顔周りの線画はピグメントライナーの0.05mmのブラックをメインに使用。髪の毛束はイエロー（0.3mm）で描いた。スカートは0.1mmのブラックで線を引き、レース部分はグレイを使用した。

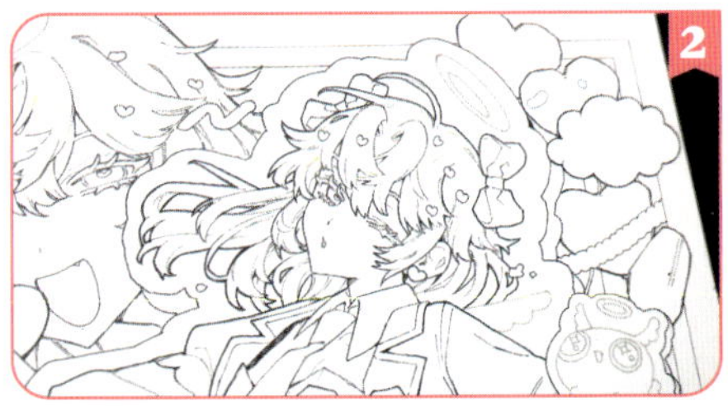

2 線画を描き進めた状態。ピグメントライナーの線画は「マルチインク ブレンディングリキッド」でも溶けないので線画を描くのにもおすすめ。

メイキングではステッドラー ウォーターブラシは「水筆」、マルチインク ブレンディングリキッドは「リキッド」と表記する。また、「水筆」のみの表記のものは基本的には水を入れたものを使用している。

肌を塗る

使用色…ライトピーチ（431）、ライトローズ（21）、ローズピンク（208）、コーラル（420）、ハジーブルー（308）、アイスブルー（310）

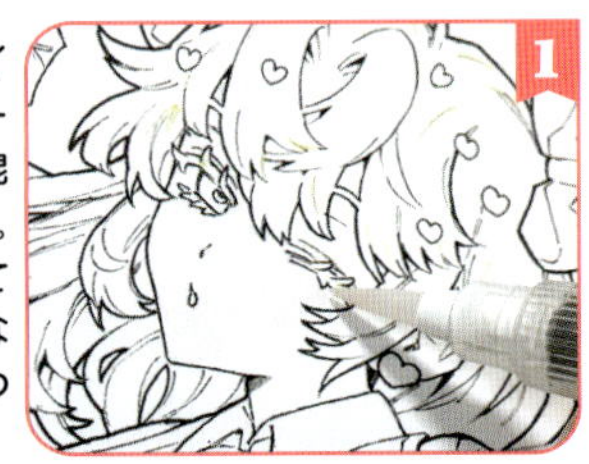

1 クリアファイルにライトピーチとライトローズを置いて、水筆で混ぜて肌の色をつくる。水でたっぷりと薄めて肌をベタ塗り。白目などはざっくり避けつつ塗るのがポイント。

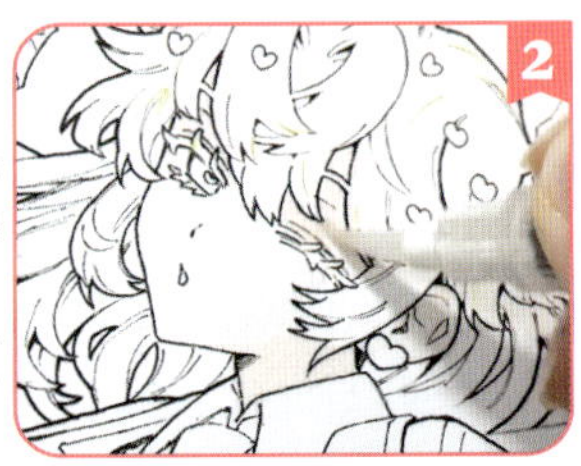

2 肌に赤みを加える。①でつくった肌の色を濃く水筆で取る。ひたい、頬、耳の上部などに塗って赤みをたす。また、首にカゲも描いた。

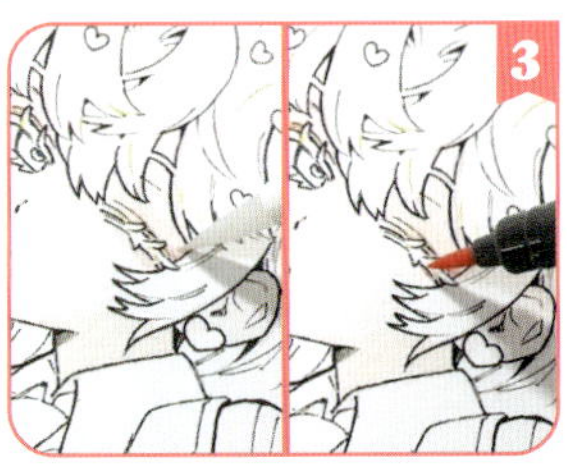

3 赤みを強くする。二重幅、目尻、下まつげなどにライトピーチを直接塗る。すぐに水筆でぼかした。次にライトピーチの色を水筆で取り、首のカゲや耳に赤みを加える。

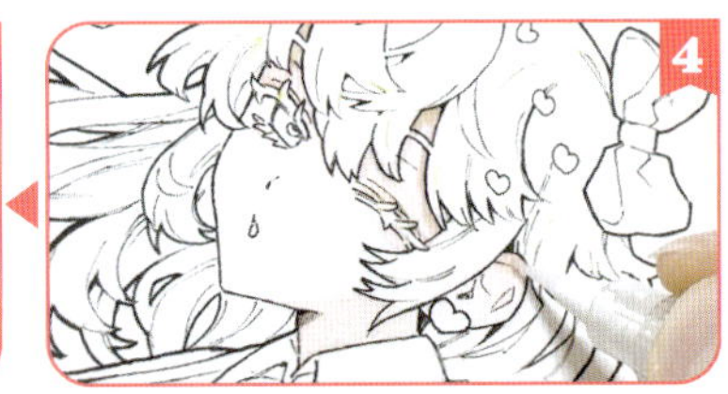

4 肌の赤みやカゲ色を濃くしていく。ローズピンクとコーラルを混ぜ、ピンク色をつくる。前髪によってひたいに落ちる肌のカゲや首のカゲ、耳の赤みをピンク色で描く。

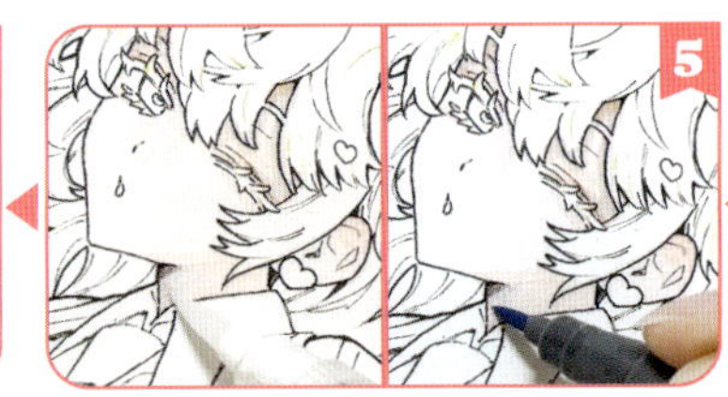

5 ハジーブルーとライトローズを混ぜてつくった紫色で、首のカゲを塗った。カゲをより濃くするため、上からハジーブルーを直接ペンで乗せ、水筆でなじませる。

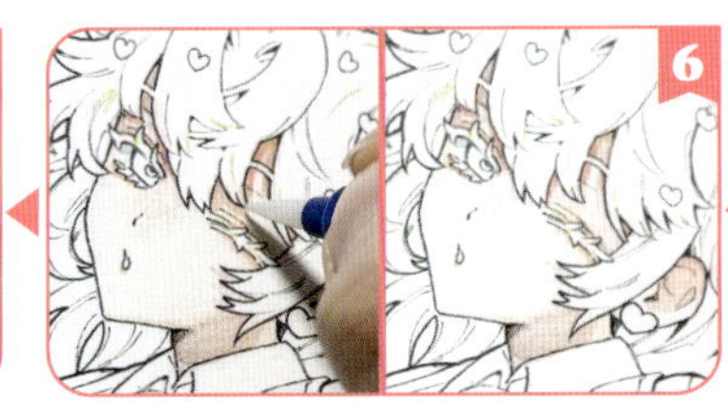

6 ペンでカゲを加筆する。前髪の形に沿ってローズピンクでひたいにカゲを描く。その色を、リキッドの入った水筆でぼかす。満足がいくまで色を重ねて濃くする。

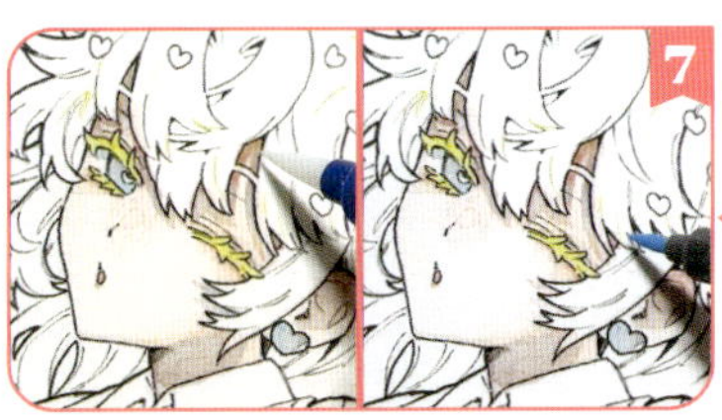

7 カゲに青みをたして奥行きを出す。アイスブルーで耳のなか、首や前髪のカゲをところどころ直接描く。そして、インクの入った水筆でなじませる。

メイキングではステッドラー ウォーターブラシは「水筆」、マルチインク ブレンディングリキットは「リキット」と表記する。また、「水筆」のみの表記のものは基本的には水を入れたものを使用している。

瞳を塗る

使用色…クールグレイライト(870)、ハジーブルー(308)、パステルイエロー(105)、アイボリー(107)、デューン(470)

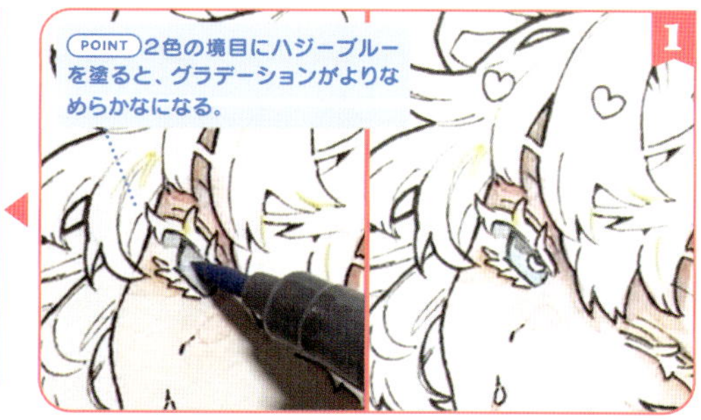

瞳はペンで直接描く。クールグレイライトで瞳上部、ハジーブルーで瞳下部を塗った。2色の境目は、上からリキッドの入った水筆でぼかしたあと、ハジーブルーを重ねる。

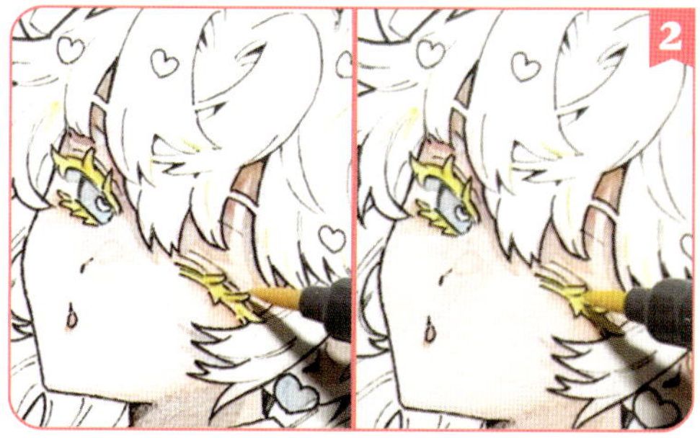

まつげをペンで塗る。パステルイエローでベタ塗りした。まつげの色が強すぎたので、上からアイボリーを重ねて、わずかに発色を落ち着かせた。

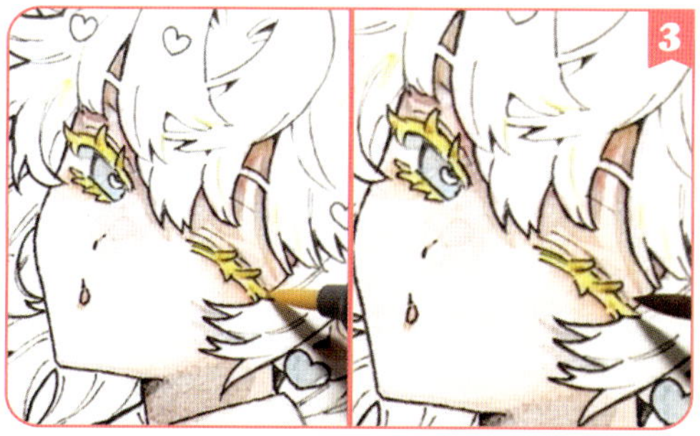

まつげの毛束感を描く。まつげの根本でカゲになる場所にペンで直接、デューンを塗った。続いて、デューンをアイボリーのペンでなぞりながら毛先に向かって塗り伸ばす。

髪を塗る

使用色…パステルイエロー(105)、ライトローズ(21)、デューン(470)、アイスブルー(310)、ゴールデンオーカー(16)、ウォームグレイミディアム(84)

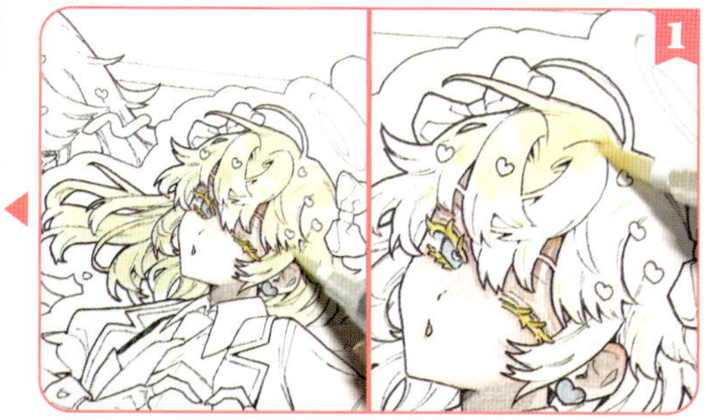

今回は、金髪の毛先に水色の差し色が入るヘアカラーのイメージ。まずはベースの髪色をつくる。パステルイエロー(多め)に、ライトローズとデューンを少量混ぜて、ブロンドの色をつくり、水筆で塗る。この時、ハイライトと毛先は塗り残す。

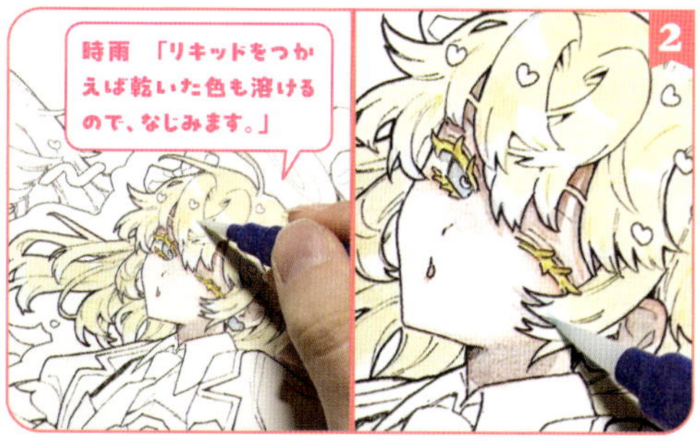

リキッドの入った水筆に持ち替えて、塗り残していた毛先とハイライトに水色を乗せる。色はパレットにアイスブルーを置き、水で薄めて使用した。アイスブルーを置く。そのあと、①で乗せたブロンドの色との境目をリキッドでなじませる。

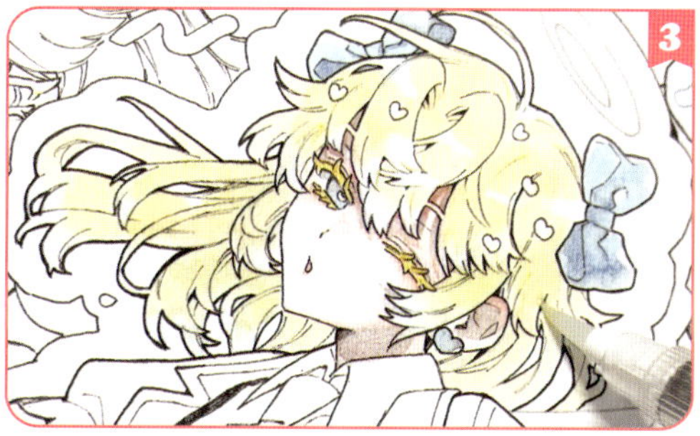

まつげと髪の色のバランスを見て、髪の色が薄いと感じたため、濃さを調整する。①でブロンドの色を乗せた場所の上に、パステルイエローを重ねる。水筆をつかい、髪色を濃くしていく。

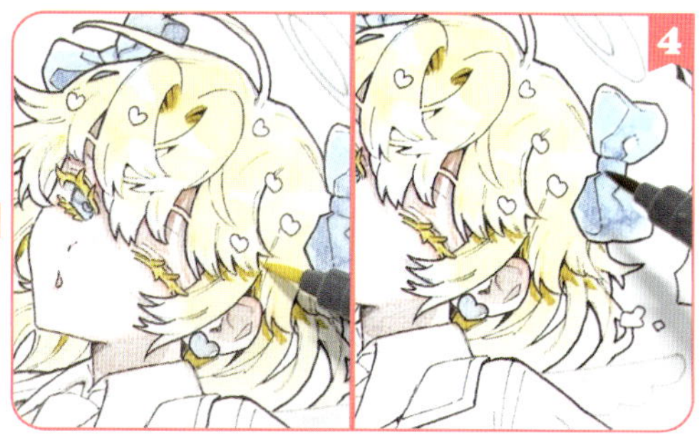

毛束感を演出する。髪に濃いカゲをペンで描く。色はゴールデンオーカーをつかった。続いて、ゴールデンオーカーの色のフチをパステルイエローのペンでなでて、なじませる。

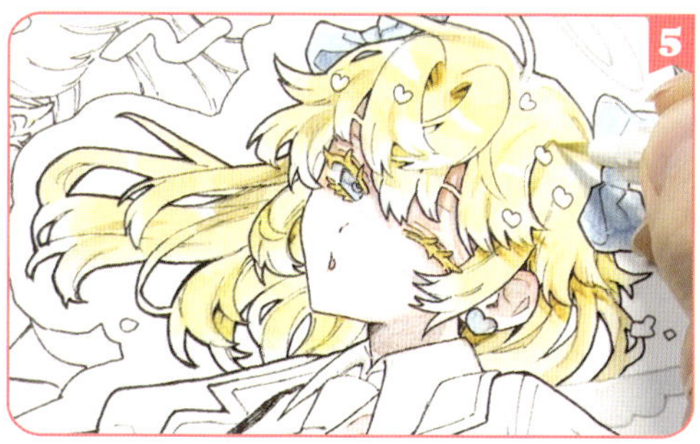

髪スジを描く。パステルイエロー+ウォームグレイミディアム+ゴールデンオーカーを混色してつくった、からし色で塗る。細かい作業のため、細い水筆(細筆)をつかった。

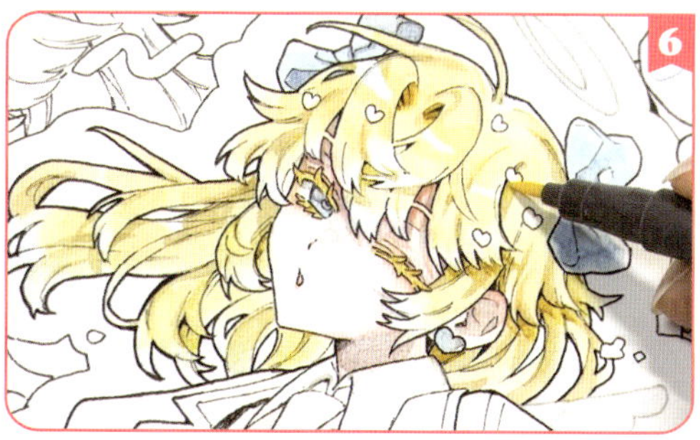

最後に⑤で描いた髪スジをところどころ直接ペンでなぞった。色はパステルイエローを使用。髪色のコントラストが強くなり、メリハリが生まれた。

メタルバルーンを塗る

使用色…ローシエンナ(730)、ブライトイエロー(110)、アンバー(790)、ゴールデンオーカー(16)、イエロー(1)、パステルイエロー(105)、ライトピーチ(431)、ライトローズ(21)

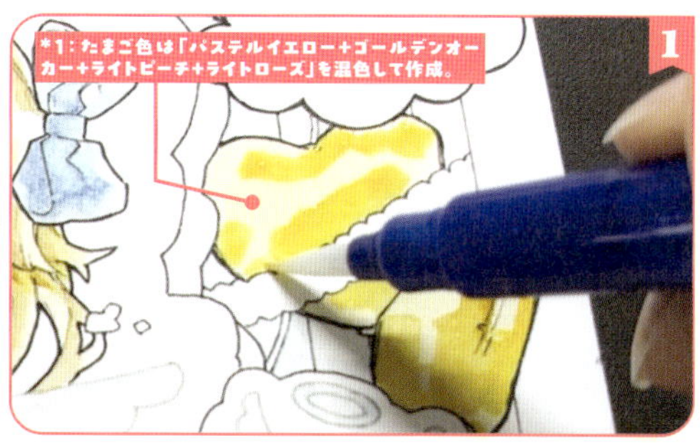

ベースはリキッドの入った水筆で、たまご色(*1)をベタ塗りした。ベースの色が乾いたら、ブライトイエローとアンバーの混色でつくった山吹色で、カゲやシワを描いていく。

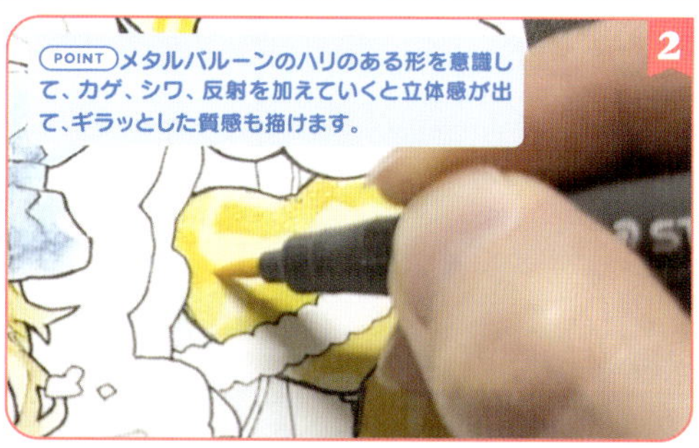

ここからはカゲ、シワ、反射をどんどん描いていく。①でリキッドをつかって乗せたカゲを、イエローのペンで繋げたりしながら整える。イエローをつかうことで黄色みを加えた。

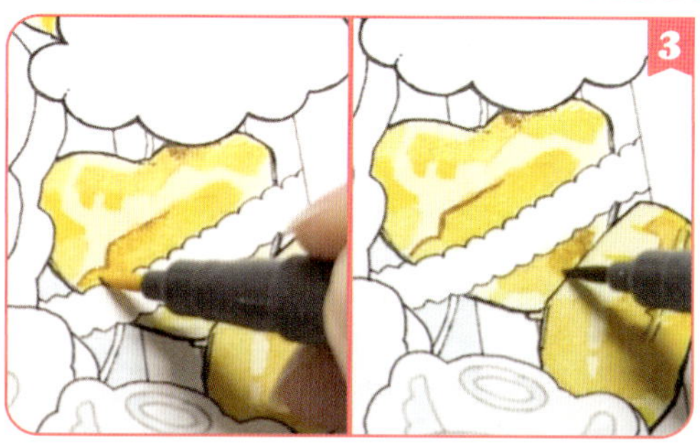

手前にあるモチーフとの重なりを考えて濃いカゲを加える。①で乗せた山吹色の上に、アンバーでカゲを描く。上から、ペンでゴールデンオーカーも重ねて色味を調整した。

メイキングではステッドラー ウォーターブラシは「水筆」、マルチインク ブレンディングリキッドは「リキッド」と表記する。また、「水筆」のみの表記のものは基本的には水を入れたものを使用している。

メタルバルーンを塗る（つづき）

使用色…ローシエンナ(730)、ブライトイエロー(110)、アンバー(790)、ゴールデンオーカー(16)

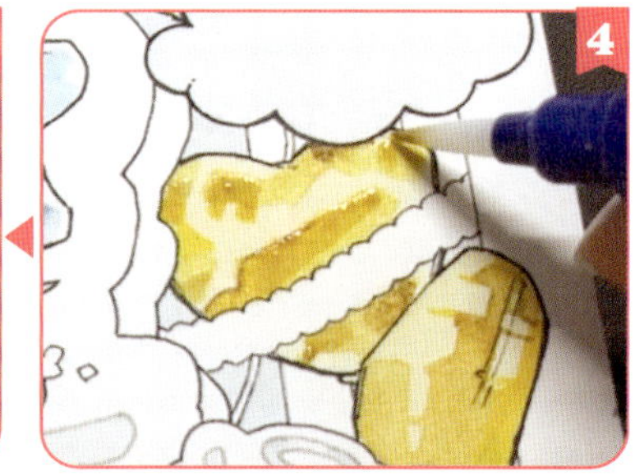

バルーンの硬いシワを描いていく。特に強いカゲが入る場所に色を重ねる。インクの入った水筆でアンバーを乗せた。

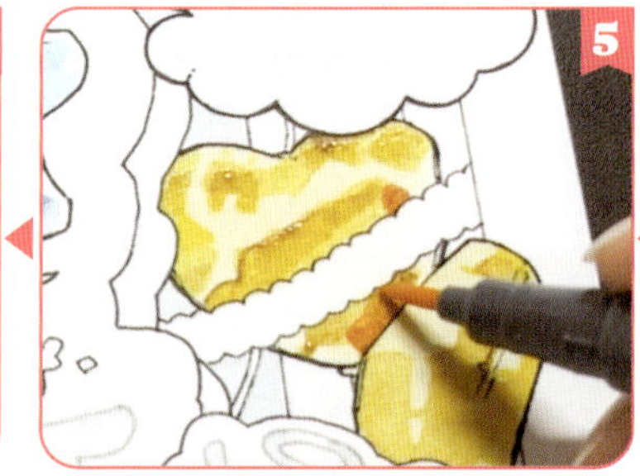

ローシエンナをつかって、カゲやシワをさらに描いた。ゴールド感が出て、リッチな印象になった。

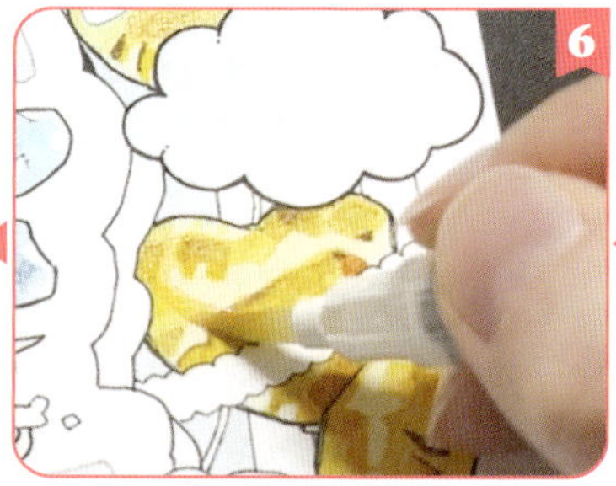

シワの形を整える。アンバー＋ゴールデンオーカー＋ブライトイエローを混ぜてつくったアンティークゴールドの色をつかった。

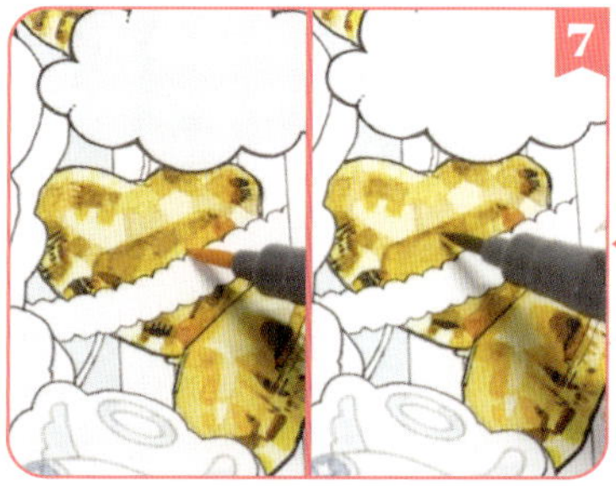

⑥までの工程を何度も繰り返した状態。ゴールデンオーカーやブライトイエローでカゲや反射をペンで直接描く。

衣装を塗る

使用色…アイスブルー(310)、ハジーブルー(308)、クールグレイライト(870)、ウォームグレイライト(840)

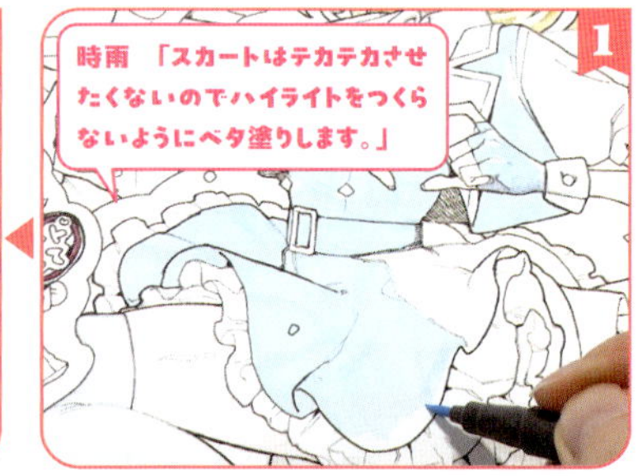

衣装は、アイスブルーの色をペンで乗せる。ムラができても、このあとリキッドの入った水筆でなじませることができるので、この段階では気にしない。

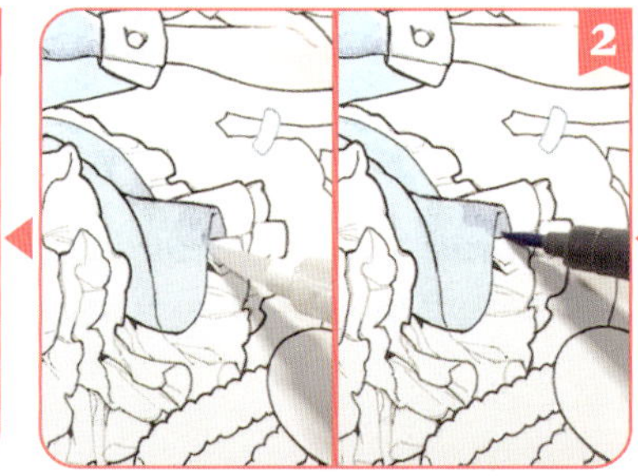

①のベタ塗りを塗り進めた状態。スカートの向かって右端にはアクセントとして、ハジーブルーをわずかにのせた。その後、水筆でぼかしてなじませる。

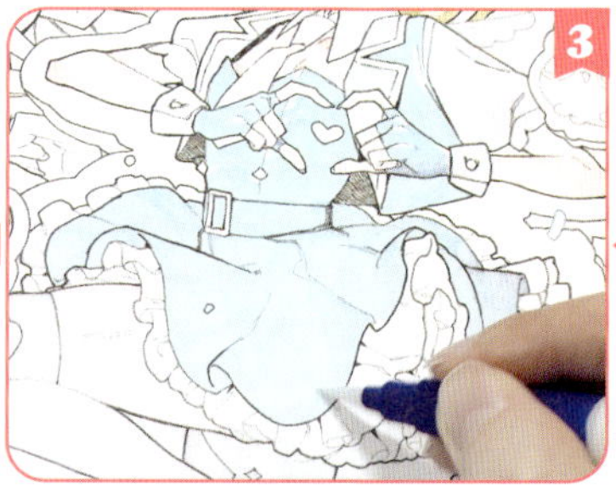

インクの入った水筆でスカートのムラが気になる場所をなでた。「マルチインク　ブレンディングリキッド」は乾いたインクも溶かすことができるのでスムーズになじむ。

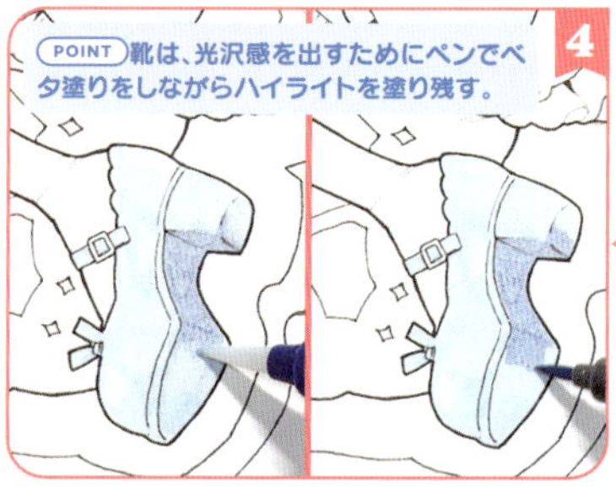

靴もアイスブルーのペンで塗る。アウトソールとヒールのカゲ部分にはハジーブルーを乗せた。ハジーブルーのフチはインクの入った水筆でなでて、グラデーションにする。

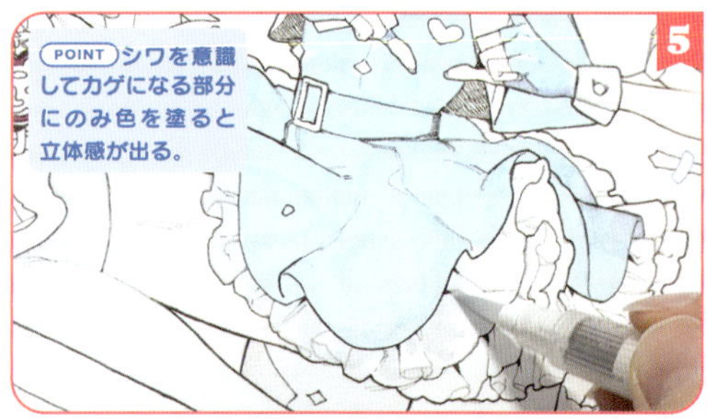

水筆をつかい、レースを塗る。アイスブルー＋クールグレイライトを混ぜてつくった灰青色をつかった。奥はベタ塗りし、向かって右半分は白抜きしながら塗る。

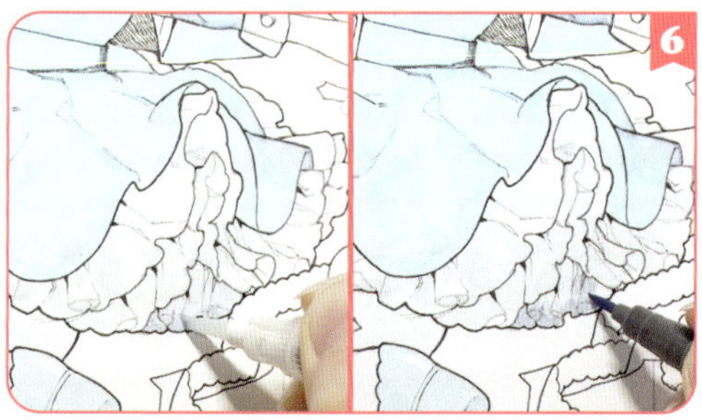

スカート同様に、レースも一部にハジーブルーを乗せてアクセントを加える。特に奥行きを出したい場所に、ハジーブルーをペンで乗せて水筆でぼかした。

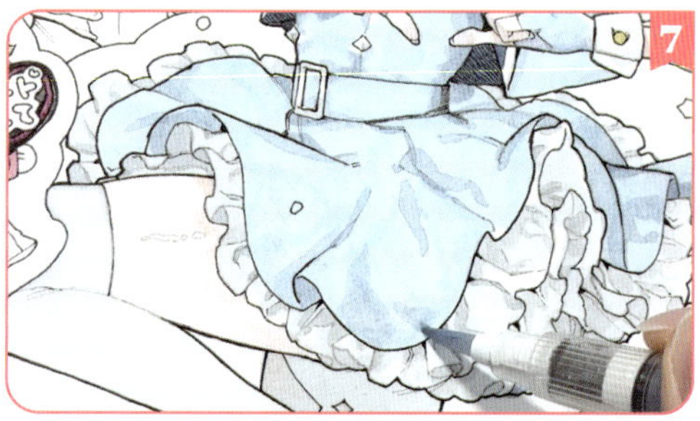

水筆で服にシワやカゲを描く。色はハジーブルー＋クールグレイライト＋ウォームグレイライトを混ぜた青鈍色をつかった。スカートは硬めの布を意識して塗ったそう。

サイン色紙プレゼント

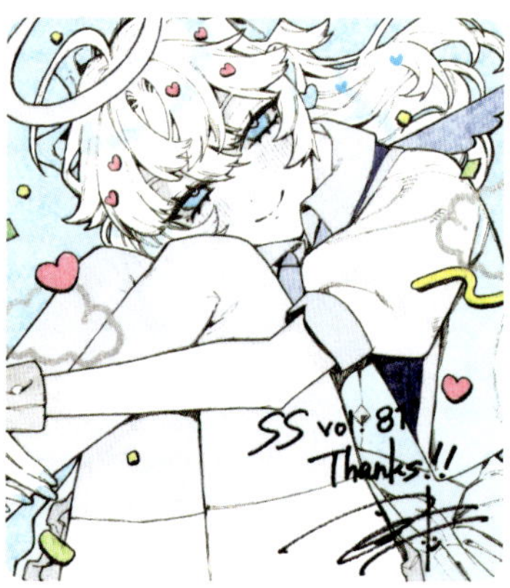

今回、時雨さんは「ステッドラー ピグメントブラッシュペン」を水で薄めて、淡い色で下塗りをしてから、モチーフの色を乗せていきました。そうすることで、全体の色の濃さやバランスを見ながら塗ることができるだけでなく、完成時の色ムラを減らすことができます。また今回の作品は水色をメインとしていますが、線画をカラフルにしたり差し色を効果的につかうことで、楽しい印象を与えています。みなさんもぜひ、時雨さんのメイキングを見ながらイラストを描いてみてくださいね。

POINT・水彩風の塗り

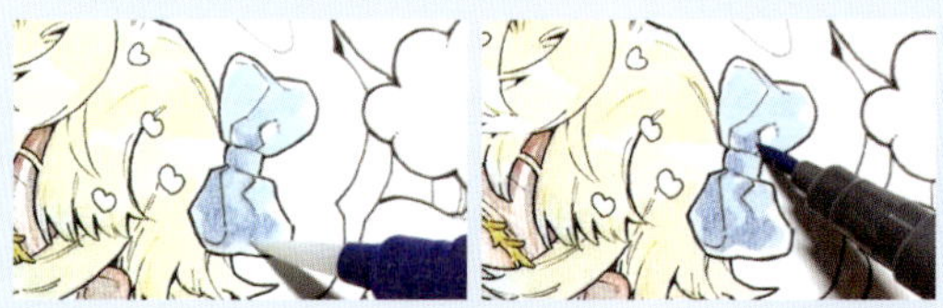

リボンは、アイスブルーでベースを塗り、上からハジーブルーでカゲになる位置に色を乗せた。リキッドの入った水筆で、2色をくるくるとなじませると、水彩のようなにじみが生まれた。

時雨さんのお気に入りの色と使用した感想

■ハジーブルー(308)／アイスブルー(310)／ライトピーチ(431)／ライトローズ(21)

時雨 「特にこの4色がかわいくて好きでした。どれも薄くてもきれいに発色するので、カゲや下地にもつかいやすくて良いなと思いました。また、乾くと耐水性になるので、重ね塗りで色の層を作りたい人には、水で色が剥げたりしないのでおすすめです。耐光性が高くて色あせしづらいのもありがたいですね。」

レモンの色んな画材をつかってみよう！ ニッカー ポスターカラー

夏目レモンさんに色々な画材でイラストを描いてもらう画材試し連載・第31回！ 今回は、ニッカーポスターカラーの24色セットを使って、ポップなアイドルの女の子をメイキング！ ポスターカラーらしい鮮やかな発色を活かした単色塗りから、レモンさんらしい混色やグラデーションまで、様々な技法を用いたメイキングを紹介します！

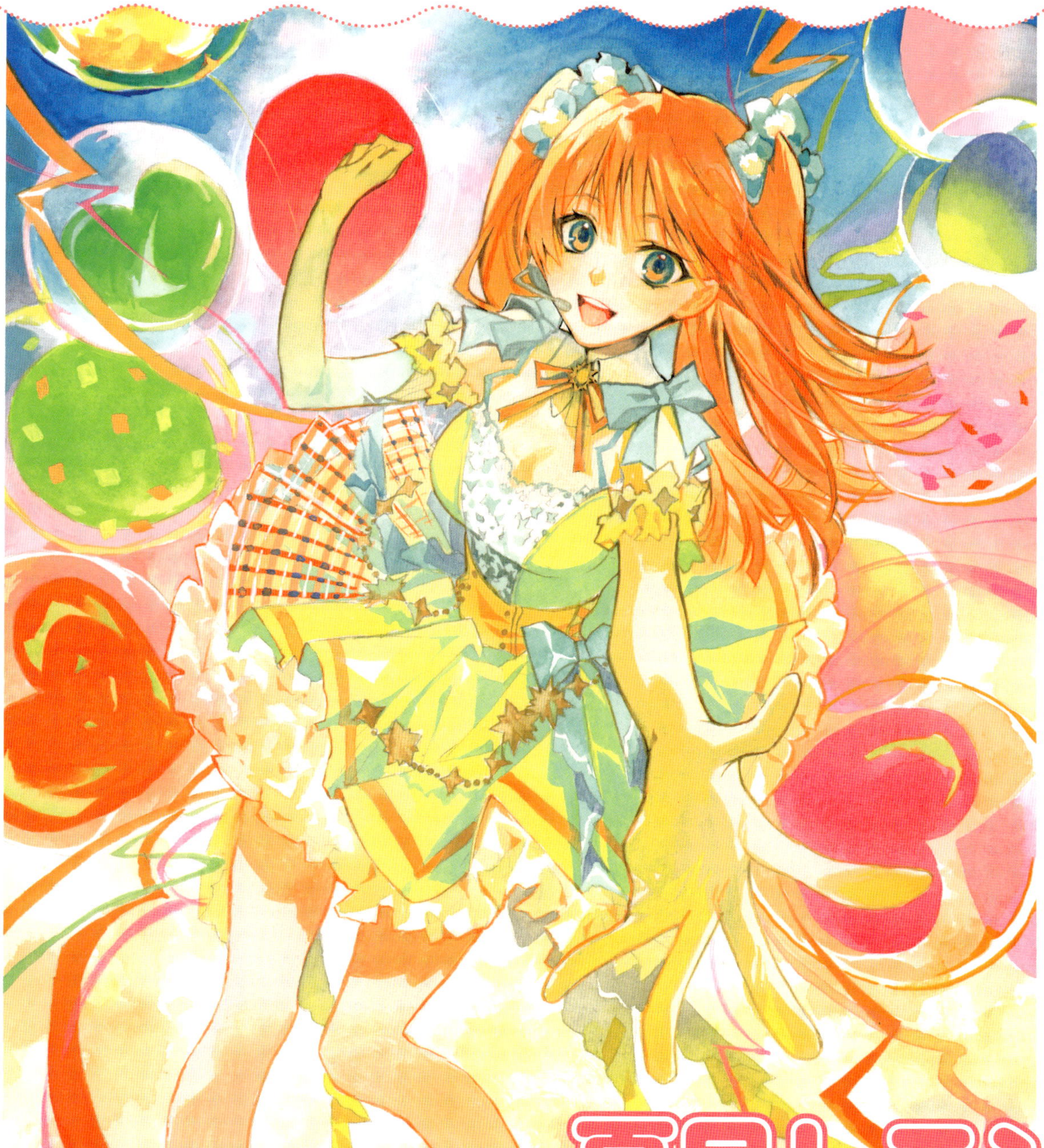

夏目レモン
なつめ

画材 ポスターカラー40ml 24色セット、ピグマ、シャープペンシル
用紙 アルシュ水彩紙（細目）

@Natsume_Lemon0 ／ YouTube 夏目レモン ／ Instagram natsume_lemon0

今回使用する画材はコチラ！

ニッカー ポスターカラー

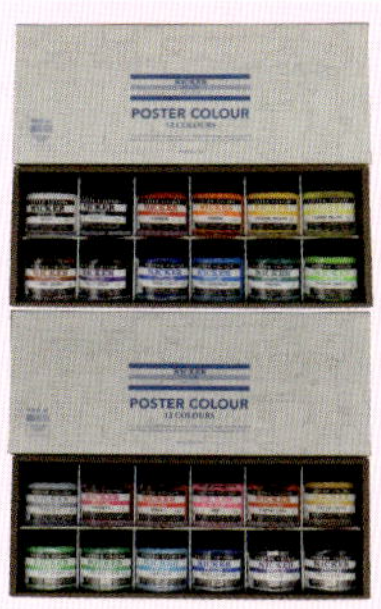

40ml 24色セット 価格 11,440円（税込）

■カラー／3カーマイン、10コバルトバイオレット、19コバルトブルー、21セルリアンブルー、24オレンジ、26クロームイエロー、27レモンイエロー、34ビリジャン、35クロームグリーン(1)、43バントシェンナ、51ホワイト、54ブラック、4スカーレットレーキ、9モーブ、14ピンク、124ライトブルー、125フレンチブルー、143ライトグリーン、11マゼンタ、12オペラ、17ブルシャンブルー、30イエローオーカー、53フレンチグレー、132インペリアルグリーン

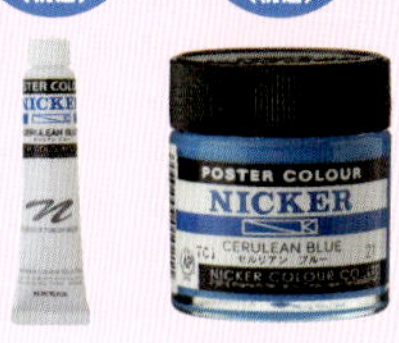

全36色 チューブ 20ml 各価格 297円（税込）

全66色 ボトル 40ml 各価格 440円（税込）

- ●純度の高いアラビアガムを使用し、伸びが良く美しい発色。
- ●不透明水彩としても透明水彩としても使用できる万能絵具。
- ●綺麗な平塗りから、なめらかなグラデーションまで、様々な水彩技法に対応。
- ●使いやすさと豊富な色数で、アニメーション、デザイン、イラスト、教育の現場まで幅広い支持を得ている。

ラフ～線画

完成線画

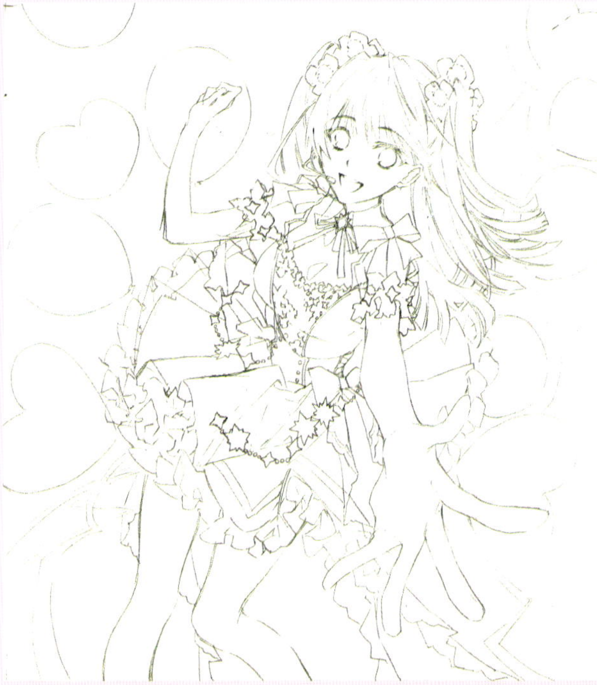

デジタルの色ラフをもとにシャープペンシルで線画を描く。ポスターカラーの下から線画が透けないよう、基本的に薄く描くのがポイント。透明水彩のように淡く塗る箇所は、特にアタリ程度に留める。

ラフ①

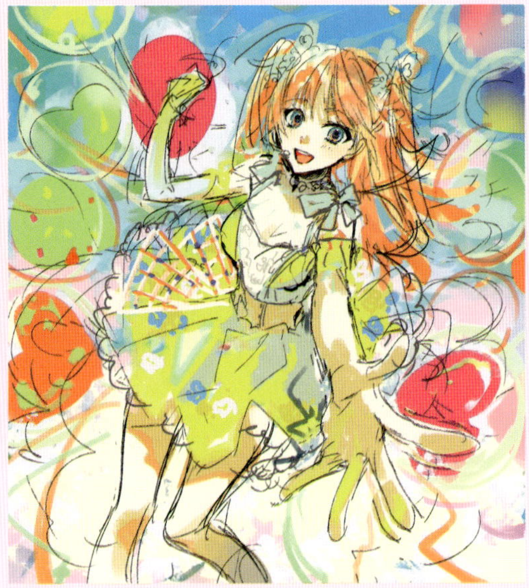

投稿テーマの「アイドル」に寄せて、ポップで華やかなアイドルのステージを描いたラフ①と、発売時期の初夏に寄せて、大きな空が気持ち良い、女の子のアップを描いたラフ②、「アイドル」と「初夏」の両方をテーマに盛り込んだ爽やかな色づかいのラフ③を提出してくれたレモンさん。そのなかから、今回はラフ①が決定稿に。

ラフ②

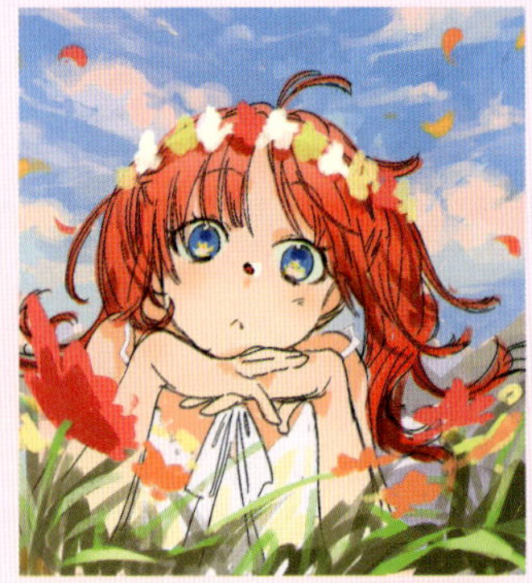

ラフ③

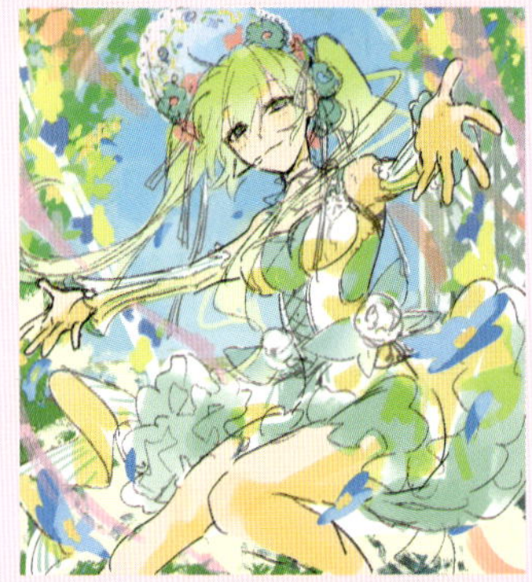

肌を塗る

1

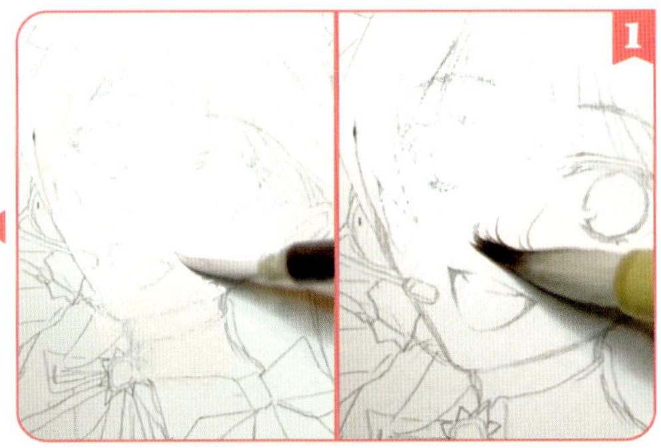

肌のベースを塗る。最初に肌全体に水をしいてから、51ホワイト＋27レモンイエロー＋14ピンクの淡いクリーム色を伸ばす。顔から順番に、デコルテ、手と腕にも広げる。

2

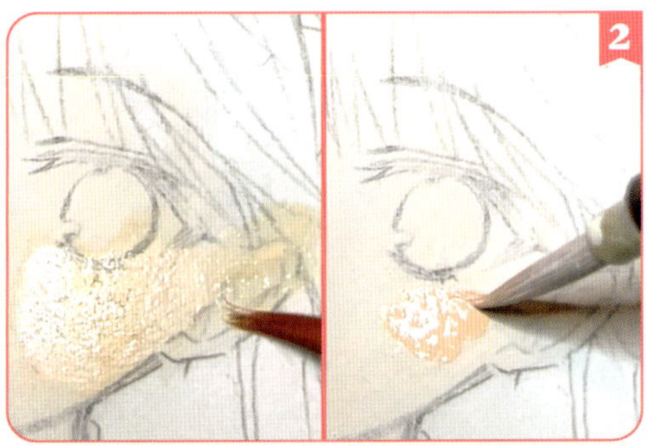

頬に赤みを入れる。水をしいたら26クロームイエロー＋14ピンクのピンクオークルを目の下に伸ばし、水筆でぼかしながら頬全体、耳まで塗り広げる。

3

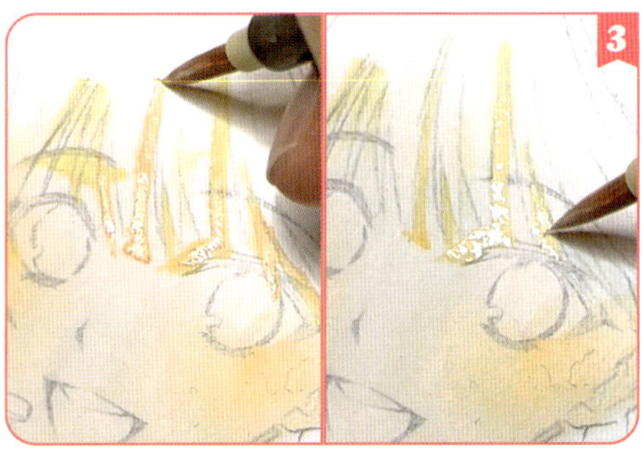

②を乾かしたら、前髪の間にカゲを入れる。最初に26クロームイエローを塗っていき、上から24オレンジを重ねてグラデーションに。そのまま鼻のカゲも入れる。

4

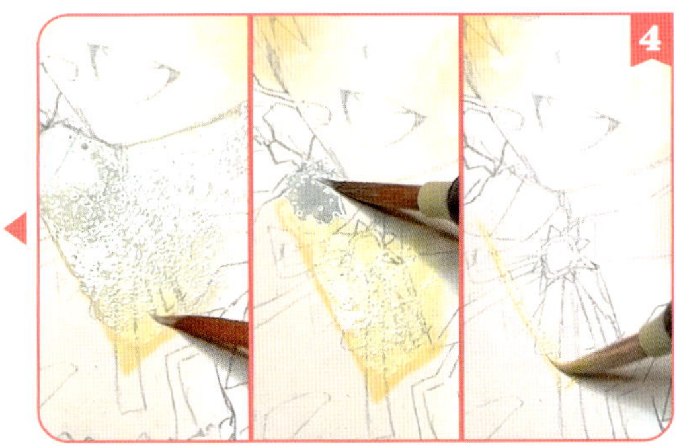

首、デコルテにカゲを入れる。26クロームイエローでカゲのラインを描き、そのまま水筆で伸ばしたら、53フレンチグレー＋124ライトブルーのくすんだ青色を重ね、水筆で混ぜてグラデーションにする。

5

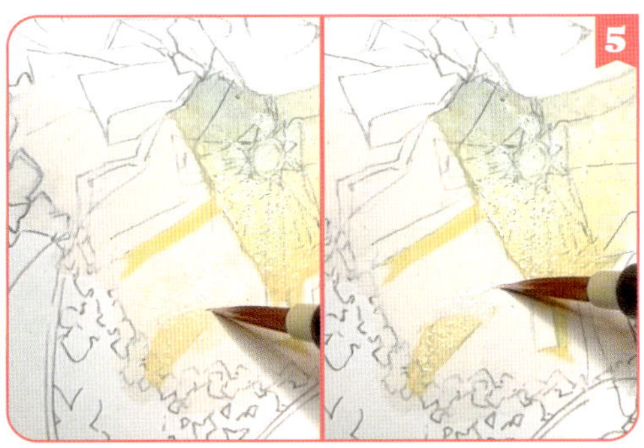

リボンのカゲ、胸の谷間のカゲを入れる。26クロームイエローでラインを引いたあと、胸は51ホワイトを重ねてグラデーションにする。

6

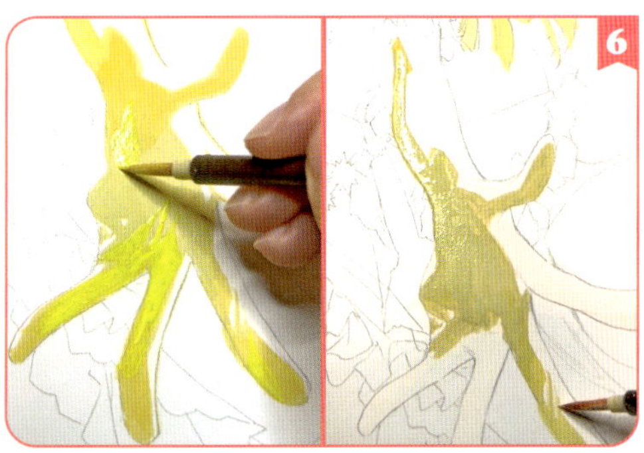

手と腕にカゲを入れる。53フレンチグレー＋26クロームイエローのくすんだ黄色でカゲの形を取り、27レモンイエローで反射光を入れる。ビビッドカラーを大胆に入れることで、立体感を強調。

髪を塗る

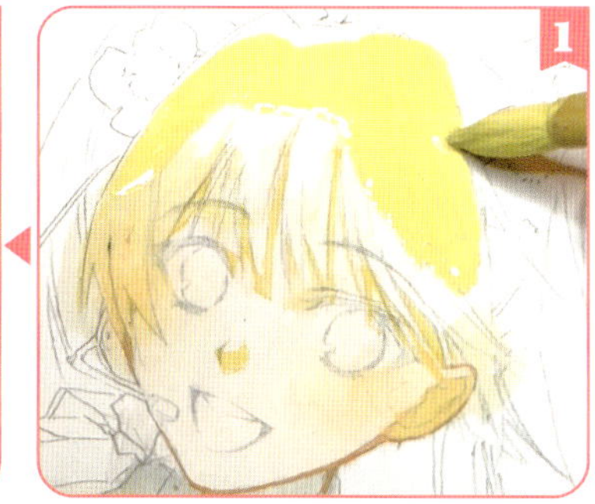

1 髪の下塗りをする。26クロームイエロー＋51ホワイトのマットな黄色を、前髪から順にベタ塗りしていく。

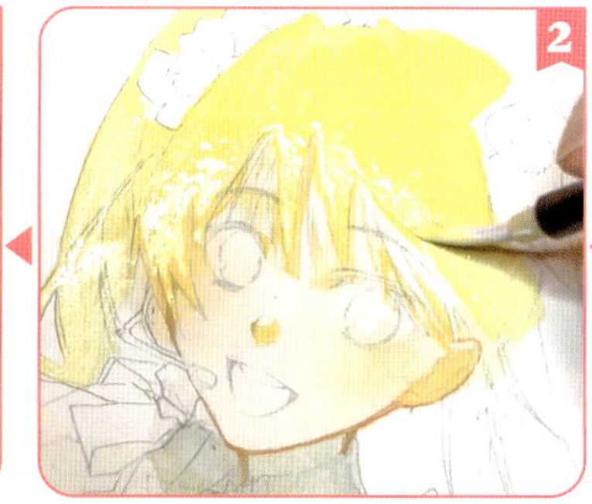

2 途中で51ホワイトを増やしたり、毛先の細かい部分は筆を細いものに持ち替えたりしながら、塗り進めていく。

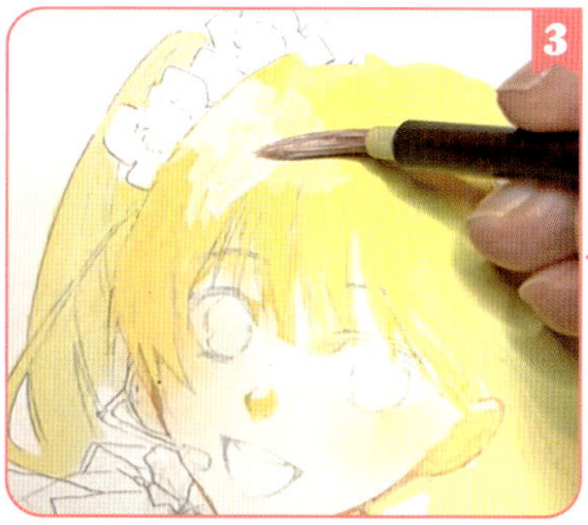

3 51ホワイトでハイライトを入れる。この下塗りの段階で大まかに光を塗り分け、立体感をつくっておく。

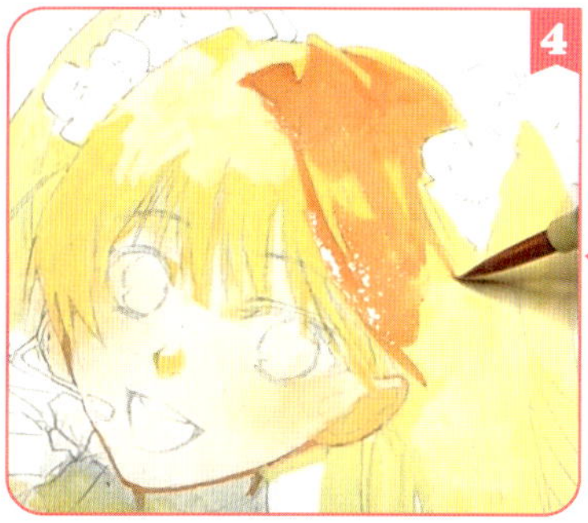

4 ①でつくったマットな黄色に24オレンジ、43バントシェンナを混ぜた赤茶色で、光を残しながら、頭の立体感を意識して本塗り。

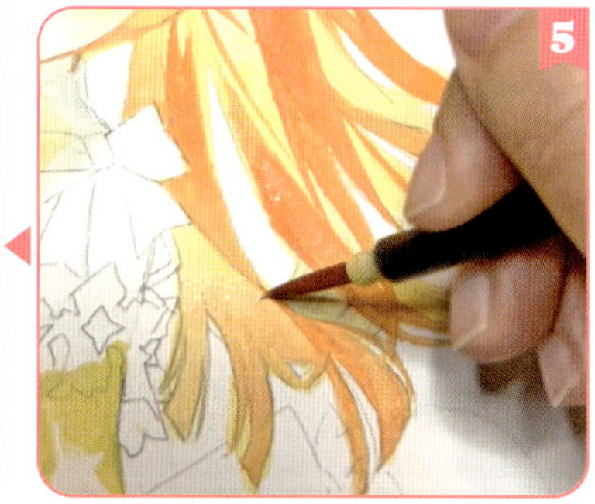

5 ④の赤茶色でどんどん毛束を塗っていく。濃くしたい毛先の毛束は、43バントシェンナを増やして塗る。

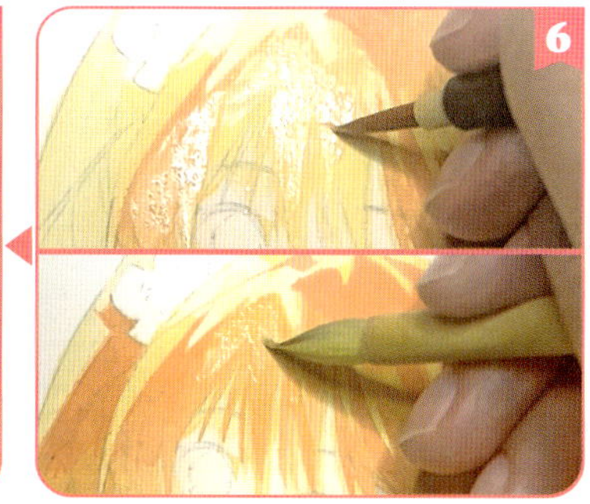

6 ハイライト付近は、51ホワイトの分量を増やして、ハイライトの形を整えたり、周りとなじませたりする。

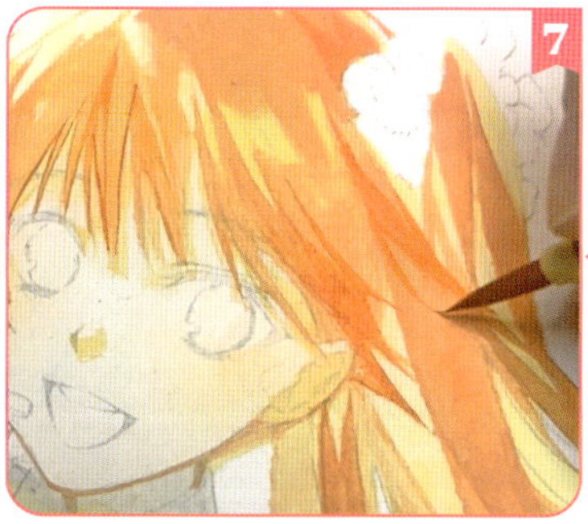

7 ⑤の濃い赤茶色に、4スカーレットレーキを少し混ぜて、さらに毛束感を強調。前髪の輪郭もしっかりなぞる。

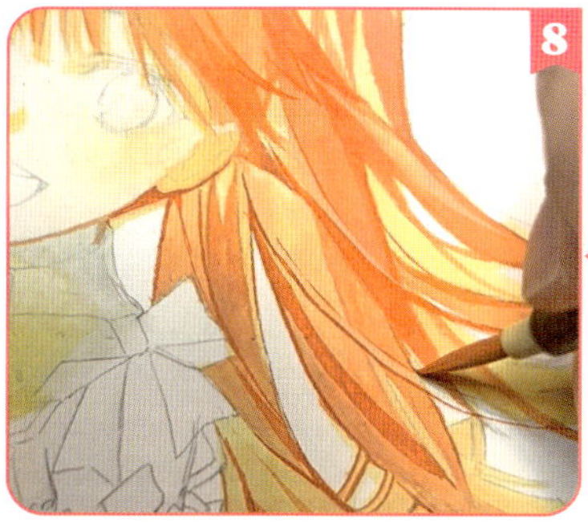

8 ⑦の赤茶色に、さらに4スカーレットレーキを足して、髪の毛一本一本を、バランスを見ながら描き足していく。

目を塗る

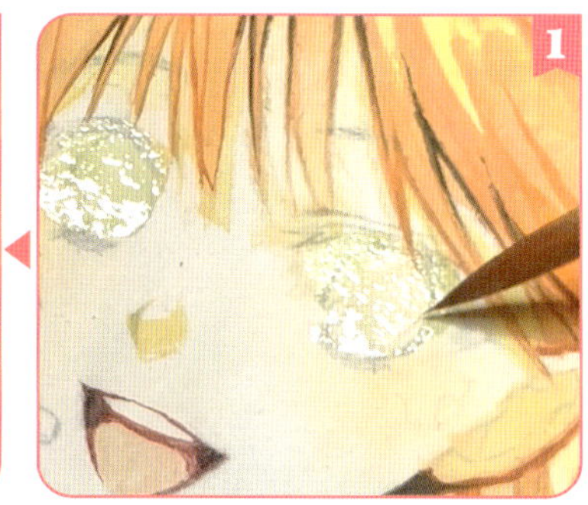

1 目全体を下塗り。35クロームグリーン（1）を薄く塗り広げる。

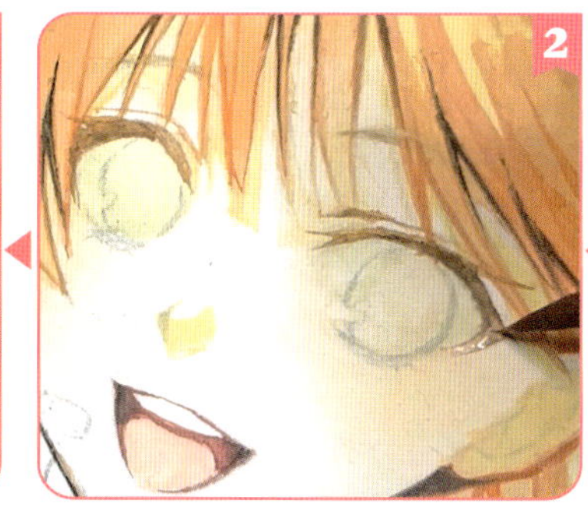

2 24オレンジ＋54ブラックの焦茶色でまゆげ、まつげ、二重のラインをなぞる。目尻に行くほど54ブラックを足して、濃くする。

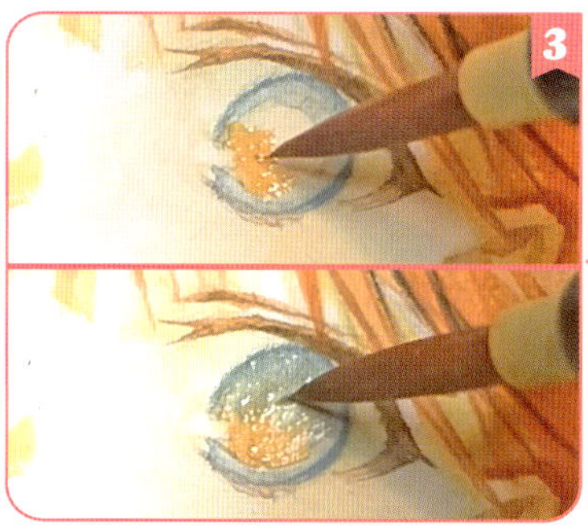

3 124ライトブルーで瞳の外側、24オレンジ＋26クロームイエローで瞳の内側を塗る。再び124ライトブルーでなじませる。

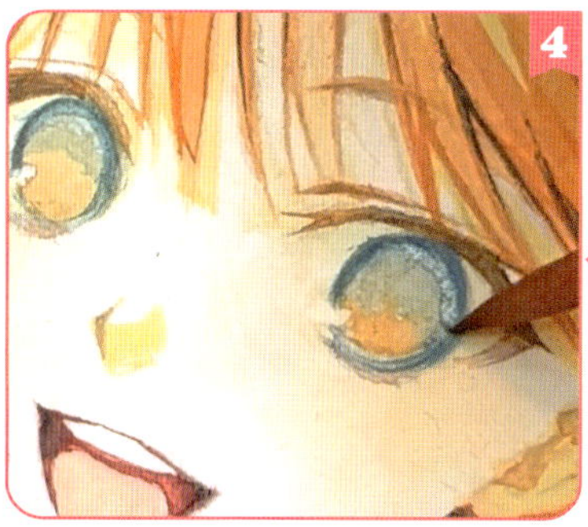

4 21セルリアンブルーで瞳の輪郭を濃くして、水筆でぼかしてなじませる。

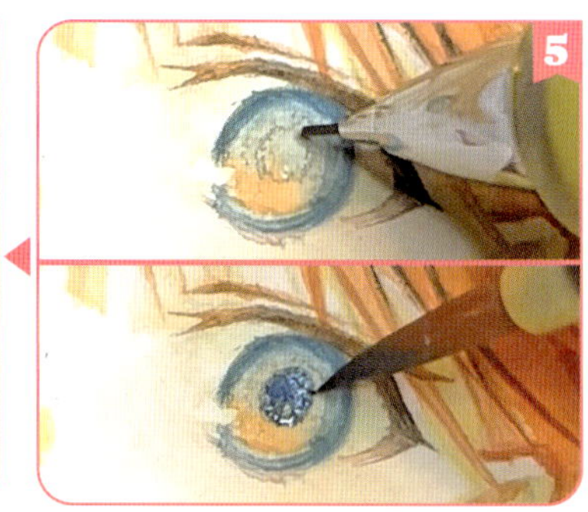

5 瞳孔を描く。シャープペンシルでアタリを取って、125フレンチブルーで塗りつぶす。

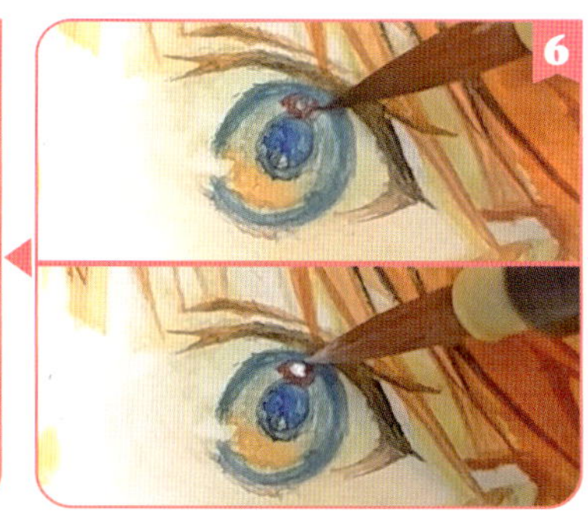

6 ハイライトを入れる。43バントシェンナで輪郭線を描いてから51ホワイト。暖色の差し色を入れると、よりホワイトが際立つ。

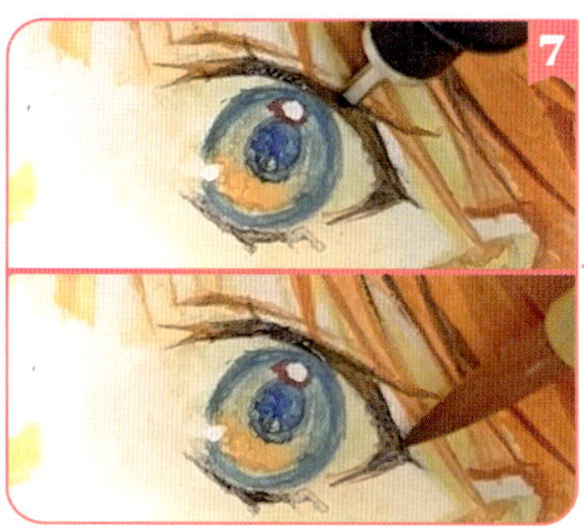

7 まつげを濃くする。ピグマで線画を整えたあと、②でつくった焦茶色を上から重ねて、なじませる。

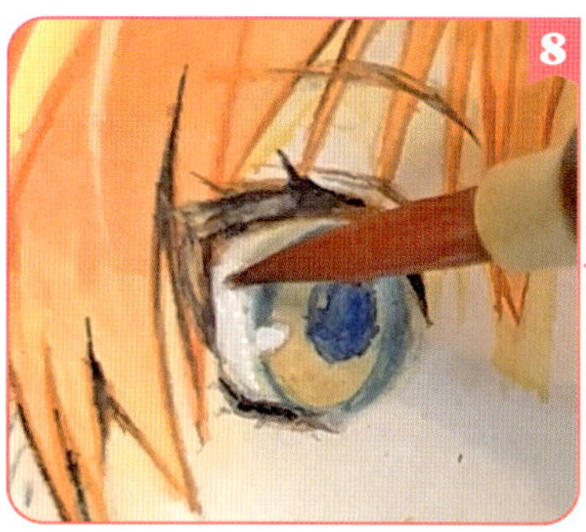

8 51ホワイトで白目を塗る。今回は可愛い系のイラストということで、なるべく白目の面積を少なく、黒目を大きく描いたそう。

赤い風船・空と雲を塗る

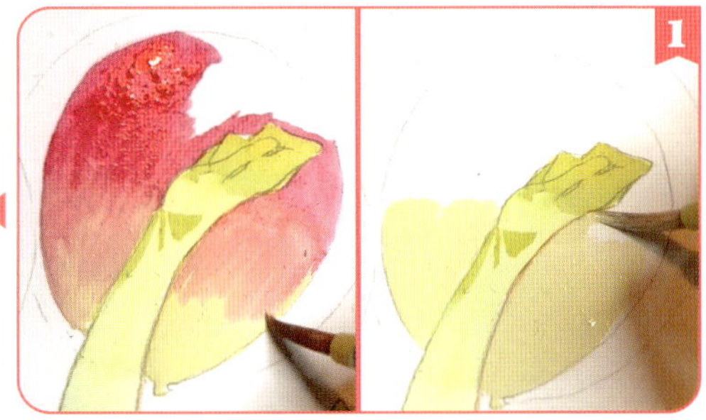

1

まずは風船から塗る。27レモンイエロー＋51ホワイトのマットな黄色を下側に。中間あたりは14ピンク＋51ホワイトのマットなピンク色。一番上には12オペラの濃く鮮やかなピンクを広げ、グラデーションにする。

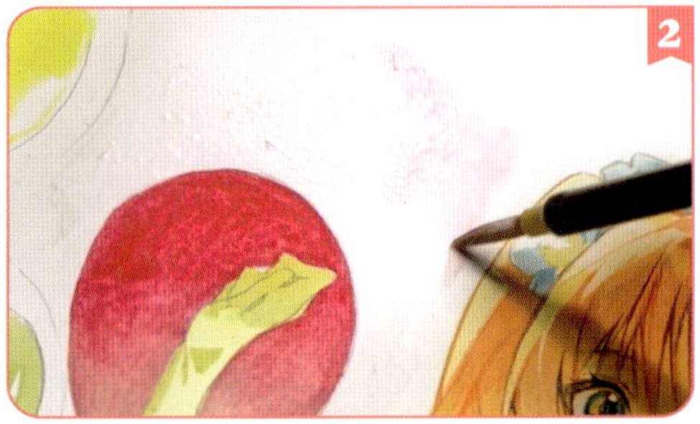

2

空と雲を塗り分ける。全体に水をしいて、風船の映り込みを塗る。51ホワイト＋10コバルトバイオレットを、雲と空の境目あたりに淡く広げた。

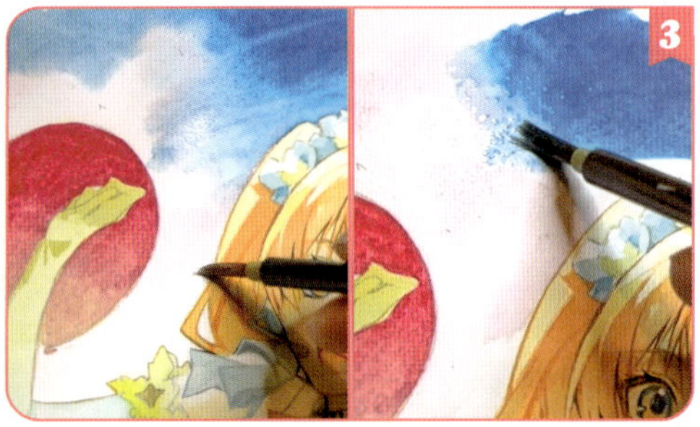

3

基本の空の色は21セルリアンブルーで、雲と空の境目は124ライトブルーでなじませる。全体にしいた水が乾かないうちに、21セルリアンブルーを手早く塗り広げて、雲の形を決めるのがポイント。形を決めてから、徐々に塗り重ねて濃くする。

コスチュームを塗る

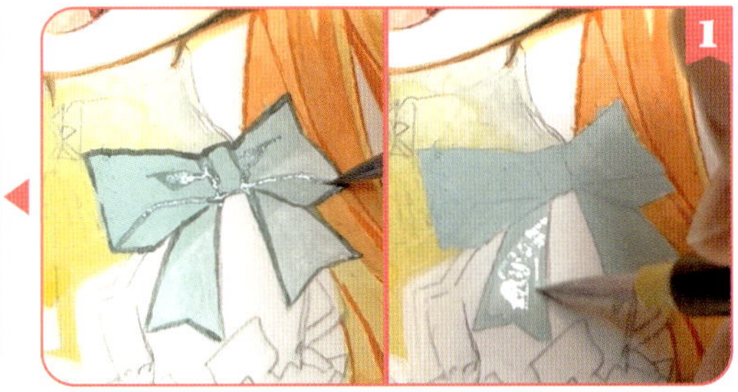

1

肩のリボンを塗る。まずは51ホワイト＋124ライトブルー＋35クロームグリーン（1）の水色でベタ塗り。さらに24オレンジ、43バントシェンナを足して、主線を描き起こしながらカゲを入れる。

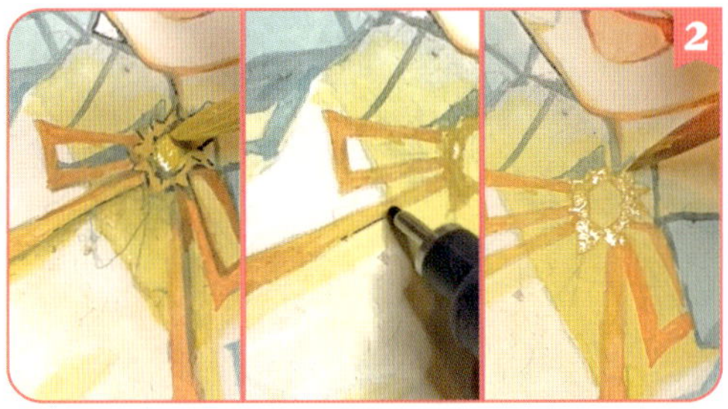

2

センターの黄色いリボンを塗る。24オレンジ＋26クロームイエローのマットなオレンジ色で全体を塗ったら、中央の装飾を30イエローオーカーでふちどる。ピグマでカゲを入れて水筆で伸ばしたら、26クロームイエロー＋27レモンイエローの黄色を中央の装飾に重ねる。

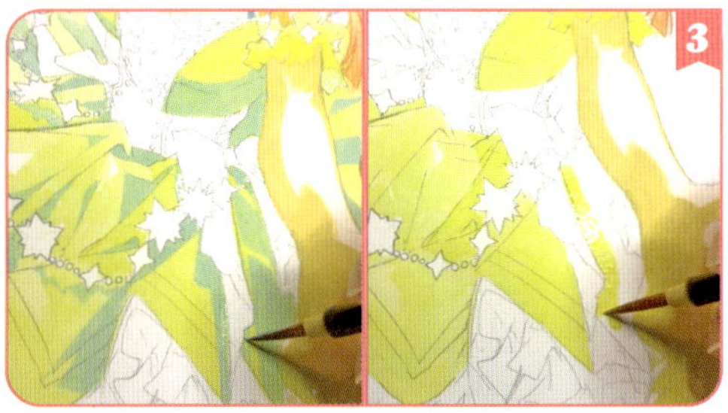

3

ベースの生地を27レモンイエローでベタ塗り。続いて、124ライトブルー＋54ブラック＋43バントシェンナの青緑色でカゲを入れる。カゲは敢えてなじませず、しっかり塗り分けることで、ハリのある素材感を表現。

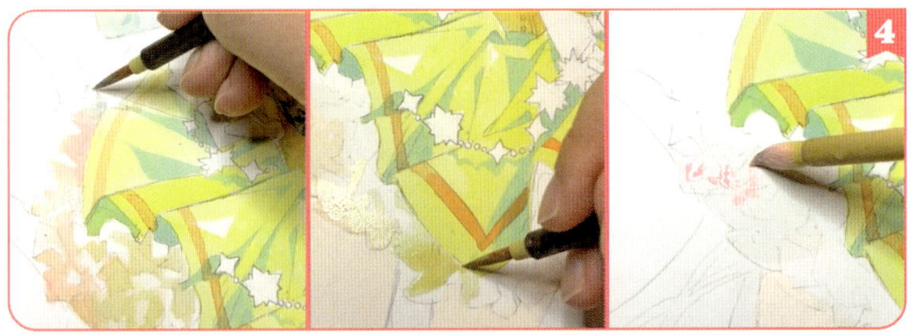

4

パニエを塗る。白い生地に淡いカゲ色なので、透けないよう消しゴムで線画を消す。中央が黄色、外側にいくにつれてピンク色（雲、風船のピンク色を反映）のグラデーションに。51ホワイト、14ピンク、26クロームイエロー＋27レモンイエローの黄色をモコモコと塗る。

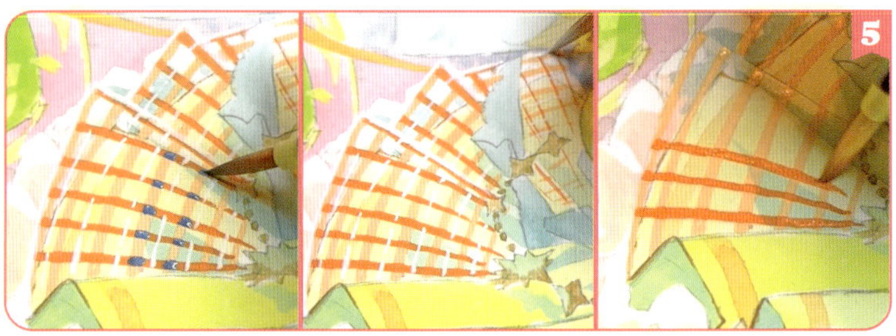

5

チェック柄を描く。27レモンイエロー＋4スカーレットレーキのオレンジ色の濃淡を変えて、縦縞と横縞を描く。オレンジ色に51ホワイトを混ぜたクリーム色でさらに縦縞と輪郭線。最後に、125フレンチブルー＋51ホワイトの青色を縞が交差する部分にのせる。

サイン色紙プレゼント

ポップなアイドルの女の子のイラストが完成！　今回はポスターカラーを使って透明、不透明それぞれの水彩表現に挑戦してくれたレモンさん。肌の彩色ひとつを取っても、顔の下塗り、首のカゲの塗りでは複雑な混色、美しいグラデーションを見せる一方で、手や腕のカゲにおいては、マットなベタ塗り、鮮やかな単色づかいで強い光の表現をバチッと格好良く見せてくれました。みなさんもぜひ色々塗り試してみてくださいね！

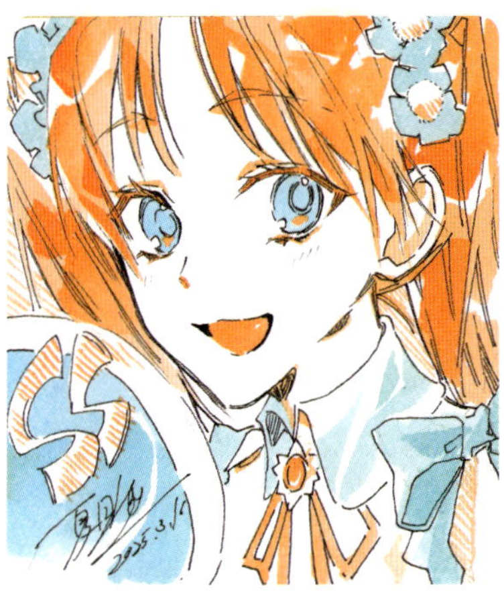

夏目レモンさんの「ニッカー ポスターカラー」の感想

とにかく発色が良く、単色で可愛い色がたくさんあります。伸びが良くムラになりにくいので、透明水彩のような使い方もしやすいと思います。また、アクリルのようなマットな色も作りやすいです。ちょうどいい水分量は、透明水彩ともアクリルとも違うので、これから研究したいと思います。

夏目レモンさんの好きな色

■124ライトブルー／首元のカゲ、奥にある腕の空気感の演出、瞳の固有色……と色々使い勝手が良く、好きな色です。

■27レモンイエロー／スカートに単色で使っていますが、少量でも鮮やかに発色してくれます。肌、風船など混色にも使いました。

■35クロームグリーン（1）／背景の風船に使いましたが、爽やかで可愛い色だなあと思いました。瞳の下塗りにも使っています。

the making of 呉竹 ZIGクレカラーファイン&ブラッシュ

優しく微笑みかける、ほがらかな女の子を描き出すひよりこさん。女の子がそこに居るだけで、あたたかな空気や光が生まれて、ほっと心が癒されます。また、着物や装飾など和の美しさを余すことなく、洗練された筆致で紡がれているところも魅力のひとつです。今回のメイキングでは、呉竹のZIGクレカラーファイン&ブラッシュを使って作品を描いていただきました。ZIGクレカラーファイン&ブラッシュの、華やかで和の趣を感じる彩りに注目ください。また、顔彩耽美 スターリーカラーズによるきらめきの仕上げについてもお届けします。

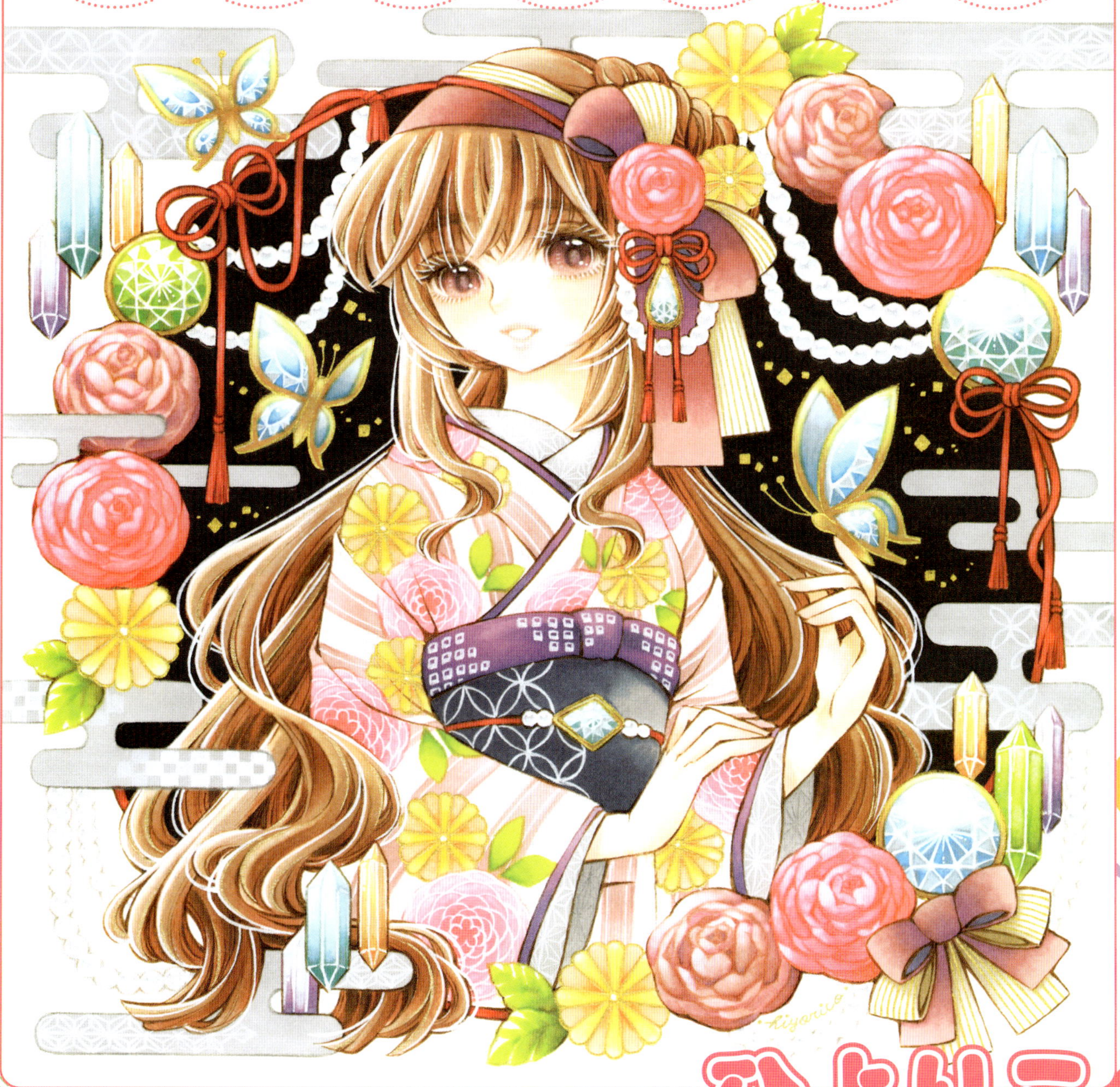

ひよりこ

画材 ZIGクレカラーファイン&ブラッシュ(全色)／ZIG Cartoonist MANGAKA(セピア…01、ブラック…005)／顔彩耽美 スターリーカラーズ（黄金色、桃金色、白金色）／色鉛筆(色辞典、ファーバーカステル、三菱ユニカラー、三菱色鉛筆、トンボ色鉛筆NQ)／コピックスケッチ(0番)／ピュアホワイト(05.08)／ポスカ(しろ…極細)／Juice(ゴールド…0.5)／細筆

用紙 ヴィフアール水彩紙(細目)

X @hiyorimegane89

Instagram hiyorico89

今回使用する画材はコチラ!

ZIGクレカラーファイン&ブラッシュ

- 油性インキ
- ツインタイプの筆
- しなやかな描き心地
- 呉竹ならではの美しいカラー展開
- 全29色

ZIG クレカラーファイン&ブラッシュ／スターターセット 価格 4,730円(税込)

スターターセット内容物

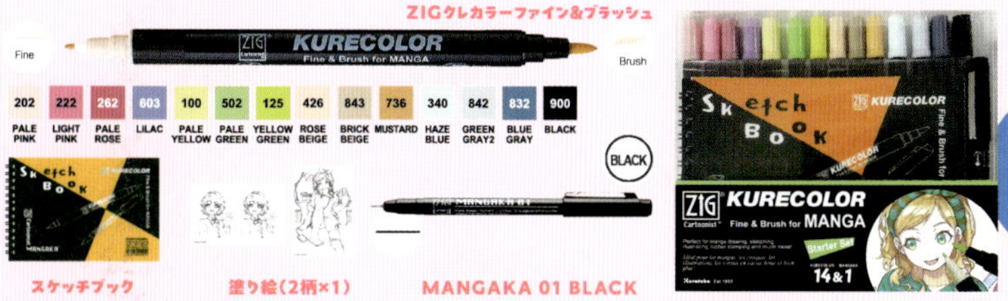

漫画・イラストにおすすめのアルコールマーカー14色と線描きペン、スケッチブック、塗り絵2枚のセット。
アルコールマーカーは「ブラッシュ」と「ファイン」のツインタイプ。ベタ塗りも細部も思いのままに描けます。

information

発売元:呉竹

https://www.kuretake.co.jp/product/art_articles/create_art/20808/

ZIGクレカラーブラッシュ&ファインの詳細はコチラ!

※価格は税込表示です

完成線画

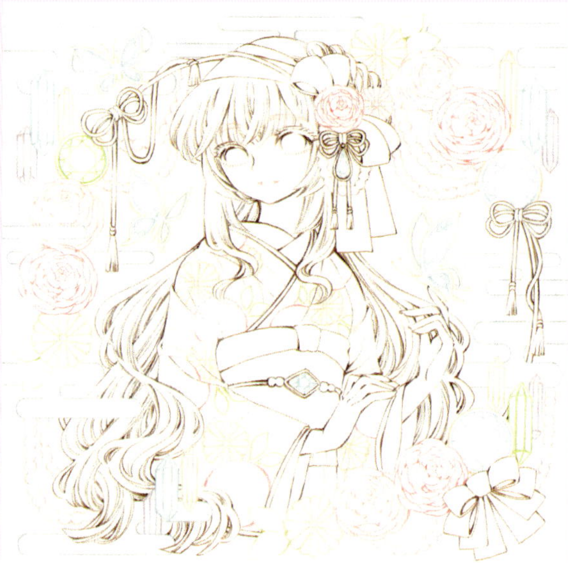

人物の線画はZIG Cartoonist MANGAKAのセピアでくっきりと描かれている。また、花々や着物の柄などのモチーフは色鉛筆を使用して柔らかいタッチで清書。着彩する固有色に合わせて、線画はなじむ色で描いている。また、まゆ毛やまつ毛、口もとなどもなじみのよい色鉛筆で描くことで、女の子の優しい表情が表現できる。

ひよりこ　とても使いやすいセピア色でした。また、色鉛筆は柔らかい表現や淡い色彩の調整をしたい部分に使用しています。

ラフ〜線画

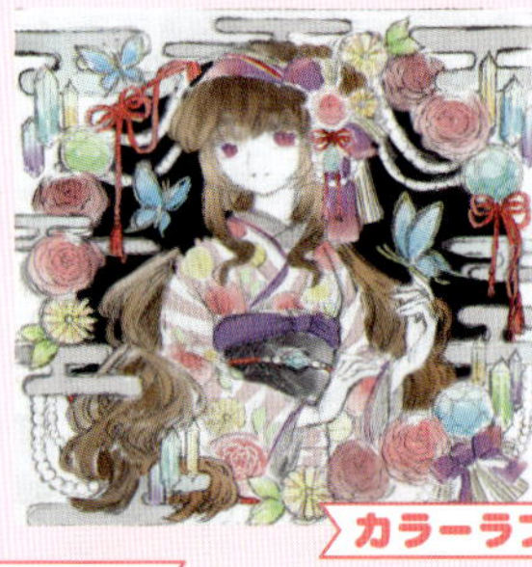

カラーラフ

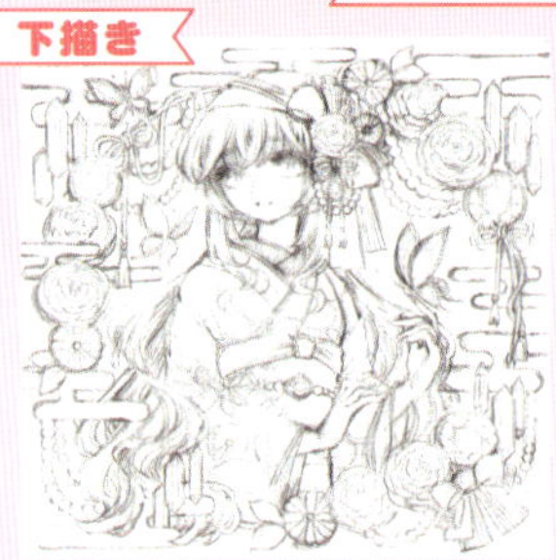

下描き

今号の投稿テーマである「アイドル」をイメージして、華やかな花々ときらめく装飾に彩られる和の女の子を描いていただいた。カラーラフはラフをスキャンしたデータに、デジタルでざっくりと色が置かれている。カラーラフがあることで、完成がイメージしやすく、制作も進めやすい。

ZIGクレカラーファイン&ブラッシュ「5色+ミリペン」のセットを紹介!

様々なシーンをイメージして、各5色にセレクトされたZIGクレカラーファイン&ブラッシュのセット。今回メイキングするひよりこさんの作品では、全色を使用して着彩している。

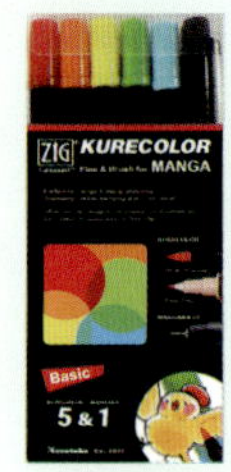

ZIGクレカラーファイン&ブラッシュ／ベーシックセット
発売:呉竹
価格:1,628円(税込)
基本のベーシックカラーのセット

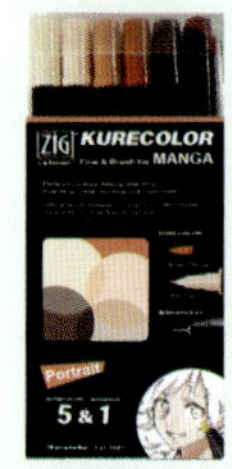

ZIGクレカラーファイン&ブラッシュ／ポートレート
発売:呉竹
価格:1,628円(税込)
人物や動物のイラストに適したポートレートカラーセット

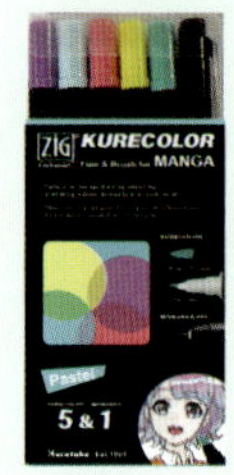

ZIGクレカラーファイン&ブラッシュ／パステルセット
発売:呉竹
価格:1,628円(税込)
ドリーミーなパステルカラーのセット

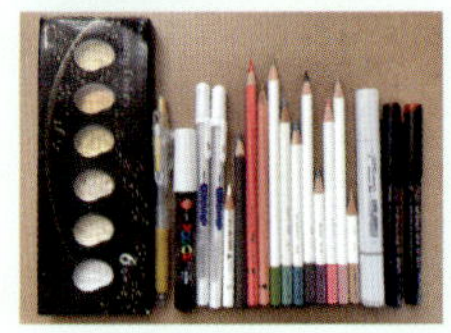

ZIGクレカラーファイン&ブラッシュ以外に、ひよりこさんが使用した画材。仕上げに使用した画材としては、顔彩耽美　スターリーカラーズやホワイトペン、色鉛筆などがある。

肌を塗る

使用色…ZIGクレカラーファイン&ブラッシュ(LIGHT BISQUE(424)、ENGLISH ROSE(419)、ROSE BEIGE(426))／コピック0番

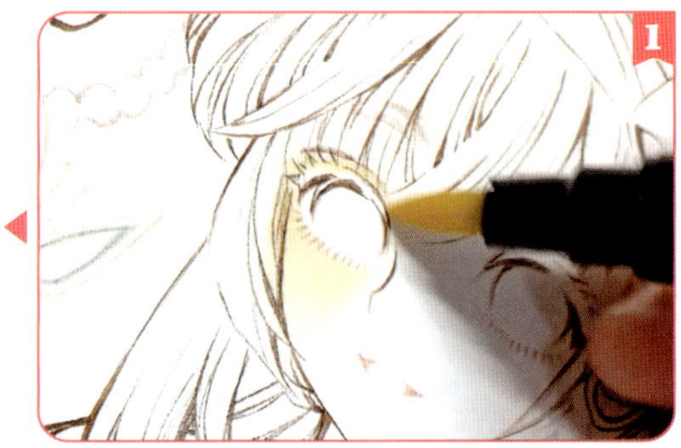

1 肌を塗る。目尻と頬のあたりに下地としてコピック0番を薄く敷く。乾かないうちにZIGクレカラーファイン&ブラッシュの黄みがかったベージュ色LIGHT BISQUE(424)を重ねる。アゴに向かって0番でグラデーションすることで、血色感を表現する。

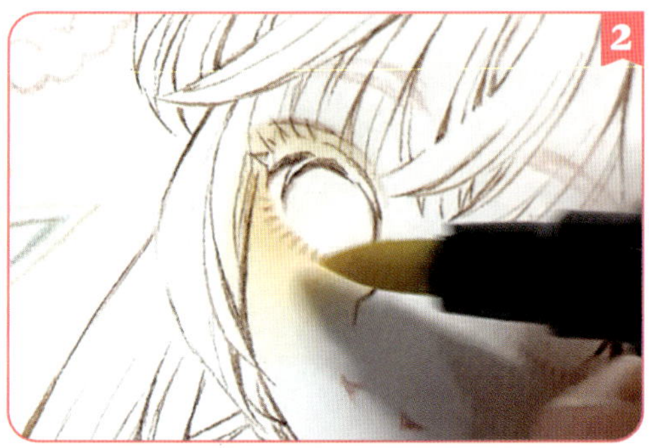

2 ①が乾かないうちに、さらに血色をプラスする。ZIGクレカラーファイン&ブラッシュのややピンクがかったベージュ色ENGLISH ROSE(419)を、頬やまぶたに重ね、じわっとなじませている。ピンクがかった可愛らしい肌の印象に仕上げる。

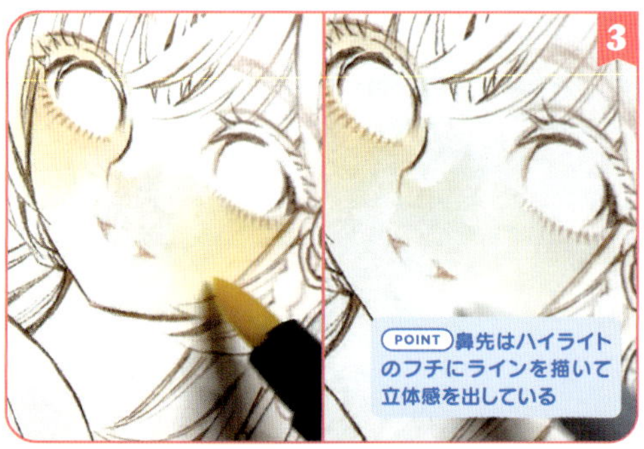

3 顔の立体感を表現する。鼻や唇の立体感をイメージしつつ、向かって右側の頬辺りにコピック0番を敷く。手順①〜②同様に、LIGHT BISQUE(424)やENGLISH ROSE(419)を頬に塗り広げる。じわっとあたたかな頬が表現できた。

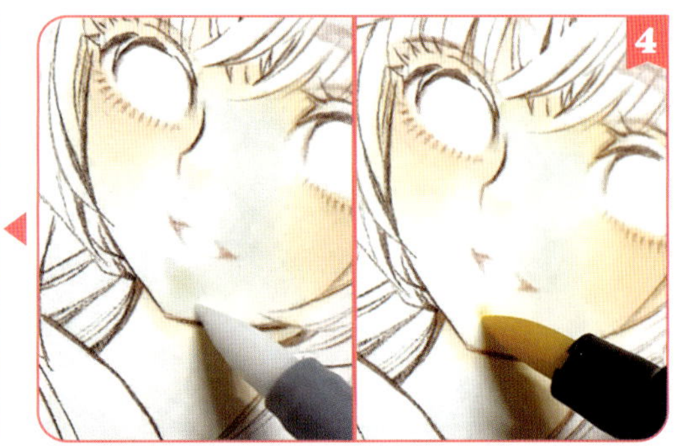

4 下唇の下にくぼみを描く。ENGLISH ROSE(419)を使い、ちょんと色を置く。素早くコピック0番でぼかしてなじませる。ぷっくりとした唇の印象になる。

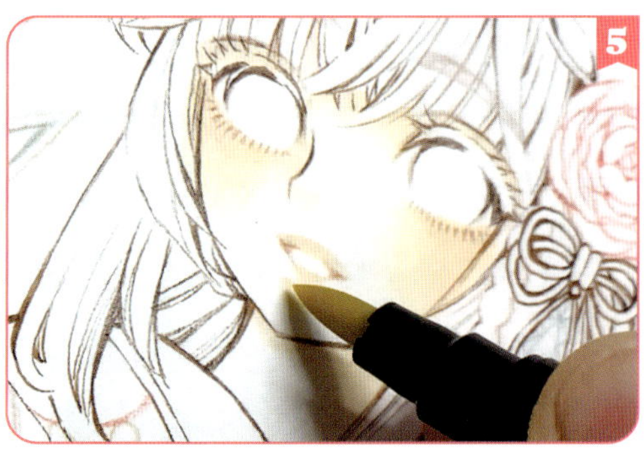

5 さらに唇の厚みを描く。ENGLISH ROSE(419)を使い、とても軽い筆圧で上唇のラインを塗る。また、下唇のラインをうっすらと描き、コピック0番でぼかしている。

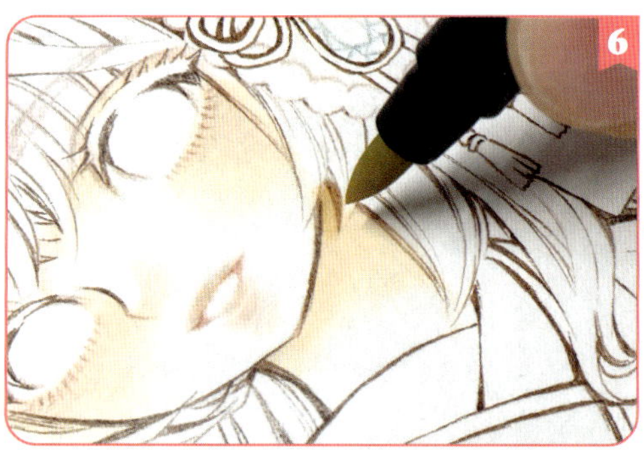

6 肌の仕上げ。ZIGクレカラーファイン&ブラッシュのベージュ色ROSE BEIGE(426)を使い、首の奥まっている部分にカゲを塗る。少し濃い色を置くことでグッと奥行き感が出る。

髪を塗る

使用色…ZIGクレカラーファイン&ブラッシュ(SAND(723)、OATMEAL(730)、ROSE BEIGE(426)、MID BROWN(764))／ZIG Cartoonist MANGAKA(セピア…01)

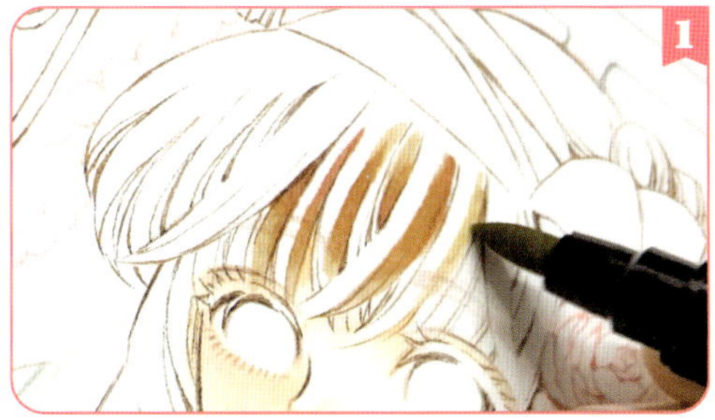

前髪を塗る。ZIGクレカラーファイン＆ブラッシュの茶色SAND(723)を使い、髪の流れに沿って毛束を描く。インクが乾かないうちに淡い茶色OATMEAL(730)で、毛先やつむじに向かってグラデーションにする。

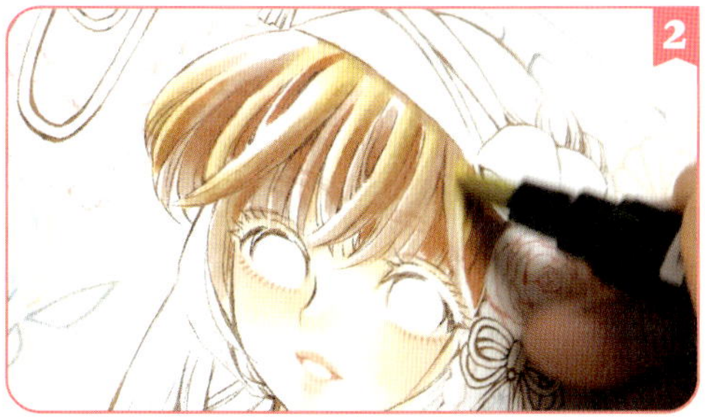

毛束の側面はハイライトを一部塗り残しつつ、OATMEAL(730)を毛束に塗る。また、肌にも使用したベージュ色ROSE BEIGE(426)をリボンのカゲ部分などに重ねる。

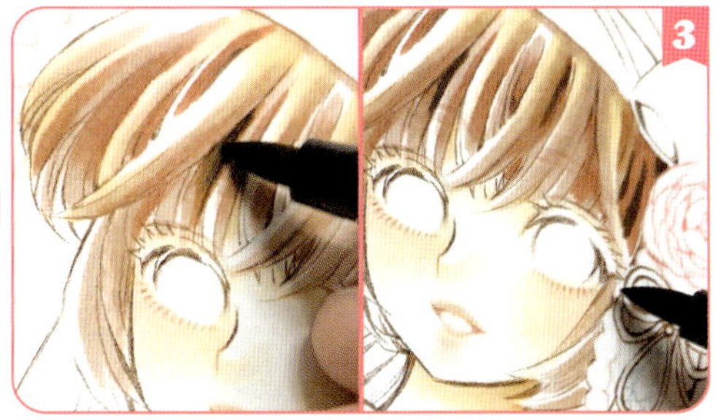

毛束の濃いカゲを描く。とても濃い茶色のMID BROWN(764)を使い、筆先をコントロールして細いカゲを入れる。濃いカゲ色をなじませるために、SAND(723)でぼかす。髪の重なり感が表現できた。

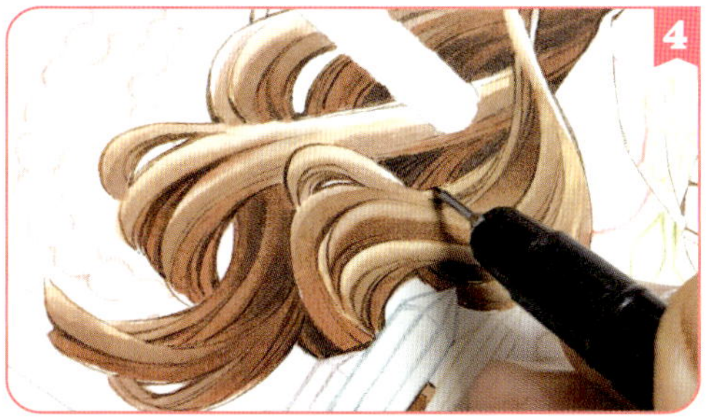

ZIG Cartoonist MANGAKAのセピア(01)を使い、毛束の線画を加筆する。塗り進めるうちに線画が埋もれてしまうため、上から線を加筆してコントラストを調整している。また、より細かな毛束の流れを描写した。

髪の彩色・POINT

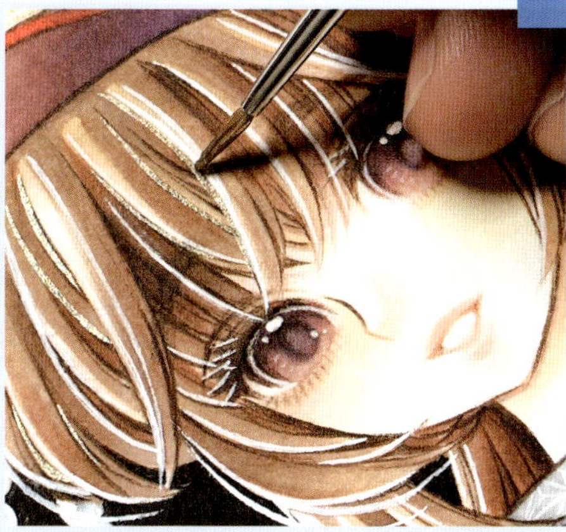

ひよりこさんは髪の仕上げにハイライトとして、ホワイトのペンだけでなく、顔彩耽美 スターリーカラーズの黄金色も使った。細筆にとって一本一本毛流れを描き込んでいる。ラメの入った顔彩耽美を使うことで、きらめく優雅な美しさが加わっている。

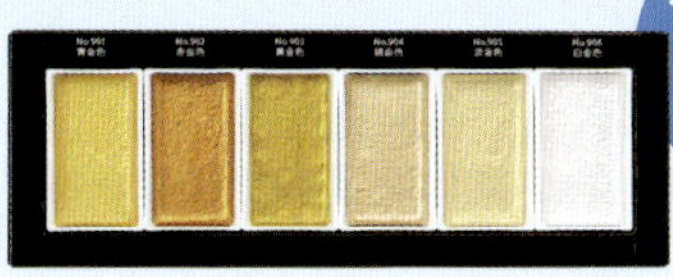

顔彩耽美
スターリーカラーズ
6色セット
発売:呉竹
価格
1,540円
(税込)

瞳を塗る

使用色…ZIGクレカラーファイン&ブラッシュ(OATMEAL(730)、ROSE BEIGE(426)、SAND(723)、LIGHT VIOLET(634)、PALE ROSE(262)、PALE PINK(202)、LILAC(603))／ポスカ(しろ…極細)／ピュアホワイト(05)／色辞典(子鹿色/FAWN、渋紙色/CORK、烏賊の墨色/SEPIA)／ファーバーカステル(シナモン／189)

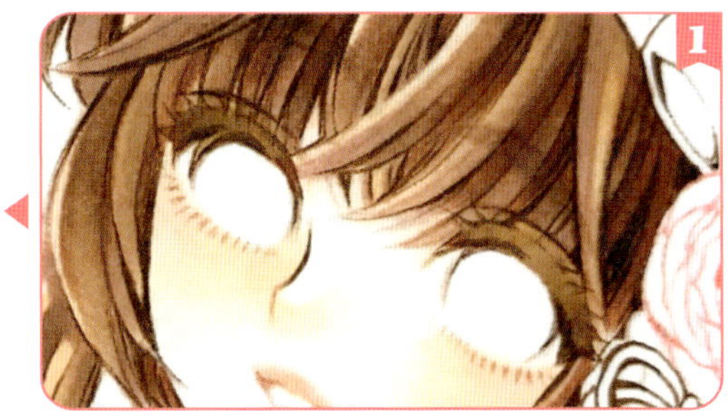

まつ毛を塗る。OATMEAL(730)をベタ塗りしたら、中央辺りにROSE BEIGE(426)を重ねてツヤを出す。目尻と目頭側のまつ毛にはSAND(723)で鋭さを出し、OATMEAL(730)でなじませている。

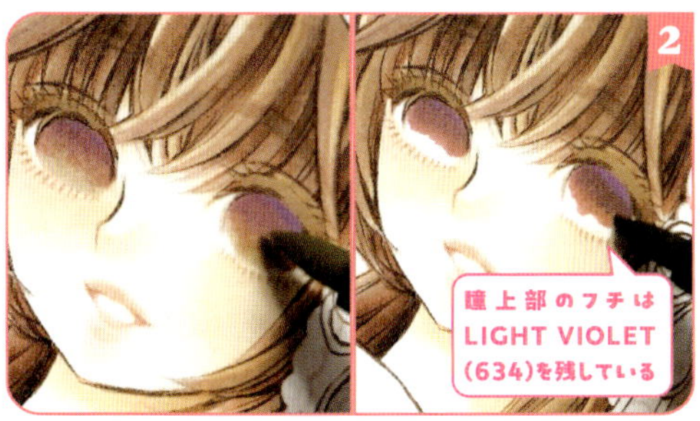

瞳を塗る。ZIGクレカラーファイン＆ブラッシュの紫色LIGHT VIOLET(634)を瞳上部に塗る。次に赤みがかった紫色PALE ROSE(262)を瞳中央辺りまで重ね、淡いピンク色PALE PINK(202)で下部まで塗り広げた。

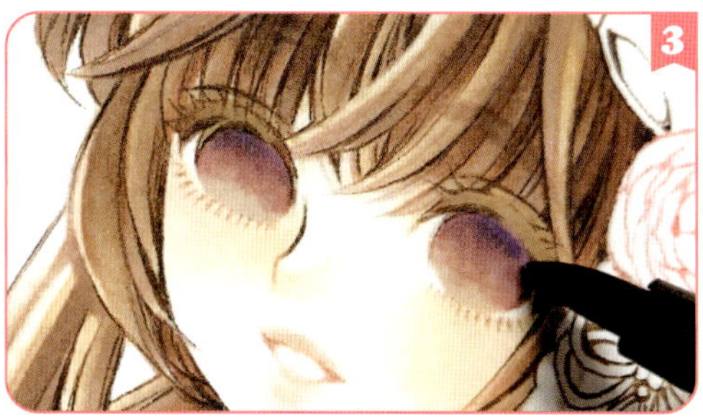

続いて、淡い紫色LILAC(603)を②で塗り残した瞳上部のLIGHT VIOLET(634)の上に重ねる。さらにLIGHT VIOLET(634)を重ね塗り、瞳に深みを出す。

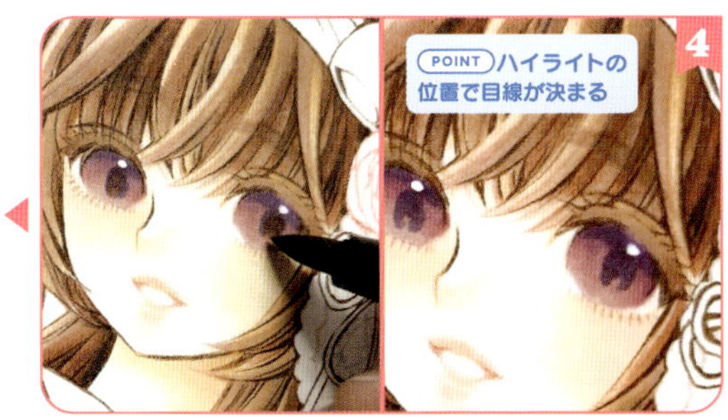

ハイライトを入れる。ポスカのしろ(極細)を使い、瞳上部に小さな粒を入れる。また、ZIGクレカラーファイン＆ブラッシュのLILAC(603)のファイン側のブラシを使い、瞳上部のキワにラインを引いたり、瞳孔を描き込む。瞳孔の中は、PALE ROSE(262)で塗りつぶしている。

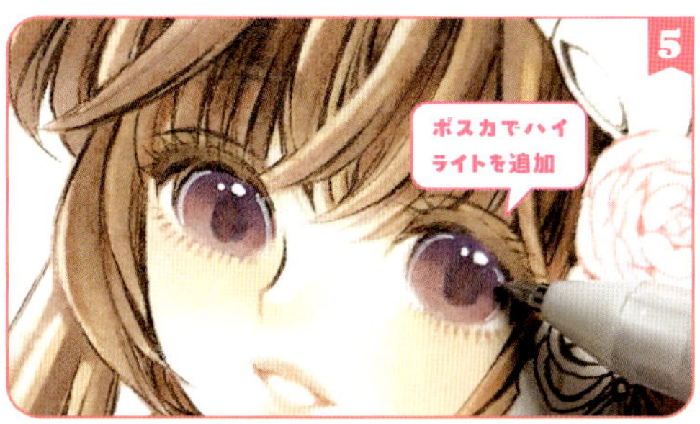

瞳のりんかくに沿って、ピュアホワイト(05)で、ちゅるんとしたツヤを入れる。ツヤを入れたことで瞳の球体感が表現でき、潤った印象になる。

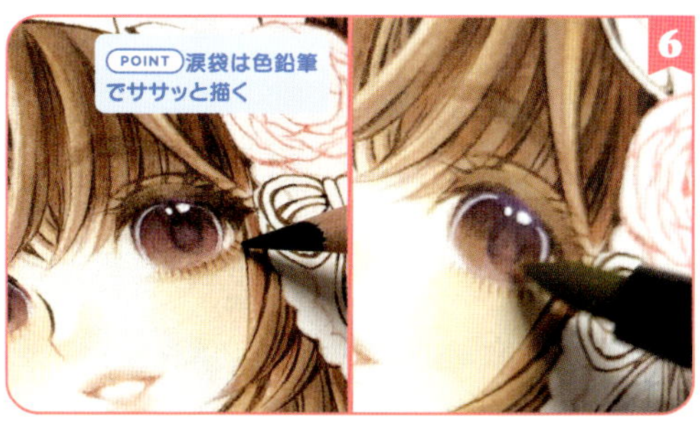

④で描いたハイライトは避けつつ、瞳の中央辺りにPALE ROSE(262)やPALE PINK(202)を塗り重ねる。インクを重ねて瞳孔をなじませながら深みを出す。優しげな瞳の印象になった。

花飾りを塗る

使用色…ZIGクレカラーファイン&ブラッシュ(MID YELLOW(104)、PALE YELLOW(100)、CADMIUM ORANGE(406)、ROSE BEIGE(426)、YELLOW GREEN(125)、PALE GREEN(502)、LIGHT GREEN(504)、BRICK BEIGE(843))／コピック0番／色辞典(苔色/MOSS GREEN)

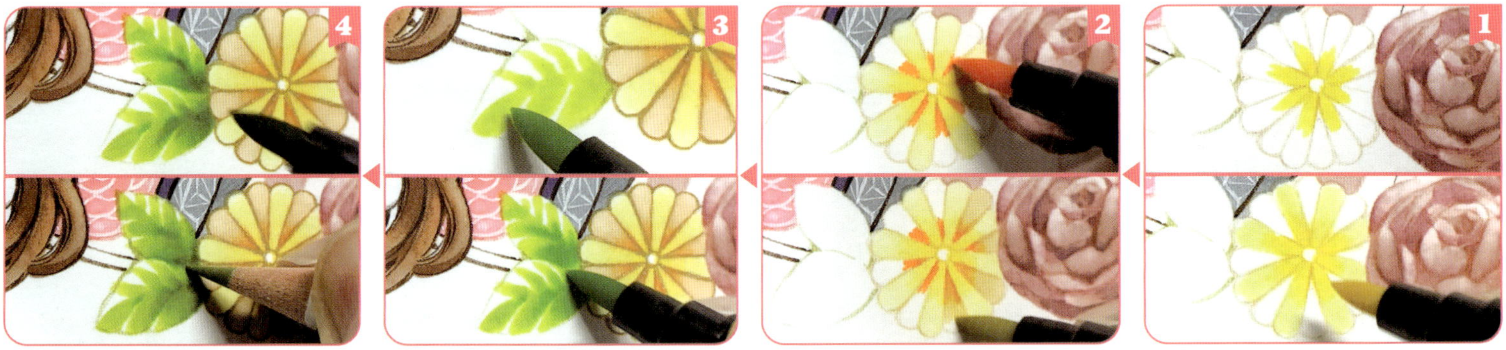

1 菊模様の飾りを塗る。ZIGクレカラーファイン&ブラッシュの明るい黄色MID YELLOW(104)を使い、花の中央を放射状に塗る。次に淡い黄色PALE YELLOW(100)で、外側に抜けていくグラデーションにしつつ、コピック0番でなじませる。

2 ①で塗らなかった花びらを塗る。花びらの中央に濃いオレンジ色CADMIUM ORANGE(406)を塗り、ROSE BEIGE(426)で、外側に向かってグラデーションにしつつ、コピック0番でなじませる。

3 葉を塗る。まず、明るい黄緑色YELLOW GREEN(125)を使い、葉脈を描く。次に明るい緑色PALE GREEN(502)や黄緑色LIGHT GREEN(504)をじわっと重ね、濃淡を加える。フレッシュな緑色を取り入れることで、作品の印象がよりはなやぐ。

4 葉脈の根元部分には灰色がかったベージュ色BRICK BEIGE(843)を重ね、奥行きを表現する。仕上げにカーキー色の色鉛筆を使い、線画をなぞって葉の印象をまとめあげる。根元にもササッと塗り重ね、色鉛筆特有の柔らかな質感を加えた。

背景を塗る

使用色…ZIGクレカラーファイン&ブラッシュ(BLACK(900))／顔彩耽美 スターリーカラーズ(黄金色)

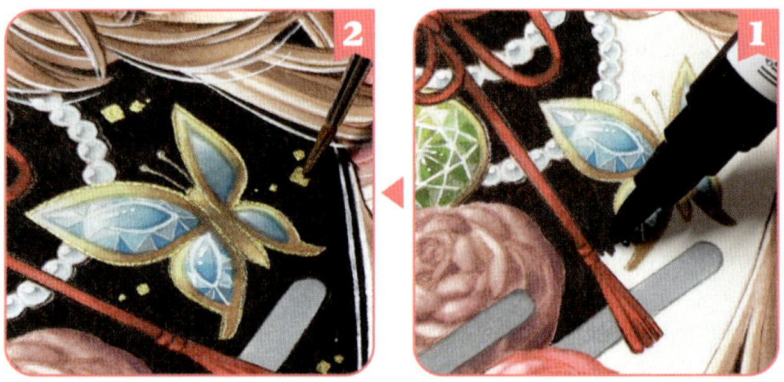

1 背景を黒でベタ塗りする。ZIGクレカラーファイン&ブラッシュの黒色BLACK(900)を使う。手前にあるモチーフを避けつつ塗る。

2 ①のインクが乾いたら、顔彩耽美スターリーカラーズの黄金色を細筆に取り、金箔をイメージした四角い粒を描き込む。

青色の水晶を塗る

使用色…ZIGクレカラーファイン&ブラッシュ(COBALT BLUE(305)、LIGHT BLUE(303)、HAZE BLUE(340))

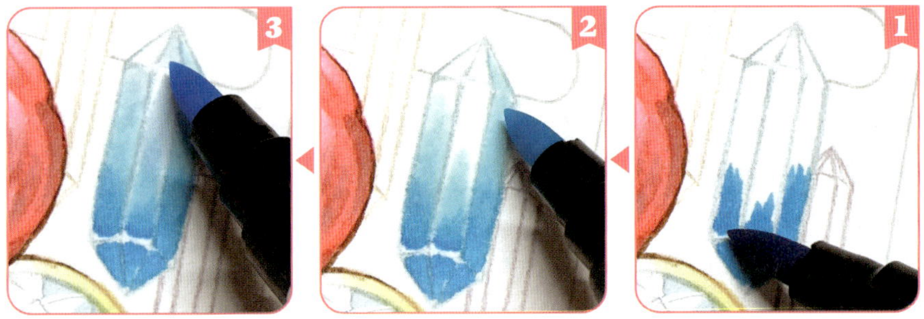

1 青色の水晶を塗る。カット面を意識しつつ、下側に濃い青色COBALT BLUE(305)を塗る。

2 水晶は上に向かって淡く透けていくイメージ。水色LIGHT BLUE(303)で①の色をぼかしながらグラデーションにする。

3 とても淡い水色HAZE BLUE(340)を塗る。白くハイライトを塗り残す部分を作ると水晶らしさが表現できる。

ひよりこさんのお気に入りの色

■PALE PINK(202)／くすみ系のベージュピンクで和の雰囲気にピッタリです。
■HAZE BLUE(340)／くすみ系の淡い水色で透明感を出してくれます。
■ROSE BEIGE(426)／淡いオレンジ色で肌の影や茶色の髪のグラデ以外にも色々重宝しました。
■OATMEAL(730)／少し赤みがある穏やかで落ち着いた色調の茶色です。
■PALE YELLOW(100)／淡めの黄色でハイライトやグラデに使いやすいです。

気品あふれる花模様の着物をまとう、美しい女の子が描かれた作品の完成！　指先には宝石の蝶がふわりと舞い降り、和と幻想的なきらめきが交わる作品が生まれました。ひよりこさんはZIGクレカラーファイン&ブラッシュの明るい色を生かしつつ、淡い色でグラデーションを作ることで華やかな模様を描いています。また、背景は女の子のうしろを思い切って黒色でベタ塗りすることで、より明るい色が際立って見えます。アルコールマーカーであるZIGクレカラーファイン&ブラッシュであれば、上からZIG Cartoonist MANGAKAや色鉛筆、ホワイトの加筆もしやすいです。みなさんもひよりこさんのメイキングを参考に、和の世界を表現してみてくださいね！

サイン色紙プレゼント

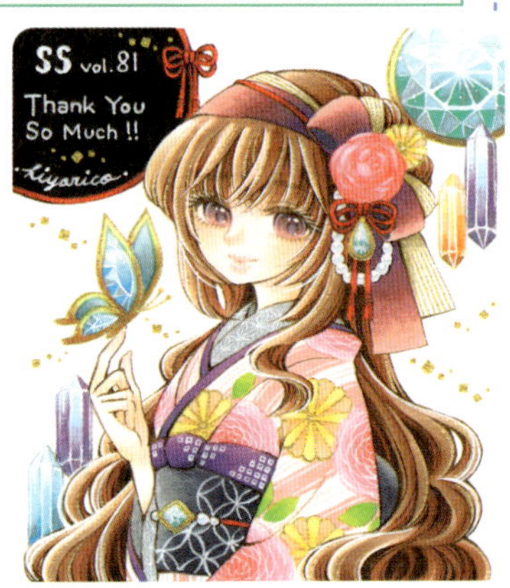

和風の模様を描く

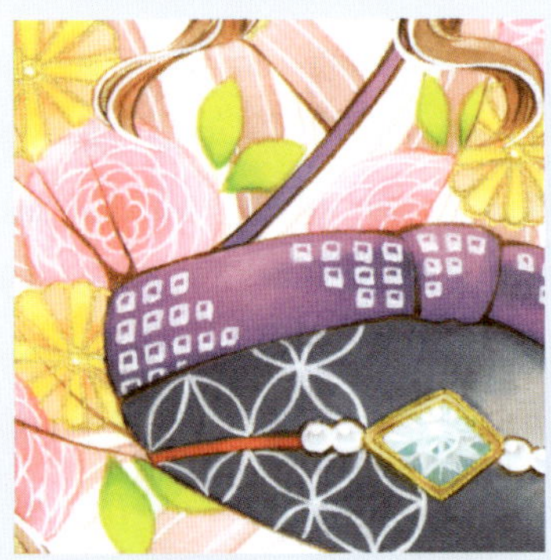

◀ひよりこさんの作品では細やかに美しい和柄があしらわれている。帯には「七宝柄」、女の子の周囲に浮遊する浮雲には「麻の葉」、「市松模様」などが描かれている。また柄だけでなく、ZIGクレカラーファイン&ブラッシュCADMIUM RED(217)の赤色で描かれる紐など、赤が差し色として効いており、より華やかな印象に仕上がっている。

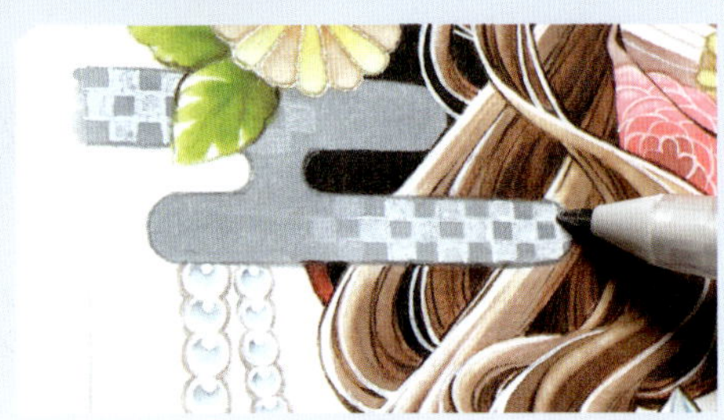

▶ピュアホワイトや白の色鉛筆をつかい、和柄模様を描き込む様子。ホワイトで描き込むことで、様々な色を取り入れた作品にもなじみが良い。

イラストメイキング

the making of トンボ鉛筆 水性グラフィックマーカー ABT

普段は水彩絵具で絵を描く芦屋マキさん。今回はトンボ鉛筆より発売されている水性グラフィックマーカー「ABT」を使い、イラストを描き下ろしました！　「ABT」は弾力性のある筆先と、細描用につくられたペン先のツインタイプとなっています。二〇一八年には新色が加わり、一〇八色となった「ABT」は、パレットに色を出して溶かせば豊かな濃淡が生まれ、ABT同士を混色すればさらなる色をつくることができます。今回は、芦屋マキさんが水性グラフィックマーカー「ABT」の『12色ベーシックセット』のみで描いて下さったアイドルの女の子をメイキングします。髪や服など、芦屋マキさんならではの水彩風の表現に注目して見てください！

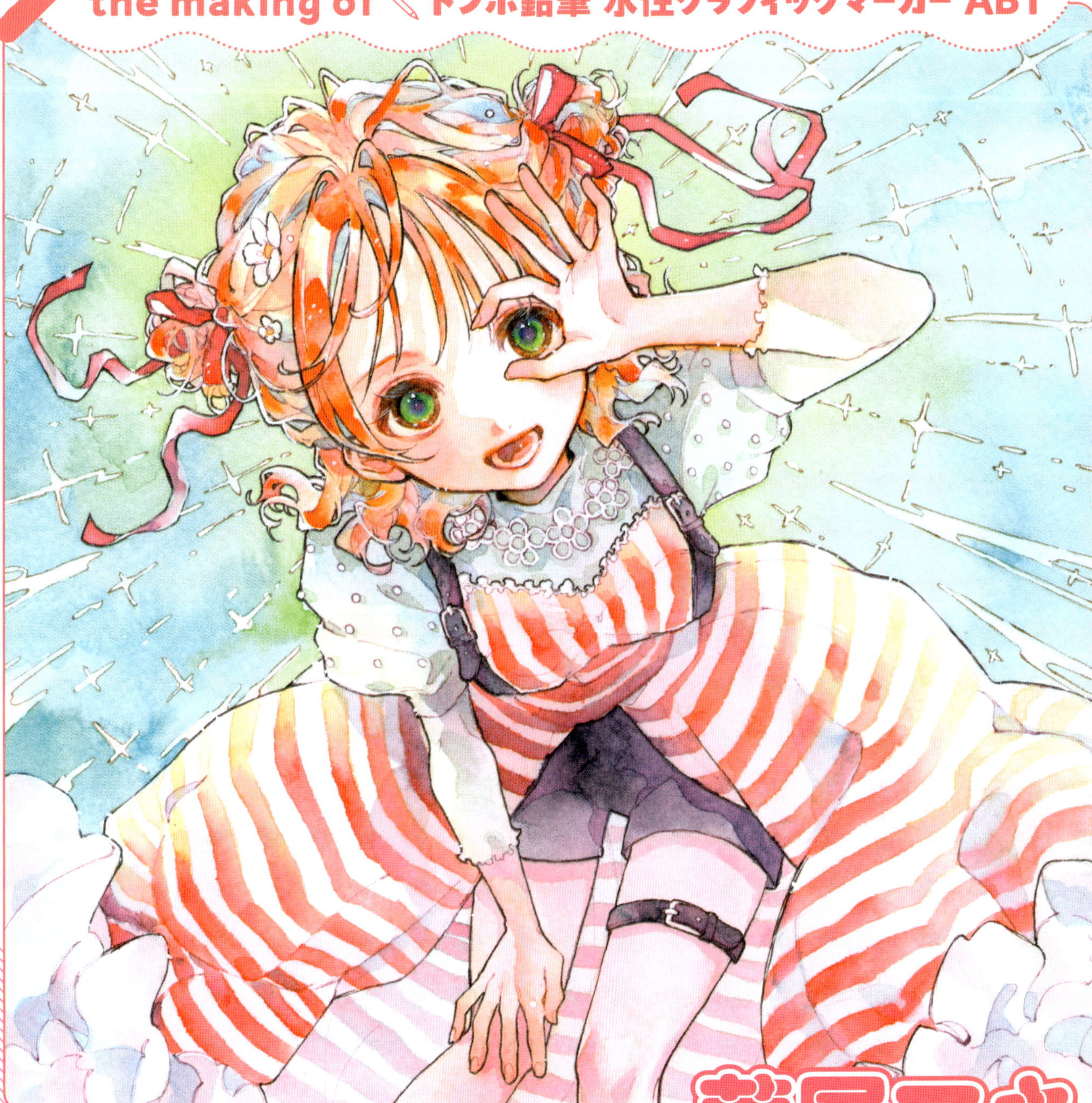

画材 水性グラフィックマーカー「ABT」12色ベーシックセット、WATER BRUSH(水筆)の中筆、コピックマルチライナー、シャープペンシル

用紙 ホワイトワトソン水彩紙(ホワイトワトソン　ツインリングブック／超特厚口、コットン高配合)

X @a0z0o0

Instagram p0azo0q

あしや 芦屋マキ

コンテスト開催のおしらせ

ABT×GENSEKIイラストコンテスト

トンボ鉛筆 水性グラフィックマーカーABTを使用したイラストを募集!!

大賞にはAmazonギフトカード2万円&ABT全108色贈呈！

芦屋マキがイラスト審査員をします！

応募条件 ABT12色ベーシックセットに入っている色のみを使ったイラストであること。

応募方法 応募はGENSEKIのサイトから簡単に参加可能です。
また、イラストコンテストへのご応募を条件に、ABT12色ベーシックセットを差し上げるモニターサンプリング(先着100名)を実施中！

←コンテスト詳細はこちらから！

応募にはGENSEKIアカウント(無料)作成が必要です。

開催スケジュール

作品公募期間
2025年
5月20日(火)
~6月22日(日)
結果発表
7月下旬

information

株式会社トンボ鉛筆
https://www.tombow.com/products/abt

※価格は税込表示です

イラストメイキング

ラフ～線画

ラフ②

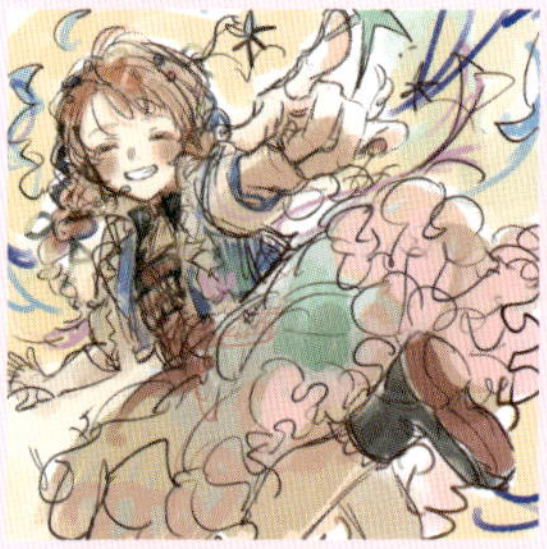

ラフ①

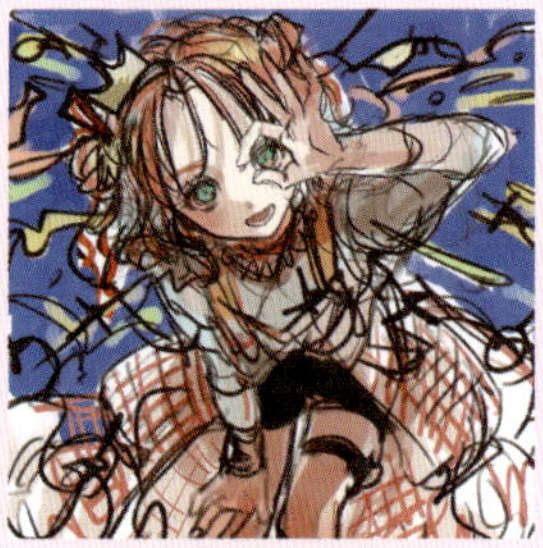

投稿テーマ「アイドル」に合わせて2種類のラフを描いてくれた。今回は、まっすぐこちらを見つめてくる眼差しに目を奪われるラフ①を採用した。

芦屋　「〈アイドル＝元気、笑顔、フレッシュ〉な感じを意識しました。普段はシックな印象の絵が多いかと思うのですが、元気っ子にチャレンジしてみたんです。また、絵を見た人にもアイドルと目が合うと嬉しい感覚になって欲しいなと思い、対話形の作品にしてみました。」

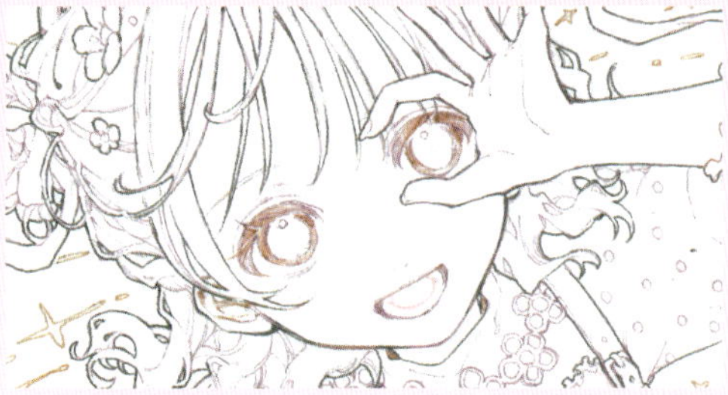

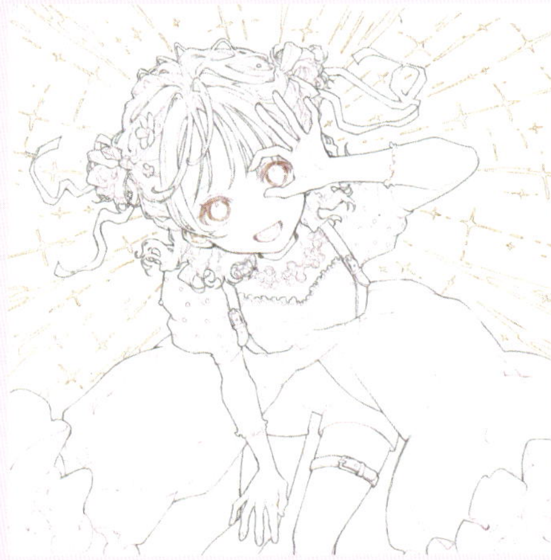

完成線画

今回はコピックマルチライナー（ワイン、ブラウン、ブラック）と、シャープペンシルのカラー芯のオレンジを使った。メインで使用したのはコピックマルチライナーのワイン、肌はブラウンを使用。シャープペンシルは、肌に濃い色でカゲを描くためのアタリの線を引くためにつかった。

今回使用する画材はコチラ!

今回の芦屋マキさんの作品は、水性グラフィックマーカー「ABT12色ベーシックセット」のみで描かれています!

12色ベーシックセット　各価格:3,960円（税込）

水性グラフィックマーカーABT

- ●全108色の多彩なカララインナップ。
- ●水性染料インク特有の鮮やかな発色で多様な彩色が可能。
- ●水筆やカラーレスブレンダーで混色することで、自分だけのカラーリングを楽しむことができる。
- ●水彩絵具のような優しいにじみを表現することができる。
- ●「ブラッシュ芯＋細芯」のツインタイプの筆先で本格的なイラストからハンドレタリングまで思いのままの表現が可能。

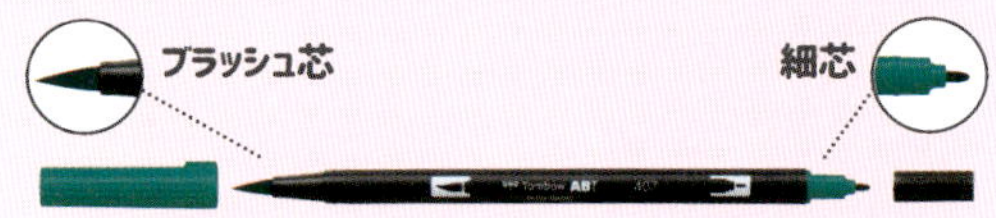

WATER BRUSH（水筆）

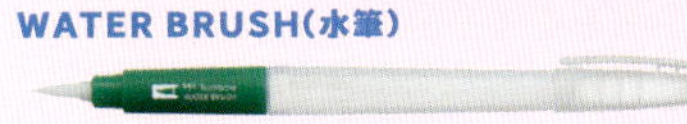

小筆・中筆・平筆
各価格:550円（税込）

ABT（単色）

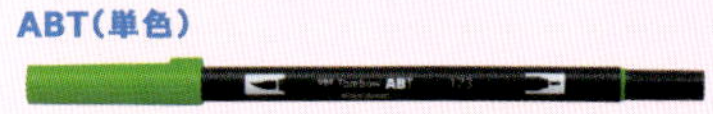

全108色
各価格:330円（税込）

水性グラフィックマーカー「ABT」を混色して絵を描くポイント!

ここでは芦屋マキさんによる水性グラフィックマーカー「ABT」の使用方法を紹介します!

色のにじみを抑える

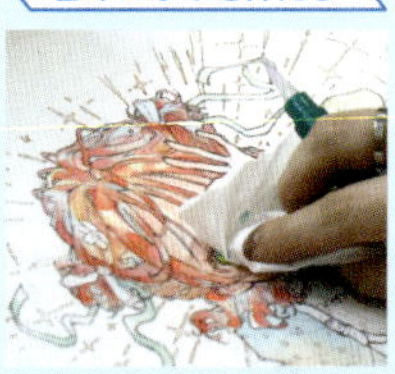

色がにじんだり、はみ出たときには、素早くティッシュを押し付けてにじみを抑える。紙の乾き具合を見極めるのがコツ。

試し塗りをする

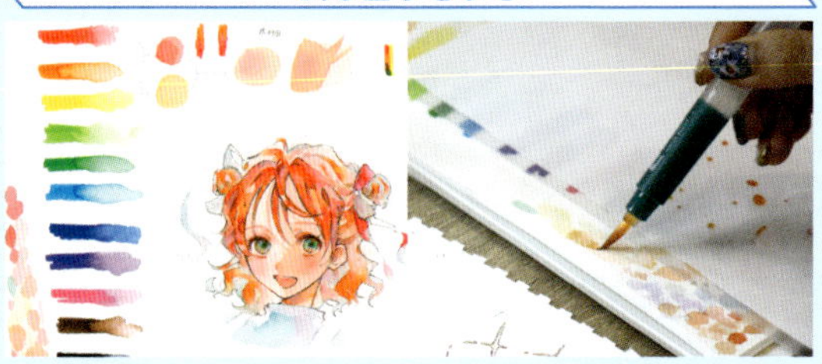

混色した色は、紙の余白などで試し塗りをしてから着彩するのがおすすめ。芦屋さんは本番と同じ水彩紙に試し塗りをしていた。肌の色をつくるときのカラーレシピもメモされている。

クリアファイルにインクを置いて混色する

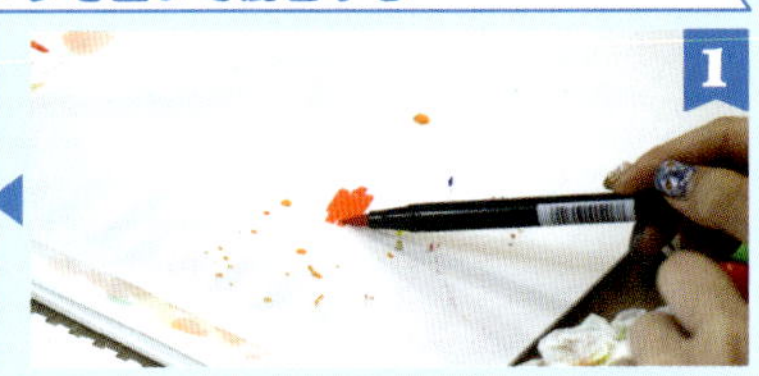

1 「ABT」は混色ができるのもポイントのひとつ。今回は、クリアファイルをパレット代わりに使用する。クリアファイルのなかに白い紙を入れると色がみやすいのでおすすめ。ABTを寝かせながらクリアファイルの上に色を置く。

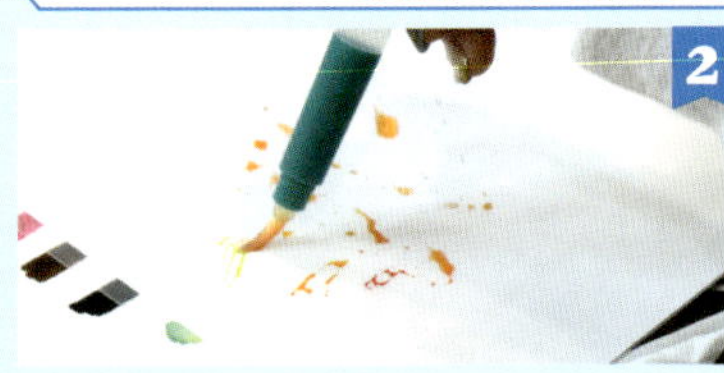

2 色を混ぜる前に水筆のスポイト部分をぎゅっと押して、水滴を数滴、クリアファイルの上に落とす。クリアファイルの上に出した水滴を筆ですくうようにしながら色を混ぜる。そうすると水分量を調整しやすいので濃淡の幅を出しやすい。

肌を塗る

使用色…明るいオレンジ(933)、黄みがかった鮮やかな赤(845)、鮮やかな黄色(055)、濃いバイオレット(606)

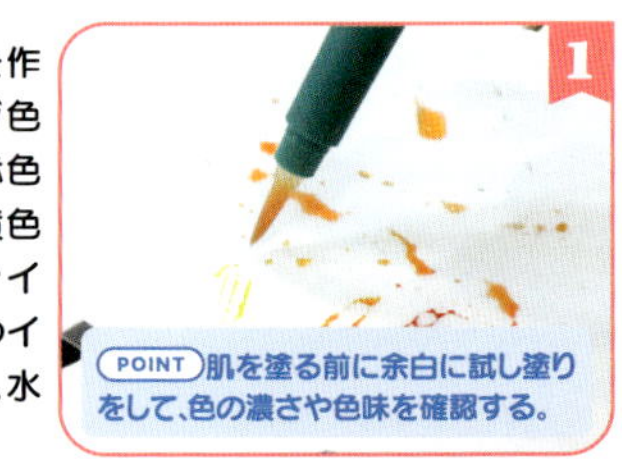

1 非常に薄い肌の色を作る。明るいオレンジ色(933)＋鮮やかな赤色(845)＋鮮やかな黄色(055)をクリアファイルに出して、少しずつインクを混色していく。水で濃度も調節した。

POINT 肌を塗る前に余白に試し塗りをして、色の濃さや色味を確認する。

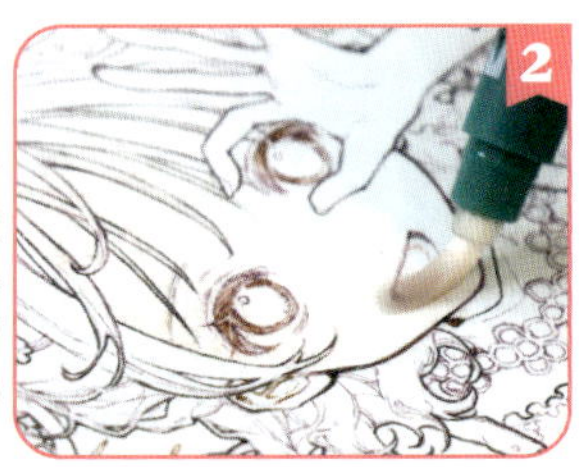

2 ①でつくった肌の色をひたいから顔全体に塗り広げていく。非常に淡い色のため、この段階では、線画から色がはみ出ても気にしない。

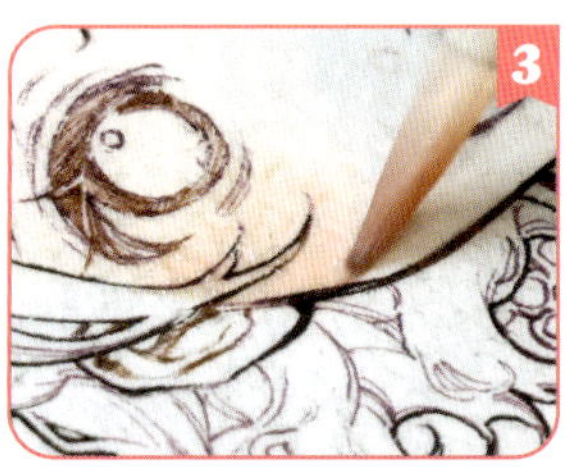

3 ①で使用した肌の色と同じ色で肌に赤みをたす。まずは頬に色を置く。りんかくのフチに色を乗せるとふんわりにじむ。

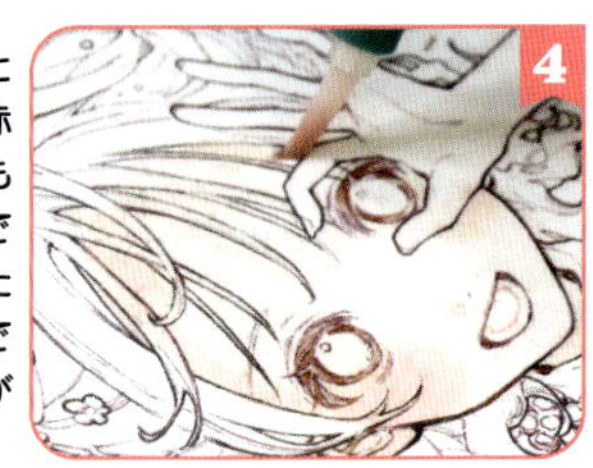

4 ①でつくった肌の色と同じ色でひたいにも赤みを加えた。手や足にも赤みを乗せる。同じ色でも、混ぜる割合を変えたり、濃さを変えるだけで色幅が増えるところがABTのいいところ。

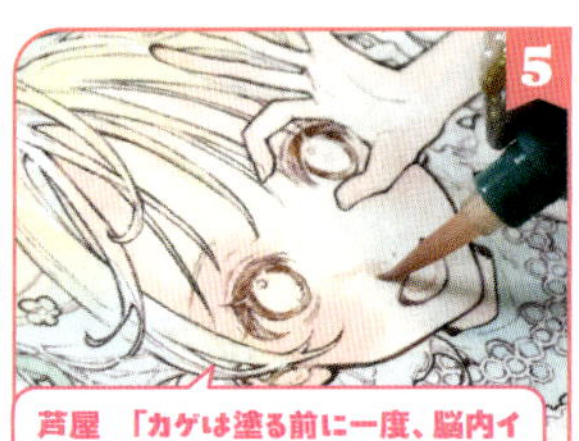

5 ライティングの演出を加える。①でつくった肌の色に濃いバイオレット(606)をわずかに混ぜて赤茶色をつくる。顔の中央に、カゲのラインを描いてから、向かって左側に色を塗り広げる。

芦屋　「カゲは塗る前に一度、脳内イメージを鮮明にしてから迷いなく筆を描き進めることがポイントです。」

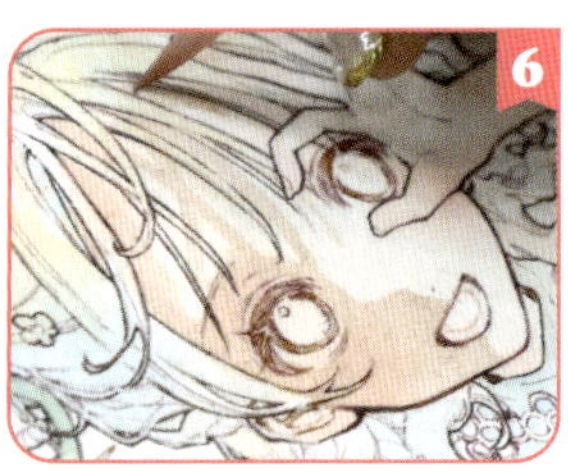

6 前髪によって肌に落ちるカゲや二重幅のカゲも⑤と同じ赤茶色で塗る。⑤で描いたカゲと繋げながら描くのがコツ。手によって頬に落ちるカゲも描くと前後感を表現できる。

髪を塗る

使用色…鮮やかな空色(443)、鮮やかな黄色(055)、明るいオレンジ(933)、黄みがかった鮮やかな赤(845)、にぶい茶色(969)

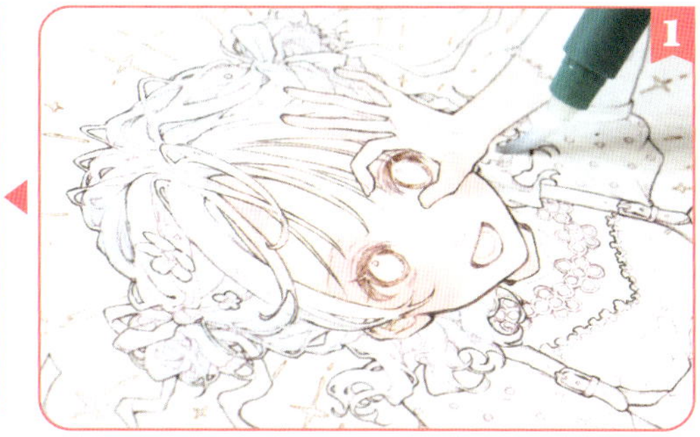

下塗りをする。立体感を考えた時に奥にいく部分に、水で薄めた鮮やかな空色(443)を乗せた。色を置いたら水でぼかしてなじませる。肌(暖色)の色と近い位置に水色を置くと色が、にごりやすいので離れた位置に乗せるのもポイント。

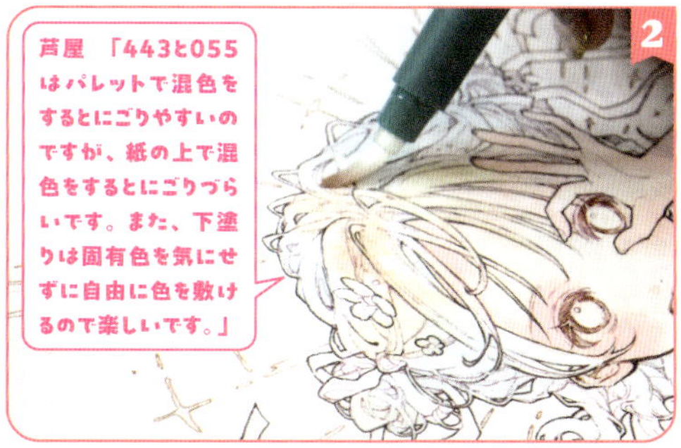

続いて手前にくる場所に黄色を塗る。黄色は、鮮やかな黄色(055)に、少量の明るいオレンジ(933)を混ぜてつくった。①で塗った色にもわずかに重ねながら塗る。つむじに乗せるオレンジ色は、933に少量の055を混ぜた。

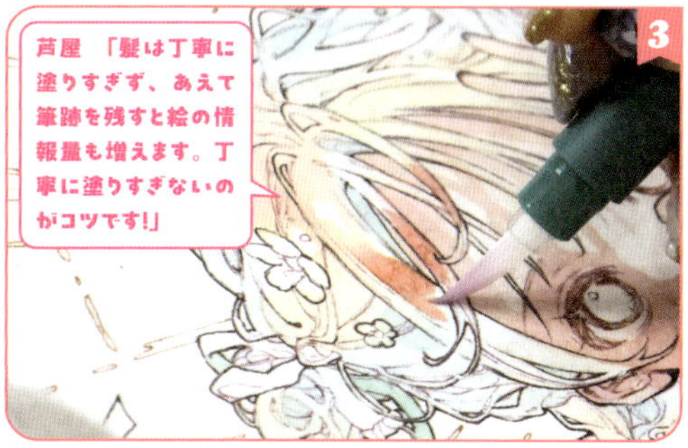

毛束のカゲになる場所に一部、鮮やかな空色(443)を濃く重ねた状態。次に髪色を塗る。色は、明るいオレンジ(933)と鮮やかな赤(845)にわずかに、にぶい茶色(969)を混ぜて赤茶色をつくった。この色で顔周りの髪から塗っていく。

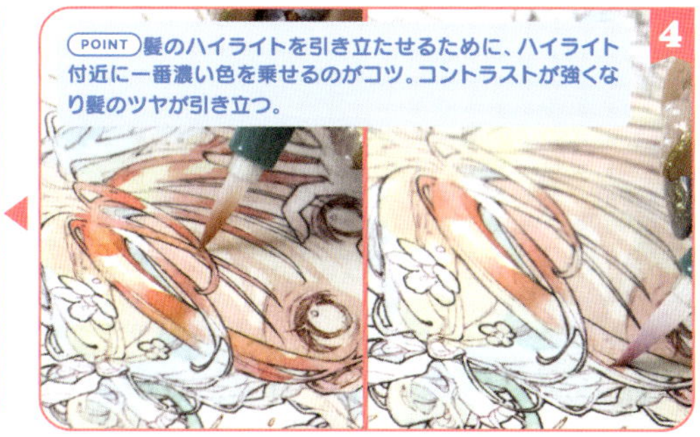

クリアファイルに置いた鮮やかな赤色(845)を水筆で取り、濃くしたい毛束に部分的に色を塗る。前髪周辺を塗り進めたら明るいオレンジ色(933)を上からところどころ濃く重ねて、メリハリを出す。顔周りに濃い色が来るように意識する。

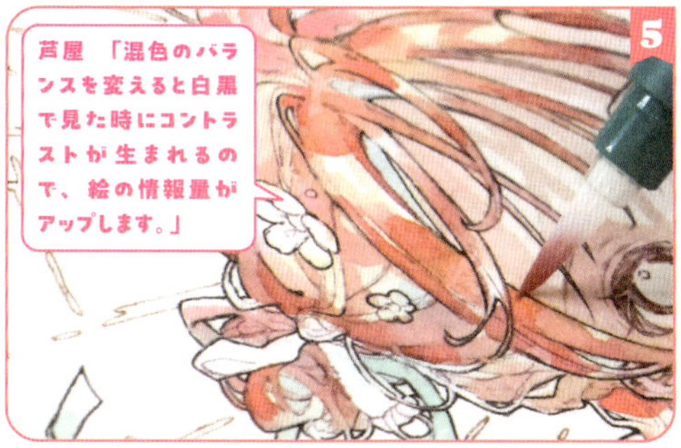

③と同じ赤茶色(933+845+969)を髪の結び目の近くに塗る。水色の上に暖色系の色を重ねても、水彩紙が乾いていればにごらず、フィルターのように色の層が重なる。鮮やかな赤色(845)を部分的に重ねてアクセントを加えた。

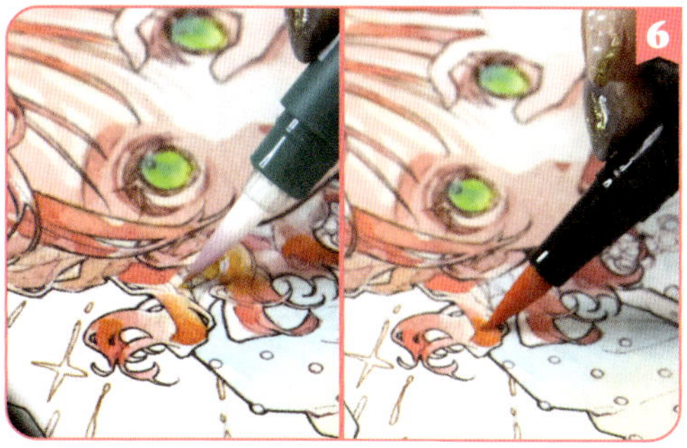

絵のバランスを見ながら髪色を何度か繰り返し重ねたら、最後に髪色をさらに濃くする。ブラッシュ芯をつかい、明るいオレンジの933を直接塗る。続いて、水筆で色のフチをぼかす。濃い色が加わったことで、作品に力強さが生まれた。

瞳を塗る

使用色…鮮やかな黄色(055)、明るい黄緑色(173)、鮮やかな空色(443)、明るいオレンジ(933)、にぶい茶色(969)

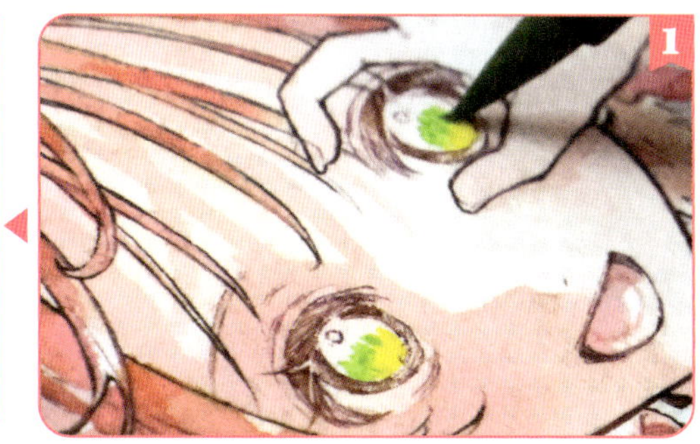

鮮やかな黄色の055を瞳下部に乗せる。中央部には173の明るい黄緑色をブラッシュ芯で置く。

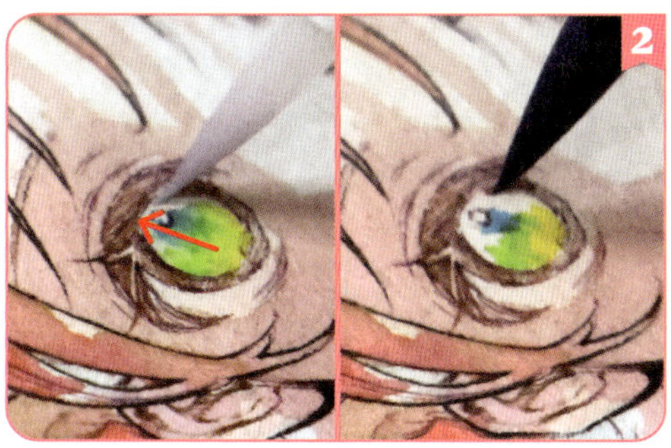

ハイライトの下に鮮やかな空色(443)を塗った。①で乗せた色を溶かしながら水筆でグラデーションをつくる。

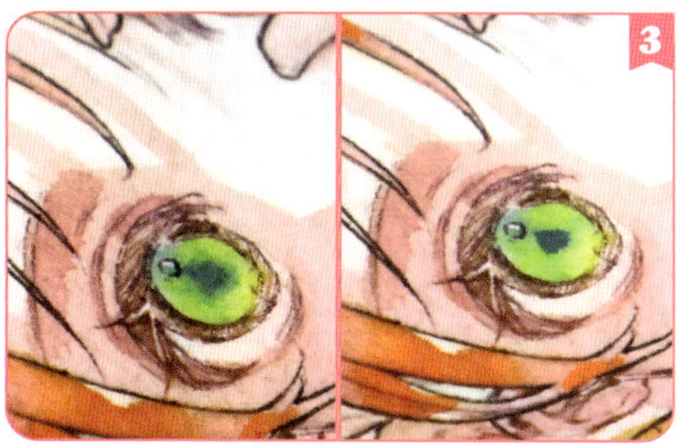

紙が乾いたら瞳孔を描く。ブラッシュ芯で鮮やかな空色(443)の点を瞳の中央に打ち、水筆でちょんちょんとぼかす。

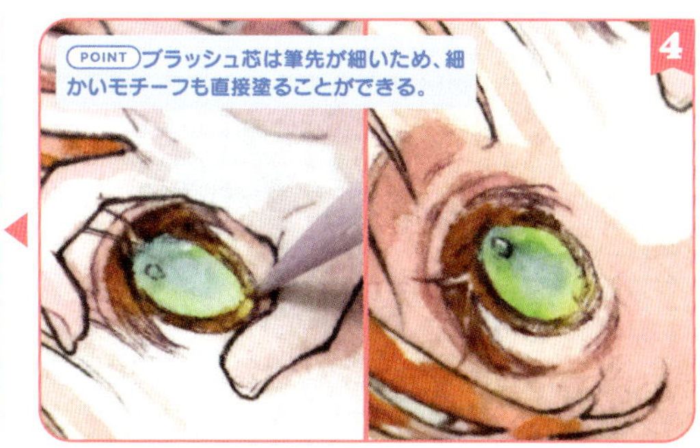

水彩紙が乾いたらアイラインと瞳の線画を明るいオレンジ(933)でなぞる。このとき、目頭と瞳の下半分にはオレンジ色を乗せない。水筆で色を塗り広げていくのがポイント。

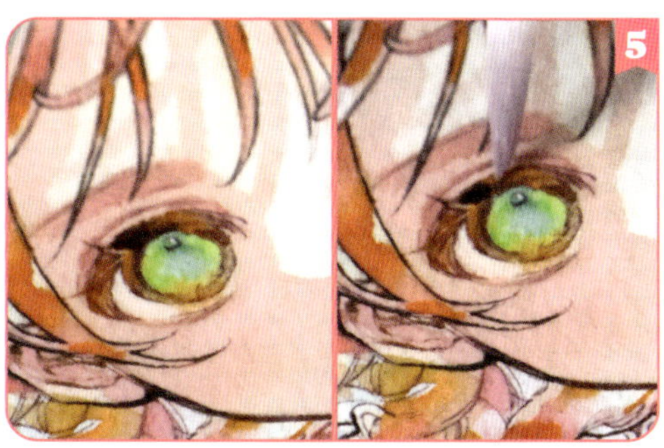

④で乗せた色が乾いたら、まつ毛を描く。まずは、にぶい茶色(969)でまつ毛の根元にのみ、わずかに色を置いた。ブラッシュ芯で直接描く。続いて水筆で目頭側に色をぼかす。

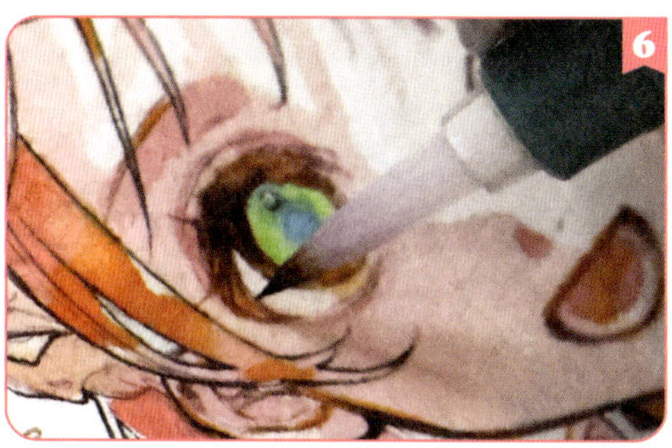

目尻側にも、水筆でにぶい茶色(969)を乗せた。まつ毛を濃い色で塗ったことで目力がアップした。また、まつ毛の根本を濃くすることでリアリティも増す。

衣装を塗る

使用色…鮮やかな空色(443)、鮮やかな黄色(055)、明るいオレンジ(933)、濃いバイオレット(606)、にぶい茶色(969)、黄みがかった鮮やかな赤(845)

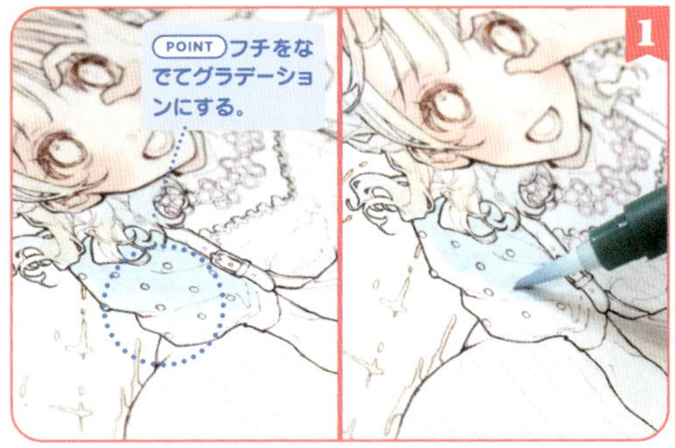

水色のインナーを塗っていく。クリアファイルに鮮やかな空色(443)を置いて、水筆で色を薄める。濃さを確認したら、袖に鮮やかな空色(443)を淡く乗せていく。肩の付け根あたりから外側に向かってグラデーションになるように塗り伸ばす。

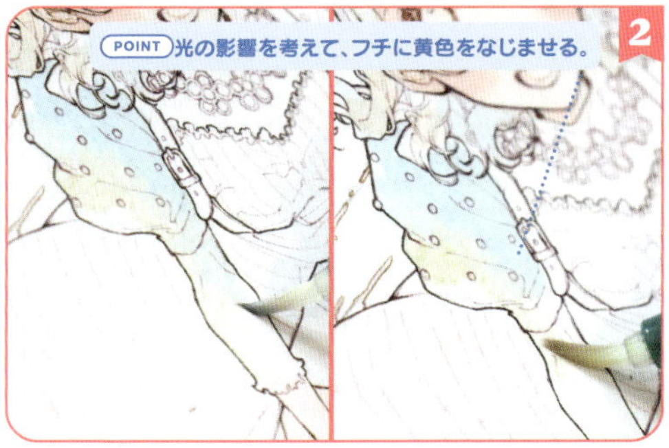

光の影響を考えて、袖のフチに黄色をなじませる。鮮やかな空色(443)を水筆で伸ばしたあと、上から黄色を淡く乗せる。黄色は、鮮やかな黄色(055)に明るいオレンジ(933)をわずかに混色してつくった。袖先まで塗り伸ばす。

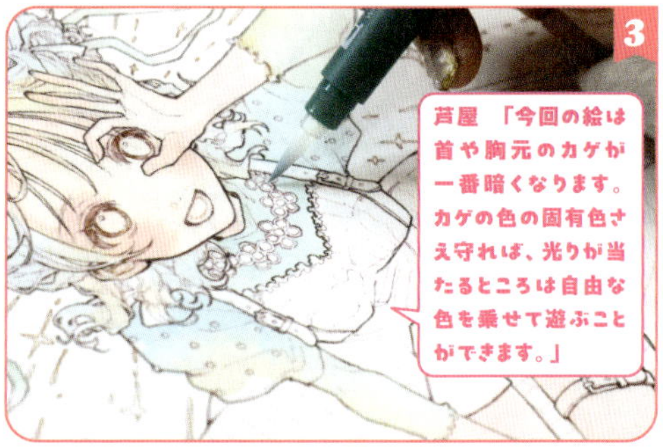

反対の袖も、②と同様に袖先が黄色、肩周りが水色になるように塗った。2色は自然となじむため、境目を触りすぎないのがポイント。胸元も水筆でインナーの色を乗せる。アクセサリーを避けながら慎重に、鮮やかな水色(443)を塗った。

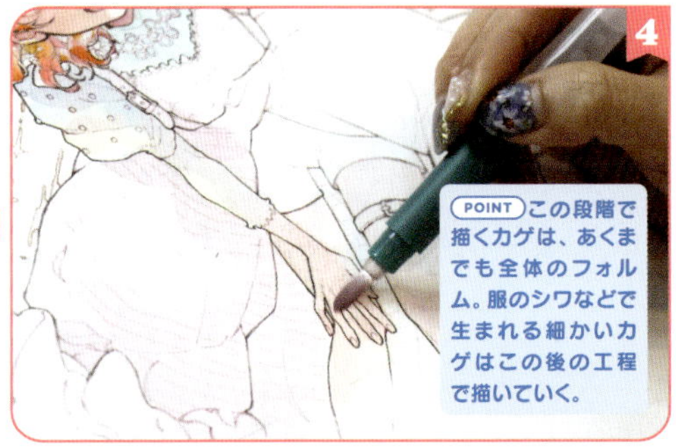

人物全体に落ちるカゲを描く。カゲの色は濃いバイオレット(606)に、にぶい茶色(969)を少量混ぜてつくった赤紫色を使った。赤紫色を薄めて、人物の手足、首、服にカゲを描いていく。また、衣装に落ちるカゲも大胆に描いた。

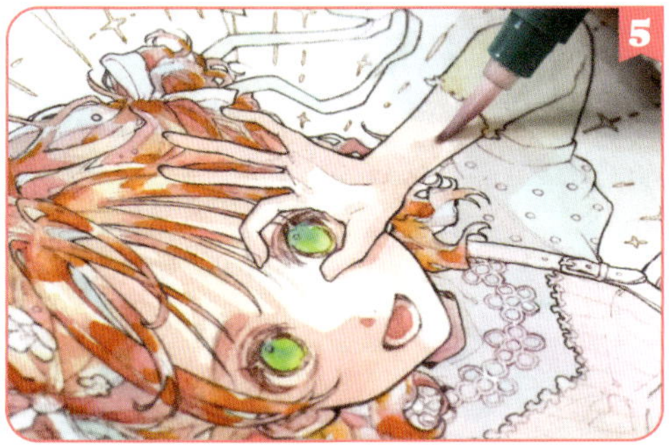

手のカゲを描く。鮮やかな赤(845)＋明るいオレンジ(933)＋鮮やかな黄色(055)＋濃いバイオレット(606)で赤茶色をつくって塗った。肌に乗せるカゲは④で乗せるカゲ色よりも黄色みを強くすると色がなじむ。

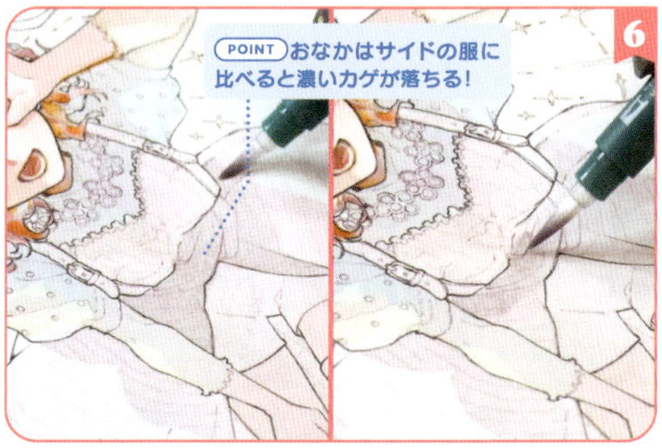

女の子は腰を曲げたポージングのため、胸の下(おなか)に特に強いカゲが落ちる。おなかに落ちるカゲの色を濃くするために、④で作った赤茶色を少し強く乗せてなじませた。さらに奥行きが出た。

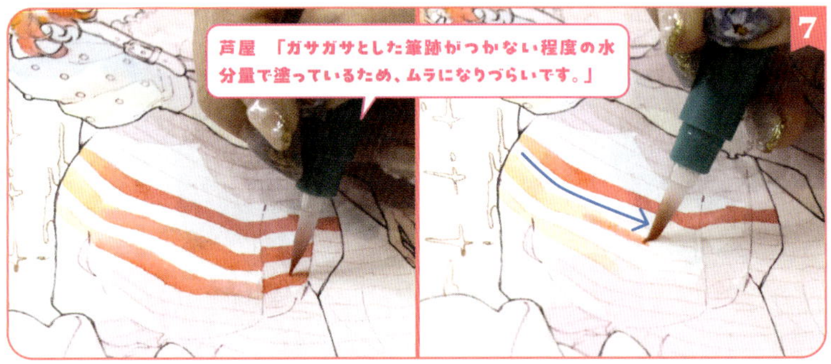

今回の衣装はキャミソールワンピースのスカート部分がセンターで分かれたデザイン。そこに、ストライプ模様を描く。光の影響を考えてグラデーションをしながら塗る。まず、端から内側に向かって1/6程度、黄色(055+845)を乗せた。鮮やかな黄色(055)に、鮮やかな赤(845)を混ぜつつ、内側に向うにつれ赤色が濃くなるように混色の割合を変えながら塗る。

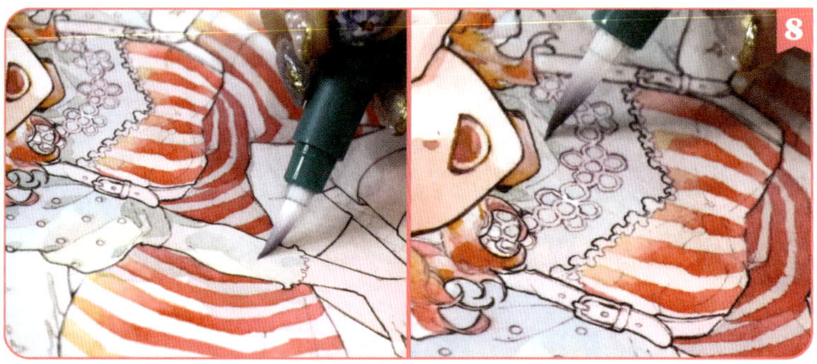

胸元も⑦と同様の手順で塗った。光源とポージングを考えると、胸元やおなかまわりは光の影響を受けづらいため、黄色よりも赤みの割合を強くして着彩すると良い。仕上げにインナーにカゲを描く。鮮やかな空色(443)にわずかに、にぶい茶色(969)を混ぜてカーキ色をつくる。ポーズによって生まれる服のカゲをカーキ色で描けば、衣装の完成。

芦屋マキさんは、ABTの鮮やかな発色を活かして、髪の仕上げに明るいオレンジ(933)をブラッシュ芯で直接描画をすることもあれば、今回の絵には鮮やかすぎてしまうと感じた鮮やかな黄色(055)は、あえて単色では使わず、わずかに鮮やかな赤(845)や明るいオレンジ(933)を混ぜて彩度を落とすことで絵になじむよう着彩していました。さらに、パレットの上で混色をすると、にごってしまう色の組み合わせでも、紙の上で混色をすればにごらずに美しいくすみカラーを再現することができる色の組み合わせがあるところもABTの面白さだと思います。みなさんもぜひ、ABTをつかってイラストを描いてみてくださいね！　また、今回の記事を参考に、ABT12色ベーシックセットをつかったイラストコンテストにも参加してみてください。

サイン色紙プレゼント

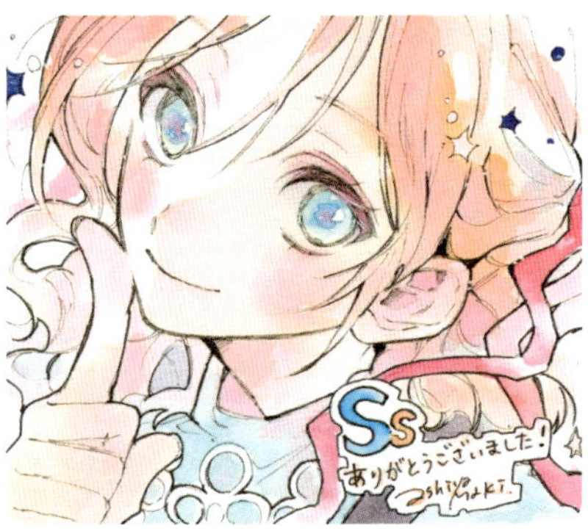

芦屋マキさんの感想

鮮やかな発色と、色の伸び、幅が特徴的なので、ブラッシュ芯・細芯・水筆で溶いた色のカラーチャートをつくっておくとスムーズに色を扱えると思います。今回のイラストはキャラクターが赤やオレンジで暖色なのですが、443の水色を水筆で溶いたものをポイントで置いています。暖色のなかに水色を差し込んであげると、透明感や軽やかさが生まれるので、個人的にとても楽しい作業です。

COPIC AWARD 2024受賞記念メイキング

the making of コピック

NOREさんの描く女の子は、心の底からハッピーにしてくれる、愛すべき笑顔がきらめいている。また、作品から飛び出してくるような女の子の躍動感あふれるポーズや画面構成だけでなく、瑞々しいタッチやファンタジックなライティングも魅力的だ。今回、過去に開催されたコピックアワードにて、『コピックチーム賞』を受賞したNOREさんが「SS（スモールエス）」メイキングで登場！ アイドルの照明を意識した、肌の色選びや、丁寧なタッチに注目！

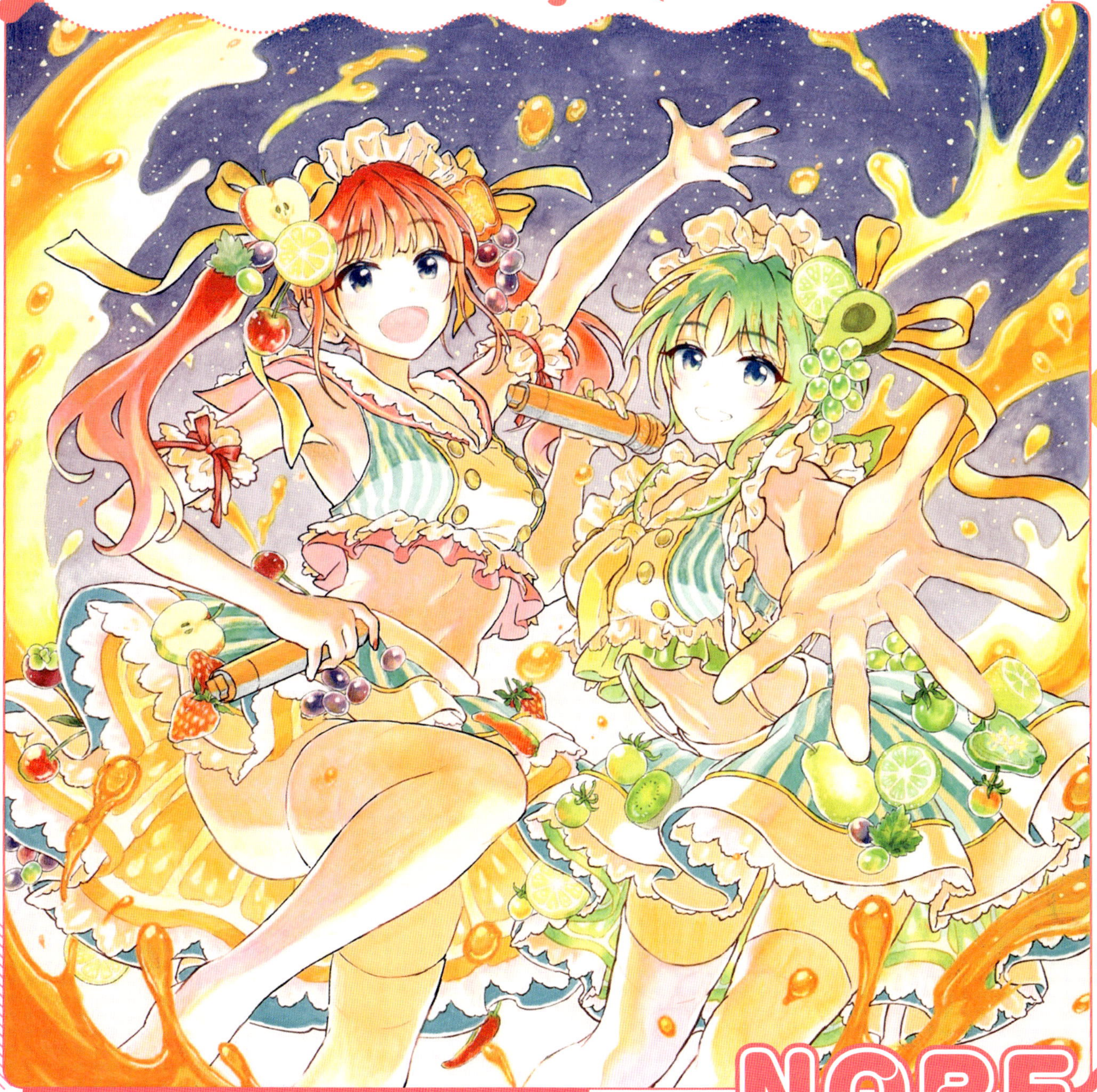

NORE のーあ

画材 コピックスケッチ／コピックインク／コピックアクレア／色鉛筆／シャープペンシル

用紙 コピー用紙(A4)

@PenguinTacos

コンテスト開催のおしらせ

COPIC AWARD 2025開催決定!

「コピックアワード」とは…

「世界中のコピックユーザーとつながる」ことをコンセプトにした、ウェブ上で作品を募集するコンテストです。コピックを使用したオリジナル作品を広く募集しており、どなたでも無料でご参加いただけます。また、応募作品はコピックアワードの特設サイトに掲載され、自分の作品を多くの人に発信できると同時に、世界中の参加者の作品観覧もお楽しみいただけます。

開催スケジュール

作品受付期間
2025年
5月1日(木)
~6月30日(月)
23:59
(日本時間)

※応募期間は延長される可能性がございます
あらかじめご了承ください。

応募条件

参加料・無料。コピックを使用し制作した平面もしくは立体の作品。画材の併用は可能です。テーマは自由。年齢、職業、国籍は問いません。

check!

応募方法や応募作品は公式サイトにてご確認いただけます。

https://copicaward.com

こちらチェック！
@COPIC_AWARD
copic_award

information

発売元
株式会社トゥーマーカープロダクツ
https://copic.jp

※価格は税込表示です

ラフ～線画

ラフ②

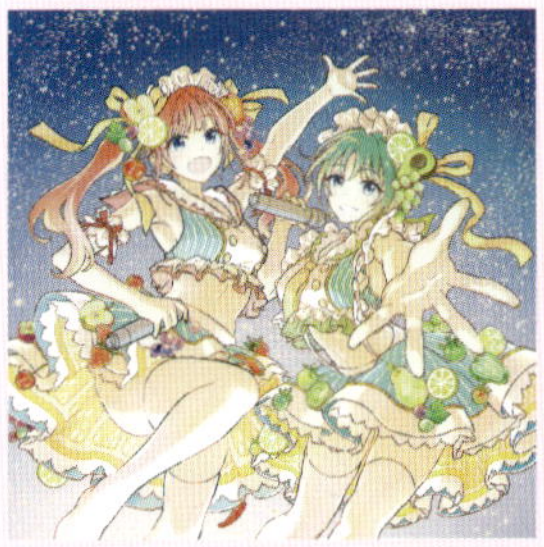

ラフ①

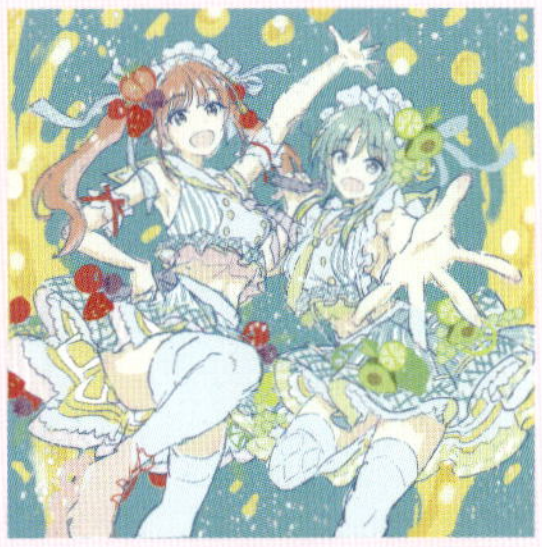

アイデアスケッチ

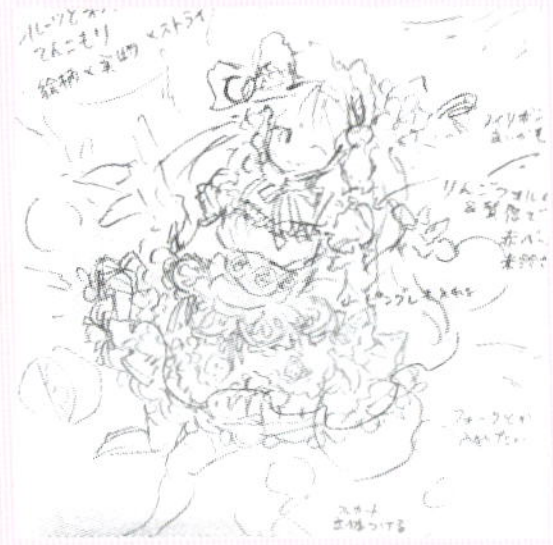

NOREさんが大好きである「アイドル」をテーマに、トロピカルなアイドルデュオを描いていただいた。2人の明るい表情や、飛び出してくるかのような元気なポーズが魅力的だ。また、スカートの内側まで果物柄が取り入れられており、衣裳デザインもかなり凝られている。ラフ②では背景を星空のイメージに変更。完成ではジュースのエフェクトも追加された。女の子たちに当てられている強い照明からは、ライブの盛り上がりを感じる。

衣裳に青果をふんだんに盛り込んだ、ソロアイドルのイメージもあった。

NORE　私が好きなアイドルはとにかく輝いて見えるので、登場人物が光っているように描くことと、「アイドルを応援するようで応援されている」そんな距離感を、目線を合わせて歓迎されているイメージで描きました。また、コピックアワードの作品とリンクするように青果を盛り込んでいます。

肌のアタリ線 ▶

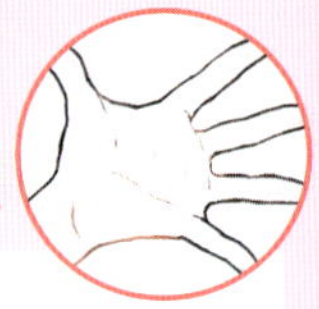

完成線画

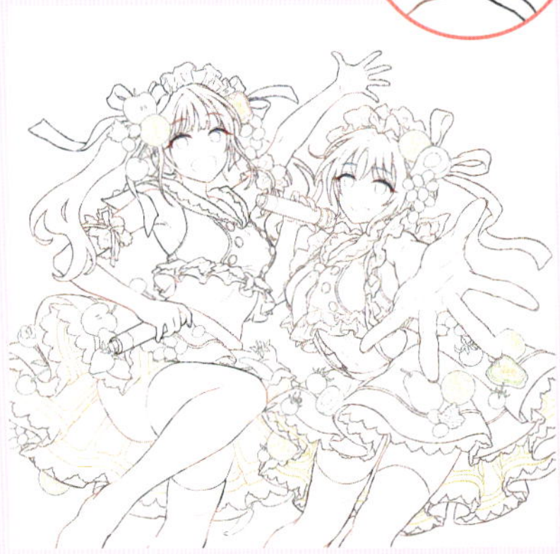

デジタルで描かれた線画。線画はレーザープリンタで印刷しているので、コピックスケッチを塗っても線がにじまない。まゆ毛は髪色になじむ色で描かれている。まつ毛は中央が青暗く、目尻・目頭になるほど赤くなり、抜け感が出ている。また、見えないぐらいの薄さと細さで肌を塗るためのアタリを引いている。このアタリがあることで逆光の塗りが進めやすくなる。

今回使用する画材はコチラ!

コピックスケッチ

- ●アルコールマーカー
- ●コシがある筆状のニブ「スーパーブラシ」が丈夫で塗りやすい。
- ●色数が豊富で、ビビッドな色から肌色、極薄色まで揃う。

コピックスケッチ　色数:358色　各価格 462円（税込）

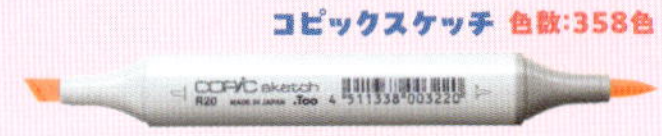

コピック アクレア　色数:24色　各価格 297円（税込）

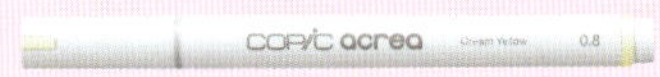

コピックアクレアは水性顔料インクなので、塗ると下の色を覆う隠ぺい力があり、乾くと耐水性になる。作品の仕上げにオススメ!

受賞したNOREさんの作品を紹介!

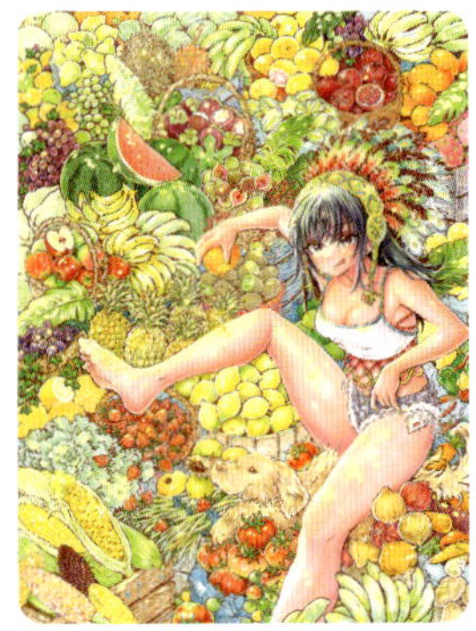

『実りの星』

「COPIC AWARD 2024」にて、『コピックチーム賞』を受賞したNOREさんの作品。トロピカルな果物やフレッシュな野菜が540個も描かれている圧巻の一枚。ジューシーなマンゴーを頬張る、明るく元気な女の子の表情が可愛らしい。辺りには明るい陽射しがキラキラとかがやき、見ているだけで元気を分けてもらえる。

赤色の髪を塗る

使用色…コピックスケッチ（R20、Y000、R22、V000、E01、RV10、RV25）／色鉛筆（黄色、ピンク色）

1

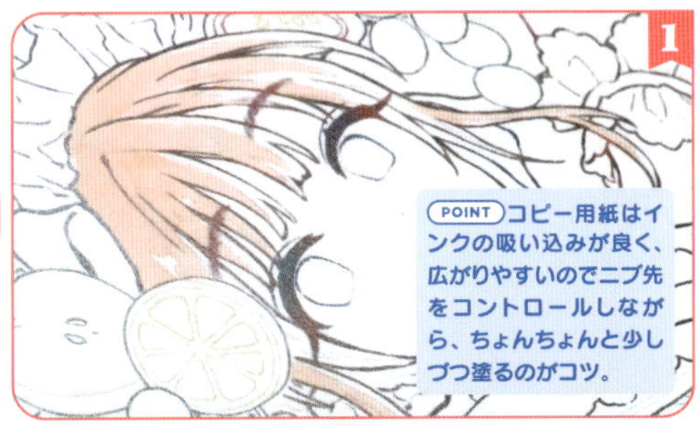

とても淡い朱色R20を使い、前髪のベースを塗る。毛先や毛束の側面など、ハイライトを白く残しながら塗る。予期せぬにじみを作らないために上から色を重ねるのは、インクをしっかりと乾かしてからにする。

2

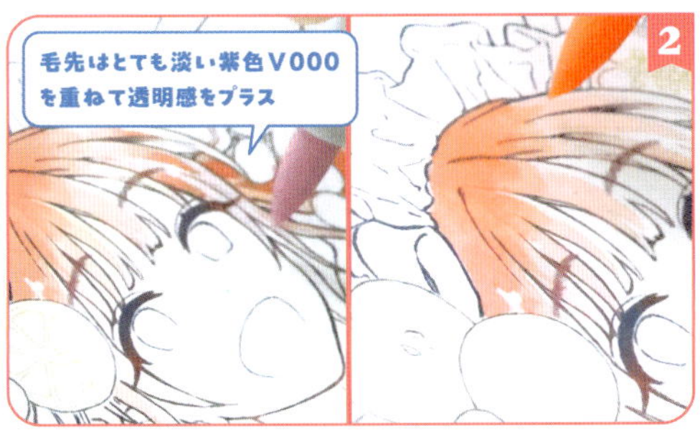

淡い黄色Y000や朱色R22をつむじあたりに塗る。また、向かって右側の毛束をR22で描き、R20でフチをぼかす。毛束のエッジは、ピンクがかったベージュ色E01で描き起こしつつ、淡いピンク色RV10でなじませている。

3

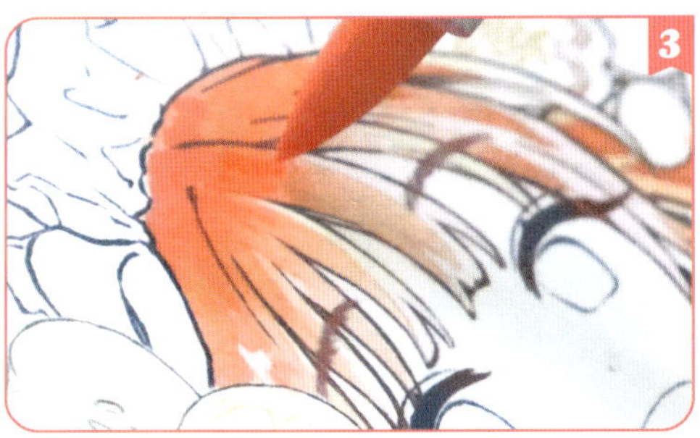

つむじあたりにR22を塗り、R20でベースになじませる。さらにビビッドなピンク色RV25を重ね、R22でなじませる。コントラストが強くなりツヤが生まれた。先に塗ったインクを乾かしてから塗り進めると、ムラがなくきれいに仕上がる。

4

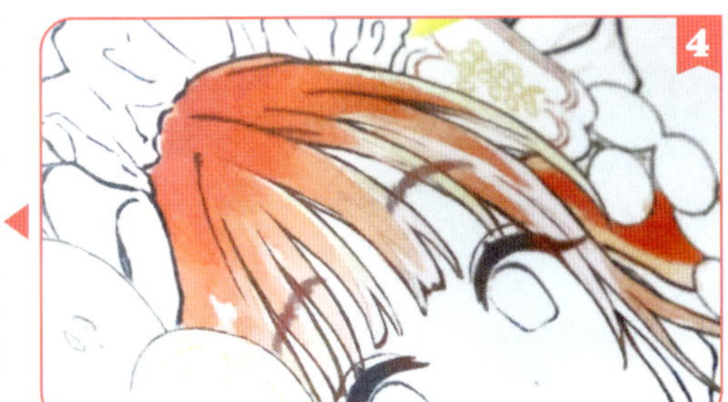

毛束のハイライト部分にY000を塗り、ステージ照明の色を加える。NOREさんは照明の色を黄色と決めているので、強く光が当たる部分を黄色くしている。また、髪だけでなく肌や衣裳など全体的に黄色系の色が使われている。

5

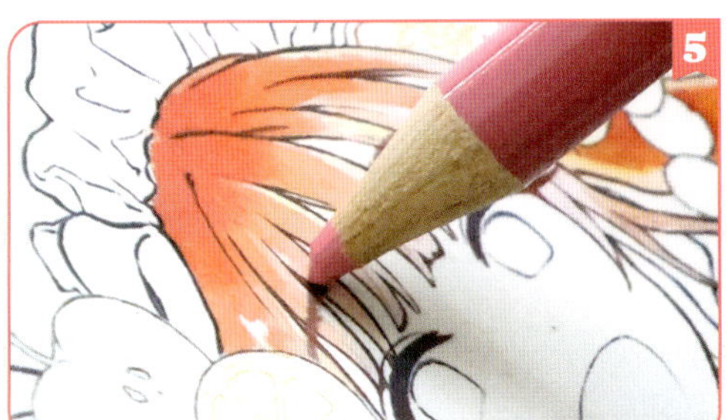

毛先に色鉛筆の色をふわっと重ねる。黄色やピンク色をサッと重ねた。

NORE　色鉛筆を使うことで、フィルター加工をかけたようなニュアンスを加えています。

6

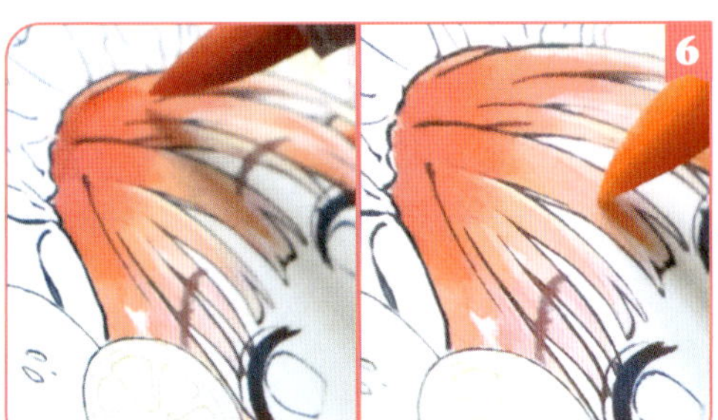

仕上げに毛束のエッジをさらに描き加える。R20でツヤを描きつつ、E01でエッジを描いている。また、つむじにRV25を塗り、R22でなじませる。

NORE　RV25を塗り重ねると紫っぽさが出てきて好きです。

肌を塗る

使用色…コピックスケッチ(V000、Y0000、Y32)／色鉛筆(ベージュ色、ピンク色、黄色)

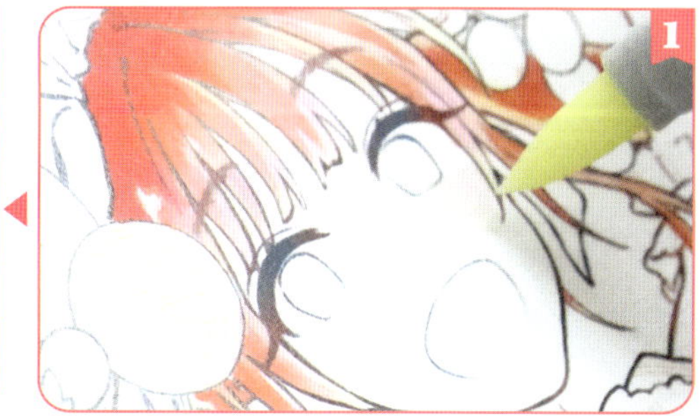

頬を塗る。まず、とても淡い紫色V000で頬の赤みを塗る。乾かないうちに極めて淡い黄色Y0000でV000のフチをふんわりとぼかす。

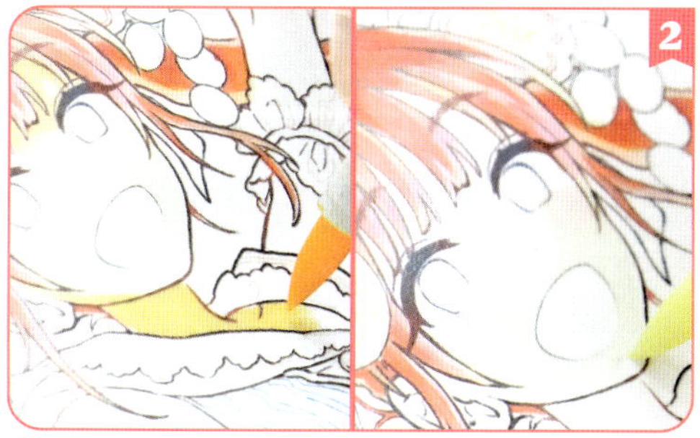

①が乾かないうちに、Y0000で顔のベースを塗る。頬となじませつつ、りんかくや鼻周りは白く塗り残して立体感を出す。おでこやりんかく、首元のカゲは濃い黄色Y32を塗る。

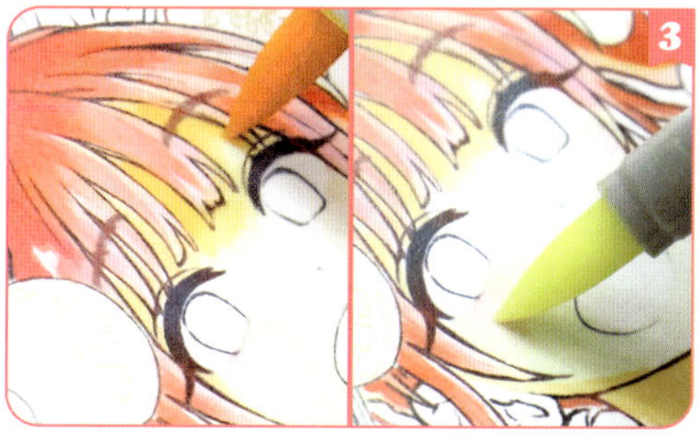

頬の赤みやカゲの色を濃くする。頬は①で塗ったV000を、Y0000で涙袋のあたりまで押し出して、瞳の粘膜のような境界線を表現している。また、おでこにY32を塗り、カゲを濃くする。

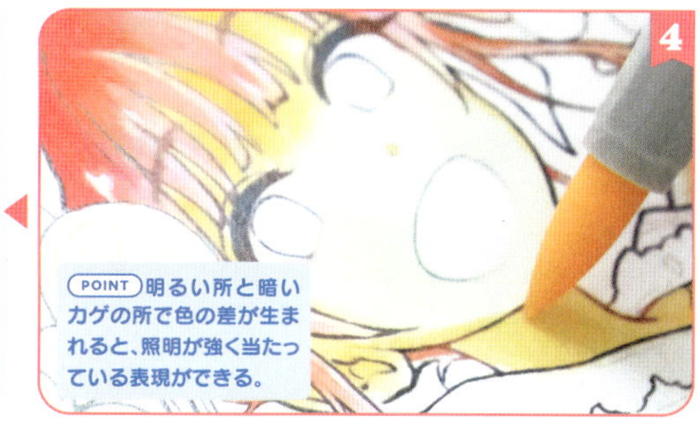

おでこのカゲにV000を加えた。また、Y32を首元に塗り重ね、カゲを濃くする。コントラストを出すことで、照明の強さを表現できる。鼻の先にもちょんとカゲを置いた。

NORE　黄色系の色を組み合わせることでステージならではの光を表現できました!

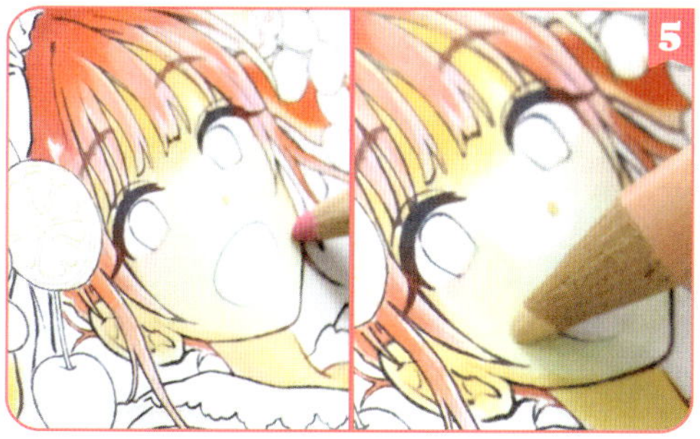

肌を仕上げる。色鉛筆の黄色やベージュ色を使い、肌にサッと重ねる。また、りんかくやカゲの部分にピンク色を軽く重ねて、なめらかな印象にまとめる。

光を表現する①

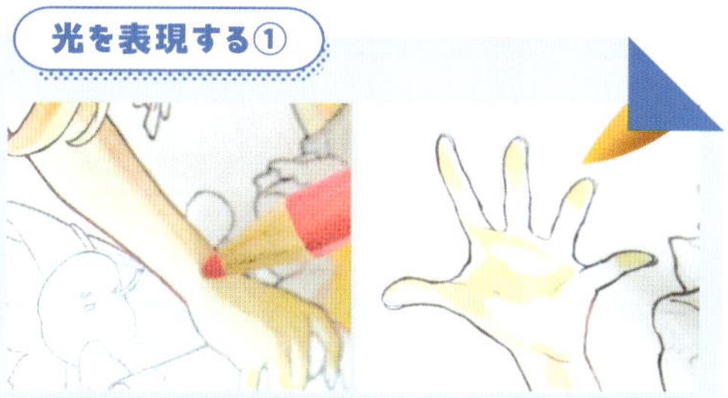

NOREさんは照明の光をイメージして、線画の段階でアタリ線を描いている。上図右はアタリに沿って、カゲになる部分を塗った状態だ。アタリを描いておくことで着彩の迷いも減り、パキッとしたライティングが表現できる。また、肌はカゲとハイライトの境目に色鉛筆のピンク色を重ねることで、光の反射と拡散を表現する。

瞳を塗る

使用色…コピックスケッチ(BV08、BV13、BV00、Y0000)／シャープペンシル

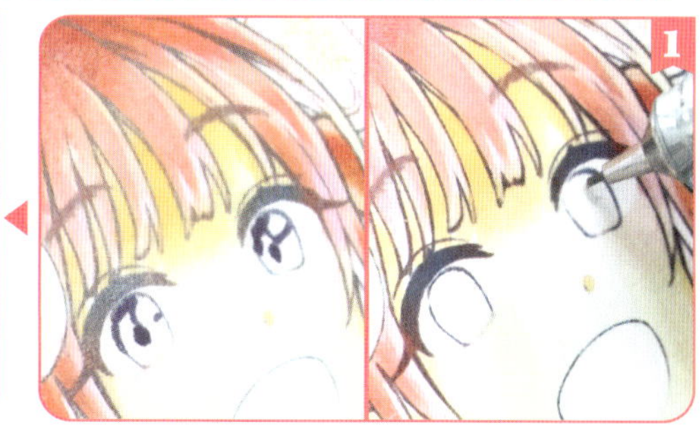

シャープペンシルを使い、大きいハイライトのアタリを描く。位置が決まったら、とても濃い青紫色BV08でハイライトを囲うように塗る。瞳孔も描いた。

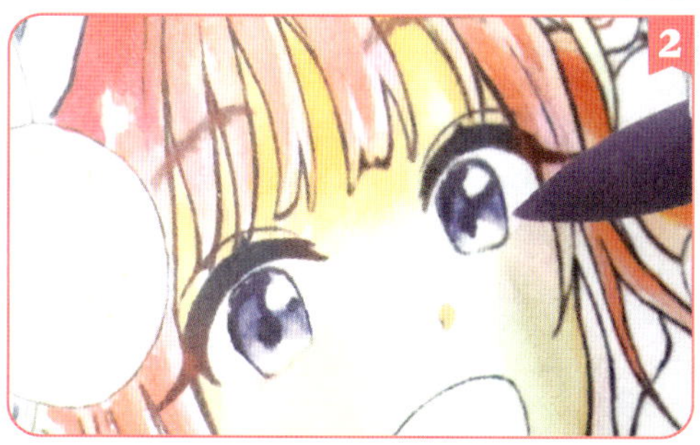

①で描いたBV08の内側に青紫色BV13を塗る。とても淡い青紫色BV00でちょんちょんとぼかしている。瞳下部は反射光を入れるため、塗り残している。

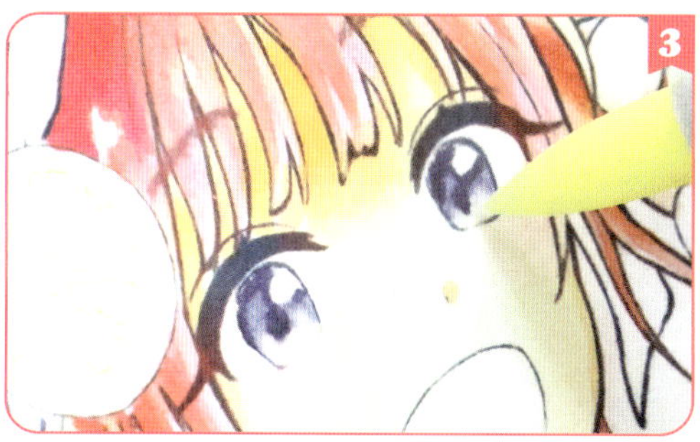

瞳下部に反射光としてY0000を塗り、インクをじわっとさせて、柔らかな反射光にする。反射光を入れたことで、瞳の球体感も表現できた。

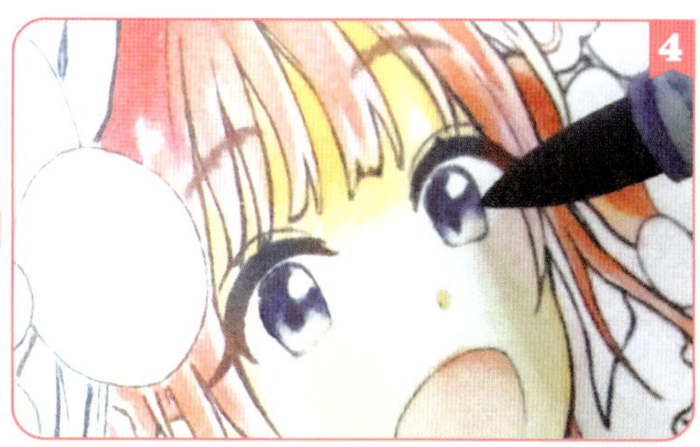

瞳のグラデーションを整える。②で塗った部分をBV13のニブ先でちょんちょんと触り、なめらかな質感に仕上げる。NOREさんはニブ先がべちゃっとついてしまわないように、筆圧をコントロールして慎重に塗り進めていた。

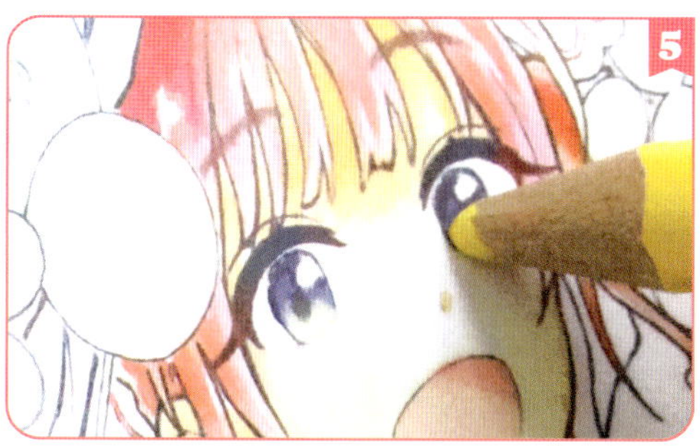

黄色の色鉛筆を瞳下部に重ね、反射光をよりふわっとさせる。色鉛筆を重ねたことで、瞳の表情が柔らかくなるだけでなく、塗りがまとまった印象になった。

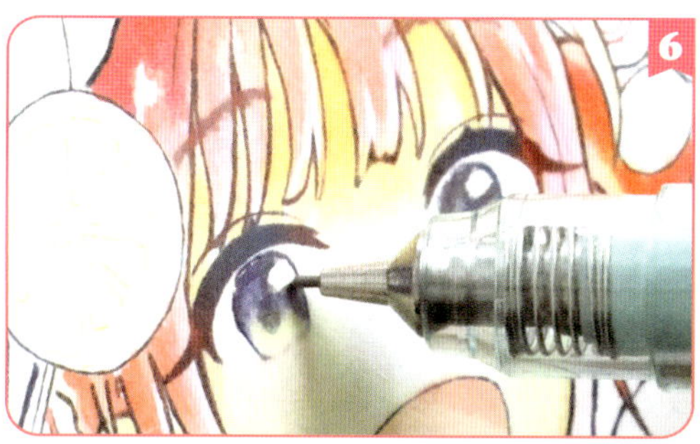

仕上げにシャープペンシルを使い、瞳のりんかくやハイライトの線、瞳孔を描き起こす。シャープペンシルはコピックスケッチに溶けてしまうため、ここでは仕上げとして使用する。

イラストメイキング

衣装を塗る

使用色…コピックスケッチ(Y21、R32、R43、BG53、BG11、Y16、Y18、YR0000、V000、YR000)／色鉛筆(黄色)

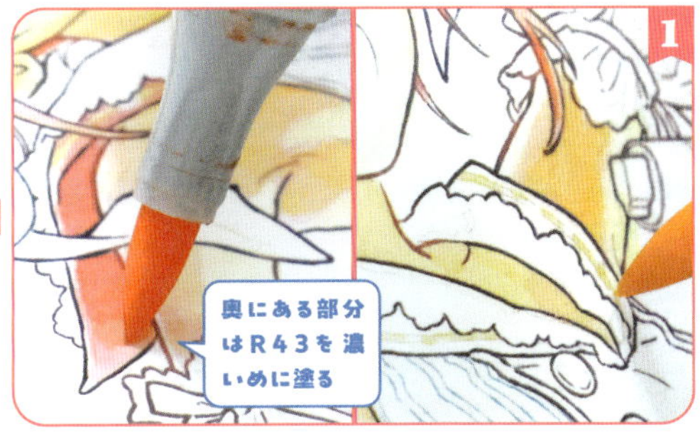

セーラー服風のトップスの襟を塗る。襟のラインは、Y21をベタ塗り。布地やフリルはピンク色にするため、淡いピンク色R32や濃いピンク色R43を塗る。

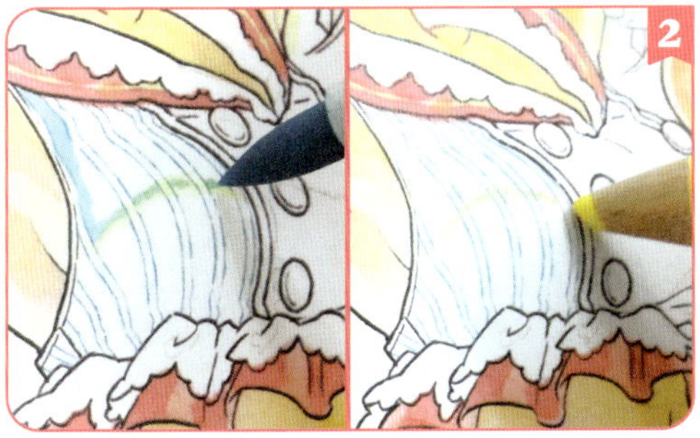

胸元を塗る。黄色の色鉛筆を使い、胸が一番高くなるラインを描く。色鉛筆のアタリを境目に、上部を淡い水色BG53で線を引いてからベタ塗りする。

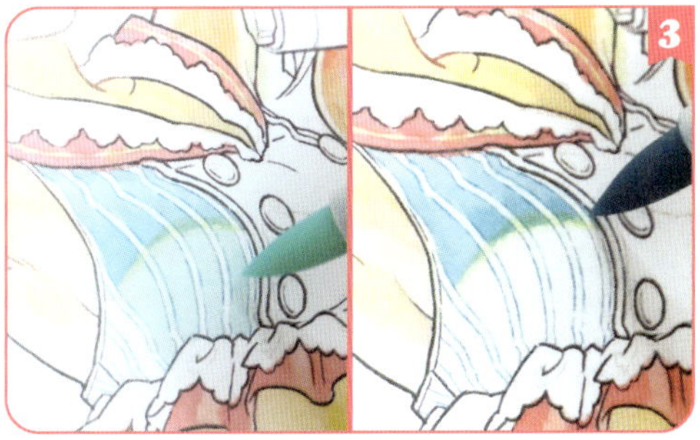

胸の立体感に沿って、BG53で濃淡を加える。また、②で描いた胸のラインより下は淡い青緑色BG11をベタ塗りする。

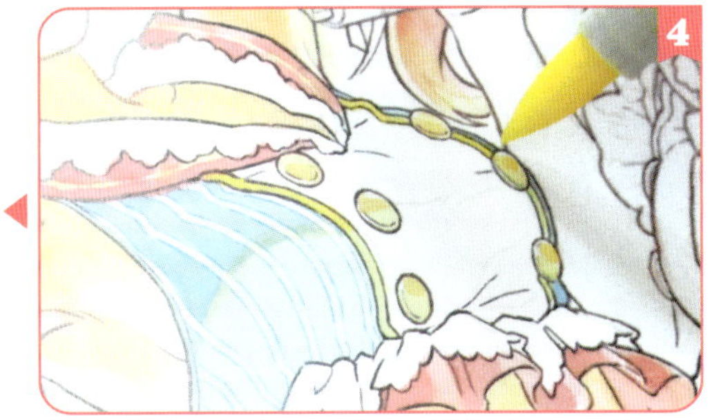

ボタンなどの装飾を塗る。ベースは柔らかな黄色Y16をベタ塗り。次にY21で光沢を描き、まぶしい黄色Y18で形を整える。ボタンは布と違ったツルッとした素材感にするため、光沢を強めに表現している。

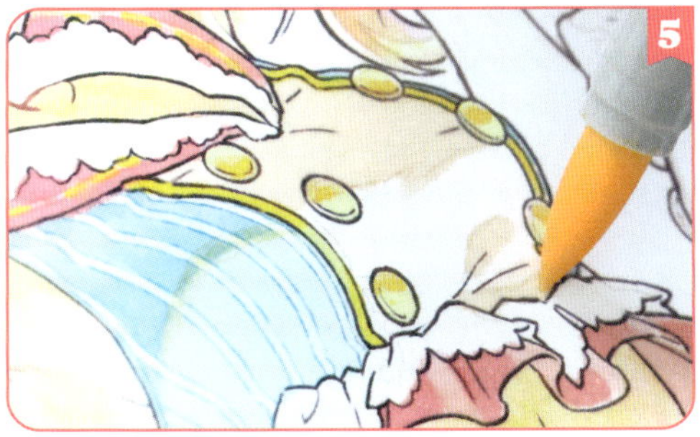

白地のトップスに当たる、照明の光を描く。第二ボタンより上の布をYR0000でベタ塗りする。このとき、胸の立体感に合わせてシワのカゲも塗りつぶす。

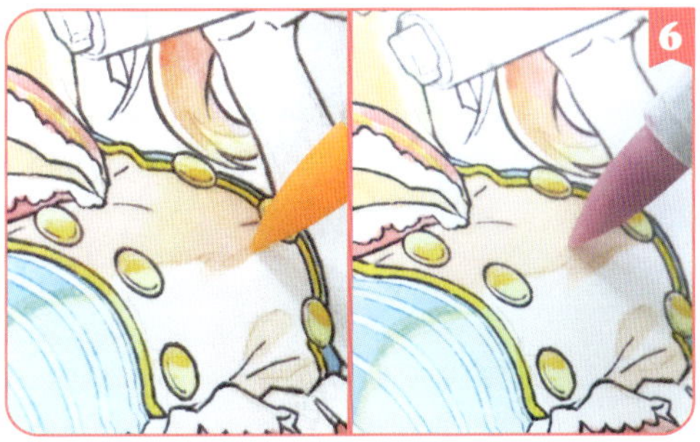

続いて、⑤で塗った部分にV000をじわっと重ねる。V000を入れたことで、布地が若干青みがかった。さらに、YR000で谷間辺りのシワを描き起こしたり、照明の光をふんわりと重ねた。

ブドウ飾りを塗る

使用色…コピックスケッチ(RV10、V05、BV13、V15、B66、BV08、RV21、V01)

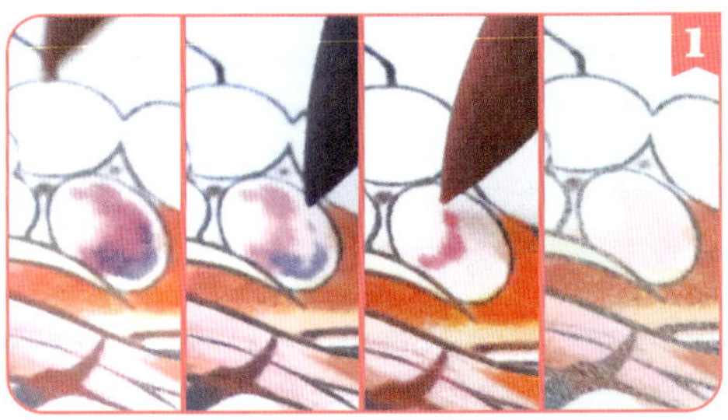

頭に付けている、ブドウの飾りを塗る。RV10でハイライトを残しつつベースを塗り、淡い赤色V05で皮のツヤを入れる。また、BV13で下部に丸みを強調するツヤを加えた。インクが乾かないうちにV05で全体をまとめる。

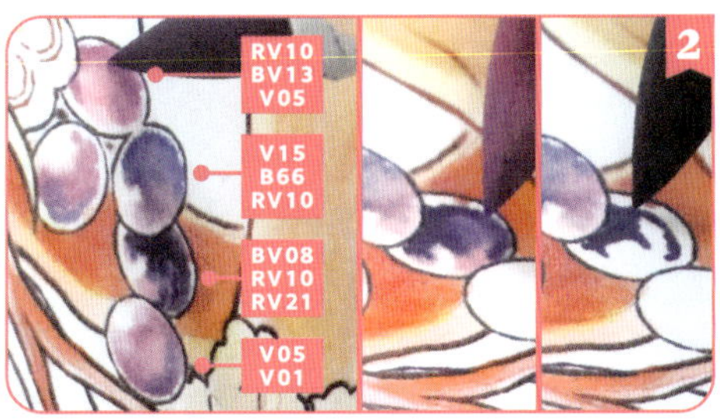

それぞれ、にじみは気にせずブドウを塗り進める。

NORE　本物の果物は皮にランダムなムラがあるので、にじみを作ってリアリティを出します。また、同じブドウでも、色番号を変えると、美味しそうなもぎたて感が出ます！

腕飾りを塗る

使用色…コピックスケッチ(R14、R22、YR0000)

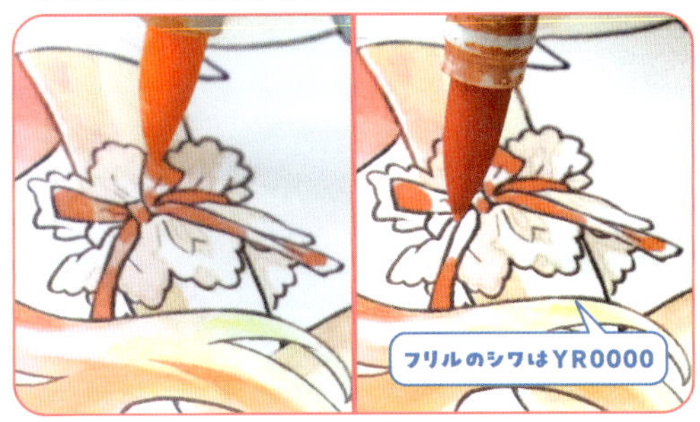

リボンを塗る。リボンの濃いツヤは濃い朱色R14でベタ塗り。R14のフチを残してリボン素材のツヤを表現しつつ、R22を塗る。

サイン色紙プレゼント

アイドルのまばゆい笑顔がはじける、瑞々しい作品の完成！

NOREさんは作品の完成度を高めるために、線画の濃さを印刷の具合に合わせて調整をしています。また、色をちょんちょん細かいタッチで置いていくように塗り重ねることで、奥深いやわらかなグラデーションや質感を表現していました。みなさんもNOREさんのメイキングを参考に、光に満ち溢れた作品を描いてみてくださいね！

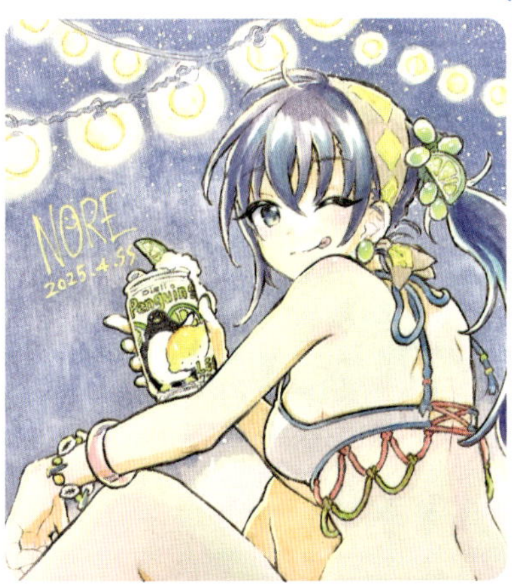

ジュースのエフェクトを描く＆光を表現する②

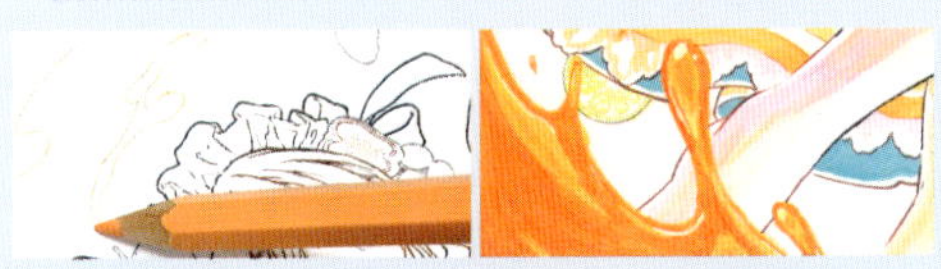

ラフ①で描いていたジュースのエフェクトを再び採用し、背景に描き足している。色鉛筆のオレンジで描いた線画に、コピックアクレアのマスタードイエローをベタ塗り。乾いた上からコピックスケッチのオレンジ色YR16や濃いオレンジ色Y19で色づけをして、さらにコピックアクレアのクリームイエローでハイライトを描いている。コピックアクレアをベースに敷き、コピックスケッチを組み合わせることでマットな質感を生み出している。ただし、コピックアクレア→コピックスケッチの重ね塗りは、ペン先が傷むので注意が必要だ。

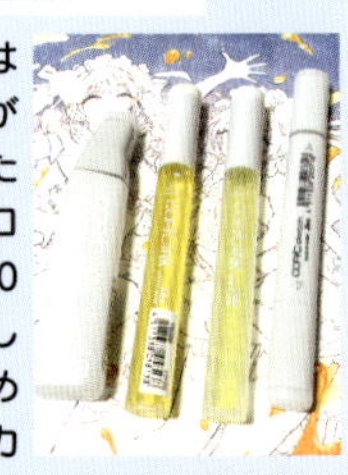

NOREさんはY0000だと黄味が強く出ると感じたため、Y0000のコピックインクに0番を2:1で混色した、より黄味を薄めたオリジナルカラー「Y00000」を作っている。オリジナルカラーは、完成イラストの肌など、ライティングに使用している。

第18回ペンタブレットdeアート投稿コンテスト「銅賞」受賞記念メイキング

the making of CLIP STUDIO PAINT

イラスト講座

「SS(スモールエス)」のお姉さん雑誌「季刊エス」で毎年開催している年に1度のペンタブレットdeアート投稿コンテスト。受賞作家によるイラストメイキングを「SS(スモールエス)」と「季刊エス」でお届けします。今回は銅賞を受賞した「九十三ビス」さんにご登場いただき、コスチュームをテーマにイラストを描いていただきました！　キャラクターの彩色とあわせて、ゆるっとした雰囲気にぴったりなコスチュームの描き方もポイントを交えつつ紹介します。くつろぐ猫たち＆猫モチーフのアイテムや、美味しそうなカラーリングも見どころです！

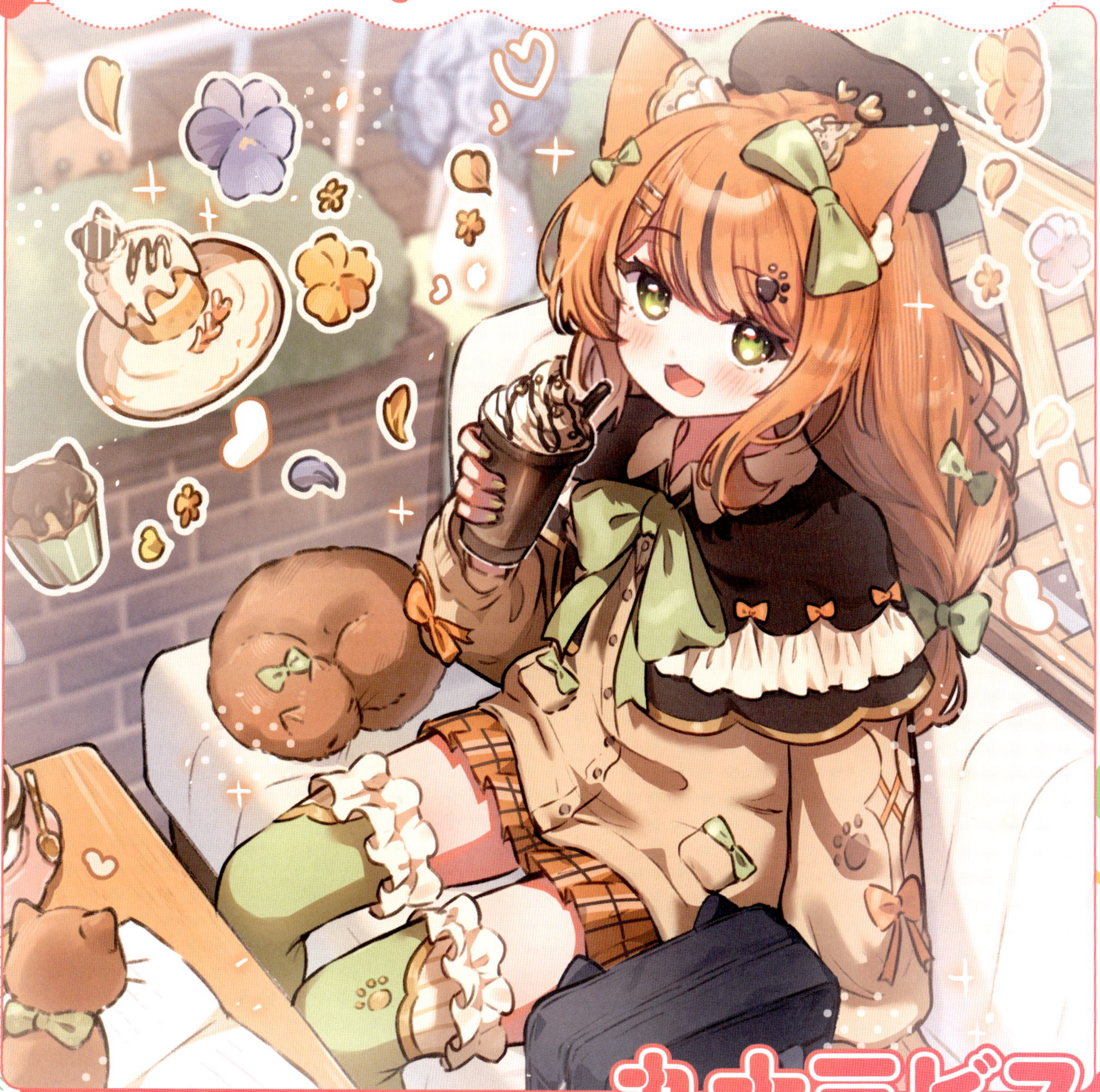

九十三ビス

つくみ

作業環境

PC｜iMac
描画ソフト｜CLIP STUDIO PAINT
ペンタブレット｜Wacom One 液晶ペンタブレット 13 touch
ラフ・色味の調整｜iPad
線画・彩色｜Wacom One 液晶ペンタブレット 13 touch

X @biscuit___cake
HP
pixiv 16672939

今回使用する画材はコチラ！

Wacom One 液晶ペンタブレット

Wacom One 液晶ペンタブレット 13 touch 価格 オープン

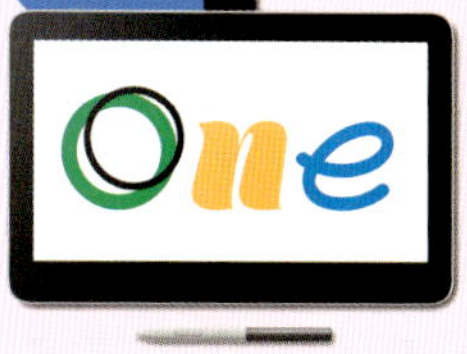

- 本格的な液晶ペンタブレットながら手に入りやすい価格帯とコンパクトで使いやすいサイズ感が魅力。
- パソコンだけでなくAndroidのOSを搭載したタブレットにも接続可能。

「ペンタブレットdeアート投稿コンテスト」とは…

「季刊エス・SS(スモールエス)」主催、ペンタブレットメーカー(株)ワコム協賛で行われる年に1度の大きなイラストコンテスト。上位受賞者には液晶ペンタブレットを贈呈！　メイキングの依頼や公開講座へご登場いただくなど、季刊エス・SS(スモールエス)編集部とワコムで作家活動もバックアップしていきます！　次回の開催告知もお待ちください！

check!
コンテスト受賞作品をWEBで公開中

information

発売元
ワコム
最新の製品情報
https://tablet.wacom.co.jp

※価格は税込表示です

ラフ～線画

完成ラフ

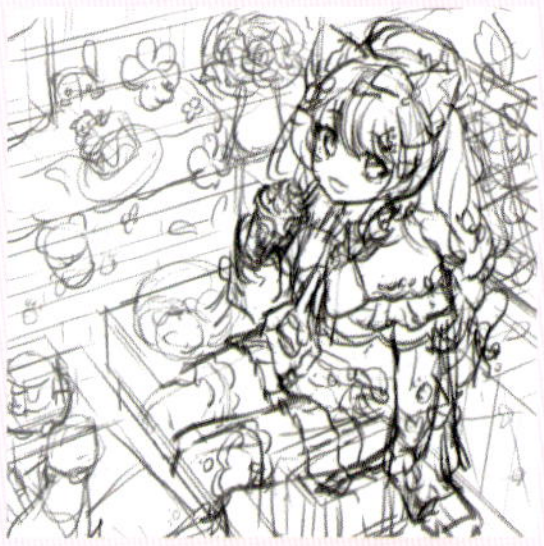

構想

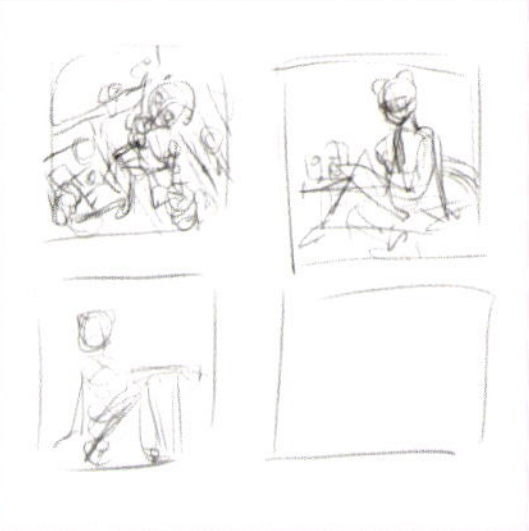

メイキングイラストは受賞作品でも印象的なコスチュームをテーマに描いていただいた。小さいサイズでいくつか構想を描いたあと、実際に作画するサイズでラフを制作していく。

九十三　イラストやキャラクターの雰囲気と並行してコスチュームデザインを考えていきます。お気に入りのポイントは、全体的にゆったりとしたシルエットにした点です。今回はリラックスしたシーンを意識したので、衣装も雰囲気にあわせた可愛いデザインにしてみました。

完成線画

水色で薄く表示したラフを敷き、新規レイヤーを作成したら黒色で線画を描く。人物・衣装・背景ごとにレイヤーをわけて描くと位置や大きさを調整しやすくなる。

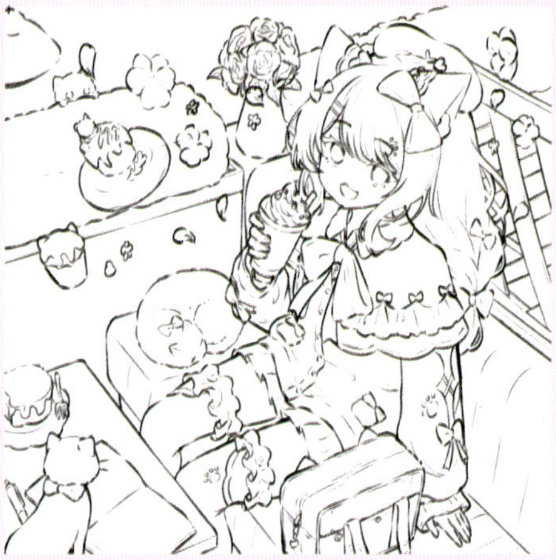

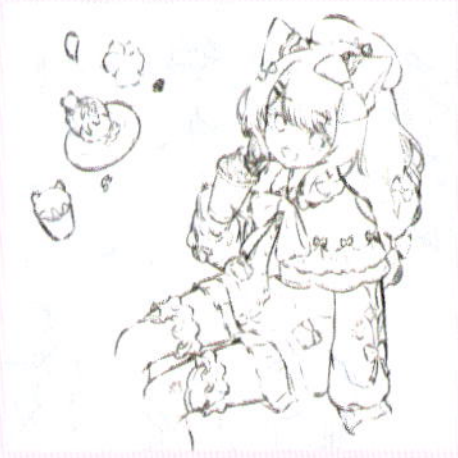

下塗り

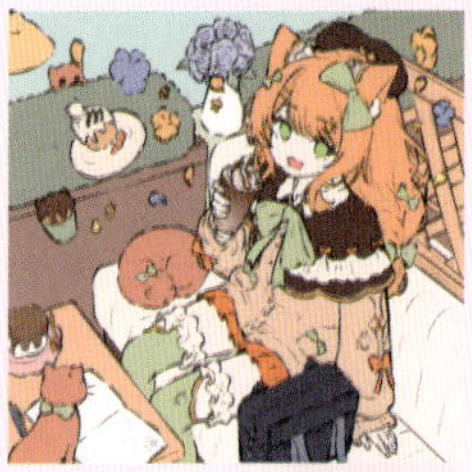

ベース色をベタ塗りした状態。パーツごとにレイヤーフォルダーを作成してまとめている。

九十三ビスさんの受賞作品を紹介!

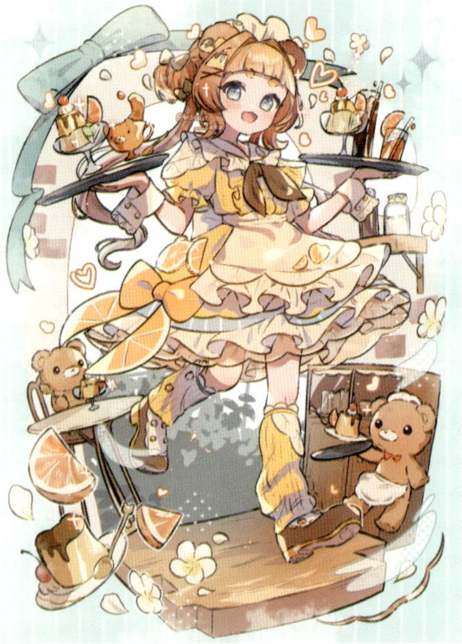

第18回「ペンタブレットdeアート投稿コンテスト」で銅賞を受賞した九十三ビスさんの作品。熊のカフェの店員をイメージして描いたイラストで、オレンジとプリンカラーのコスチュームがキュート！　熊たちのキラキラした瞳の可愛らしさにも引き込まれます。食べ物のデザインもポップで美味しそうです！

九十三ビスさんが使用するCLIP STUDIO PAINTのブラシ

CLIP STUDIO ASSETS（https://assets.clip-studio.com/ja-jp/）から好みのブラシをダウンロードできる。CLIP STUDIO PAINT Ver.1.10.9以前の初期サブツールも追加可能。

【エアブラシ（柔らか）】彩色時、グラデーションをつけるときなどに使用する。
※コンテンツID:1842019（初期サブツール）

【濃い鉛筆】柔らかいタッチやハイライトをつけるときなどに使用する。
※コンテンツID:1842019（初期サブツール）

【SU-Cream Pencil】柔らかい描き心地。線画の工程で使用した。
※コンテンツID:1761353

【Gペン】CLIP STUDIO PAINTにデフォルトで入っているブラシ。カゲの塗りや【隙間無く囲って塗るツール】でカゲを置いたあと、細部を調整したいときなどに使用する。

【やわ肌ブラシ】薄いカゲや柔らかいカゲ、ハイライトを描くときなどに使用する。
※コンテンツID:1582351

【情報量が増えるペン】髪の描き込みを増やしたいときや花の繊維感を出したいときに使用。
※コンテンツID:2016370（最新バージョン）

【隙間無く囲って塗るツール】カゲを塗るときなどに使用する。
※コンテンツID:1759448

肌を塗る

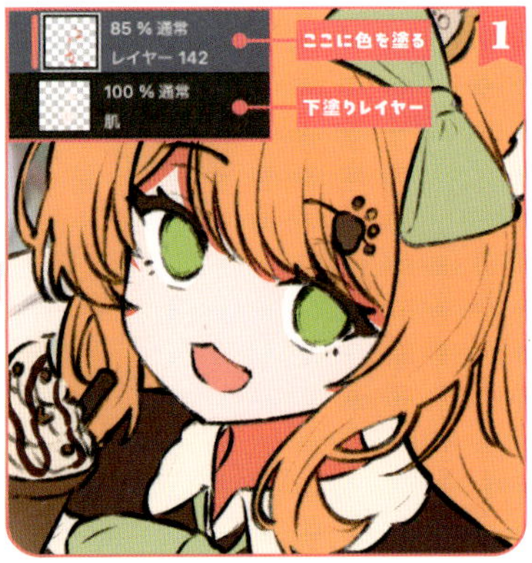

1 新規レイヤーを作成して「下のレイヤーでクリッピング」する。【Gペン】で前髪や首にパキッとしたオレンジ色のカゲを置いた。

九十三　ポップで明るい印象にしたいので彩度の高い色を選びました。

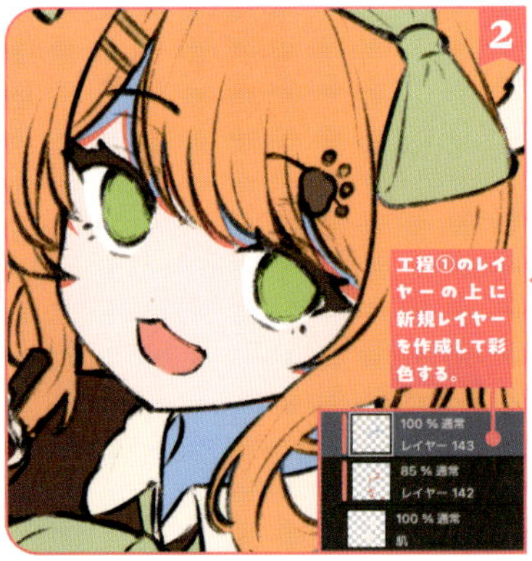

2 新規レイヤーを作成して、明るい水色を工程①と重なるようにベタ塗りする。首のカゲは全面に乗せて、前髪のカゲは端を少し残して塗った。

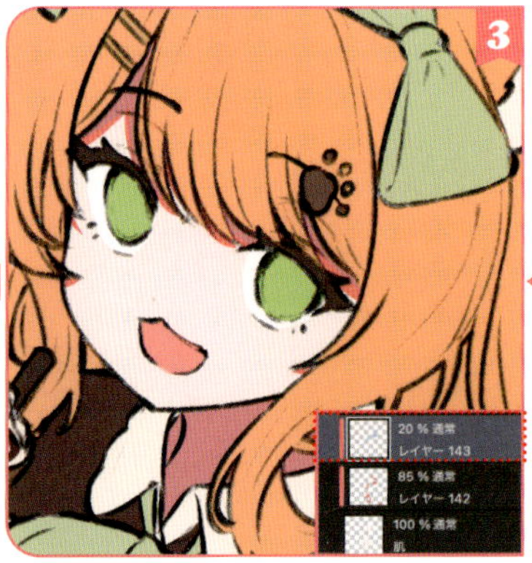

3 工程②のレイヤーの不透明度を100%から20%に薄くする。下のオレンジ色の層と重なり、少し彩度の低いカゲ色になった。

九十三　水色をカゲに置くことで少し空気感が出ます。

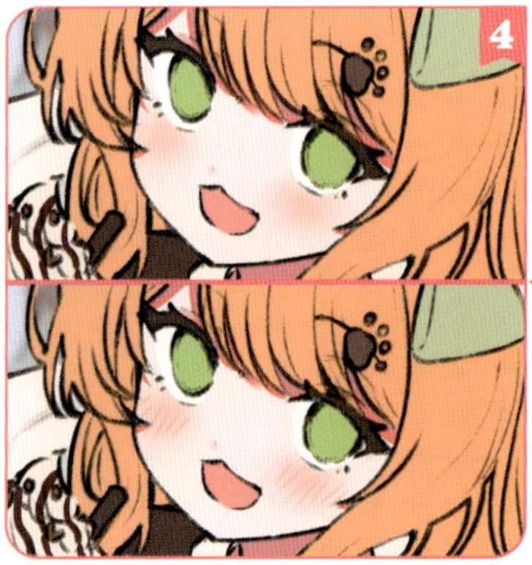

4 九十三　頬に【エアブラシ（柔らか）】で赤みを入れます。髪色や全体の色味に合わせてオレンジ色寄りの赤みにしました。その上に線画と同じ【SU-Cream Pencil】を使って斜線を入れ、不透明度を調整します。

瞳を塗る

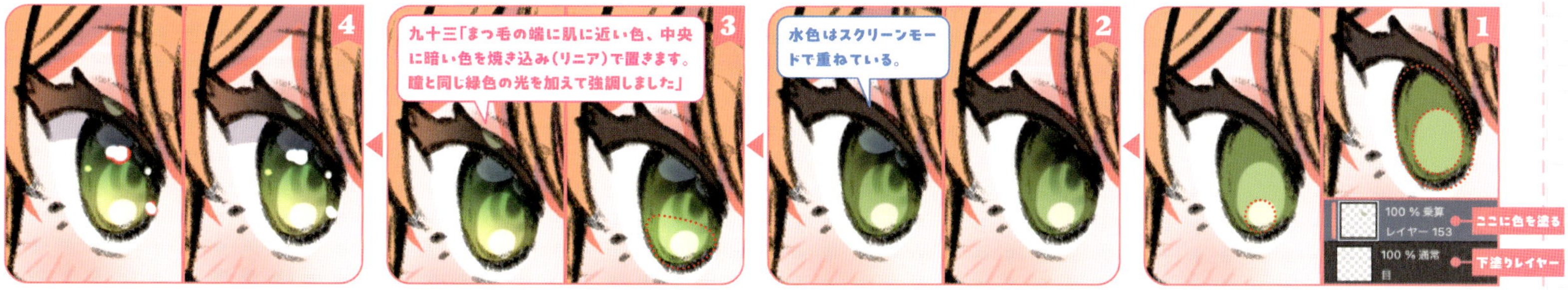

1. 九十三　下塗りの黄緑色を残して濃い緑色を乗せ、下部に明るい色を置きました。柔らかさを出したいので丸く色を置くことが多いです。

2. カゲにふんわりとグラデーションで色を乗せる。瞳孔は目線を意識しながら描く。瞳の上部に水色の反射光を置くと透明感が増す。

3. 九十三　瞳の明暗差を強めたいので、下部(図示部分)に【エアブラシ(柔らか)】で黄緑色を置き、覆い焼き(発光)で明るくしました。

4. 九十三　線画レイヤーの上に加算(発光)でハイライトを置きました。赤色でその輪郭を囲むと、引きで見たときに目立ちます。

髪と髪飾りを塗る

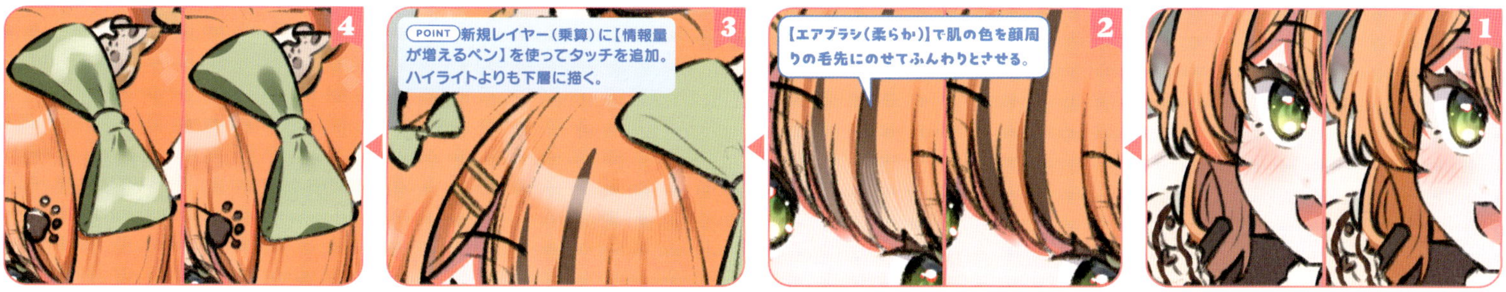

1. 毛束のカゲを【Gペン】で描き、【やわ肌ブラシ】で部分的に色の端をぼかす。肌のカゲと同様に内側に水色を置いて空気感を加える。

2. 前髪に茶色のメッシュを入れてアクセントに。
九十三　【情報量が増えるペン】で顔周りの毛先に細かい線を加えました。束感が出ます。

3. 新規レイヤー(スクリーン)に【やわ肌ブラシ】でハイライトを置く。頭の丸みを意識しながら[ゆがみ]や[消しゴム]ツールで調整する。

4. 硬質なヘアピンには明暗をパキッとつける。緑色のリボンはカゲを【やわ肌ブラシ】でぼかす。淡い黄緑色で控えめにツヤを表現。

コスチュームを塗る・フリル

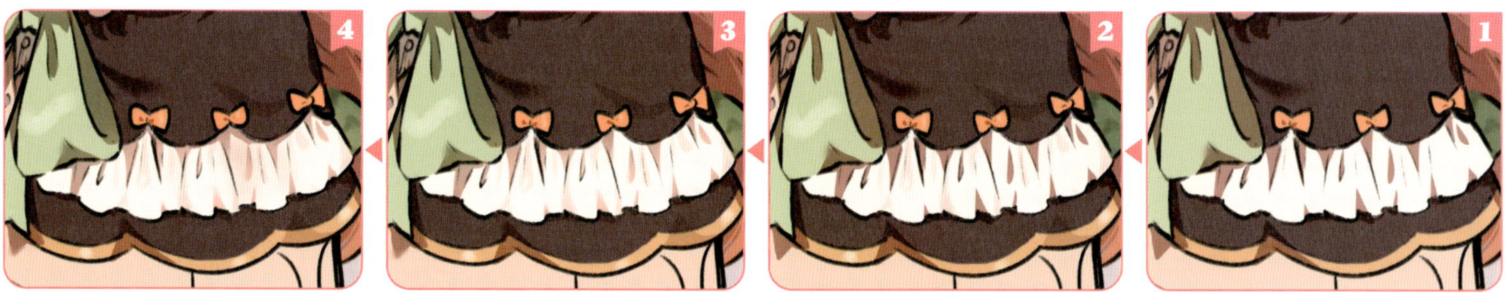

1. フリルに【Gペン】で立体感をつけていく。
九十三　最初にカゲを置いて、シワなど柔らかさを出したい部分をぼかしていきます。

2. 工程①よりも薄い茶色でカゲを追加する。ハイライトも少しだけ足した。フリルの柔らかい素材感を表現していく。

3. 九十三　工程①の【Gペン】で入れた茶系のカゲ色が濃いと感じたので、調整して淡くしました。

4. 全体のバランスを見ながらタッチを調整する。フリル部分が浮いて見えたため、【エアブラシ】でふんわりとグラデーションをつけた。

コスチュームを塗る・カーディガン

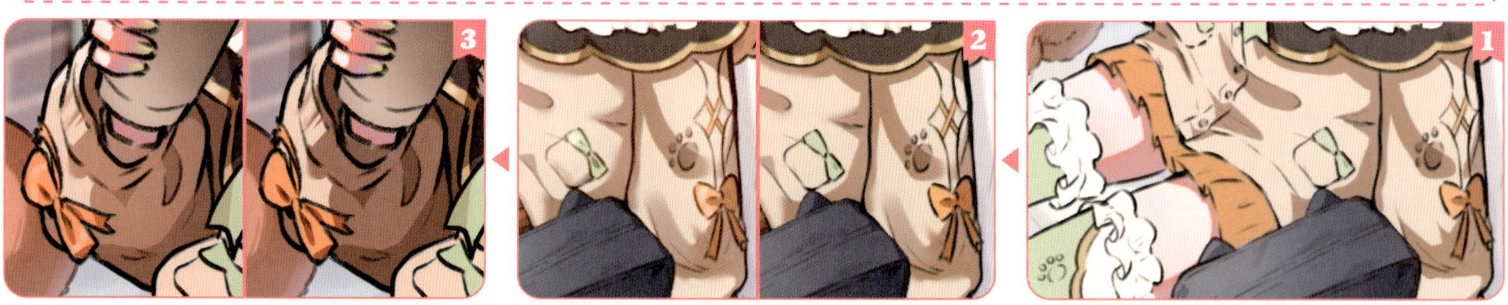

1. ゆったりとしたシルエットのカーディガンなので、シワは大きめに描く。描く位置は胴体や腕の角度を意識して決めるのがポイント。布の重なりを意識してカゲを入れると立体感が出る。

2. 【やわ肌ブラシ】でカゲの端をなめらかにする。ほかの素材よりも色をぼかす範囲を大きくしたり、線画の色を黒色から茶色に変更したりすることで、より柔らかい印象に仕上がる。

3. 九十三　奥の腕は胴体部分と差別化するために、濃さの異なる二層のカゲで立体感を表現しました。バランスを見て色味を明るく調整したり、リボンにツヤを加えて仕上げます。

コスチュームを塗る・スカート

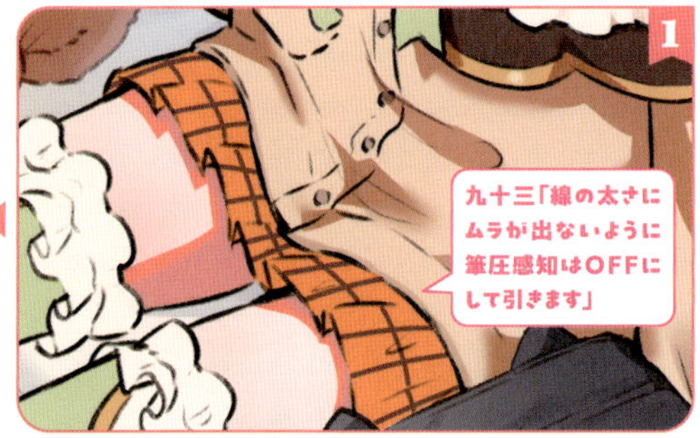

スカートにチェック柄を描く。【Gペン】を使い、プリーツの凹凸を意識しながらシャープなラインを引いていく。

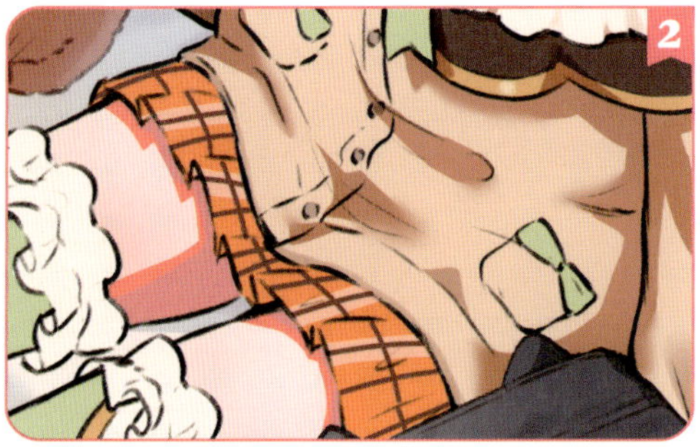

九十三　工程①より下層に新規レイヤー（通常）を作成し、【Gペン】でラインを足します。不透明度を変えて色を調整します。

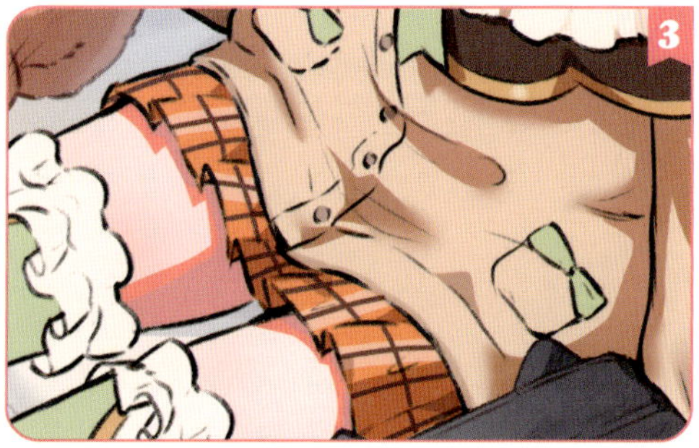

九十三　濃さの異なる二層のカゲをつけます。スカートはハリ感のある生地なので、カゲをぼかしませんでした。

カップケーキを塗る

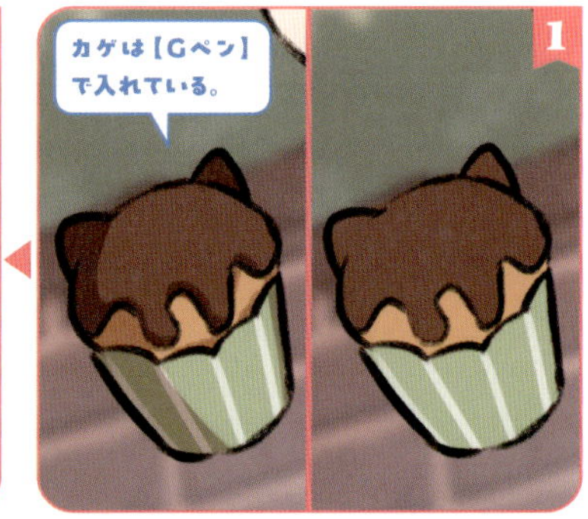

【濃い鉛筆】でベーキングカップに柄を描く。
九十三　【濃い鉛筆】は不透明度を調整せずとも薄い線が引けるので、下塗りと馴染みます。

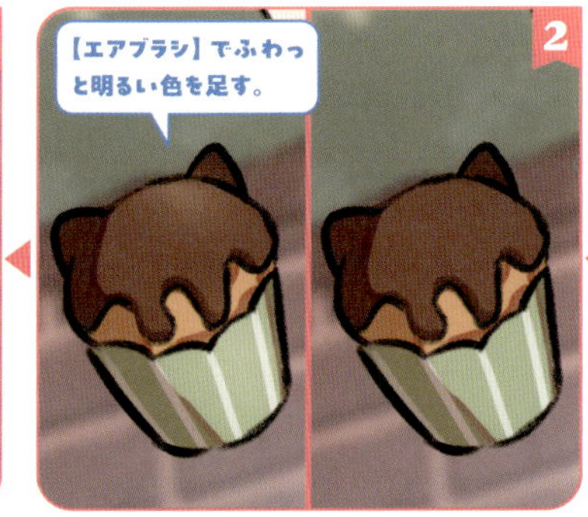

工程①で入れたカゲ色を［スポイト］で取る。彩度を少し高くしてカゲと塗りの境界を引く。柔らかさや情報量を増やすことができる。

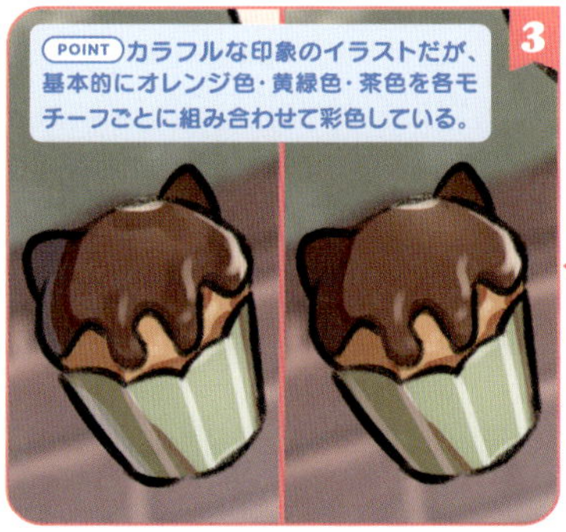

【やわ肌ブラシ】でハイライトを入れる。新規レイヤー（乗算）にカゲを足してツヤを強調。端には寒色で反射光も追加した。

POINT

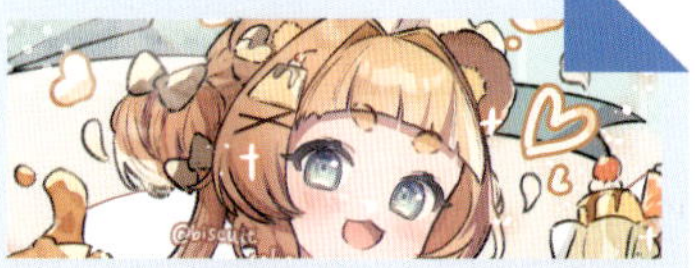

九十三　浮遊するアイテムは、画面を賑やかにしつつキャラクターの顔周りの密度を高めるために描いています。これにより、自然と視線がキャラクターの顔に集まりやすくなるんです。また、色味については濃い場所と明るい場所のバランスを意識しています。どちらかに偏りすぎないように工夫して配色するのがポイントです。

仕上げ

キャラクターに視線が集まるように、目立たせたいところの彩度をあげる。控えめにしたい場所は明度をあげたり、青色（寒色）を置いたりして遠近感をコントロールする。

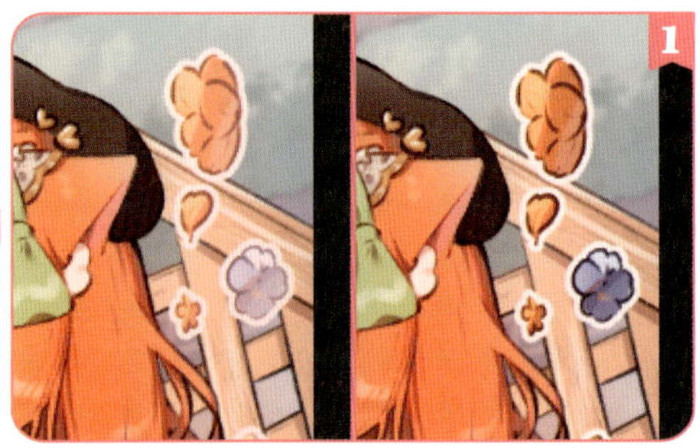

浮遊する賑やかなアイテムたち。白い輪郭線をつけることでキャラクターの作画と差別化できるだけでなく、背景に埋もれない。キャラクターよりも明度をあげて色を淡くした。

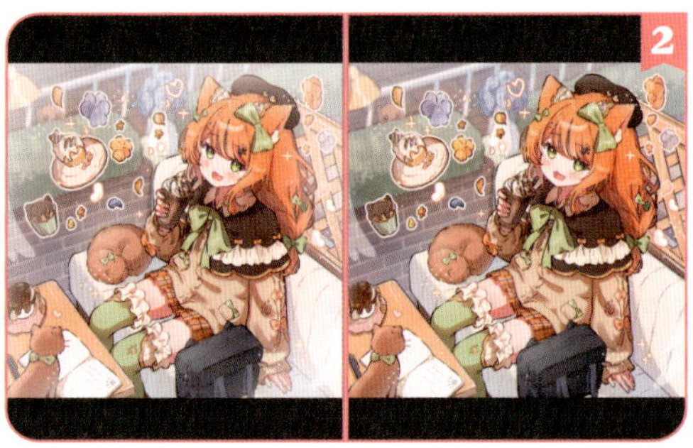

九十三　キャラクターの周りにハートやキラキラ、ドットなどのエフェクトを描き込みます。目立ちすぎないようにキャンバスの端や背景に白色をふわっと乗せて淡くしました。

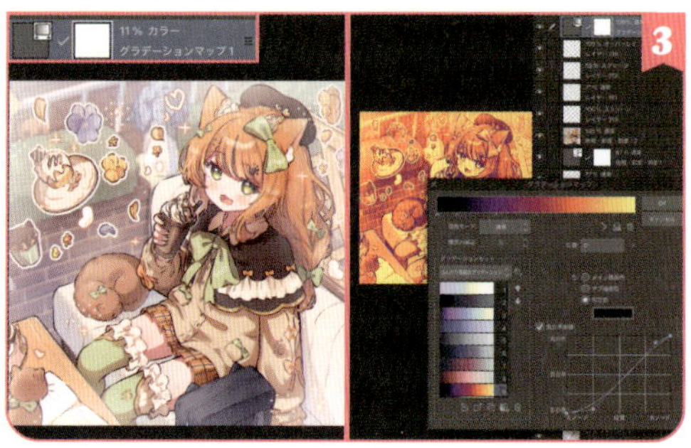

九十三　あたたかい印象のイラストにしたいので［グラデーションマップ］の黄色〜紫色を全体に乗せました。レイヤーの合成モードや不透明度を調整してイメージする色味にします。

九十三　最後に、キャラクターが占める範囲が大きくなるようにイラストを拡大して、髪のカゲを足したり色味を調整したりしました。［ゆがみ変形］も使って整えたら完成です！

フリルとリボンの組み合わせや、ゆったりとしたシルエットとニーハイソックスのバランス、猫とお揃いのアイテムなど可愛らしさが詰まったイラストが完成！描きながら形や色を自在に調整できるところもデジタル作画の利点です。ぜひみなさんもペンタブレットを使ってイラストの制作をしてみてください。今後開催するコンテストへの応募もお待ちしています！

九十三ビスさんに聞く「Wacom One 液晶ペンタブレット」の感想

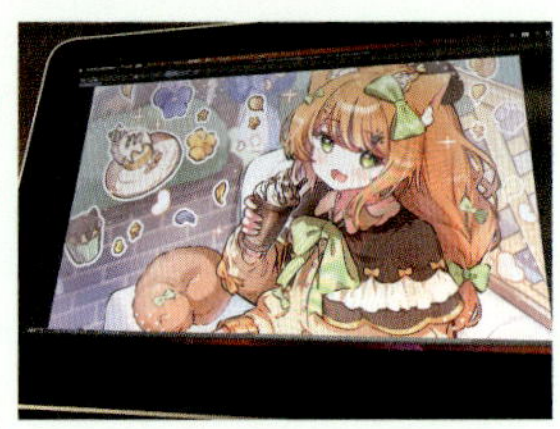

── 受賞賞品「Wacom One 液晶ペンタブレット 13 touch」のサイズ感や描き心地はいかがでしたか？

九十三　場所を取りすぎず、サッと出し入れできるサイズなので、とても使いやすいと感じました。同梱されているWacom One Penが軽くて手が疲れにくいところも良いです。個人的に気になっていた液晶ペンタブレットの視差（ペン先と描画される位置のズレ）がほとんどないことにも感動しました。パソコンと接続するコードが1本で済むのも、配線がごちゃごちゃしやすい私の作業環境にマッチしていて非常に助かったところです。

── さまざまな端末や環境で絵を描けるようになりましたが、九十三ビスさんがペンタブレットで描く良さで感じることを教えてください！

九十三　ワコムのペンタブレットの魅力は筆圧感知の精度が高いところです。液晶ペンタブレットならスマホやタブレットよりも広い画面に直接描けますし、細かい部分まで確認しながら制作できます。ペンの充電の残量を気にせず長時間安定して描けるのも利点です。また、ショートカットキーを活用しながら制作できるのはデジタルの便利なところ。自分好みにカスタマイズできるのもとても良いと感じます。

DTM講座 - 音楽制作をはじめよう！

次号より、「初音ミク」×「スモールエス」イラスト・オンガクコンテストを開催いたします！　コンテストでは初音ミクのイラストと歌唱楽曲を募集いたします。開催にあたって、イラストを描くみなさんにもぜひ音楽制作に挑戦していただきたく、全3回にわたり音楽制作を始めるための基礎知識を解説していきます。今回は、音楽がどのように作られ、何が必要なのか、という基本的な部分を解説します！

introduction

音楽はどのように作られる？

皆さんがイラストを描くとき、まず「どんな絵を描こうかな？」と考えると思います。音楽制作も同じで、最初に「どんな曲を作ろうかな？」というイメージを膨らませることから始まります。

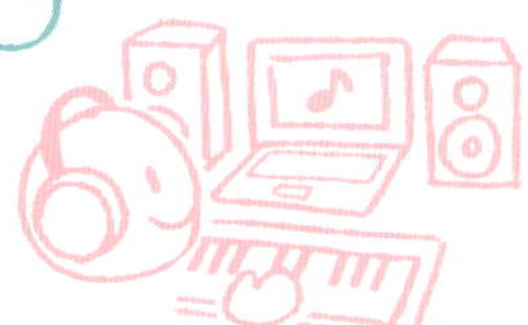

次にその曲のテーマとなるフレーズを考えます。思いついたメロディやリズムは、忘れてしまわないように鼻歌で録音するのがおすすめ。絵を描くときのラフスケッチのように、大まかなイメージやアウトラインを記録しておきます。

アウトラインが出来たら、DAW と呼ばれる作曲ソフトで形にしていきます。テーマを形にしたら、そこに厚みや色どりを持たせるために様々な楽器の音を重ねていきます。最後に、細部を調整して作品を仕上げます。

音声合成ソフトウェア「VOCALOID」に対応した音声ライブラリ（ソフトウェア音源）として、クリプトン・フューチャー・メディアから発売されたのが「初音ミク」です。発売された当時から、初音ミクを使用した音楽作品や動画のアップロードが、ニコニコ動画やYoutubeでおこなわれました。VOCALOIDを使って音楽制作を行うクリエイターは「ボカロP」と呼ばれ、「DTM（DeskTop Music デスクトップ・ミュージック）」という形で音楽制作をしています。「パソコンの中で歌を歌わせることができるソフトウェア」としての初音ミクもこのDTMで使われてきました。初音ミクの登場によって、ボーカルを擁した音楽制作がより自由に発表できるようになり、革命的と言える音楽シーンの広がりが生まれたのです。

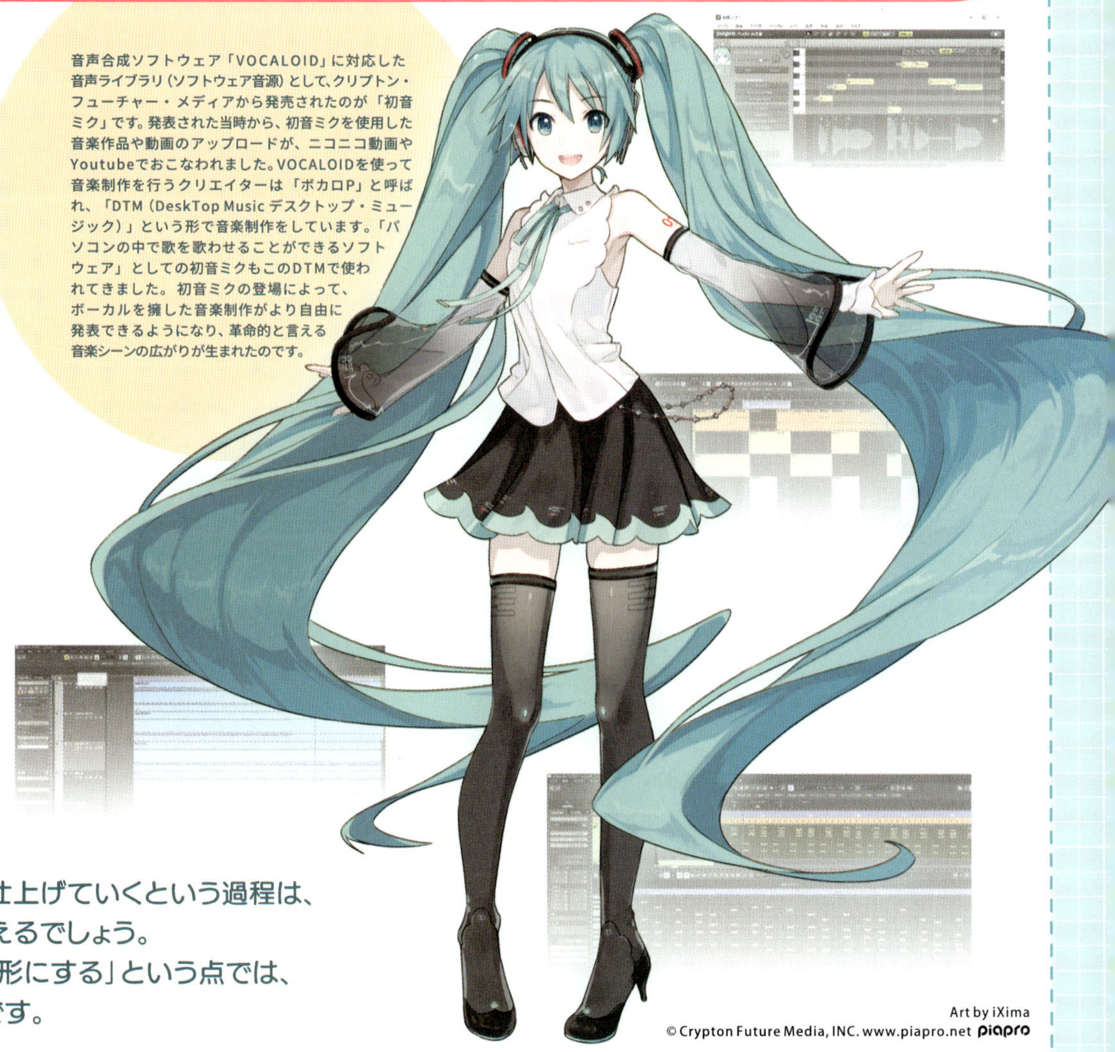

Art by iXima

大まかに構想を練ってから徐々に作品を仕上げていくという過程は、音楽制作とイラスト制作は似ていると言えるでしょう。音楽制作もイラスト制作も「アイディアを形にする」という点では、どちらも同じクリエイティブな活動なのです。

1-1 音楽制作に必要なもの

音楽制作を始めるために、最低限必要なものは、次の2つです。最初からすべて揃える必要はありません。まずはパソコンとDAWソフトから始めて、必要に応じて少しずつ機材を増やしていくのがおすすめです。

パソコン

現代の音楽制作はパソコンが中心です。
最近では、WindowsとMac両方に対応しているソフトが主流なのでOSはどちらでもOK。使用する楽器やエフェクトが多いほど、音楽制作はパソコンに求める性能が高くなっていきます。イラスト制作に使っているパソコンがあれば、そのまま音楽制作に使える場合も多いでしょう。

DAWソフト

DAW（デジタル・オーディオ・ワークステーション）は、音楽制作のすべての作業をパソコン上で完結するソフトウェアです。録音／記録、編集機能の一通りがDAWソフトの中に詰まっています。
パソコンのOSに最初から搭載されているソフトもありますし、オーディオインターフェイスなどに付属していたり、無料で使えるDAWソフトもあります。

「もっと本格的に音楽制作をしてみたい！」と思うなら、以下のような機材があると便利です。

オーディオインターフェース
マイクや楽器の音をパソコンに入力するための機器。オーディオインターフェースを使うと、より良い音で録音したり、再生することができます。

ヘッドホン／モニタースピーカー
音楽制作では、音を正確に聴き取ることが重要です。そのため、良いヘッドホンやモニタースピーカーがあると、より快適に作業できます。

MIDIキーボード
鍵盤を使って「MIDI」と呼ばれる演奏データを入力できる機器。直感的に音を入力することができるので便利です。

1-2 DAWソフトって何？

それでは、音楽制作の中心となるDAWソフトについて、もう少し詳しく解説します。
DAWソフトは、音楽を作るための様々な道具が一つにまとまった、便利なソフトウェアです。

DAWソフトでできること

作曲・編曲
ソフト音源を用いて自分が好きなように
メロディやコード、リズムなどを打ち込み、
配置することで曲を構成していきます。

録音
マイクや楽器を接続して、
音を録音することができます。

編集
録音した音や、打ち込んだ音を、
自由に編集することができます。

ミキシング
各パートの音量バランスや、
音の左右の位置などを調整して、
曲全体のサウンドをまとめます。

つまり、DAWソフトがあれば、メロディを形にするところから最終的な仕上げまで、
音楽制作のすべての作業をパソコン上で行うことができるのです。
最初は機能の多さに困惑するかもしれませんが、実際によく使用する機能はごくわずかです。
機能を一つ一つしっかり理解するのは大変なので、
まずはイラストソフトでのレイヤーのような“トラック”と呼ばれる入れ物に
楽器の音を入れて、それを重ねていくだけのソフトだと想像してみてください。

「トラック」はイラストソフトの「レイヤー」に似ている！

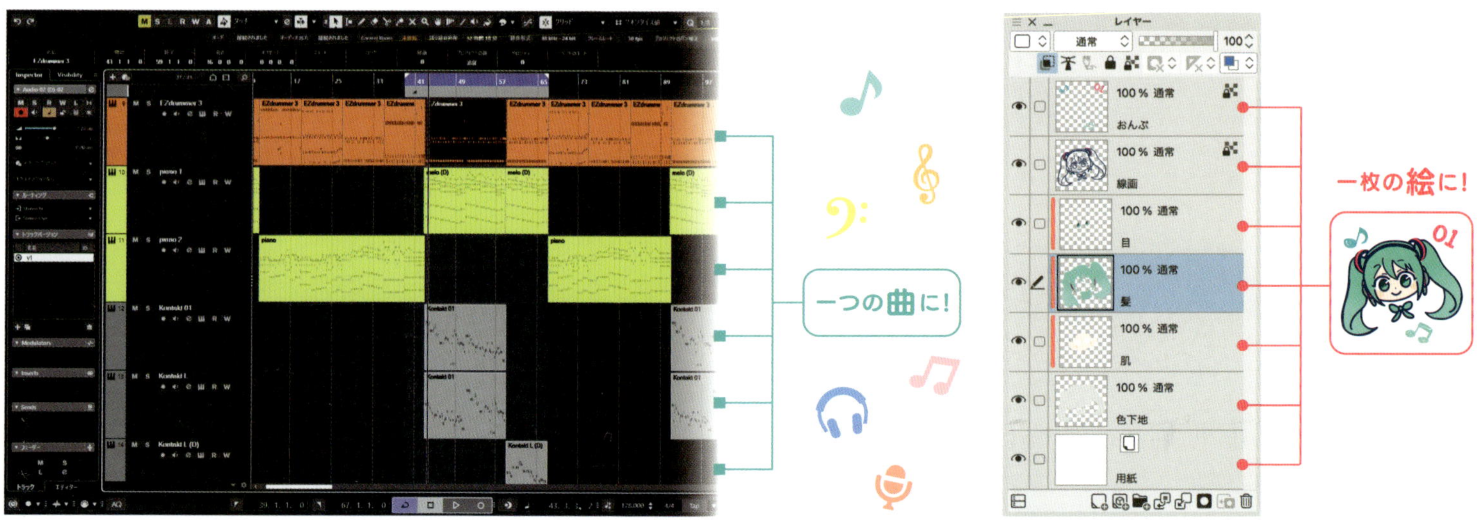

イラストソフトの「レイヤー」機能を思い出してみてください。イラストを描くときは、複数のレイヤーに異なる絵を描き、それらを重ねて一枚の絵を作っていくと思います。DAWソフトでは、「トラック」と呼ばれるものに、それぞれ異なる音を配置していきます。例えば、ボーカルのトラック、ギターのトラック、ベースのトラック、ドラムのトラック…というように、各パートごとにトラックを作ります。そして、これらのトラックを重ねていくことで、一つの曲が完成します。

イラストソフトで、各レイヤーの透明度を変えたり、様々なエフェクトをかけたりすることで、絵の印象を調整できるように、DAWソフトでも、各トラックの音量を変えたり、左右の位置を変えたり、音を変化させるエフェクトをかけたりすることで、曲のサウンドをコントロールし、曲を仕上げていくのです。

さまざまなDAWソフト

どのソフトを選ぶかは、自分の音楽スタイルや予算、使いやすさなどを考えて決めましょう。
最初は無料ソフトから始めて、慣れてきたら有料ソフトに挑戦してみるのも良いかもしれません。また、オーディオインターフェースにDAWが付属している場合もあるので、まずはそれを使ってみながら自分にあったDAWを探してみるのもよいでしょう。DAWソフトは、音楽制作の可能性を大きく広げてくれる、強力なツールです。ソフトを使いこなして、自分だけの音楽を自由に表現してみましょう！

DAWソフトには、主に2種類の「トラック」があります。
「オーディオトラック」と「インストゥルメントトラック」です。

オーディオトラック
音をそのまま記録するトラック
マイクで録音したボーカルや楽器の音、
エレキギターなどオーディオインターフェースを
通してパソコンに取り込んだ音を扱うトラック

インストゥルメントトラック
仮想の楽器（ソフトウェア音源）を
演奏するトラック
MIDIという演奏データを元に、
ソフトウェア音源を用いて様々な楽器の音へ
変換・演奏するトラック

まずは、オーディオトラックについて解説します。

1-3 オーディオトラックって何？

オーディオトラックは、マイクで録音した音や、パソコンに取り込んだ音（オーディオファイル）を扱うためのトラックです。
例えばボーカルや楽器、効果音などをオーディオトラックに配置できます。
オーディオトラックは、音を「波形」として表示します。波形とは、音の振動を視覚的に表したものです。波形を見ることで、音の大きさや長さ、音の変化などを確認することができます。

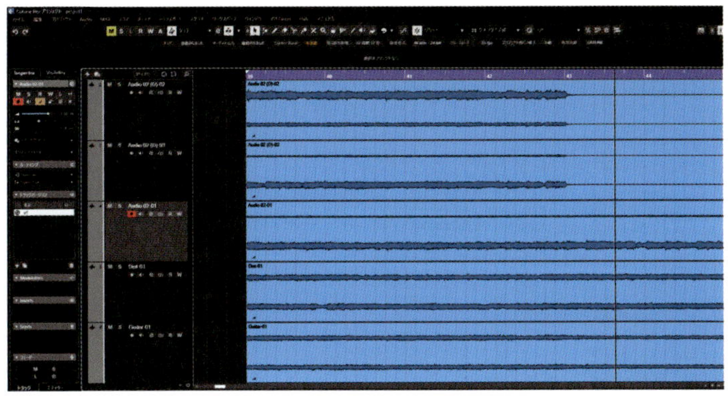

録音をするならオーディオインターフェース！

オーディオトラックに音を録音するには、「オーディオインターフェース」という機器が必要です。オーディオインターフェースがなくてもパソコン内蔵のマイクで録音することはできますが、音質はあまりよくありません。

もしも自分の歌や楽器の演奏を録音したい場合は、オーディオインターフェースとマイクを購入することも考えてみてはいかがでしょうか。音楽制作以外でも、配信ソフトやボイスチャットソフトでも活用できるので、活躍が見込めます。また、エレキギターやエレキベースを持っている場合は、オーディオインターフェースにケーブルを繋ぐことで録音することもできます。ギター／ベースアンプを再現するエフェクトを使えば、アンプを通したサウンドに変貌させることもできます。

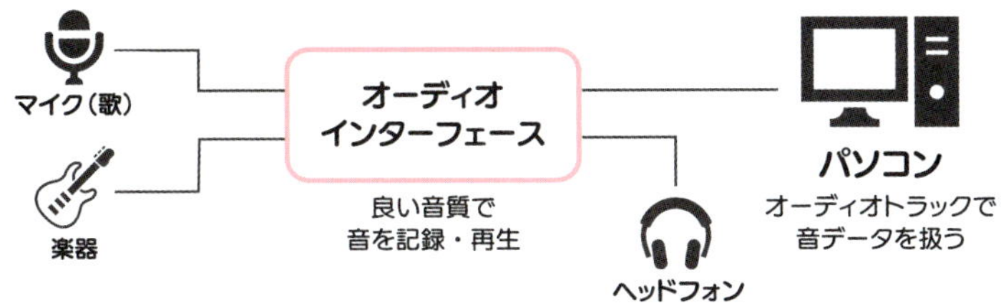

音を編集する

オーディオトラックに記録した音は、DAW ソフト上で自由に編集することができます。

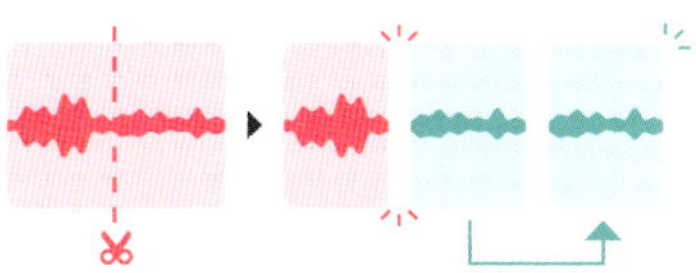

カット＆ペースト
音の一部を切り取ったり、
コピーして別の場所に貼り付けたりできます。

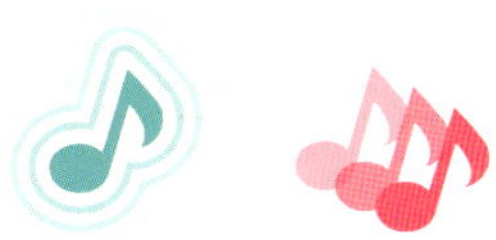

エフェクト
音に様々な効果（リバーブ、ディレイなど）
を加えることができます。

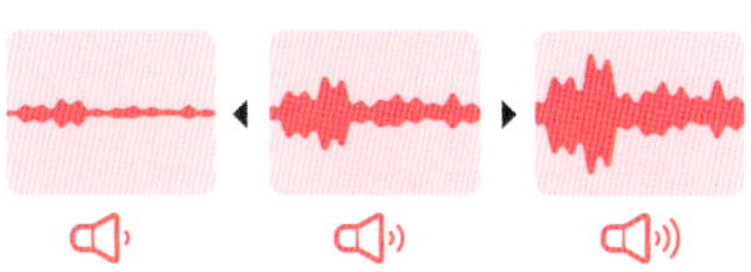

音量調整
音の大きさを調整できます。

これらの編集機能を活用することで、オーディオトラックで録音した音や取り込んだ音を自分のイメージする音に近づけ、曲に馴染ませることができます。オーディオトラックを使いこなして、表現の幅を広げていきましょう。

オーディオファイルを読み込む

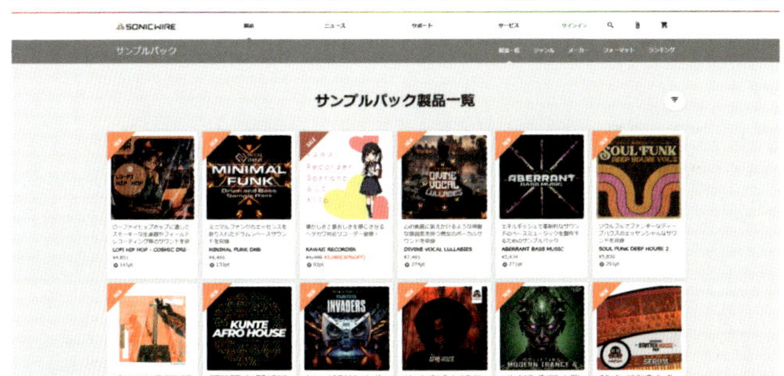

オーディオトラックには、自分で録音した音だけでなく、既存のオーディオファイルを読み込んで配置することもできます。例えば、「サンプルパック」と呼ばれる素材集を活用すると、手軽に楽曲制作の幅を広げることができます。サンプルパックとは、音楽制作に使える短い音の素材をまとめたものです。ドラムのリズムパターン、ベースライン、効果音など、様々な種類のサンプルパックがあります。サンプルパックはインターネット上で無料で配布されているものもあるので、自分好みのサンプルを探してみてください。

それでは、もう一つのトラック、「インストゥルメントトラック」についてもみていきましょう。

1-4 インストゥルメントトラックとは？

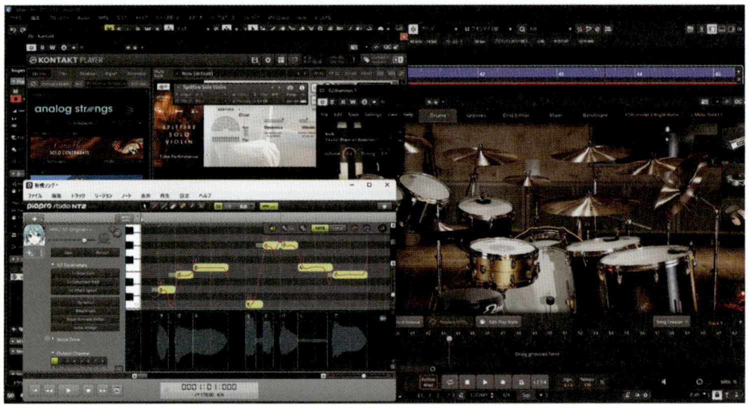

インストゥルメントトラックは、
DAWソフト上で仮想の楽器を演奏するためのトラックです。この仮想の楽器のことを「ソフトウェア音源（ソフト音源）」と言い、様々な種類のソフト音源を使うことで、パソコンだけでたくさんの楽器の音を扱うことができます。
例えば、ドラムの音を録音するにはスタジオが必要ですが、ソフト音源を使えばDAW内でドラムの音を鳴らすことができます。

本物の楽器を用意して演奏するのは大変ですが、
DAWやソフト音源があればパソコン一台で
簡単に色々な楽器を演奏できてしまいます。

どうやって演奏するの？／MIDIの入力方法

インストゥルメントトラックで楽器の音を鳴らすには、ソフト音源をそのトラックに割り当てることから始まります。ドラム音源やギター音源などがありますが、まずはDAWに付属しているソフト音源を立ち上げてみましょう。
次に、DAWソフト上の「ピアノロール」という画面に音符（ノート）を入力します。
鼻歌の録音メモを聞きながら入力したり、鍵盤を奏でて思いついたメロディを入力していきましょう。

ここで入力した演奏情報は「MIDI（ミディ）」と呼ばれ、ソフト音源はこのMIDIの情報を受け取って音声データに変換する役割を持ちます。
このため、MIDIはそのままにソフト音源を置き替えれば、ピアノの音を木琴に差し替えるといった事も簡単にできるようになっています！

音符を入力する方法はマウスで直接入力する「打ち込み」と
鍵盤やパッドなどのMIDI機器で実際に演奏して入力する
方法があります。

DAWで打ち込みやMIDIキーボードで音符を入力すれば、
楽譜の知識がなくても、実物の楽器を持ってなくても、
その楽器で演奏したようなメロディを創り出すことができるのです！

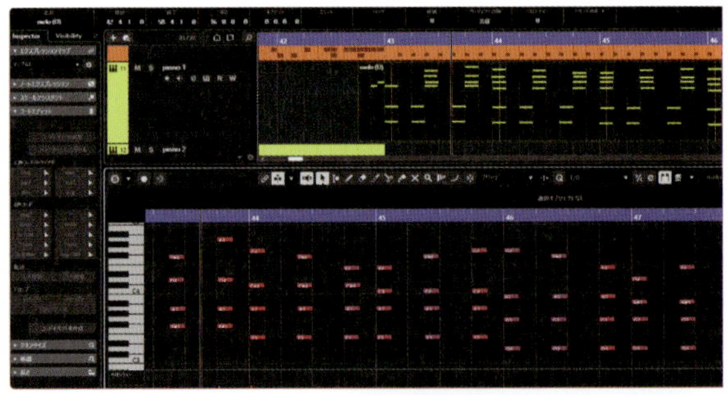

打ち込み

マウスを使って、
音符を一つずつ入力
楽器が弾けなくても
演奏できます。

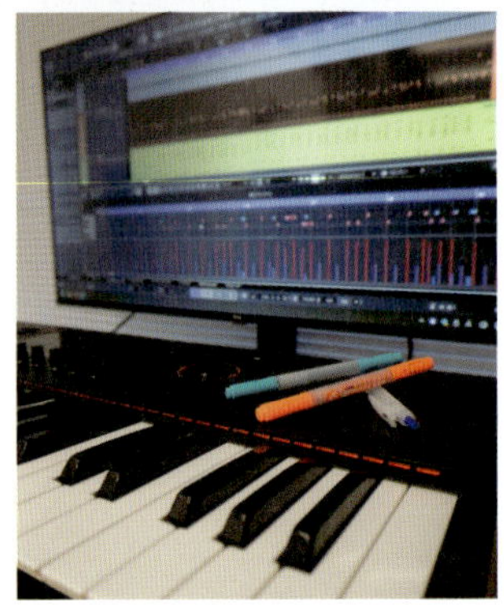

MIDI 機器で入力

実際に鍵盤やパッドで演奏した音符をそのままMIDIデータとして入力でき、直感的に演奏できます。
MIDIは後から自由に編集することができるので、演奏が上手くいかなくても、演奏したデータのタイミングや音程を後から修正することもできます。

「インストゥルメントトラック」でできることは、イラストソフトで描画した後に線の太さ、位置、タッチを変えたりできる「ベクターレイヤー」と似ているね！

いろいろなソフト音源

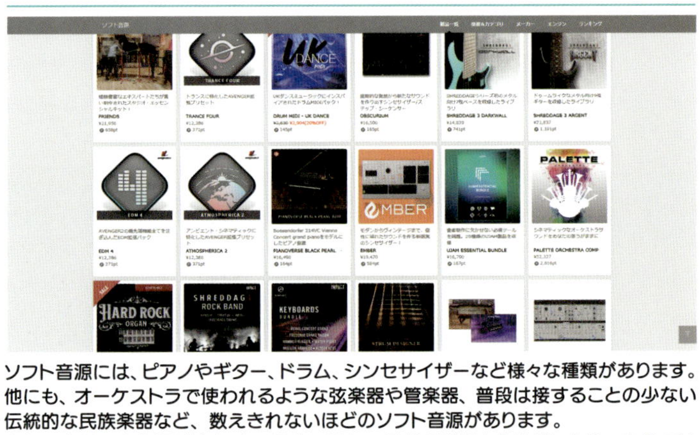

ソフト音源には、ピアノやギター、ドラム、シンセサイザーなど様々な種類があります。他にも、オーケストラで使われるような弦楽器や管楽器、普段は接することの少ない伝統的な民族楽器など、数えきれないほどのソフト音源があります。
また、楽器の音を混ぜ合わせて現実にはない仮想の楽器を作りだしたり、自分では演奏できない楽器のリアルなサウンドを DAW 上で自在に作りだすことができます。
ぜひ、色々なソフト音源を試して、自分だけのサウンドを見つけてみてください。

いかがでしたか？　音楽制作の全体像がなんとなく想像できましたか？
次回はいよいよ実際に曲を作るパートに突入します。
お楽しみに！

詳しくは135ページをご覧ください！

ゑいた原案のアニメーション「Dream Photobooth」

2023年のスモールエス誌面やアニメイベントの「京まふ」で告知されていた「PROJECT AINS」は、アニメ会社のノーヴォとスモールエス＆季刊エス編集部が共同した「イラストレーターの世界をアニメにする」という企画でした。このプランが発展し、創通とノーヴォによるアニメプロジェクトとして実現しました。そこで紹介されていたゑいたさんの企画がついに発表。　タイトルは「Dream Photobooth」。TikTok、YouTubeなどのSNSで、ショートアニメシリーズとして配信予定です。今回はゑいたさんにお話を聞いて、その作品世界をご紹介します！

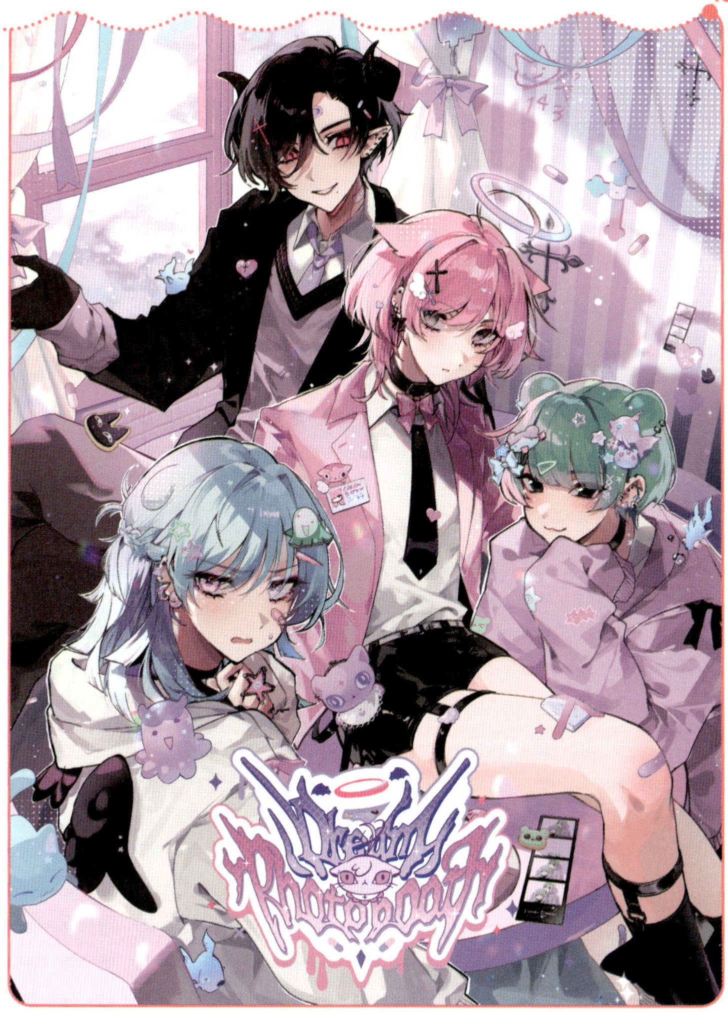

ゑいたによるキャラクター原案

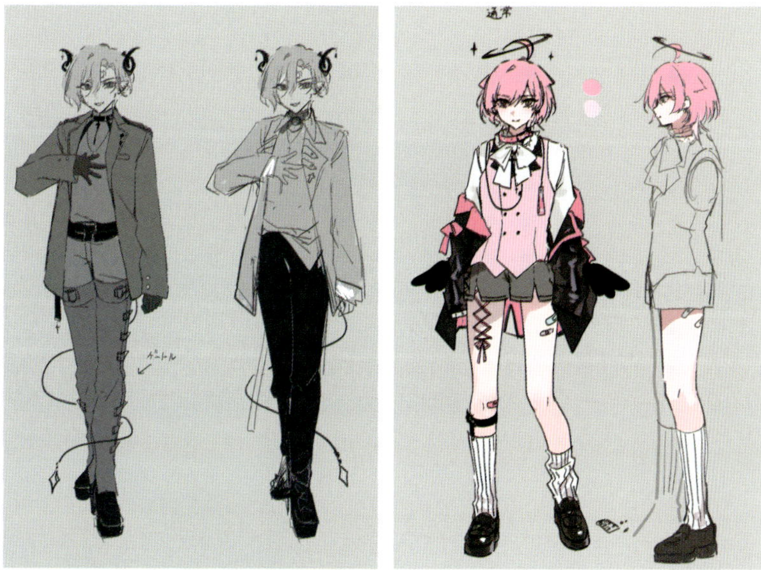

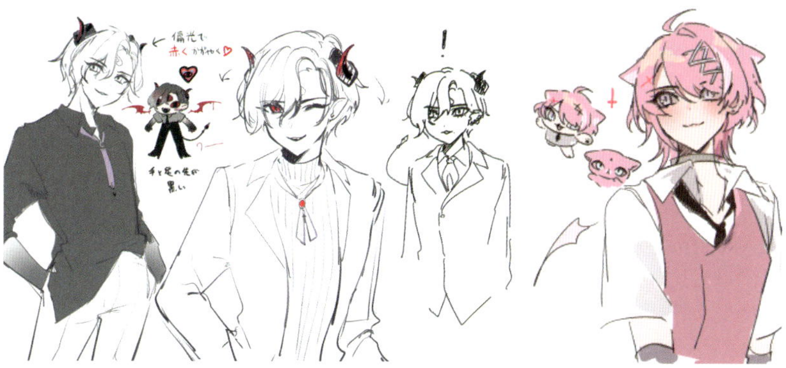

ピンクをキーカラーにしたウノ（右）と、黒がメインカラーのクリス（左）。
装飾的なファッションデザインが美しい。天使や悪魔を思わせるパーツも入っている。

インタビュー

――スモールエス&季刊エス編集部も協力しているアニメーション企画「PROJECT AINS」の中の、ゑいたさんの企画がついに配信されますね。タイトルは「Dream Photobooth」。今回はゑいたさんにアニメの内容についてお聞きできればと思います。

ゑいた　昨年より具体的にアニメのスタッフとやりとりを重ねて、ついに作品が出来てきました。この作品のキャラクターたちはみんな学生なのですが、彼らの青春を描けたらいいなと思っています。そこに、私の好きな天使や悪魔の要素を入れたいと思っていて、舞台に地獄や天国をイメージさせる雰囲気を入れました。怖いところもありながら、ファンタジーでメルヘンチックな感じで、パステルカラーの世界観を作りたくて、ピンクをたくさん入れた学校のイメージボードを描いています。学校を舞台にしたのは、やっぱりみんなでいろいろ話したり、愚痴を言ったり、キャラクターたちに青春をして欲しかったからなんですよね。トラブルを含めていろんな出来事を描きたいと思っています。

――キャラクターはどのように考えていきましたか。

ゑいた　全員男の子なのですが、最初はその中でギャルみたいな子を作りたいと思ったんです。クラスの一軍みたいな感じの。ピンク髪のウノをギャルっぽくする予定だったんですけど、考えていくうちに病んだ感じになったんですよね。私はキャラクターを作るときに大量にアイディアを描くんですよ。いろんな服を着せたりして、どんどん考えていくうちに、性格が変わってくることがあるんです。最初は明るい子にしたかったけど、結局はクールな感じになりました。ピンクな見た目だけど愛想が良くないというギャップがいいなと思って。小さくてツンツンしてる子は大好きだから。

――もともとは、黒髪のクリスというキャラクターがクール系でしたね。

ゑいた　そうですね。最初はクリスをガチの王子様みたいな感じにしようと思ったんですけど、私はキャラクターを作るときにペアで考えるんです。クリスはウノと二人にしたかったから、ウノのツンツンを崩す子にしたかったんですよね。だから、クールではなく、空気が読めないくらい相手に絡んでいく子にしようと思いました。

――二人のバランスで考えたのですね。他にもキャラクターは登場するけれど、序盤は二人がメインなのですね。

ゑいた　そうですね。ウノとクリスがつるんでいて、細かい関係性まではわからないですけど、友達なのはわかる感じです。

――二人のファッションはどのように考

アニメーションキャラクターデザイン・アニメーション用の美術ボード

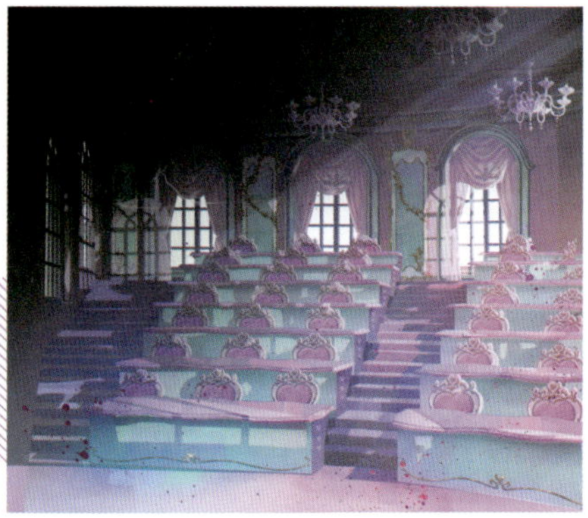

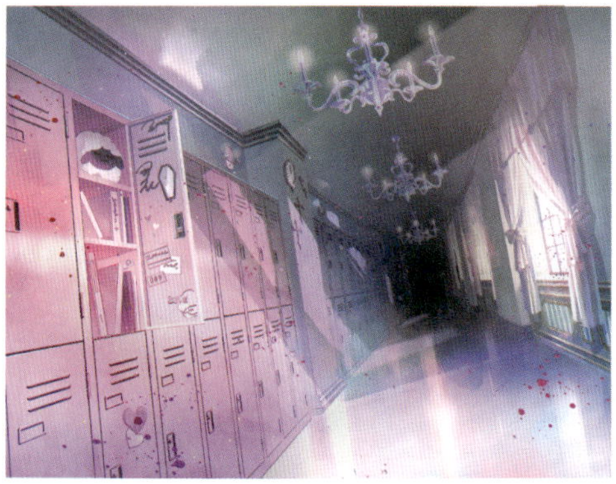

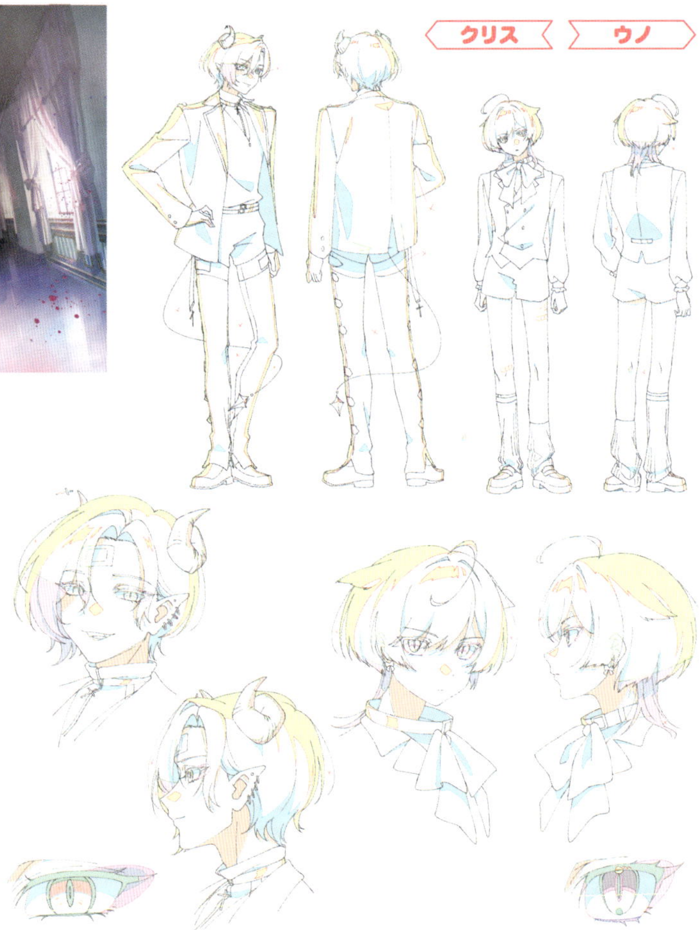

クリス　ウノ

アニメーションスタッフによるキャラクターデザイン画は、画面の中で動く絵となるように、ゑいたの原案を立体的にとらえている。ゑいた独特のデザインを上手く再現した設定画だ。美術スタッフによるボードは、パステルカラーに不穏さが入ったムード。血の跡のようにも見えるスパッタリングで効果が乗せられているのも印象的。

バスタブのシーンのビジュアル素材

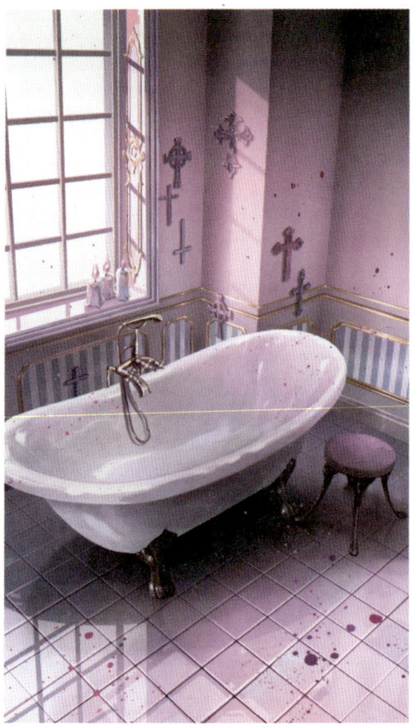

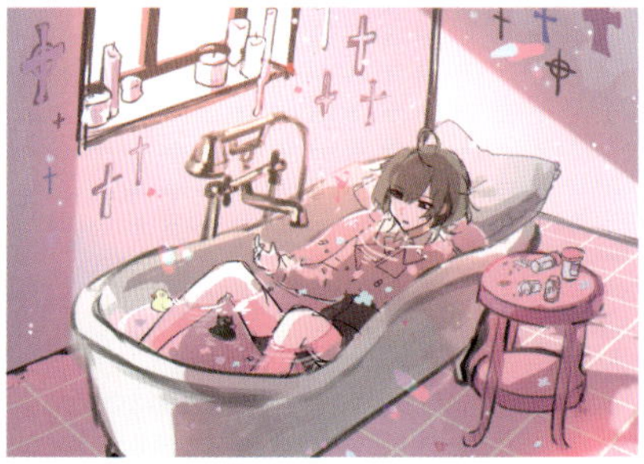

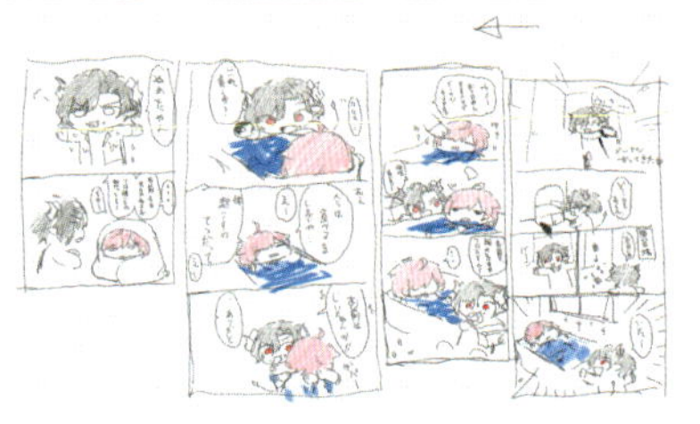

バスタブのシーンから、ゑいたのイメージボードと、漫画風のストーリーボード。服のまま湯船に浸かっているウノのもとにクリスが訪れるシーンだ。美術スタッフによるボードは、床やバスタブの光沢も見られて臨場感がある。独特のカラーリングにはゑいたの世界観がよく表れている。

【お知らせ】アニメーションに続いて、ゑいたさん関連の企画がこの後も続く予定です。詳しくは、PROJECT AINSのSNSや、ゑいたさんのアカウントをチェックしてみてください！

ゑいた　@eita_789

PROJECT AINS　@projectains

アニメーション作品

Dream Photobooth

■スタッフ
コンセプトアート・キャラクター原案：ゑいた
監督：清水理央
企画協力：季刊エス・スモールエス
キャラクターデザイン：
鈴木紗英子（VIGORE Group / Studio Charis）
美術監督：鷹野香織
音楽：石崎弘典、清水理央　音響監督：川越崇弘
サウンドエンジニア：三橋里美
プロデューサー：塚原怜　制作：ノーヴォ

■キャスト
ウノ：大桃陽介　クリス：堀江瞬

詳細はサイトをチェック

TikTok
YouTubeなど
SNSでショートアニメ
シリーズとして随時配信予定

@projectains
http://project-ains.jp

えましたか？

ゑいた　クリスはお金持ちの家庭で、ウノも作法に厳しいお家柄だから、二人ともフォーマルな感じの服装をしています。イギリスのパブリックスクールのような制服ですね。そこにアクセントを入れようと思って、絆創膏を貼ったりしました。怪我をしている感じ。可愛くしたくて、半ズボンで足を出しました。素肌が出ている赤ちゃん感ですね。片足は靴下をガーターで留めてるんだけど、もう片方は落ちたのかなくなっています。クリスの方は、馬に乗るときのゲートルをモチーフとしたパンツをはいています。

—靴や足を守るために上から重ねてつける装具ですね。

ゑいた　そうです。ニーハイみたいに上まであって、横にはたくさんベルトがついています。クリスにはセクシーで少しフェティッシュな要素を入れたいと思いました。肌の露出は少ないのですが、その方が色気があると思いまして。

—確かに魅力的ですね。さて、本作は四月二日にPVが発表されて、今後に各話が配信されていくと思いますが、このキャラクターたちがいる物語をどのように見せたいと思っていますか。

ゑいた　現実じゃない感じのファンタジー世界にしたいですね。学校もシャンデリアがいっぱいある宮殿のような建物をイメージしています。ゴージャスでインスタ映えスポットかのようなカラーリングにできればいいな、と思っています。夢の世界みたいな感じ。そんな風にふわふわしたムードと、青春と怖さが混ざった物語を目指しています。

—楽しみにしています。今回はスタート段階のお話をお聞きしましたが、この後でプロジェクトが進んだら、再度詳しく聞かせてくださいませ。本日はありがとうございました。

SSのスペシャル交流プロジェクト
作家競演&投稿企画「SS学園」
みんなで「SS学園」の生徒をつくって交流しよう！

SS学園通信

はいどうも～！　絵澄えすです。今号もSS学園のコーナーのはじまりです！　学園のことをお伝えする係をつとめさせていただきます～。

えす丸です。このコーナーは、SS学園の生徒たちのグラビアや、その活躍をとらえた物語を紹介する「SS学園通信」です。この後のページの投稿コーナーでは、SS学園の新しい生徒さんを紹介していますが、投稿者さんの描き下ろしも実施中！

そうですね。投稿者の皆さんへのお知らせとしましては、自分の描いた生徒が一度掲載されたら、その次からは学園での暮らしぶりや他の生徒と絡む様子を描いて送ってください。自己紹介が済んだ後はどんどん展開させたイラストや、1ページ漫画を送ってくださいね～。その場合も、どのキャラかわかるように、ぜひキャラ名を絵の中に書いてください。

では今号のSS学園通信の内容を紹介しましょう。投稿作品からの描き下ろしは那月屋しおんさん。にぎやかなメンバーが登場していますね。那月屋しおんさんちの春ノ月結くん、神使の狐のコッコ、ふみつーさんちのセレナーデちゃん、ぶぅさんちの御縁ゆいちゃん、めーたんさんちの聖音リアちゃんが放課後に集まって、恋バナをしてるんですね～。テーブルに「えすえすお茶」が置いてある！　実はスモールエス編集部がXでスペースをおこなって、メイキングや、スモールエスの展示イベントのことを喋っているのですが、その配信を「エス茶」というんです。

那月屋しおんさんが「エス茶」をリスペクト！　ありがたいです。さて、隣ページに掲載された物語を見ていくと、春ノ月結くんは、ヒトやモノとの縁を結んでいるのですね。紐を結ぶのは苦手だから絡まってしまうそうですが、逆にほどけないから、絆が強くなるとも言える…？

僕と少年との仲も、キツメに絡ませて欲しい！　全世界の少年との関係性をほどけなくして、美しい姿を永遠にとどめて、地下室に冷凍保存して…。

サイコパス！　ただちに縁を切るだけでなく、えす丸の電気系統の回線も切らないと…！　もう少年に執着をせず、全てを忘れてください！

厳罰…！　春ノ月結くんの双子のお兄ちゃんは、縁切りの能力を持つらしいから、美少年によって僕もろとも、ちょん切られるのか…それも恍惚…。

また変なムードに…。懲りていない…！　でも、最後のコマで帽子が取れて、ケモノ耳をのぞかせた春ノ月結くんはミステリアスですね～。

髪色も変わって少し妖しい感じに。そして、その次のページは、香琳さんちの古紺團八くんを中心にした物語がありますよ～！　落語研究会に所属して、落語家を目指す團八くんによるご挨拶にはじまり、因縁の蘭湖ちゃんとのやりとりもあります。

團八くんは伝統的な和装というのもあり、パンツをはかないんですよね。そこが蘭湖ちゃんの逆鱗に触れるという。

パンツを冒涜する様な発言は危険ですよね。蘭湖ちゃんはパンツの話ともなれば、どこからともなく現れてはパンツを正しますからね。パンツ道ですね。また、ゲーム師弟関係にある朱青アサギくん、朱青ザクロくんも登場しています。二人は、團八くんについて、なんか胡散臭くて、妖怪じゃないか？　とか話しているのですが、「狐の窓」で覗くと、なにやら團八くんの様子が…？　という一幕ですね。

ミステリアスですね～。SS学園には、不思議で謎めいたキャラクターたちがたくさん登場します！　そういったメンバーたちの物語を追いかけていると楽しいですね～。これからも、みんなのいろんなストーリーを見てみたいです。

SS学園の詳しい内容は、「SS学園公式設定資料集」としてSSのBOOTHで発売中！　チェックください。今後もSS本誌では描き下ろし企画を実施していきます～。皆さんの投稿もお待ちしております！

SS学園24人選抜メンバー相関図

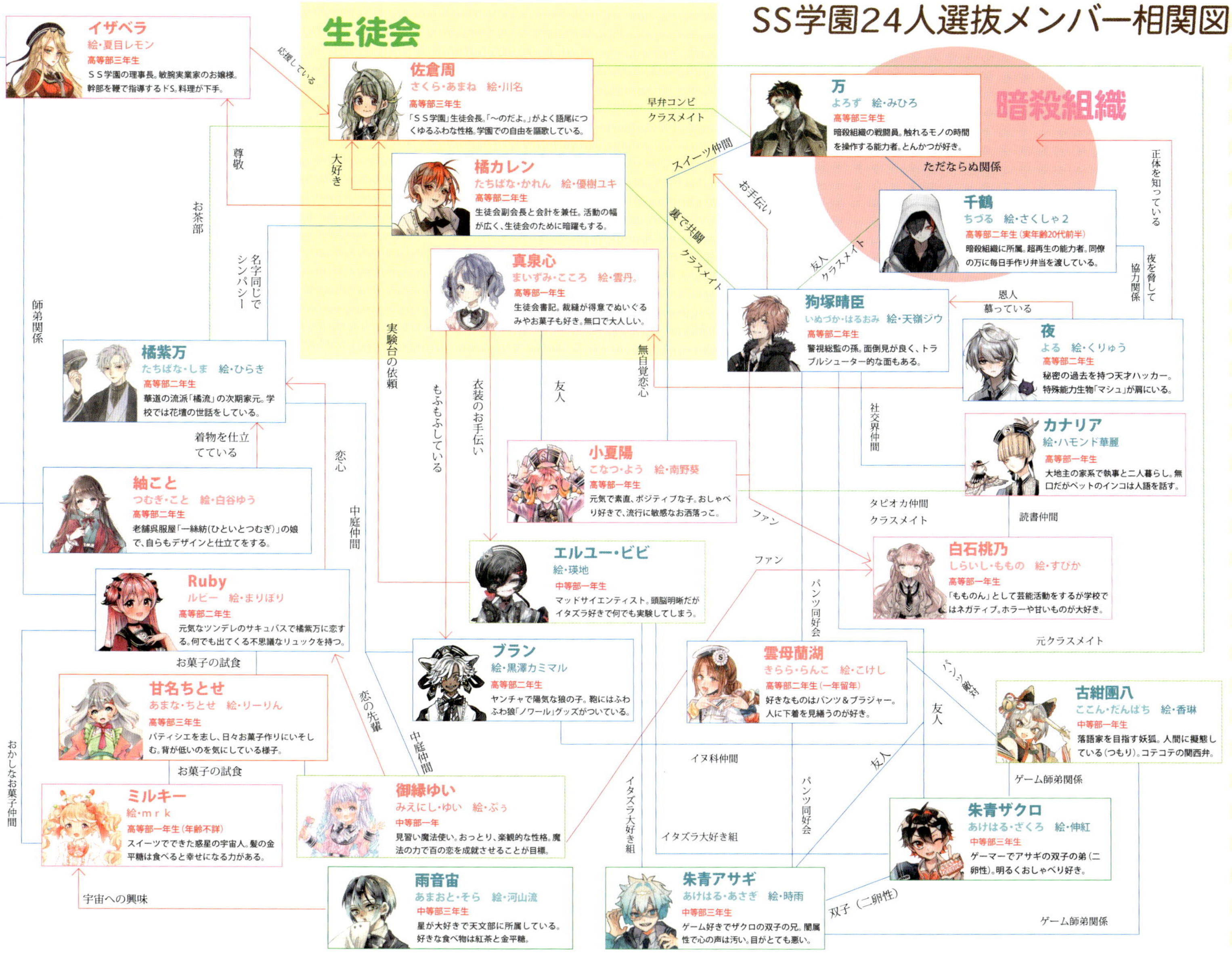

作：那月屋しおん

出演：春ノ月結＆コッコ、セレナーデ、御縁ゆい、聖音リア

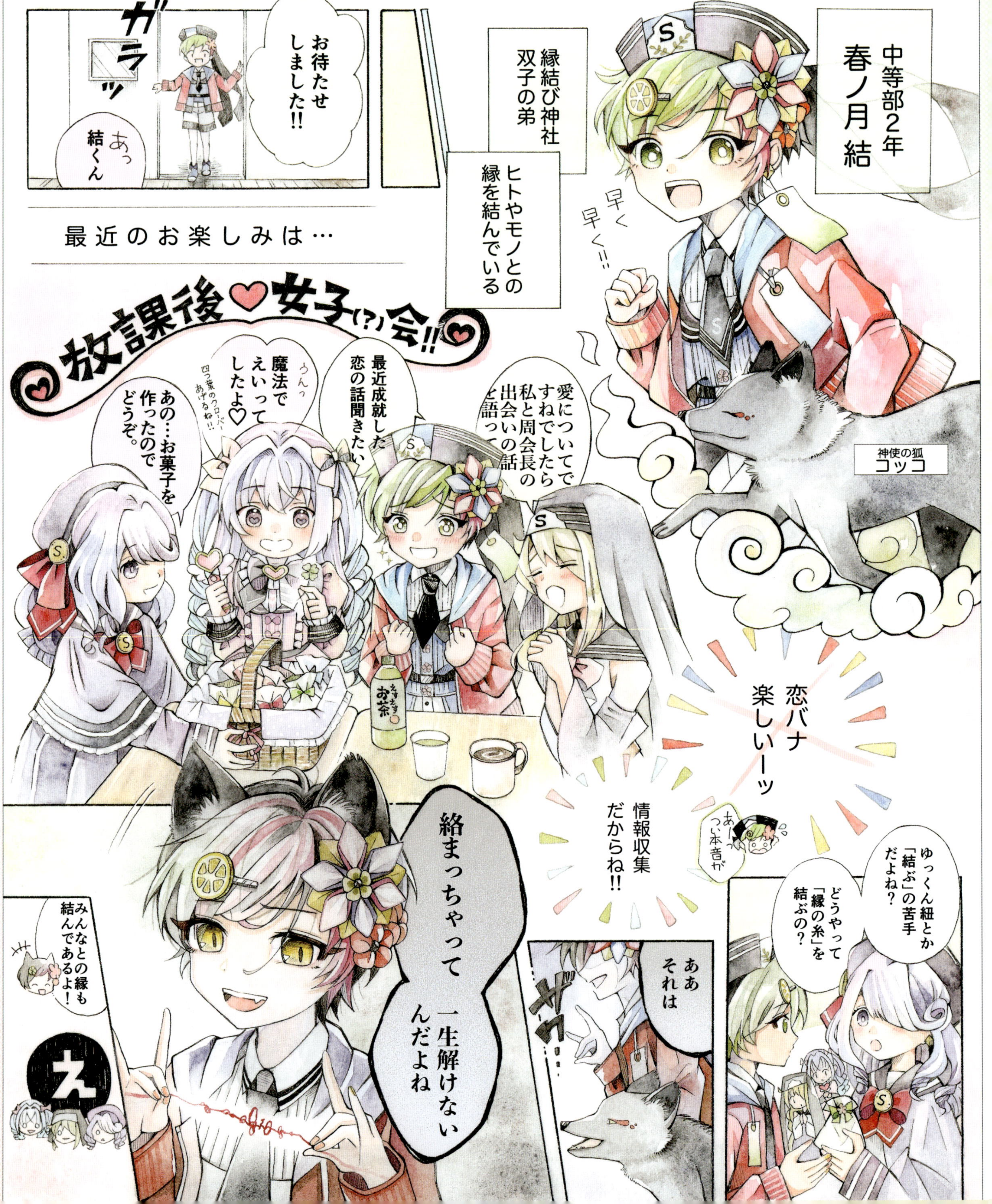

SS学園4コマ「古紺團八の巻」 作者：香琳

狐の窓

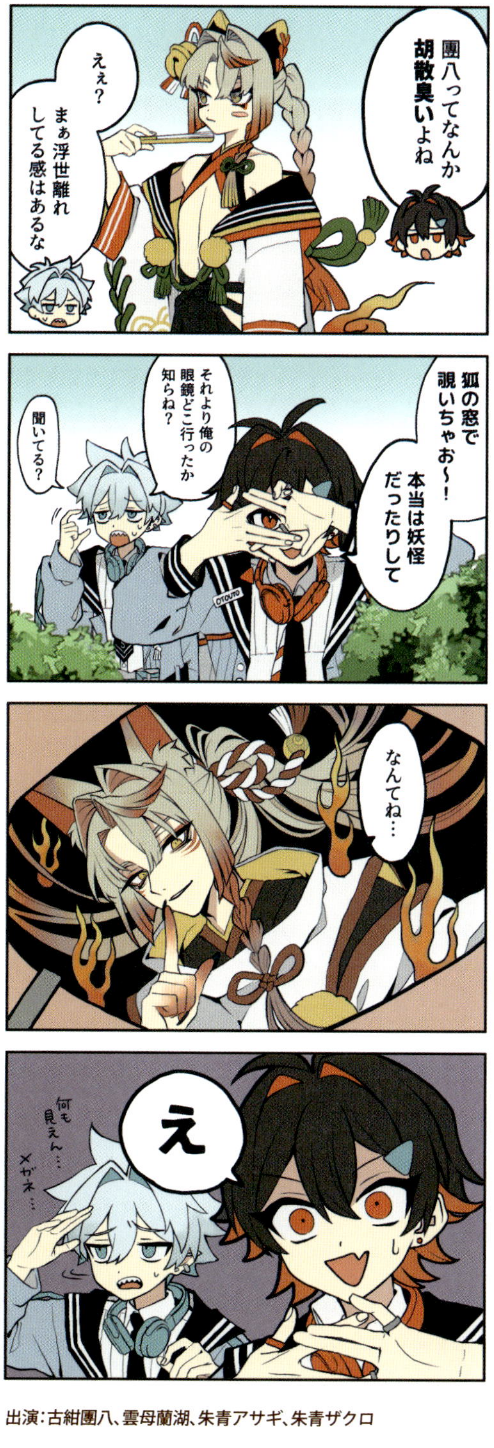

神出鬼没

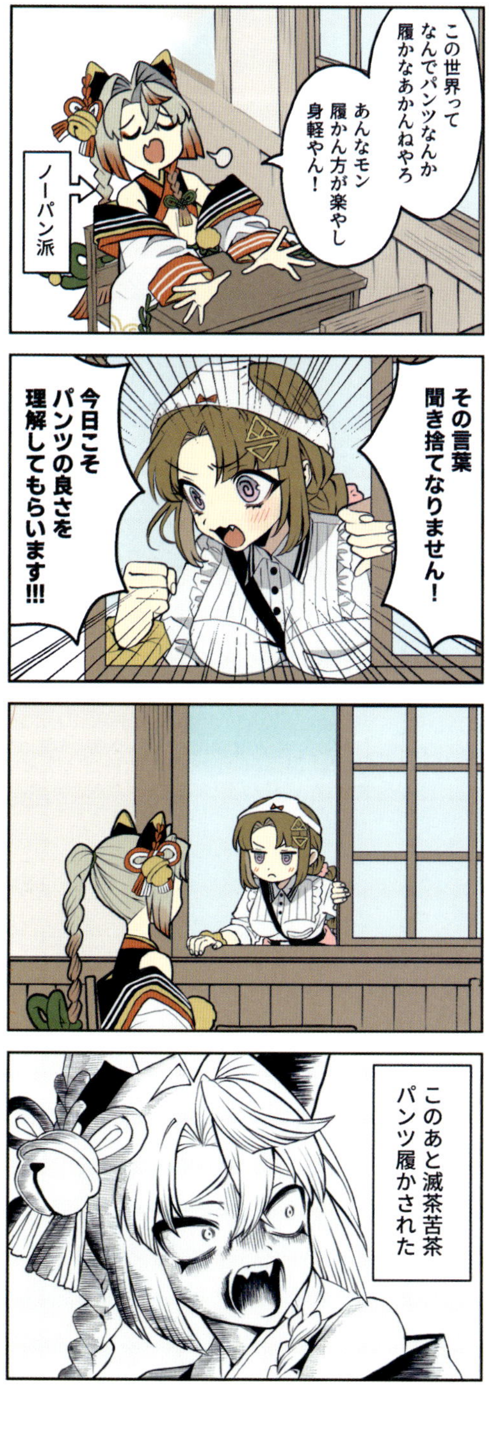

ご挨拶

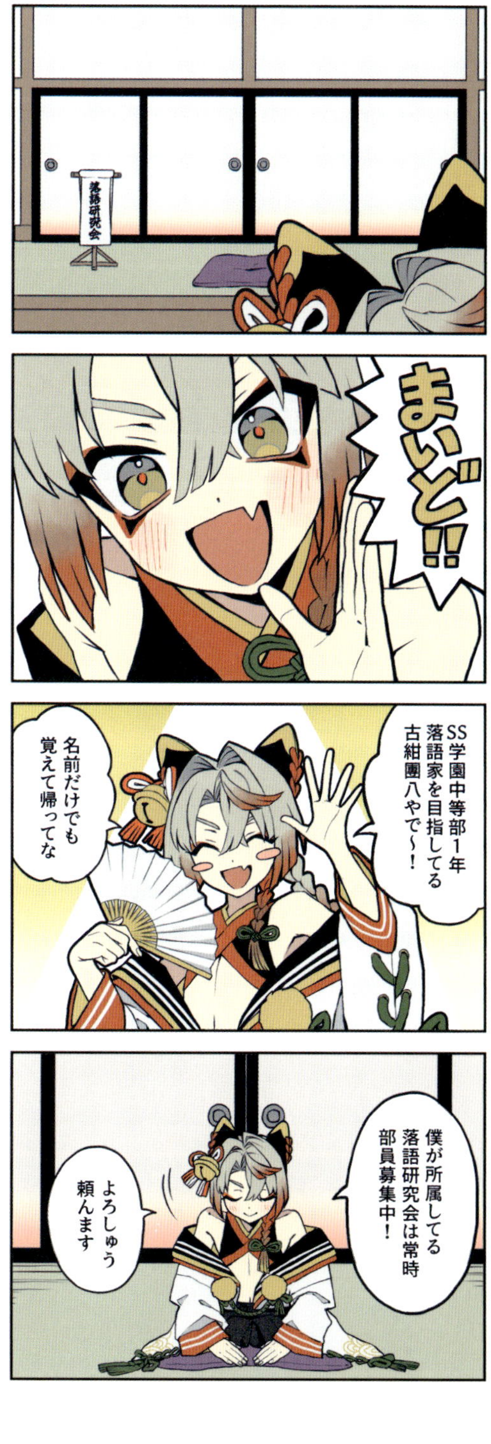

出演：古紺團八、雲母蘭湖、朱青アサギ、朱青ザクロ

「SS学園」投稿ガイド

制服ベースデザイン：ハモンド華麗

「ＳＳ学園」の生徒を自分で考える際は、このデザイン画を参考に、制服を描いてください。

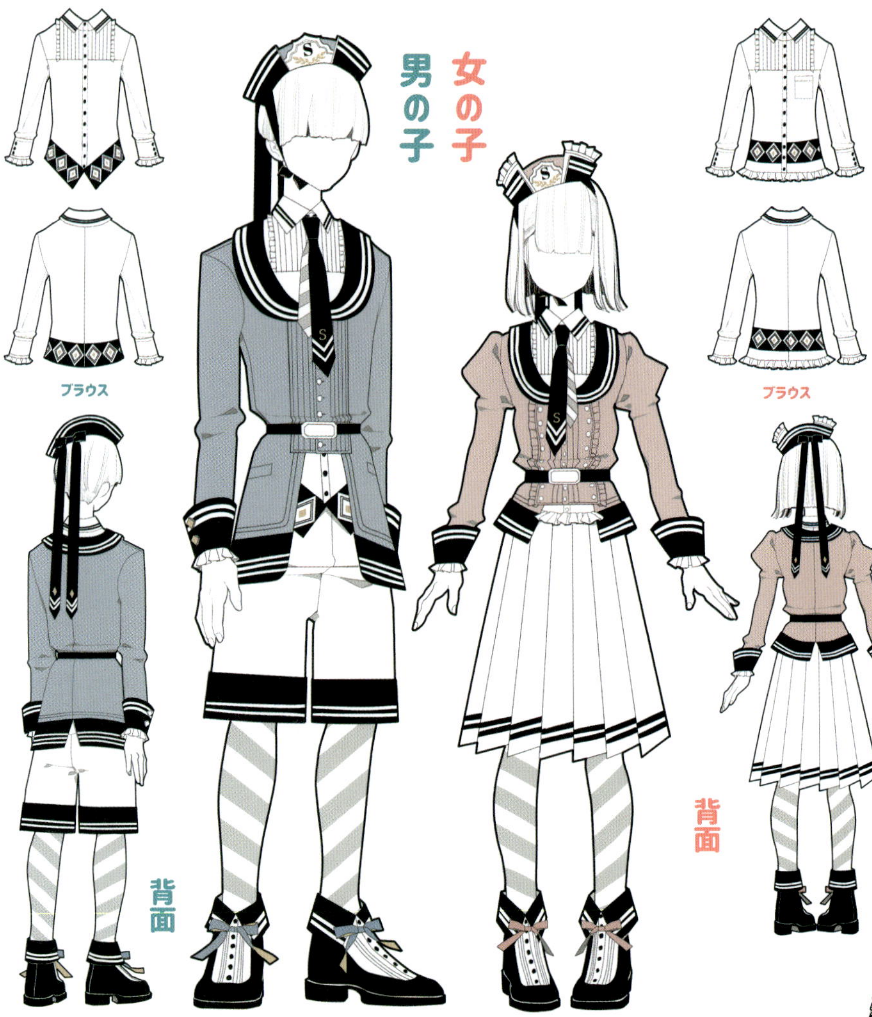

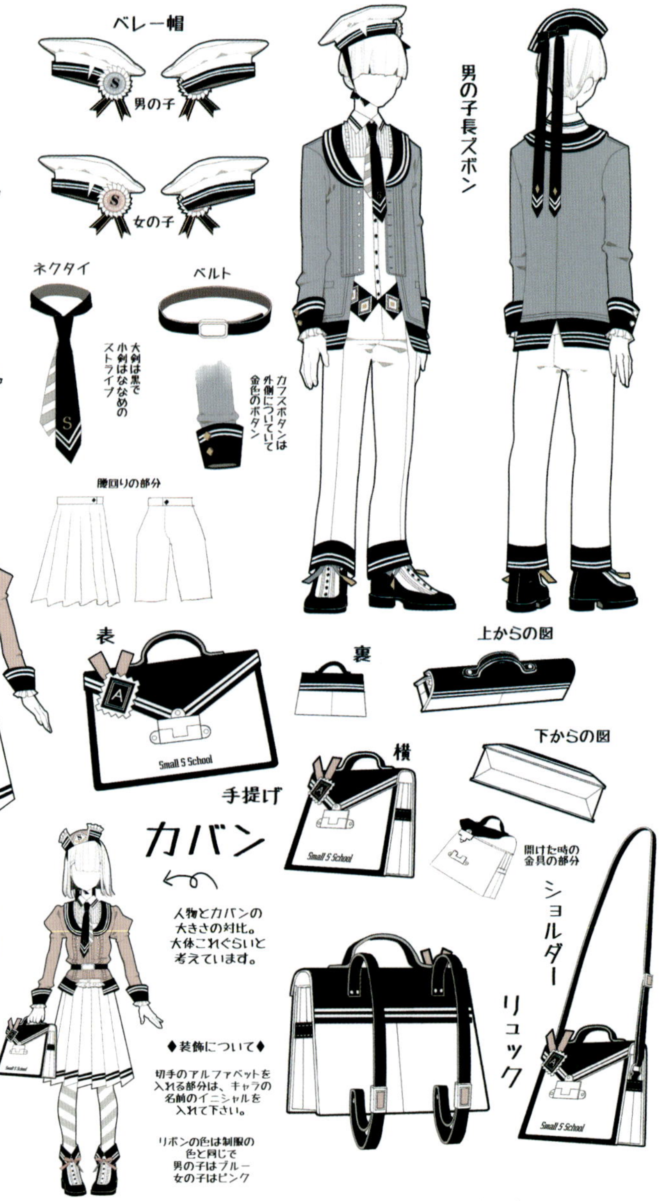

男子の半ズボン、長ズボンは自由に選んでください。帽子やベルトは装着自由。制服の色は、男子は青系、女子はピンク系ですが、細かな色味は自由です。全体的に制服はアレンジがOKです。細部は考えてくださいませ！

「SS学園」とは、とある国に、1388年に設立された私立の学校。もともとは全寮制のパブリックスクールだったが、現在は日本式の初等部、中等部、高等部で構成されている。世界中から入学を受け付けており、どんな出身、どんな生い立ちでも学校に入ることが可能。各国の政治を担う人材や警察関係者の子息も通っているが、「善に寄りすぎず、悪の美学も知れ」との教えから、闇社会や秘密組織の学生たちも在校。目立った立場の生徒も多いが、大半は普通の生活をする家庭の子供。様々な人と交流できるのも「SS学園」の魅力とされる。

入学案内
SS 学園の説明

注意!!

【創作物への注意事項】 SS学園を扱った有償のグッズ、同人誌、原画（展示会など）の販売はOKです。
その際は同人誌の奥付、グッズや展示の場合は告知文や値札の中で、以下の事項を記してください。
●「SS学園」は、雑誌「スモールエス」の誌面企画です
●制服ベースデザイン：ハモンド華麗　（※こちらは公式の制服を描いた場合に入れてください）
また、他の作家のキャラを描いて販売をする際は、必ずお互いの作家同士で了解をとってください。

「スモールエス」編集部の通販サイトBOOTHにて、SS学園公式設定資料集を電子書籍で発売中！

←こちらからチェックください！

「SS学園」の生徒イラスト投稿募集！

カラーイラスト、モノクロイラスト、１ページ漫画を募集します。掲載はカラーページです。

1枚の紙に自分が考えた「SS学園」の生徒、もしくは今号に掲載された生徒を描いてください。絵の中に、キャラクターの名前、紹介文を書き入れてください。なければ掲載できない場合があります。人物紹介の文体は自由です。また、複数のキャラを描いても良いですが、それぞれの名前がわかるようにしてください。

最初の人物紹介が掲載された生徒は、その後に自由な形式で、絵や漫画を描いてOK。名前表記を絵に入れると覚えてもらいやすい！

● 生徒は人外やファンタジー設定でもＯＫ。生徒会長や理事長など、選抜メンバーで描かれたキャラ設定は避けてください。なお、血縁や恋人など、近すぎる固有の関係は避けてください。相手のキャラ設定に大きな影響が出ます。

● 他の作家さんの生徒を描く場合は、その人のペンネームとキャラ名も絵の中に入れてください。

郵送時の応募コーナー名
「スモールエス●●号　SS学園係」

※●●には、送付時に募集している号数をお書きください。

※データ投稿の場合、応募コーナー名は投稿画面での選択式になります。応募時に「SS学園」を選択ください。

※絵の中に、キャラクターの名前と設定文を書き入れてください！
絵のみの投稿は不可。キャラ名と、初回はキャラ説明を入れるのが必須です。

投稿の締切
2025
5/22 木曜日
当日消印有効

ＳＳ学園 投稿コーナー

SS 学園の選抜メンバー 24 人の作家さんの投稿も、自由に想像して描いた作家個人の創作を掲載します。公式設定ではないですが、自由にお楽しみください。

みんなで生徒を描き合って交流しよう！　投稿コーナーでは、他生徒を借りてグループを作るのも自由です。一度自己紹介が掲載されたキャラは紹介文は不要。学園生活を描いた絵や漫画を送ってください～！

静岡県・IZUMO

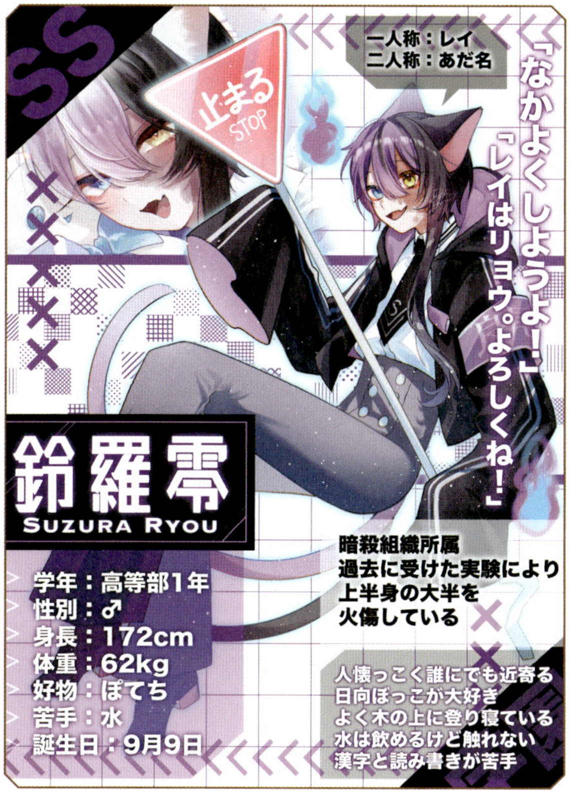

佐賀県・OYAKATA

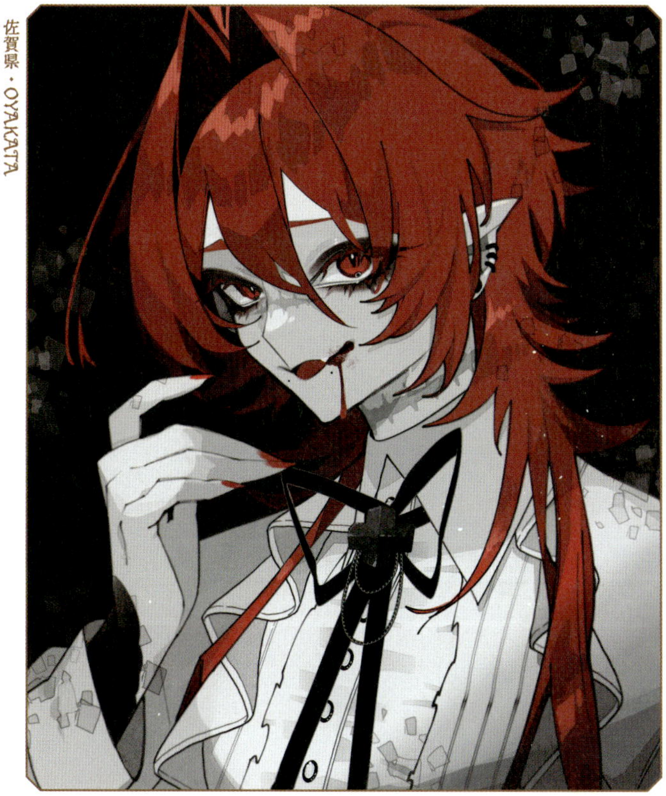

静岡県・はないも

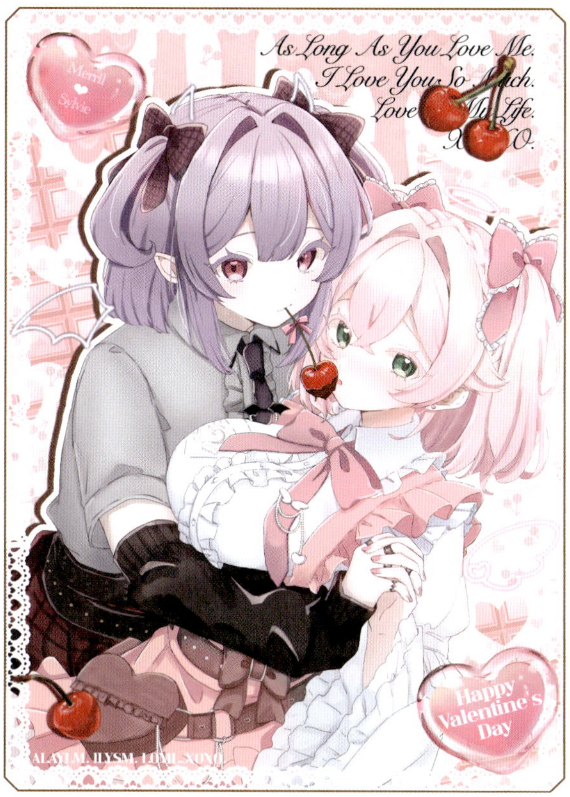

滋賀県・真田しろ

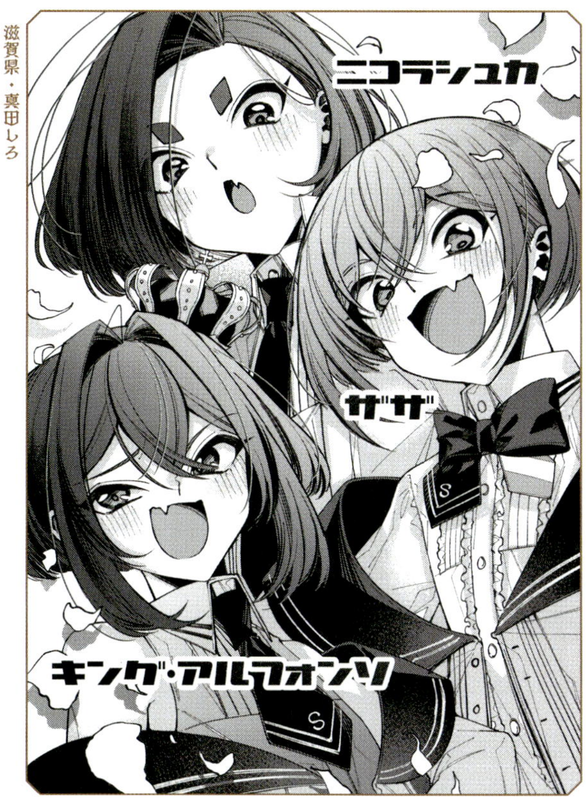

長崎県・橘らのま

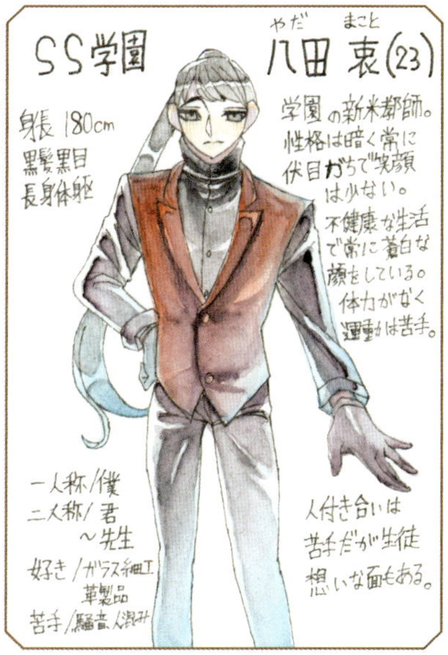

大阪府・和桜恋・12歳

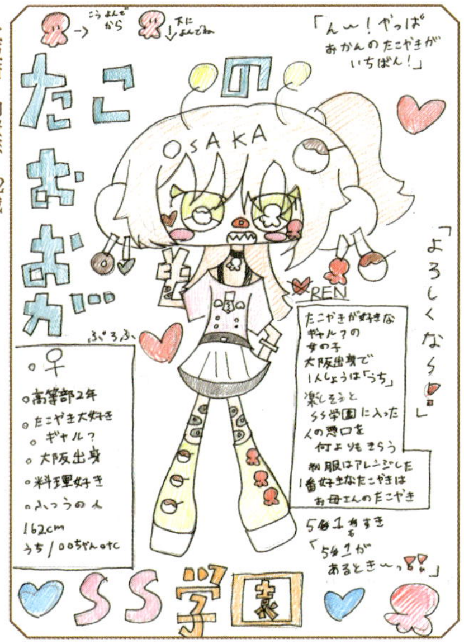

神奈川県・アングっち

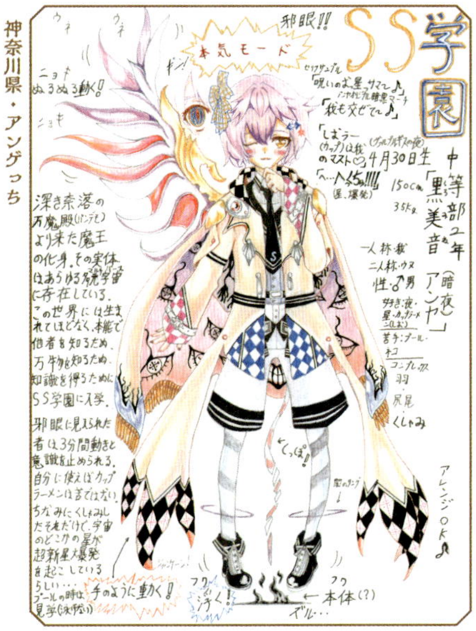

神奈川県・ゆるゆる・9歳

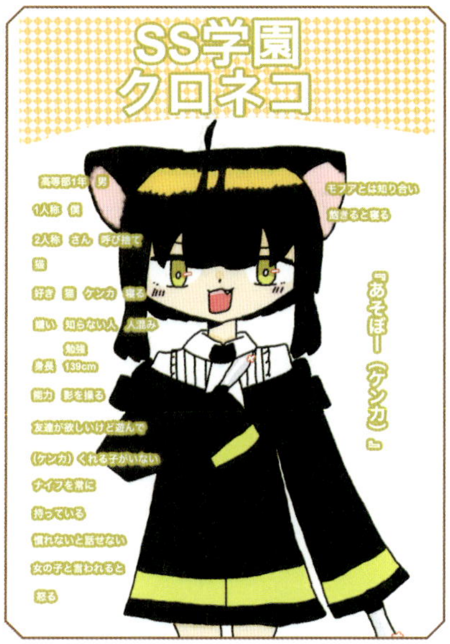

神奈川県・猫野ミミ

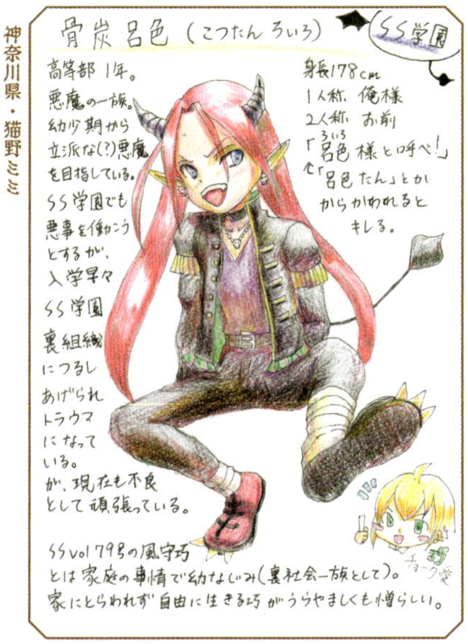

秋田県・桜モチ

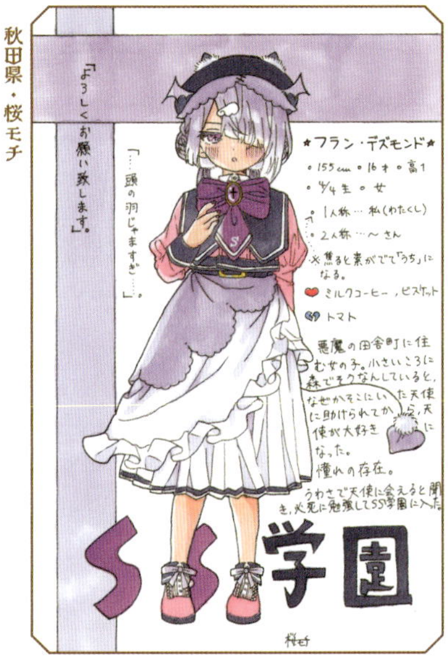

静岡県・はないいも

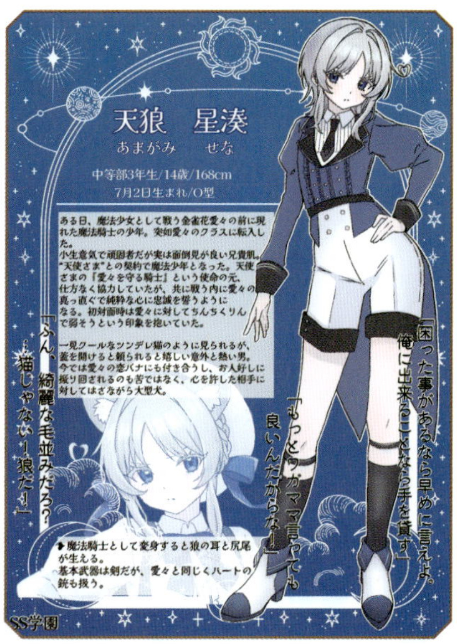

広島県・貴希

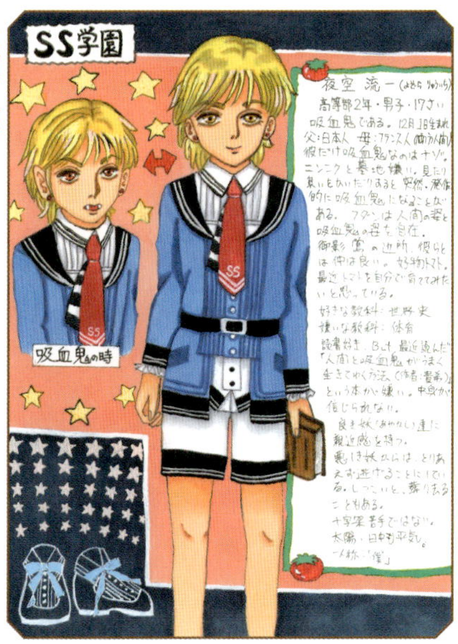

東京都・ひろくまひろみ

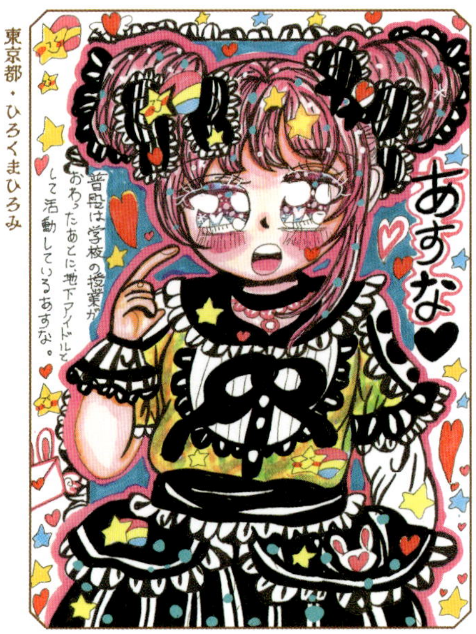

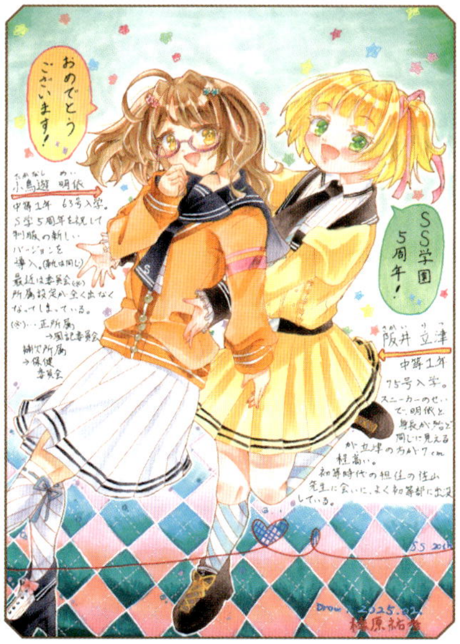

広島県・榛原祐香

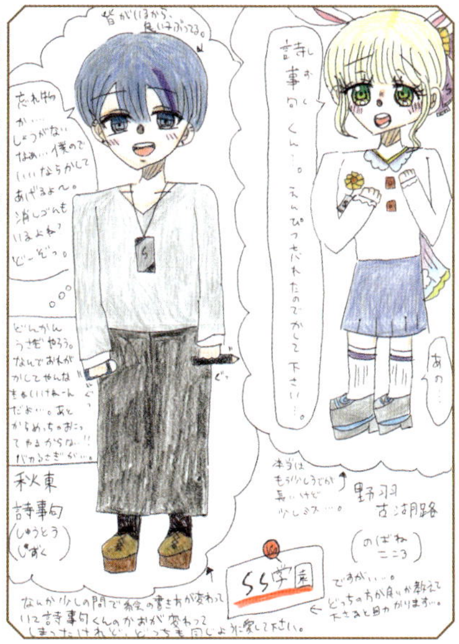

福岡県・えがおくらげ。

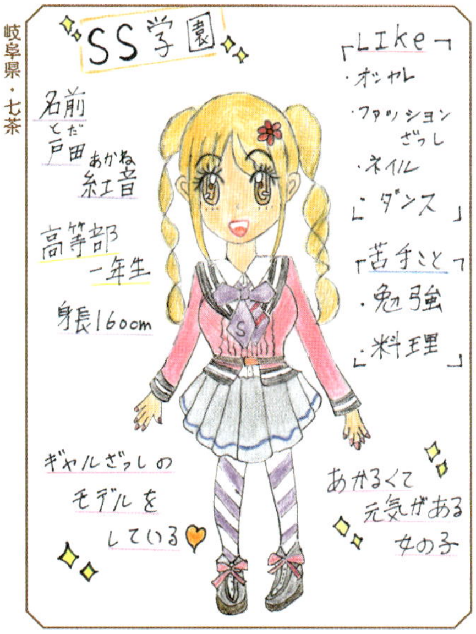

岐阜県・七茶

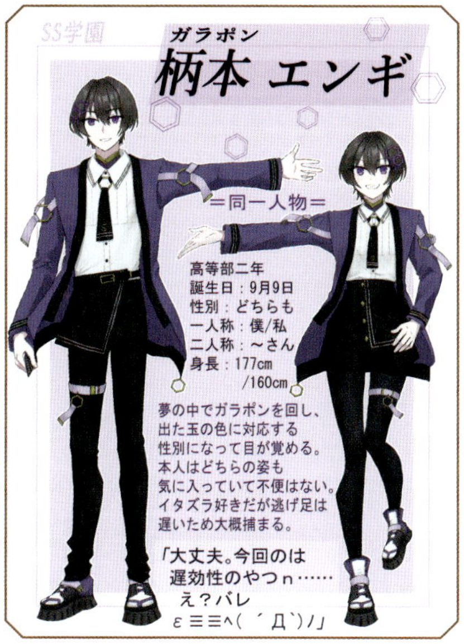

神奈川県・石垣

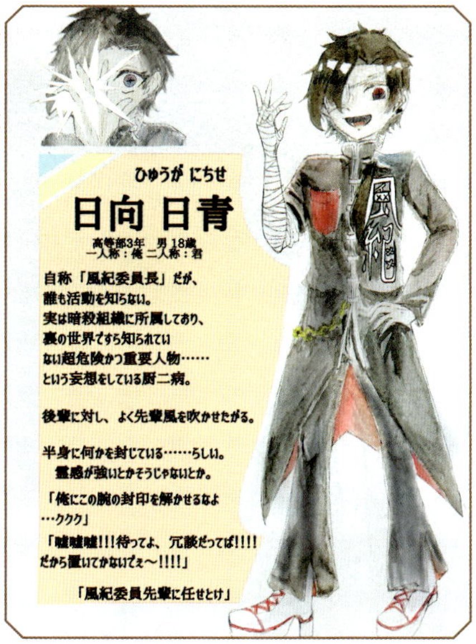

兵庫県・紅井とさか

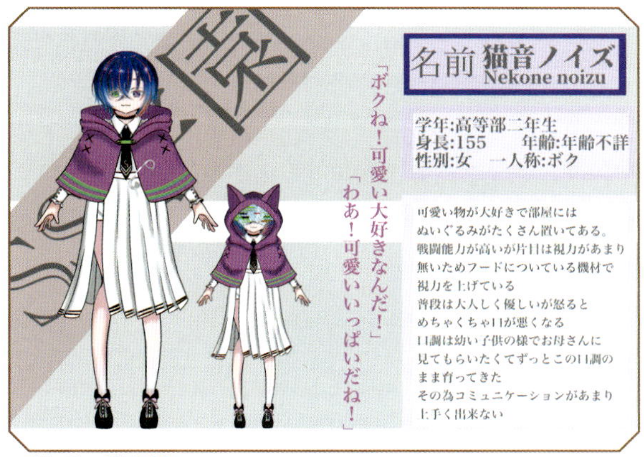

愛知県・雪凪翠晶

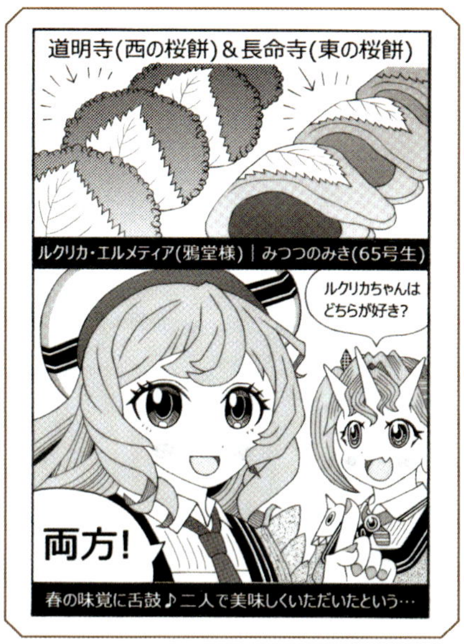

東京都・品一そとと

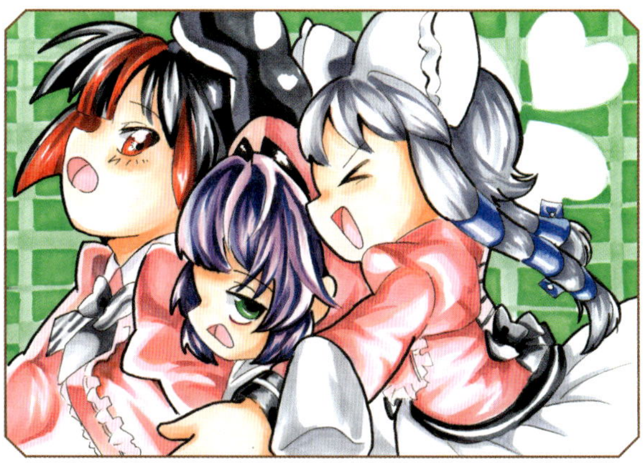
神奈川県・キカいオん・17歳

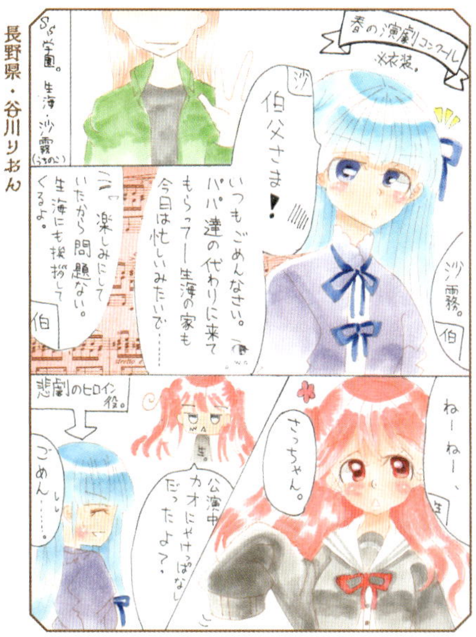

長野県・谷川りおん

埼玉県・武右

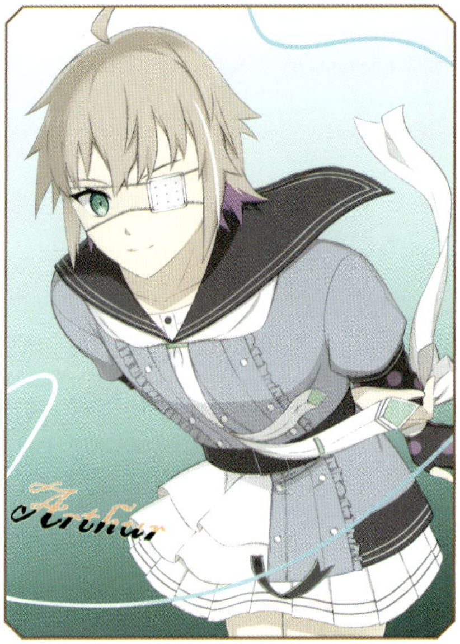

和歌山県・キ海月

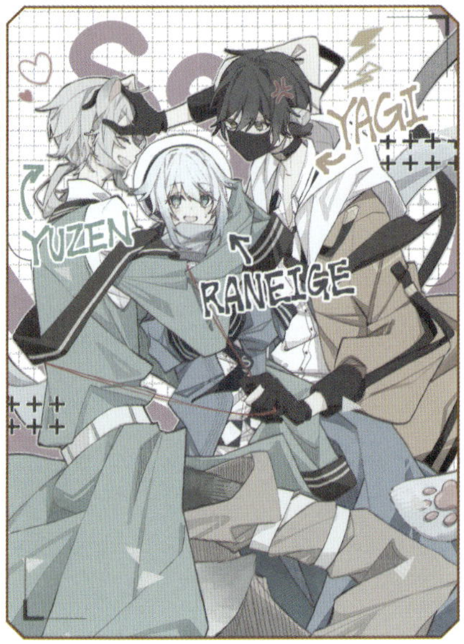

愛媛県・山下栞・13歳

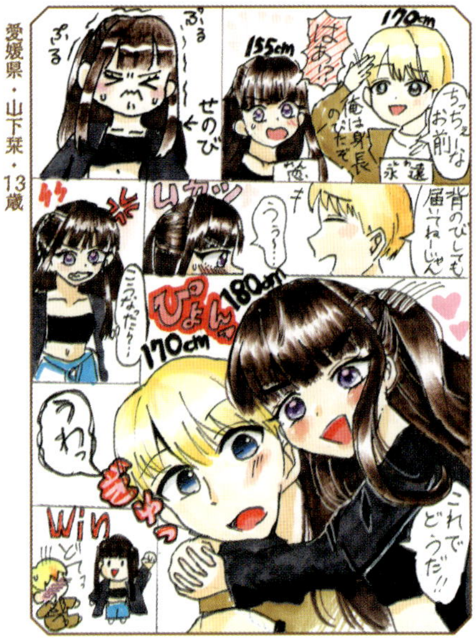

群馬県・RB

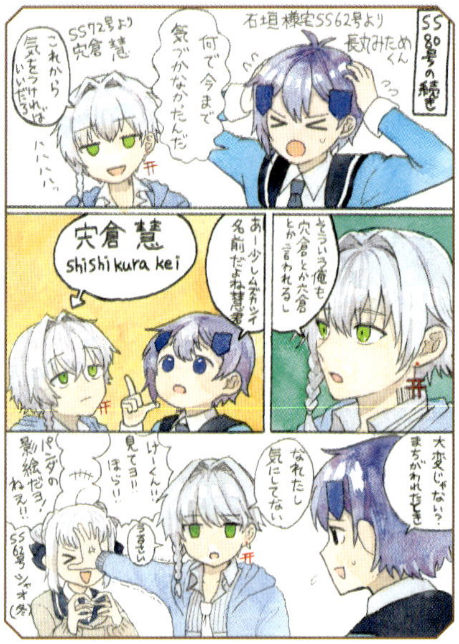

岩手県・あひるフロスト

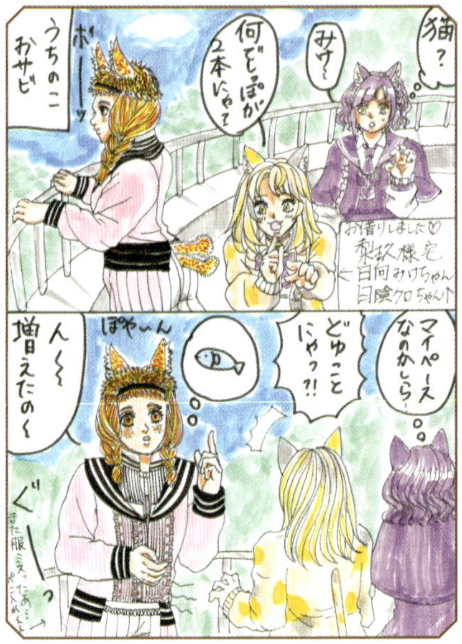

大阪府・ラブバード

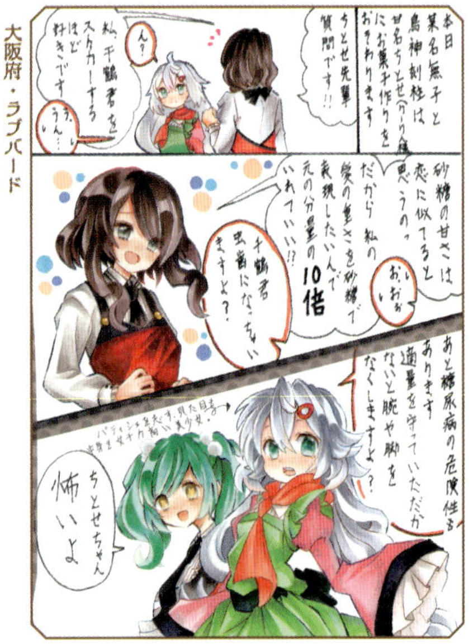

北海道・新村えあり

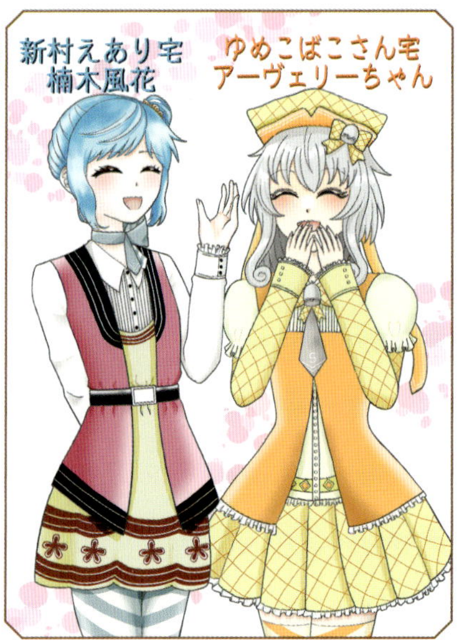

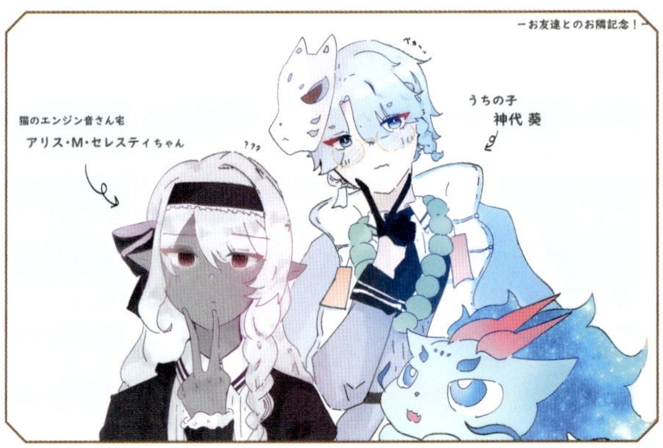

東京都・竜星かふぇ

東京都・特命希望。

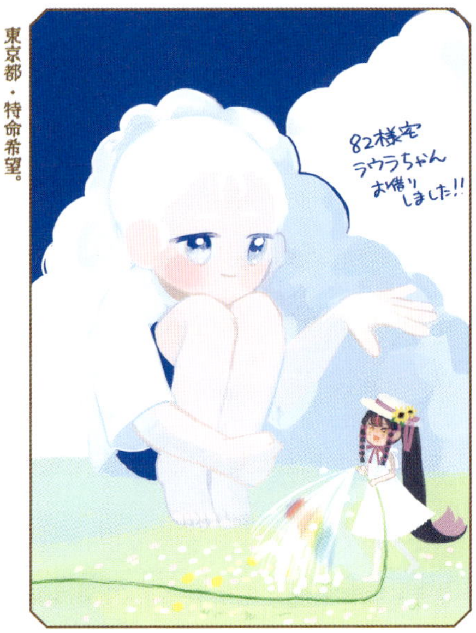

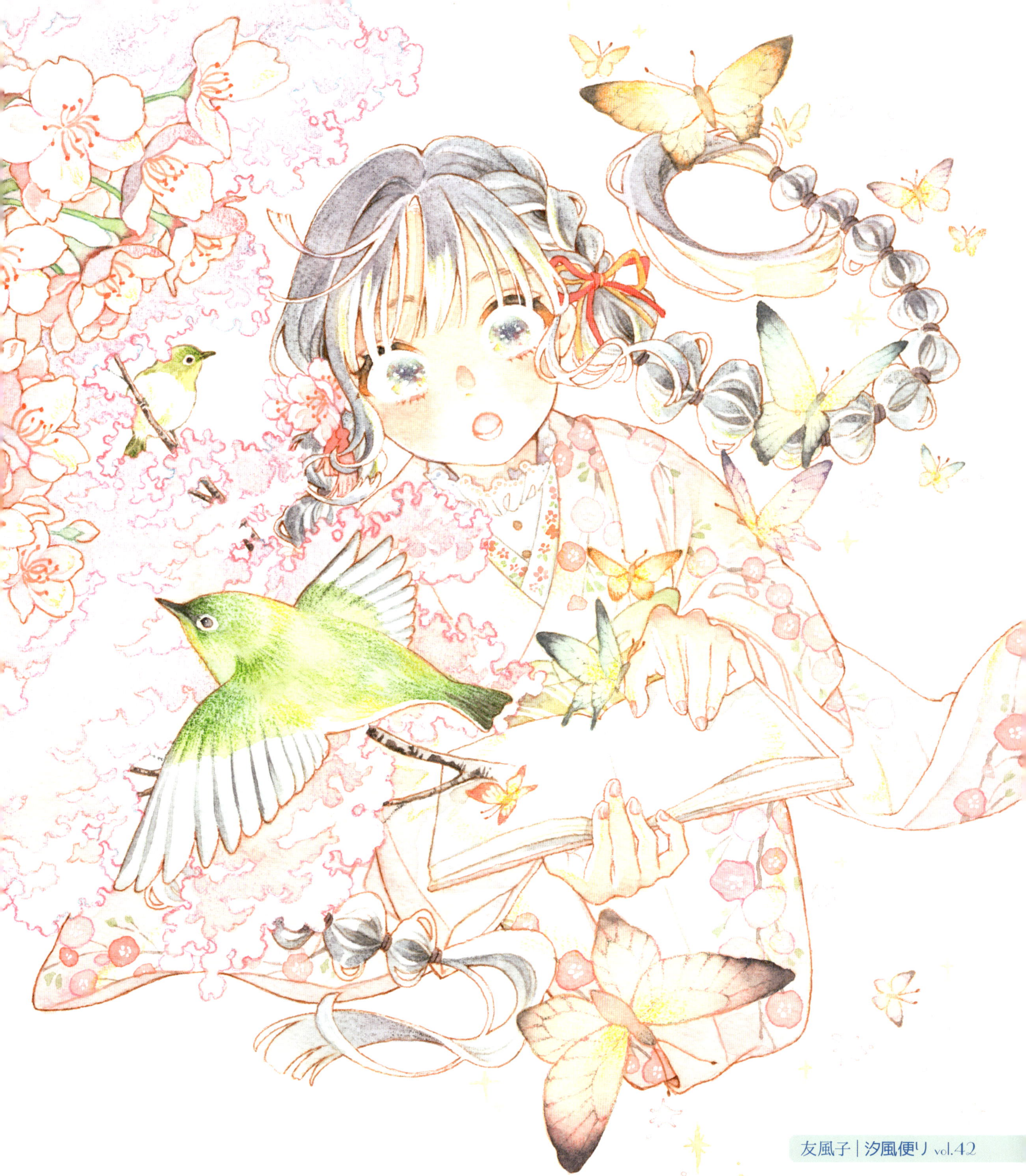

友風子 | 汐風便り vol.42

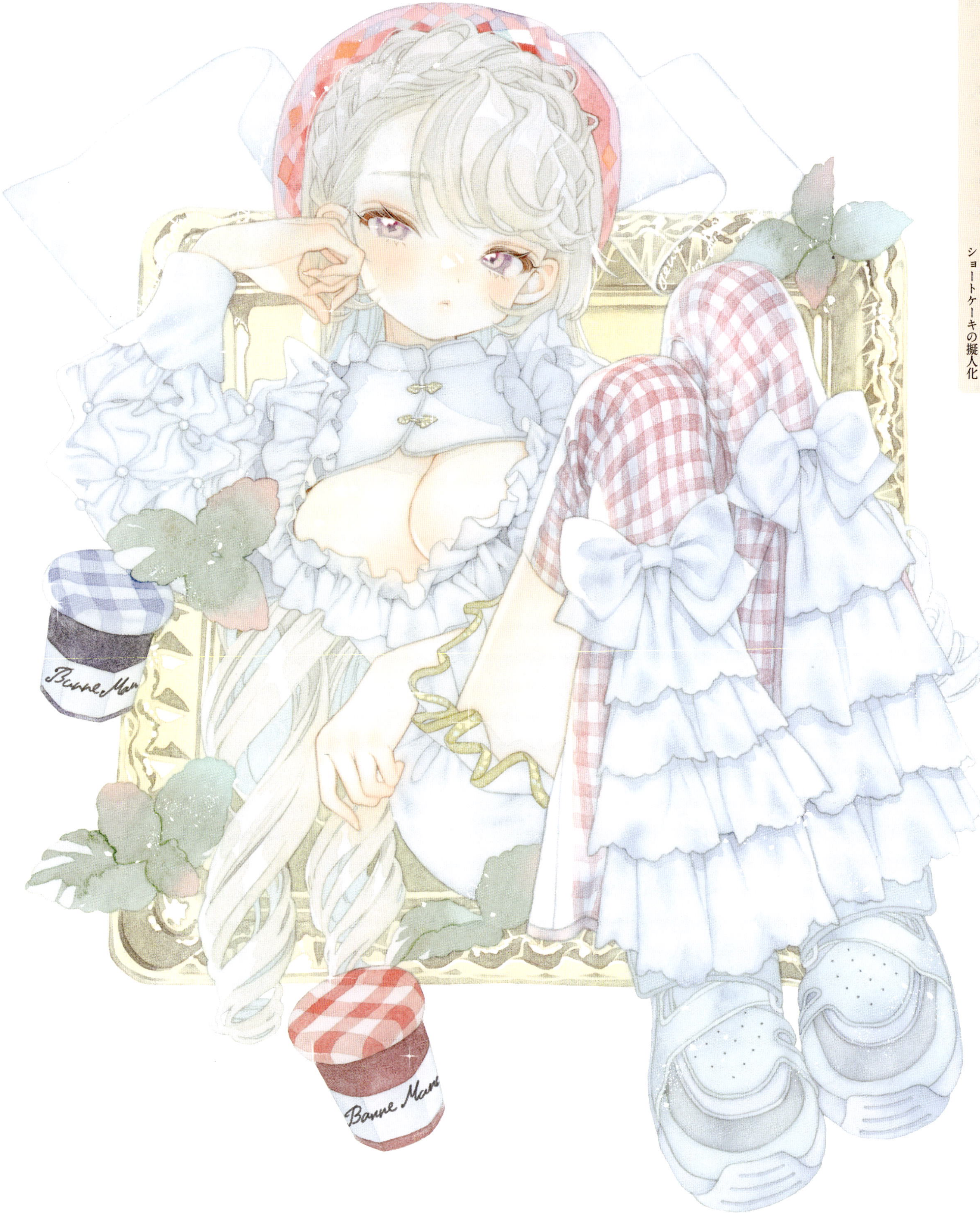

七神マナ｜あなたの可哀想なおんなのこ 25人目
ショートケーキの擬人化

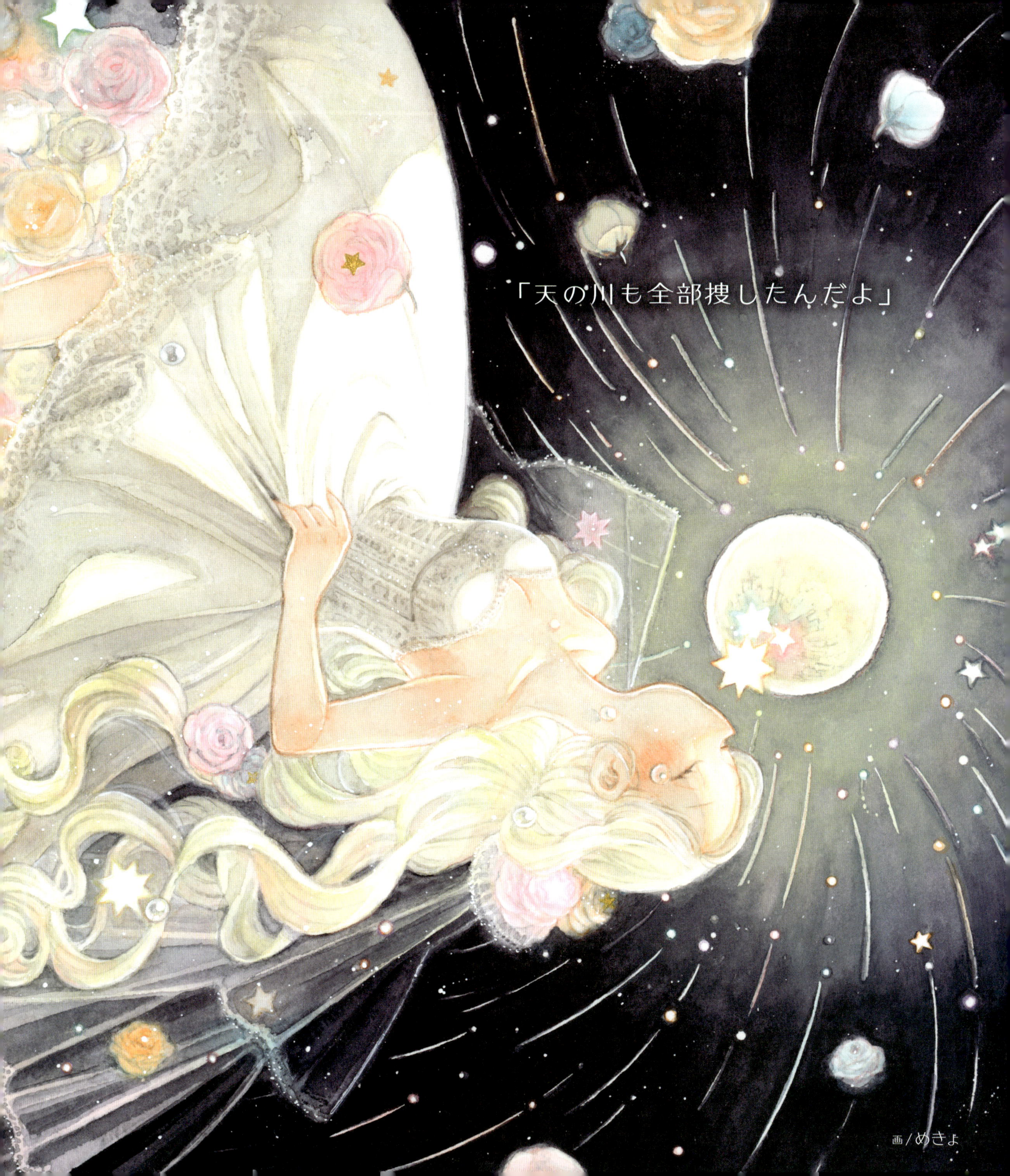

画／めきよ

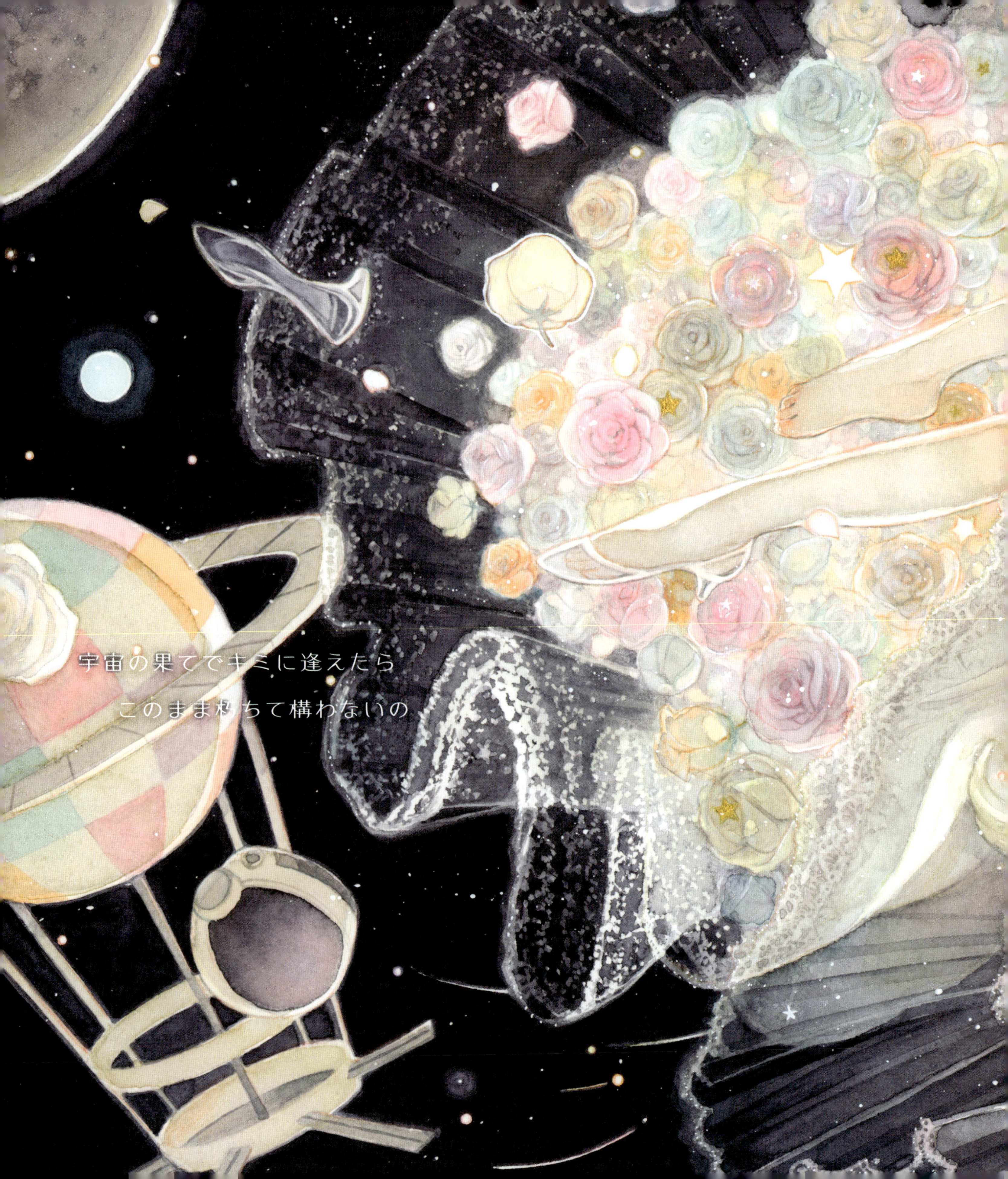
宇宙の果てでキミに逢えたら
このまま朽ちて構わないの

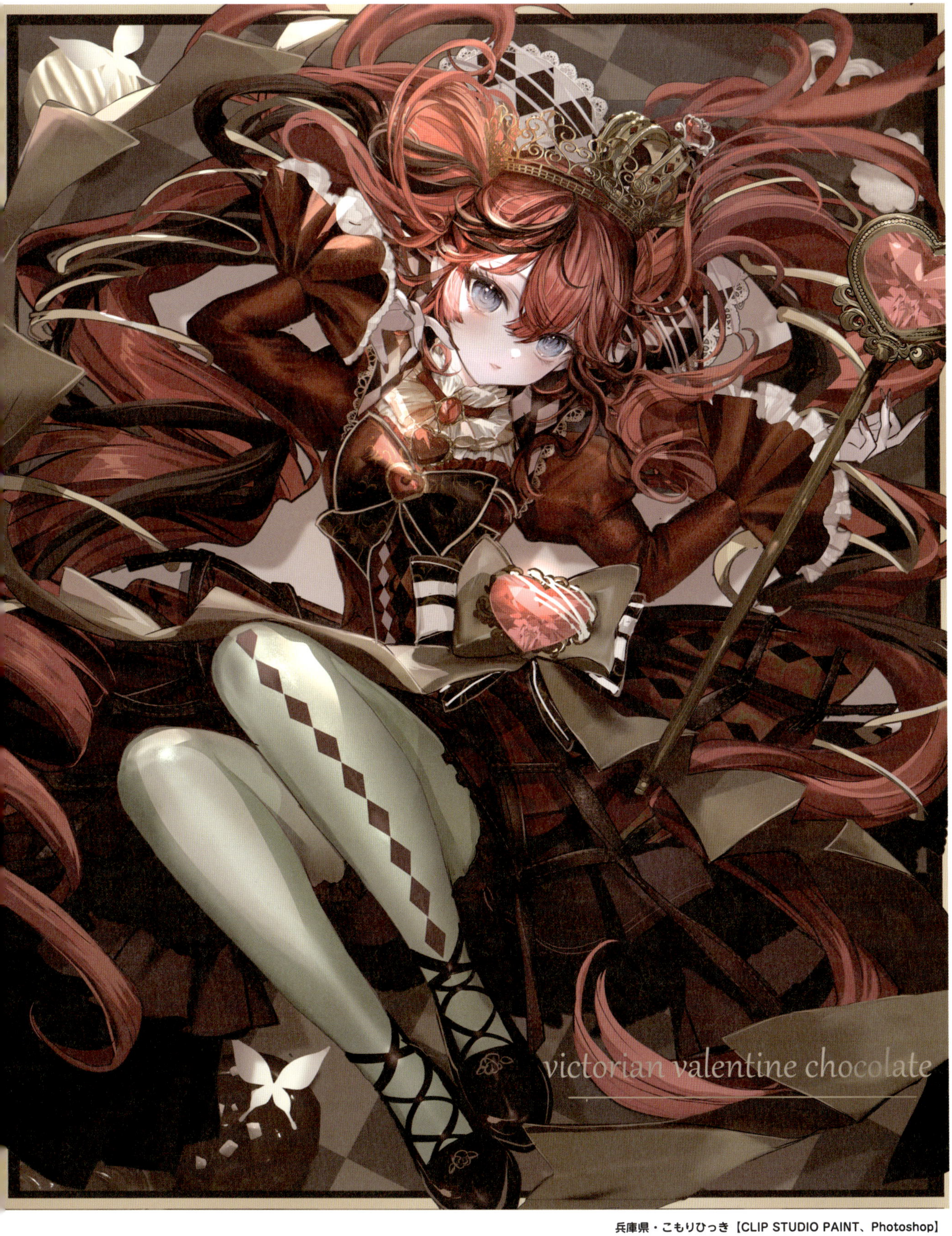

兵庫県・こもりひっき【CLIP STUDIO PAINT、Photoshop】

今号も投稿ありがとうございます～！　今回のフリー扉の絵は、こもりひっきさん。「オリキャラのショコラの赤の女王×チョコレートコーデ」とのことです。深い赤が生きた配色も素敵ですが、髪と衣装の広がりとポーズで作られた構図がとても魅力的！

王冠や首元の飾りも美しい！　83ページのはたほまめさんは、「冷たい冬の夜空に、星のように輝く雪を降らせる女の子たち」を描いたそうです。きらめきとロマンを感じる印象深い作品です。つぶさんはペリカンの食卓を描かれました。メイドの小動物たちが愛らしいですね。「カピバラを丸のみしようとするペリカン」を動画で見るそうで、この絵にもカピバラが描かれています。丸のみにされるのでしょうか…。

どうなるのか気になります！　84ページのgabrielhamanoshunさんは、オリジナルキャラの誕生日を描いています。プレゼントがたくさんありますね。中華風のセーラー服の細やかな衣装デザインが秀逸です。85ページのParumさんはフルーツポンチとスイーツのイメージで描いていて、澄んだ鮮やかさが素晴らしいカラーリング！　あかれもんさんは眼科医とのことで、目がこぼれ落ちたり傷があったり、ダークなムードと、腰下の医療器具の集積が強烈なインパクトです。のもりさんは「自分の中の指針として大切にしているものをテーマに、風見鶏を掲げて描きました」とのコメント。色の諧調やポージングが素晴らしいです。ひよりこさんは、《大正ロマンアリス》と《アンティークアリス》の二人を対にして描いたとのことで、独特のアレンジが魅力的。色味も良いですね。

86ページのもねぎさんのアリス世界は、薔薇柄のチェシャ猫が登場。水彩のにじみや淡い色づきも美しいです。りふさんはカフェをテーマに描いてくれて、猫たちの楽しそうな様子は、見る人を幸せにしてくれます。食べ物もおいしそう！　桃寸さんはヘッドドレスや髪型が可愛い天使を描いています。表情が愛らしい。赤のポイントカラーも効いています。古島紺さんは色面で見せた塗りが印象的で、配色が目をひくグラフィカルな作品。賑やかで楽しい世界です！

本当ですね。今号もたくさんの投稿ありがとうございました。次回もお待ちしております！　クンストカマーもよろしくです～。

神奈川県・つぶ【透明水彩・アクリル絵具】

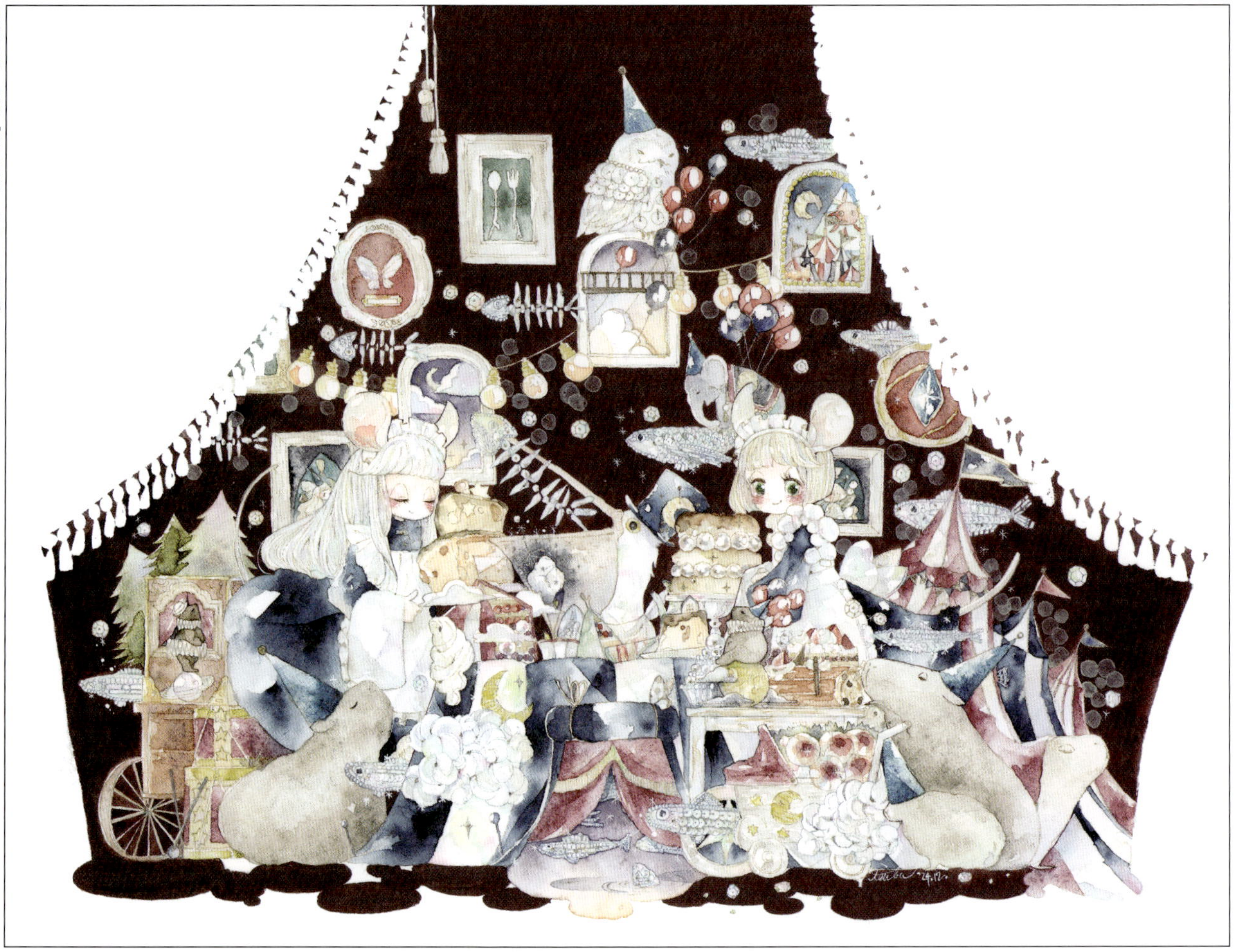

広島県・はたほまめ【CLIP STUDIO PAINT】

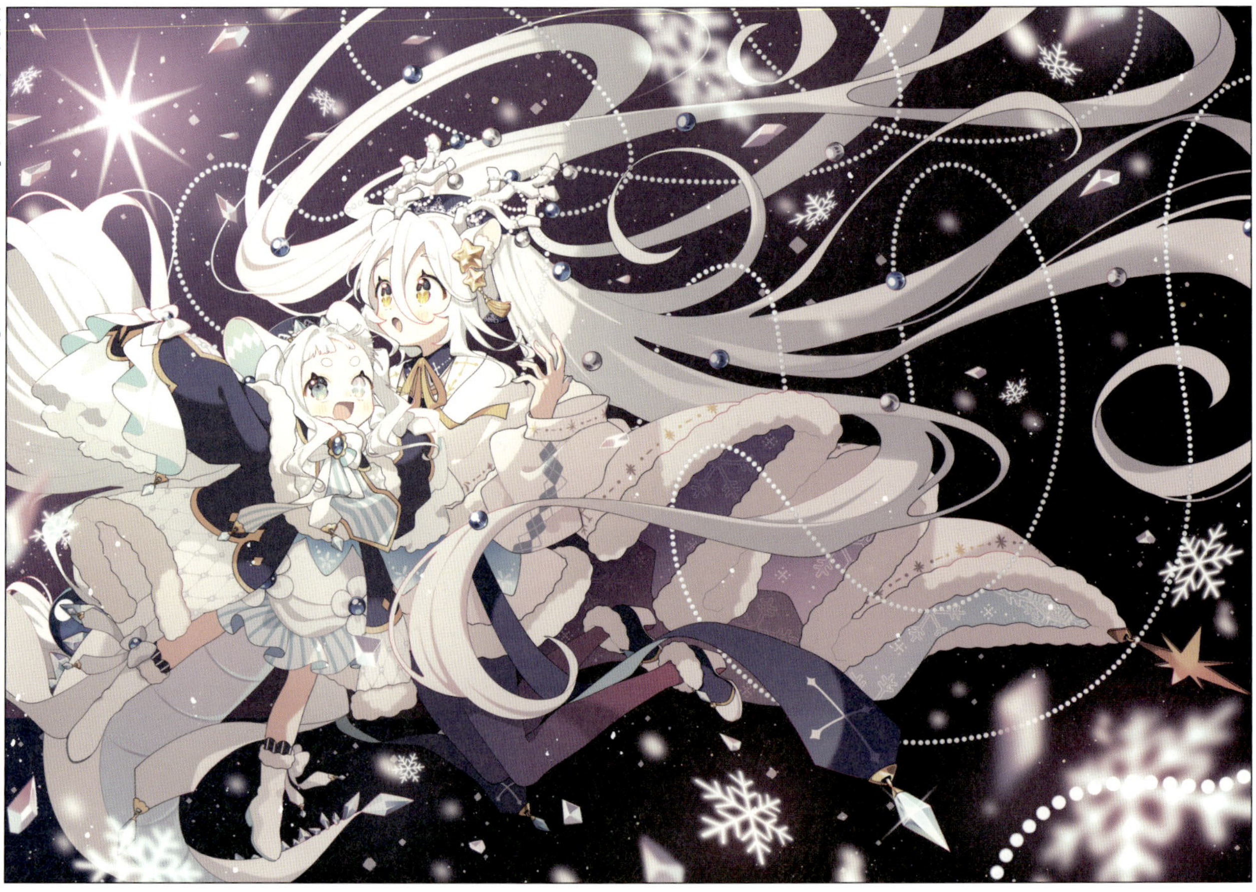

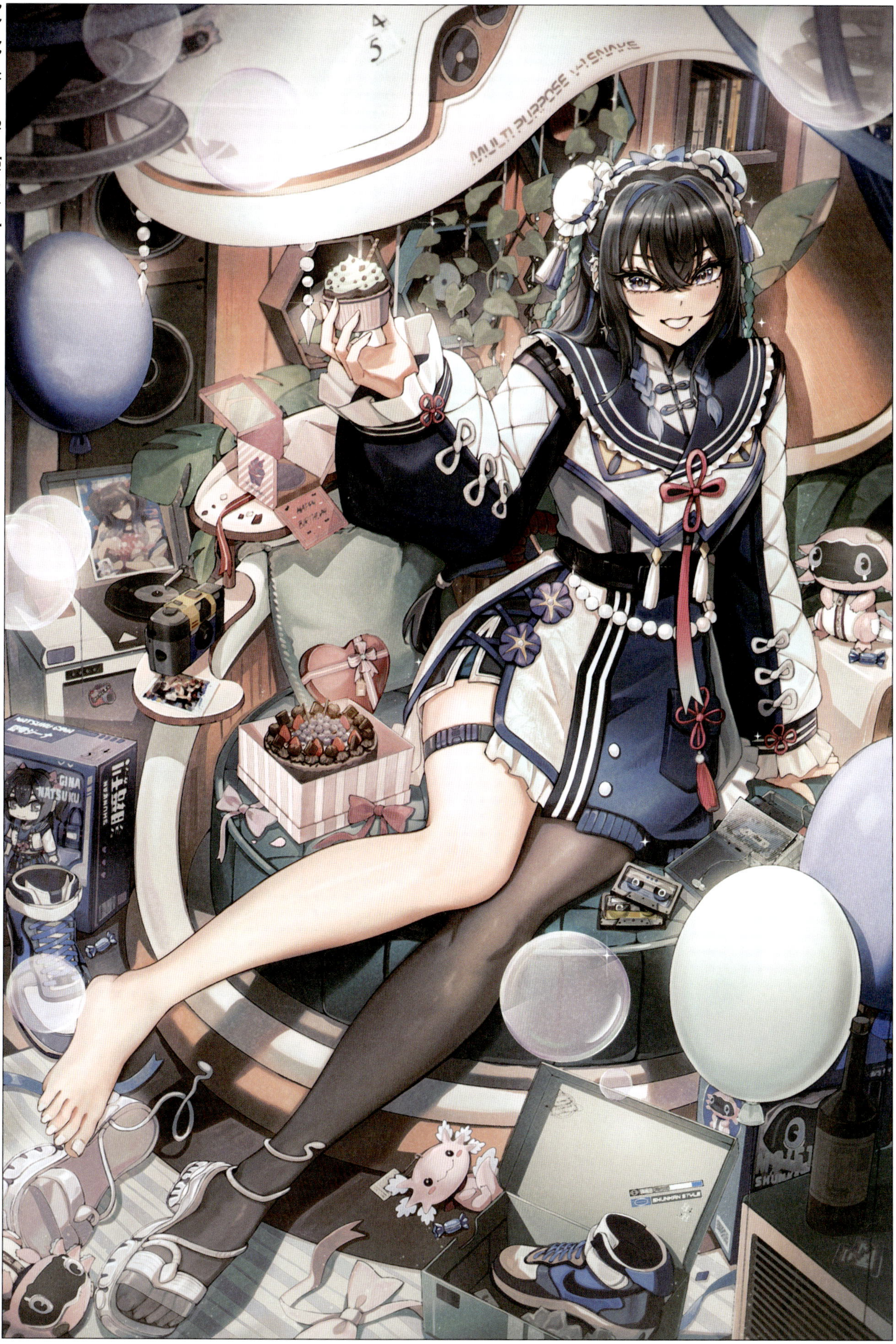

マレーシア・HamanoShun［Photoshop］

埼玉県・Parum【カラーインク・コピック】

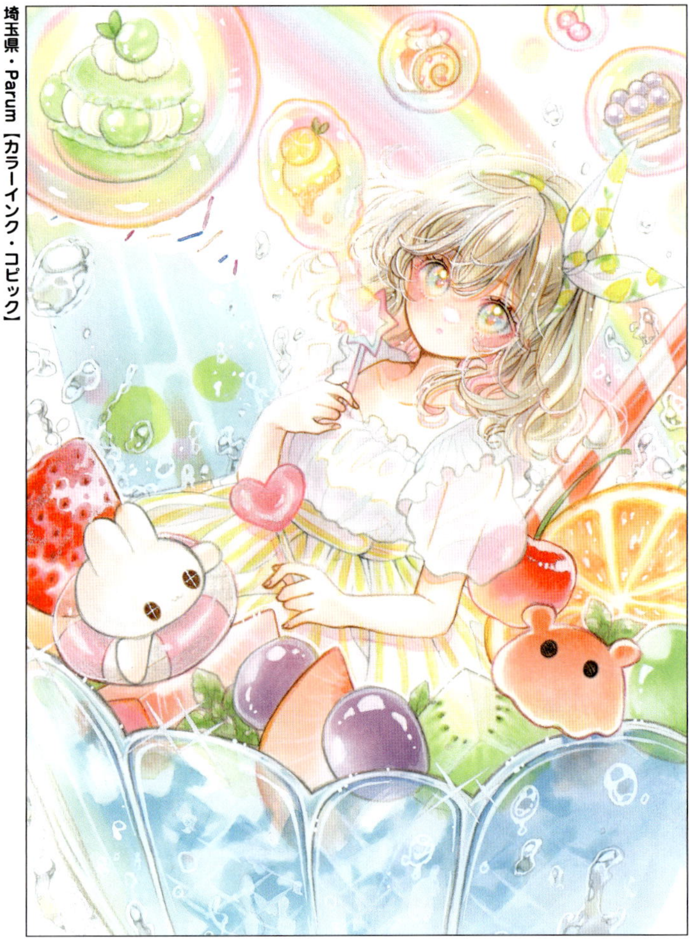

東京都・あかれもん【Procreate】

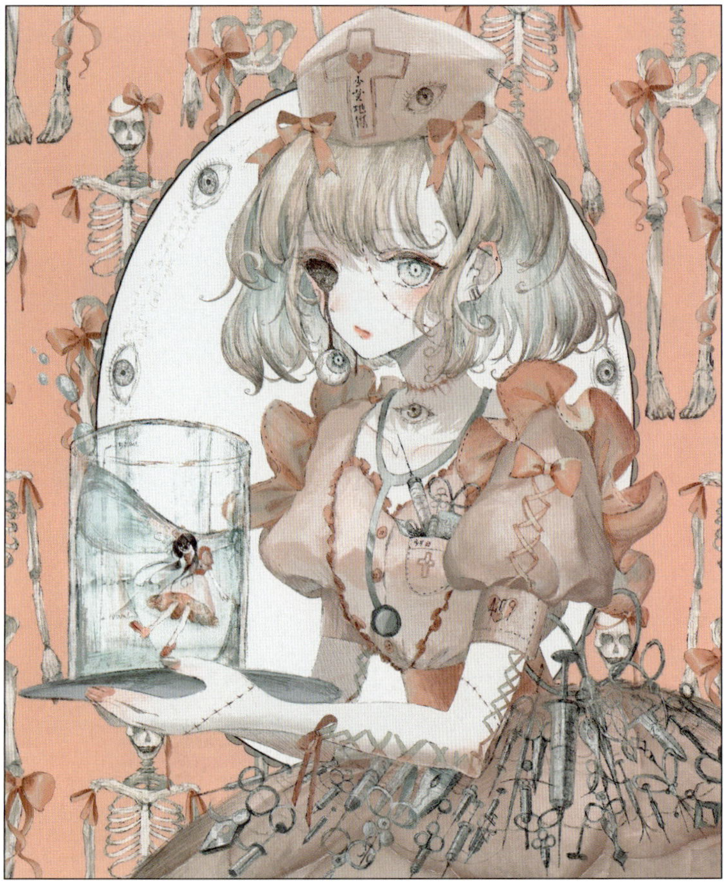

香川県・ひよりこ【コピック・色鉛筆・FINETEC・顔彩】

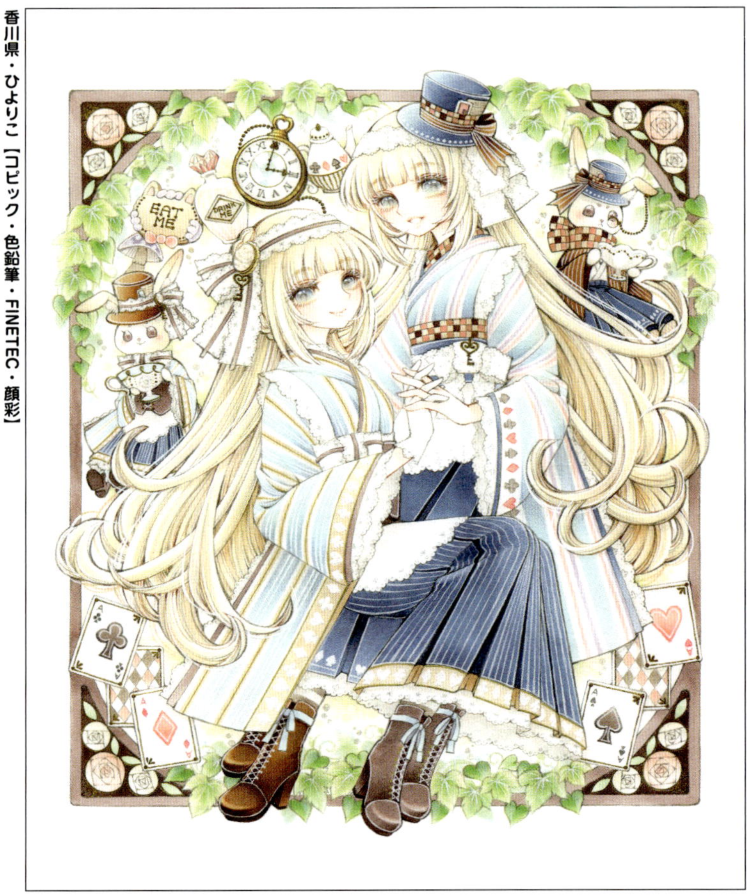

大阪府・のもり【色鉛筆・Beアートペーパー】

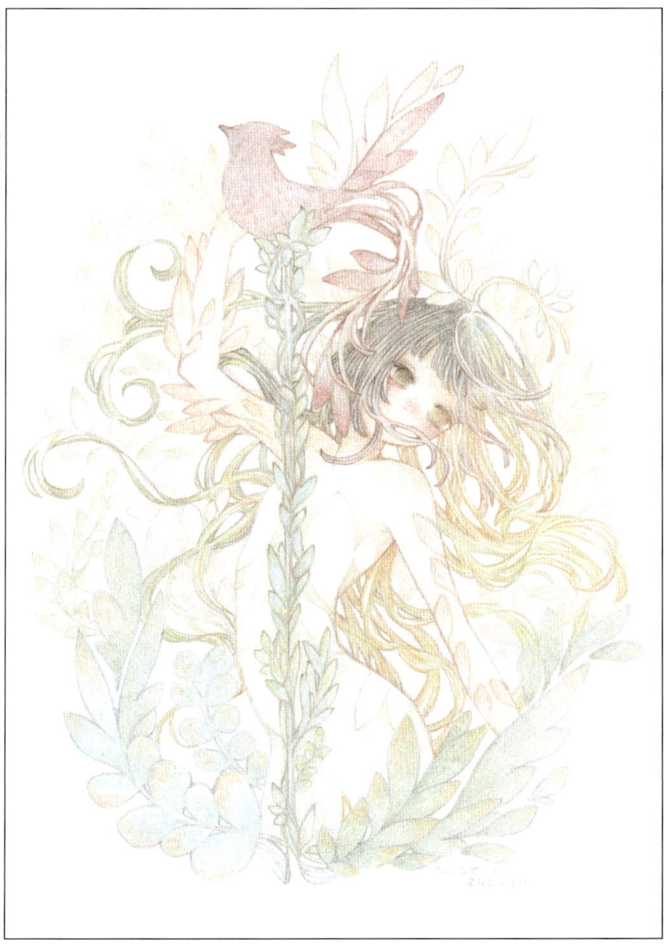

滋賀県・りふ【アルビレオ水彩紙・透明水彩・アクリルガッシュ・顔彩・シャープペンシル】

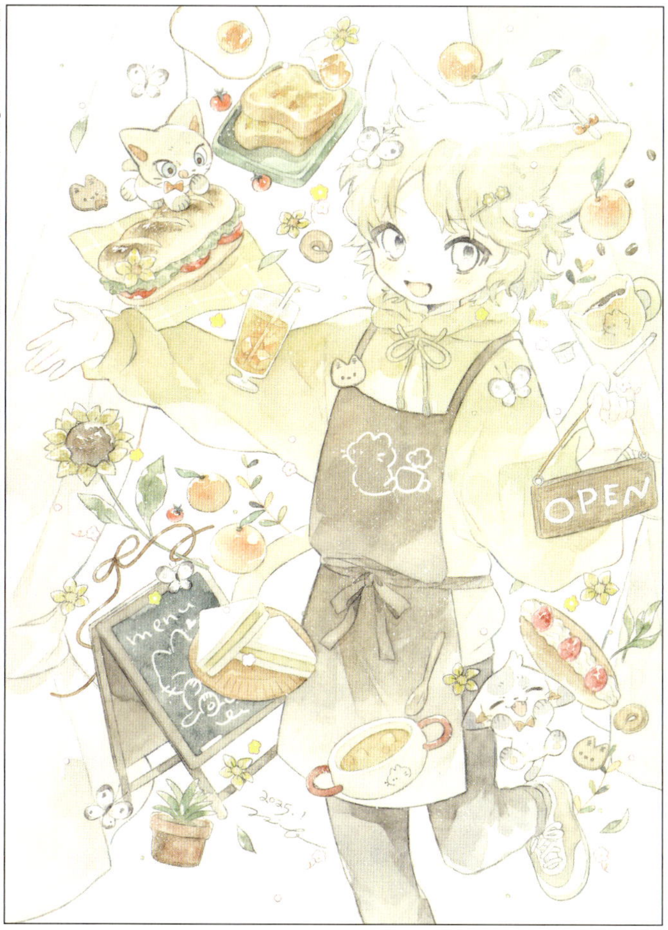

新潟県・もねぎ【透明水彩・アクリルガッシュ】

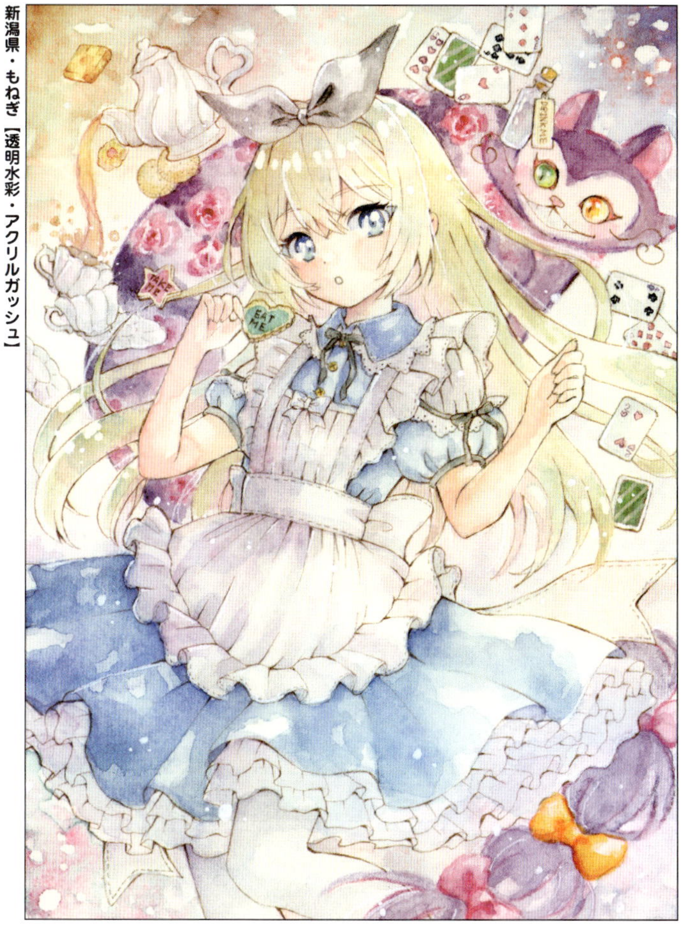

東京都・古島紺【CLIP STUDIO PAINT】

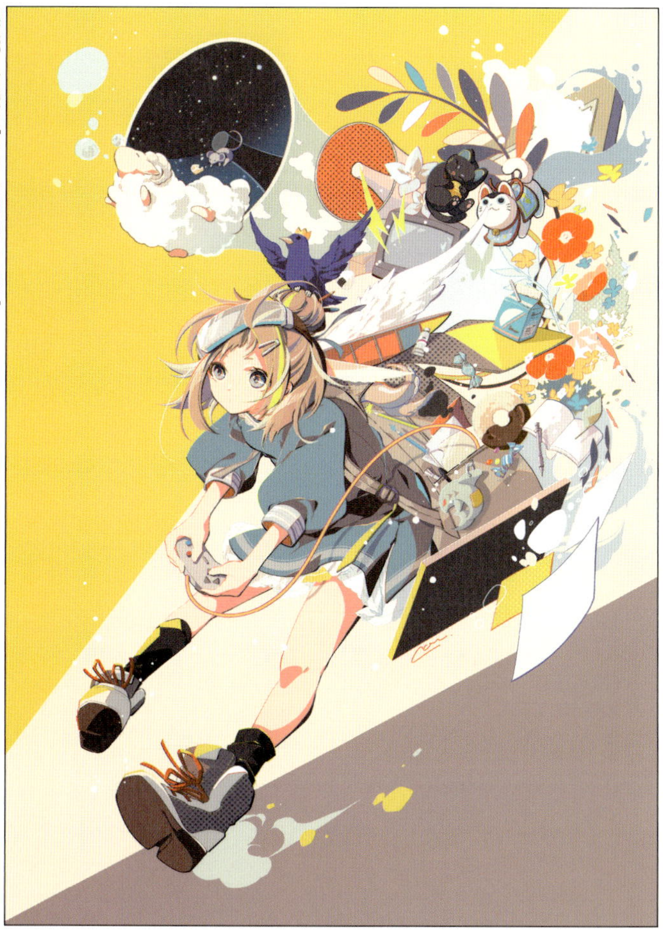

福島県・桃寸（もす）【SAI・CLIP STUDIO PAINT】

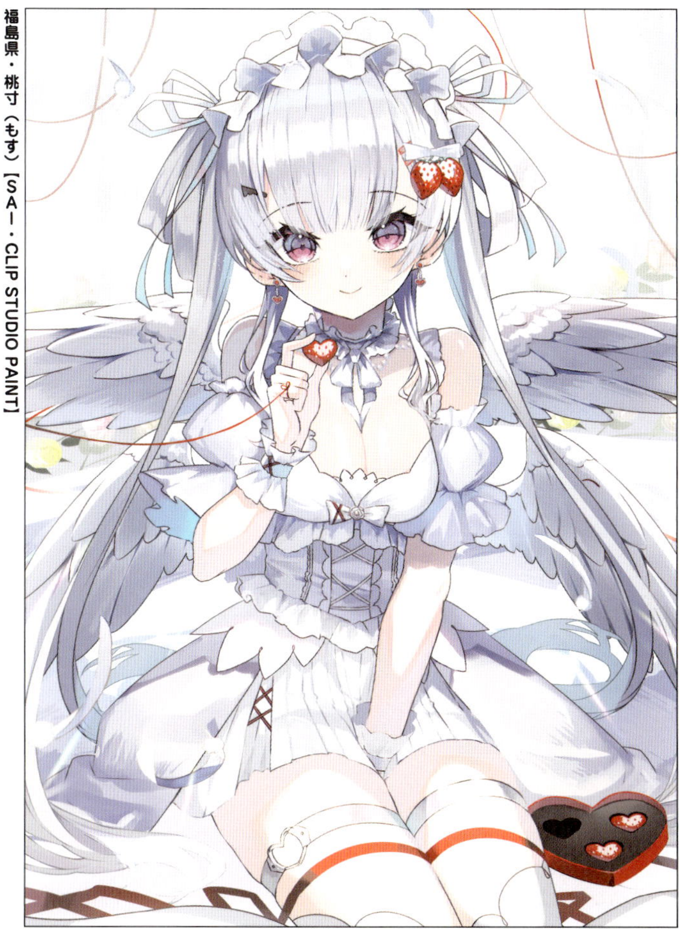

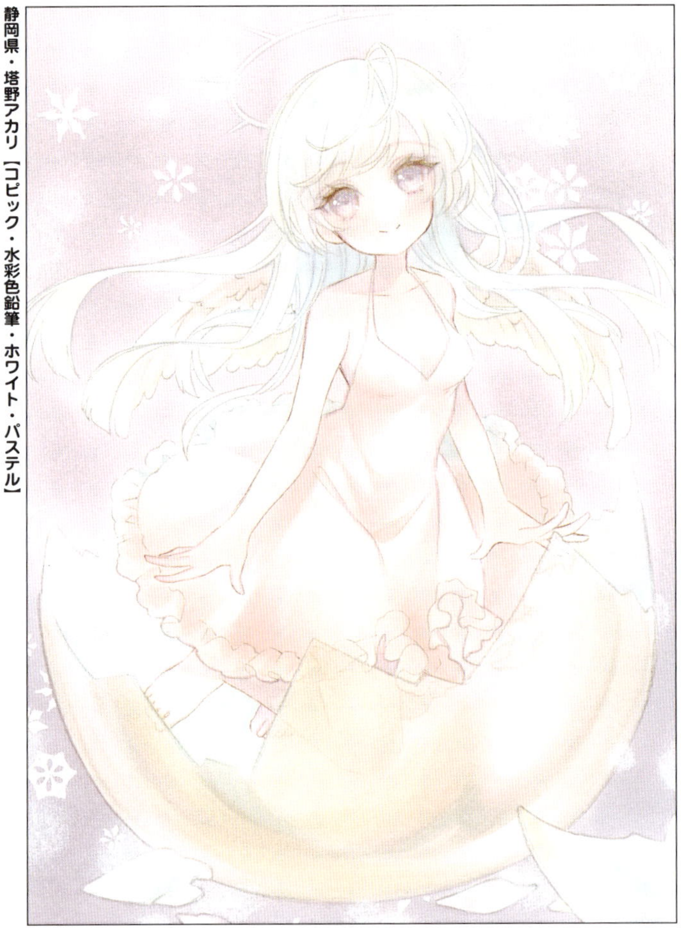

静岡県・塔野アカリ【コピック・水彩色鉛筆・ホワイト・パステル】

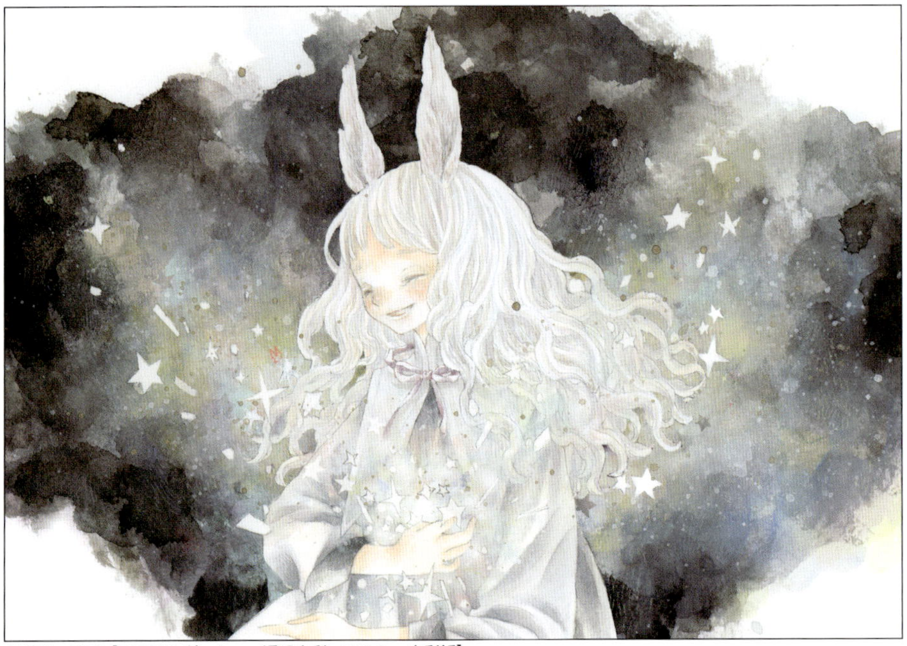

大阪府・千足【アクリルガッシュ・透明水彩・アルシュ水彩紙】

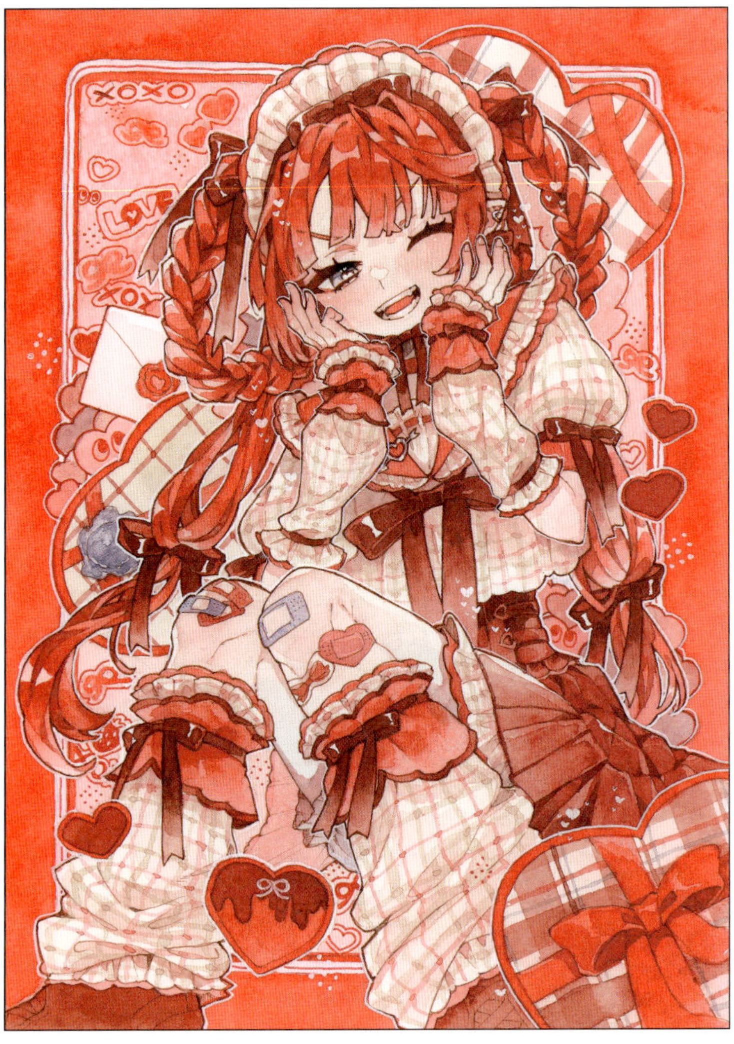

北海道・伸紅【透明水彩】

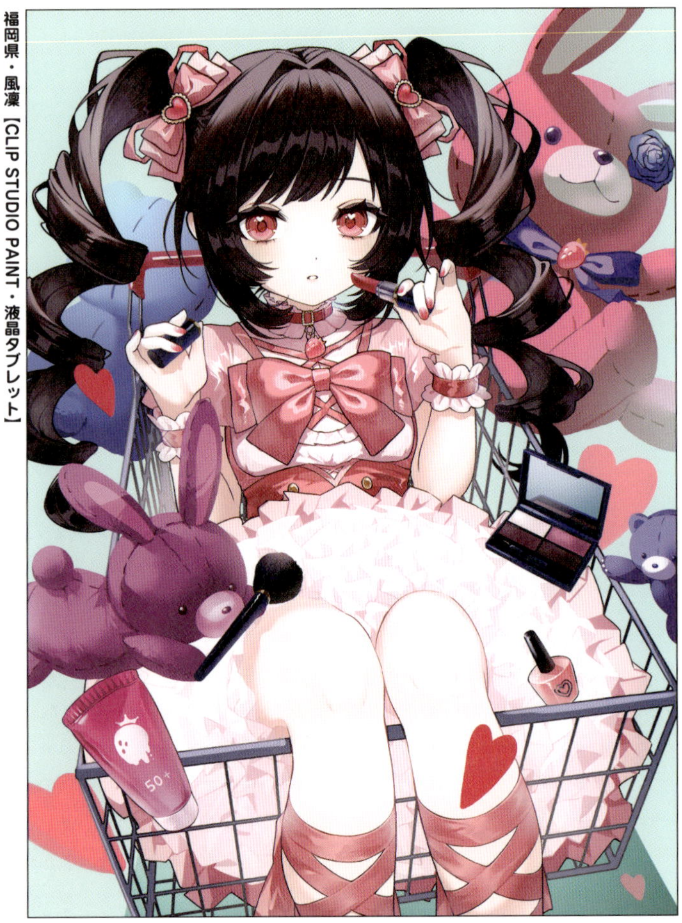

福岡県・風凜【CLIP STUDIO PAINT・液晶タブレット】

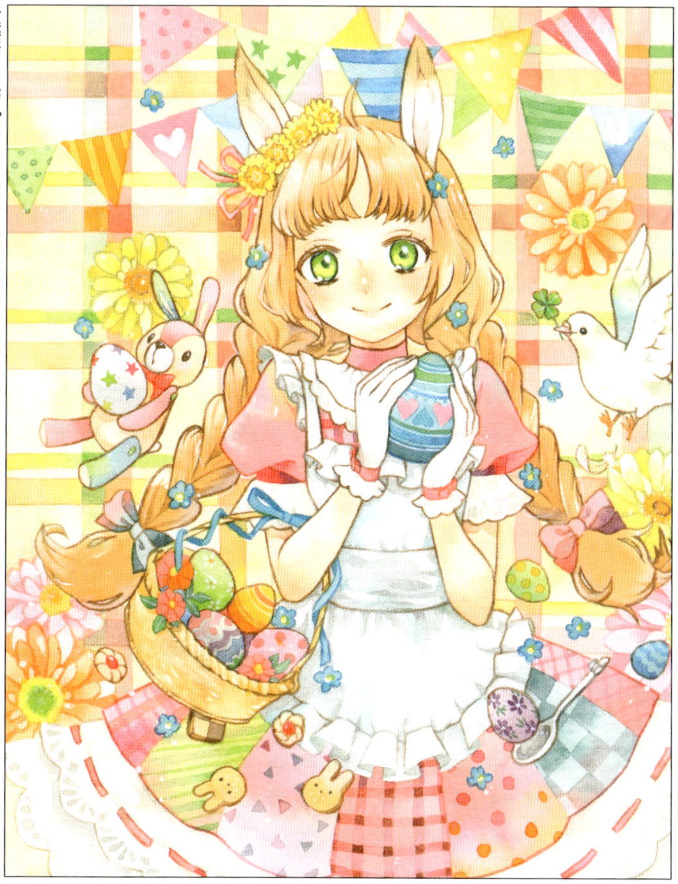

千葉県・こお【カラーインク・サクラマット水彩・色鉛筆・アルビレオ水彩紙】

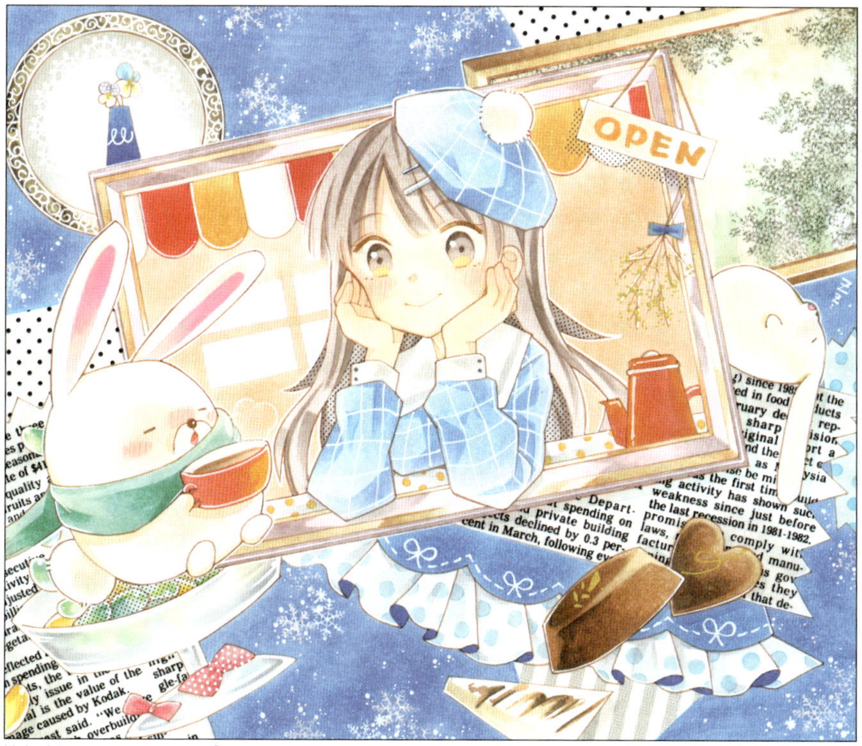

神奈川県・るりるり・39歳【アイシー漫画原稿用紙・コピック・ルブルーム・コッピクマルチライナー・ピュアホワイト・シグノ・スクリーントーン・スタンプ】

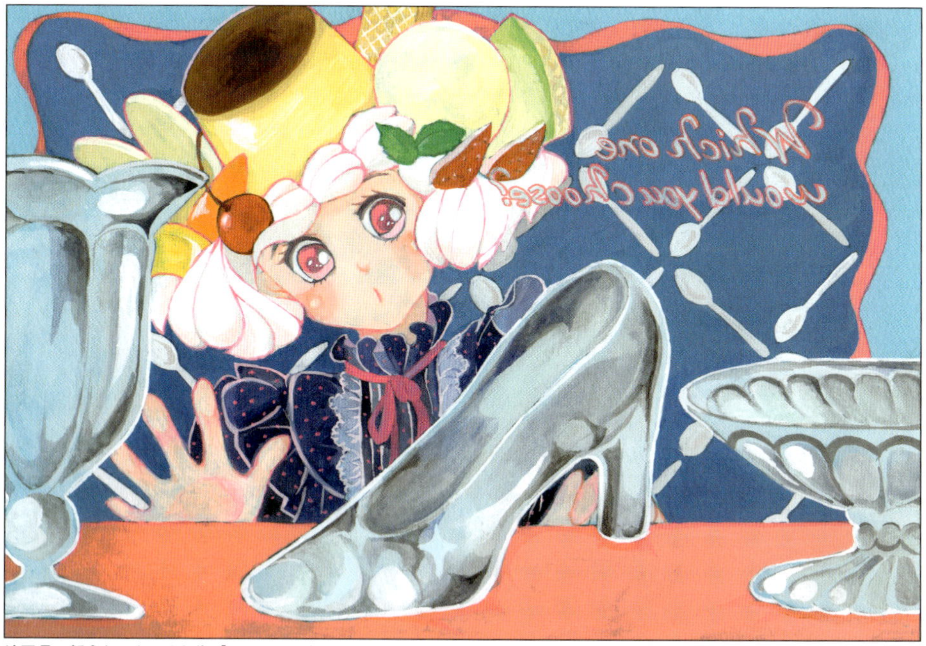

埼玉県・新倉なつな・39歳【マーメイド紙・アクリル絵具・コピックマルチライナー】

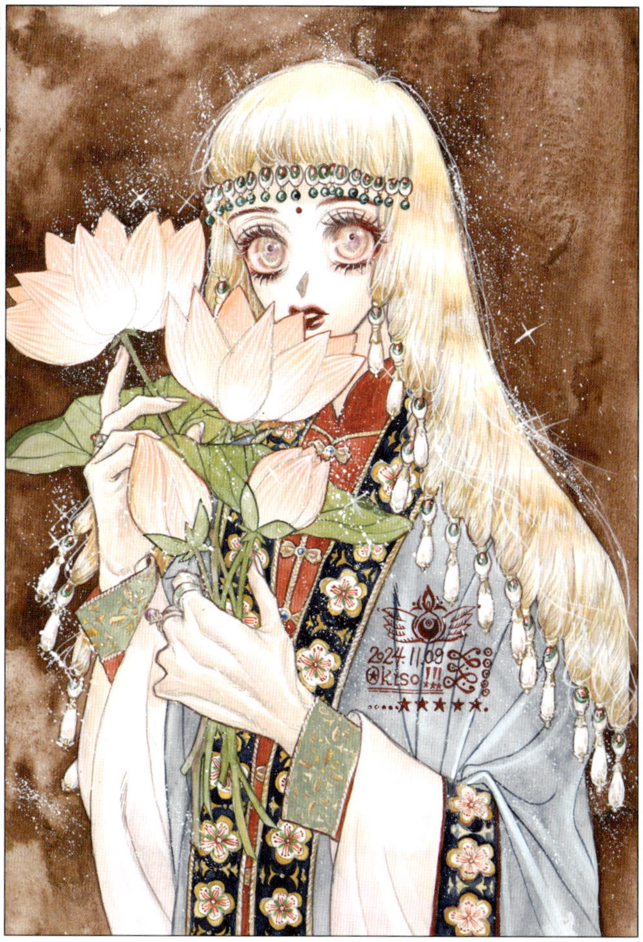

長野県・Okiso【透明水彩・絵墨・ポスターカラー】

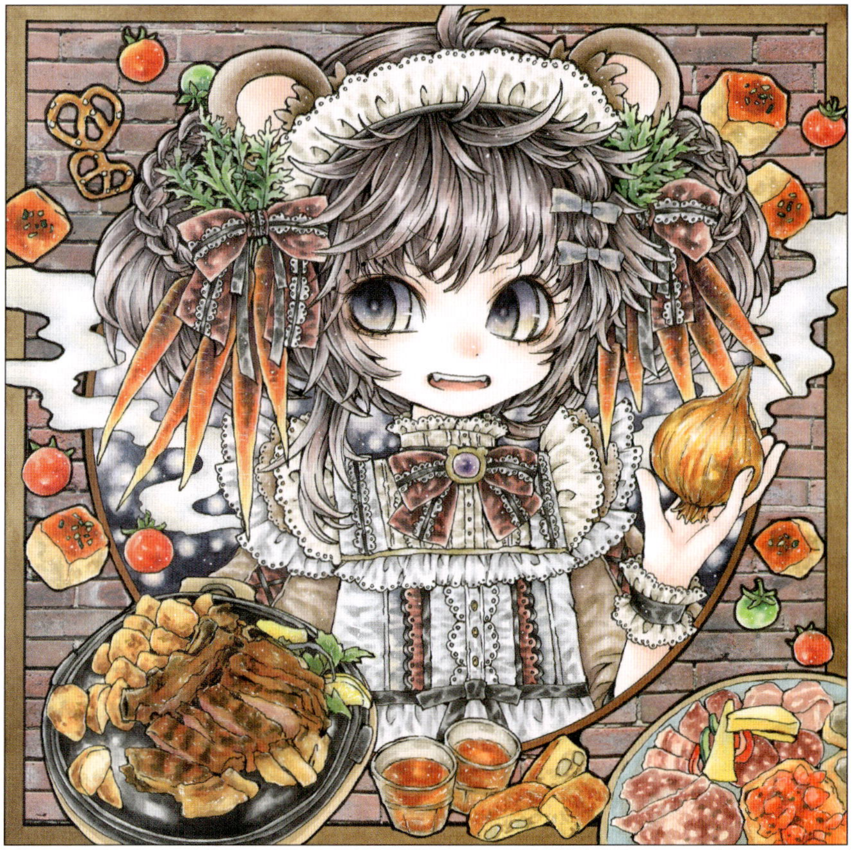

大阪府・ハルサメマナナ【コピックマルチライナー・コピック・カラートーン】

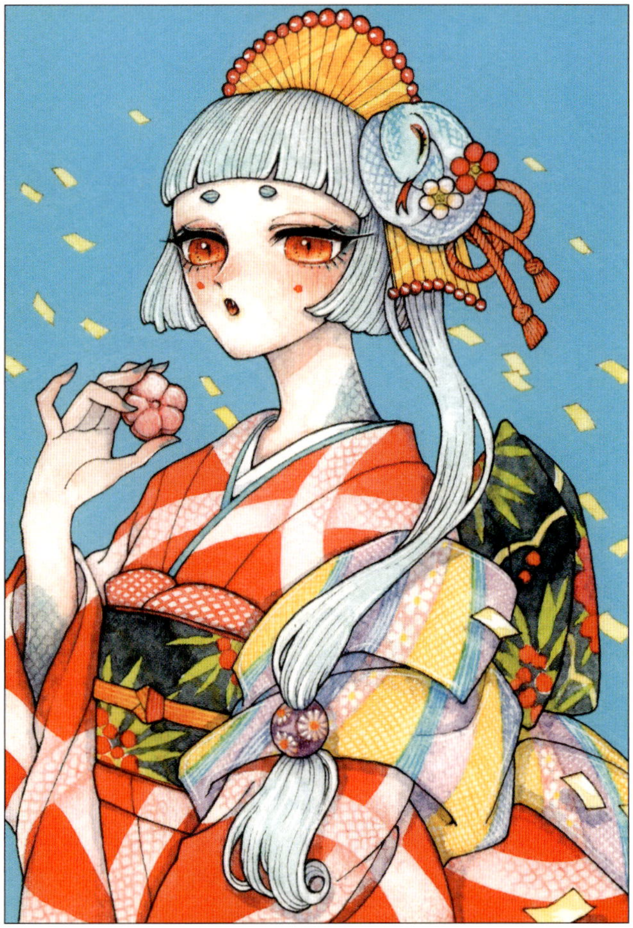

石川県・庭一【ホワイトワトソン・透明水彩・色鉛筆】

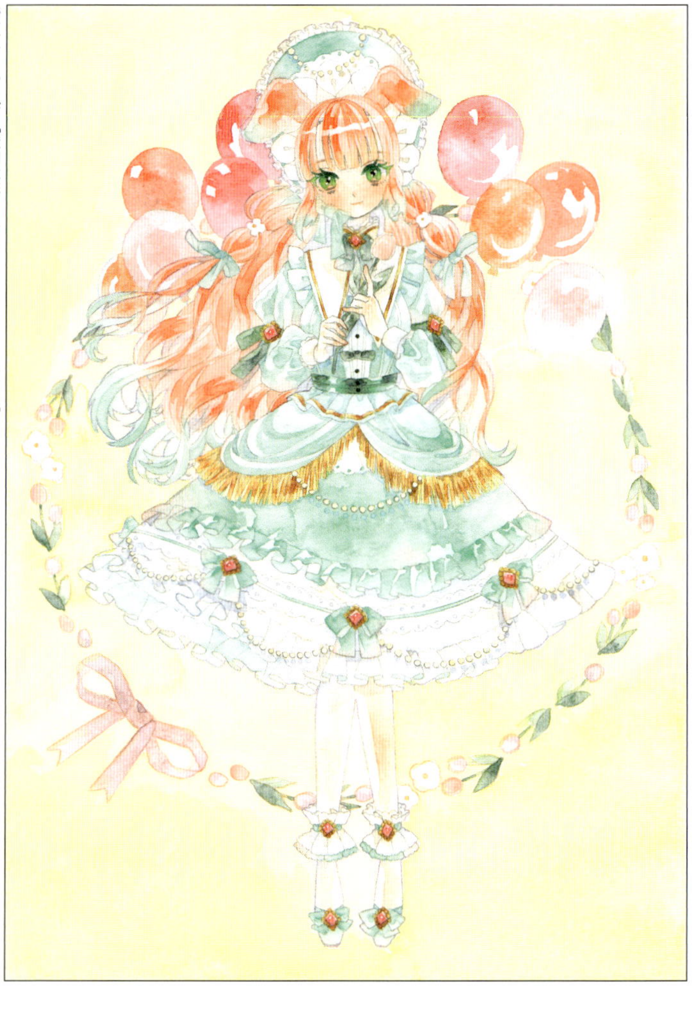

埼玉県・わさび【透明水彩・ホワイトワトソン・色鉛筆】

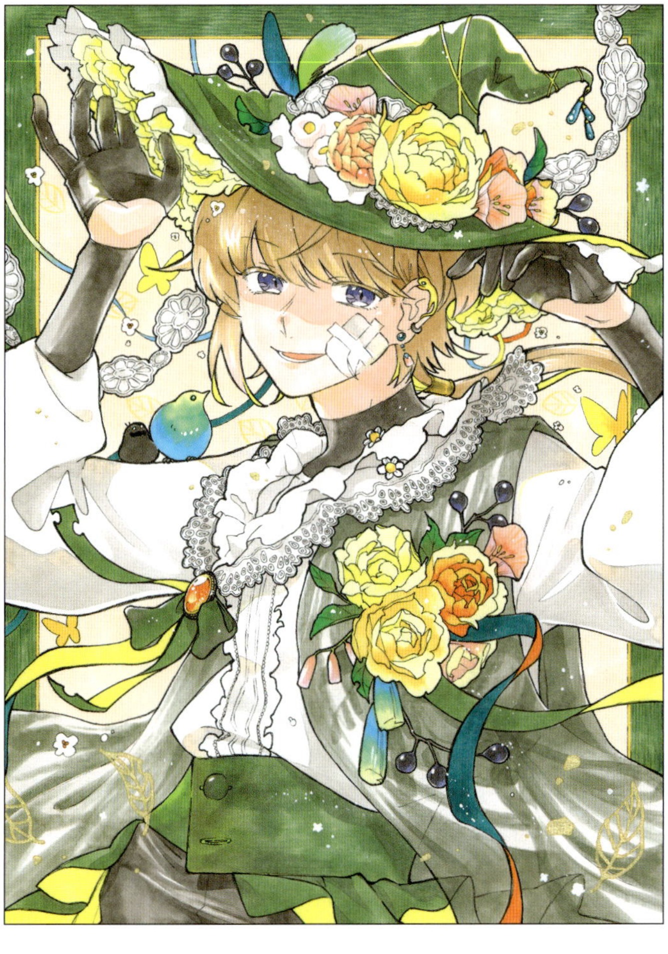

福岡県・多雨【コピック・色鉛筆・コピックマルチライナー・画用紙】

大阪府・ねこの庵【コピック・コピックマルチライナー】

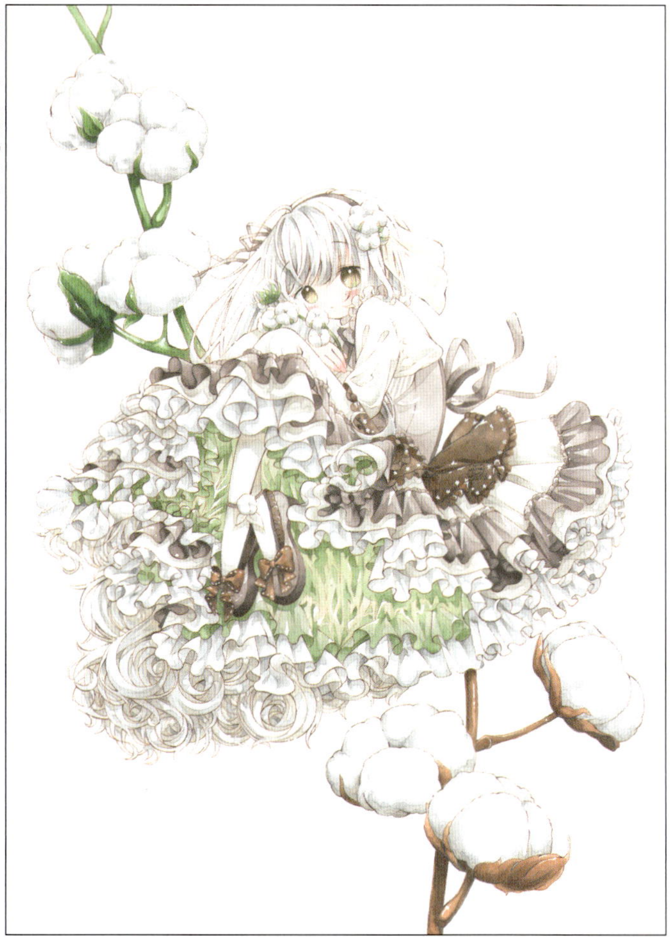

埼玉県・竹輪てん【SAI】

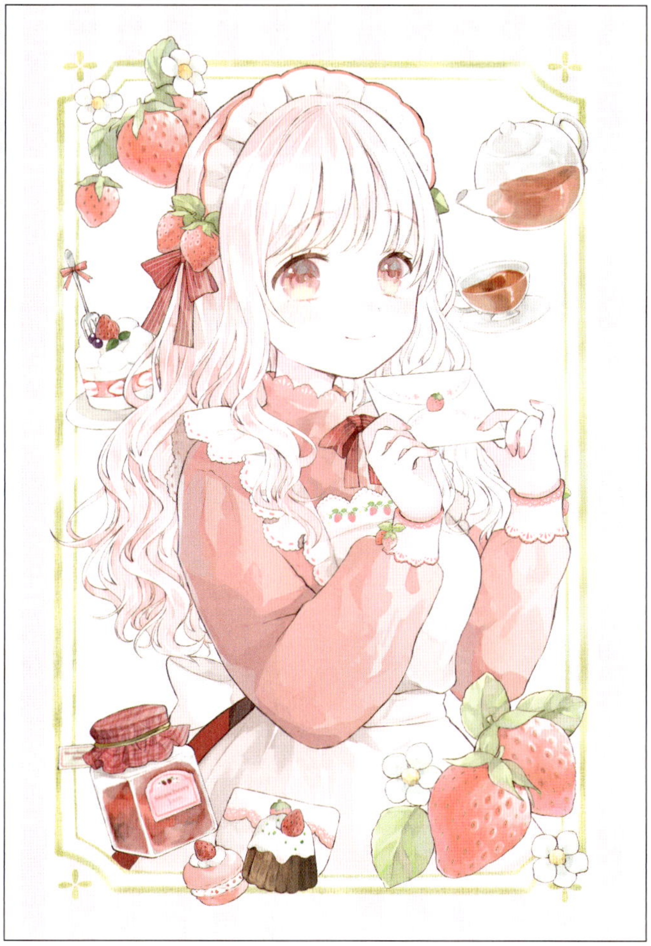

神奈川県・梨玖【マルマンスケッチブック・コピックマルチライナー・コピック・ホワイト】

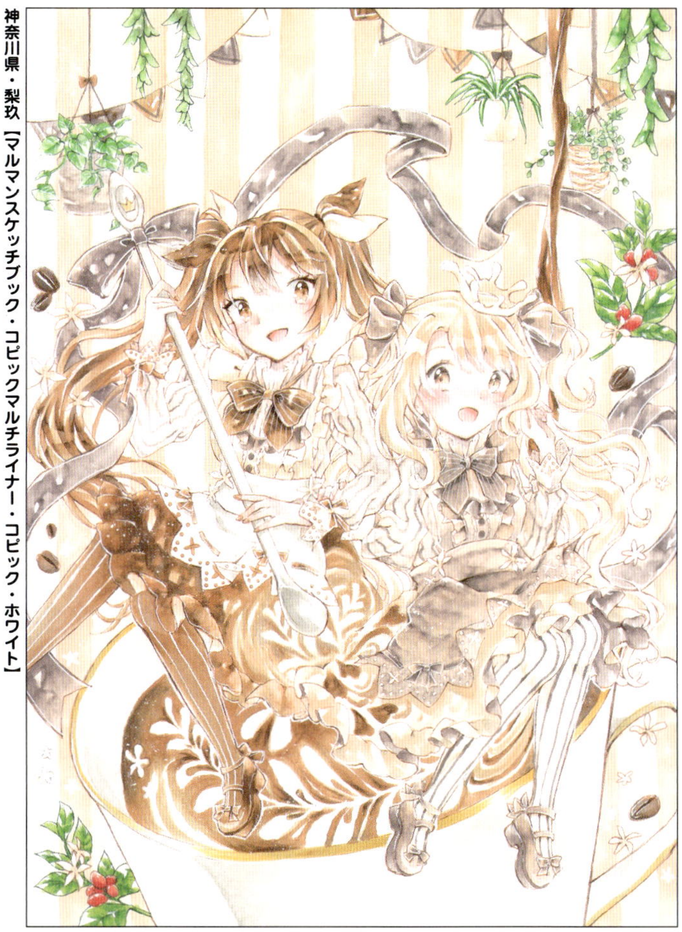

愛知県・海谷内藤【アイビスペイントX】

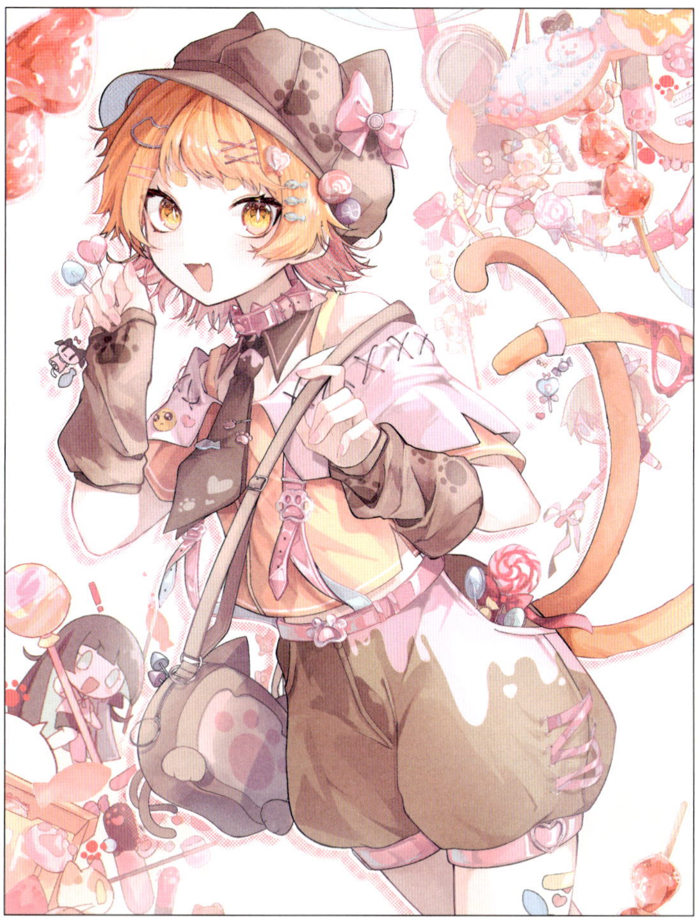

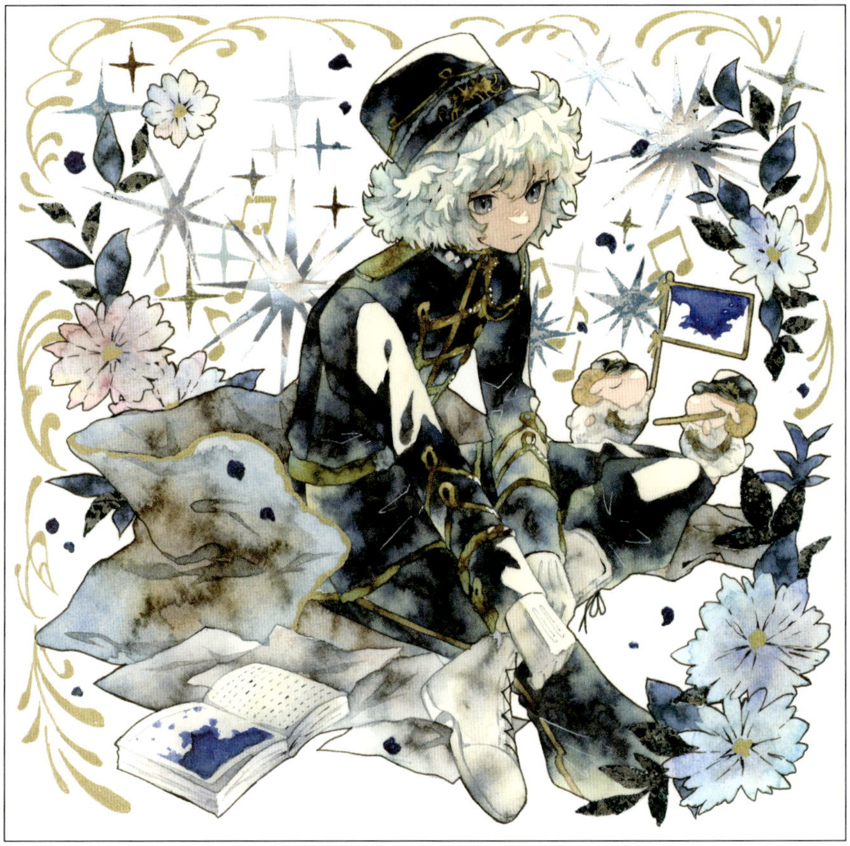

大阪府・potato【透明水彩・コピックマルチライナー・CLIP STUDIO PAINT・ウチハク】

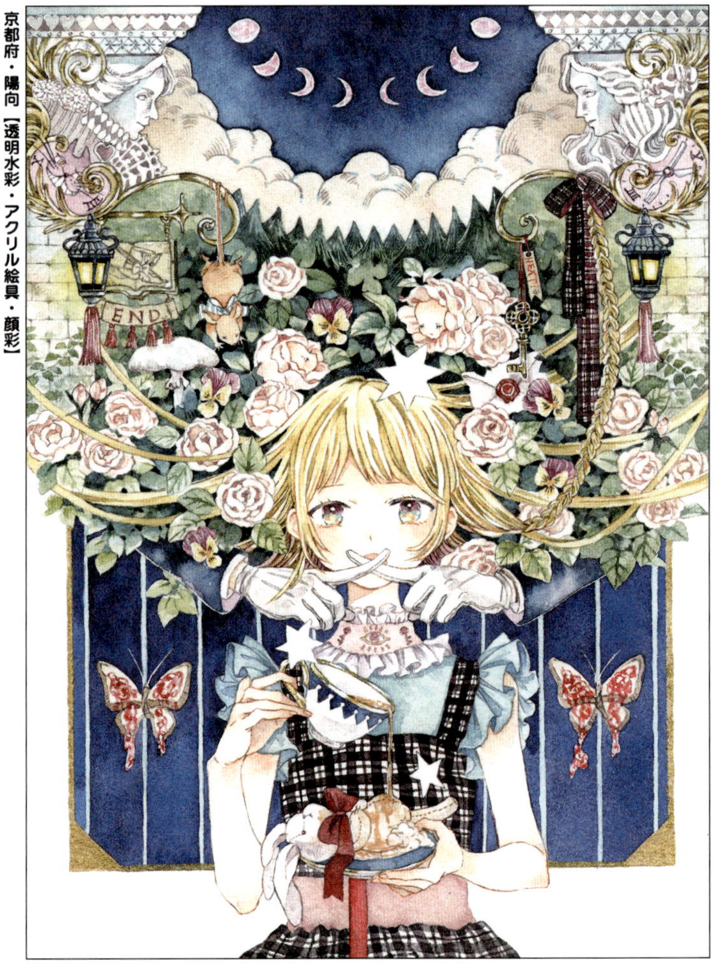

京都府・陽向【透明水彩・アクリル絵具・顔彩】

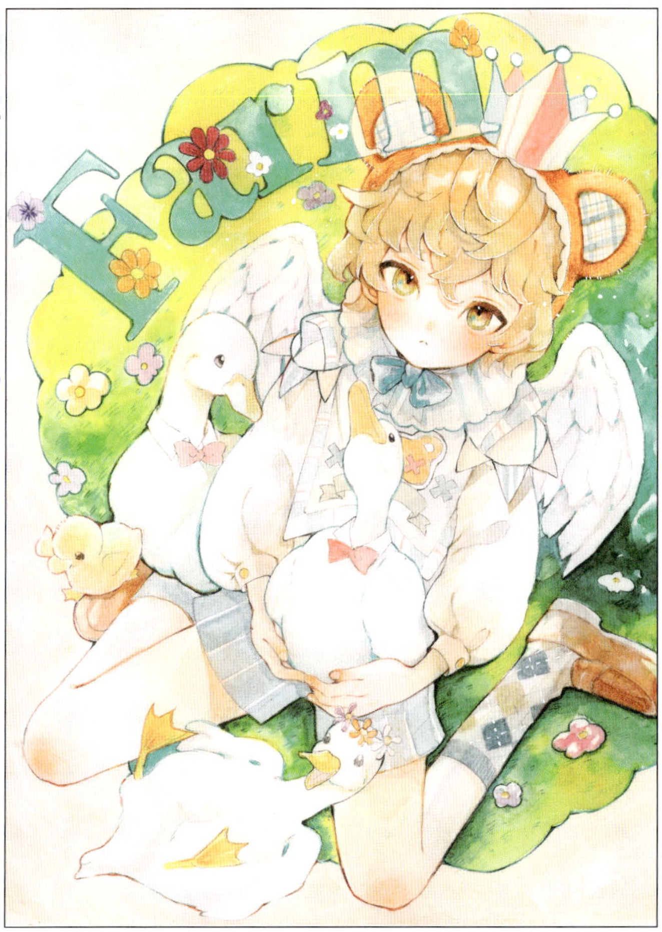

東京都・虎鹿【顔彩・透明水彩・アクリルガッシュ】

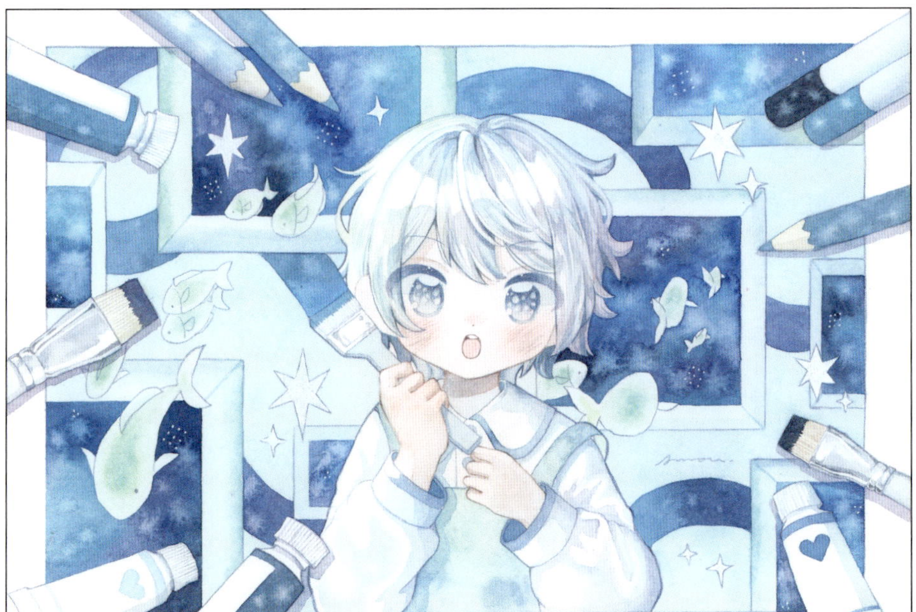

兵庫県・天羽しいら【透明水彩・色鉛筆】

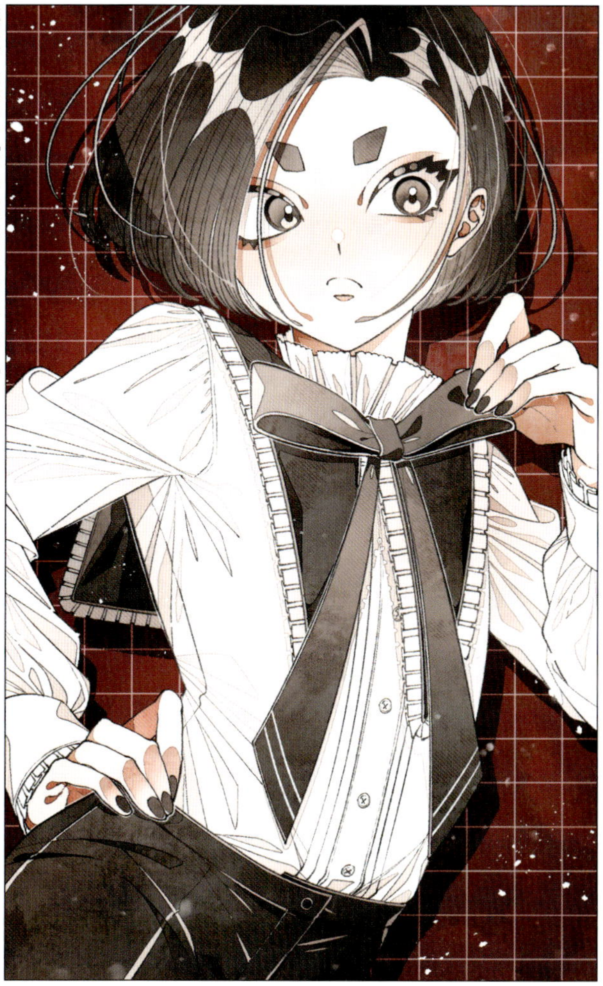

滋賀県・真田しろ【CLIP STUDIO PAINT・iPad】

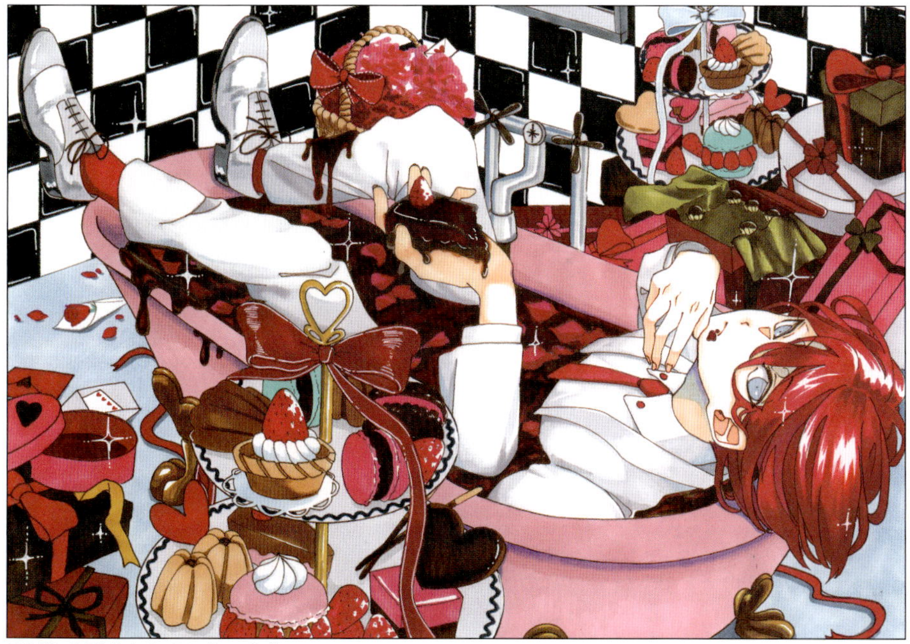

東京都・海野【ohuhu マーカーペン】

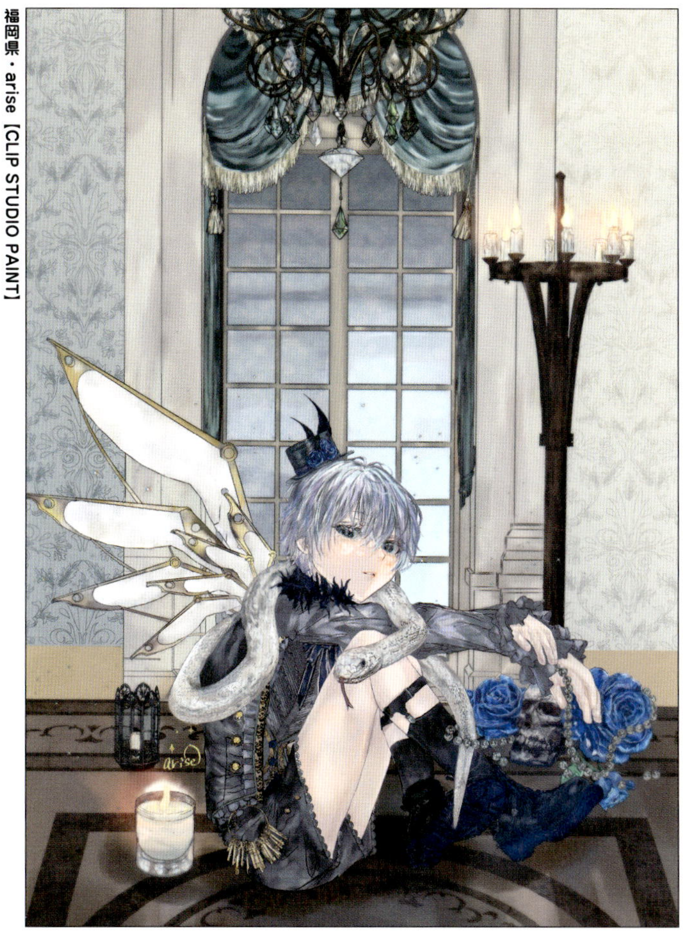

福岡県・arise【CLIP STUDIO PAINT】

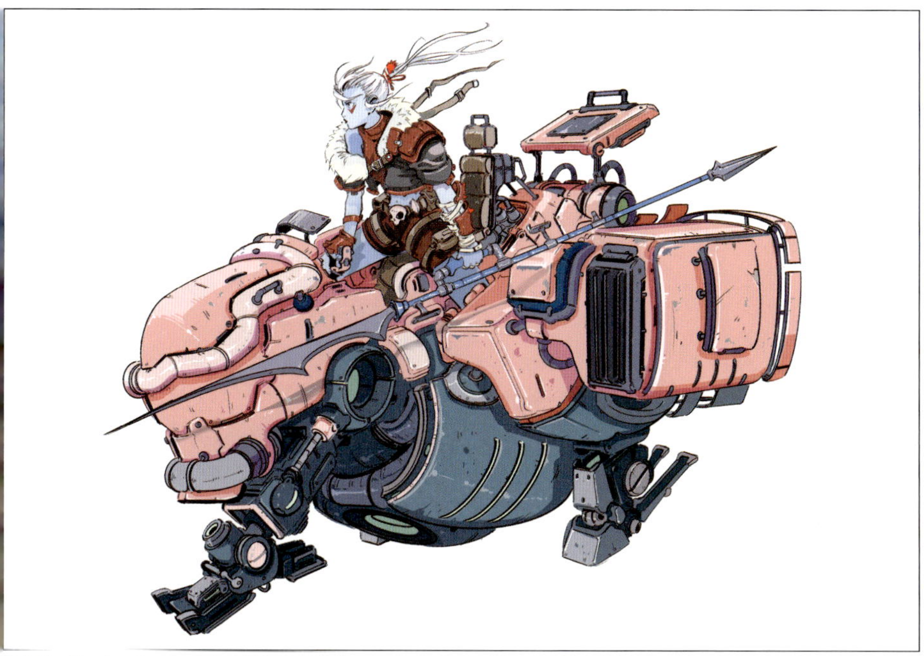

カナダ・Nicolas Gardeazabal【Procreate】

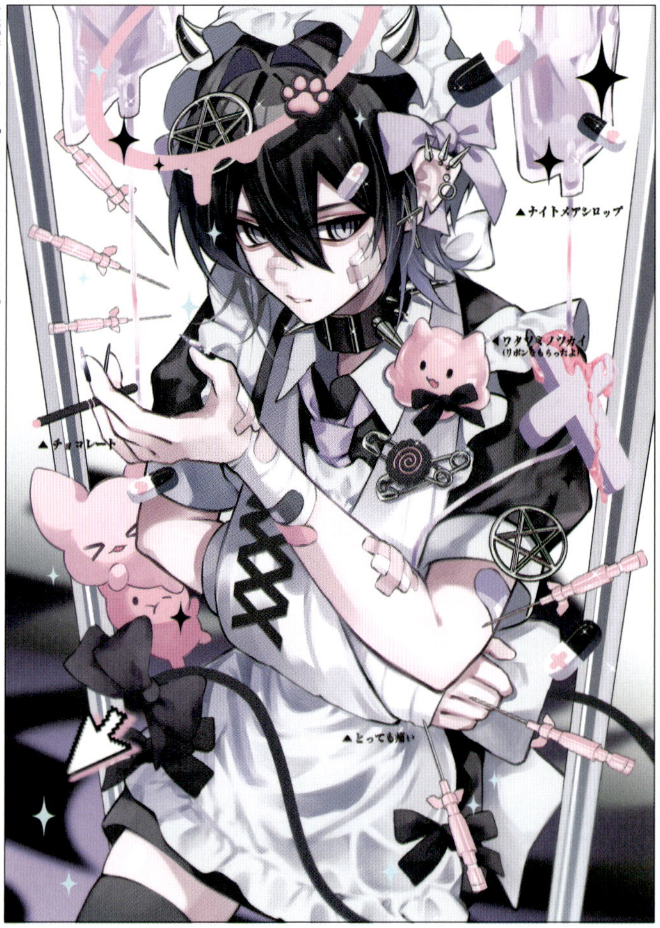

京都府・上ノ句［CLIP STUDIO PAINT］

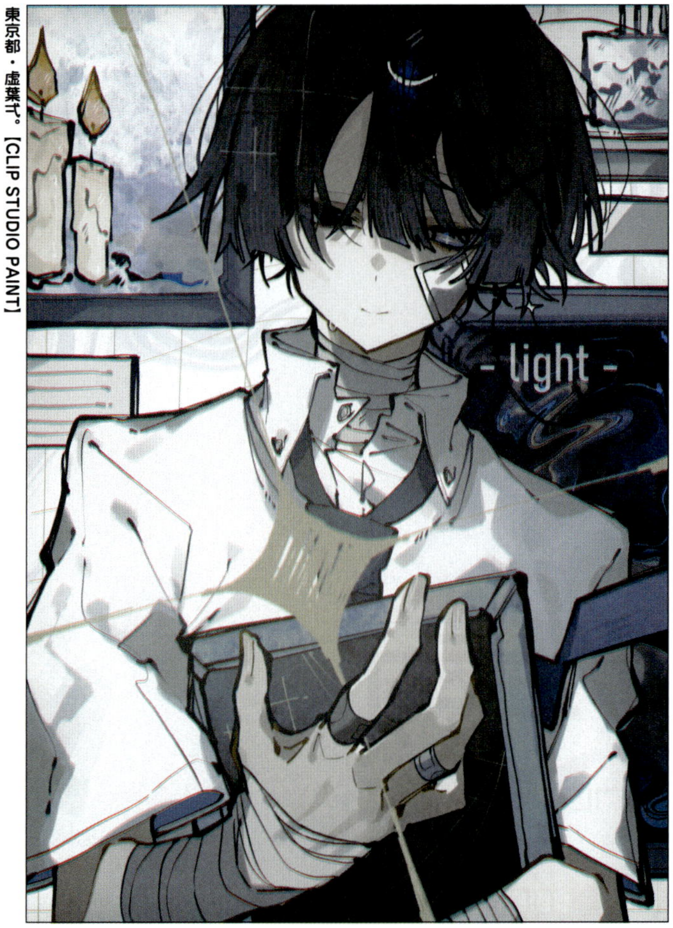

東京都・虚葉弌。［CLIP STUDIO PAINT］

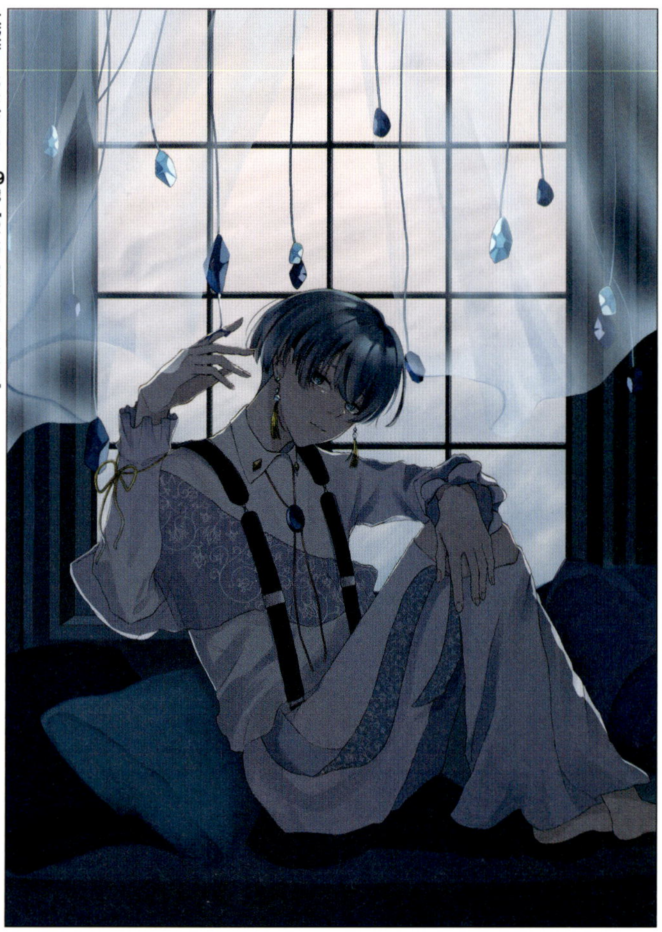
大阪府・ちょむらき・19歳［CLIP STUDIO PAINT］

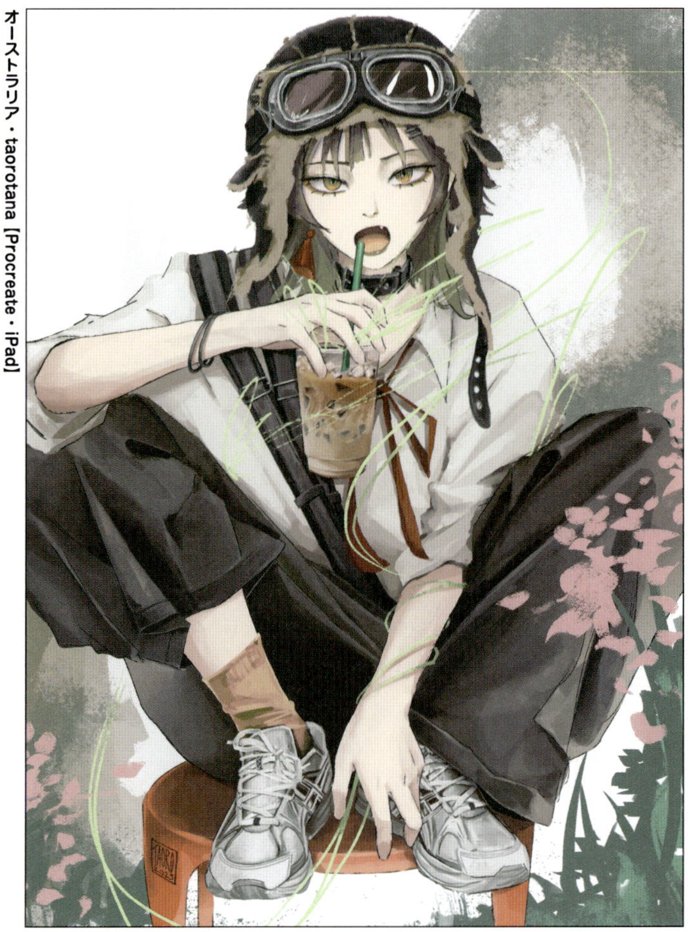
オーストラリア・taorotana［Procreate・iPad］

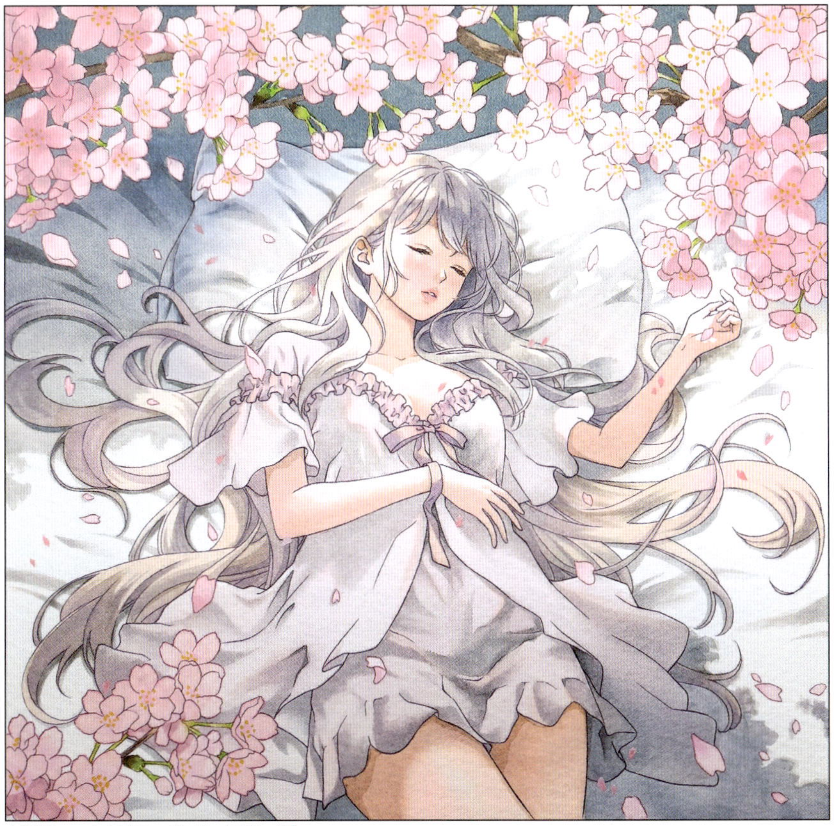

大阪府・aoi【カラーインク・コピック】

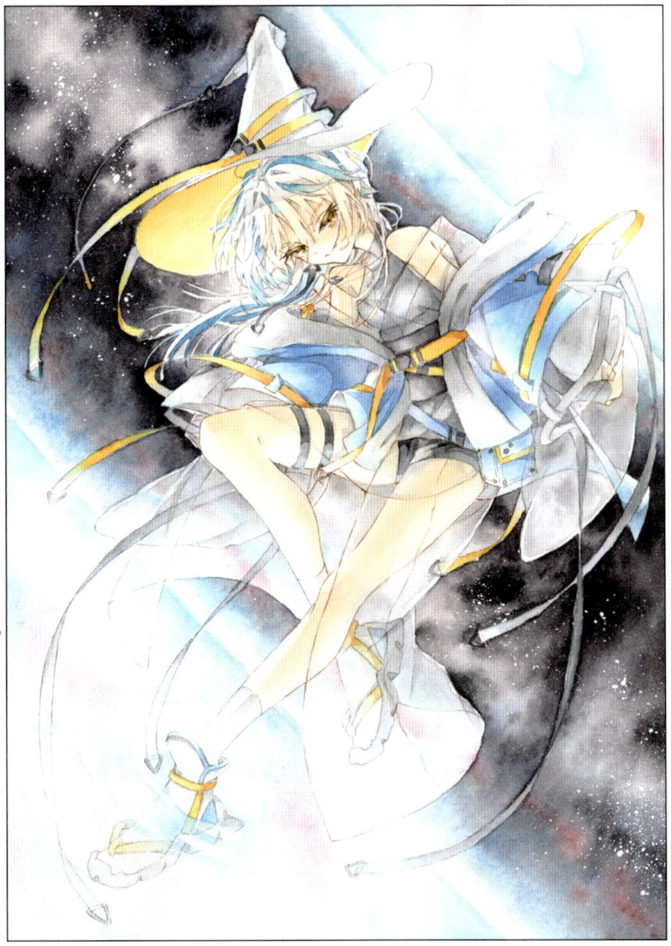

埼玉県・木野白【透明水彩・ランプライト水彩紙・ホワイト・コピックマルチライナー】

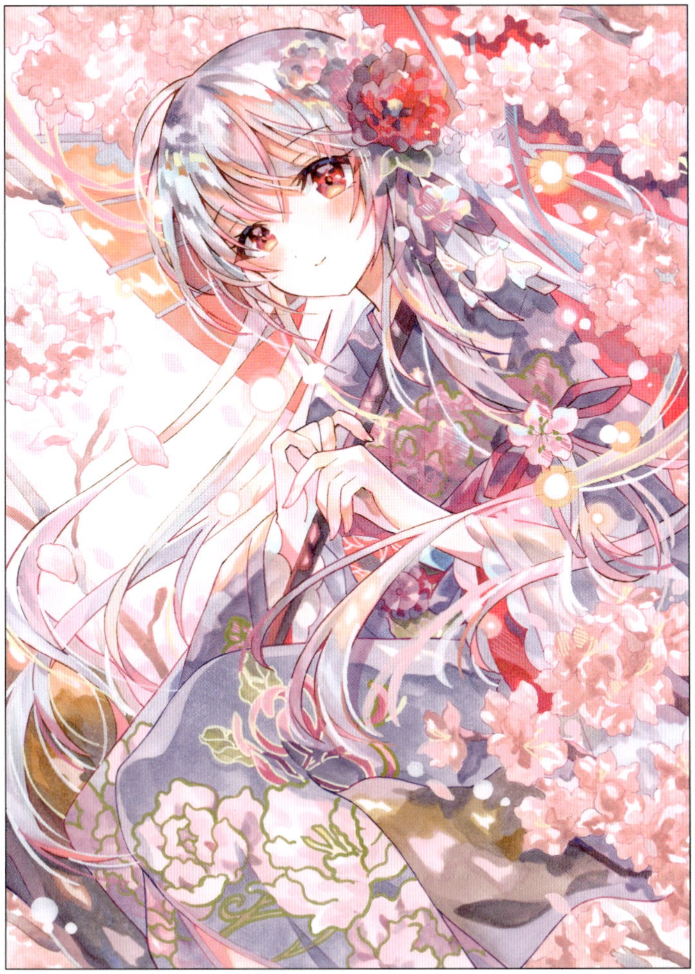

長野県・咲良【コピック・コピックアクレア・透明水彩】

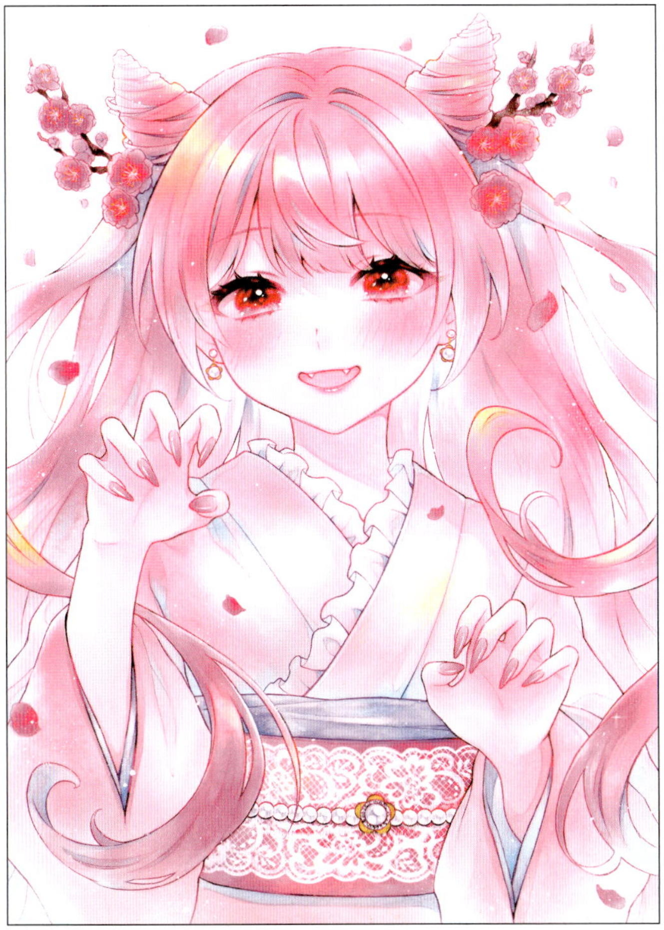

北海道・星猫しずか【コピック】

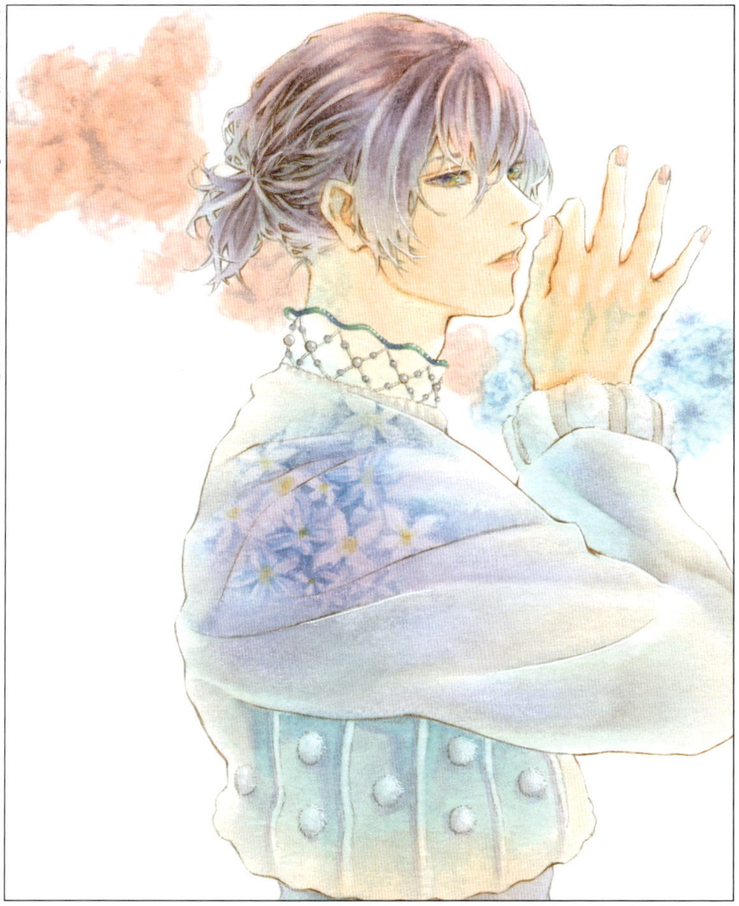

埼玉県・参崎シュリ【コピック・アルビレオ水彩紙】

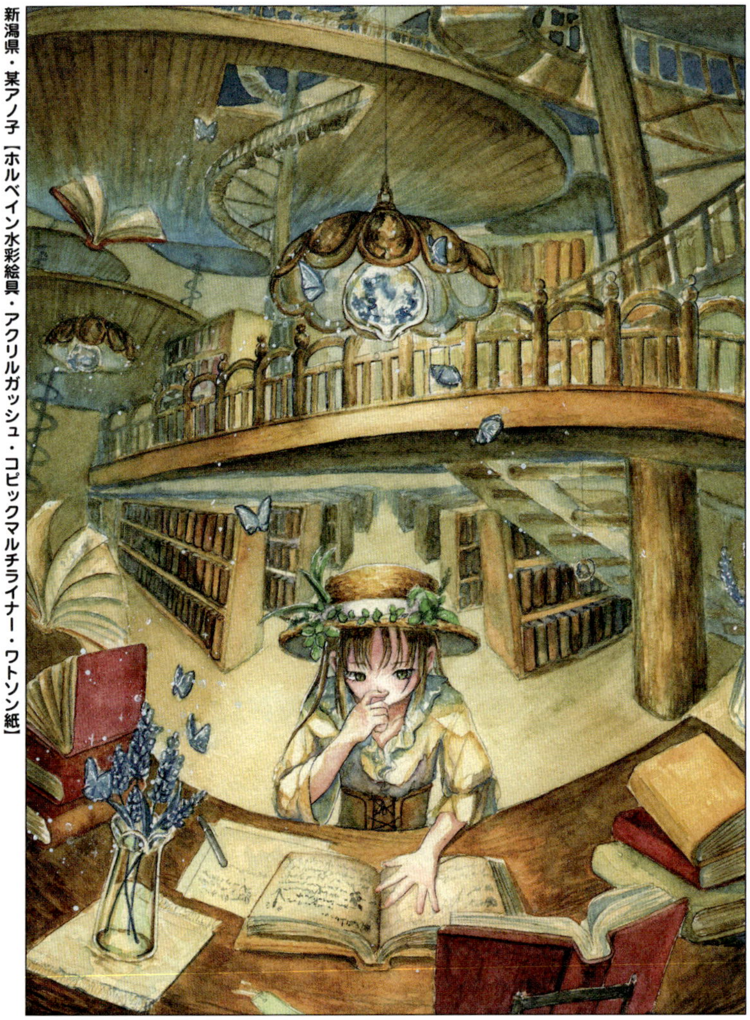

新潟県・某アノ子【ホルベイン水彩絵具・アクリルガッシュ・コピックマルチライナー・ワトソン紙】

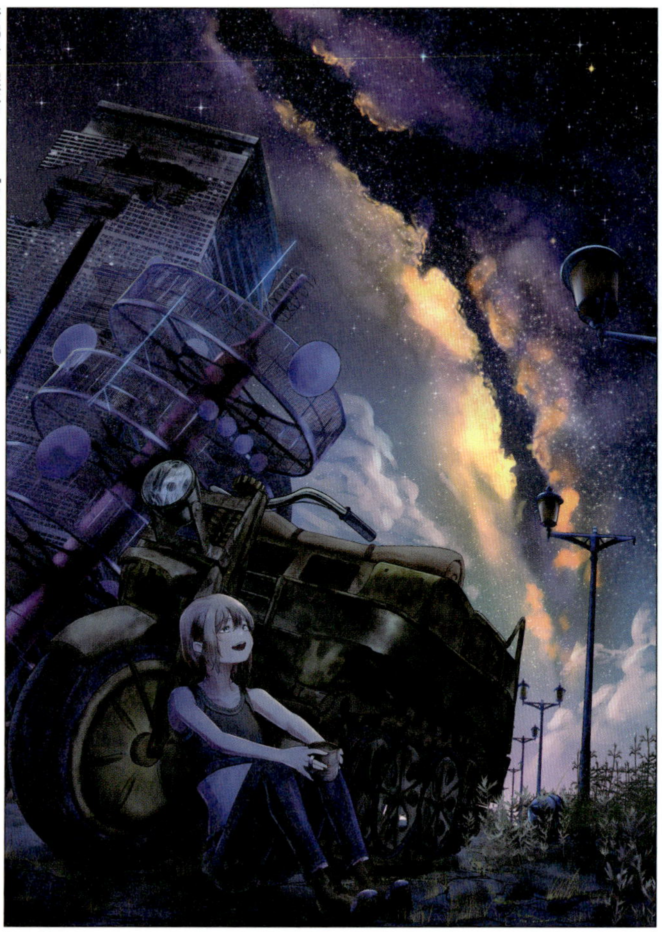

新潟県・星天コーヒー【CLIP STUDIO PAINT】

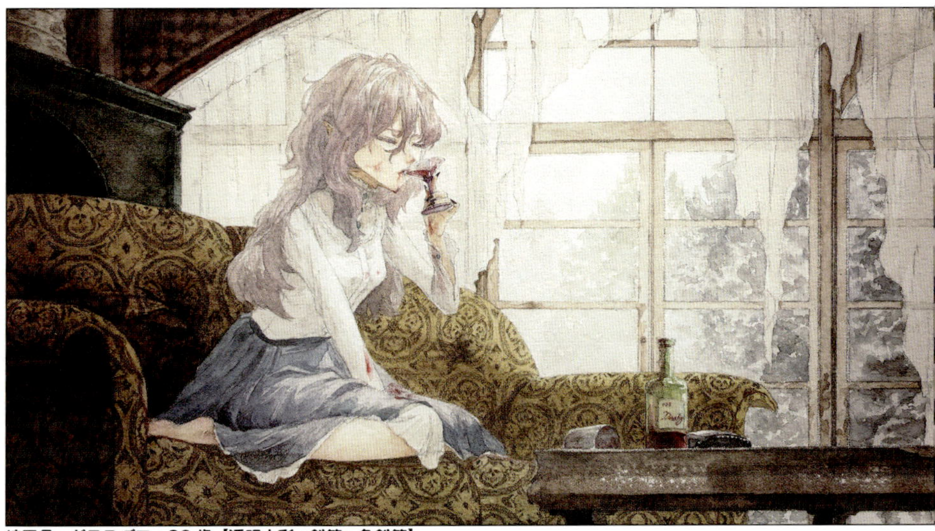

埼玉県・ガラスダマ・28歳【透明水彩・鉛筆・色鉛筆】

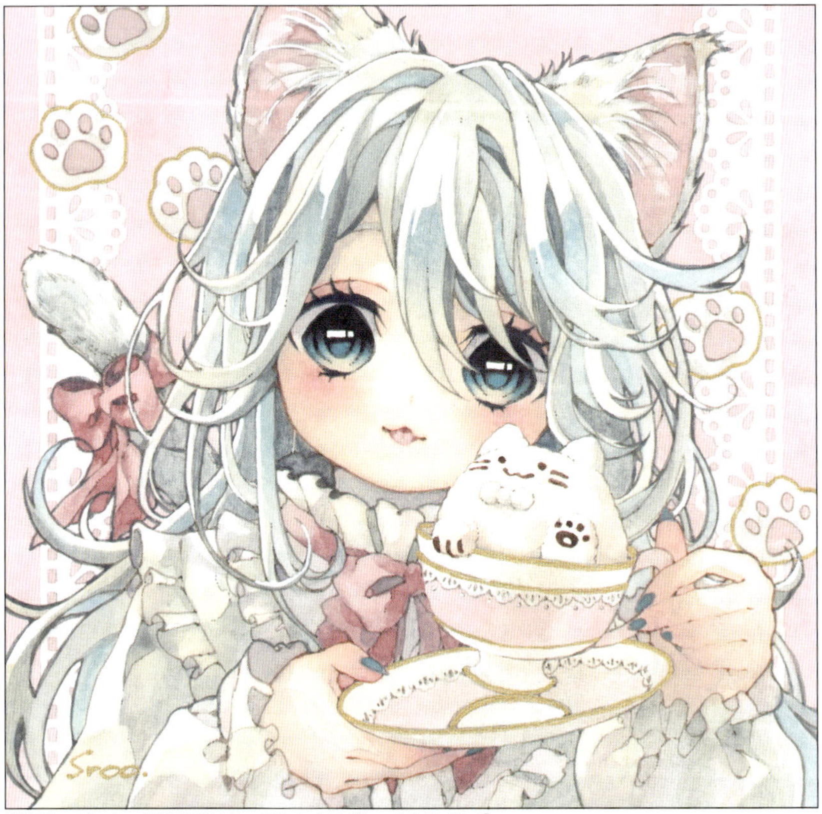

滋賀県・shiroha【透明水彩（シュミンケホラダム・ホルベイン）】

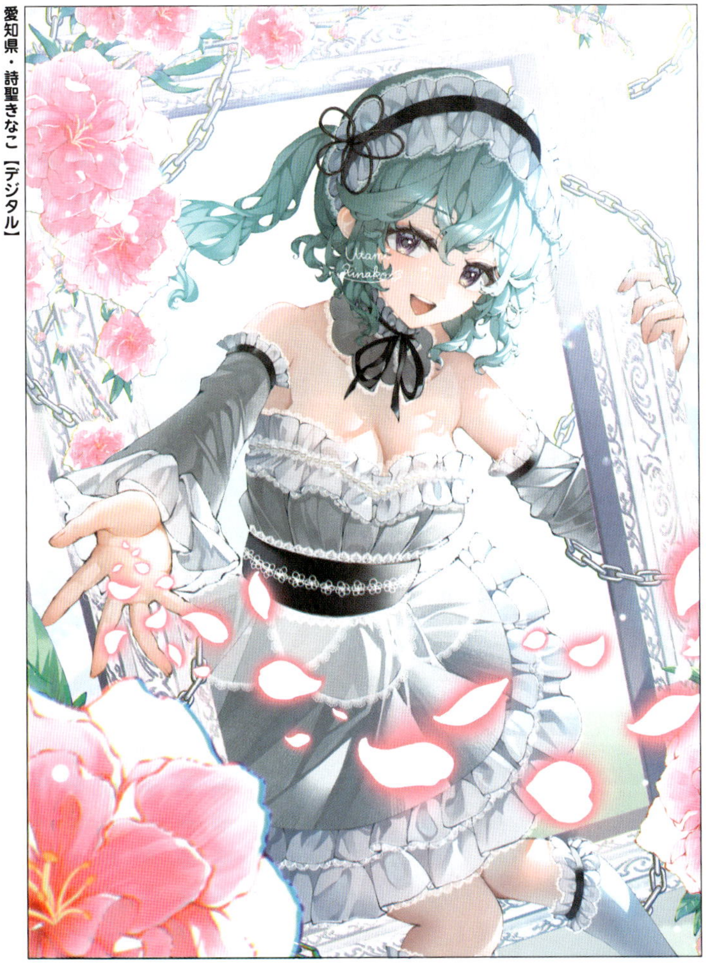

愛知県・詩聖きなこ【デジタル】

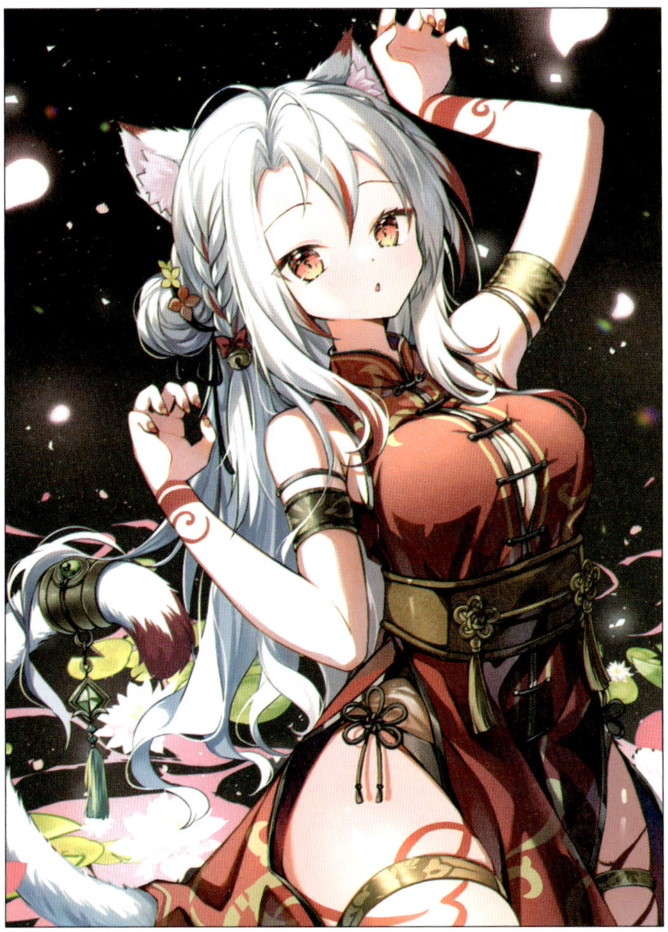

【CLIP STUDIO PAINT】

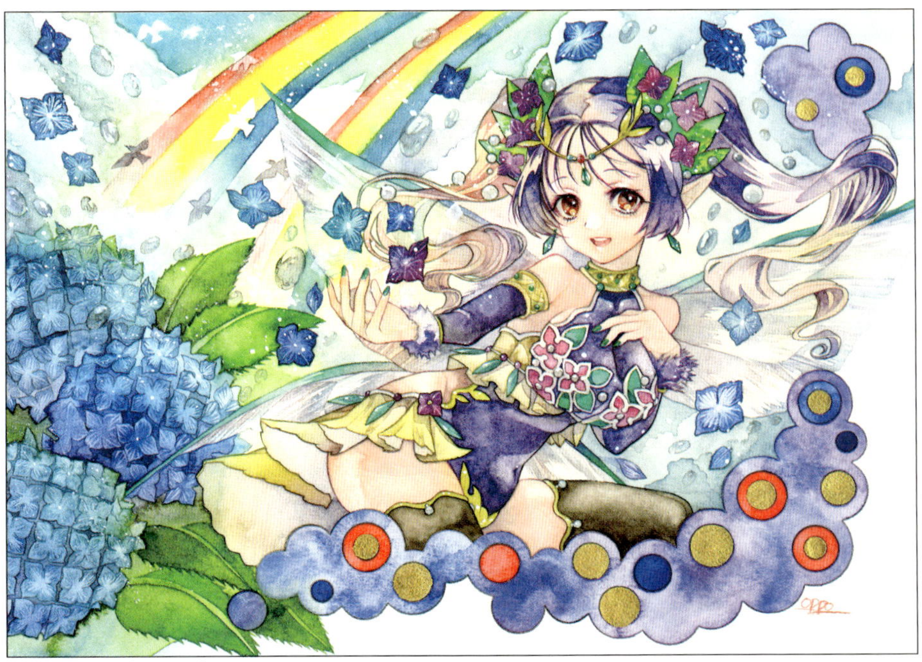

三重県・伊江田【透明水彩】

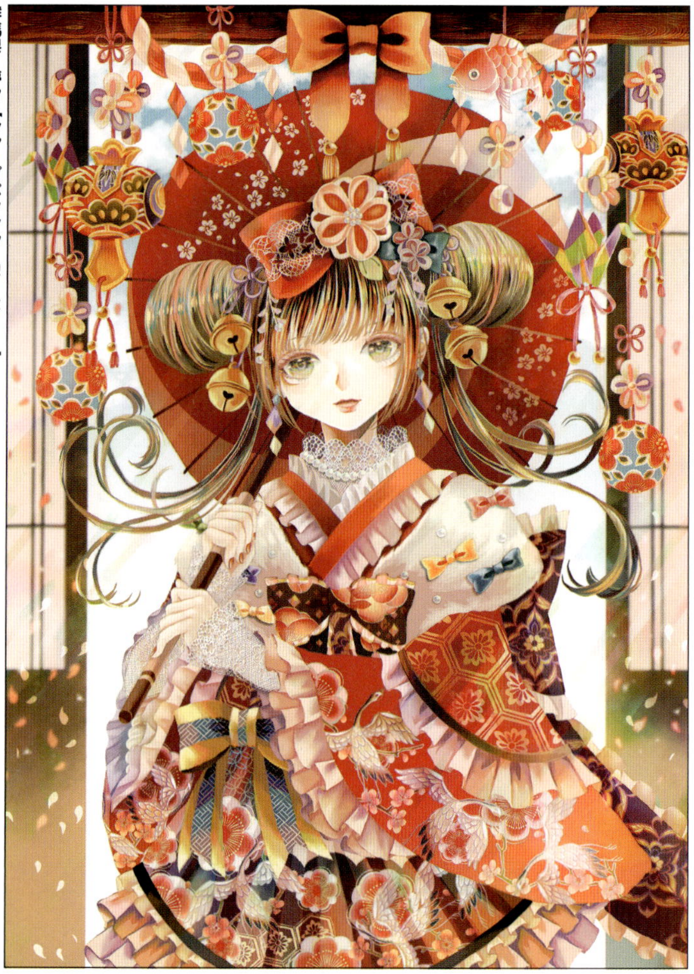

群馬県・夢々【シャープペンシル・FireAlpaca】

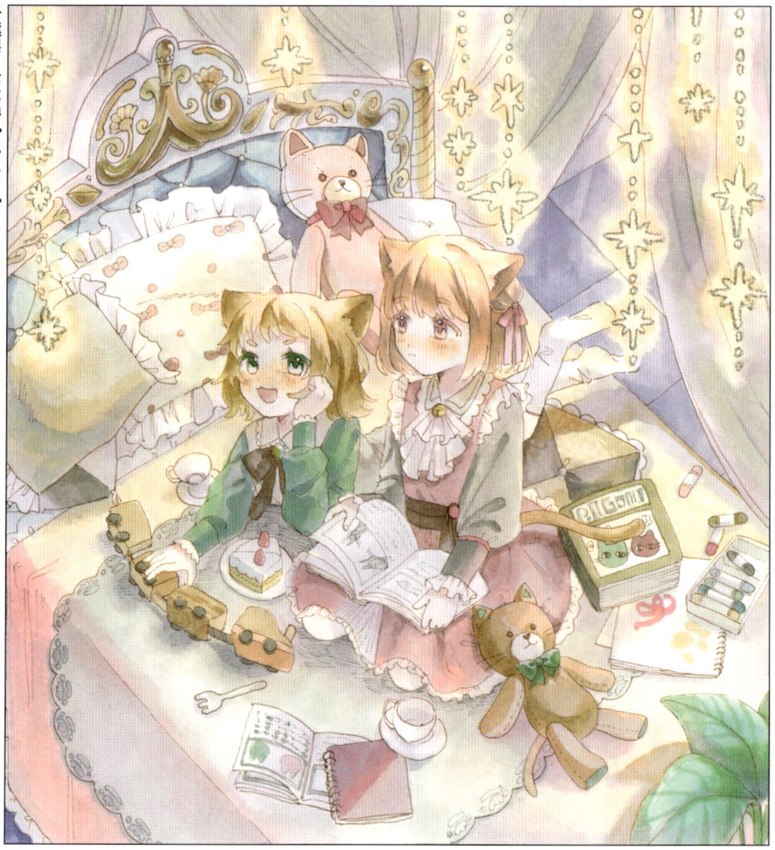

千葉県・なたね【コピック】

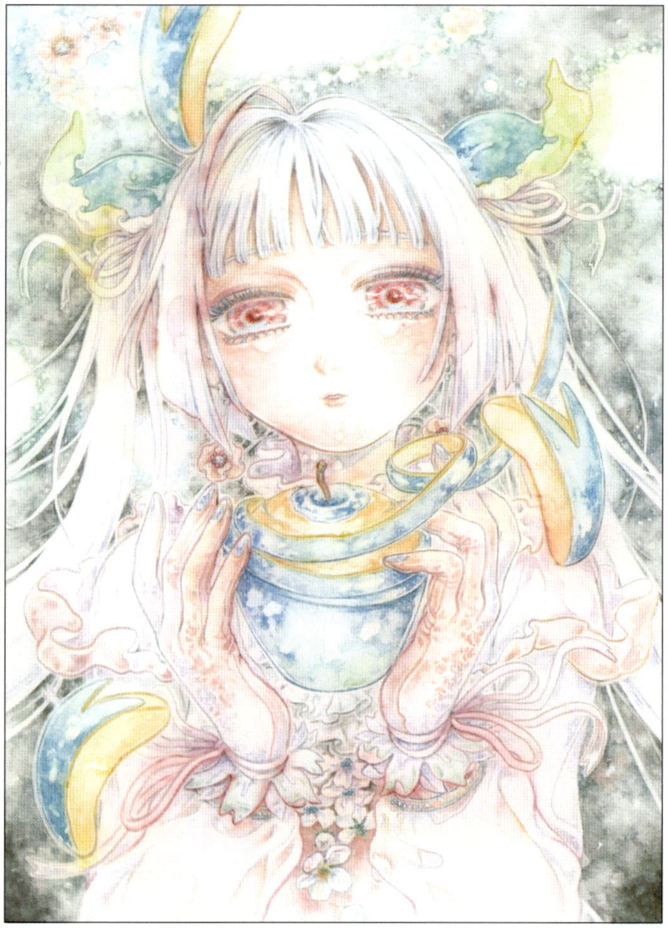

滋賀県・日なた野乃【透明水彩・カラーインク・色鉛筆】

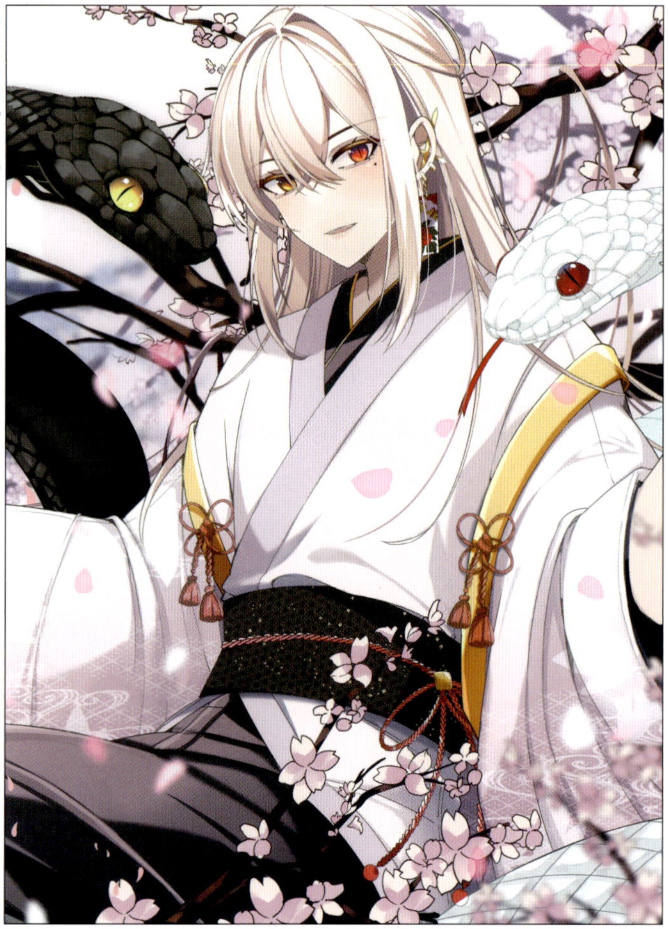

大阪府・冷奴【SAI】

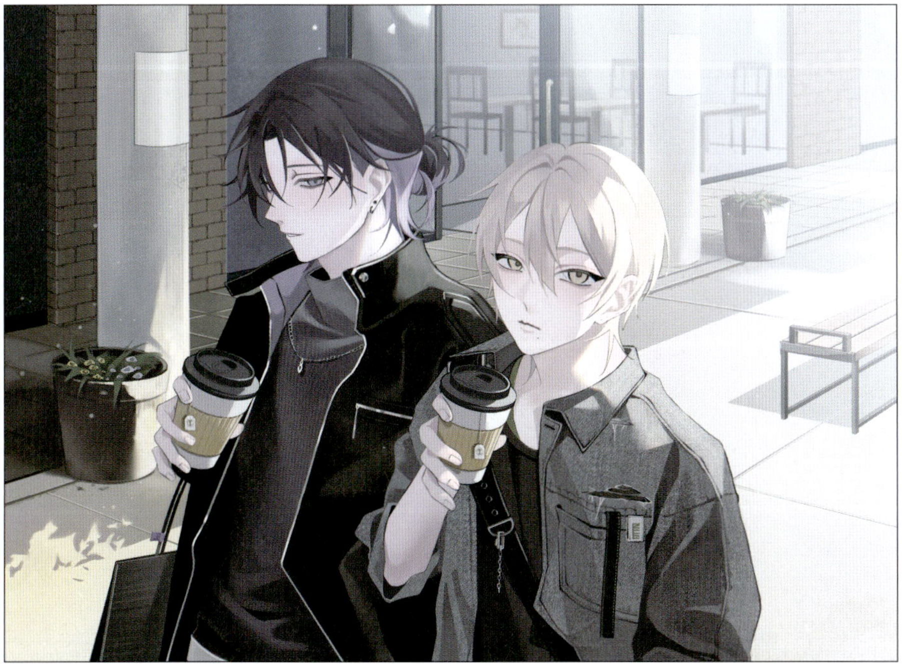

岐阜県・瀬ツナ【CLIP STUDIO PAINT】

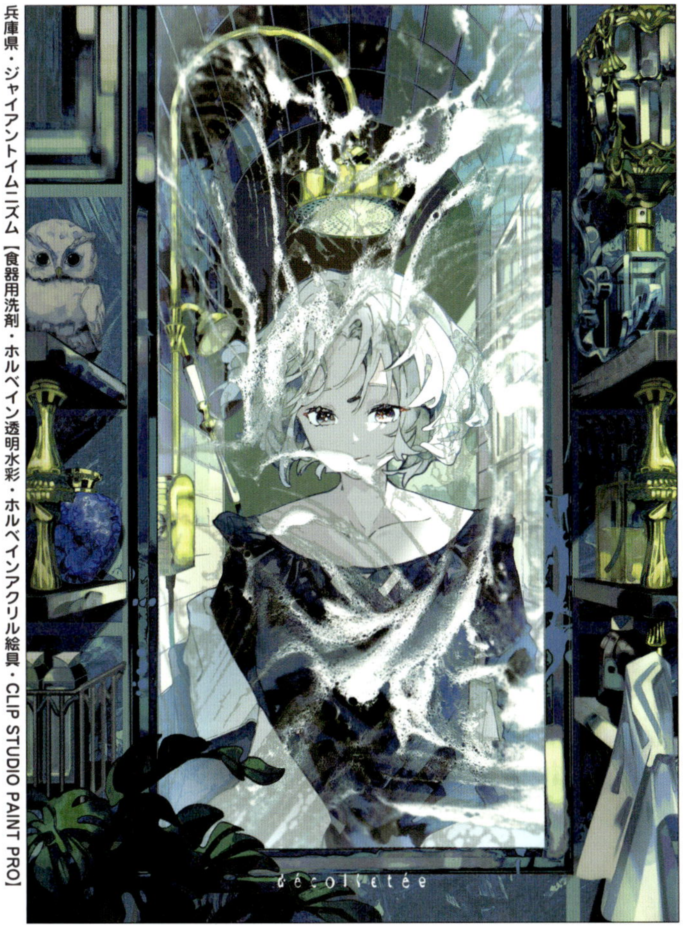

兵庫県・ジャイアントイムニズム【食器用洗剤・ホルベイン透明水彩・ホルベインアクリル絵具・CLIP STUDIO PAINT PRO】

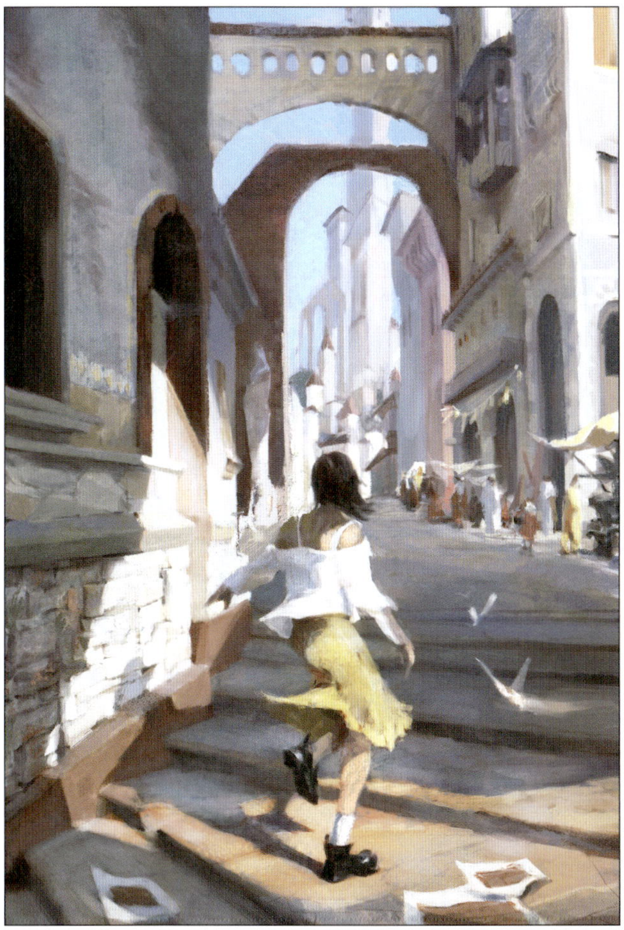

アメリカ・Cheri Wang【Photoshop】

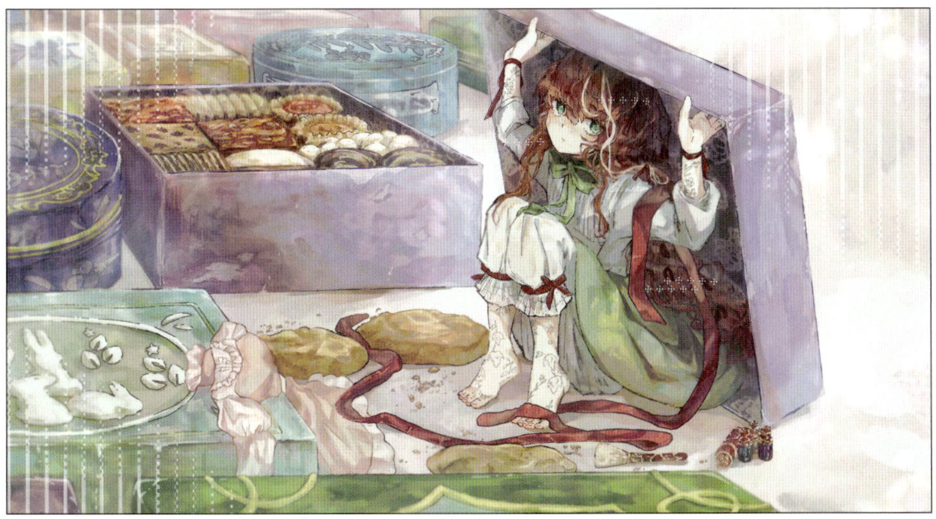

岐阜県・空し色【CLIP STUDIO PAINT】

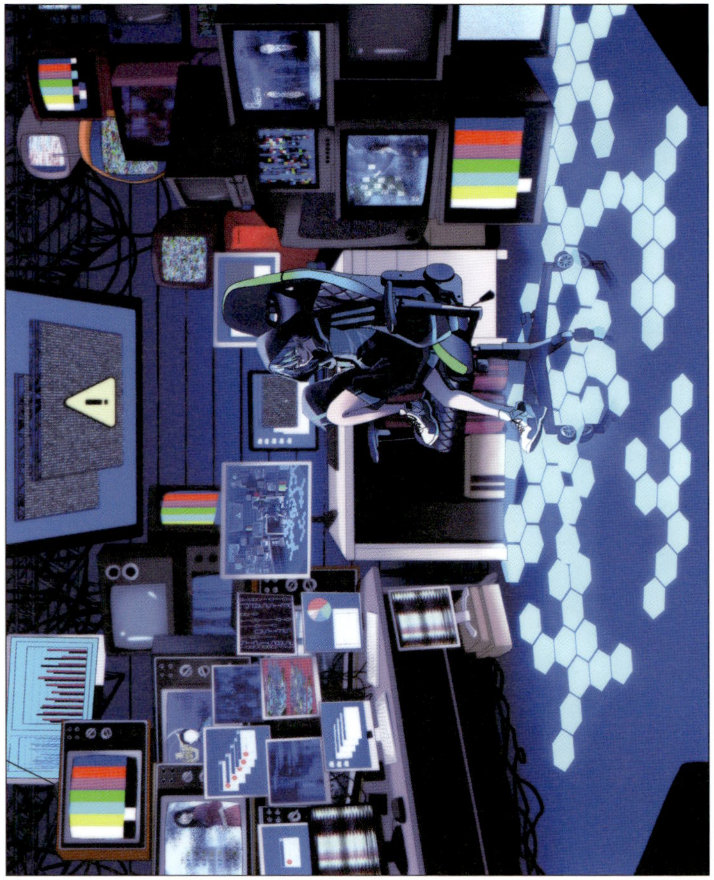

大阪府・白ねずみ【CLIP STUDIO PAINT・SAI】

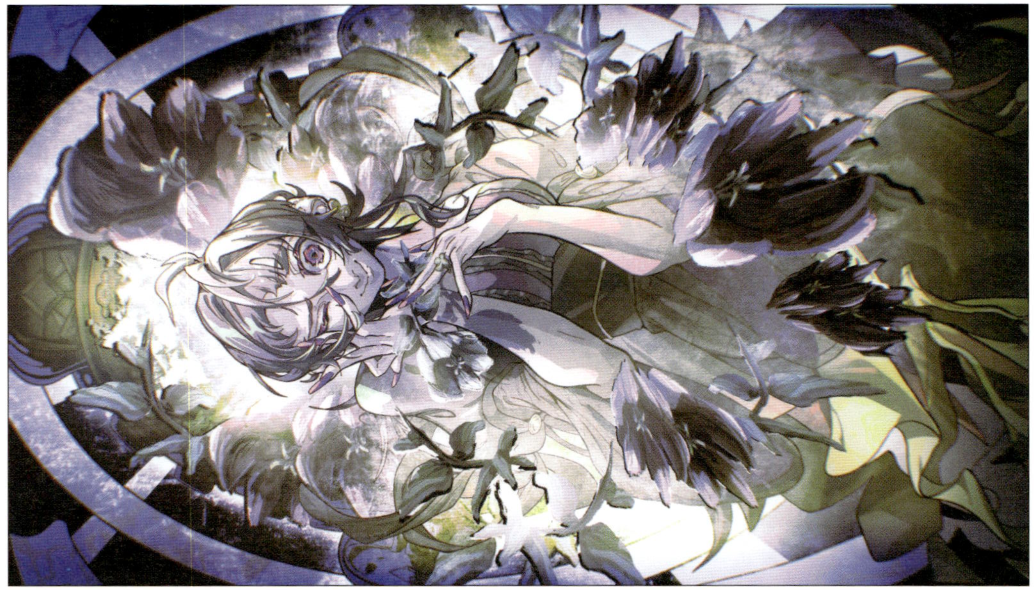

新潟県・化2°【Procreate】

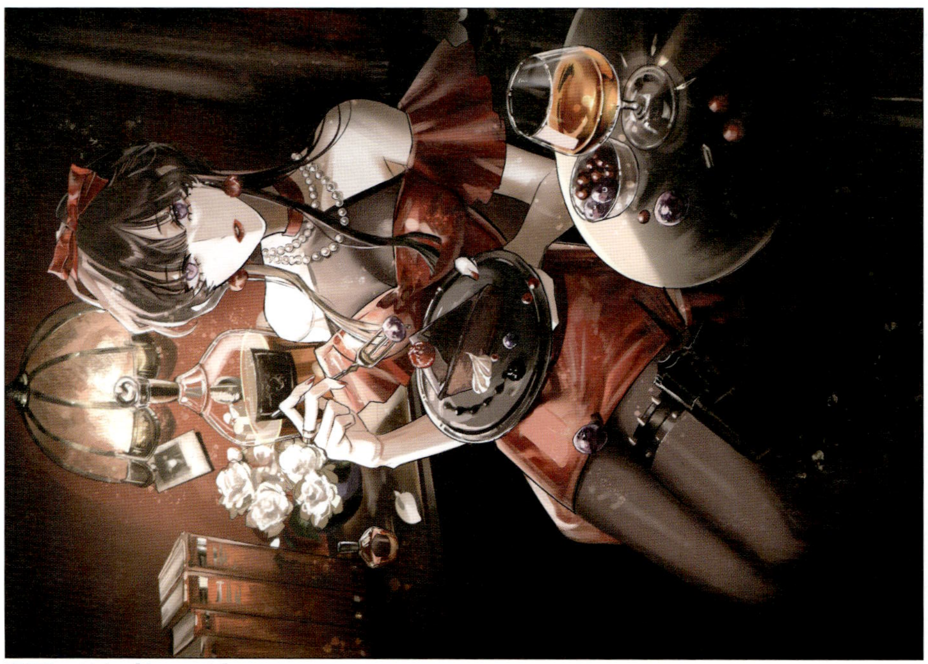

福岡県・shiuka【Procreate】

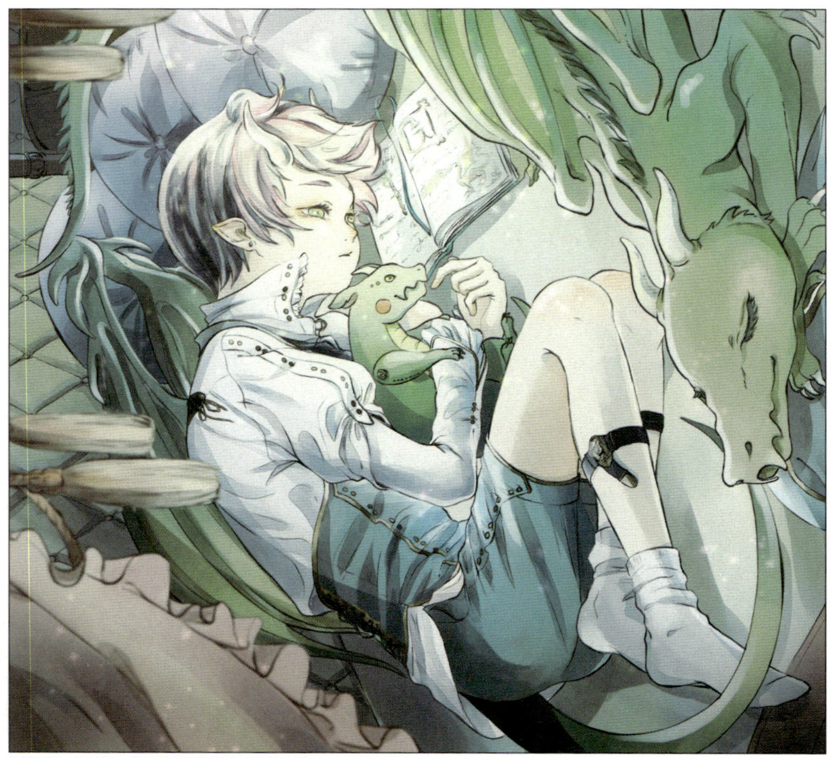

長野県・夜衣子【CLIP STUDIO PAINT】

広島県・コロ【透明水彩】

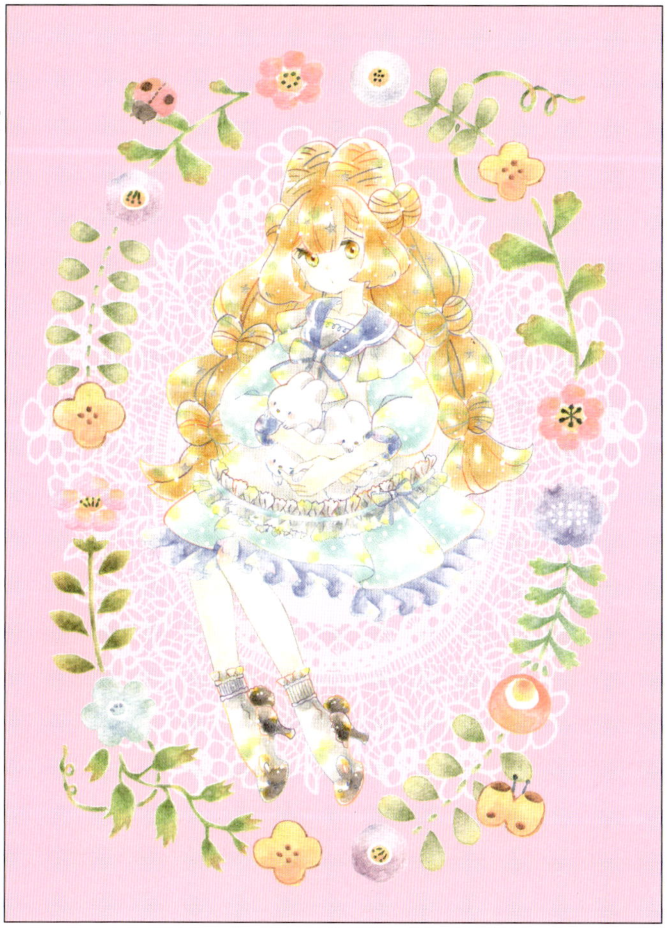

千葉県・nanohana【透明水彩・水彩色鉛筆】

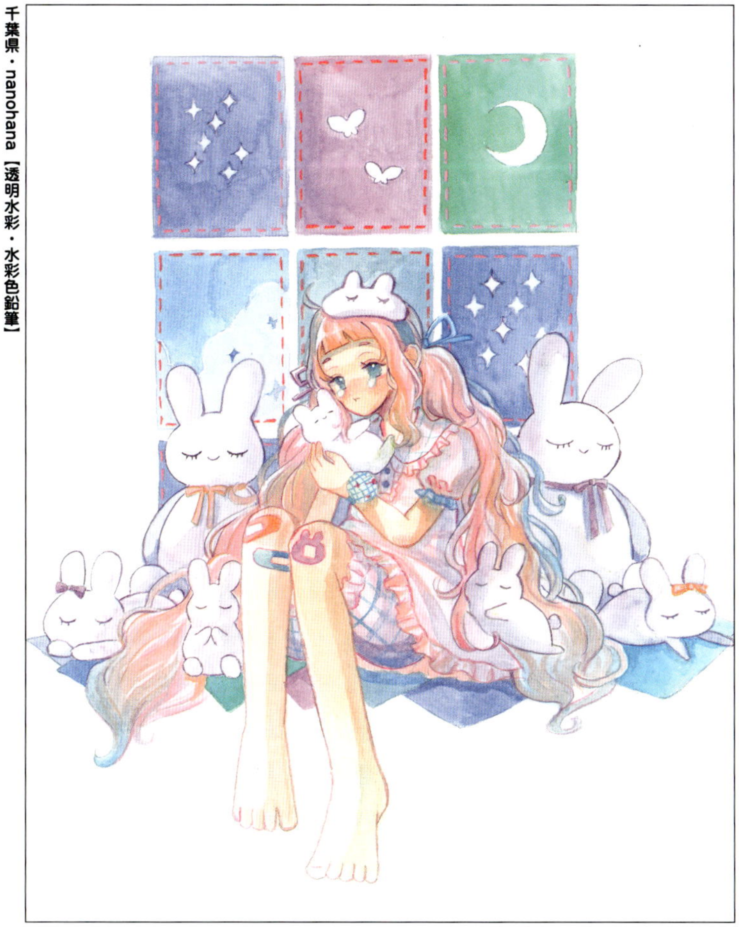

鹿児島県・まごたに・15歳【顔彩耽美・ターナーポスターカラー・Doアートペーパー】

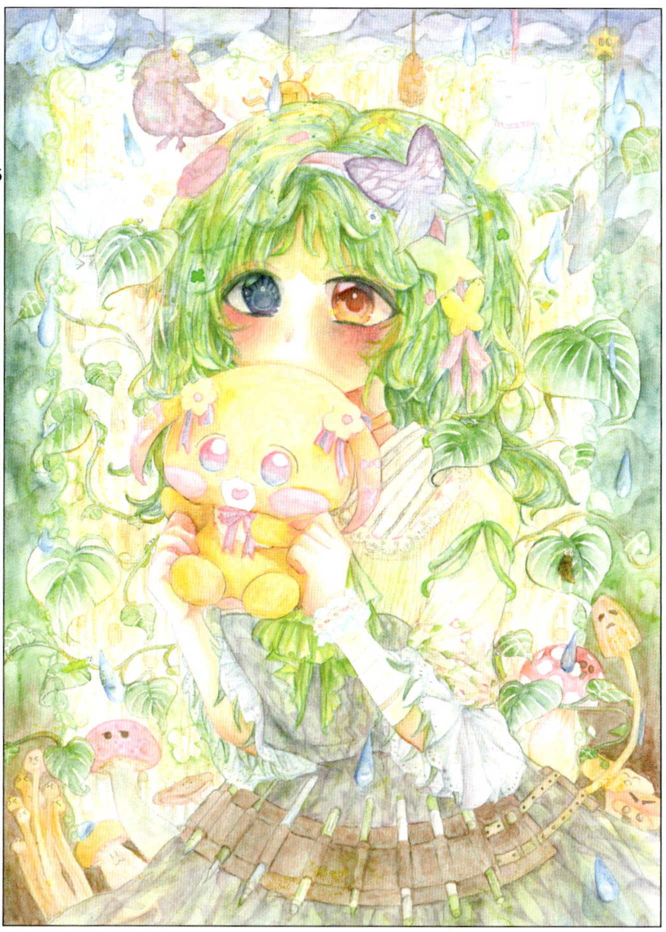

栃木県・まうら【ワトソン紙・コピックマルチライナー・ボールペン・水彩絵具・アクリルガッシュ】

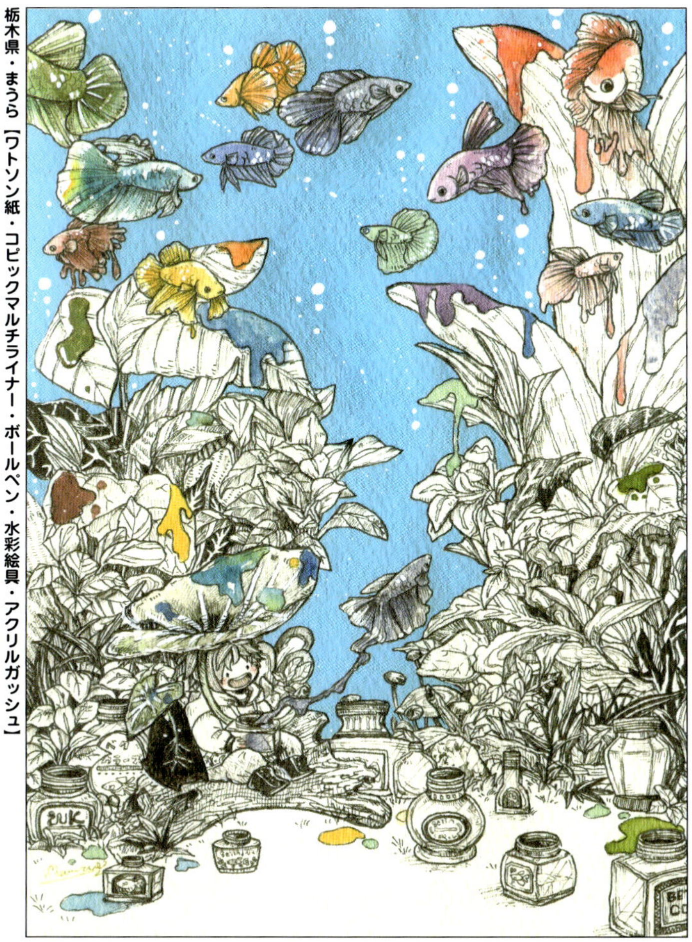

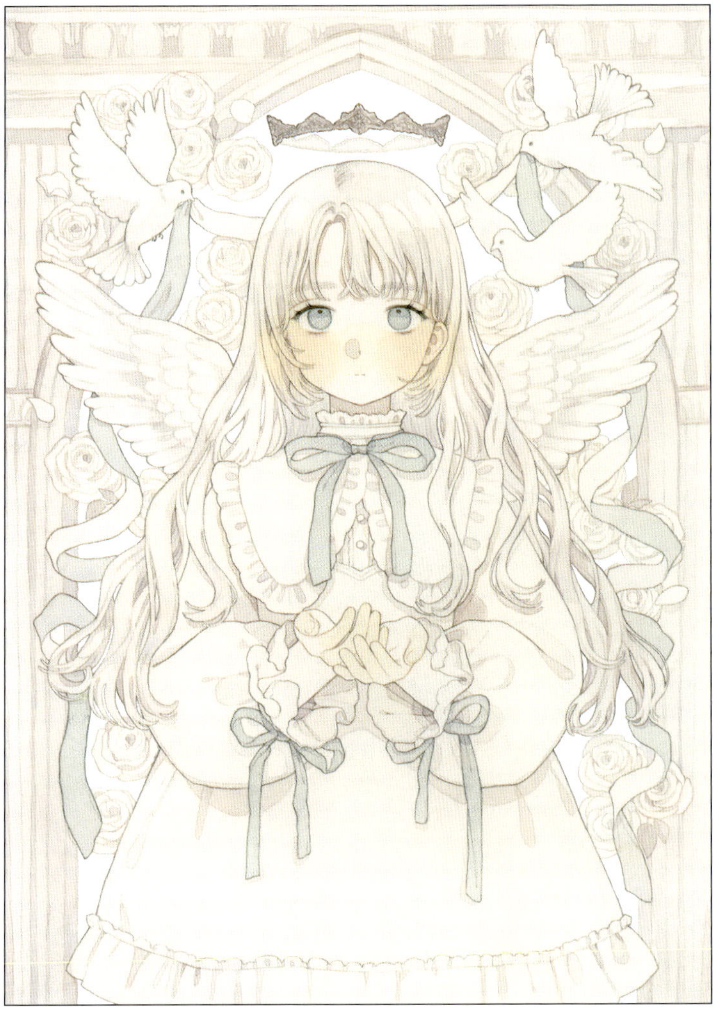
大阪府・ねこい【透明水彩】

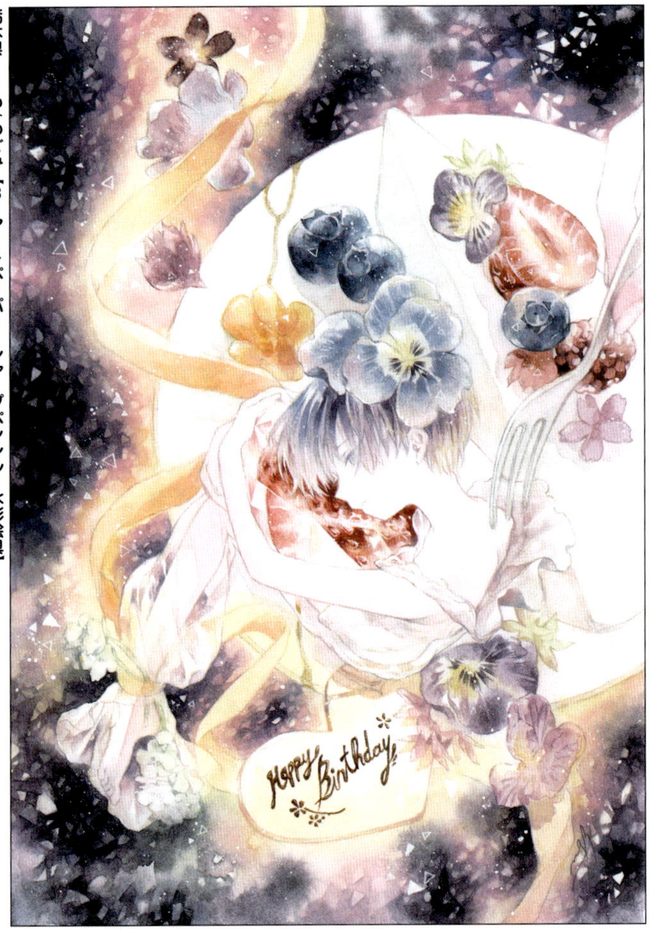

栃木県・mg3/めぐみ【Beアートペーパー・シャープペンシル・水彩絵具】

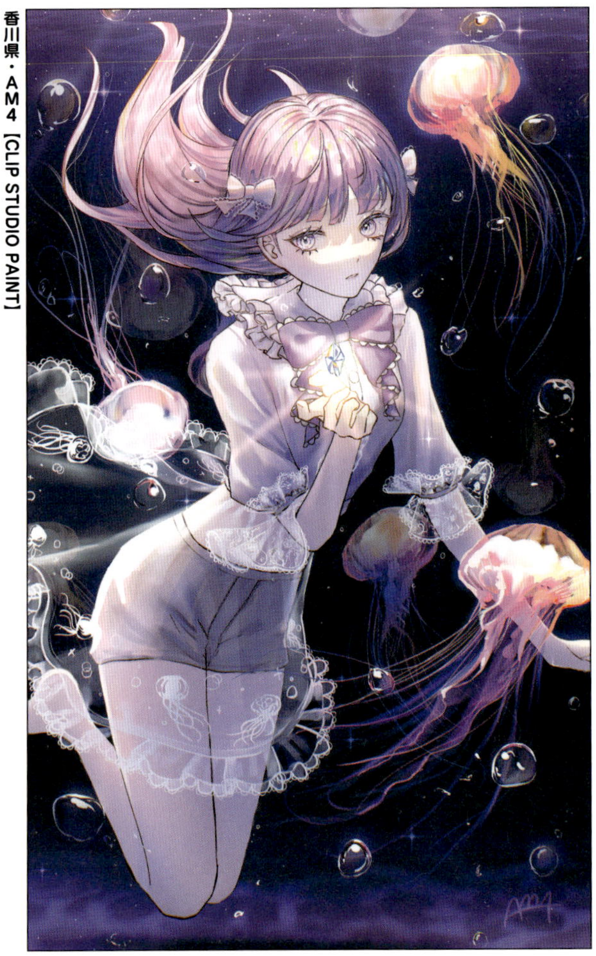
香川県・AM4【CLIP STUDIO PAINT】

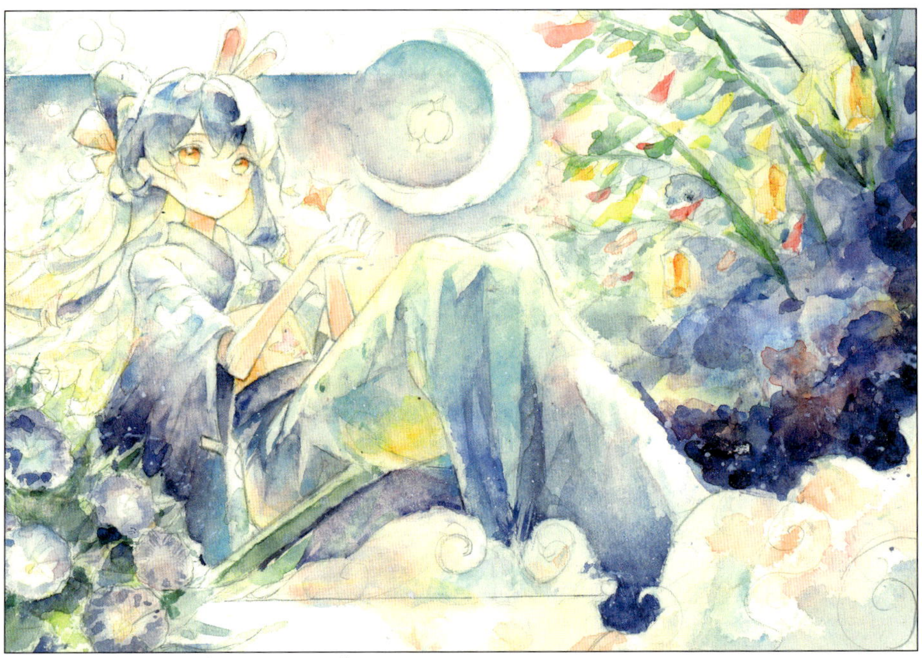
東京都・ダナダナ・19歳【水彩紙・水彩絵具】

岡山県・minayuki【CLIP STUDIO PAINT】

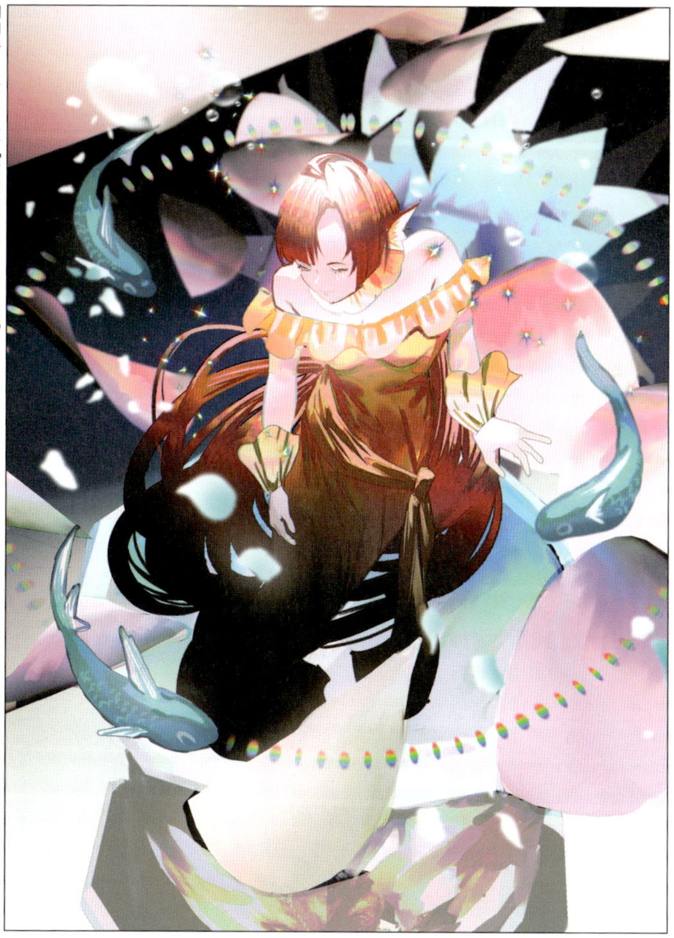

福岡県・月宮りむあ【液晶ペンタブレット】

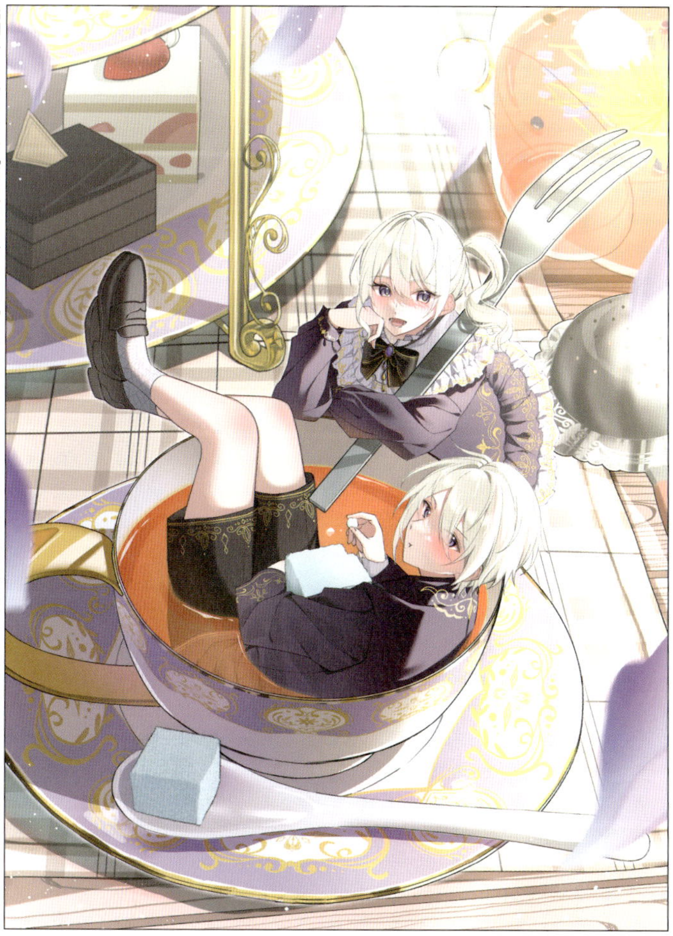

京都府・ayasolea【CLIP STUDIO PAINT】

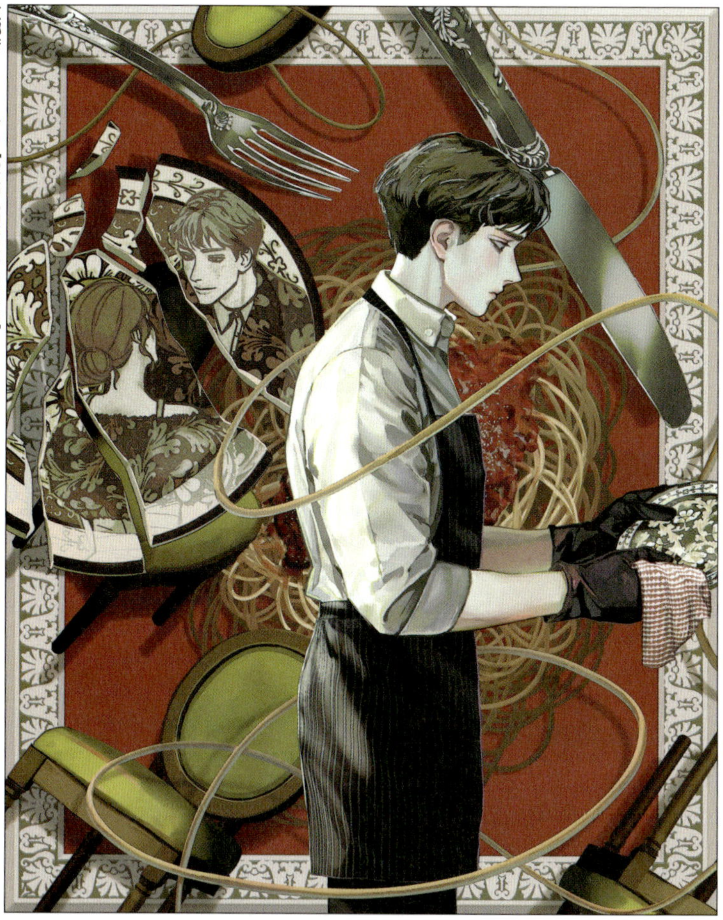

群馬県・第九【CLIP STUDIO PAINT】

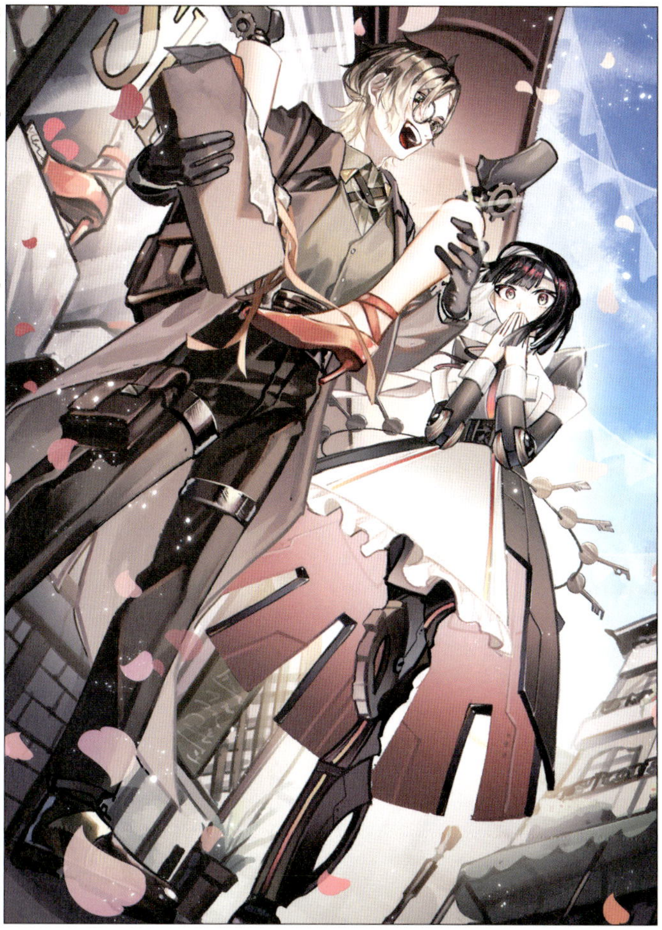

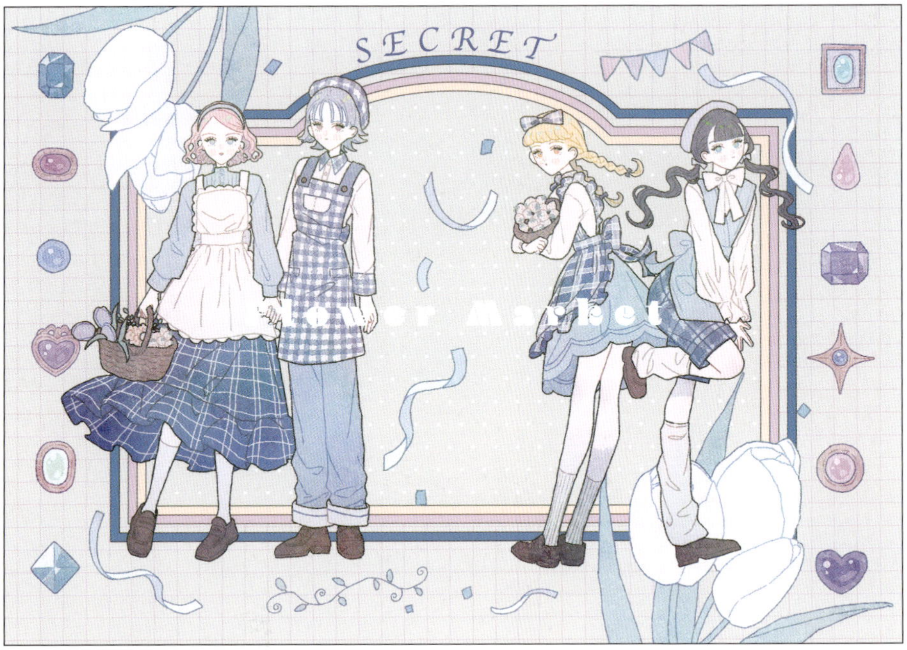

東京都・巴ゆも【CLIP STUDIO PAINT・Illustrator】

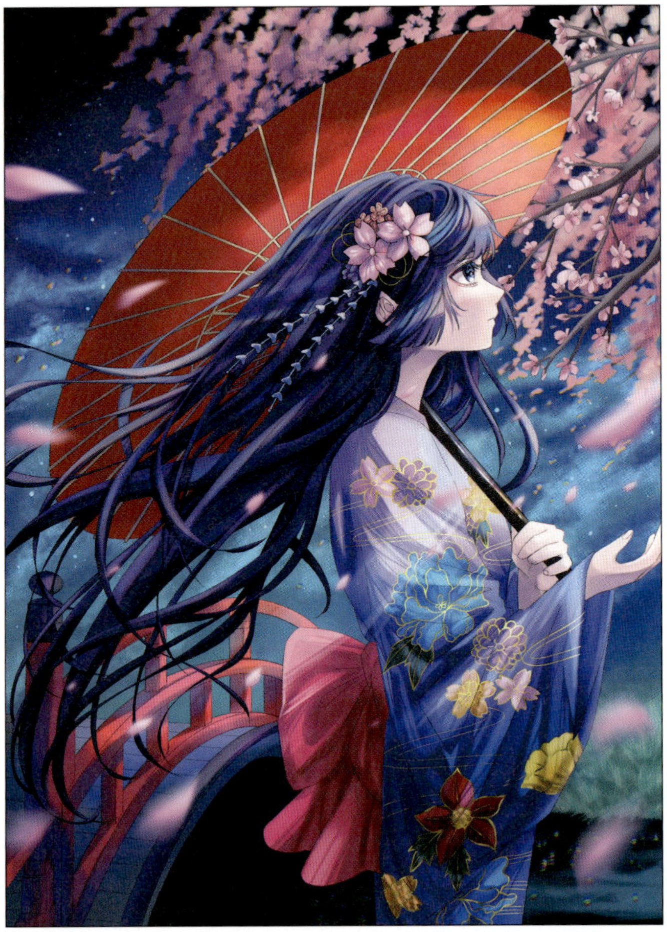

福島県・猫蚊子【iPad・Procreate】

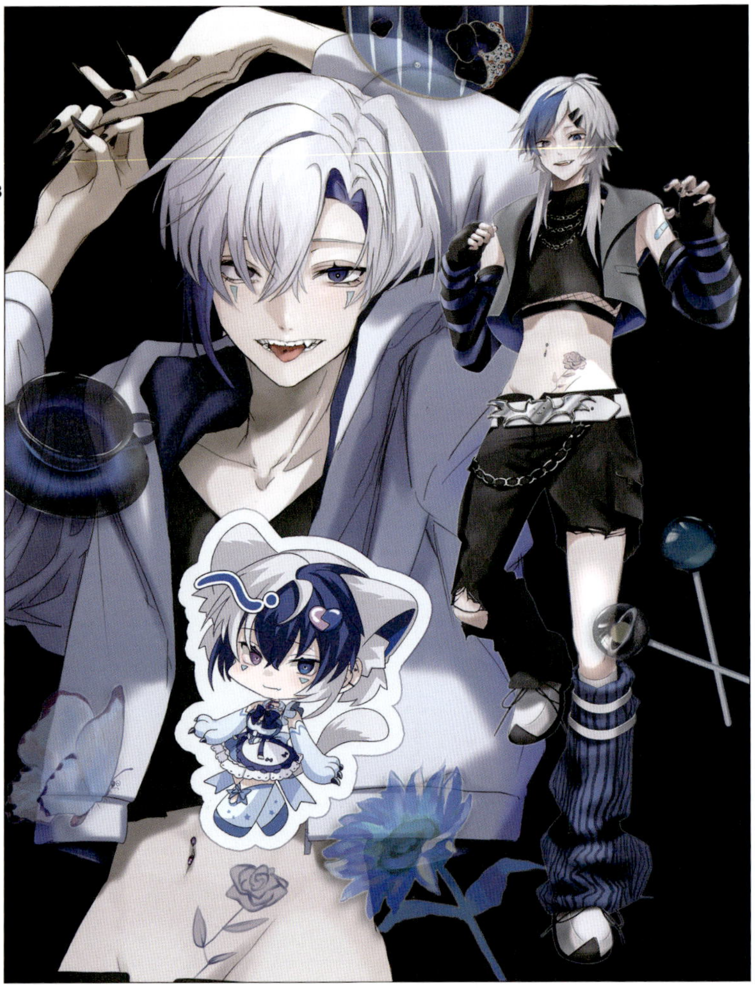

埼玉県・アキモトバル・28歳【CLIP STUDIO PAINT】

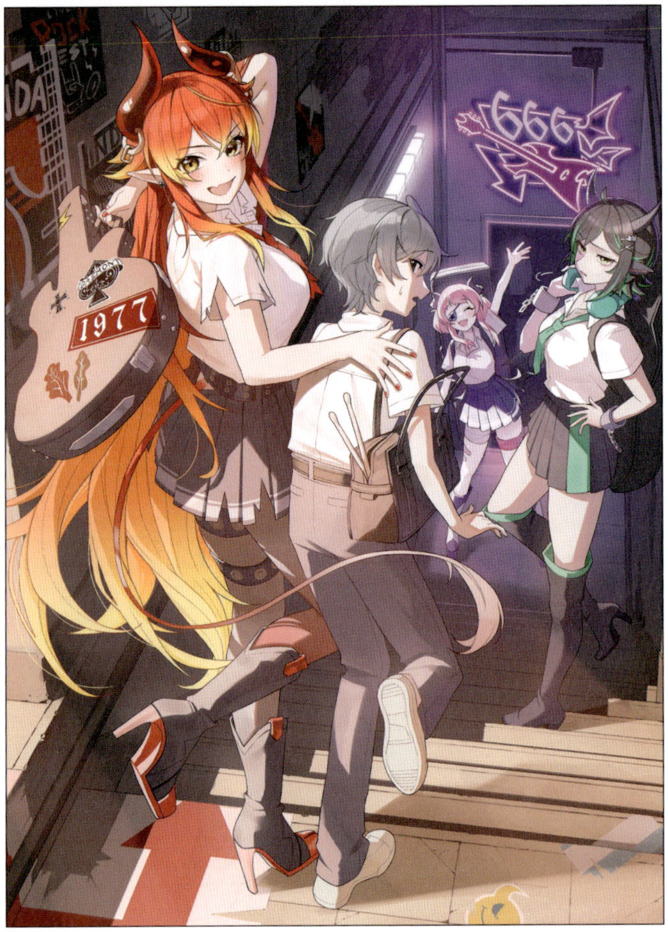

福岡県・有キ【CLIP STUDIO PAINT】

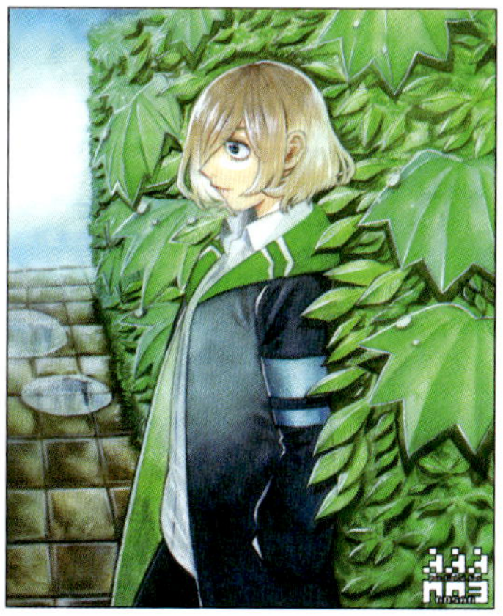
神奈川県・のさん

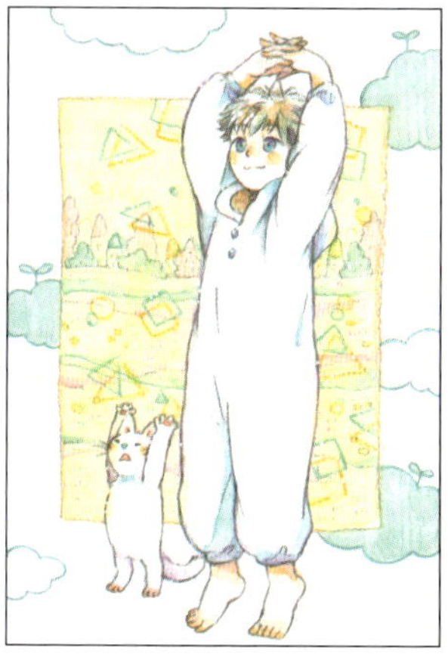
福岡県・ヒサ・43歳

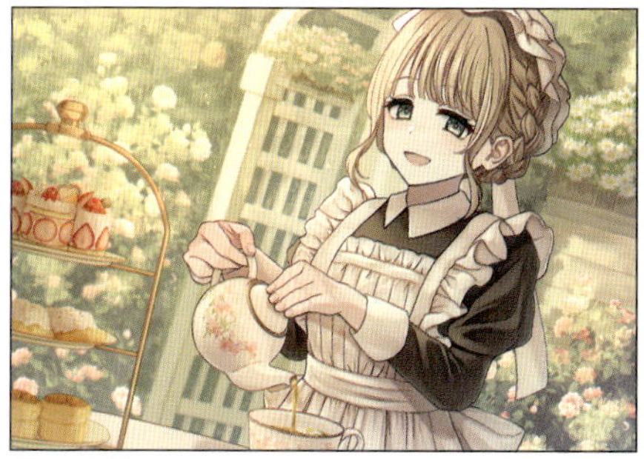
新潟県・煌星るな

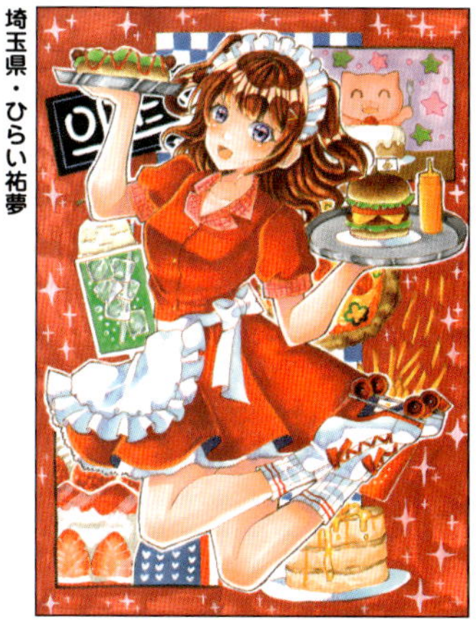
埼玉県・ひらい祐夢

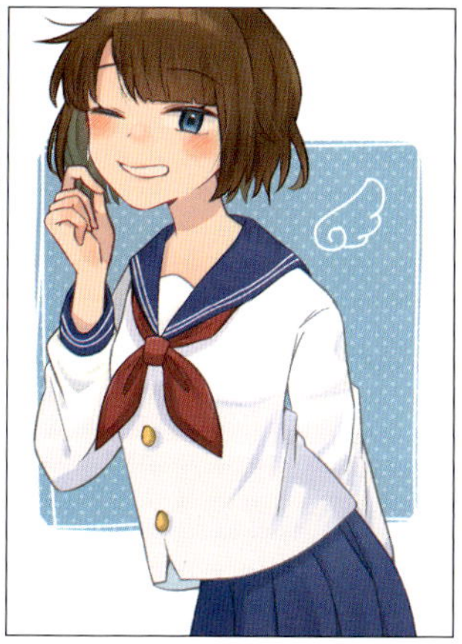
栃木県・早見らむ

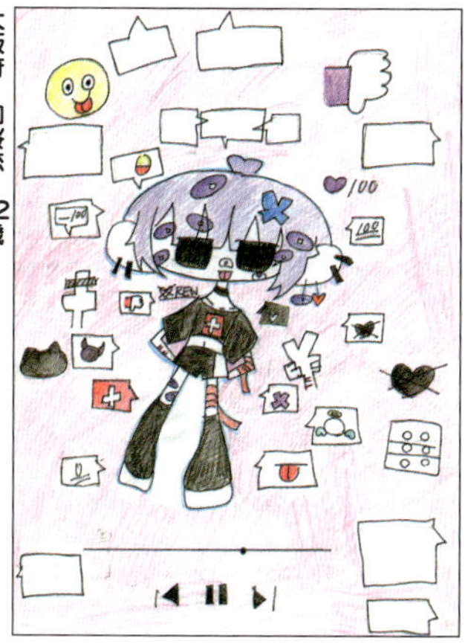
大阪府・和桜恋・12歳

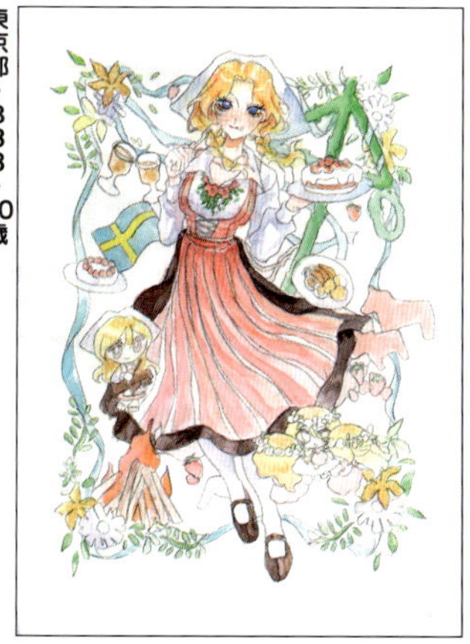
東京都・833・20歳

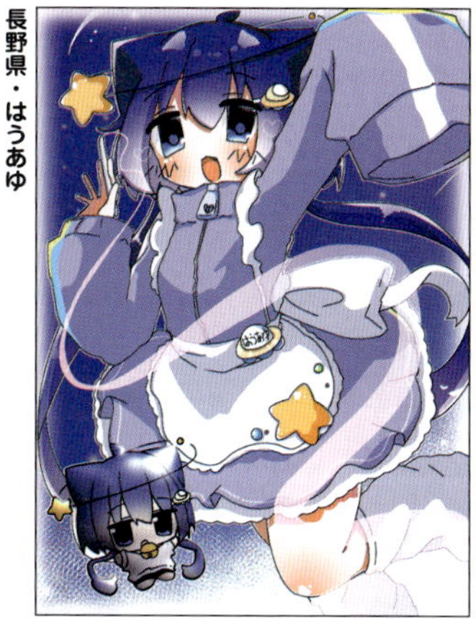
長野県・はうあゆ

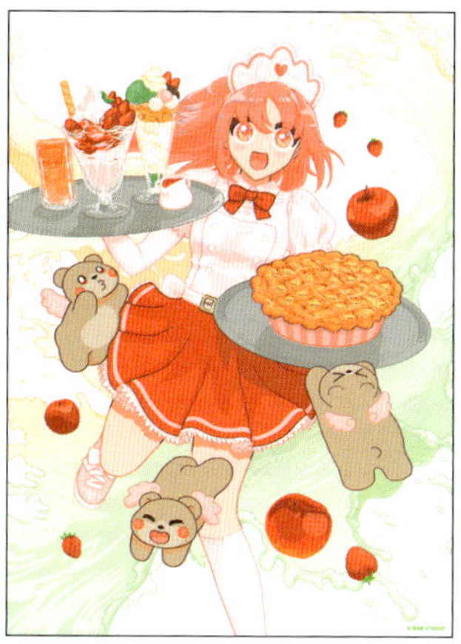
アメリカ・Billy Wan

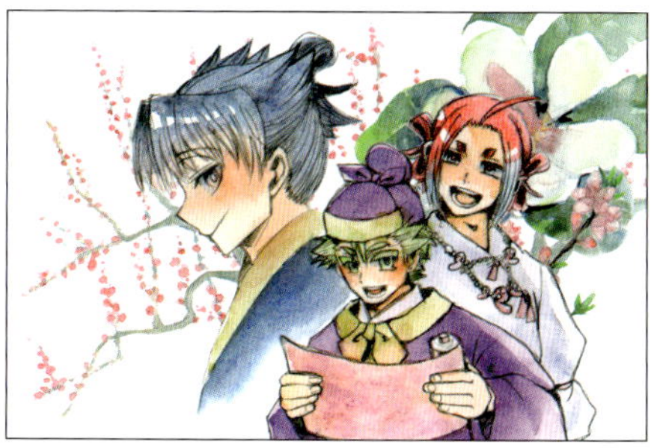
神奈川県・咨ののめ

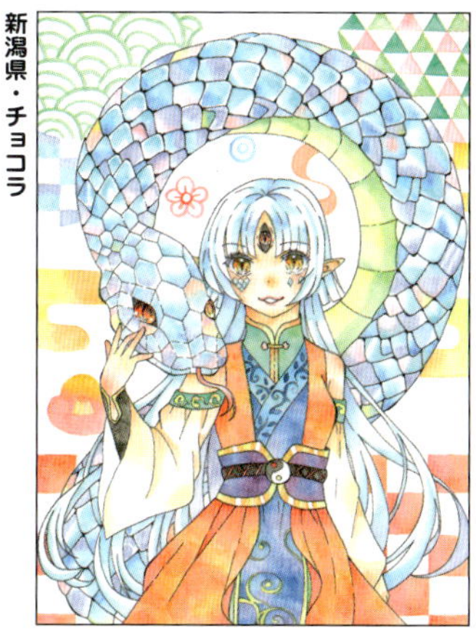
新潟県・チョコラ

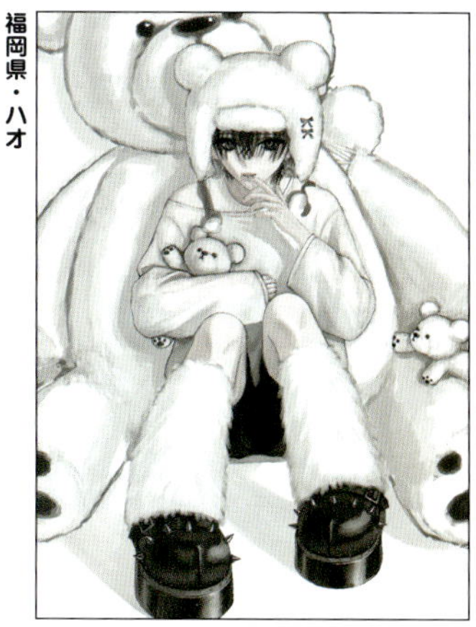
福岡県・ハオ

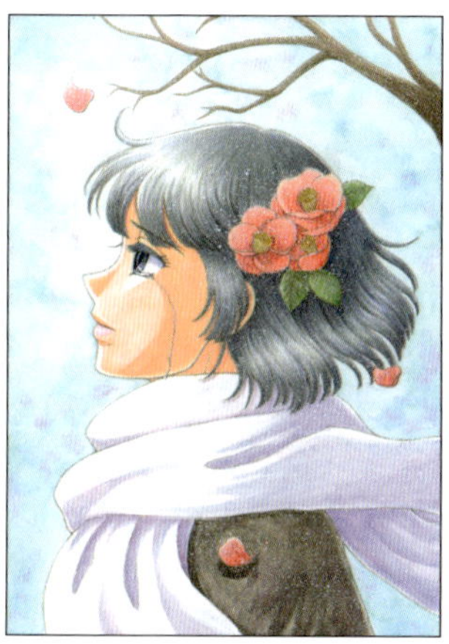
宮城県・如月ミエル

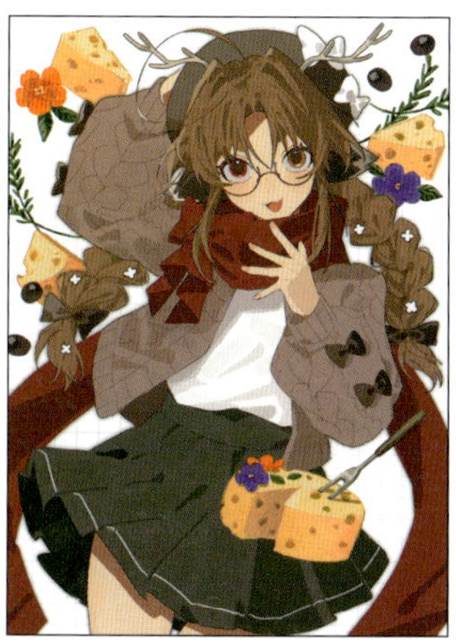
福井県・Cheese

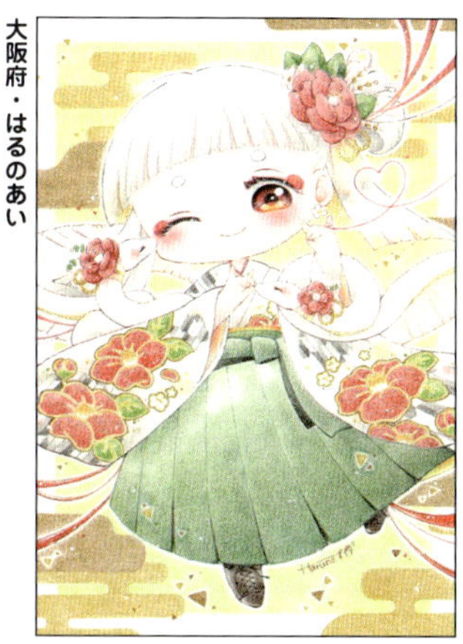
大阪府・はるのあい

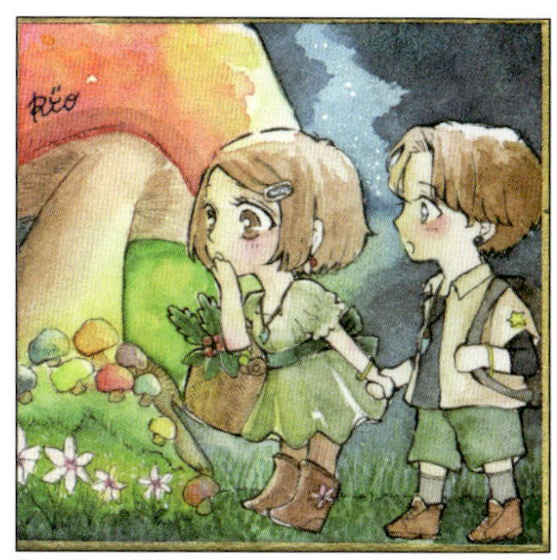
秋田県・里桜

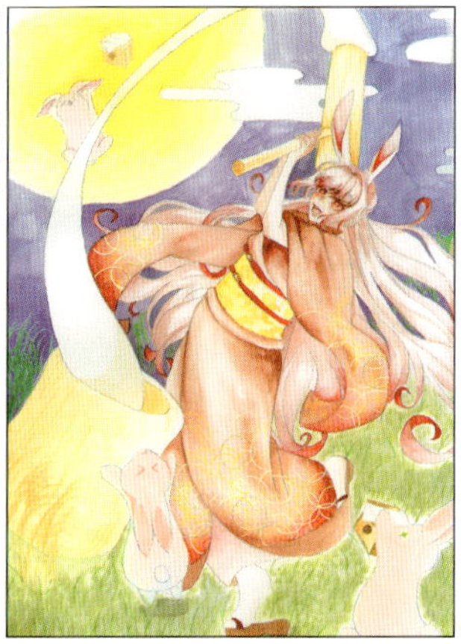
東京都・ハルマキ

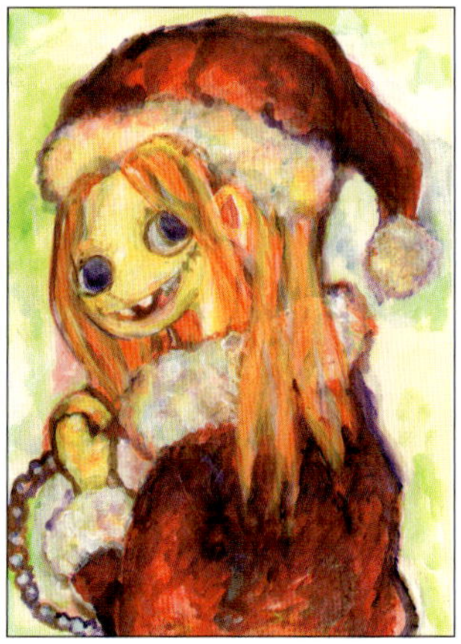
和歌山県・ひろいうみ

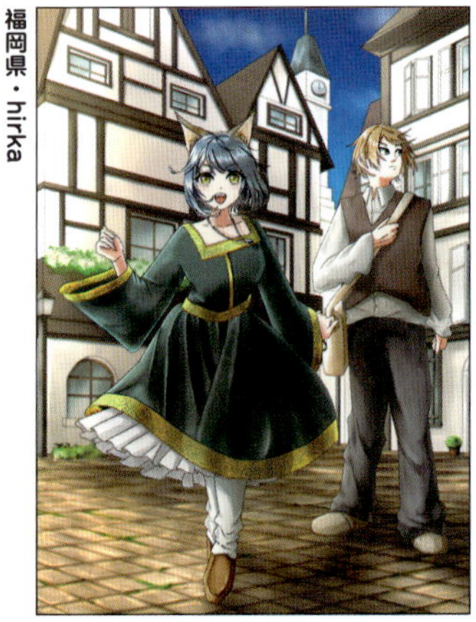
福岡県・hirka

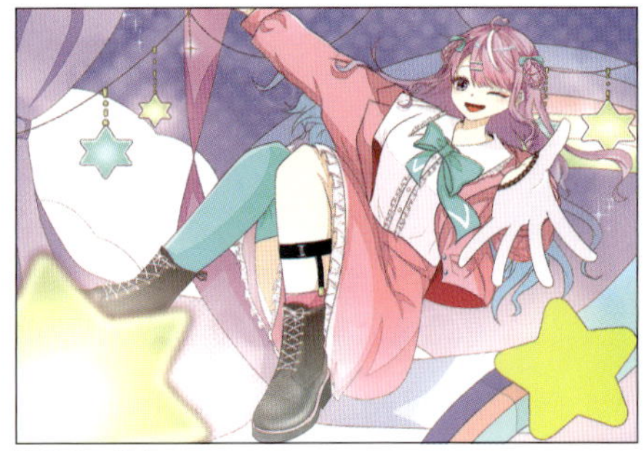
新潟県・路山

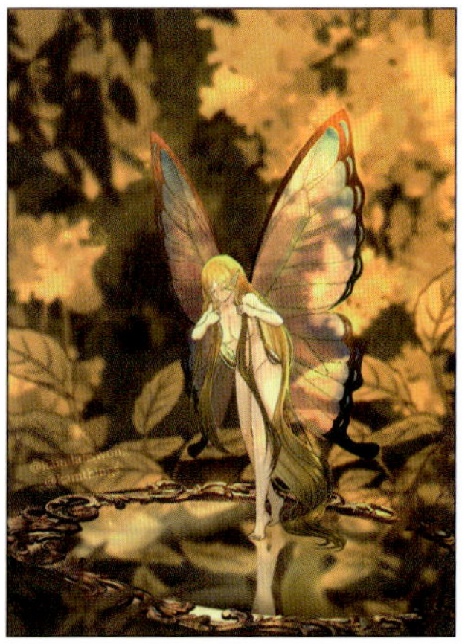
アメリカ・Kamilah Wong

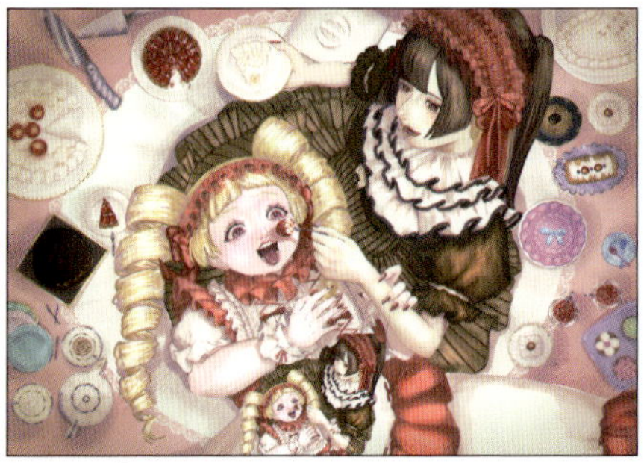
新潟県・盛子

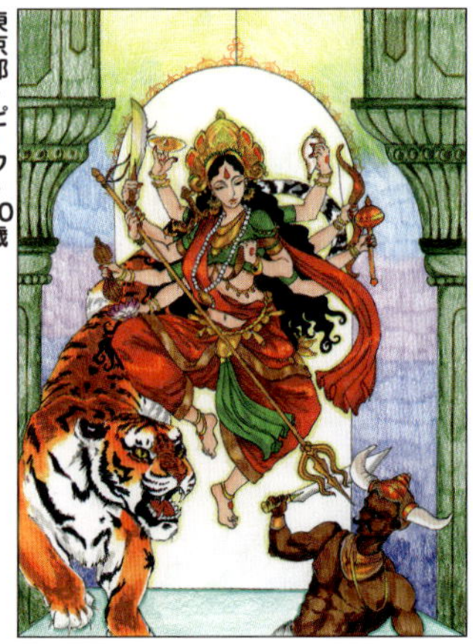
東京都・ピーフ・20歳

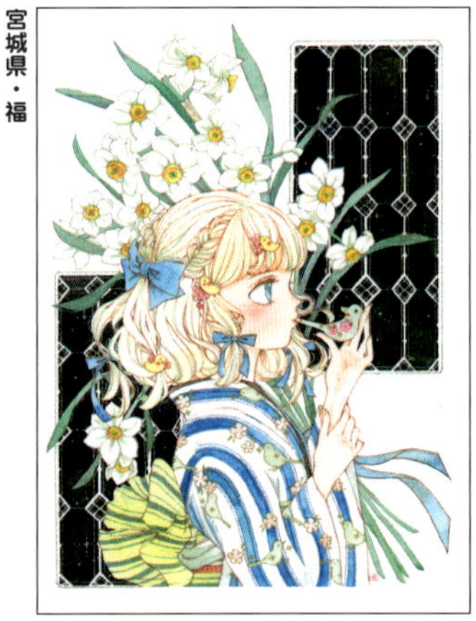
宮城県・福

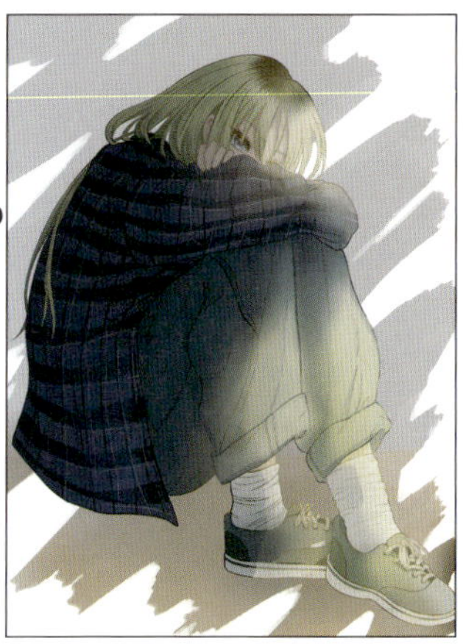
岐阜県・ひさん・19歳

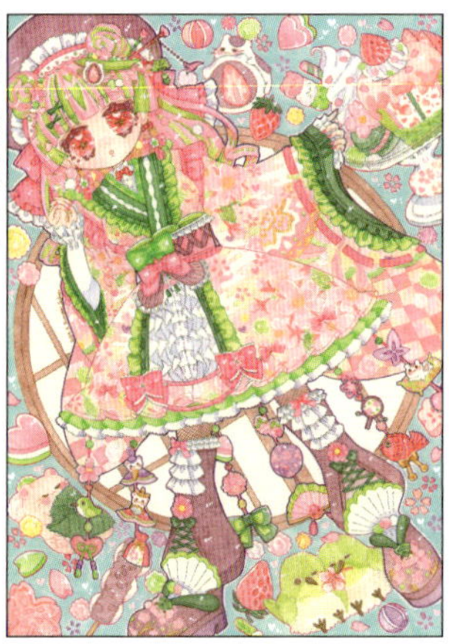
福島県・朧々咲すかる

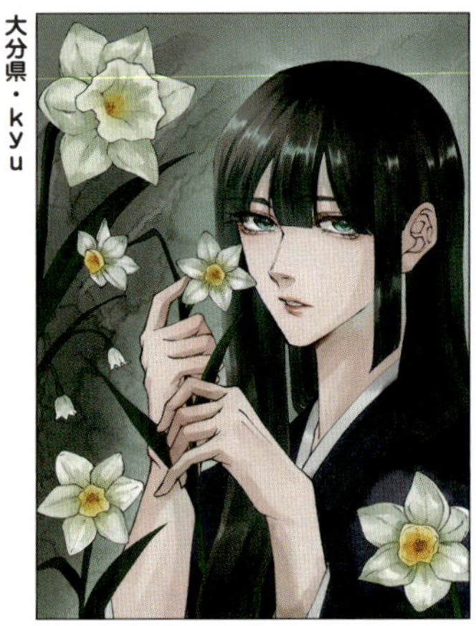
大分県・kyu

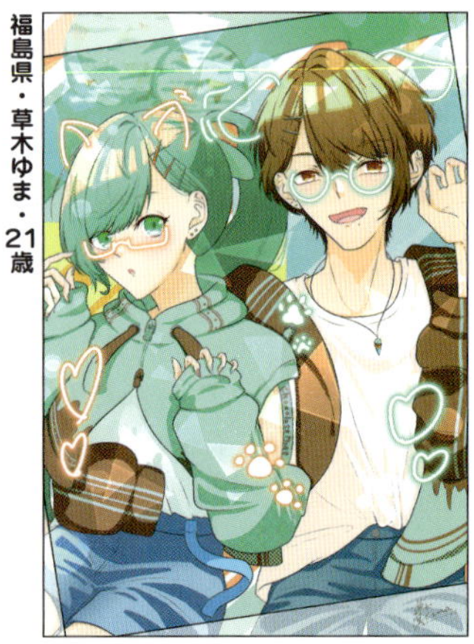
福島県・草木ゆま・21歳

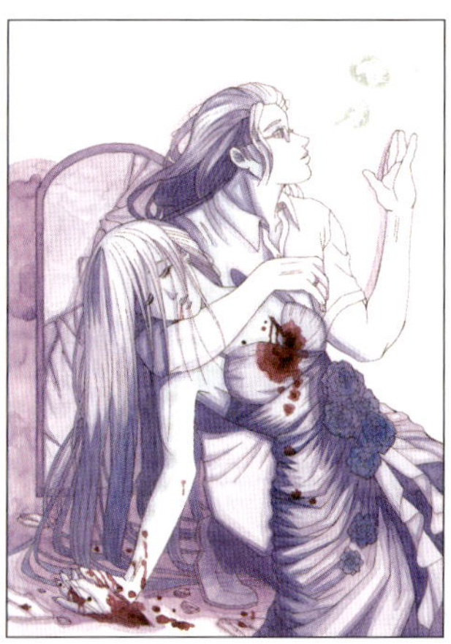
長野県・紅朱雀

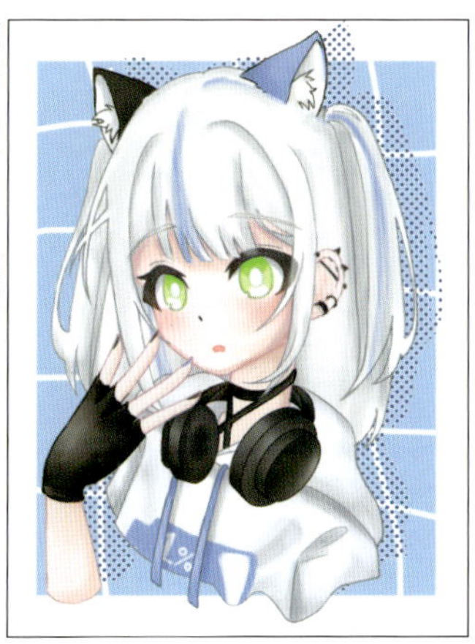
埼玉県・M（ヨ・×・改め）

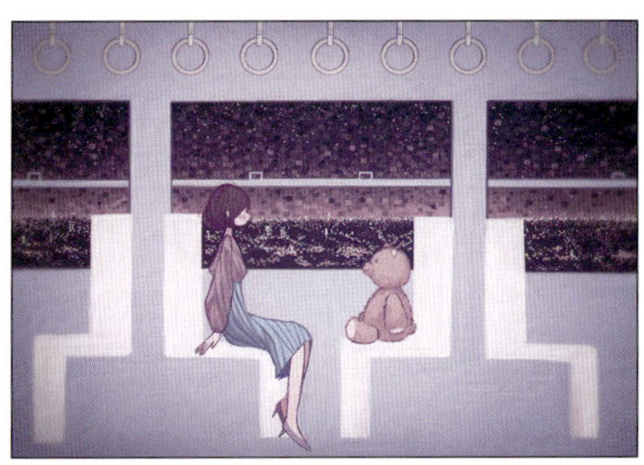
香川県・小雨かさこ

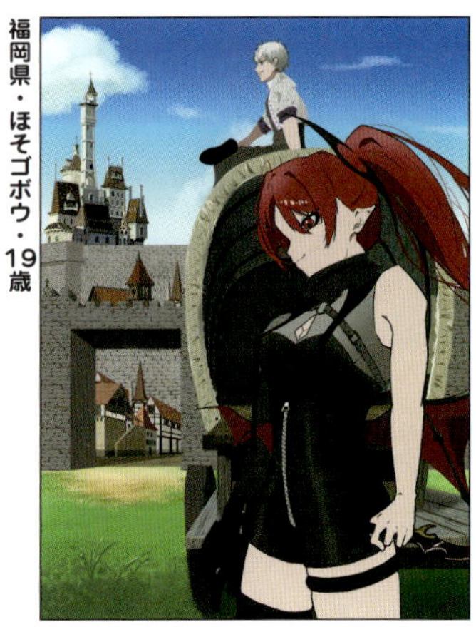
福岡県・ほそゴボウ・19歳

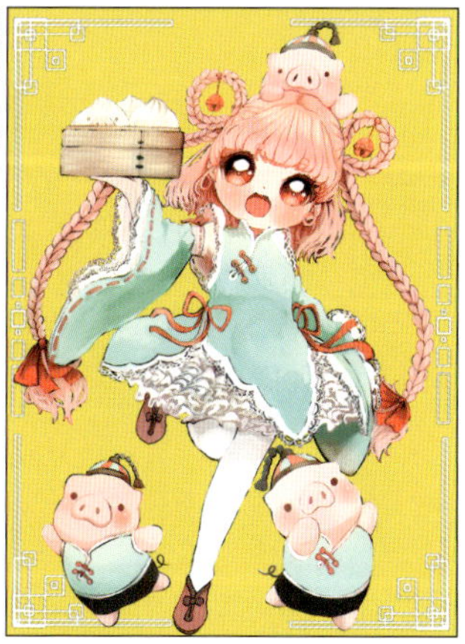
青森県・ほほと

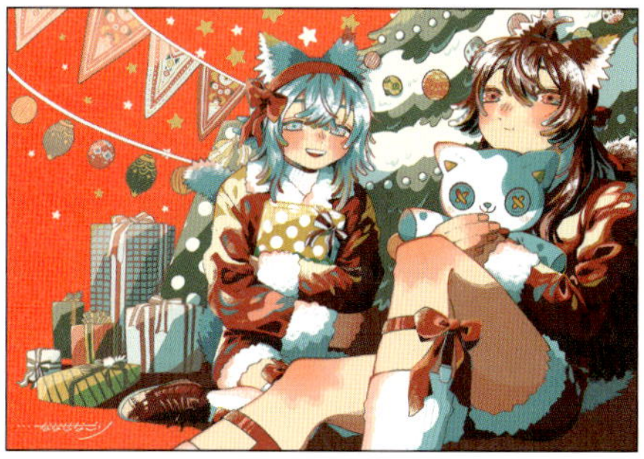
福岡県・七瀬なごり

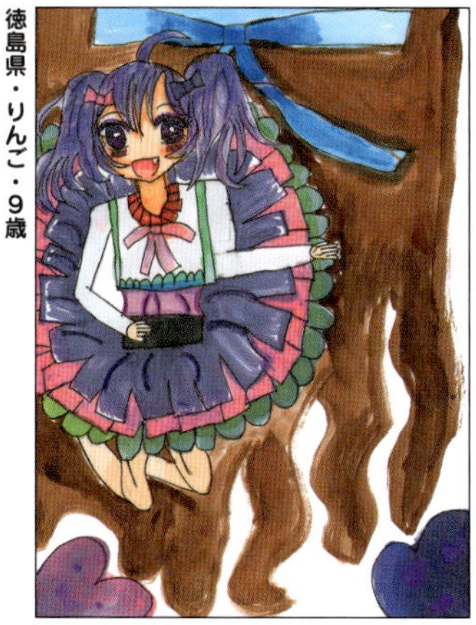
徳島県・りんご・9歳

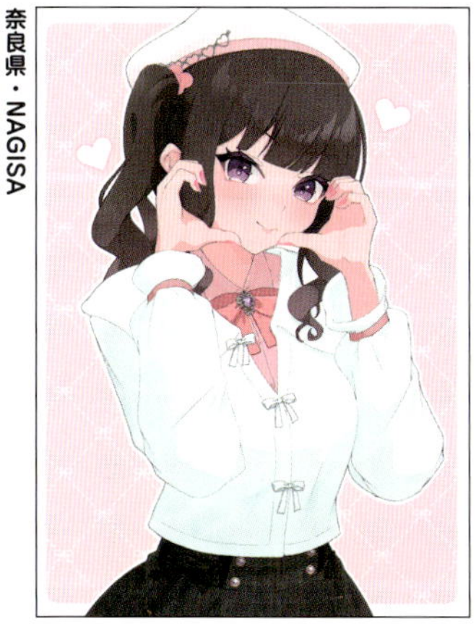
奈良県・NAGISA

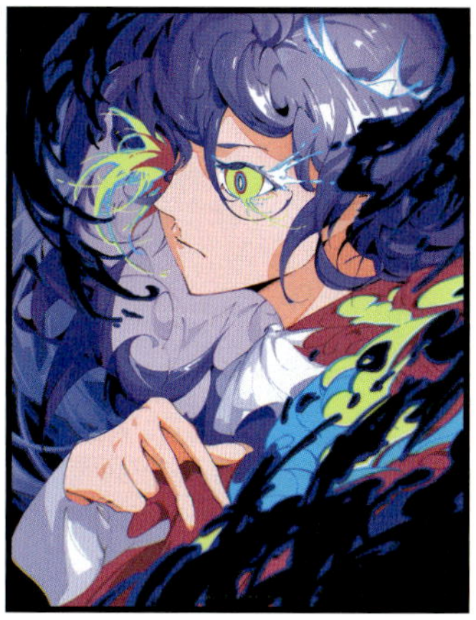
アメリカ・Raum

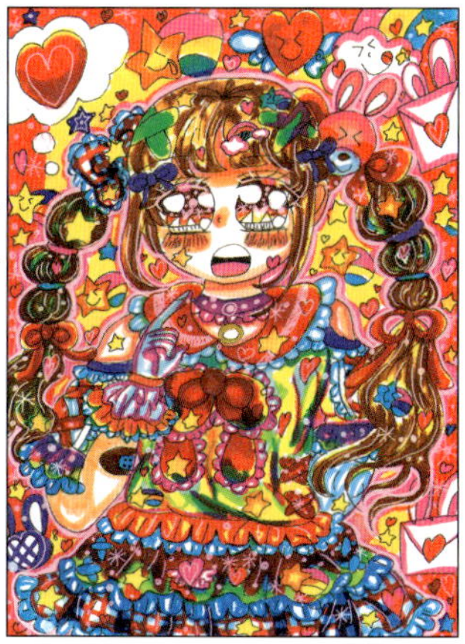
東京都・ひろくまひろみ

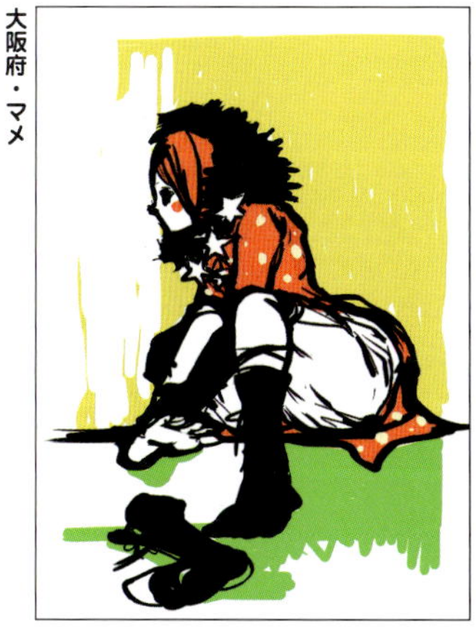
大阪府・マメ

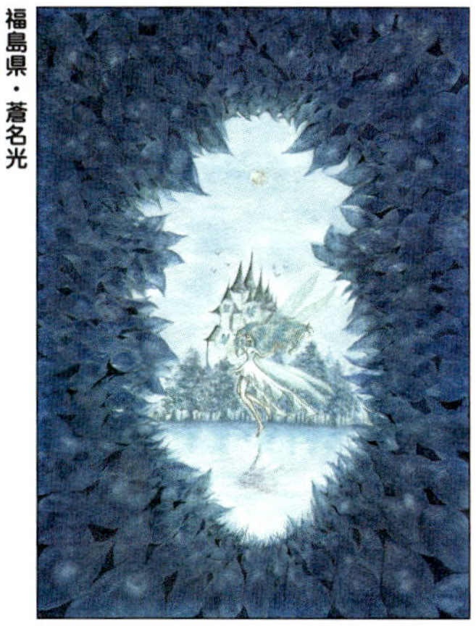
福島県・蒼名光

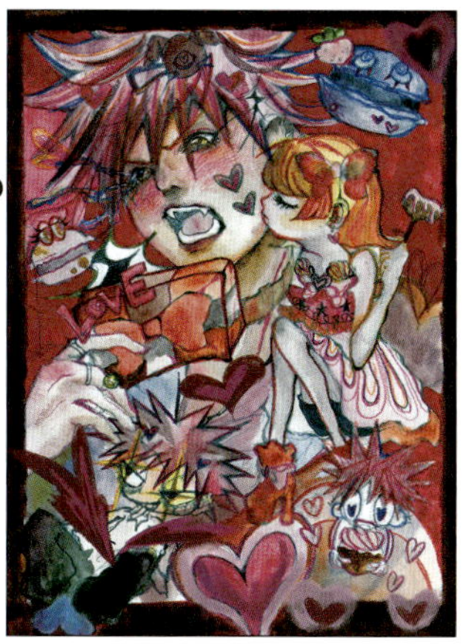
東京都・まろ・19歳

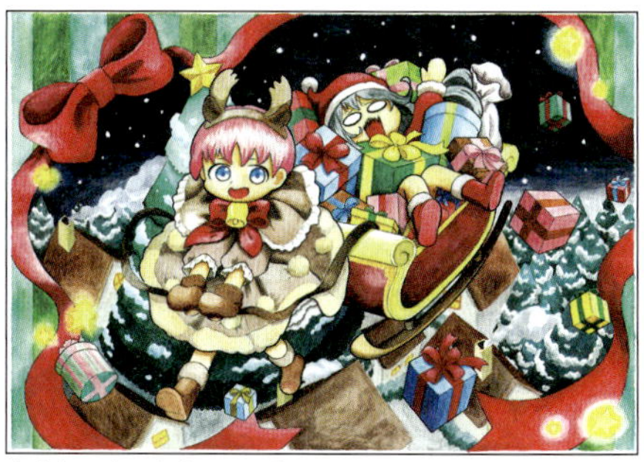
東京都・山口恵太・18歳

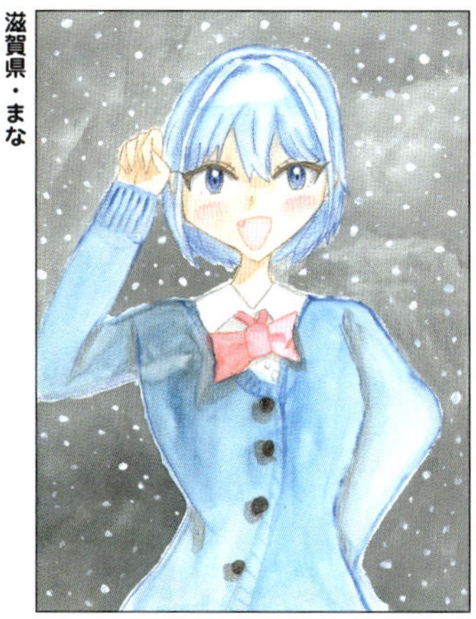
滋賀県・まな

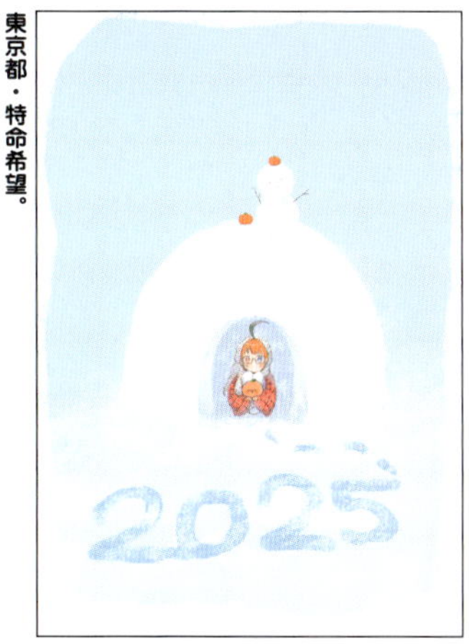
東京都・特命希望。

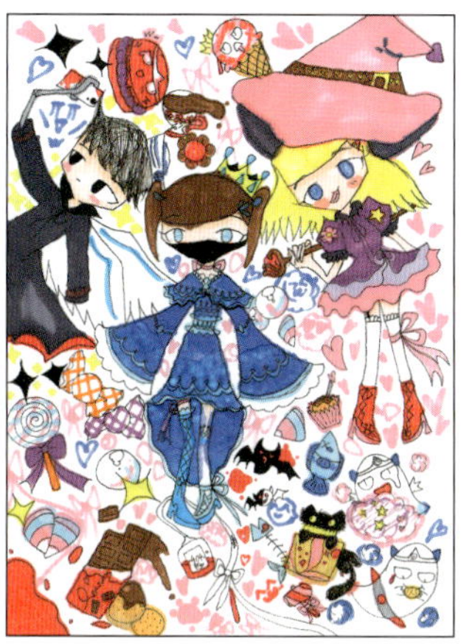
東京都・ねこびび・11歳

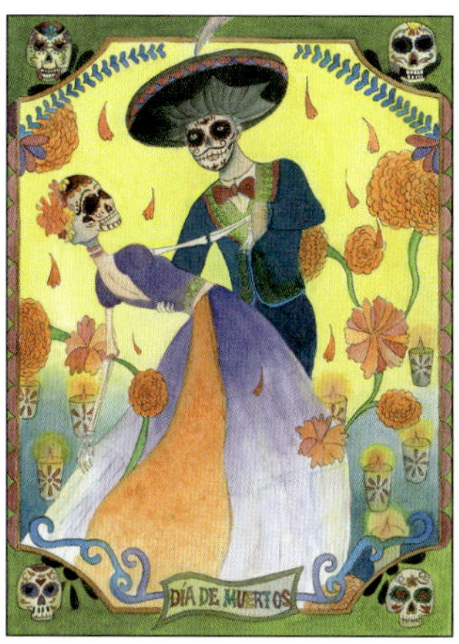

東京都・suzume

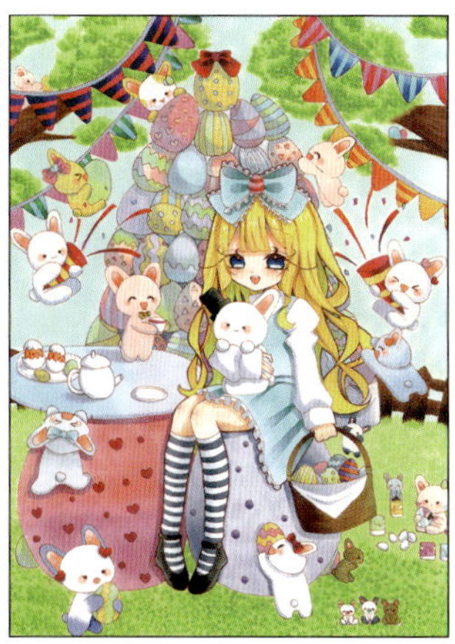
千葉県・みるく

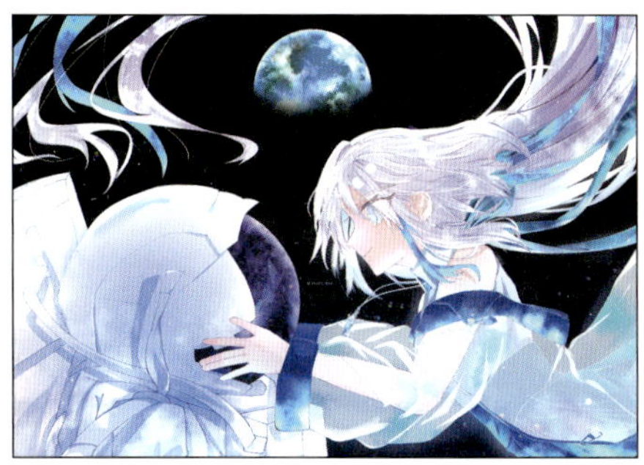
岐阜県・越前

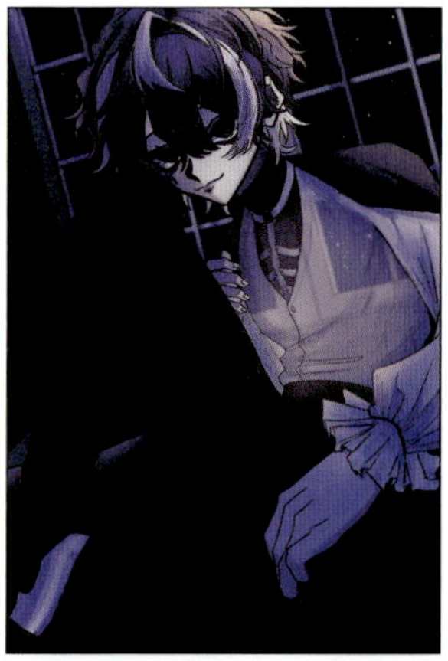
新潟県・U²

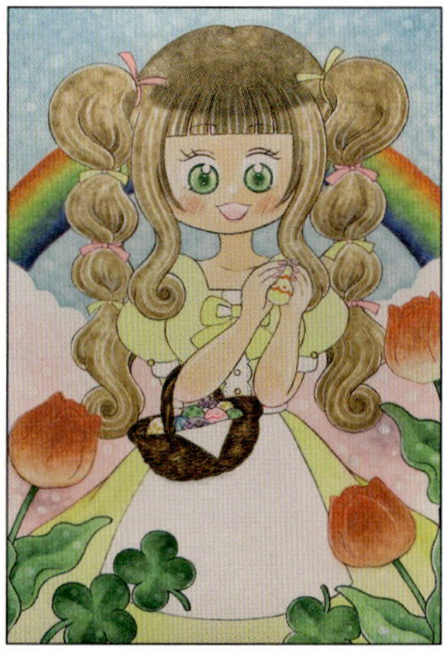
京都府・むのんゆいね

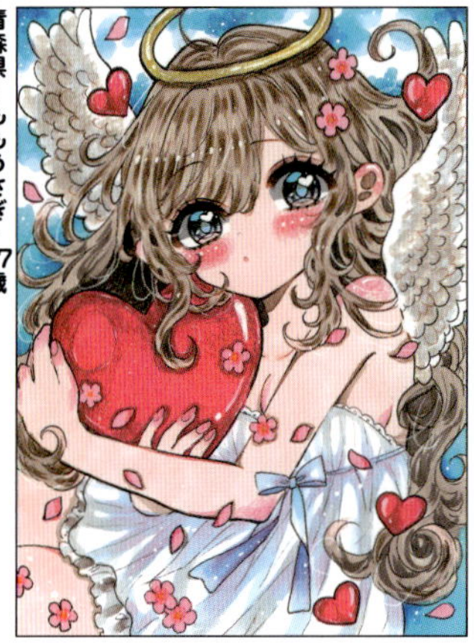
青森県・ももうさぎ・27歳

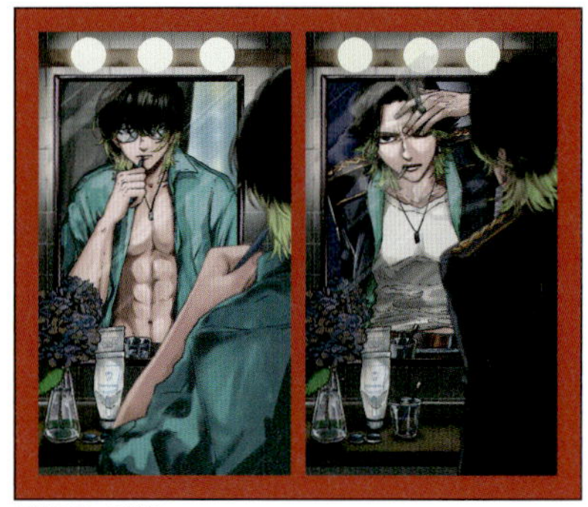
愛知県・羽流

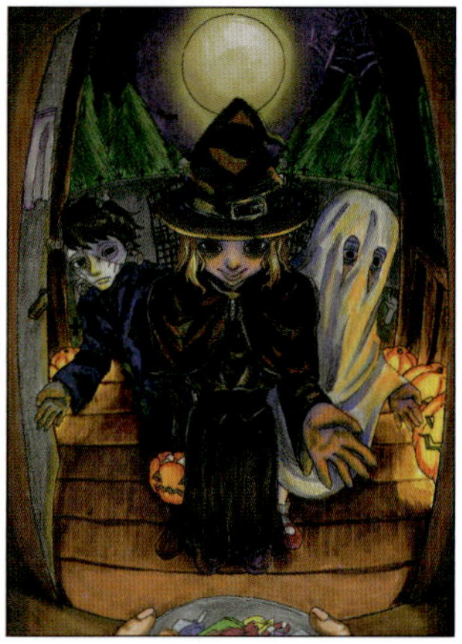
神奈川県・ムら田

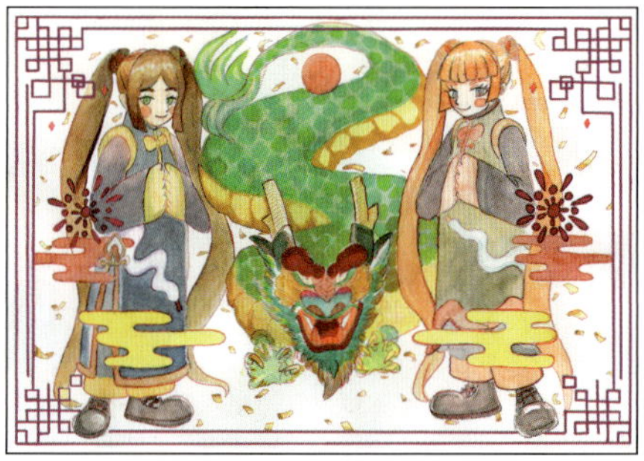
東京都・ヨウ・28歳

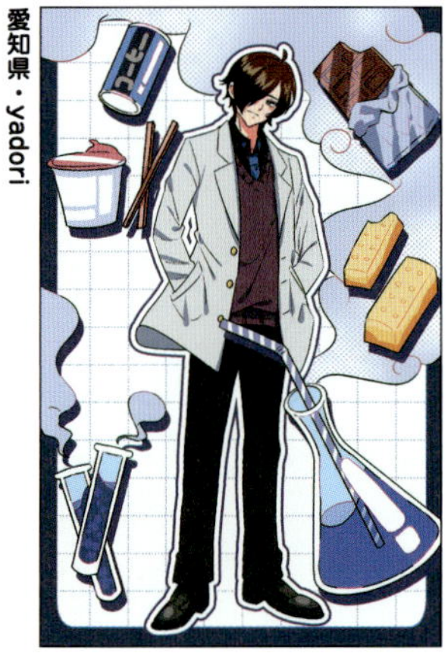
愛知県・yadori

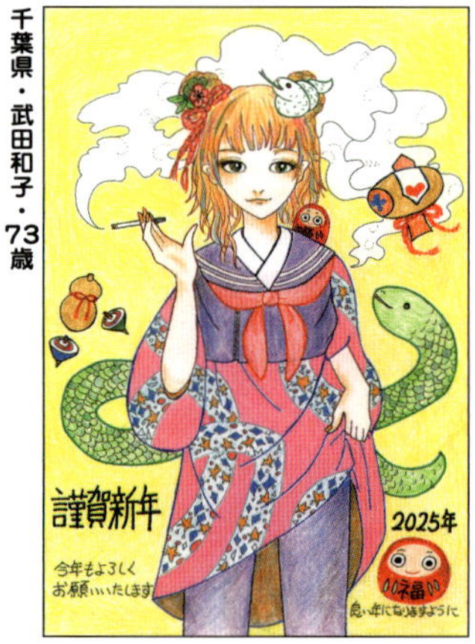

千葉県・武田和子・73歳

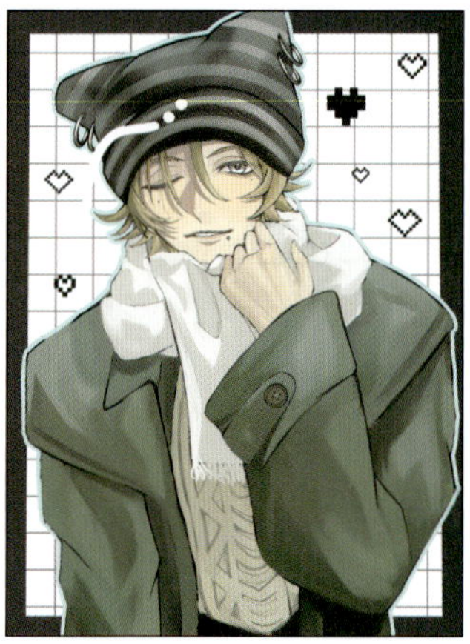
福島県・村リヒト

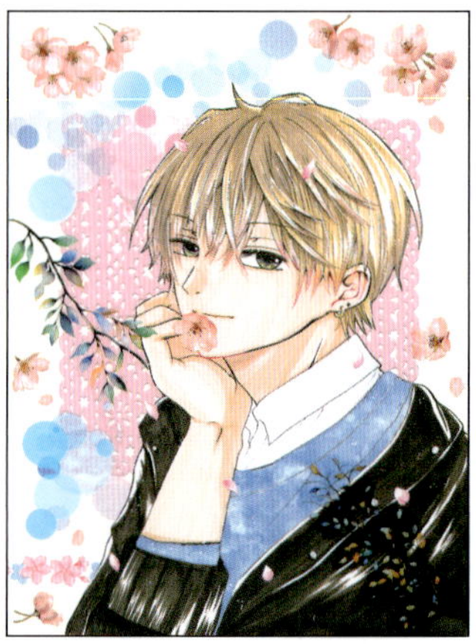
兵庫県・獅子冬

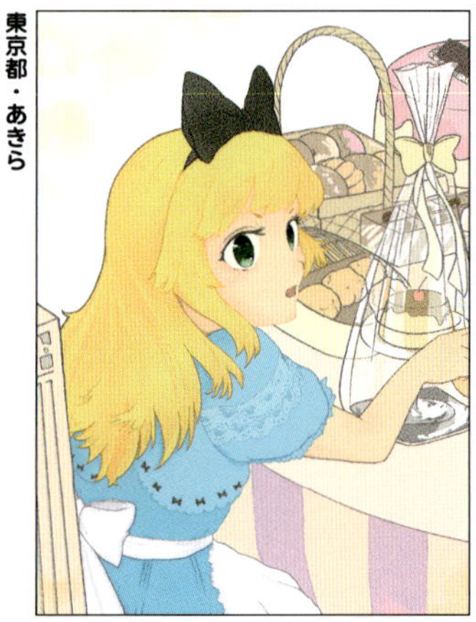
東京都・あきら

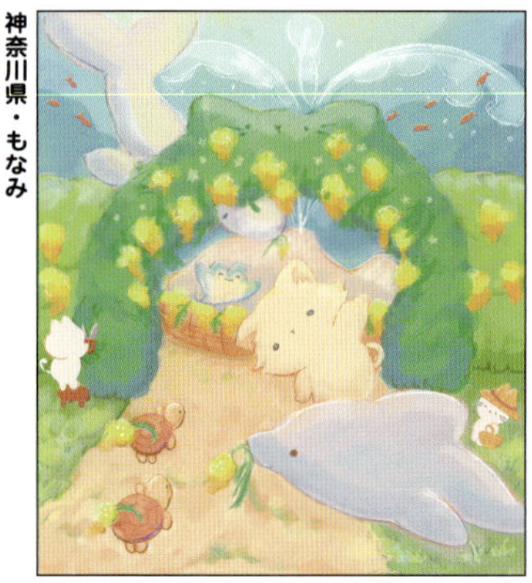
神奈川県・もなみ

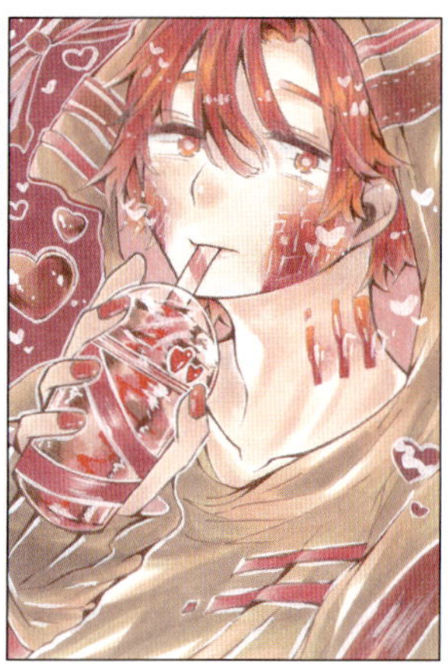
北海道・あんぱん。

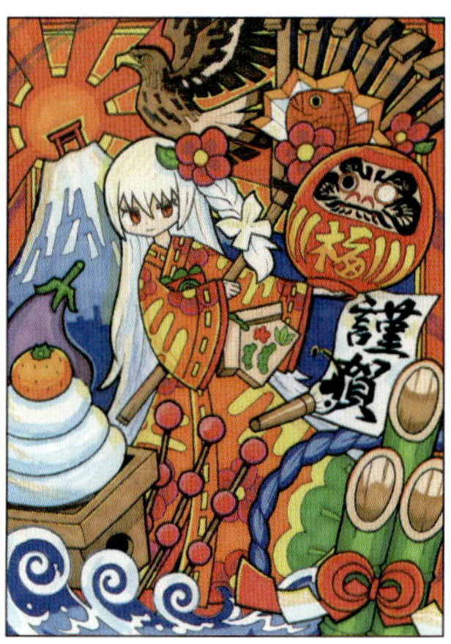

東京都・竹内芳

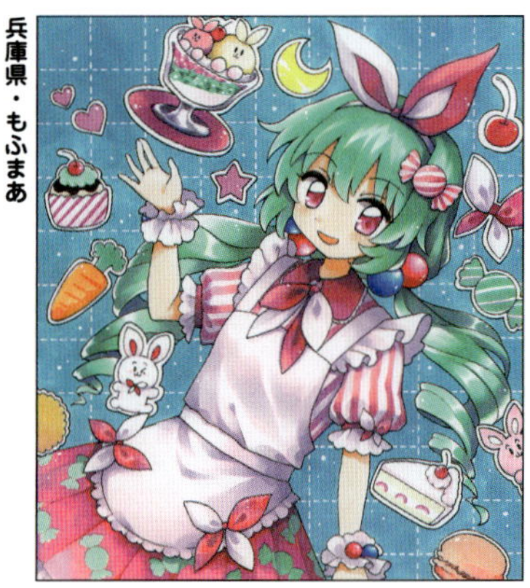
兵庫県・もふまあ

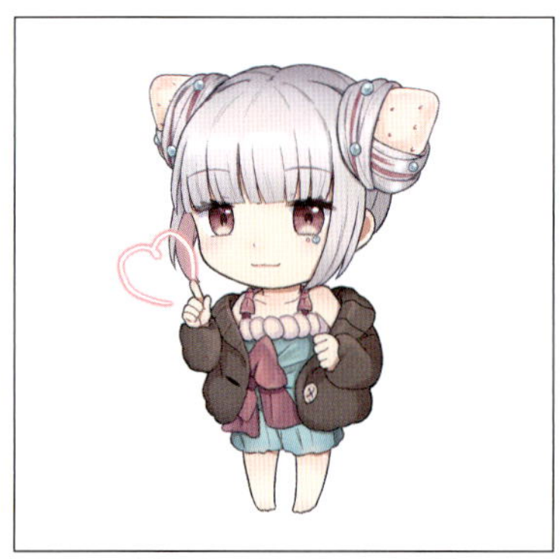
岡山県・小倉ふうり（ろーれらい 改め）

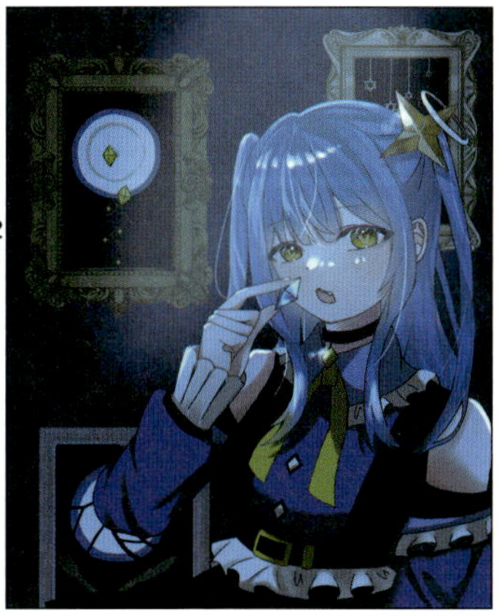
京都府・ゆーちゃ・12歳

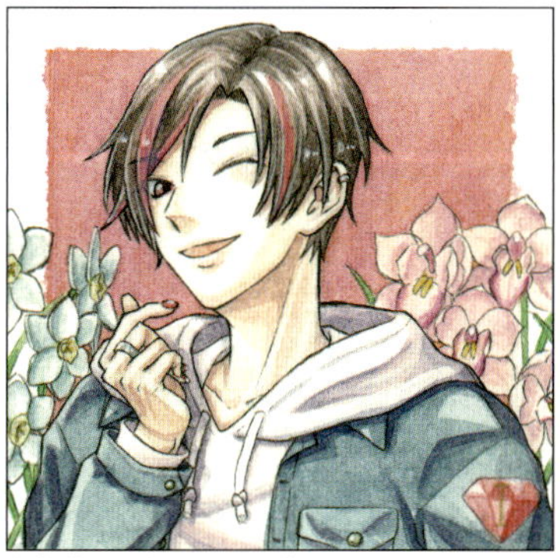
北海道・雨崎あお・22歳

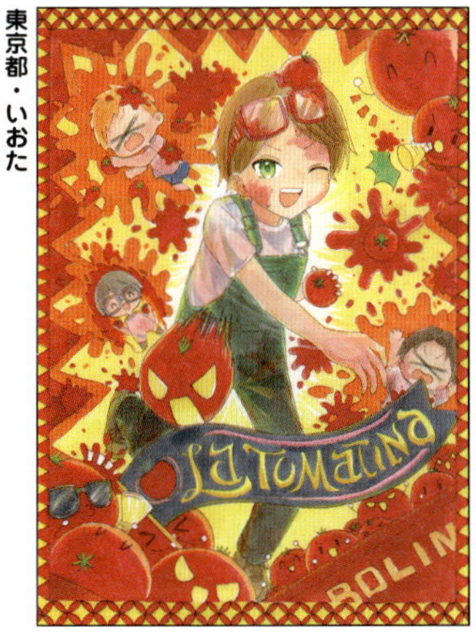

東京都・いおた

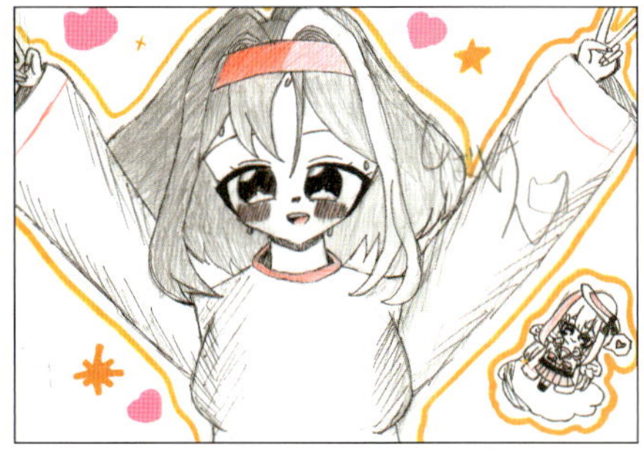
長野県・しばけん（Tomoches 改め）・10歳

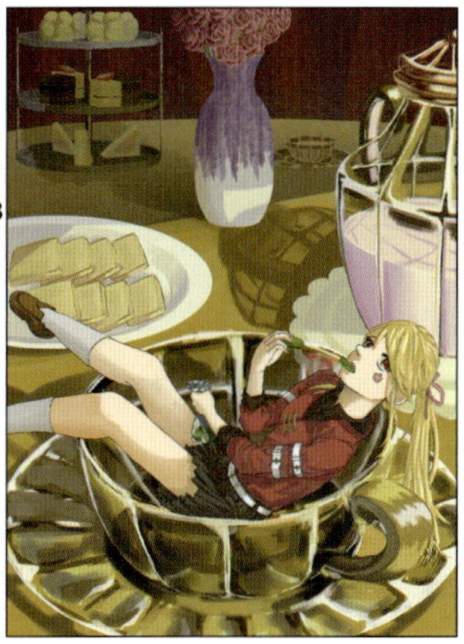
愛知県・うさ丸・18歳

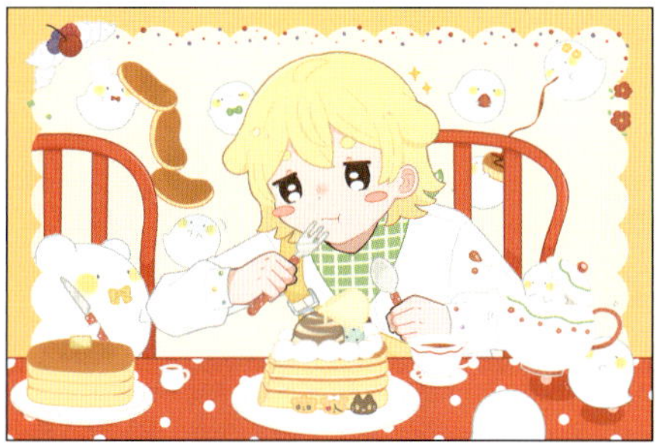
東京都・みそ

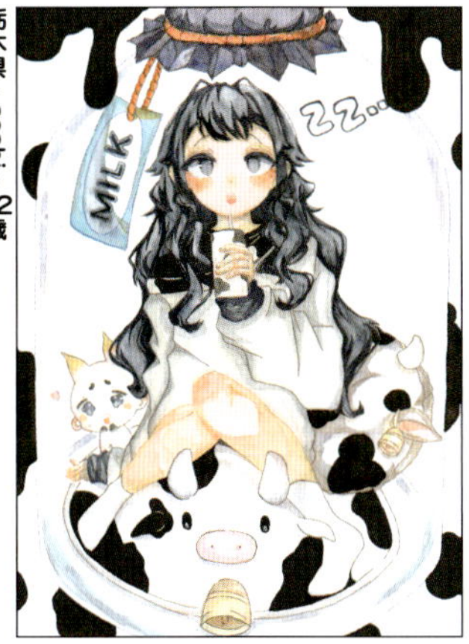

栃木県・asahi・12歳

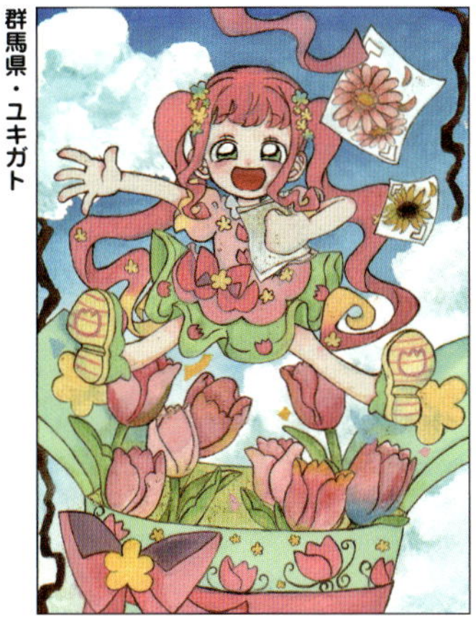
群馬県・ユキガト

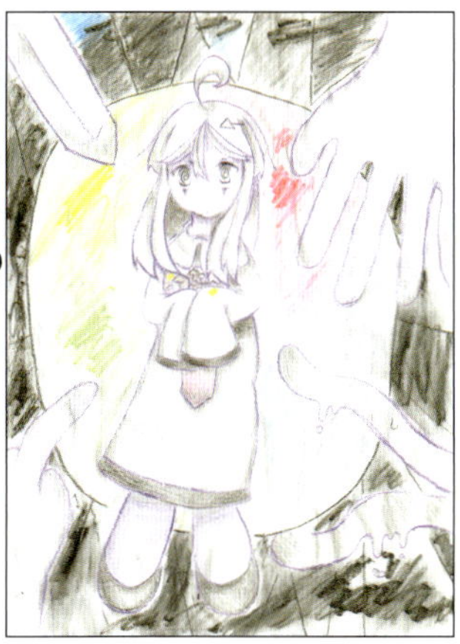
神奈川県・りすりす・10歳

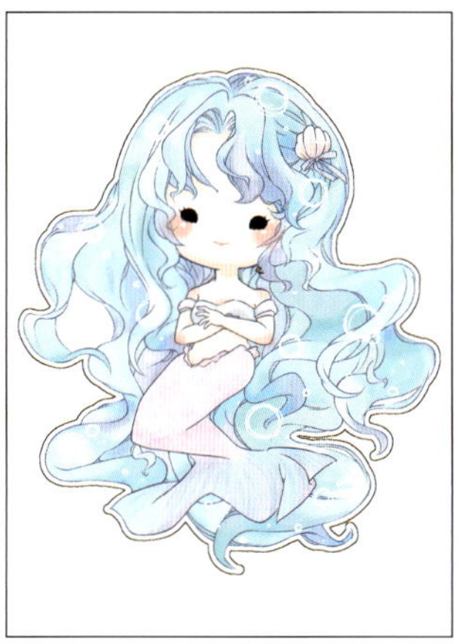
神奈川県・ゆきひたま

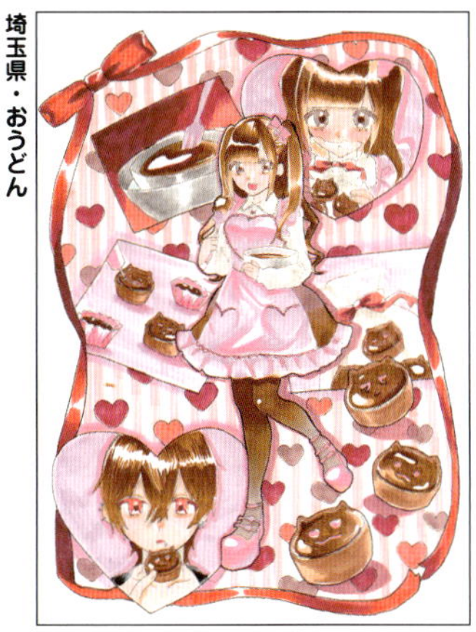
埼玉県・おうどん

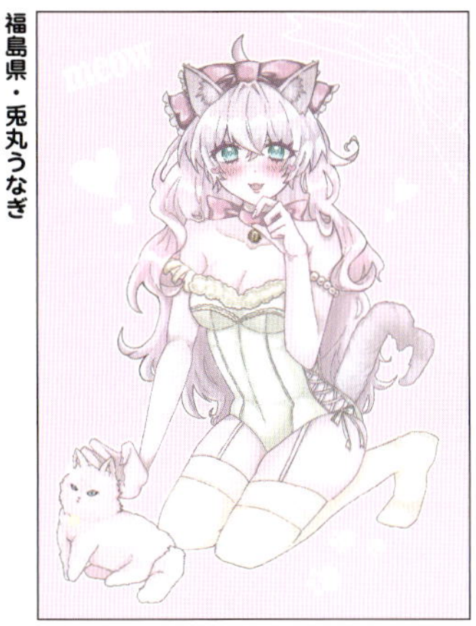
福島県・兎丸うなぎ

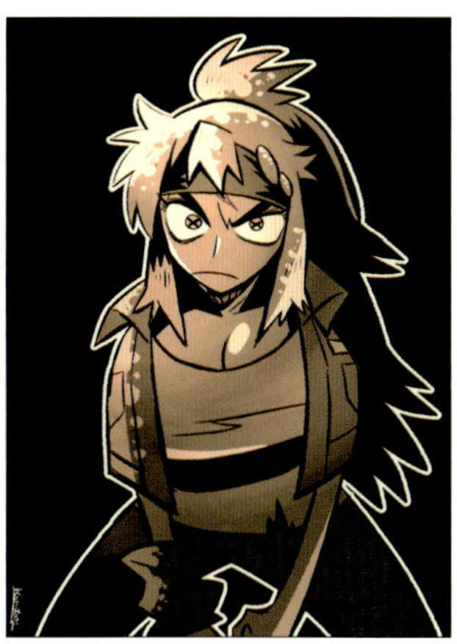
東京都・かりがり

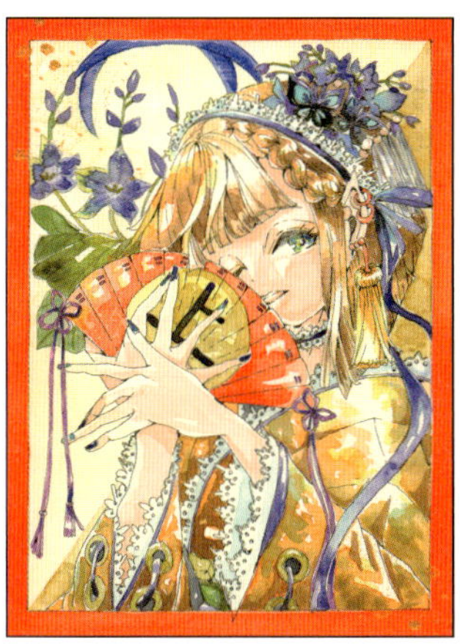
千葉県・kohakuko

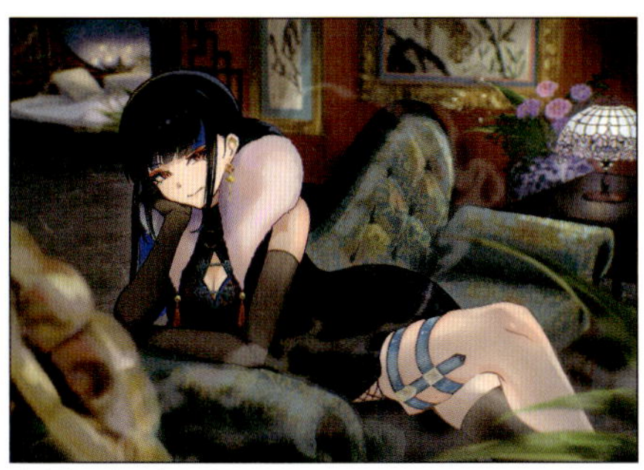
東京都・ねこたれん

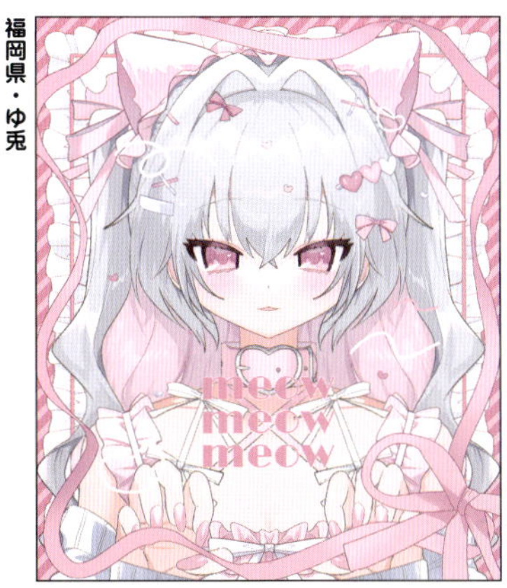

福岡県・ゆ兎

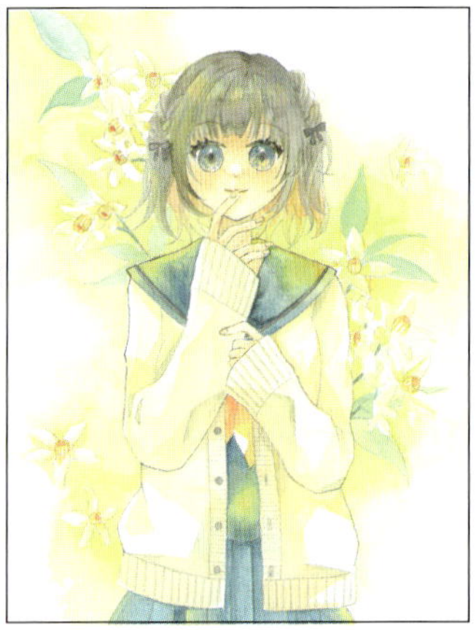
茨城県・キャンディしっぽ

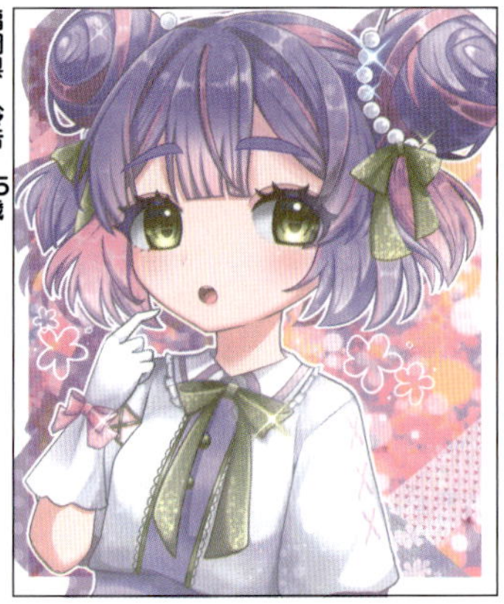
福岡県・鈴音・15歳

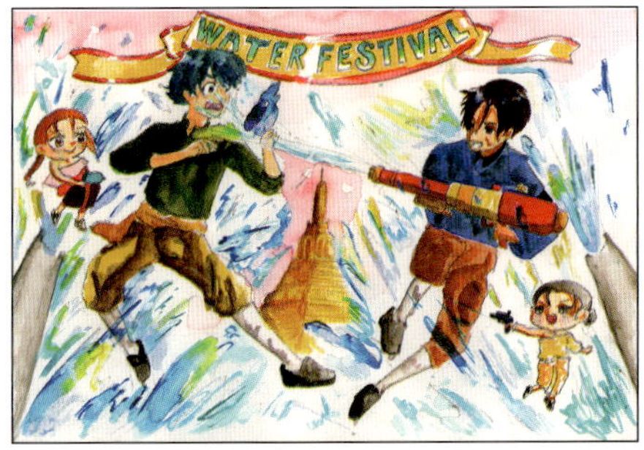

東京都・たこさん・19歳

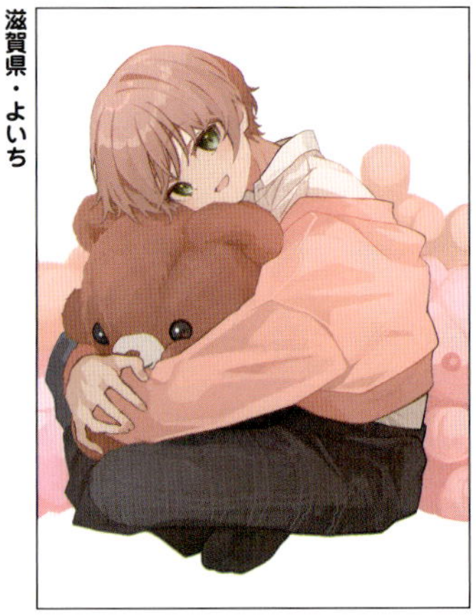
滋賀県・よいち

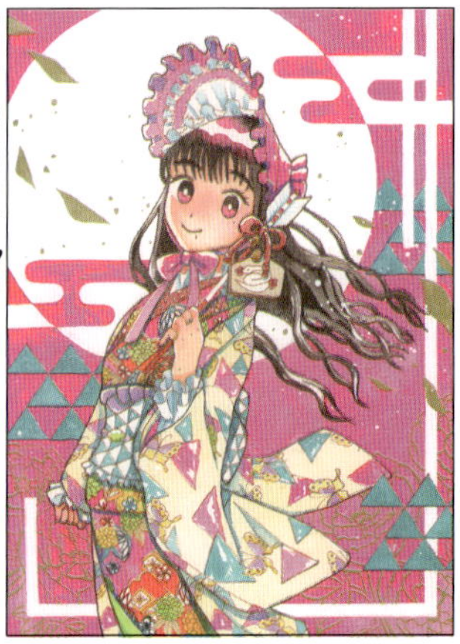
静岡県・渡邊野乃香・27歳

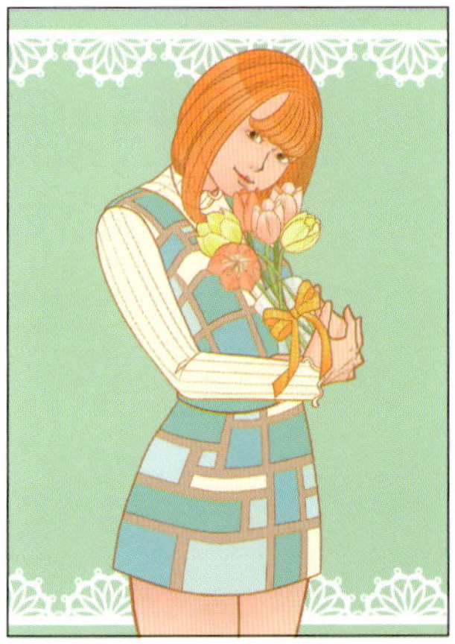
埼玉県・リンドウ

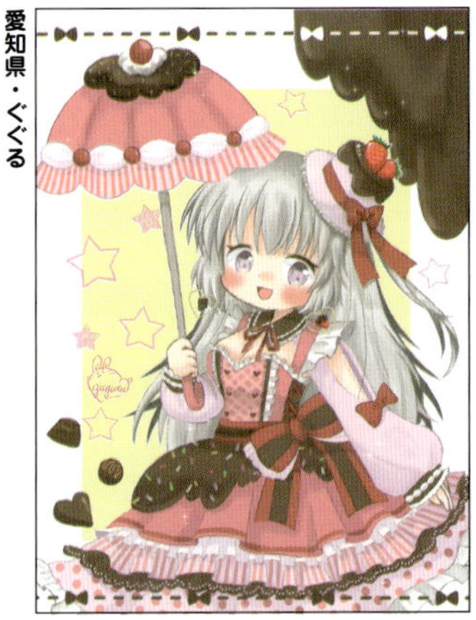
愛知県・ぐぐる

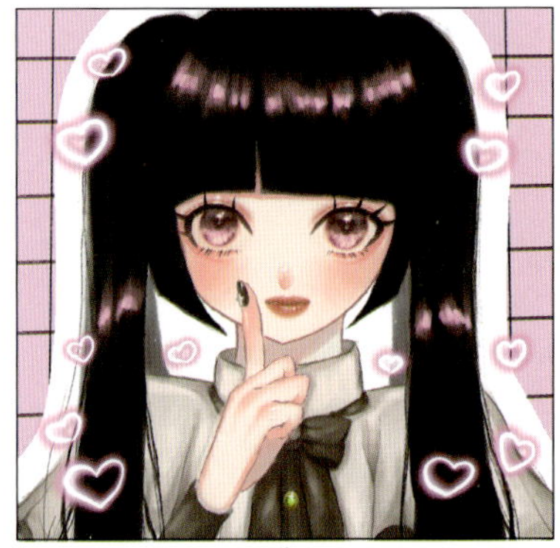
福岡県・たかーな・26歳

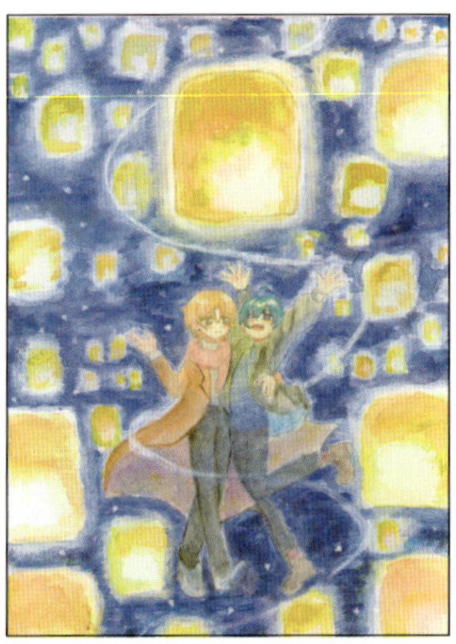
東京都・橋本桃花

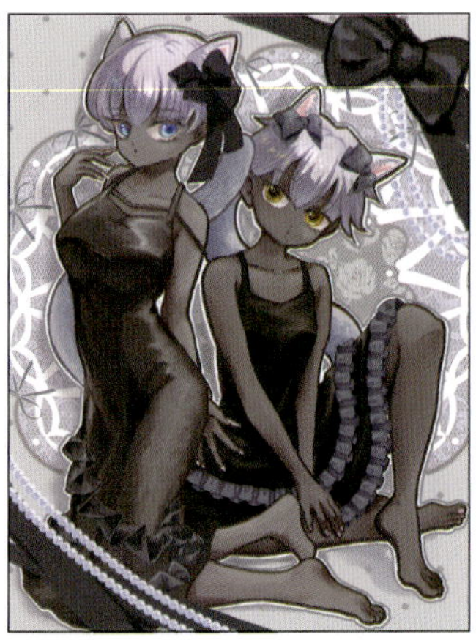
千葉県・くろむ

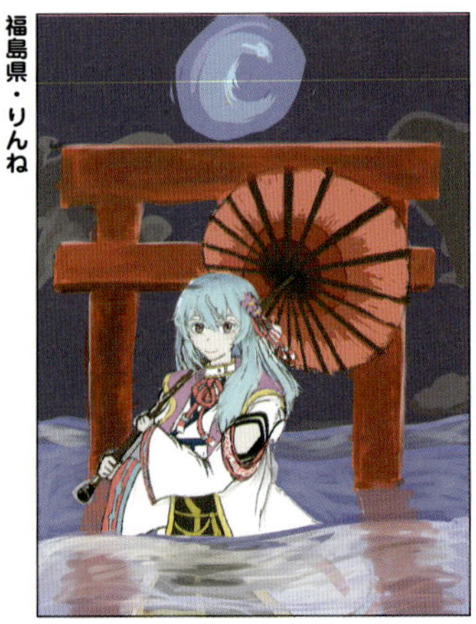
福島県・りんね

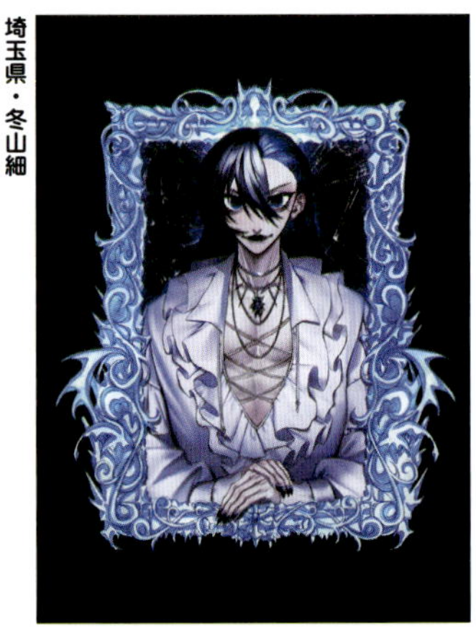
埼玉県・冬山細

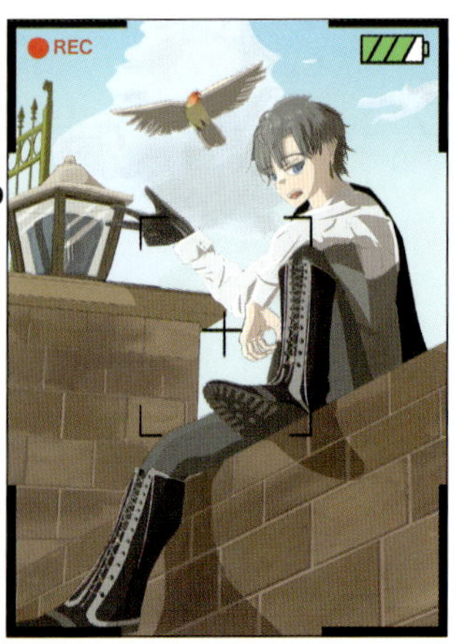

新潟県・灯油・19歳

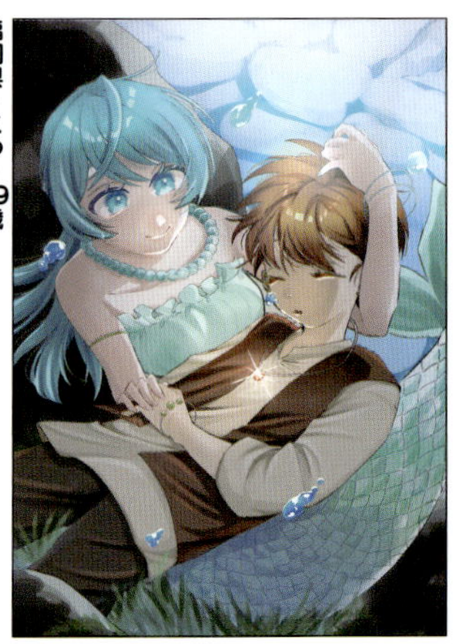
福岡県・こつ・19歳

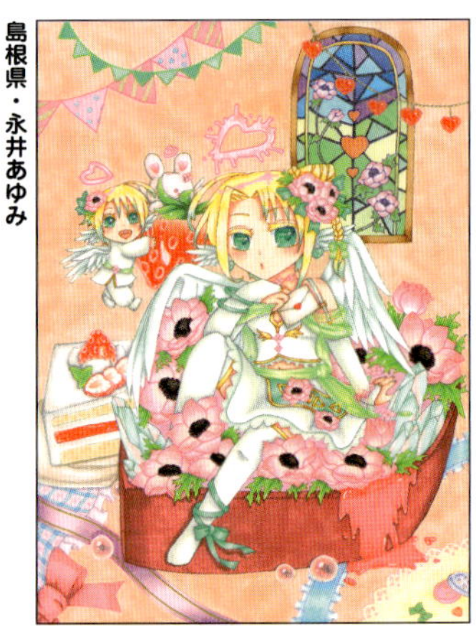
島根県・永井あゆみ

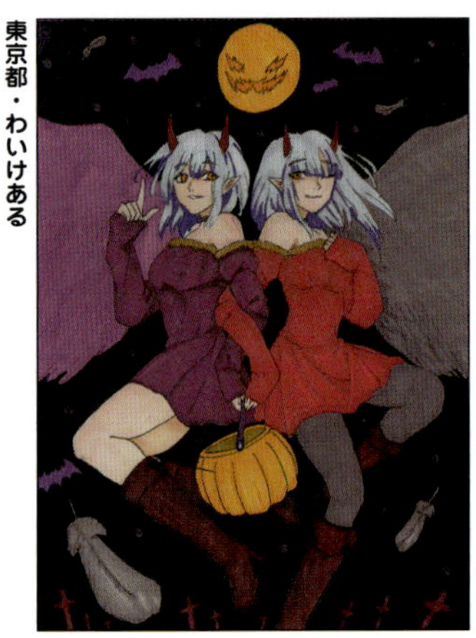
東京都・わいけある

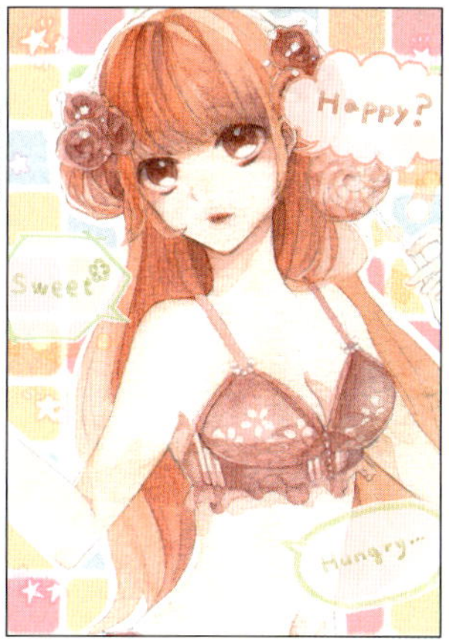

栃木県・藤丘乃衣

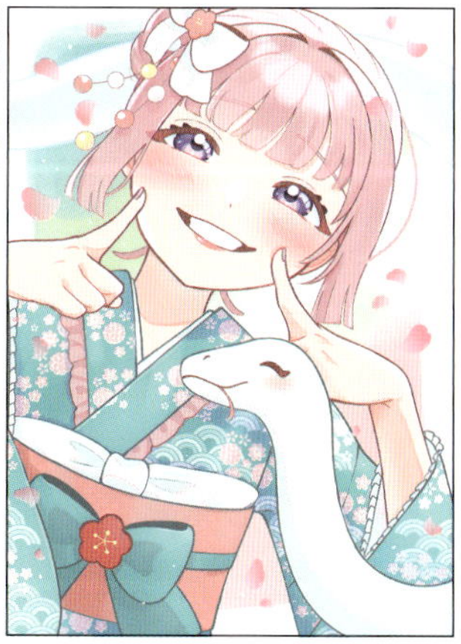
三重県・こみみ

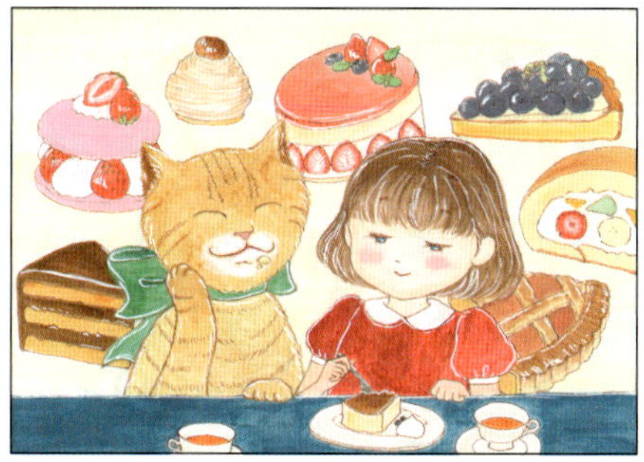
茨城県・ゆき

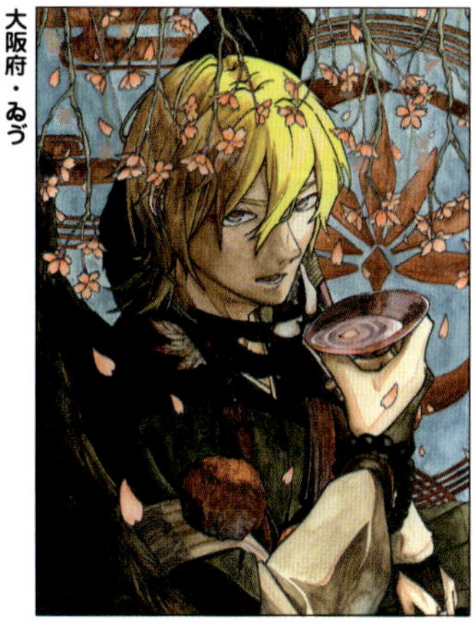
大阪府・ゐう

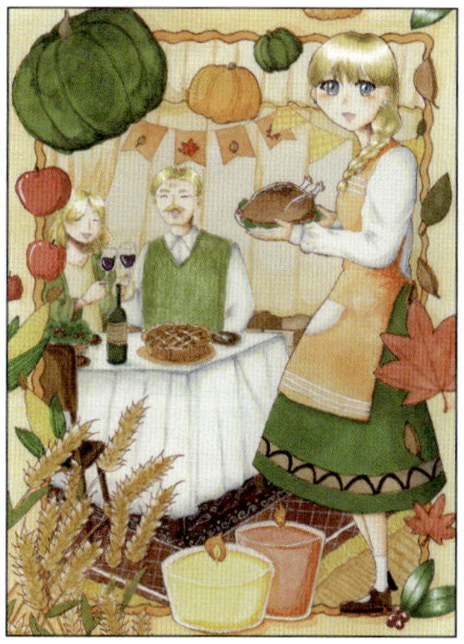
東京都・さんば

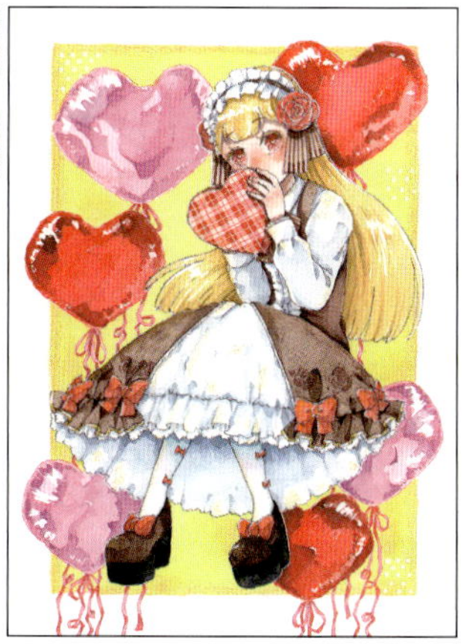
群馬県・八咫麿

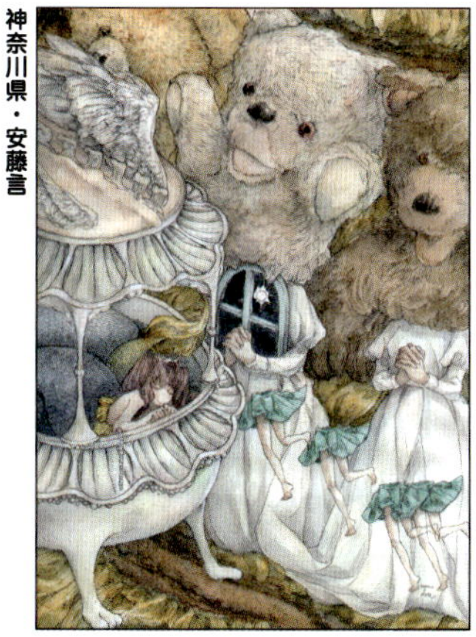
神奈川県・安藤言

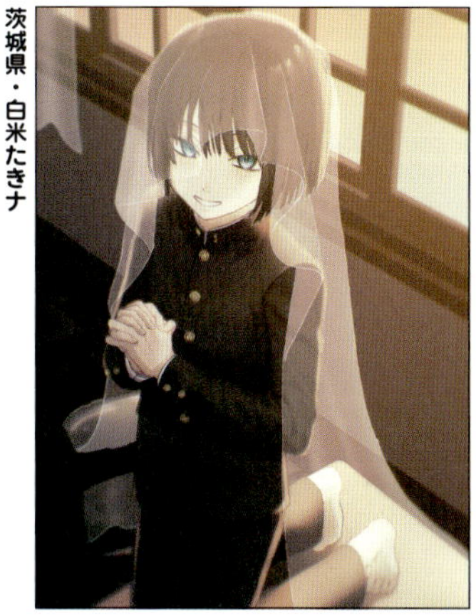
茨城県・白米たきナ

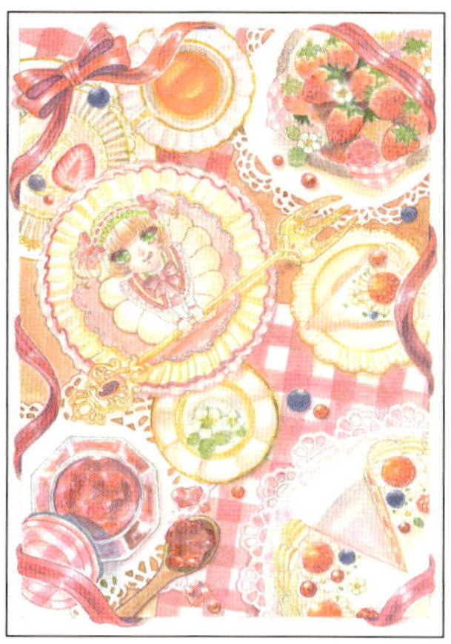
東京都・萌木いずる

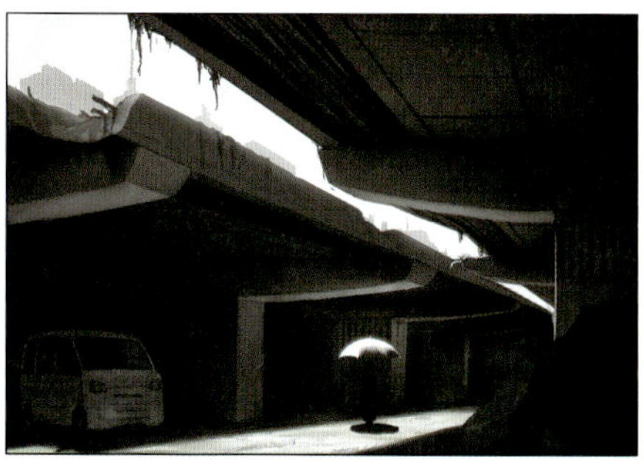
三重県・さすず・19歳

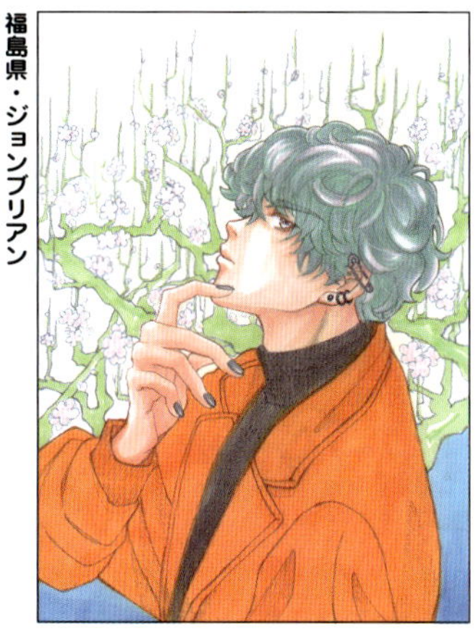
福島県・ジョンブリアン

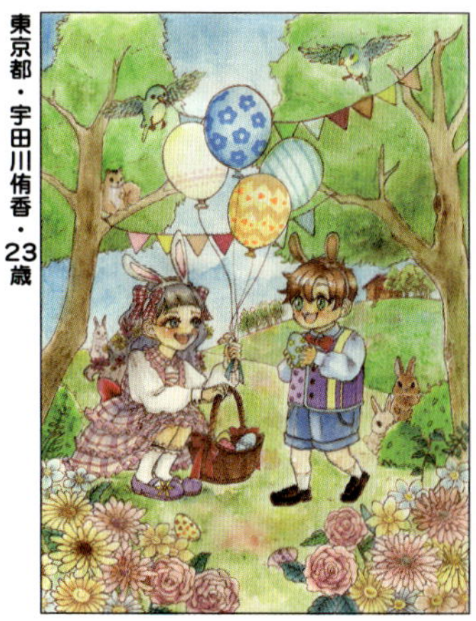
東京都・宇田川侑香・23歳

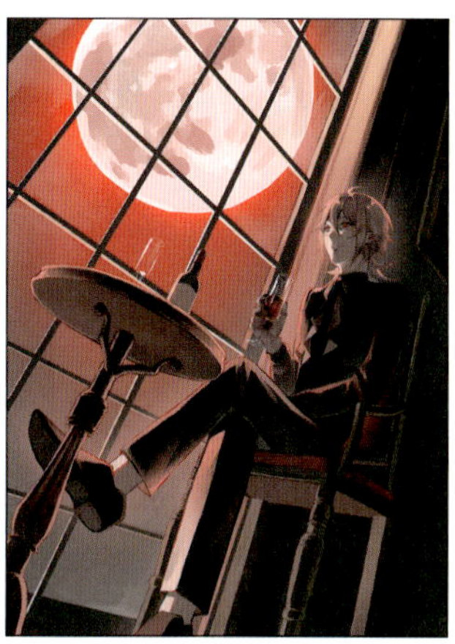
岐阜県・すぅ

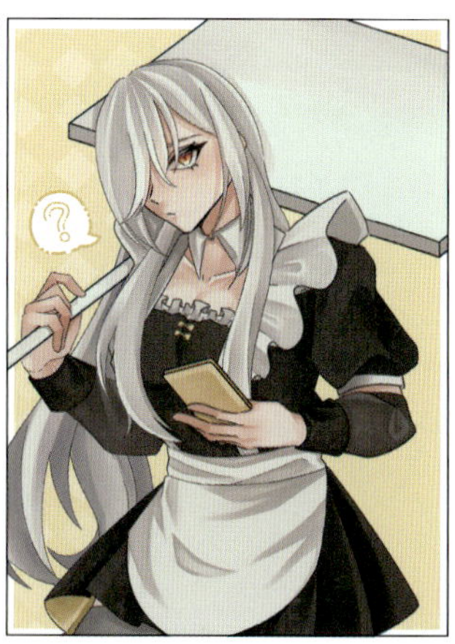
愛知県・花見御膳

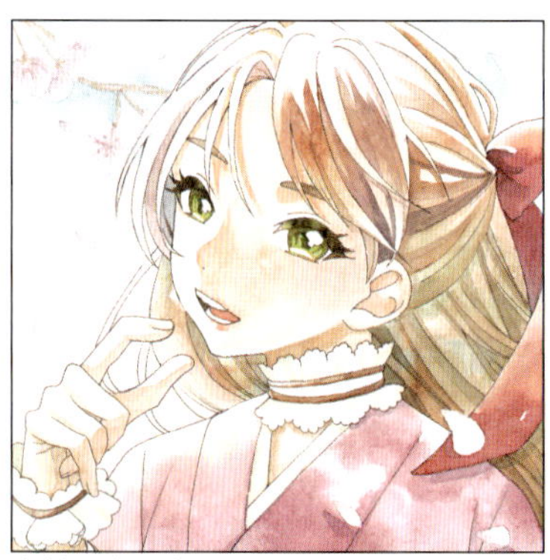
東京都・あかば

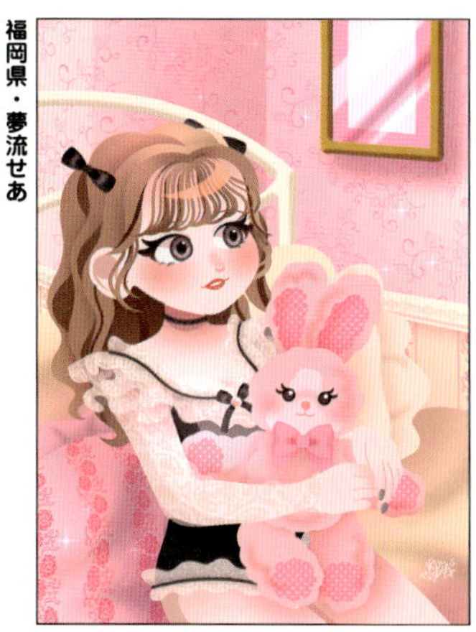
福岡県・夢流せあ

神奈川県・毛糸

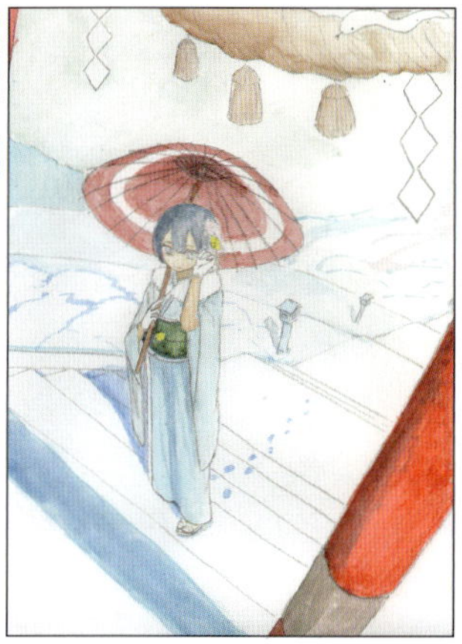

東京都・そご

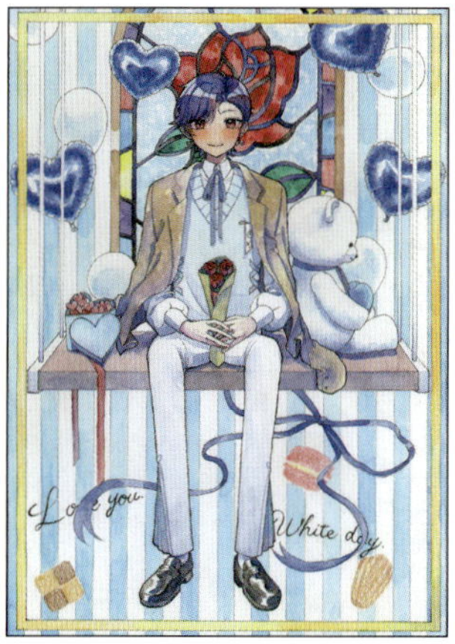

東京都・樫宮

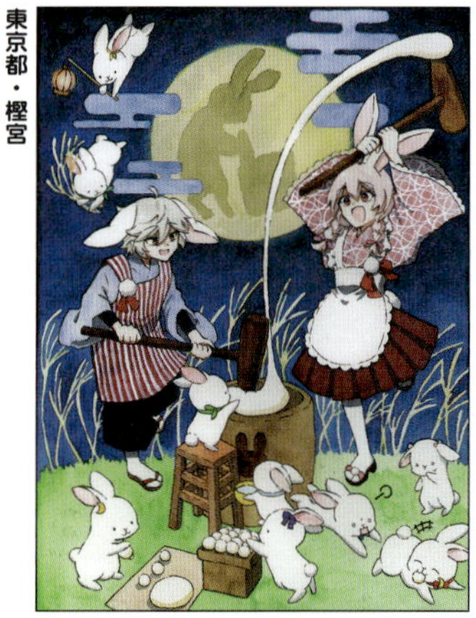

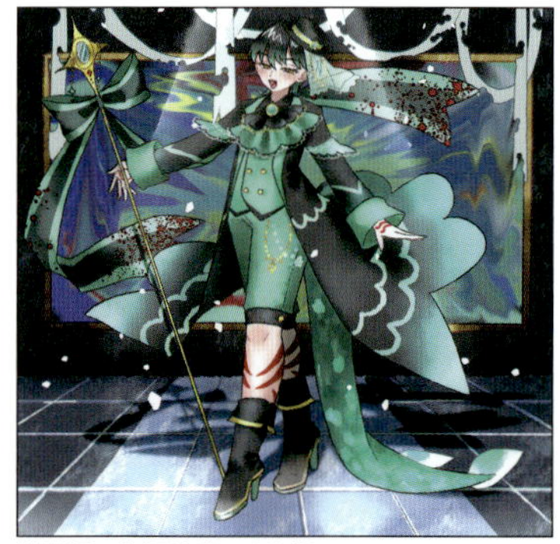

滋賀県・KAZU 実・19 歳

新潟県・茅瀬

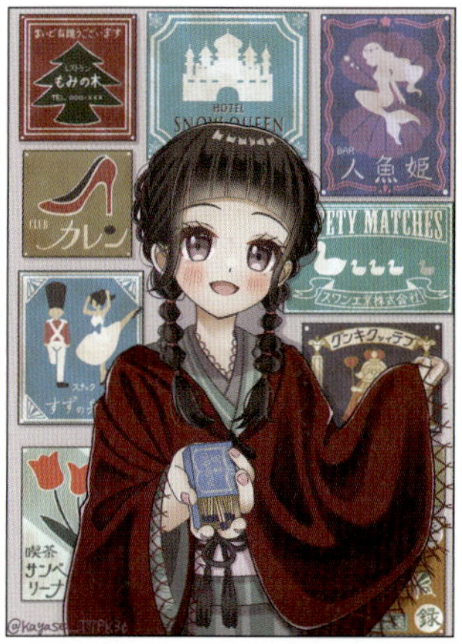

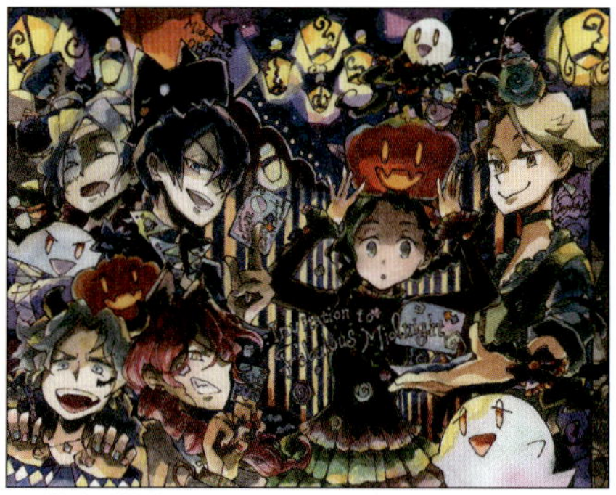

Twilight Walker

福島県・タラコセンザイ

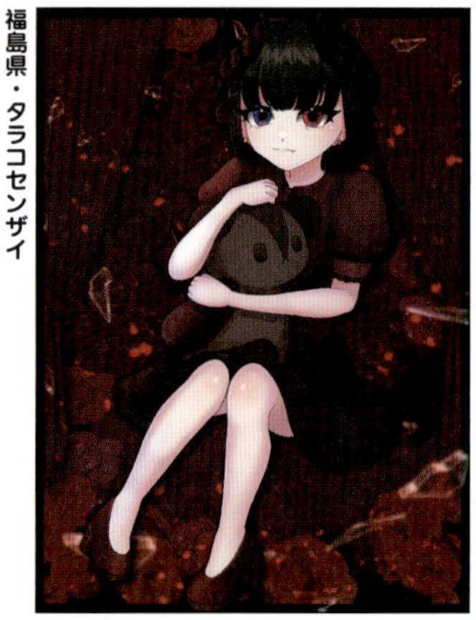

岩手県・夜帳カヲル

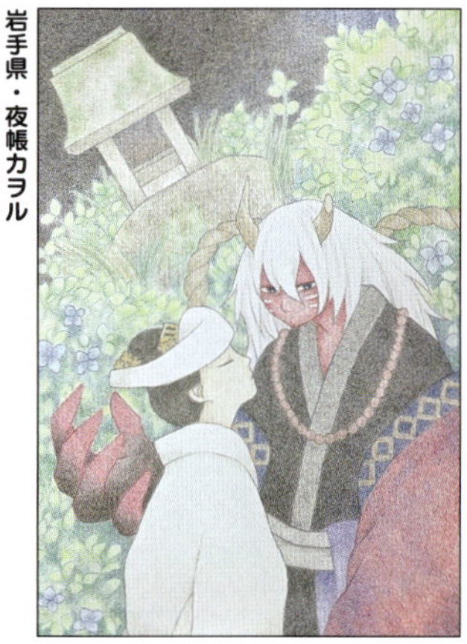

愛知県・ちょこ・19 歳

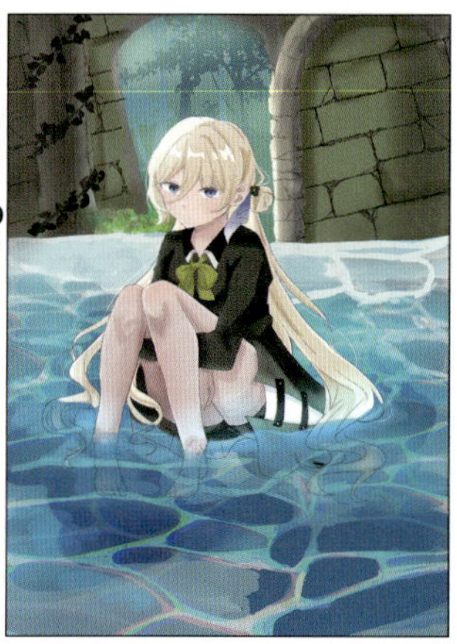

新潟県・露堂運晞

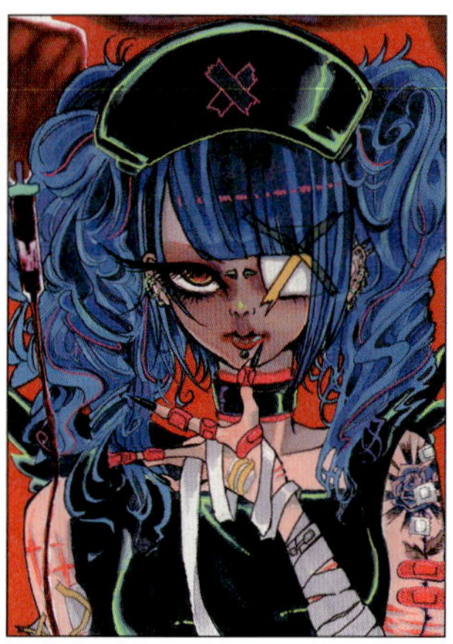

長野県・零臥

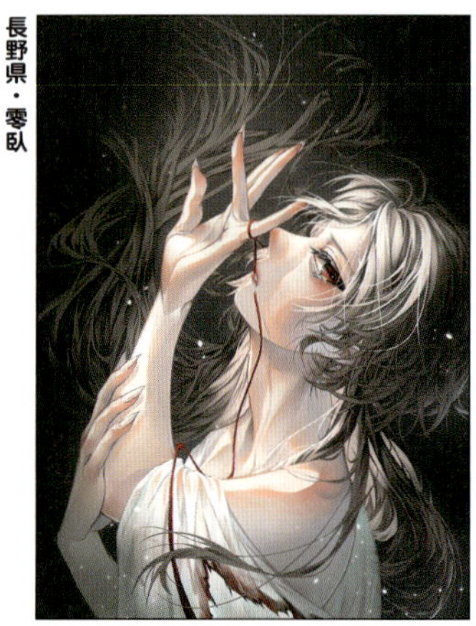

大阪府・紅梅アヤ

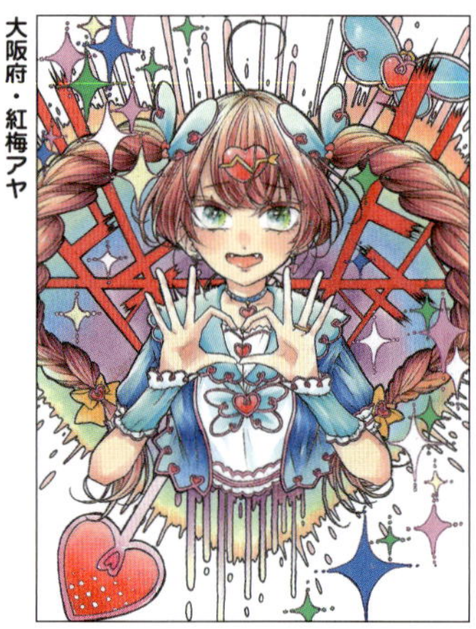

大阪府・和ふ・20 歳

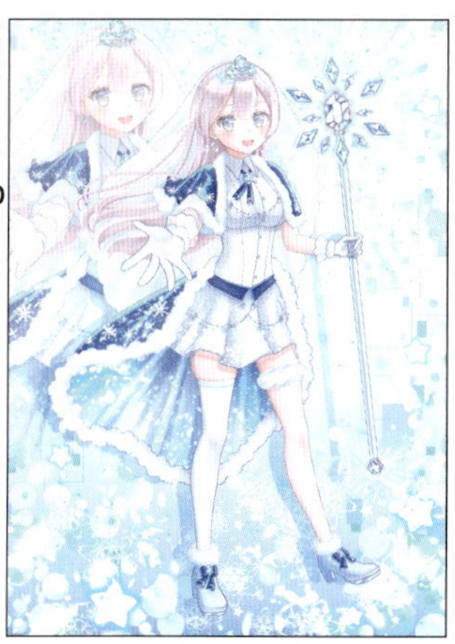

愛知県・デルタルト

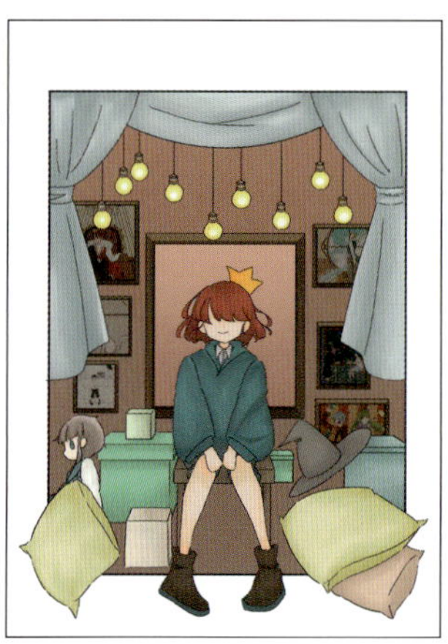

福井県・紫雷

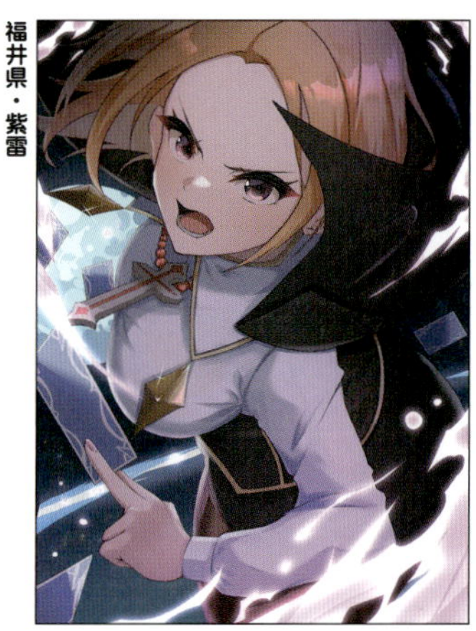

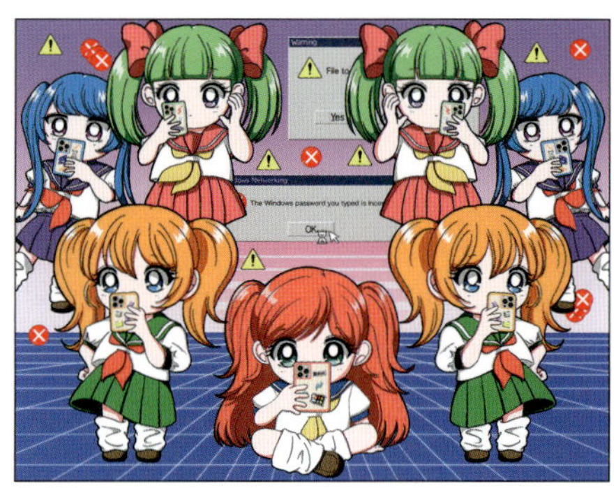

奈良県・sameno

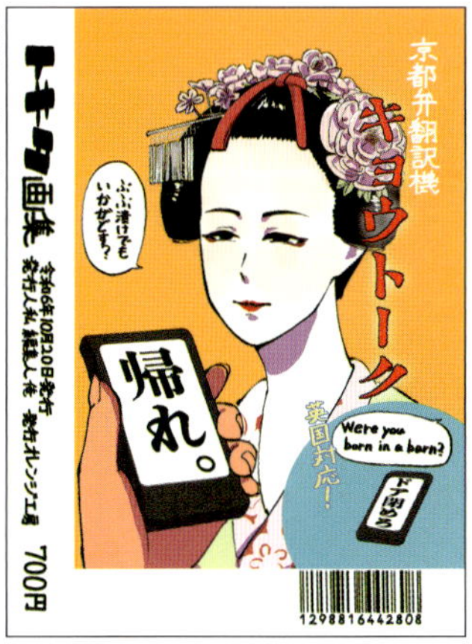

大阪府・時田夏名

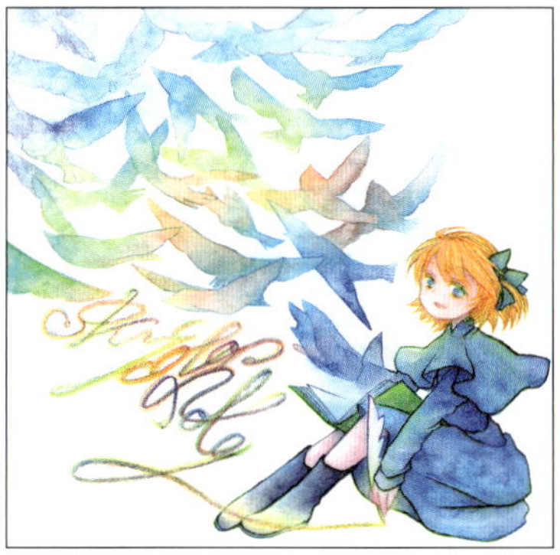
神奈川県・ION

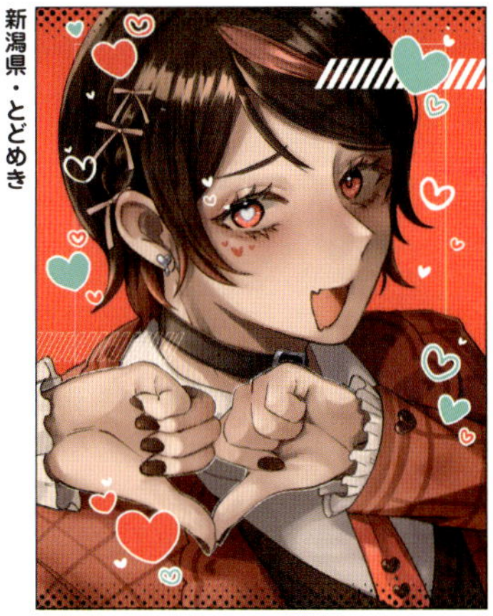
新潟県・とどめき

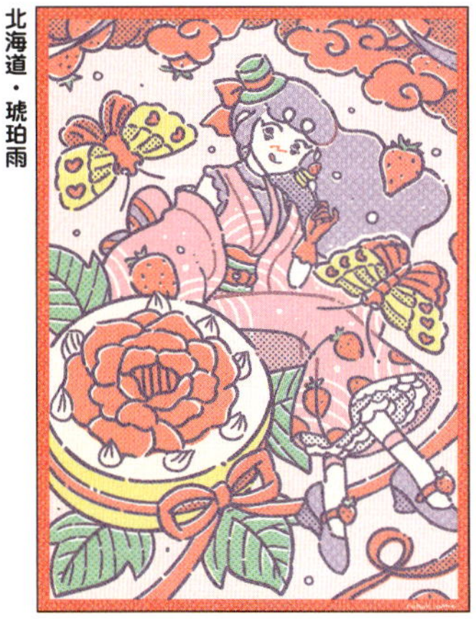
北海道・琥珀雨

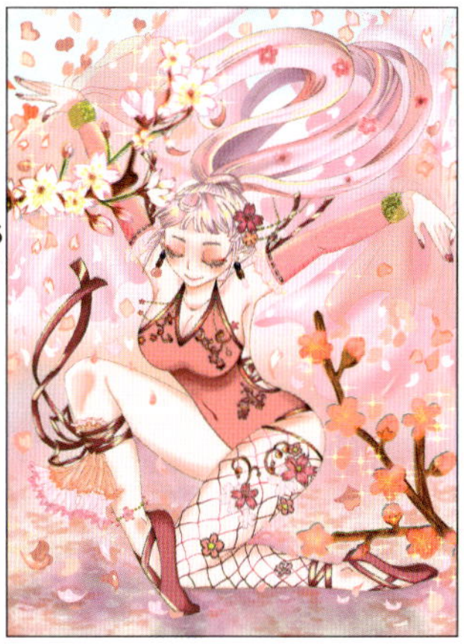
大阪府・篁おはる・35歳

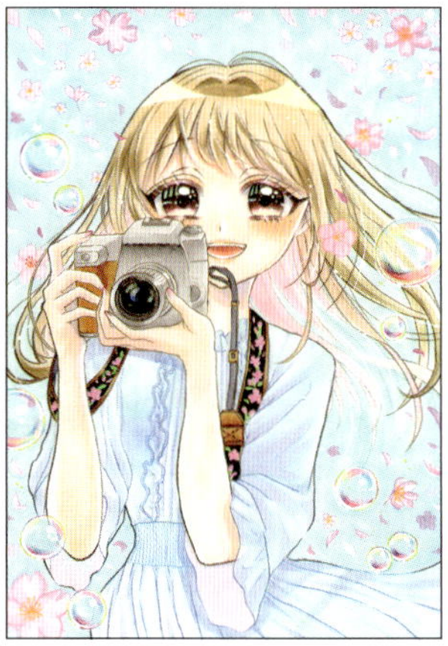
千葉県・ななせちぃな

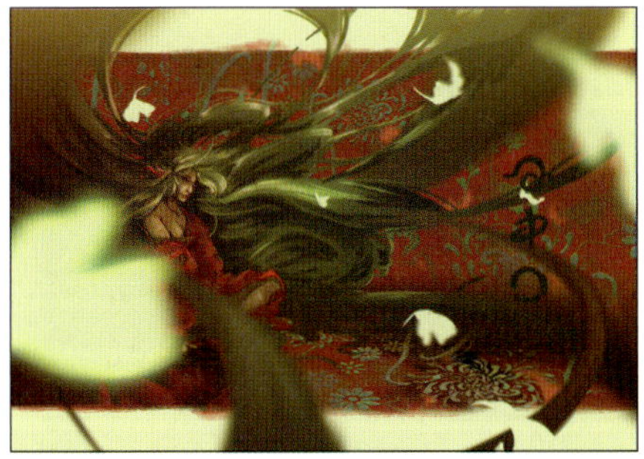
フランス・.kamikiri

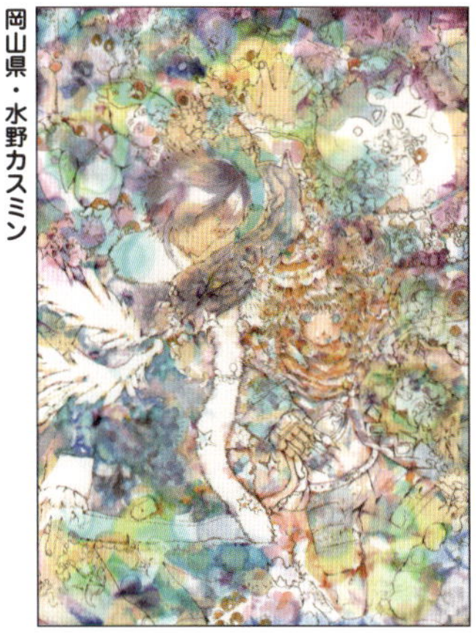
岡山県・水野カスミン

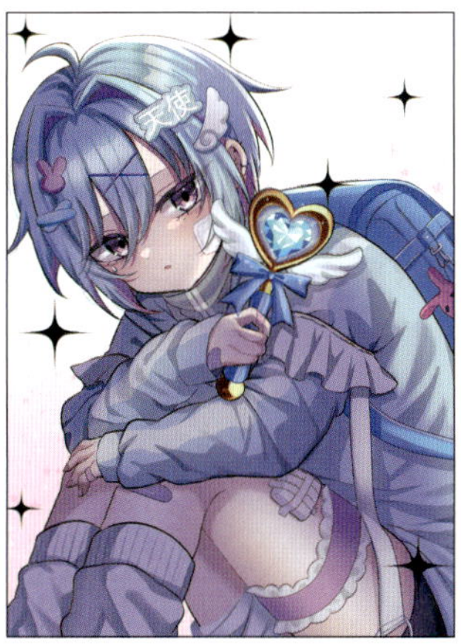
神奈川県・瑞乃

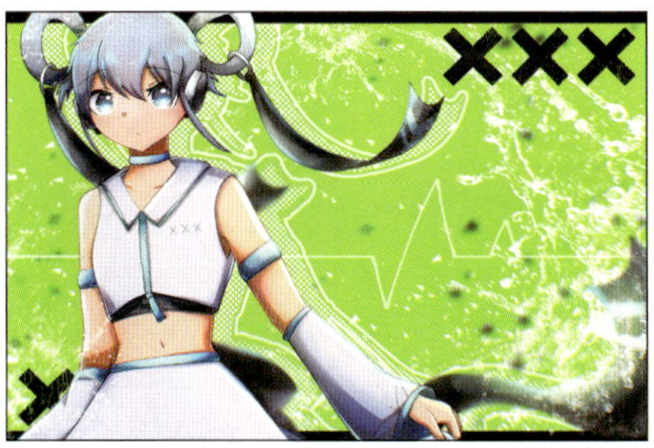
福島県・109vir

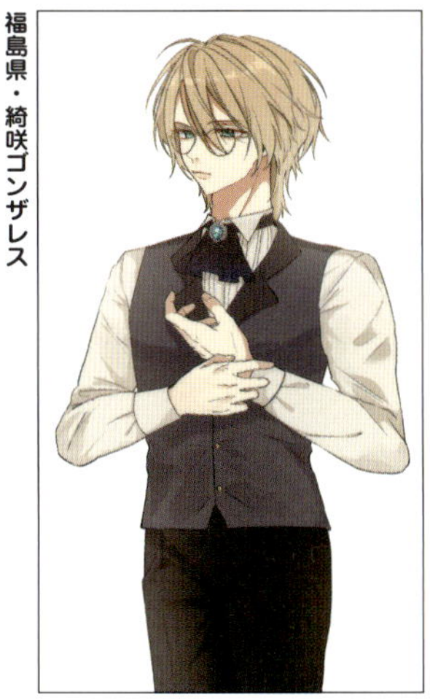
福島県・綺咲ゴンザレス

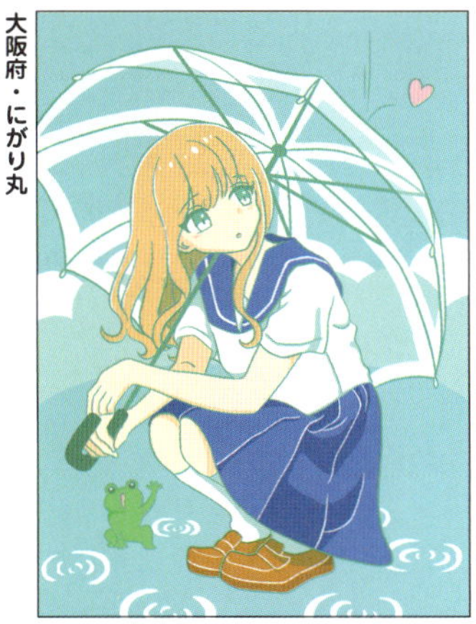
大阪府・にがり丸

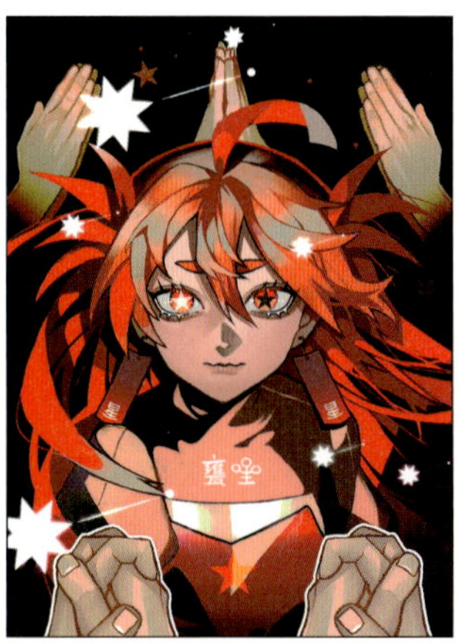
神奈川県・赤星

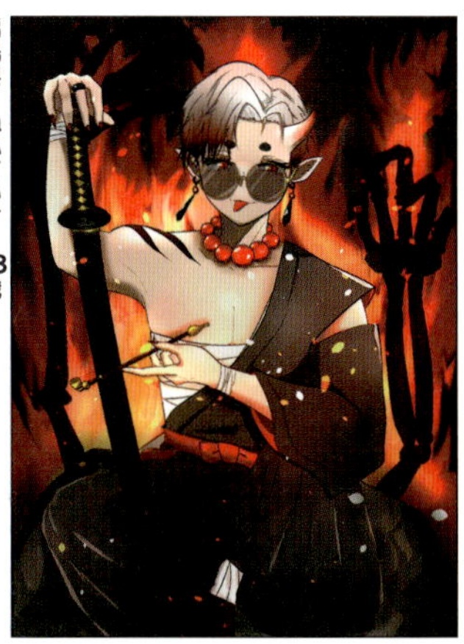
福島県・ねふてぃす・18歳

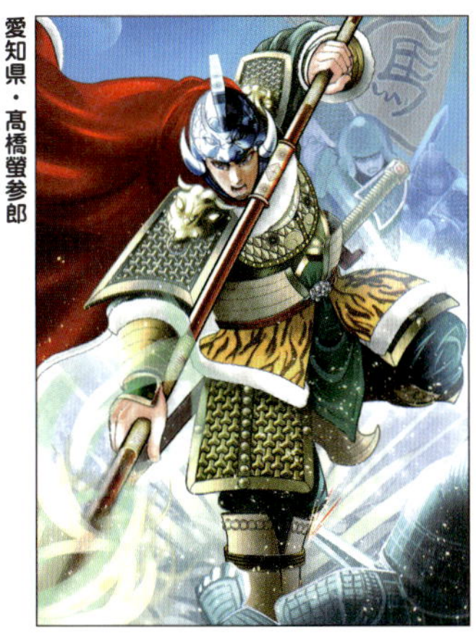
愛知県・髙橋蛍参郎

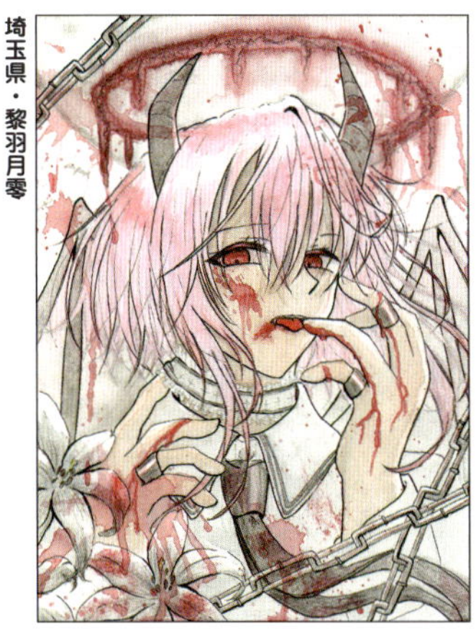
埼玉県・黎羽月零

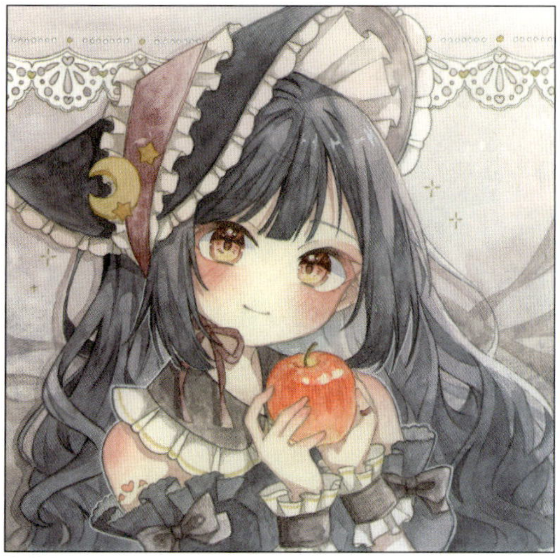

宮城県・なべしき

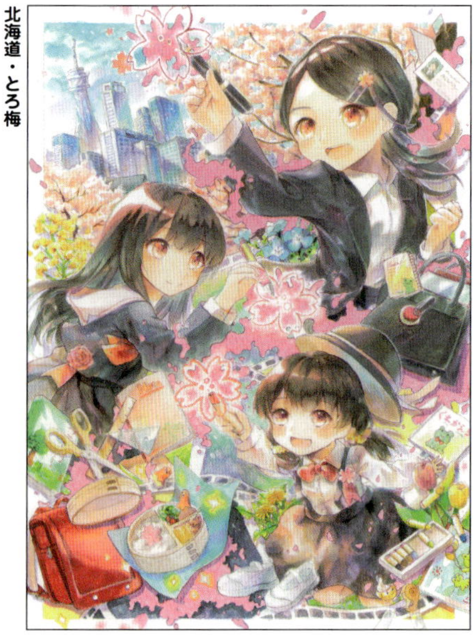

北海道・とろ梅

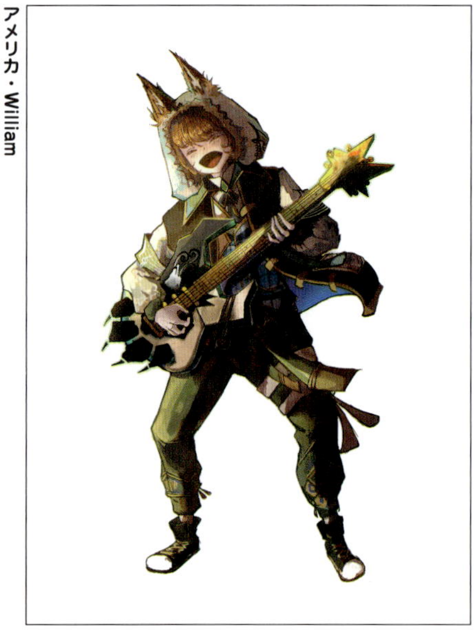

アメリカ・William

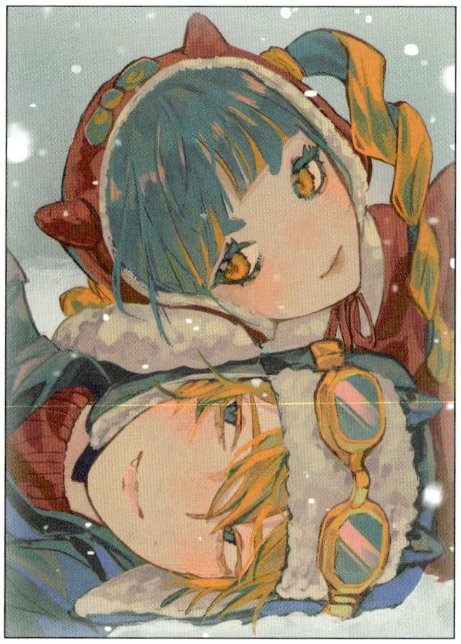

福島県・Bora

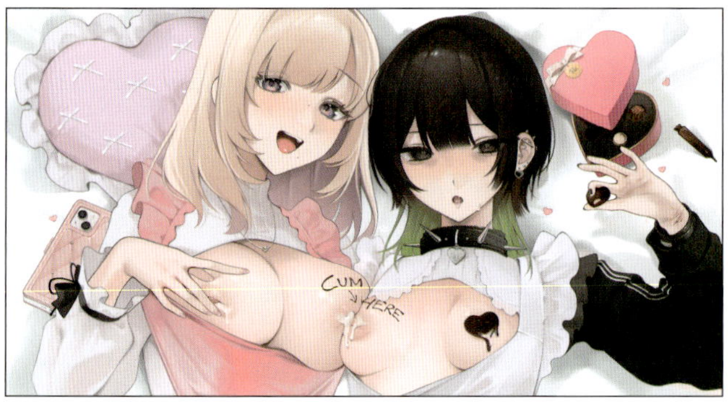

山口県・劣性遺伝

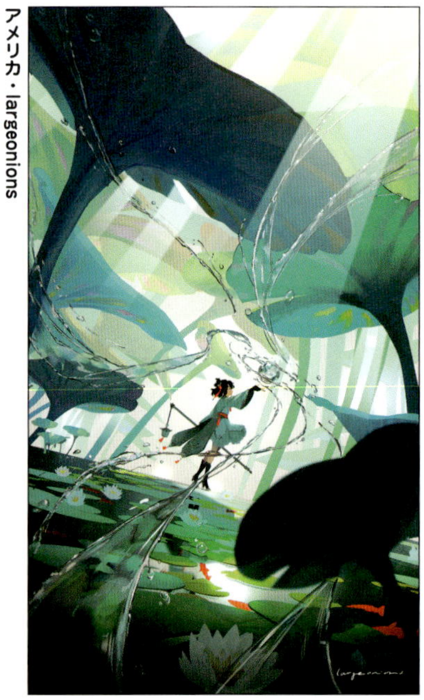

アメリカ・largeonions

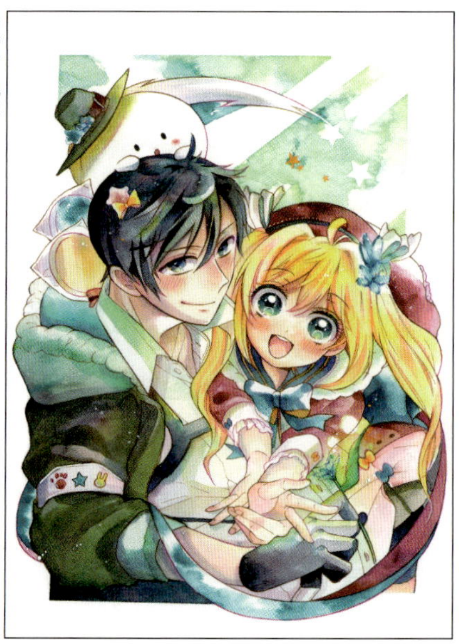

福島県・風波

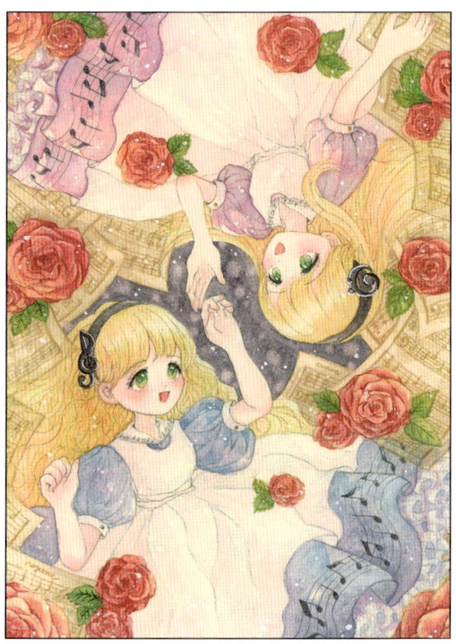

兵庫県・ねずみ

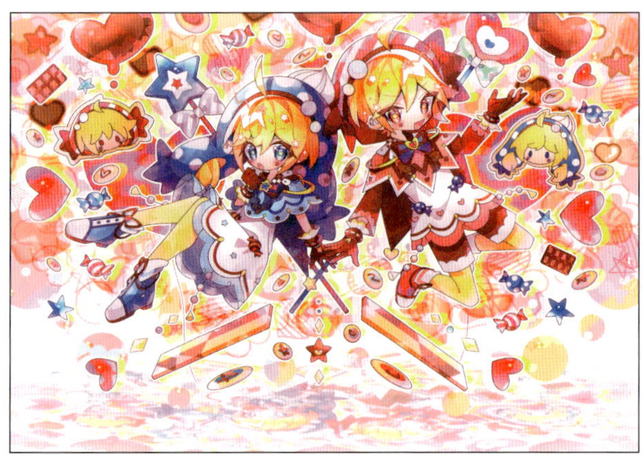

富山県・天音れもん

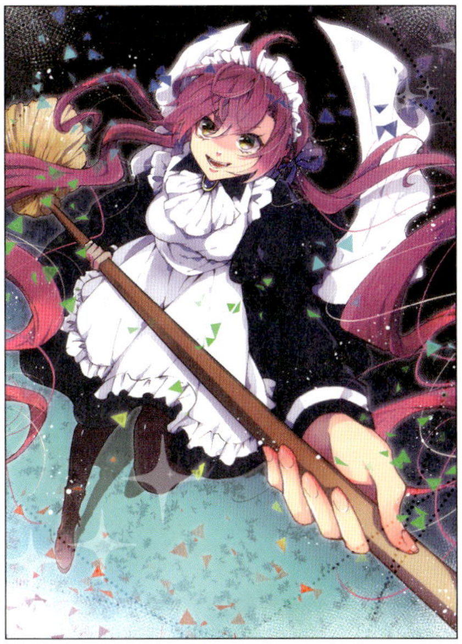
山口県・hana

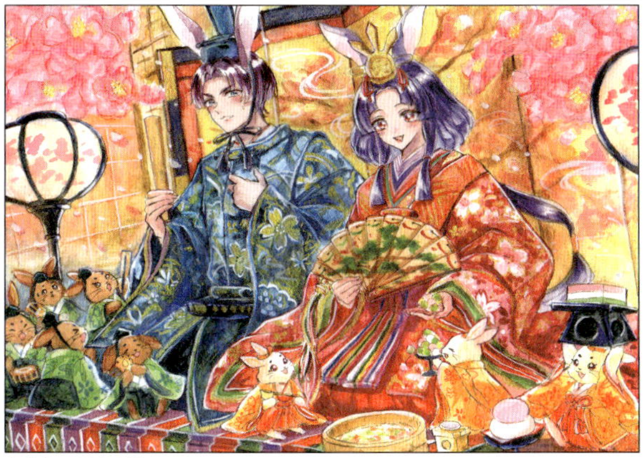
東京都・鈴木梨桜

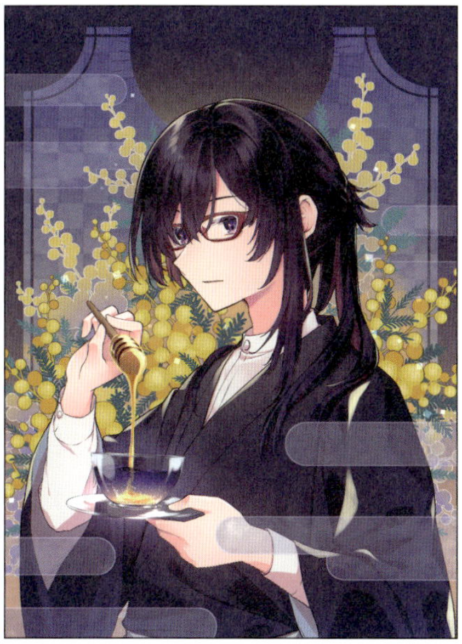
埼玉県・ねりがみ

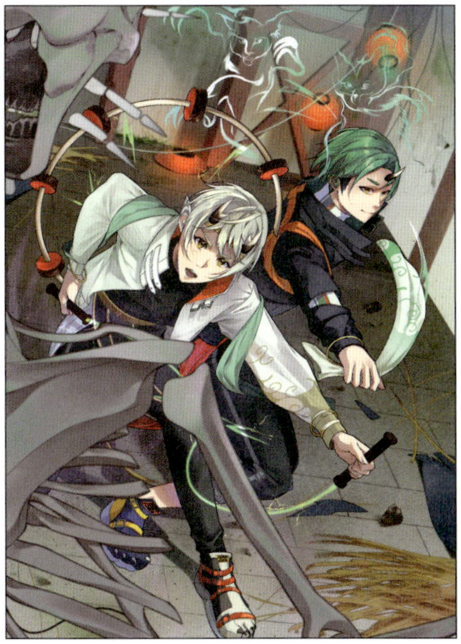
兵庫県・福

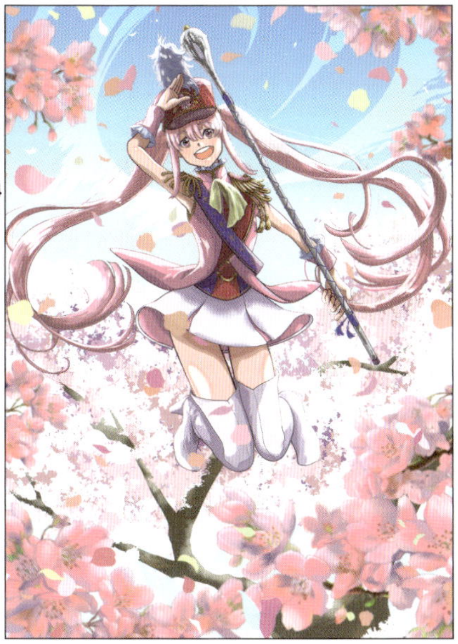
鹿児島県・ハゲヅラ・44歳

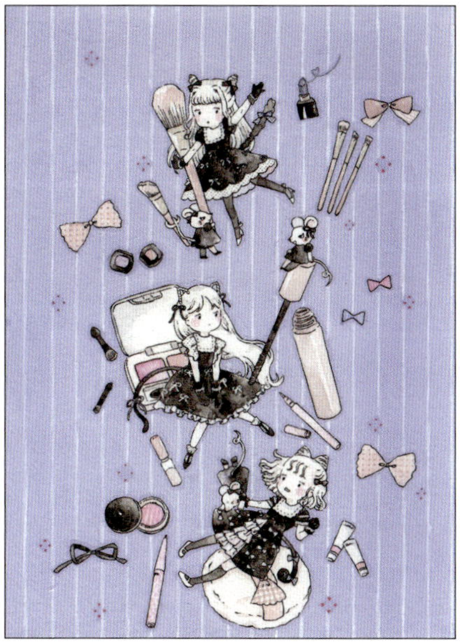
愛知県・henachoco

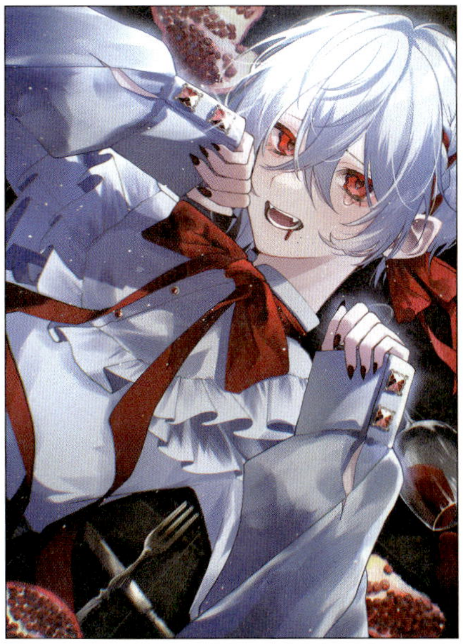
静岡県・IZUMO

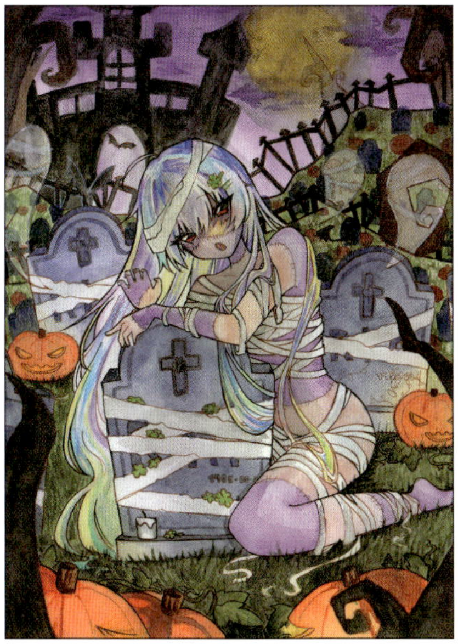
東京都・ハル

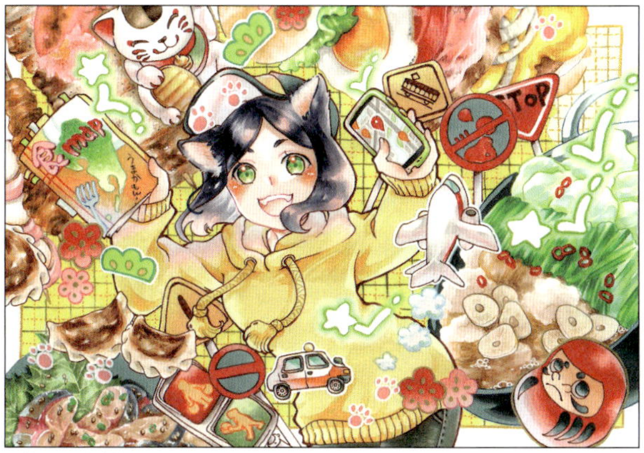
千葉県・林檎椿

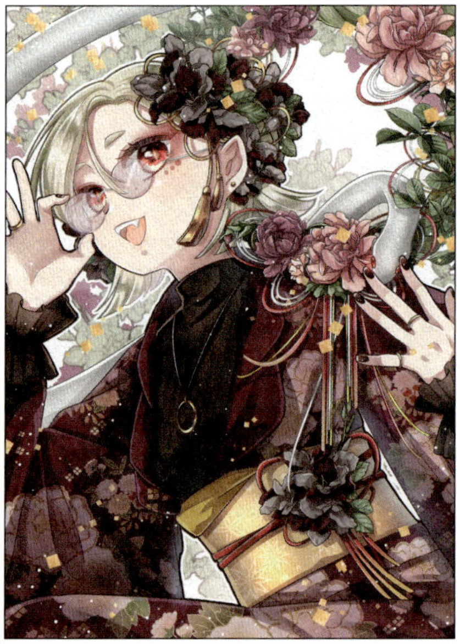
石川県・なかだ絵眞

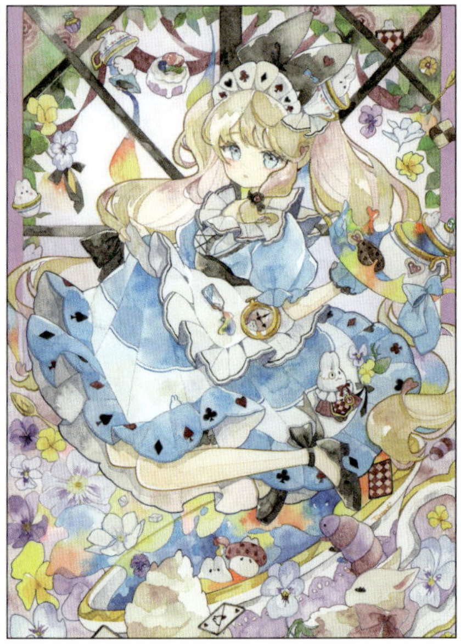
愛知県・望月とむ

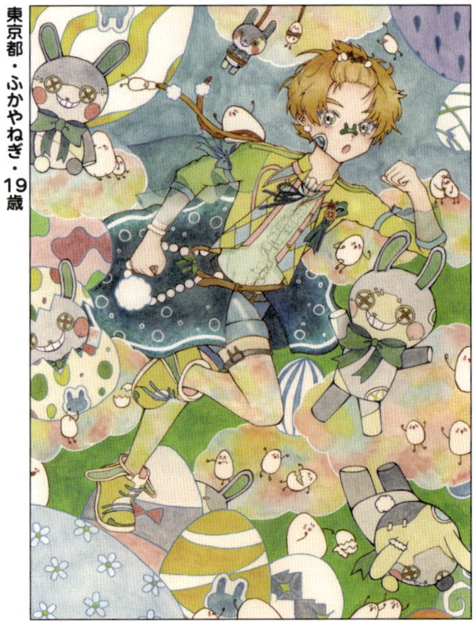
東京都・ふかやねぎ・19歳

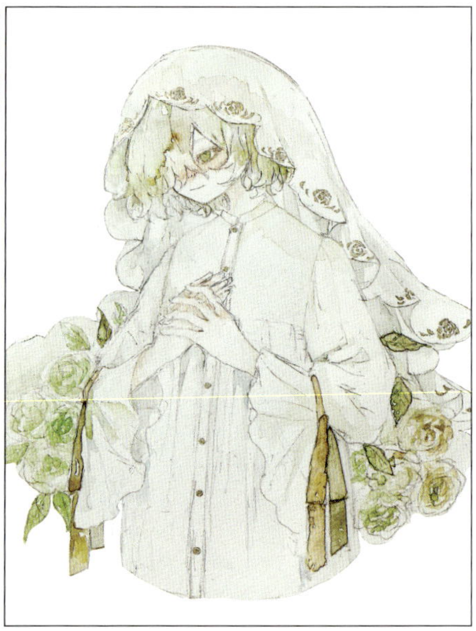
高知県・花屋

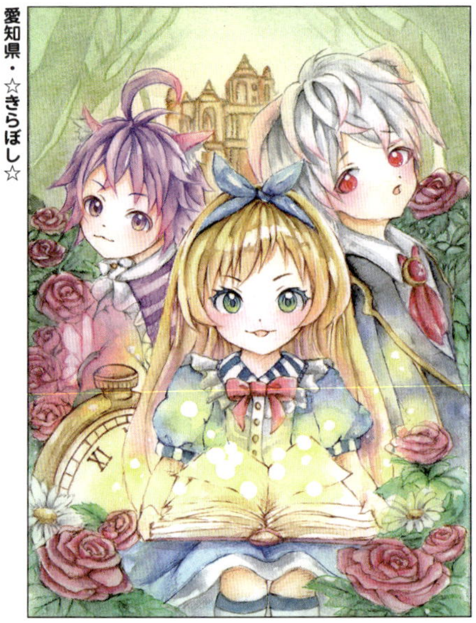
愛知県・☆きらぼし☆

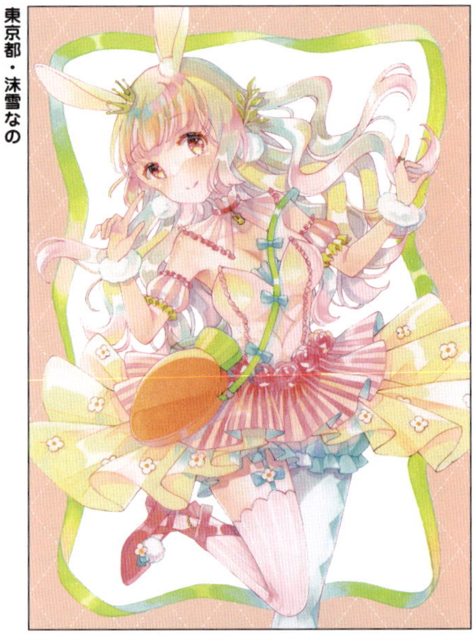
東京都・沫雪なの

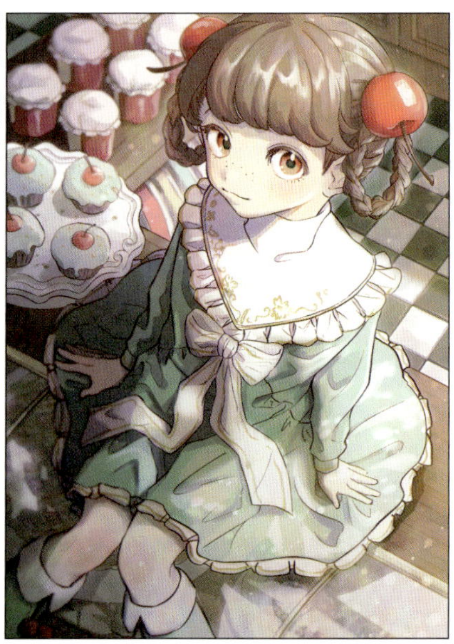
石川県・丸屋アラン

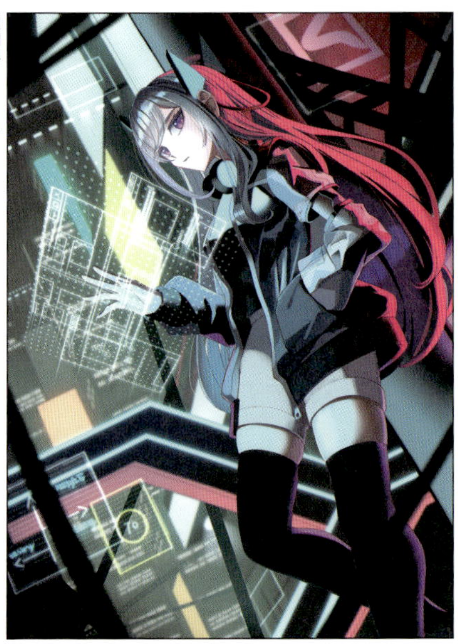
愛知県・cKA

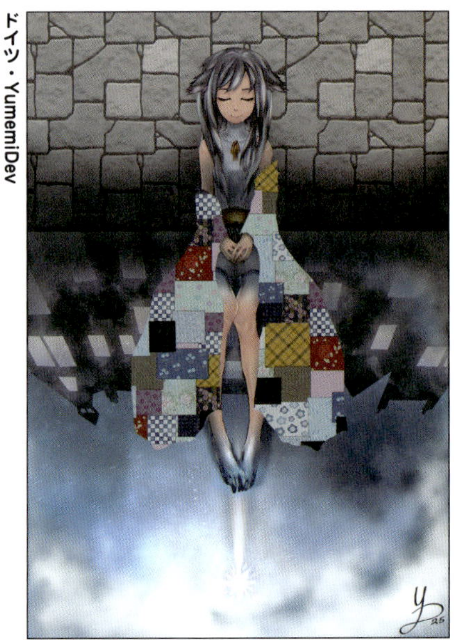
ドイツ・YumemiDev

福井県・虚維そら

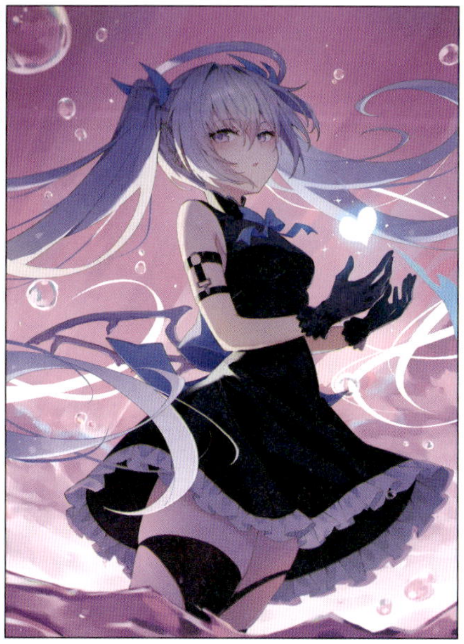

京都府・あはちゃ

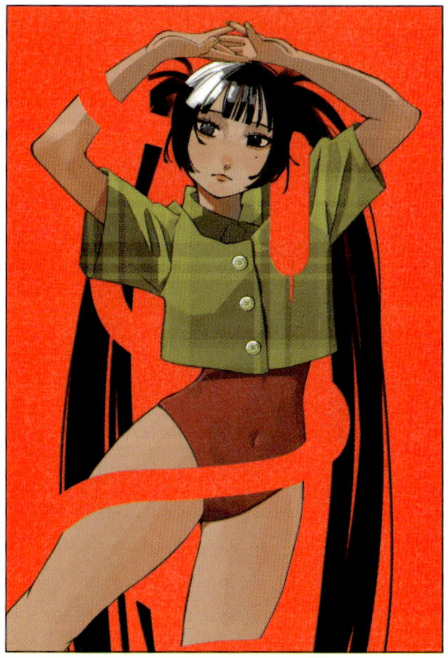

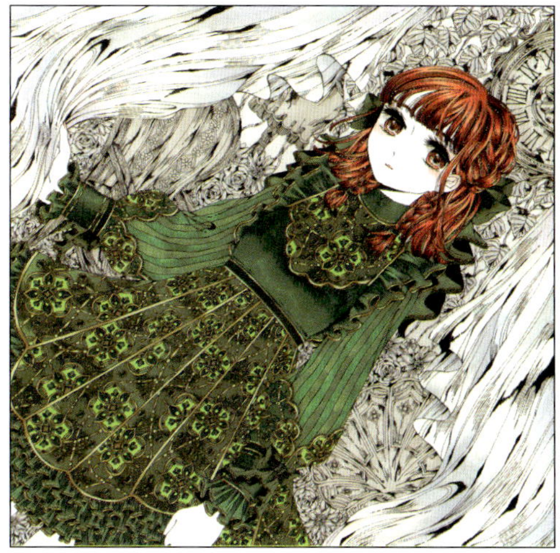

岩手県・くろき

静岡県・カノ3

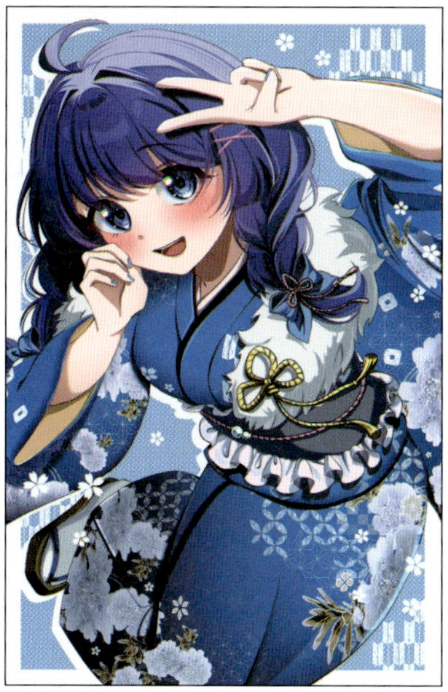

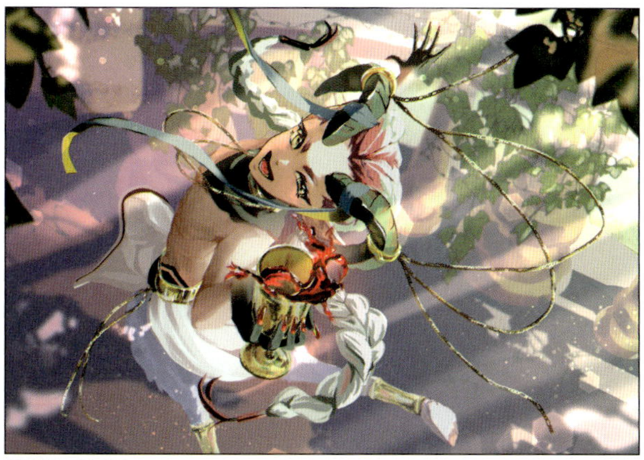

福岡県・ゆのみ

京都府・彩月さき

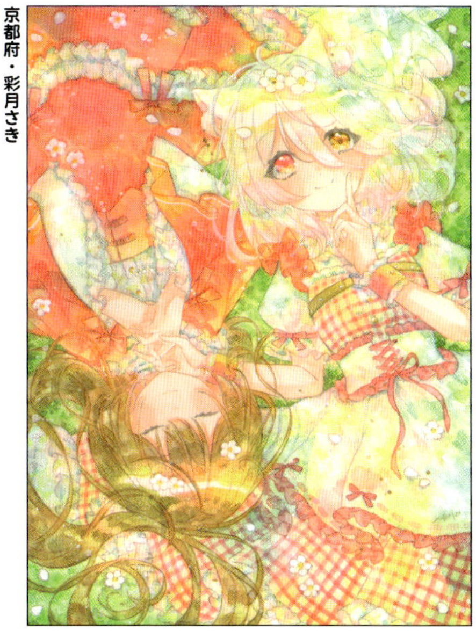

埼玉県・来世の林檎しゃん

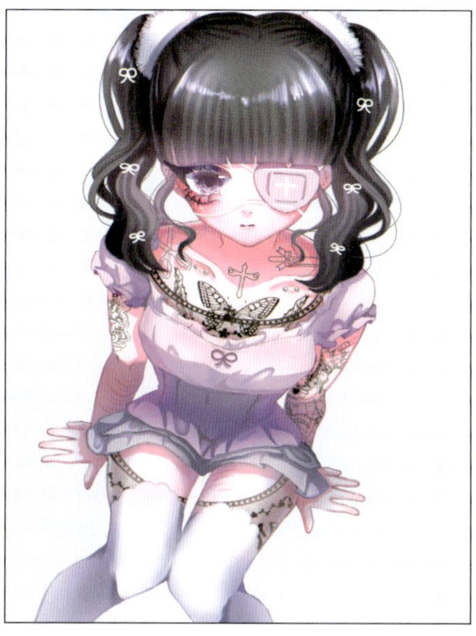

新潟県・朔

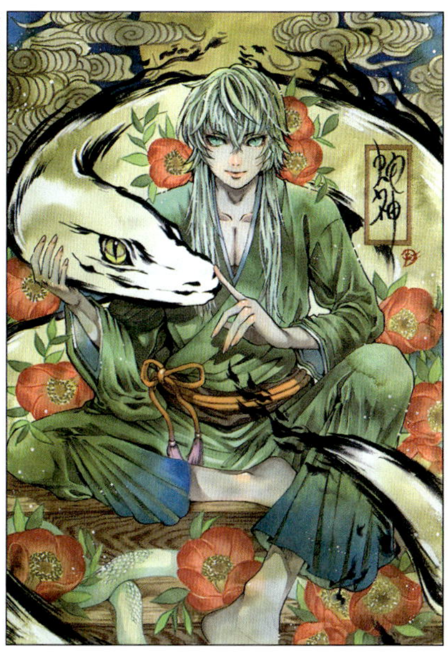

山口県・くろくろ

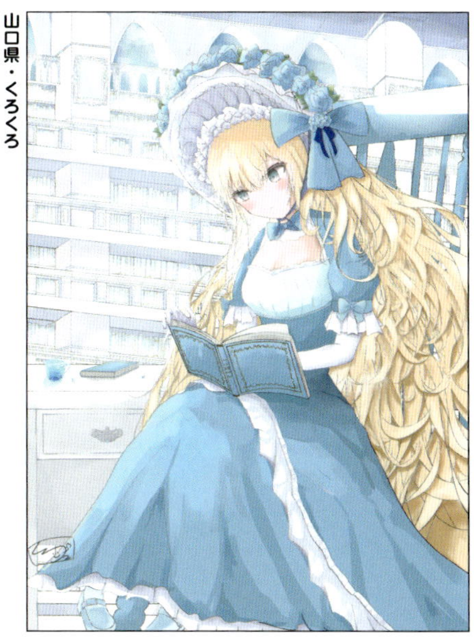

神奈川県・さくらぎちりこ

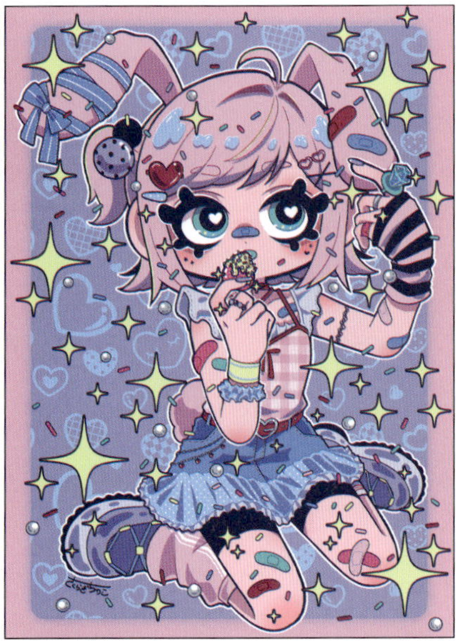

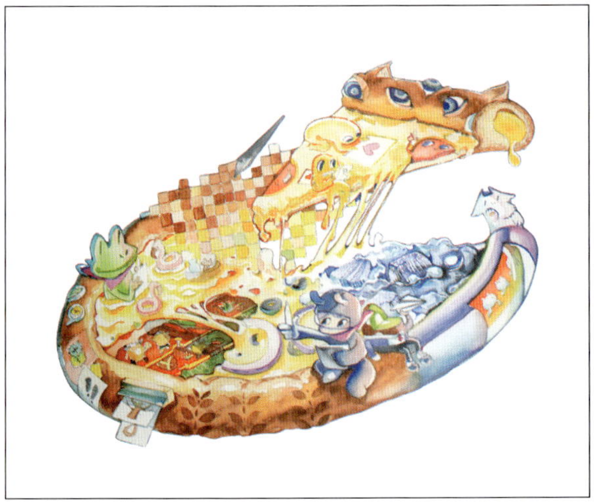

イギリス・Umeki_3

東京都・こっとん

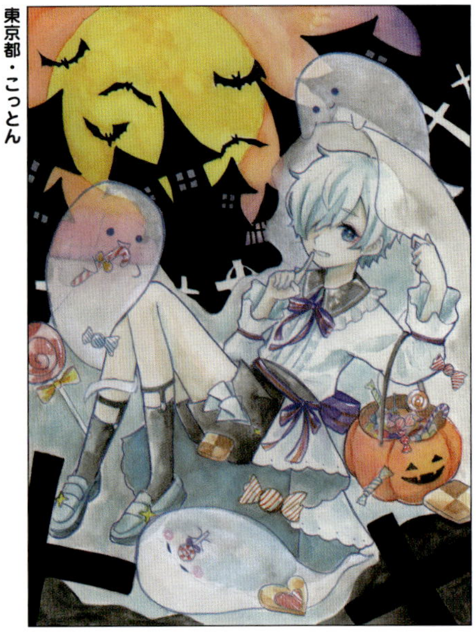

東京都・朧月

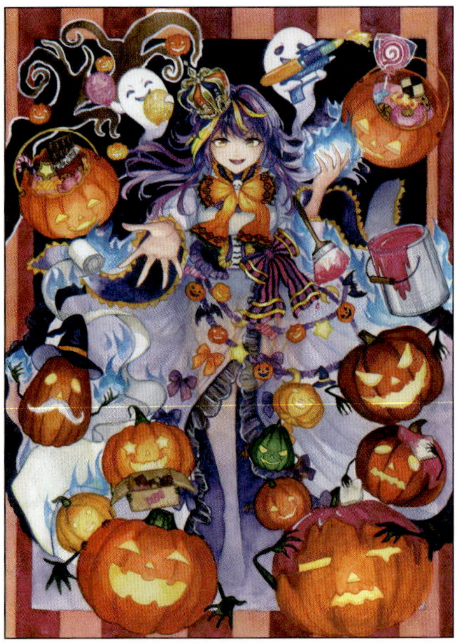

埼玉県・桜禾

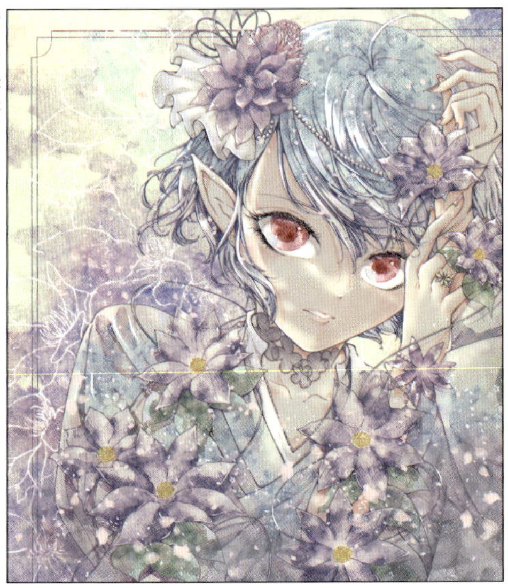

北海道・神足・41歳

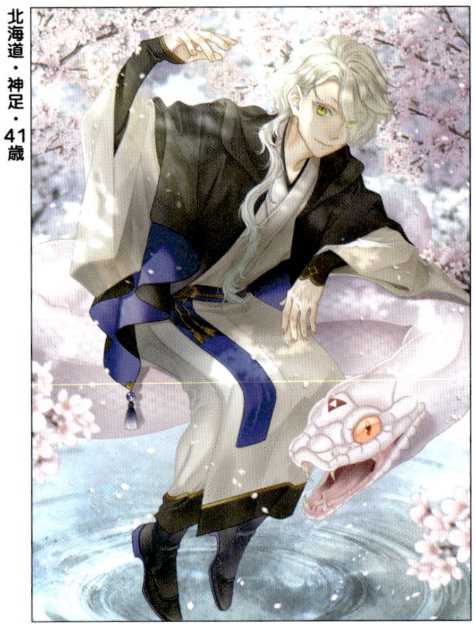

東京都・セキ

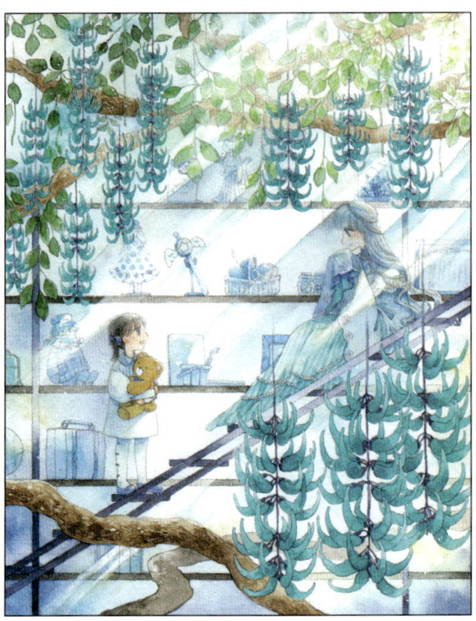

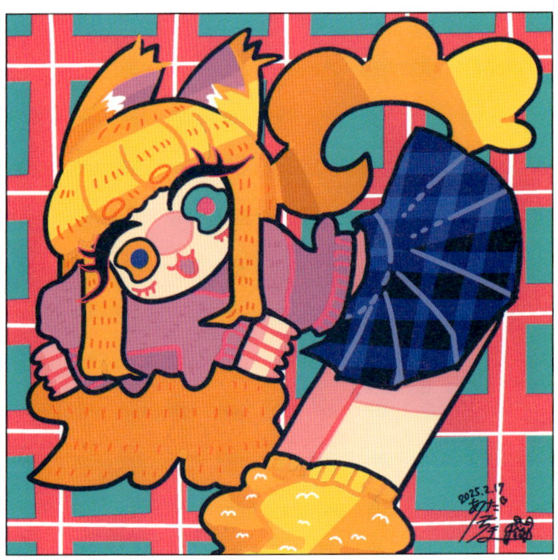

愛知県・あけだにちほ・31歳

東京都・清水美玖

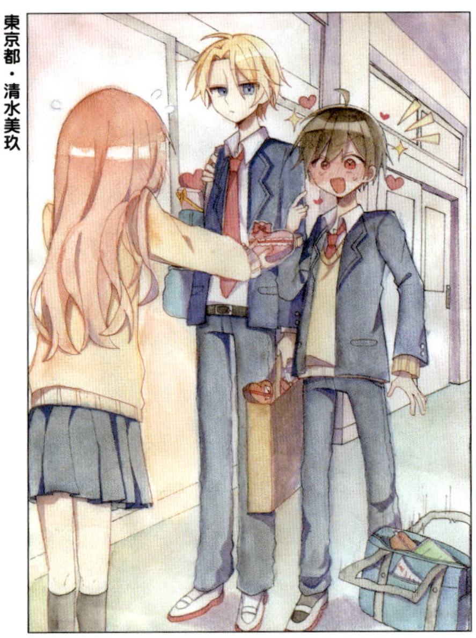

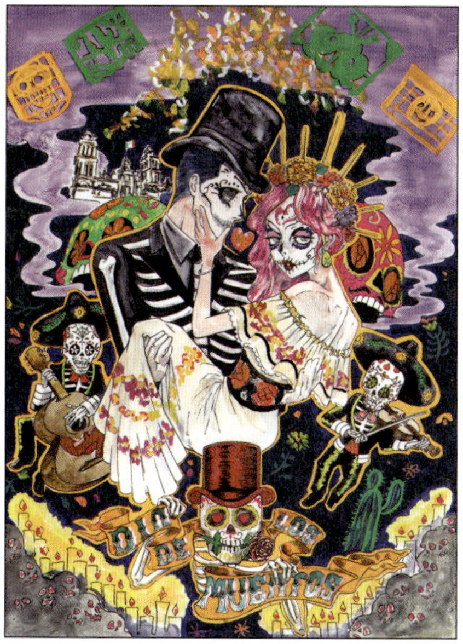

埼玉県・ちーず

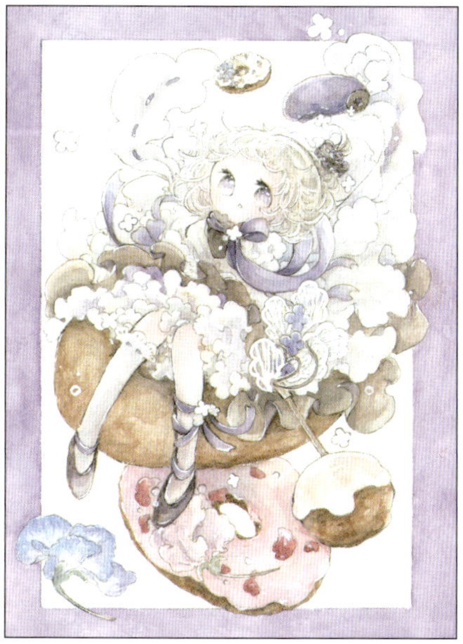

千葉県・梅小花

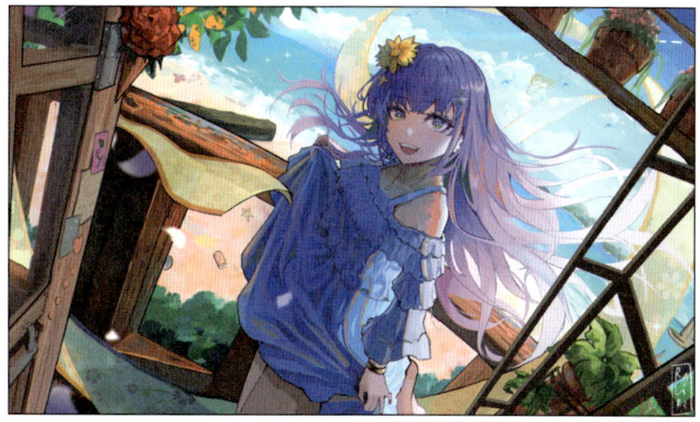

インドネシア・Ralire

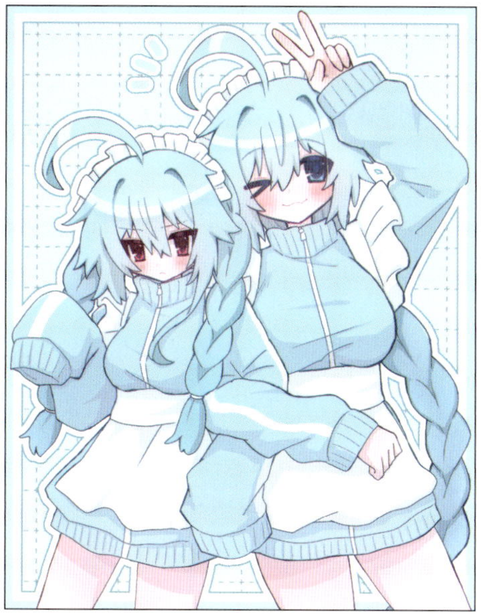

鹿児島県・白恋ももこ

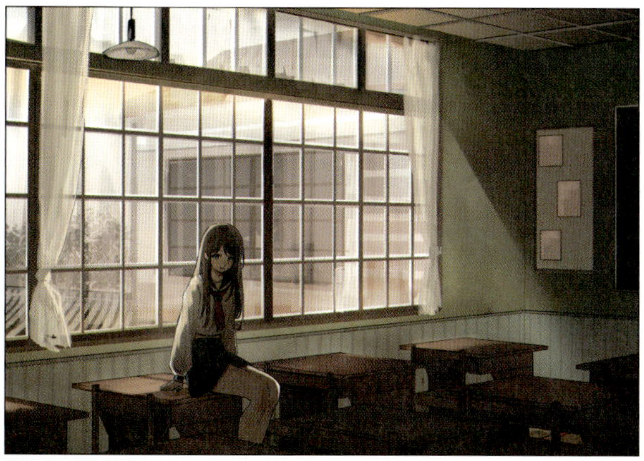

静岡県・KENKODAIICHI

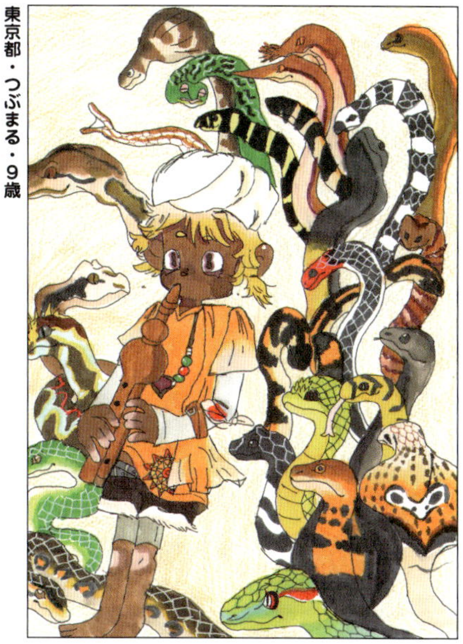

東京都・つぶまる・9歳

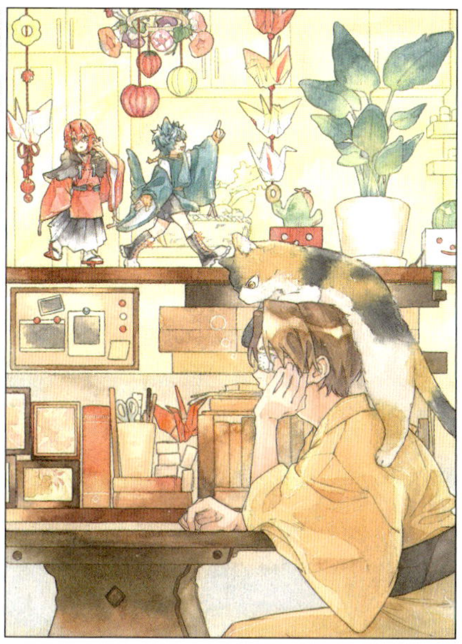

京都府・逢壱

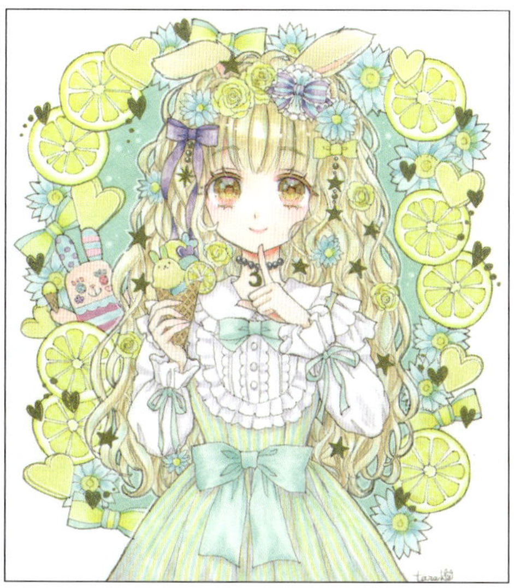

茨城県・タラコ

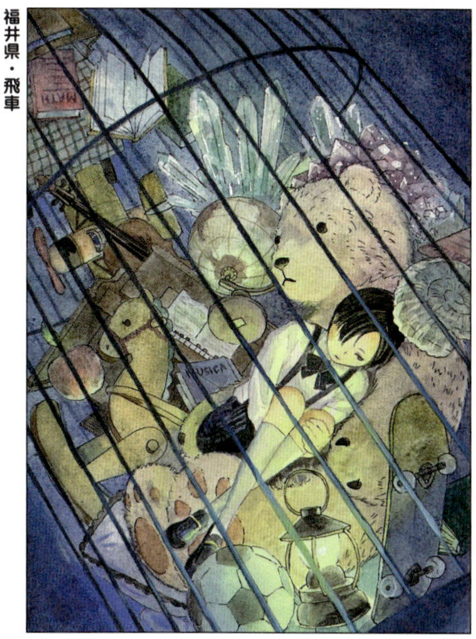

福井県・飛車

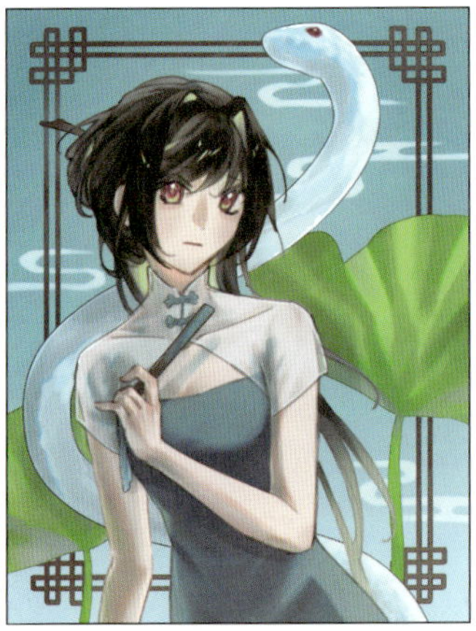
アメリカ・c10v3rf13ld

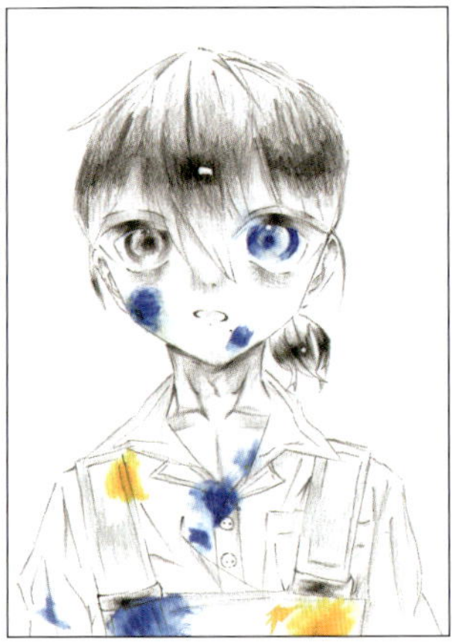
茨城県・東山ナギサ・11歳

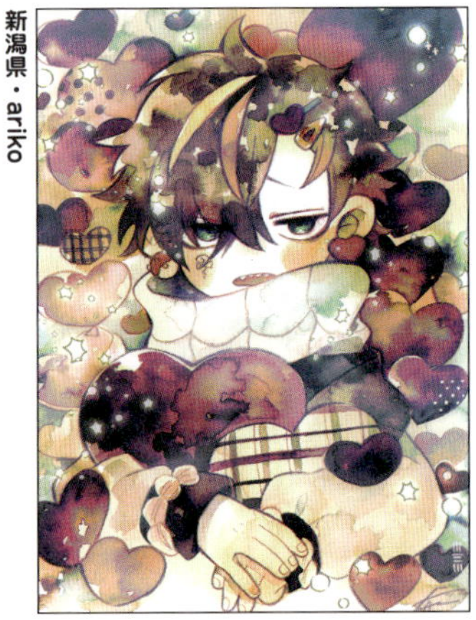
新潟県・ariko

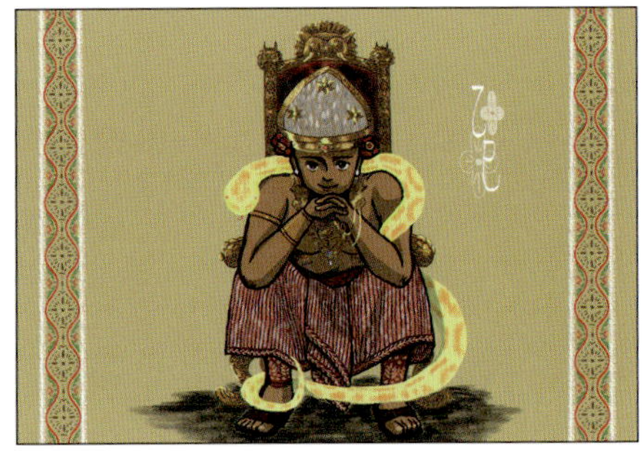
神奈川県・遊行のぼる

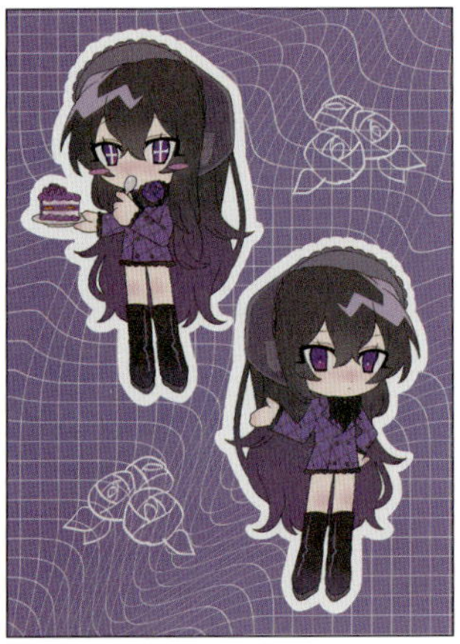
福島県・INE

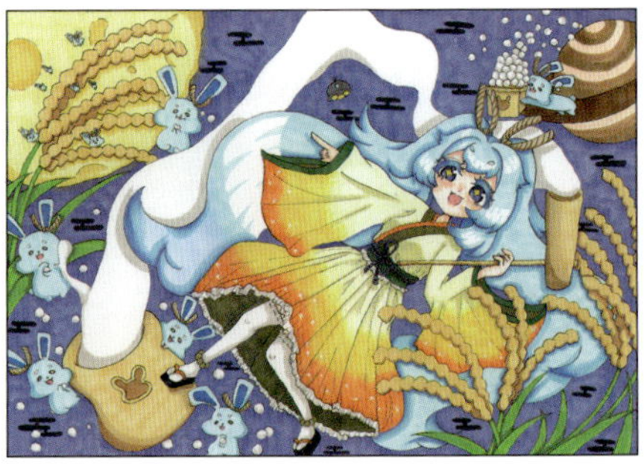
東京都・平野心・19歳

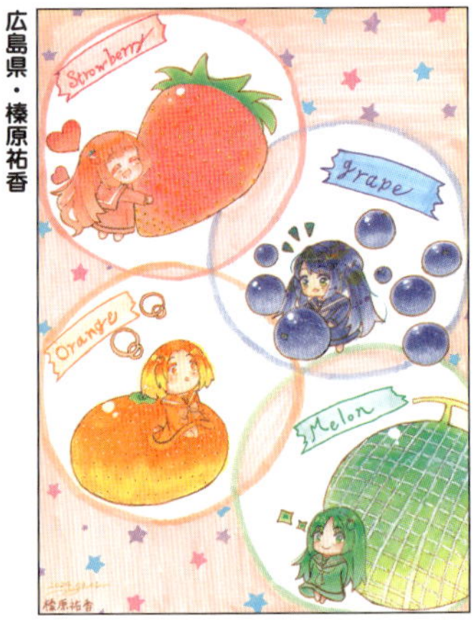

広島県・榛原祐香

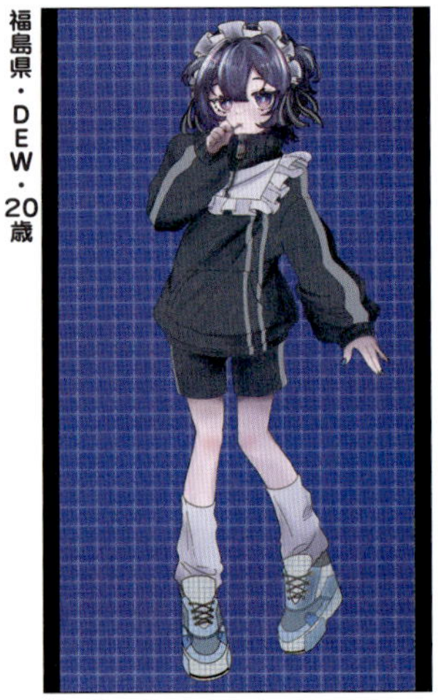
福島県・DEW・20歳

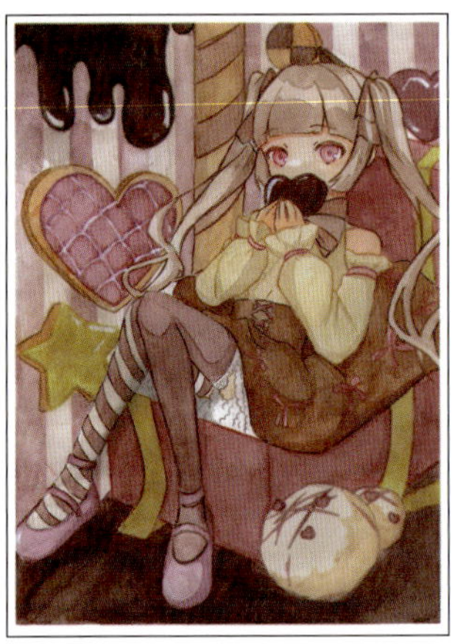
東京都・Lurina_697

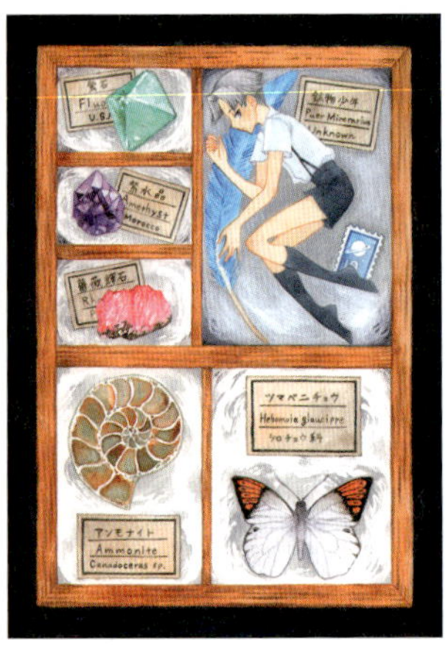

大分県・ざんぽあ

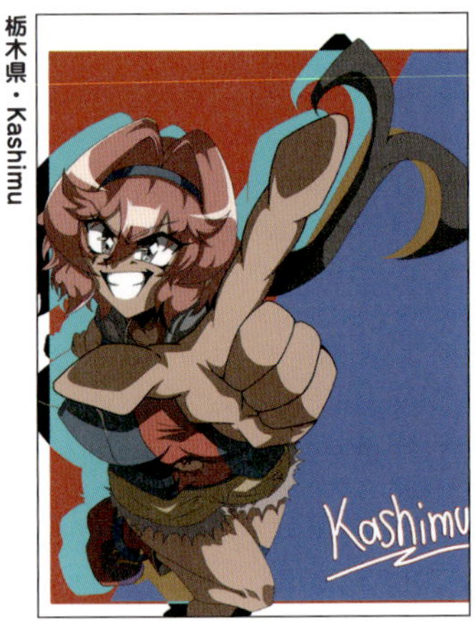

栃木県・Kashimu

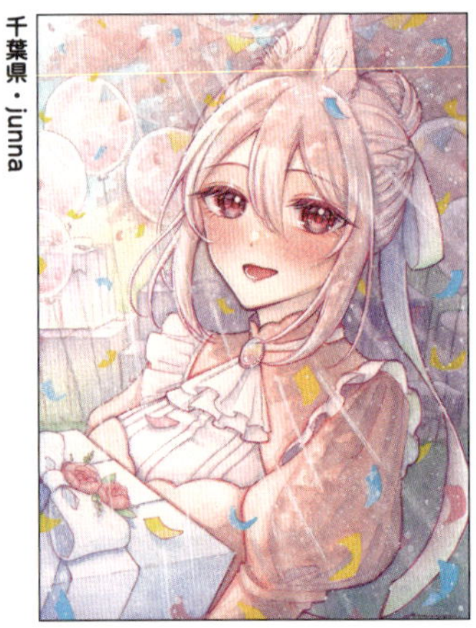
千葉県・junna

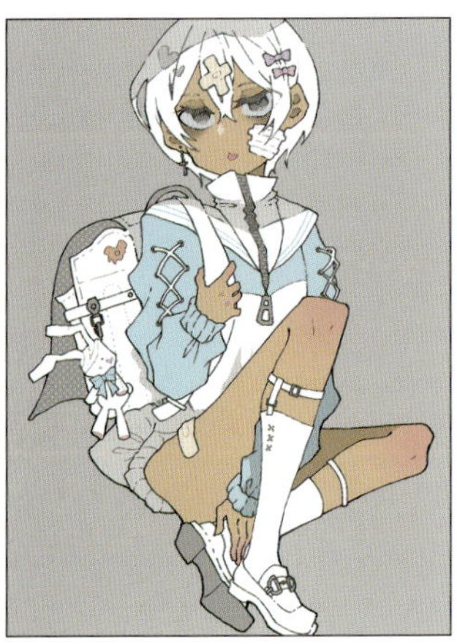
千葉県・Note

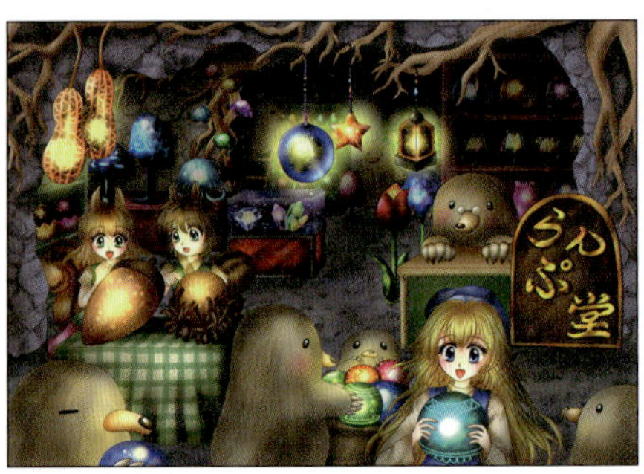

愛媛県・槻海藍

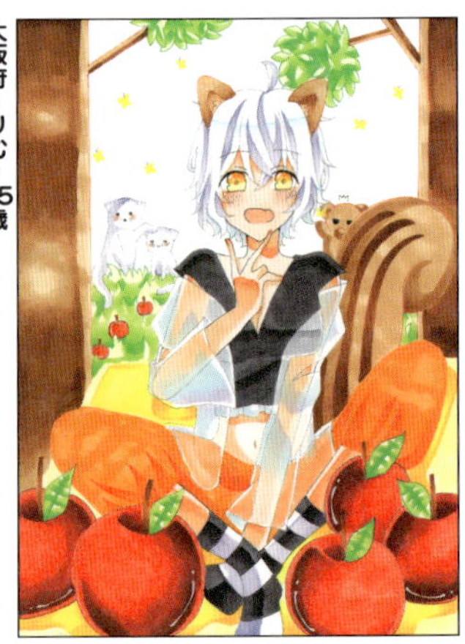
大阪府・りむ・25歳

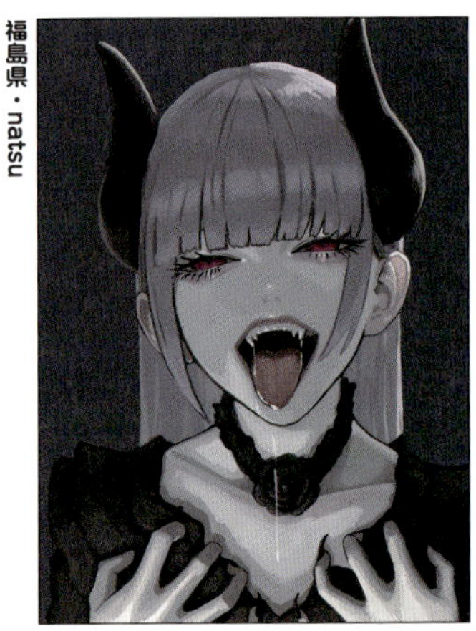
福島県・natsu

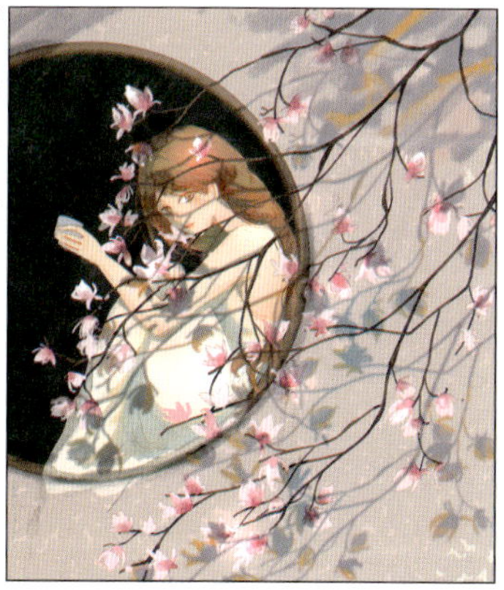

アメリカ・starsaku

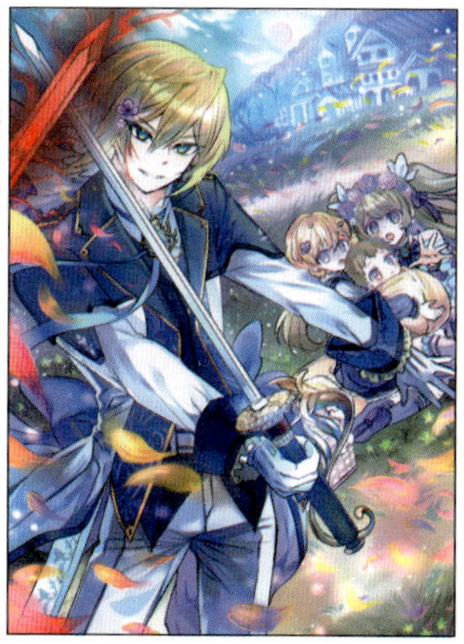

愛知県・我壊ワルド

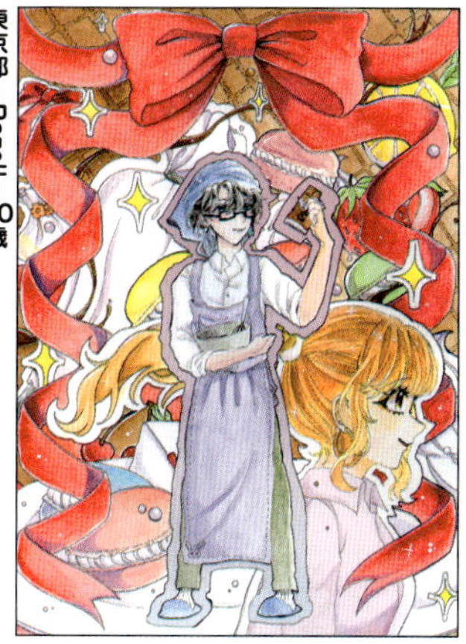

東京都・Rozell・20歳

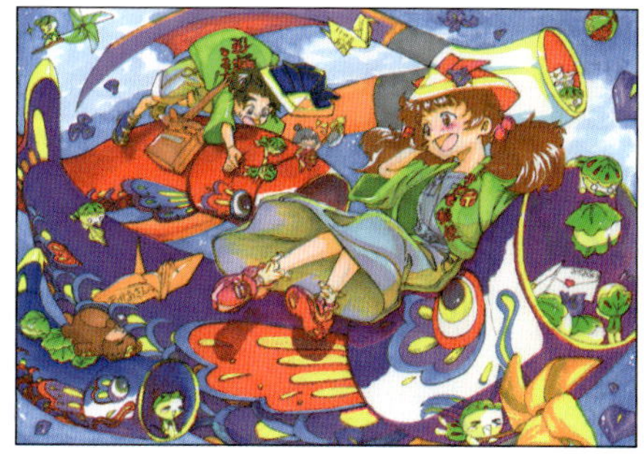

東京都・師走

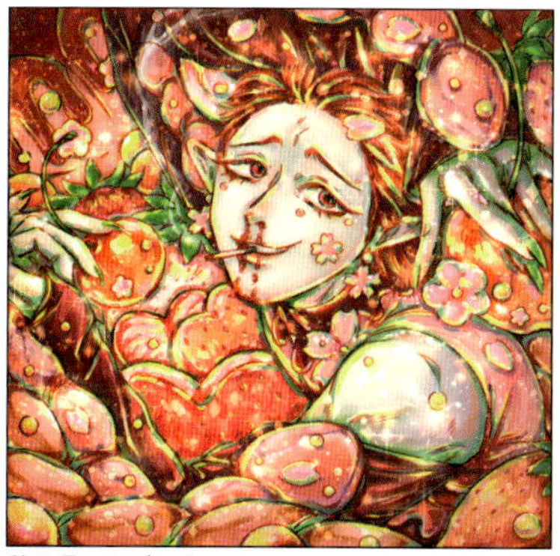

秋田県・ヒビュウ

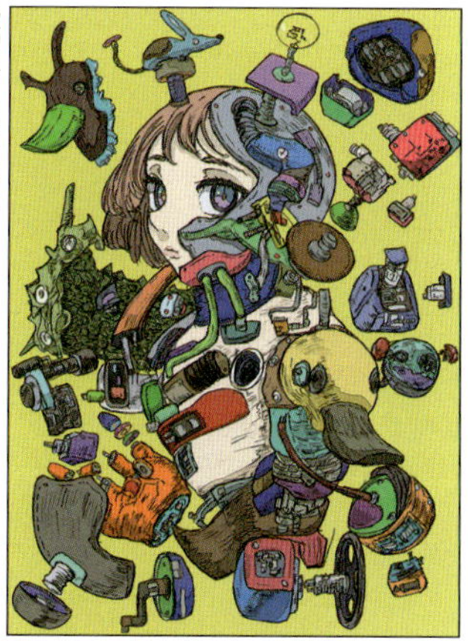

愛知県・UMiUSHi

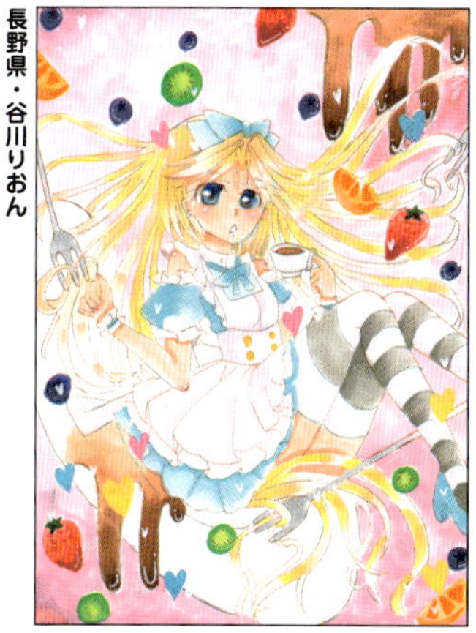

長野県・谷川りおん

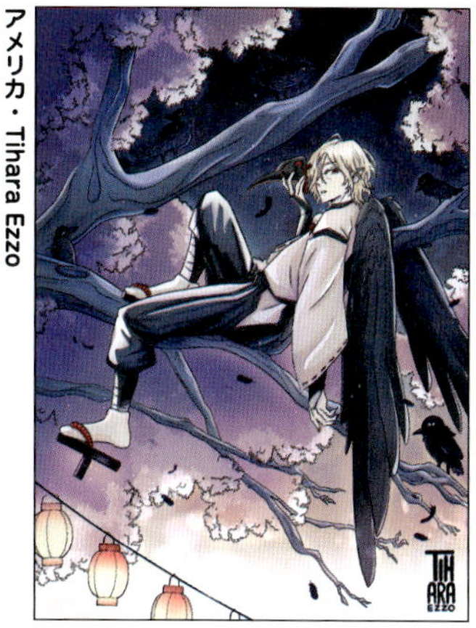

アメリカ・Tihara Ezzo

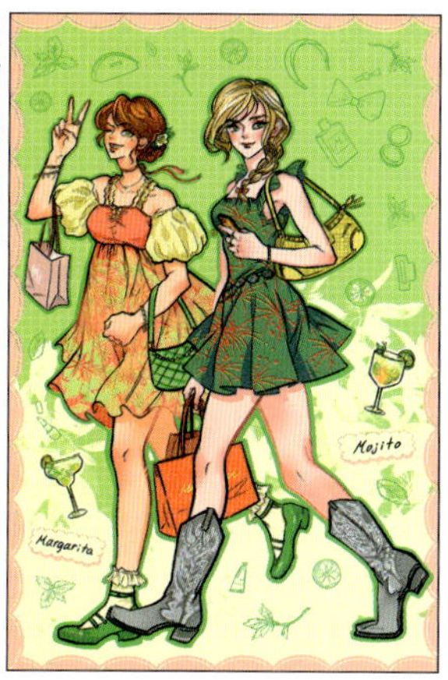

カナダ・XANUROK

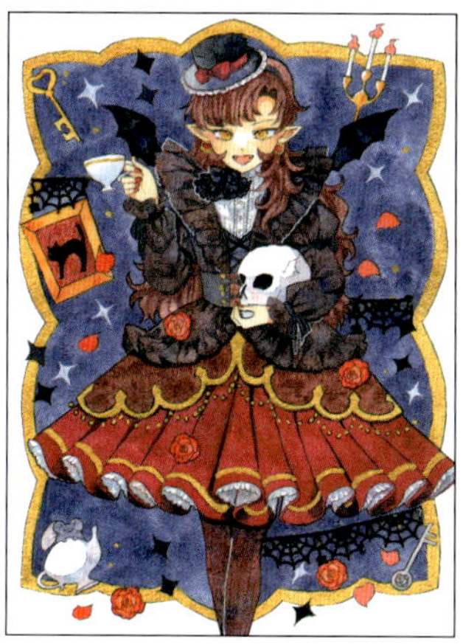

群馬県・RB

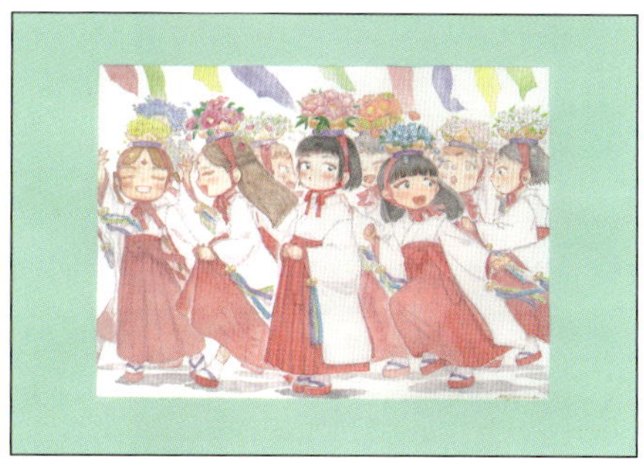

宮崎県・三山犬造

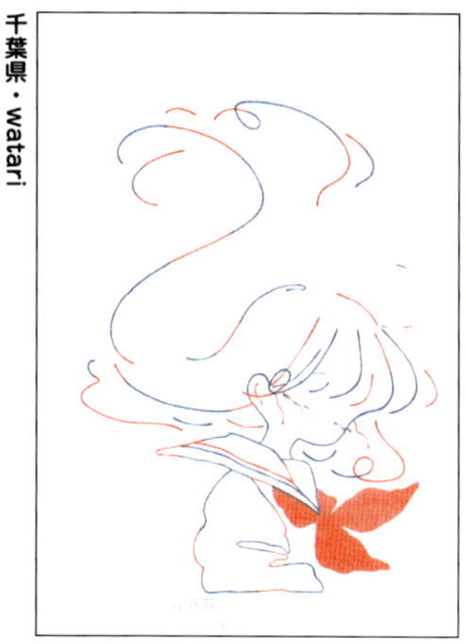

千葉県・watari

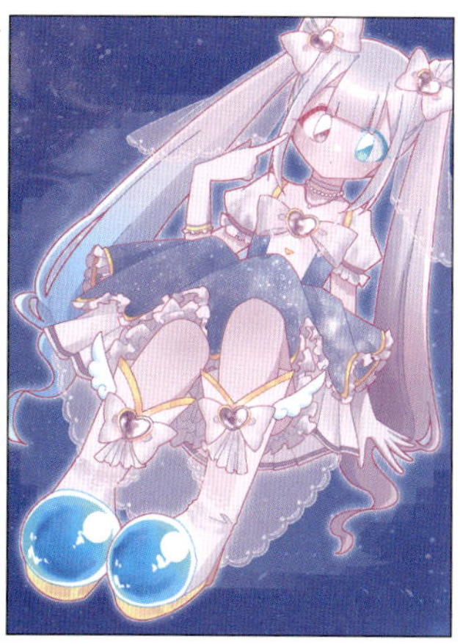

兵庫県・いと

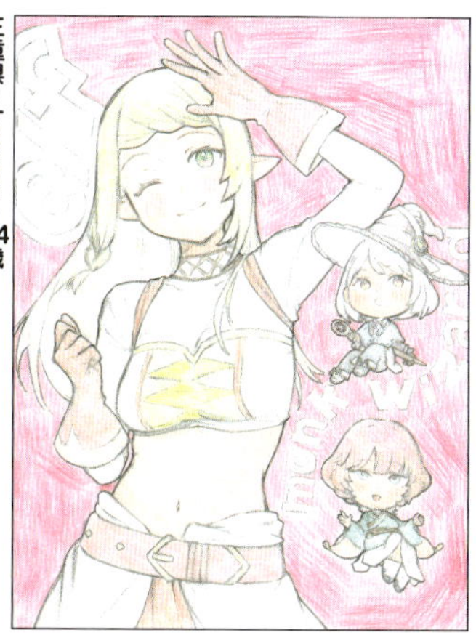

三重県・kurumu・24歳

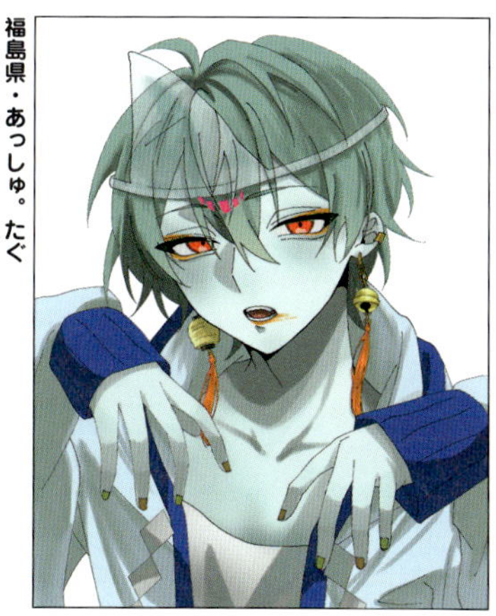

福島県・あっしゅ。たぐ

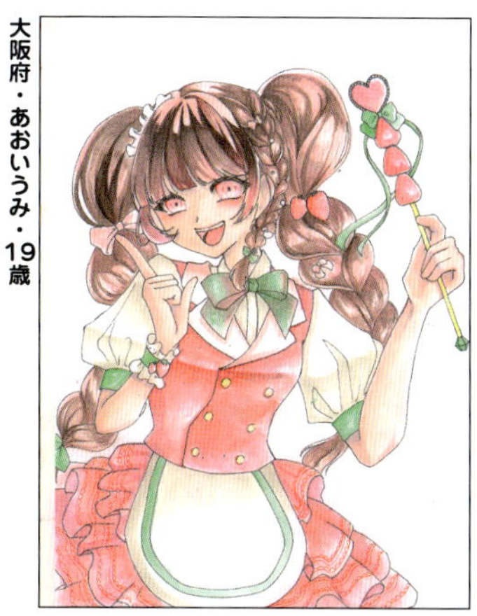

大阪府・あおいうみ・19歳

神奈川県・うさまる。

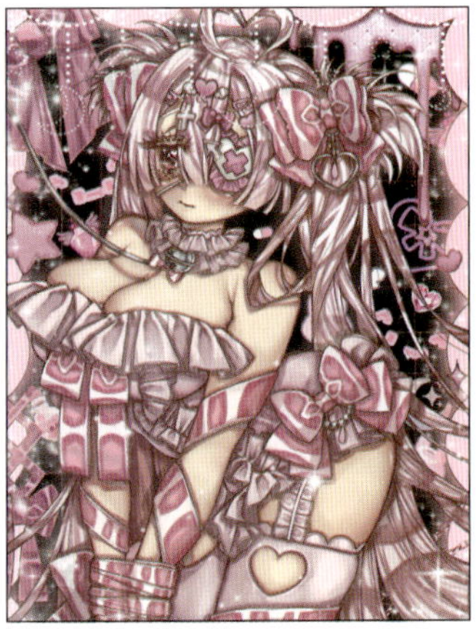

宮崎県・ねむりぷか・13歳

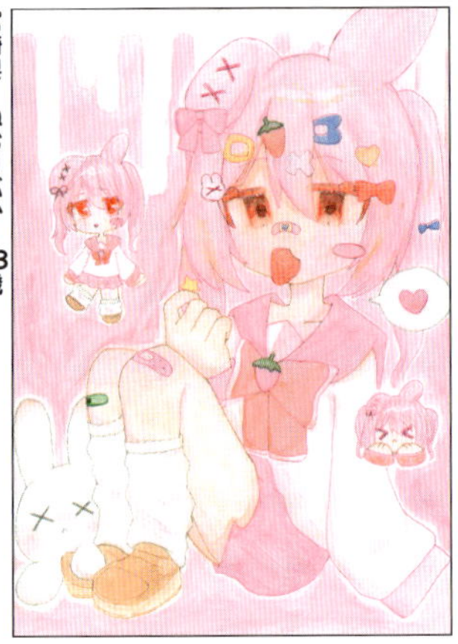

埼玉県・うーい

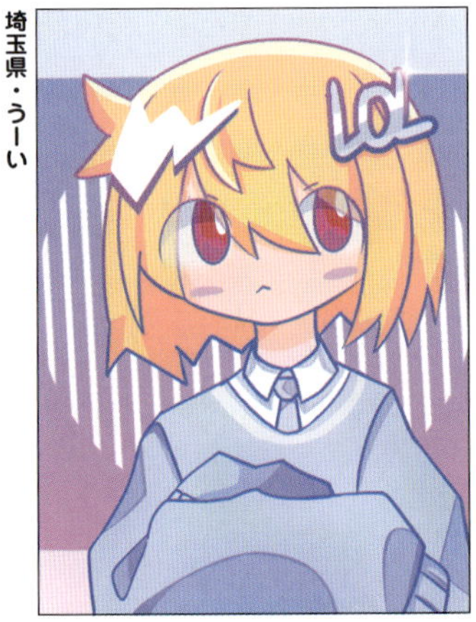

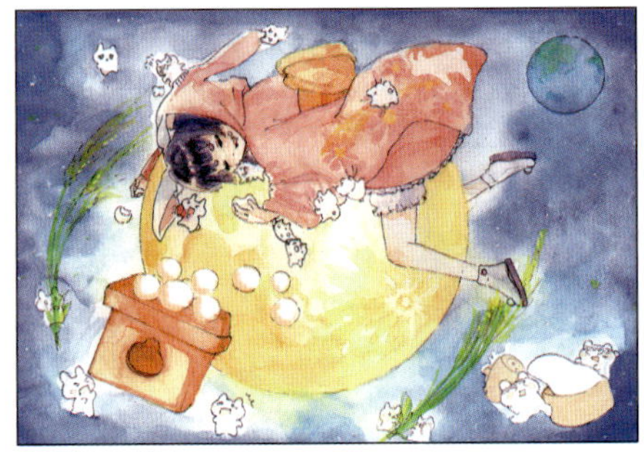

東京都・亀井

神奈川県・カルキ

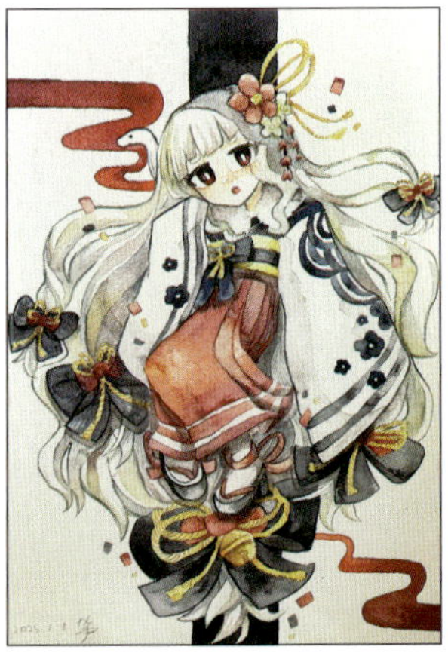

群馬県・オレンジ相田

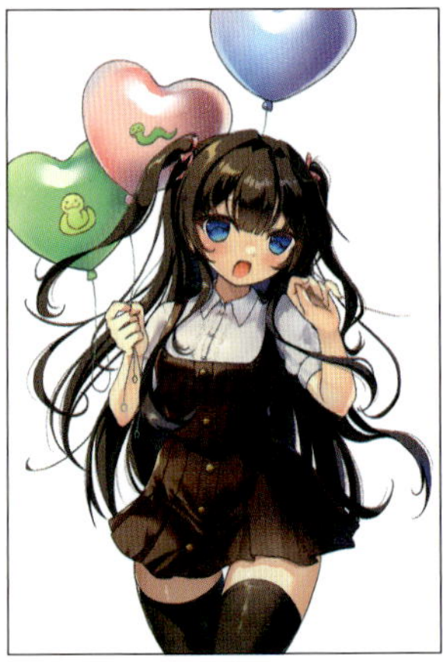

福岡県・無月

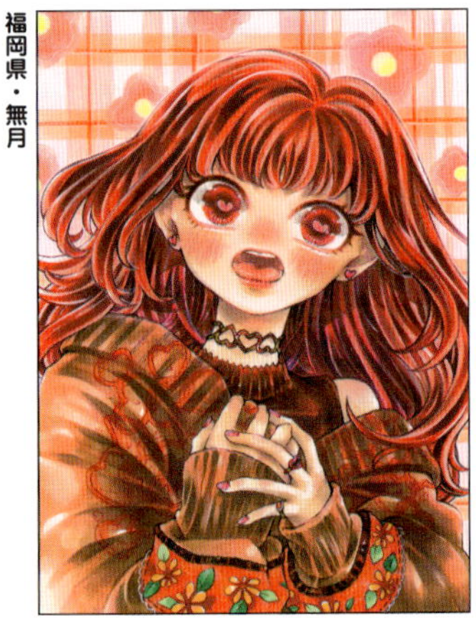

東京都・エリエナ

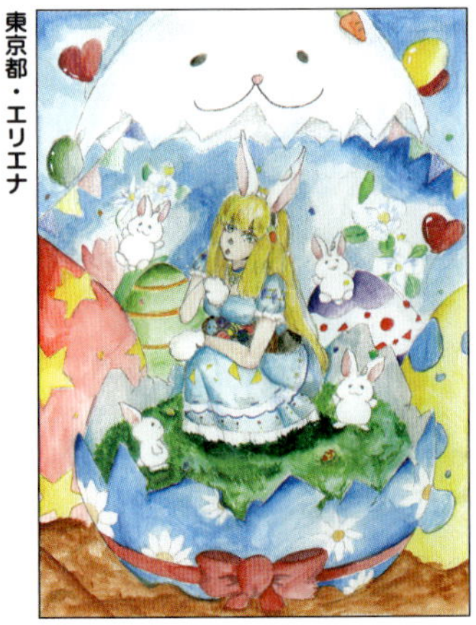

神奈川県・ここねこ

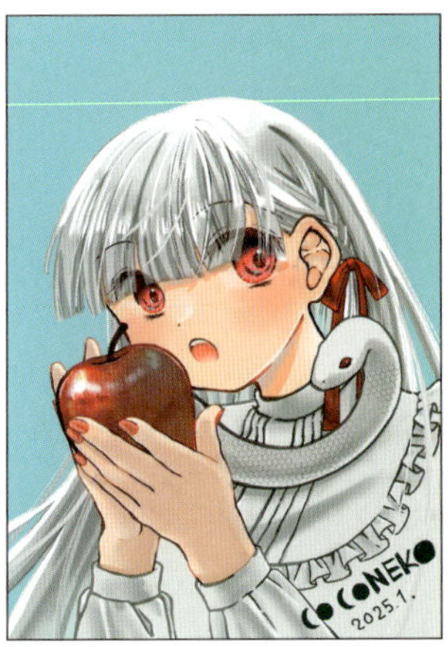

秋田県・月華瑞・11歳

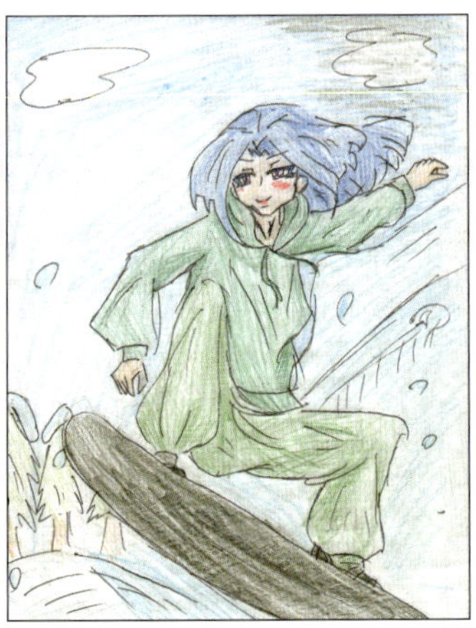

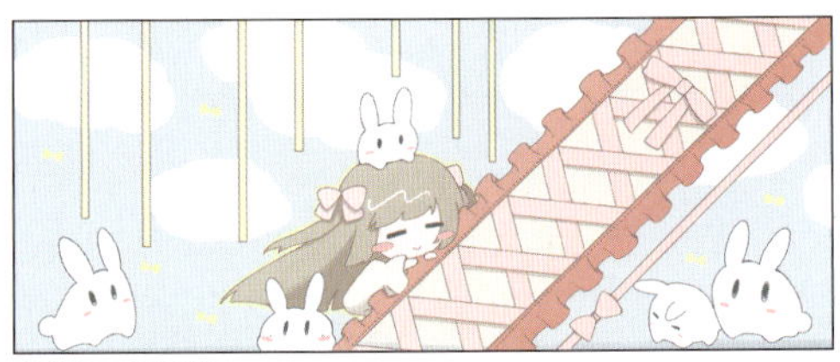

福島県・花宮華

福島県・クロバ○

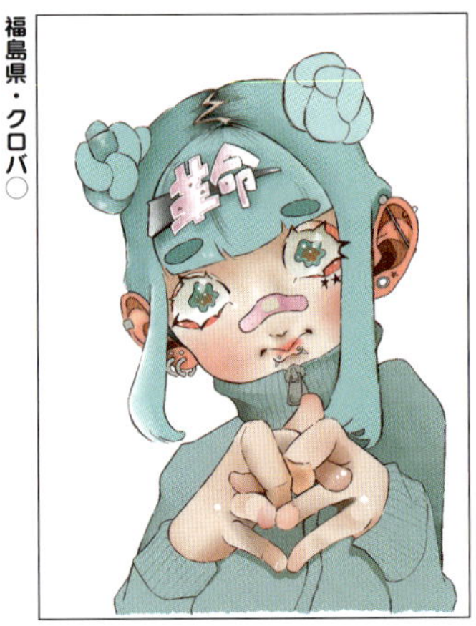

福島県・ずい

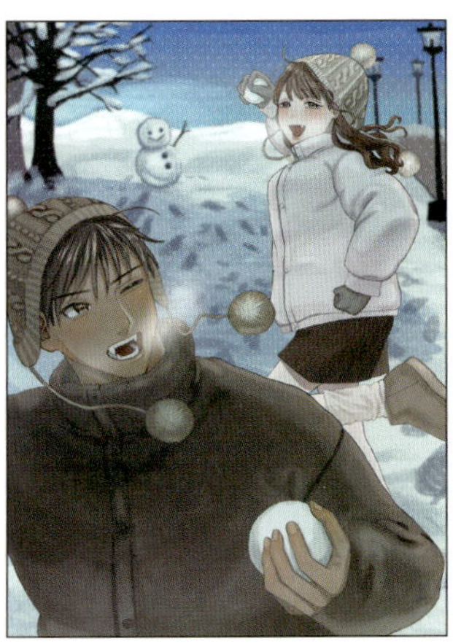

三重県・シゲ

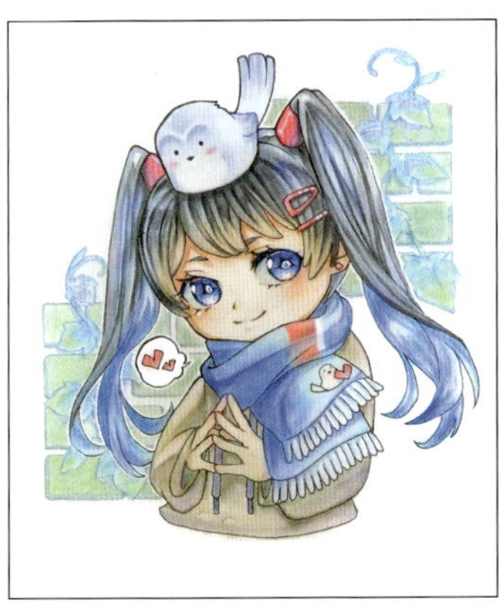

広島県・貴希

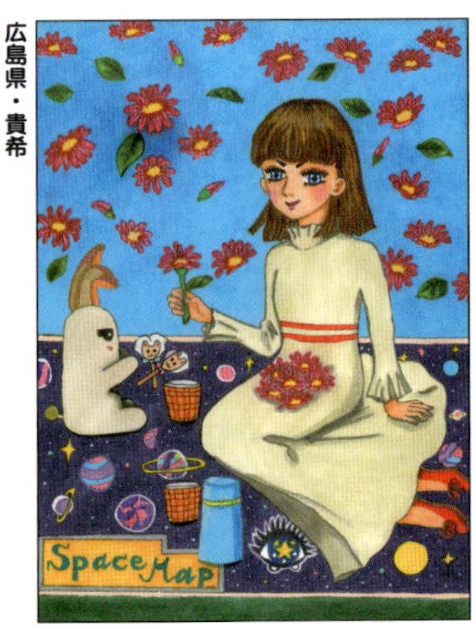

千葉県・さざはら

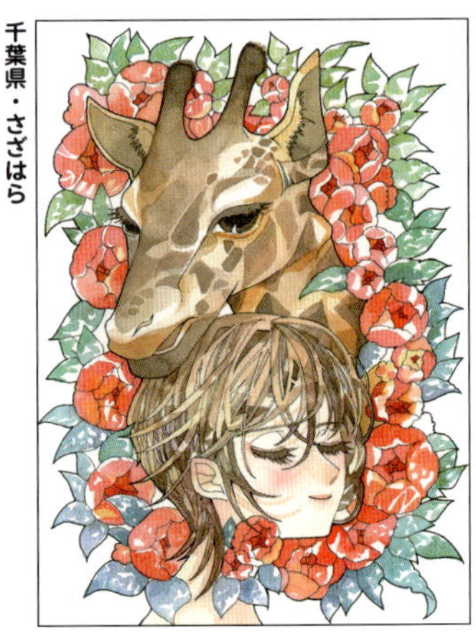

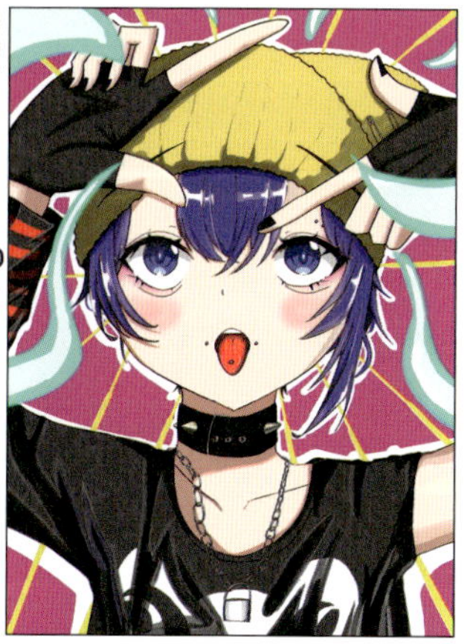

福島県・タコライス・20歳

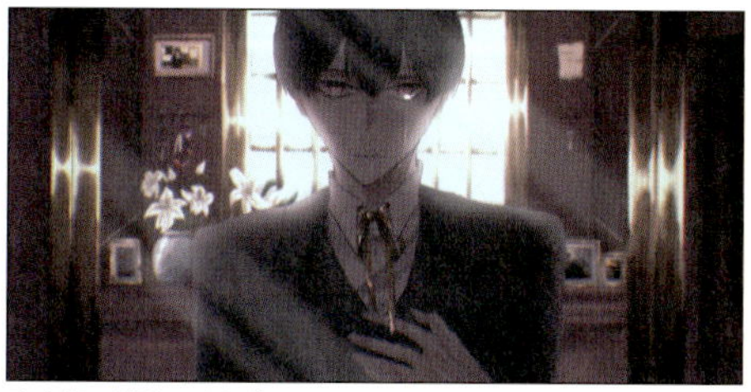

東京都・鵜狩・18歳

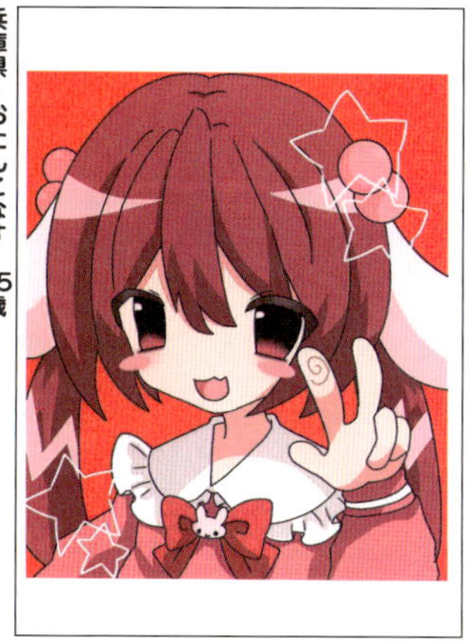

兵庫県・おたんこなす・15歳

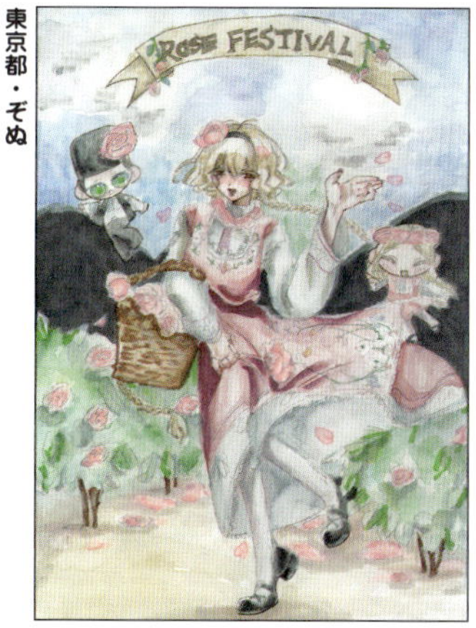

東京都・ぞぬ

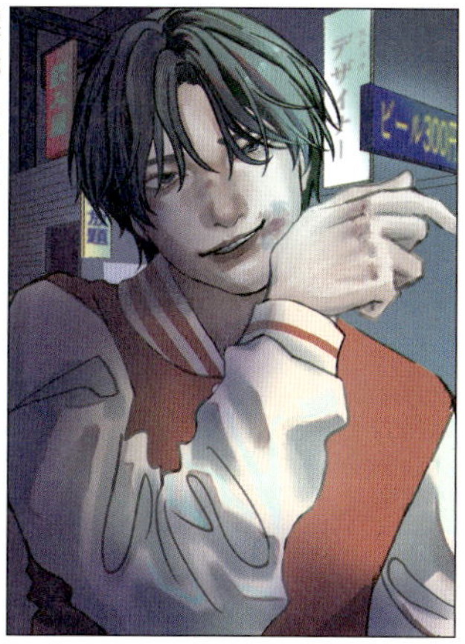

東京都・テオテオ

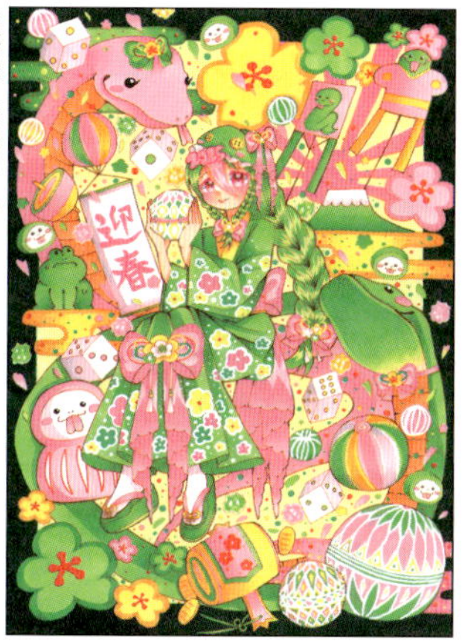

北海道・夢現まーや

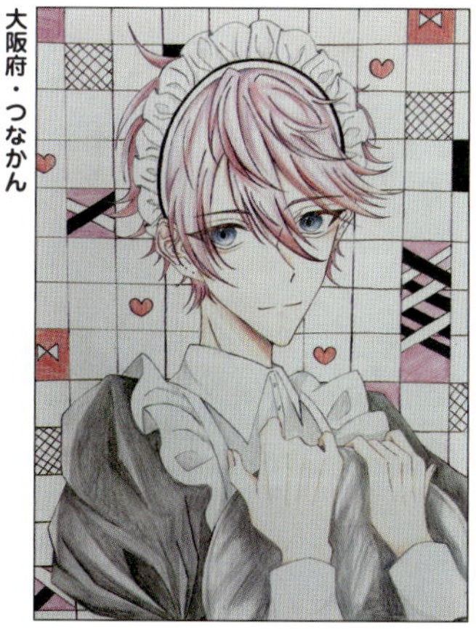

大阪府・つなかん

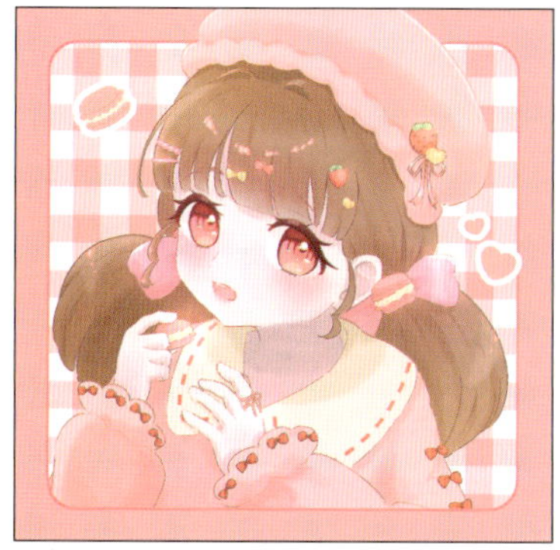

兵庫県・ねころね

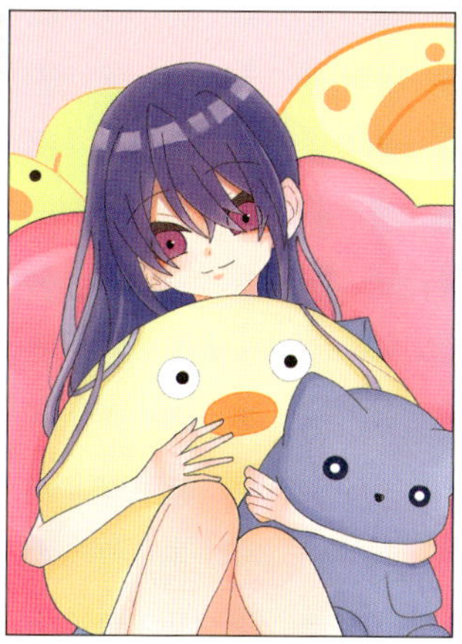

埼玉県・トリ

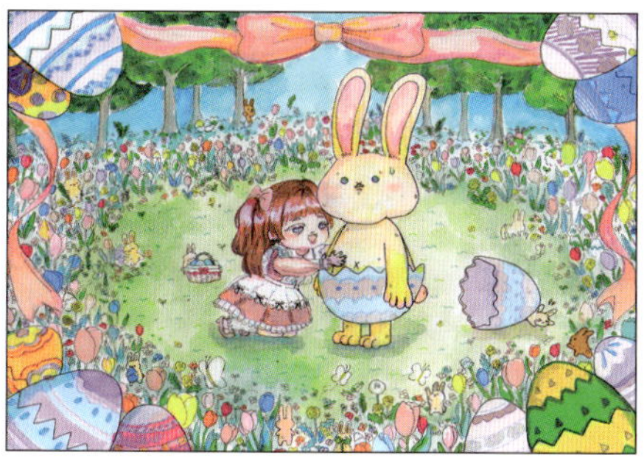

東京都・みっち

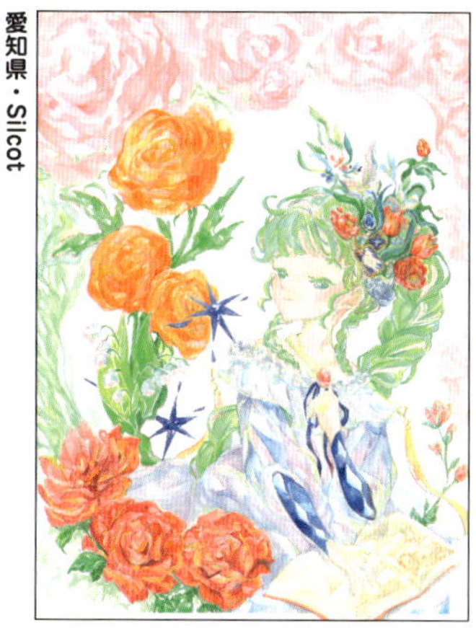

愛知県・Silcot

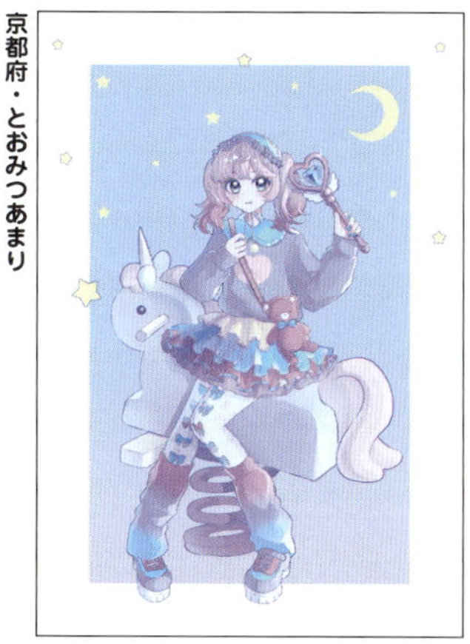

京都府・とおみつあまり

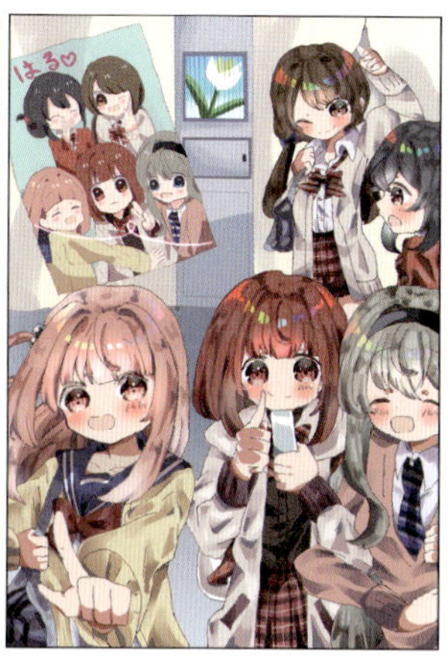

神奈川県・のにのー

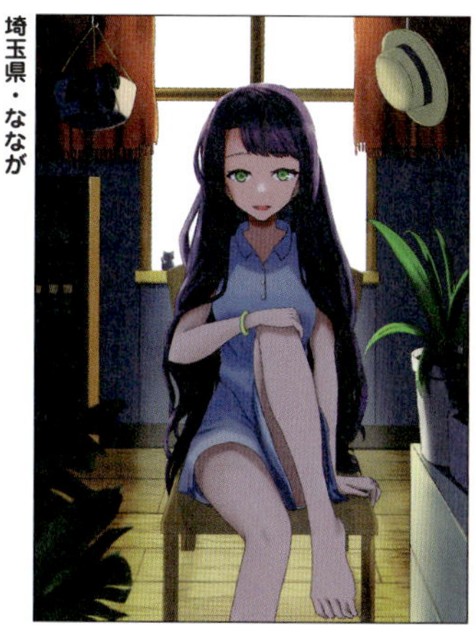

埼玉県・ななが

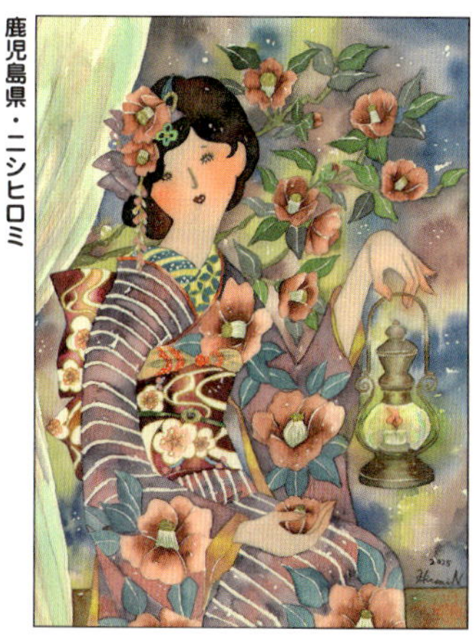

鹿児島県・ニシヒロミ

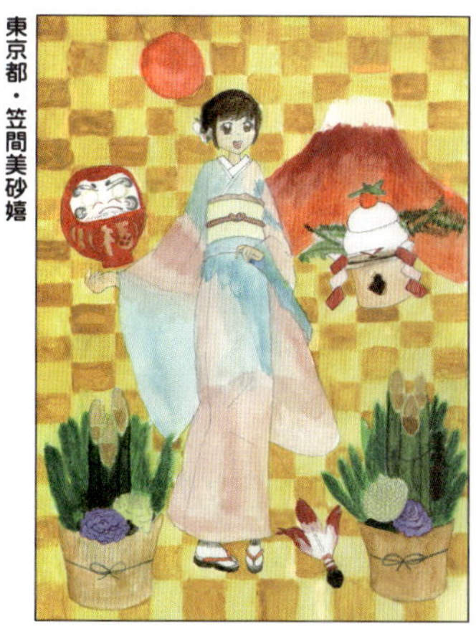

東京都・笠間美砂嬉

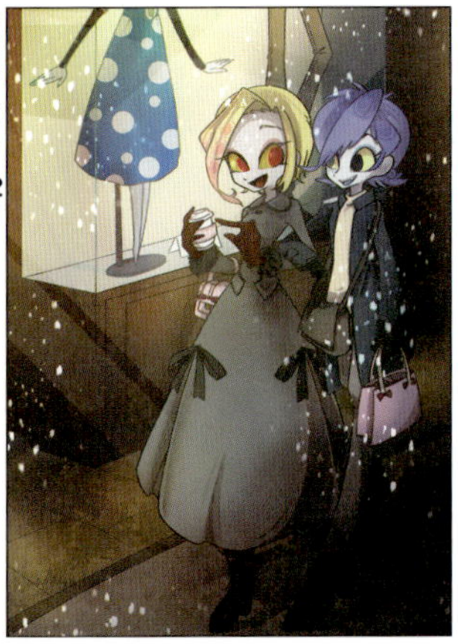
兵庫県・ビス・22歳

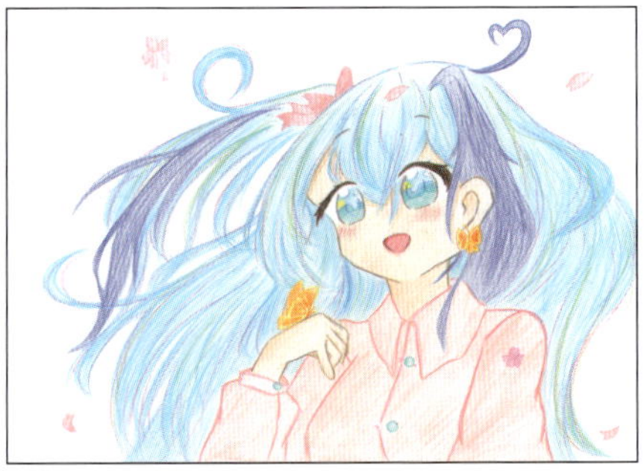
群馬県・スノー・11歳

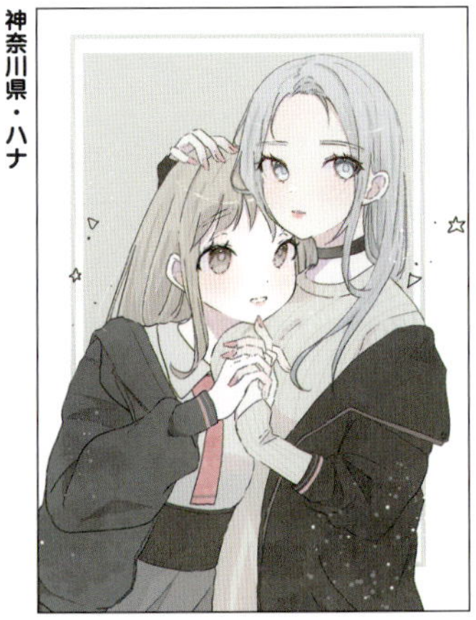
神奈川県・ハナ

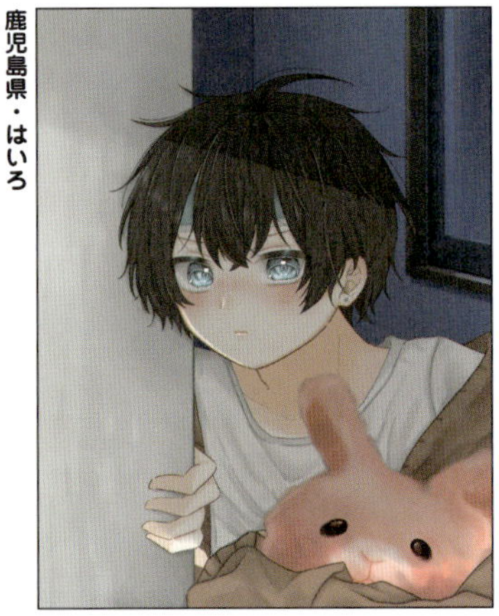
鹿児島県・はいろ

福島県・ふぶあ

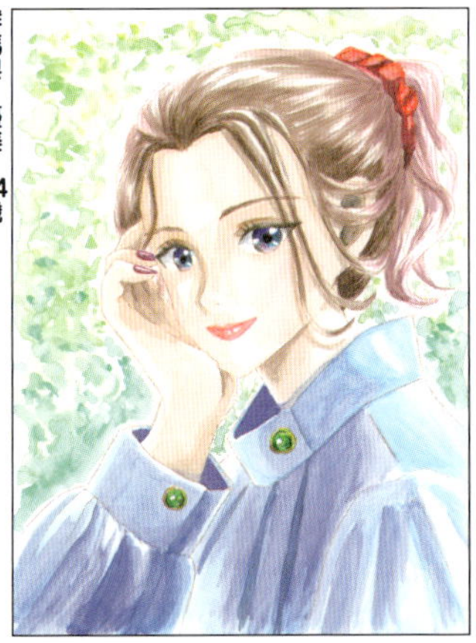
群馬県・優美・44歳

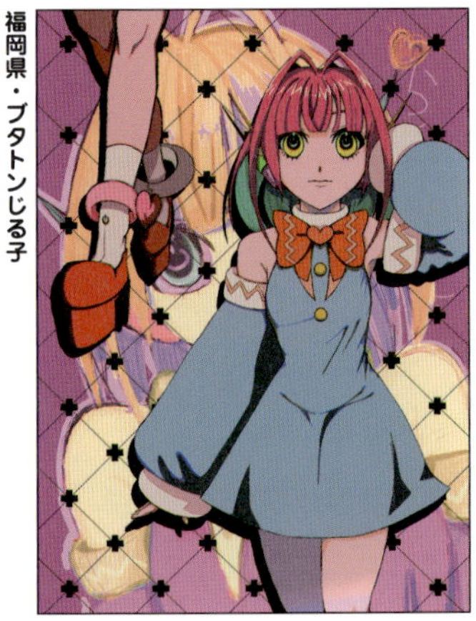
福岡県・ブタトンじる子

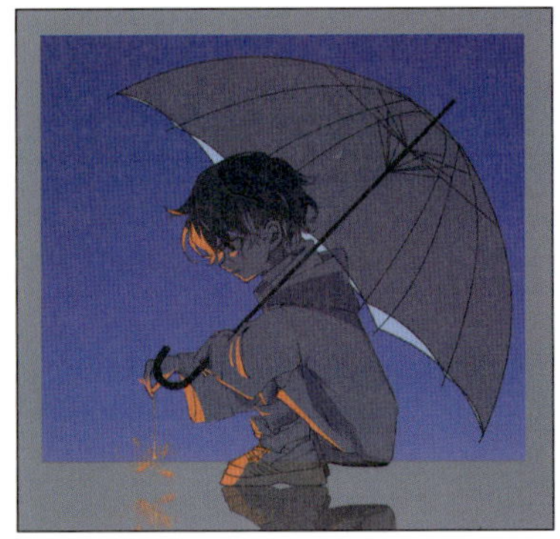
福島県・せきう

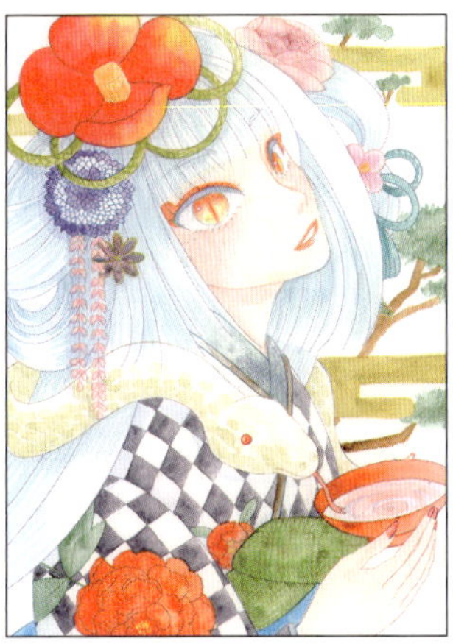
東京都・ユエ

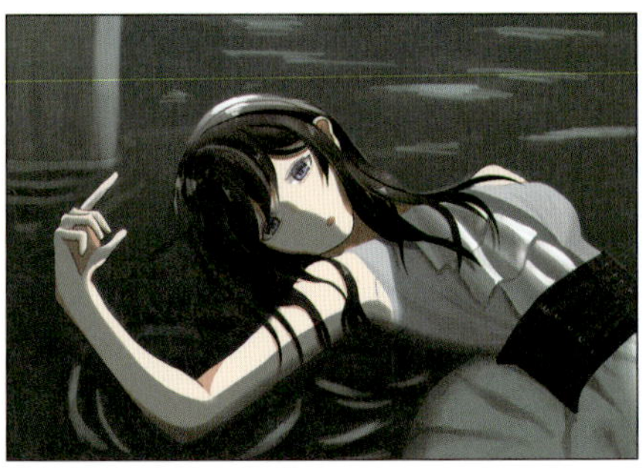
神奈川県・ふれる。・20歳

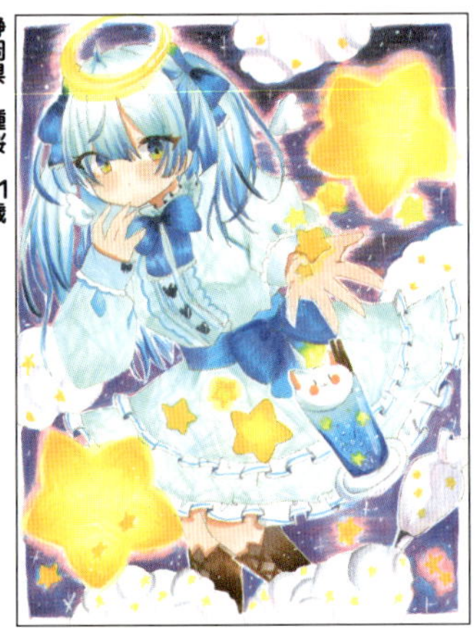
静岡県・種桜・11歳

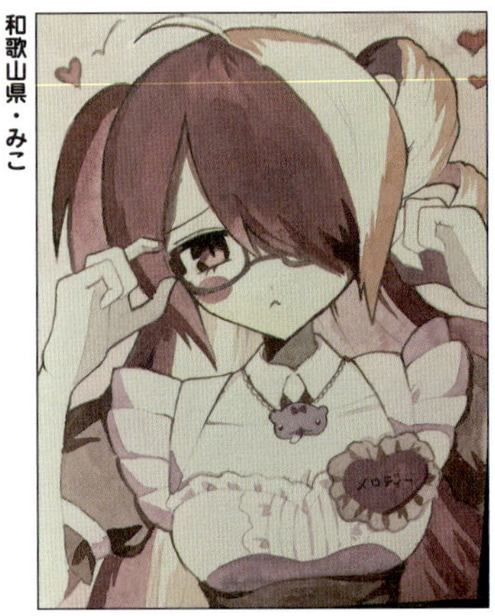
和歌山県・みこ

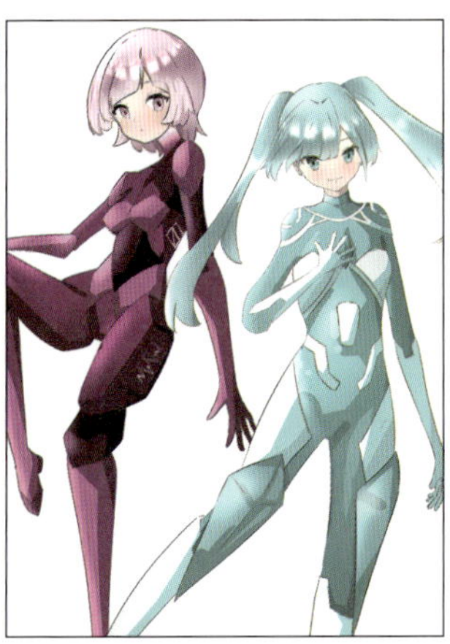
福島県・りきゅうる

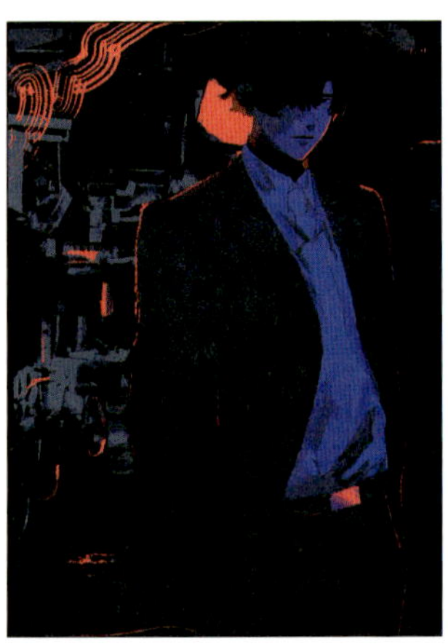
福島県・ヨニマル

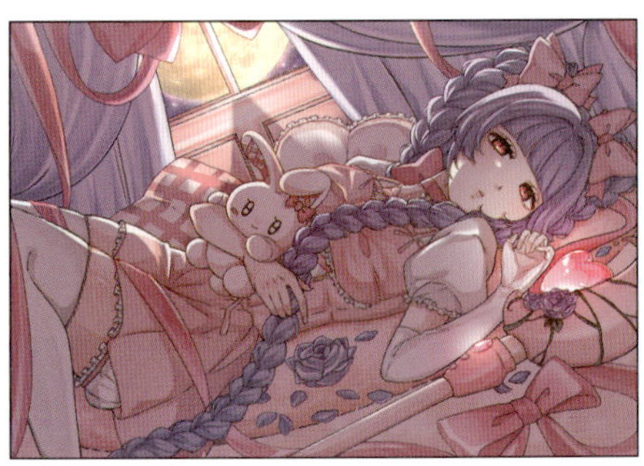
福島県・そのだ

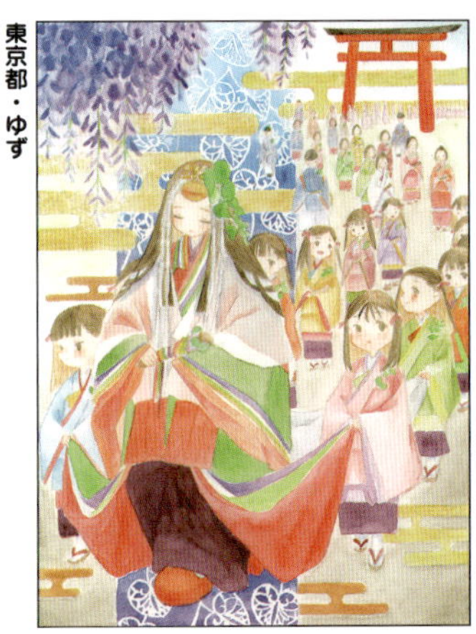
東京都・ゆず

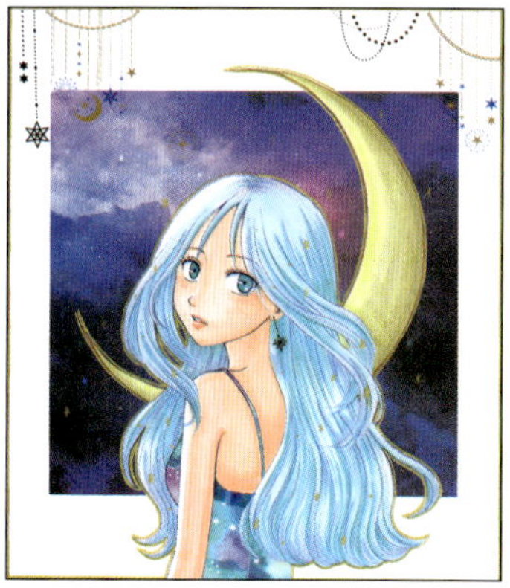
兵庫県・涼色

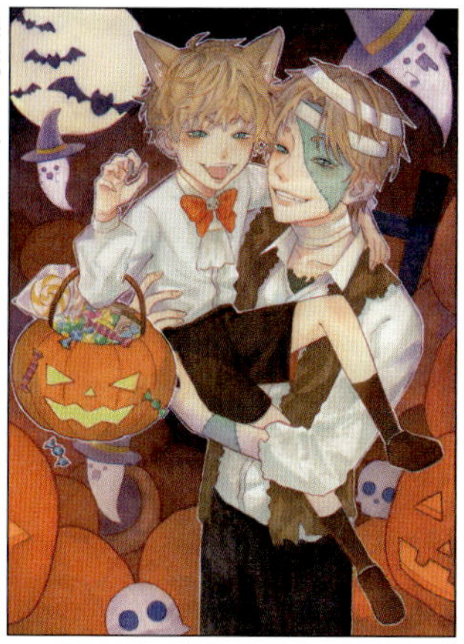
東京都・りんたろ

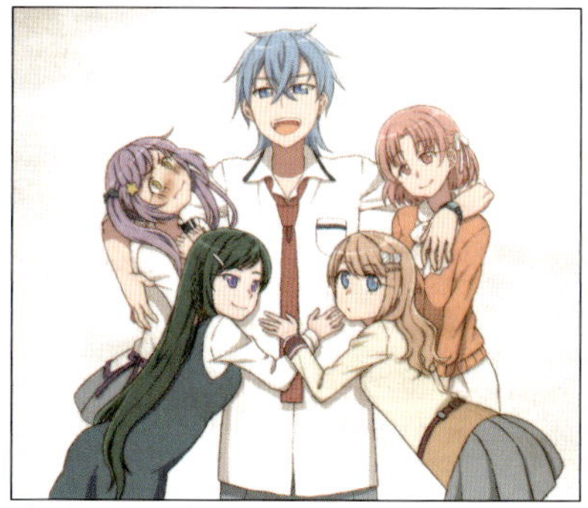
埼玉県・セコイ也

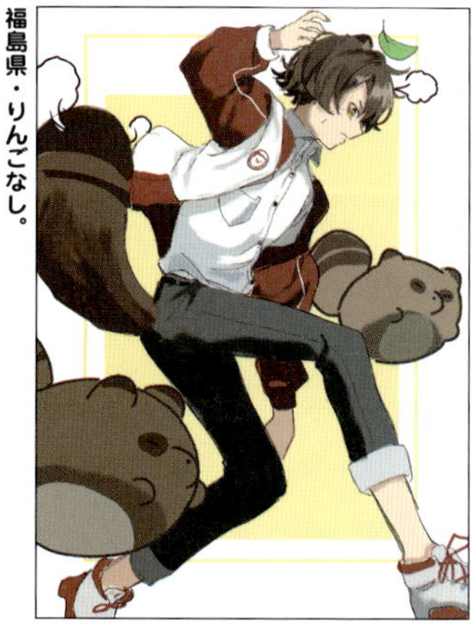
福島県・りんごなし。

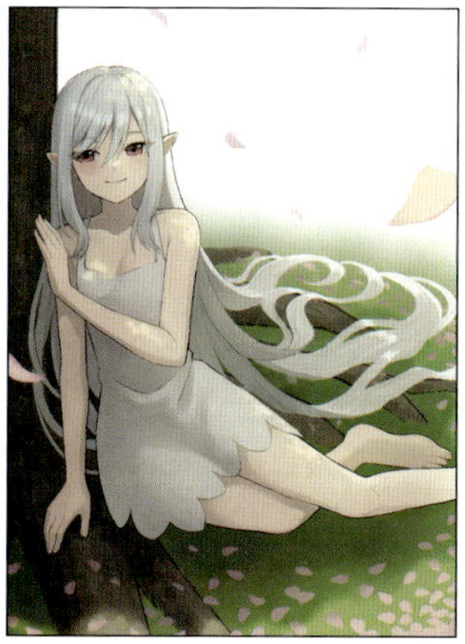
愛知県・烏京

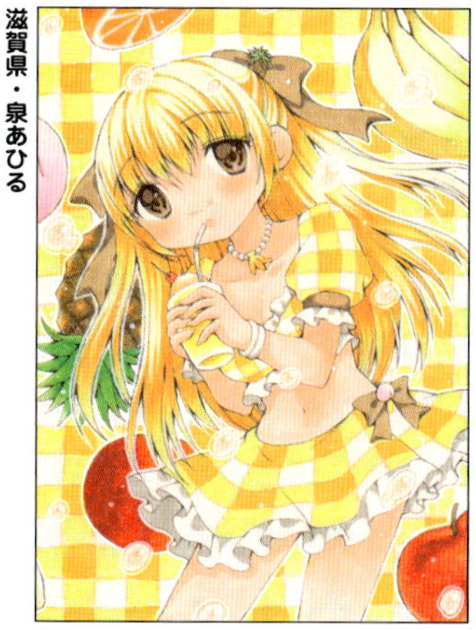
滋賀県・泉あひる

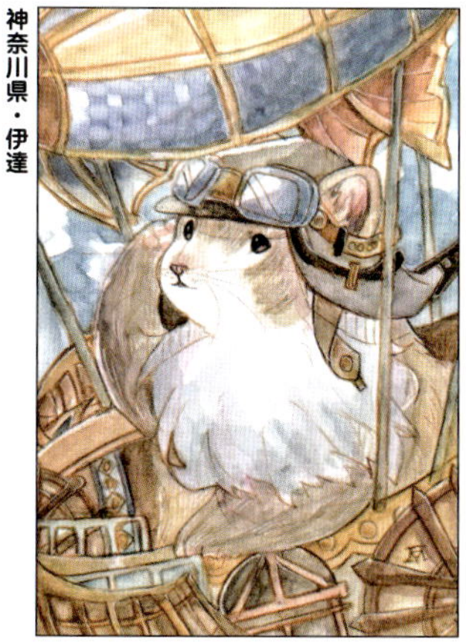
神奈川県・伊達

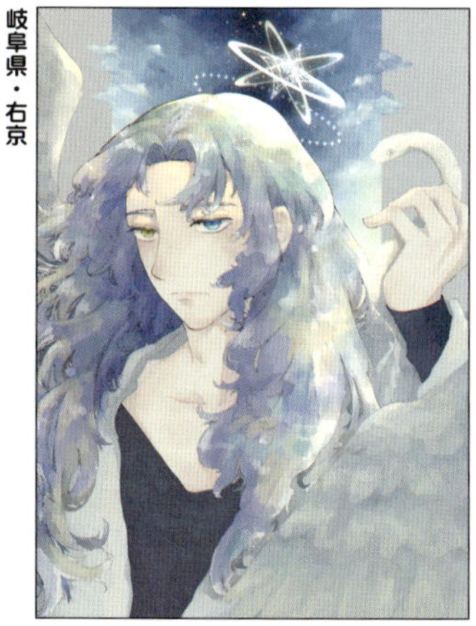
岐阜県・右京

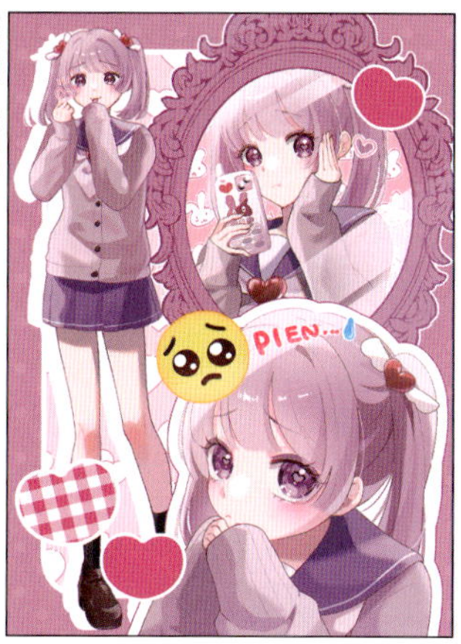
東京都・縁田ゆう

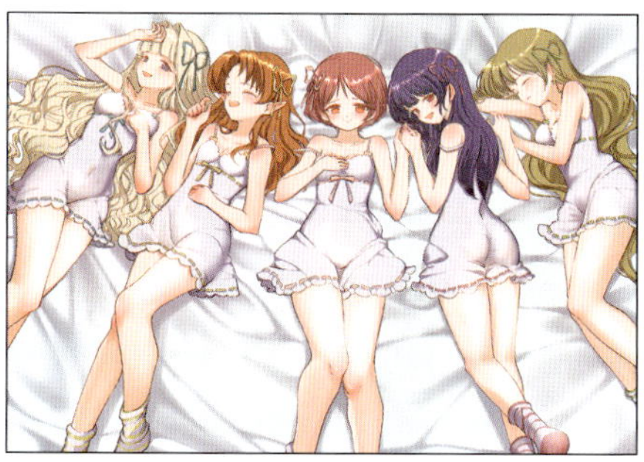
静岡県・キウイフルーツ

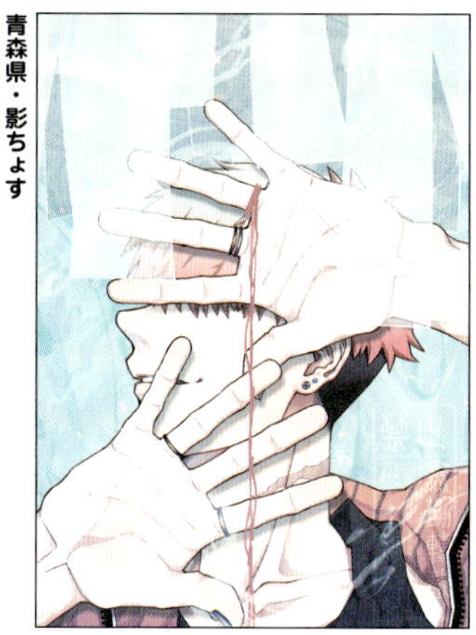
青森県・影ちょす

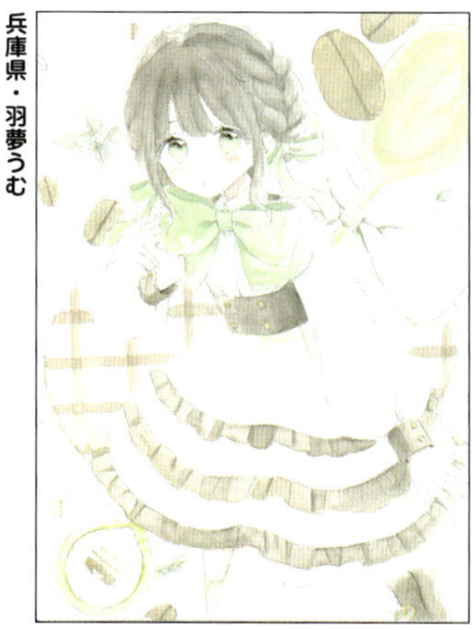
兵庫県・羽夢うむ

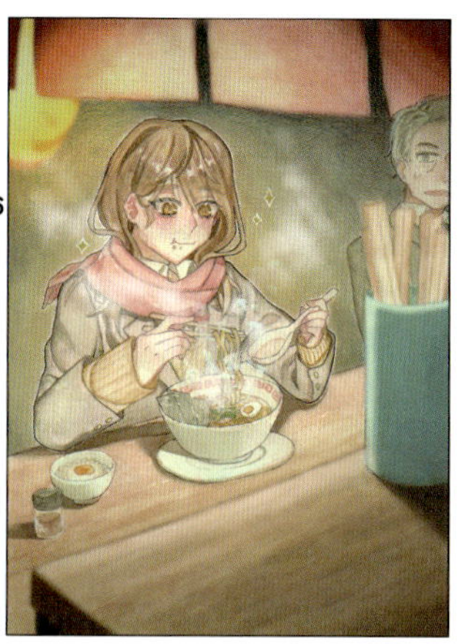
千葉県・花丸。・16歳

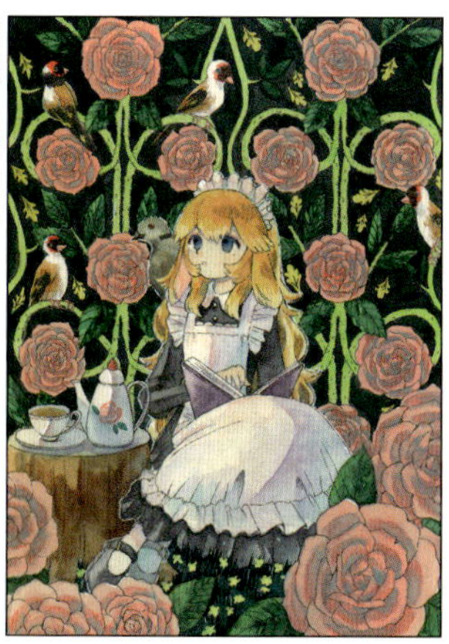
東京都・加藤もりあ

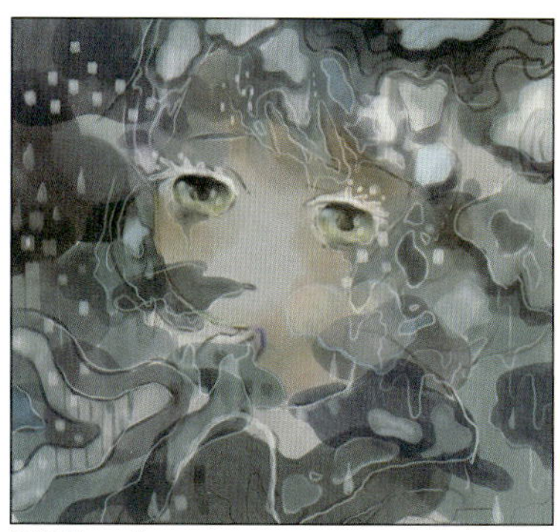
秋田県・sui

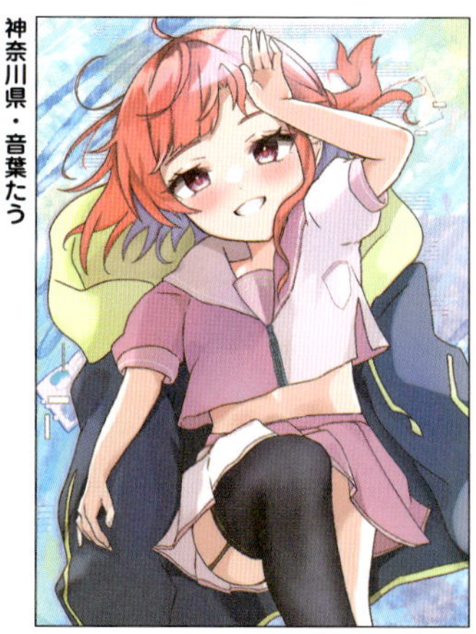
神奈川県・音葉たう

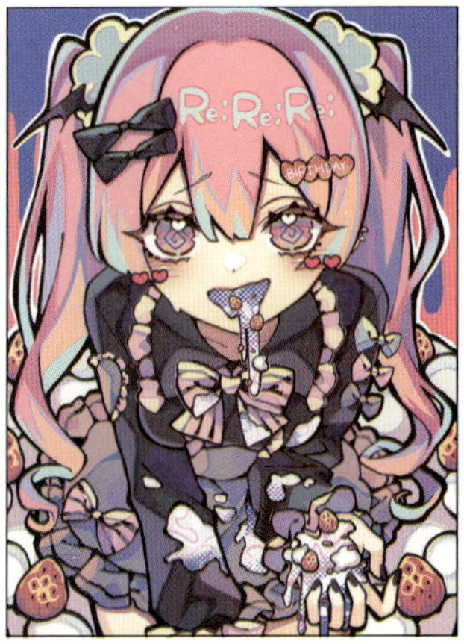

東京都・京田スズカ

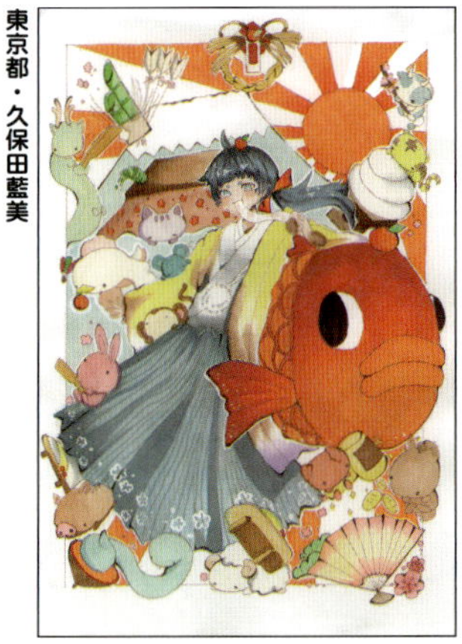
東京都・久保田藍美

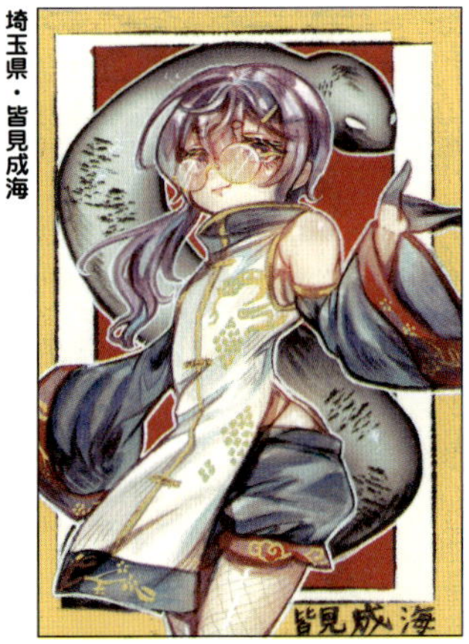

埼玉県・皆見成海

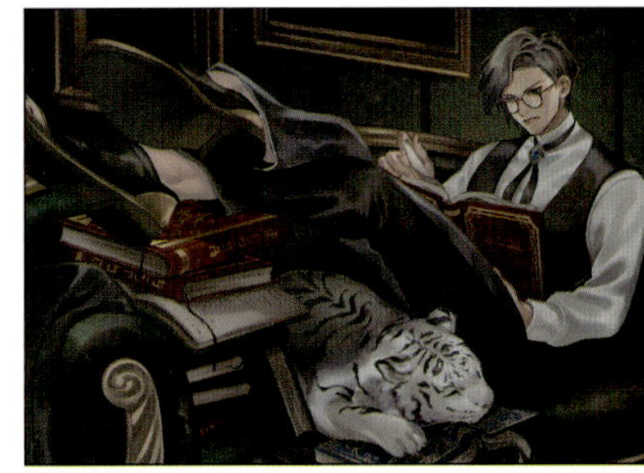
滋賀県・お映

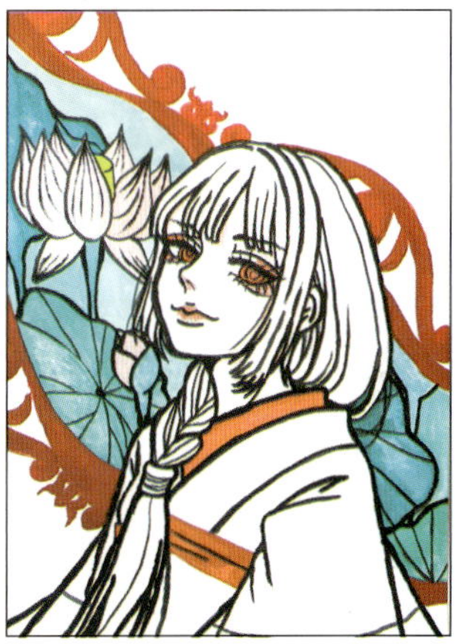
和歌山県・月霧丸

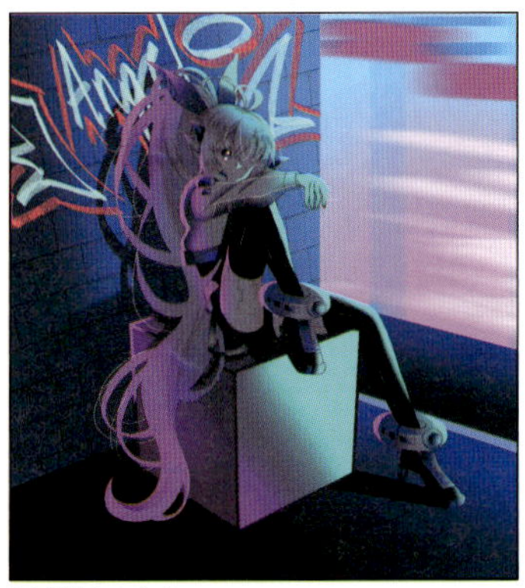

アメリカ・Ari

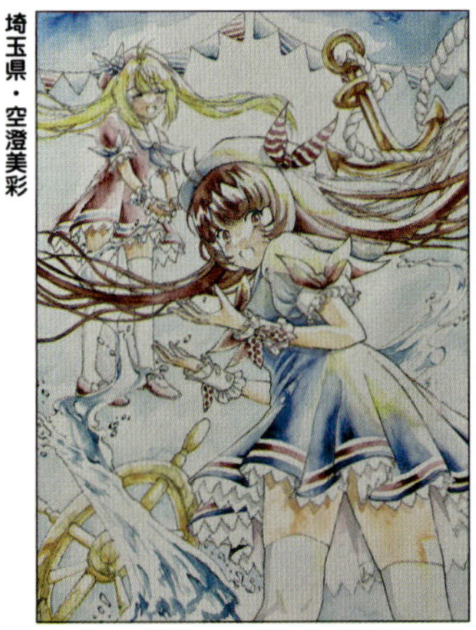
埼玉県・空澄美彩

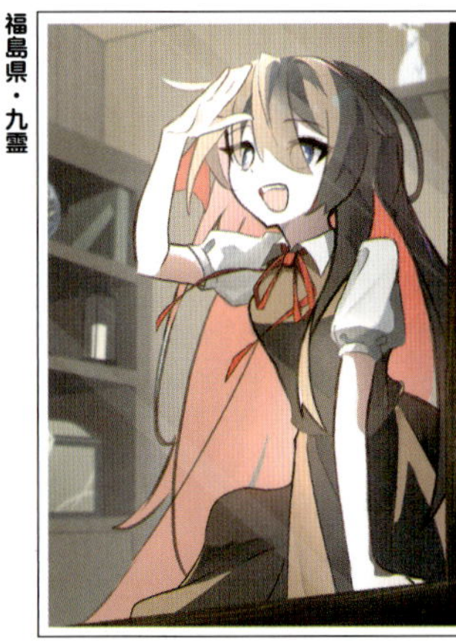
福島県・九霊

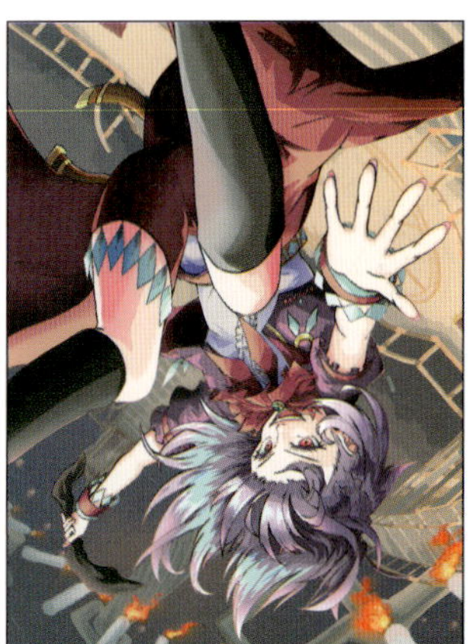
三重県・紅氏

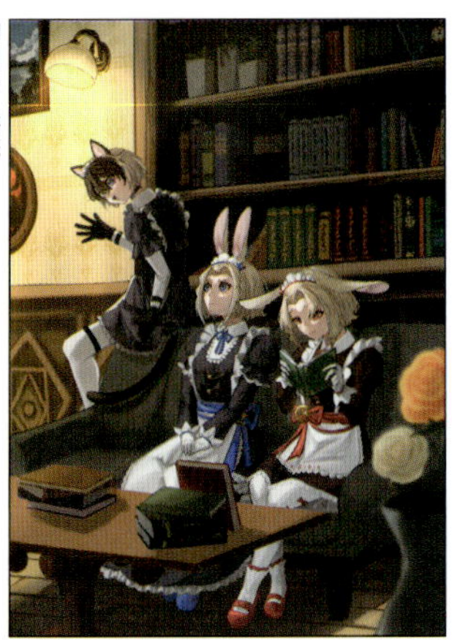
岡山県・好花

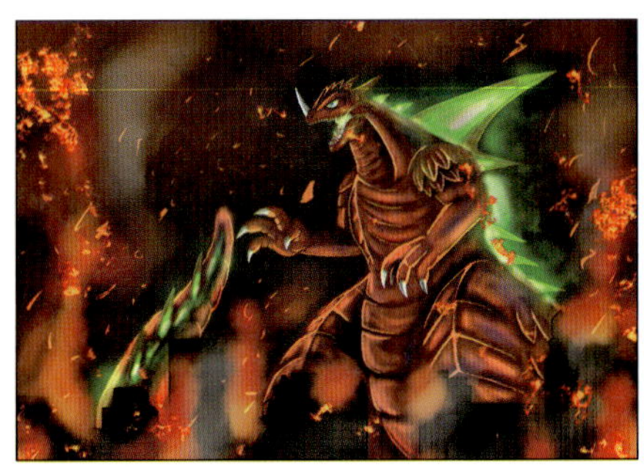
新潟県・ヴぁる・19歳

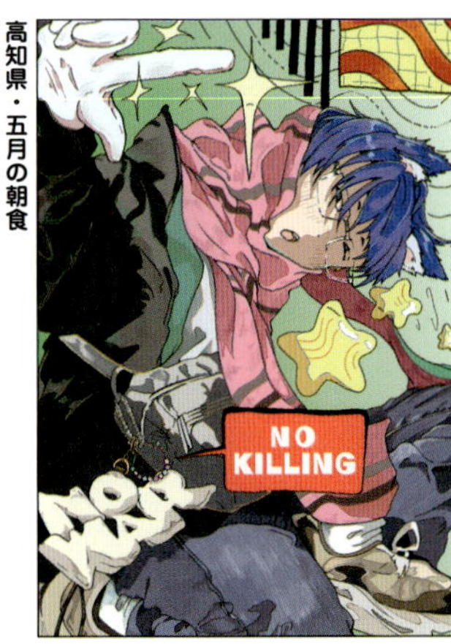

高知県・五月の朝食

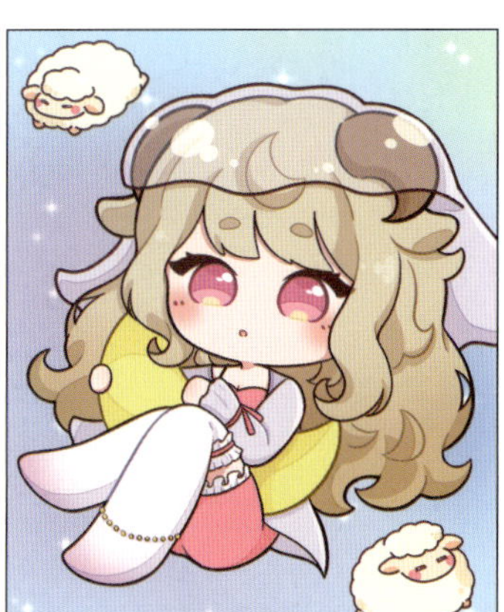
新潟県・紫月うる

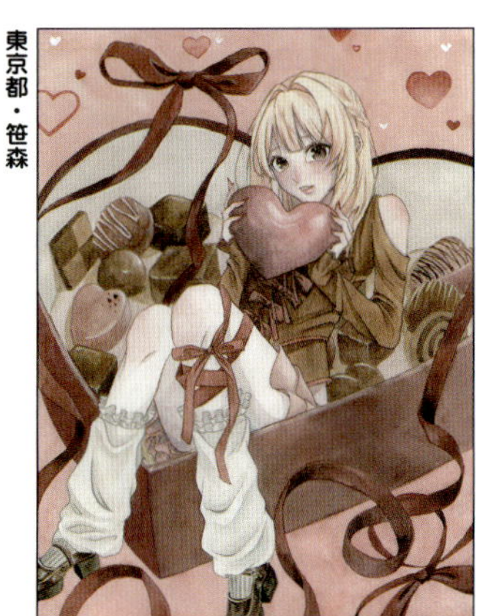
東京都・笹森

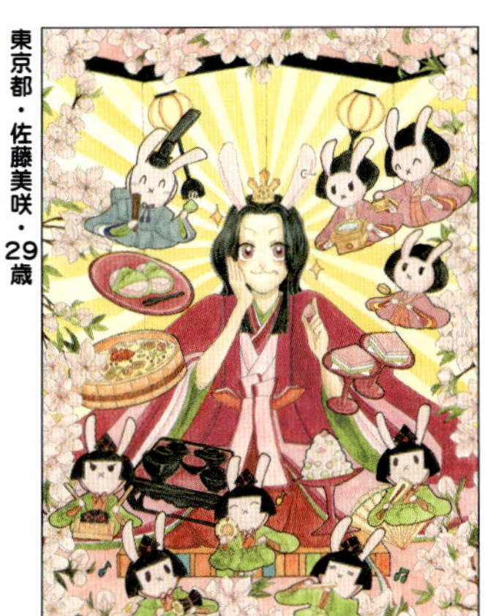
東京都・佐藤美咲・29歳

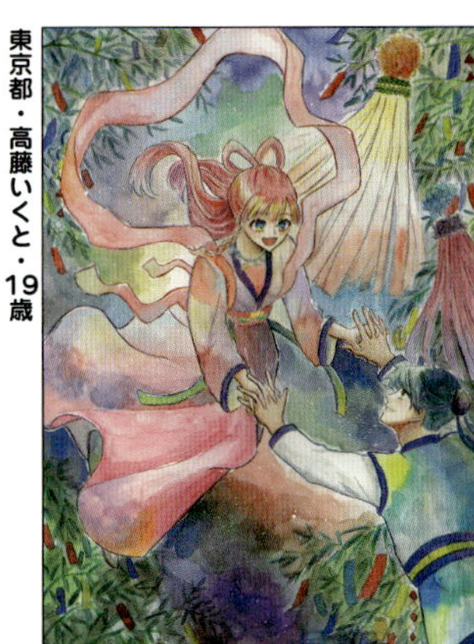
東京都・高藤いくと・19歳

大阪府・七星とき

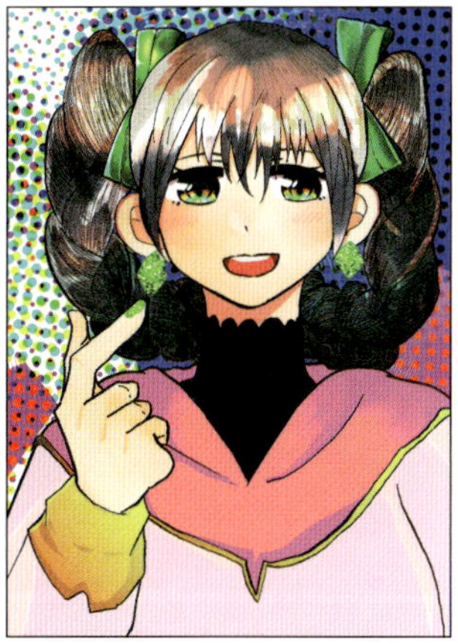

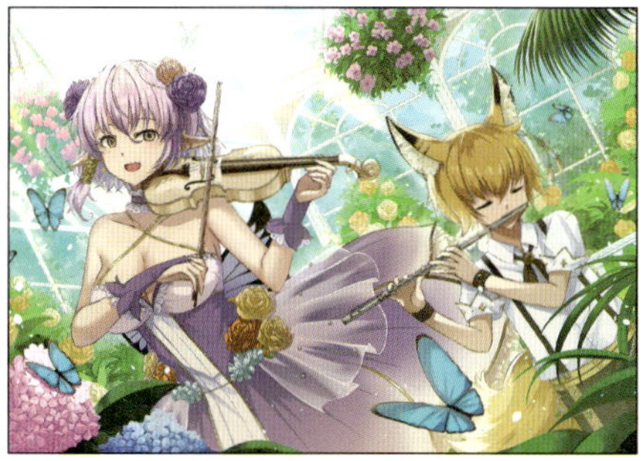

東京都・Tyooo

愛媛県・秋乃みん

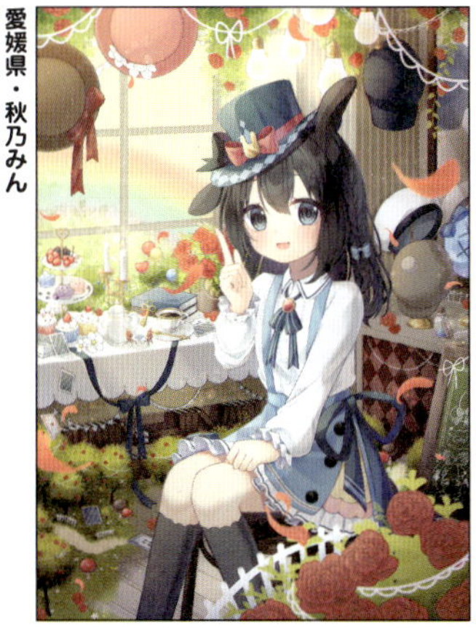

兵庫県・戎井幸一

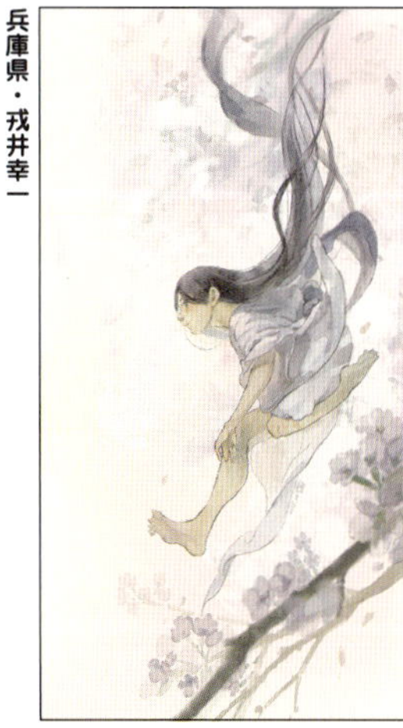

東京都・赤津柚綺乃

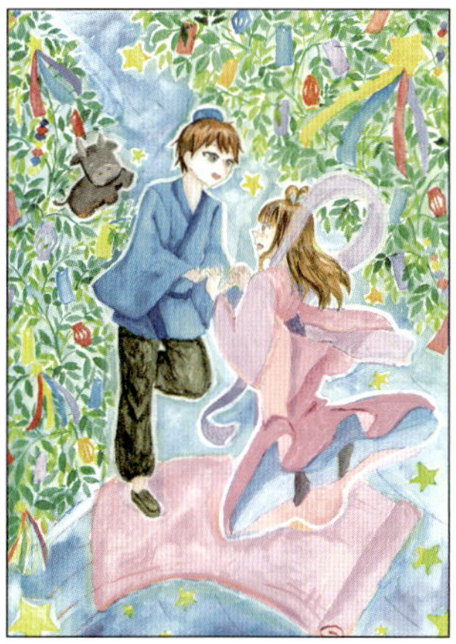

東京都・青柳ゆずゆ・19歳

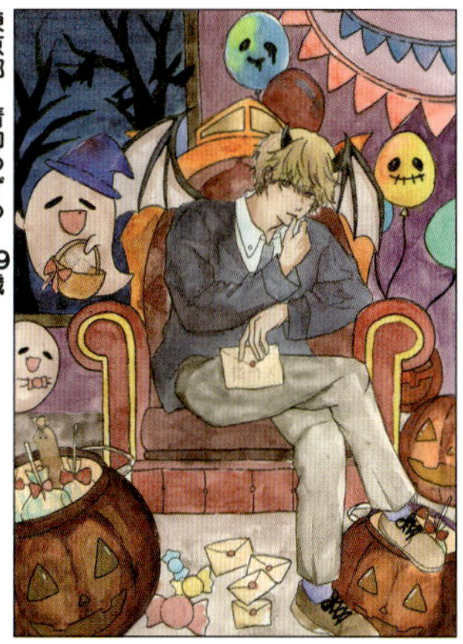

福岡県・小紫

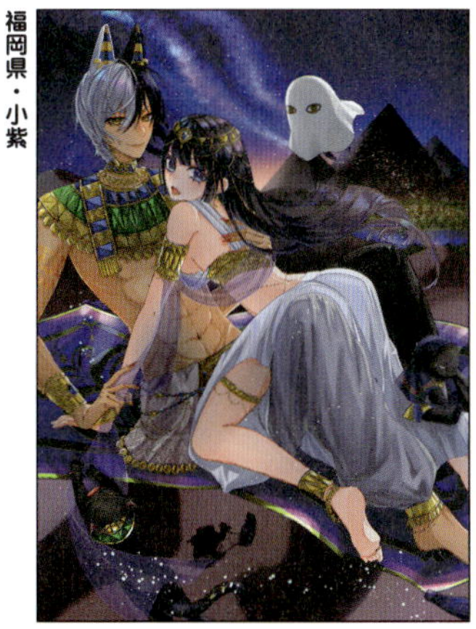

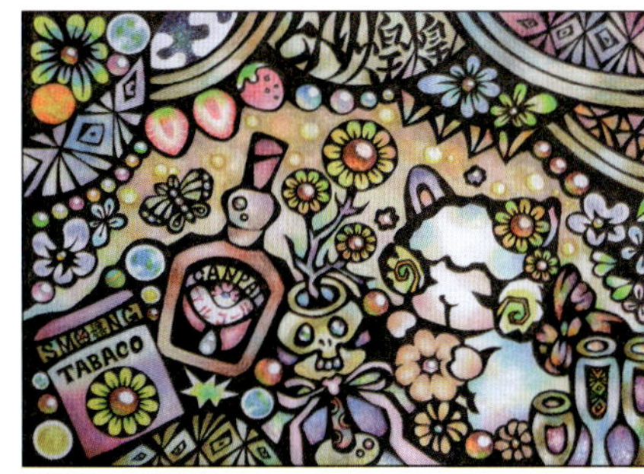

新潟県・NINARE

福岡県・兎角

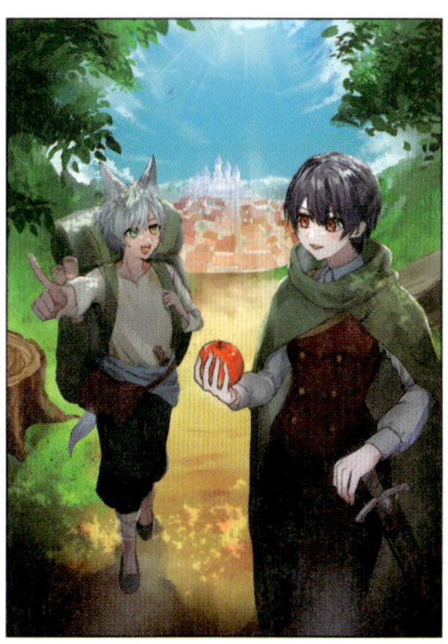

千葉県・電飾

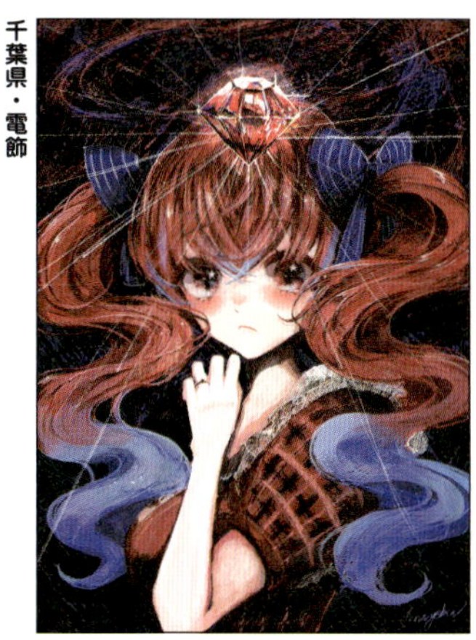

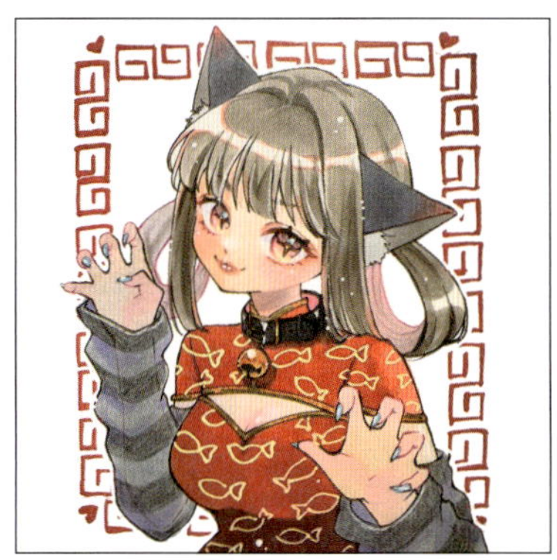

香川県・kuru.e

埼玉県・千里

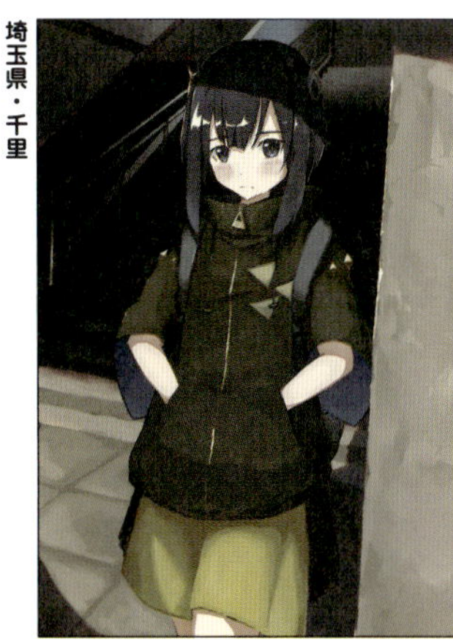

大阪府・融月りる

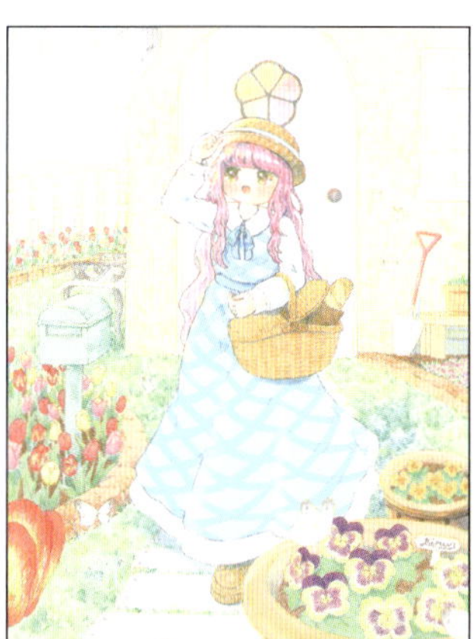

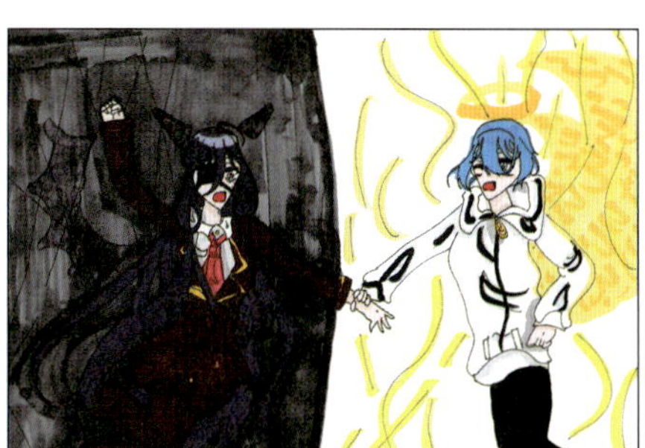

福岡県・Ausagi・9歳

愛知県・祐灯ひな

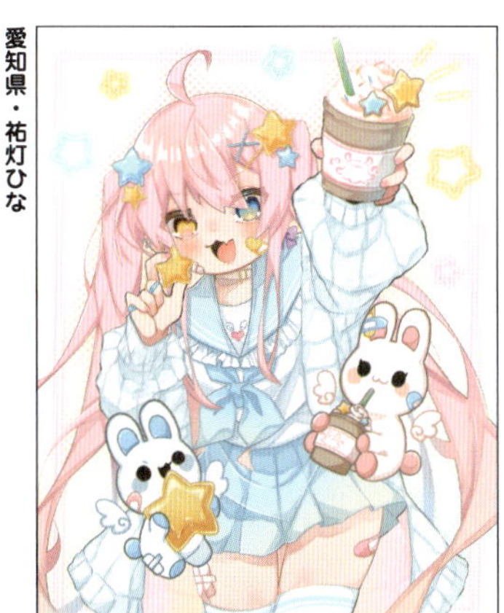

滋賀県・藤乃はな

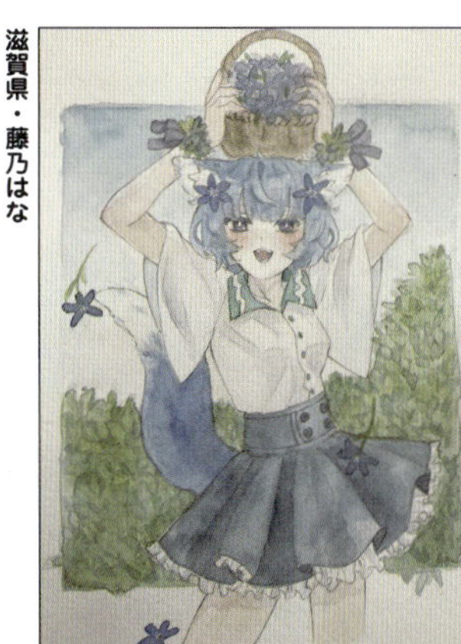

アメリカ・Alex E. (BB)

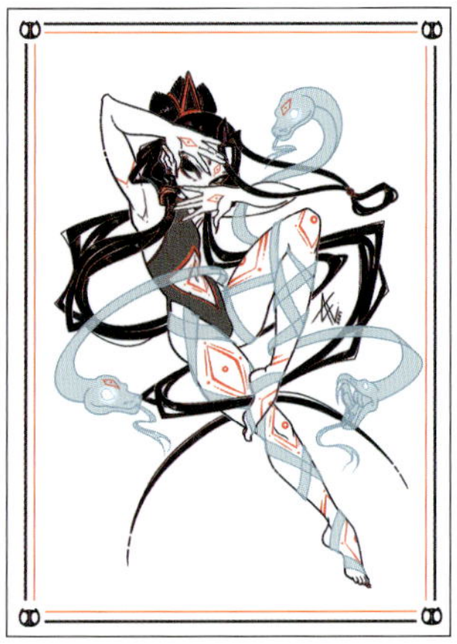

富山県・ろこもこ

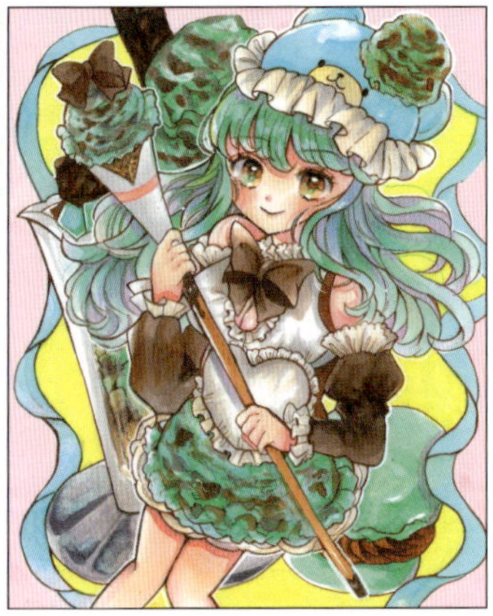

埼玉県・AtAt

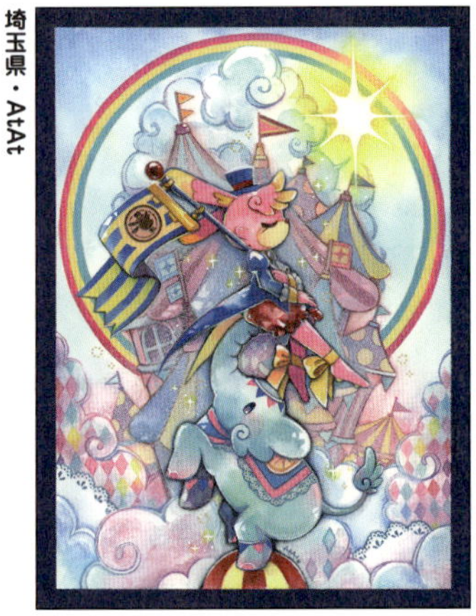

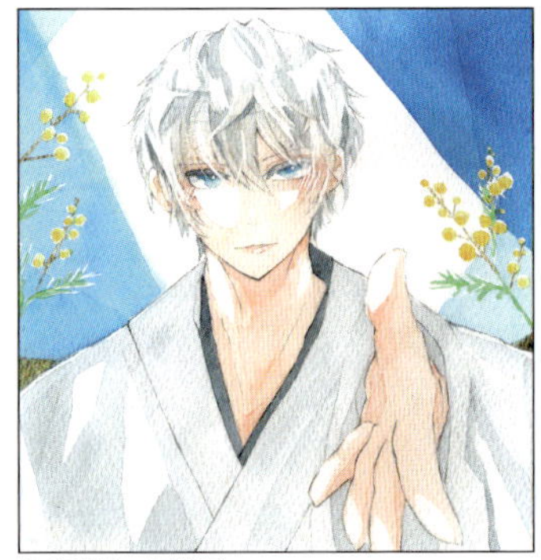

神奈川県・夏來愛

新潟県・七雪・18歳

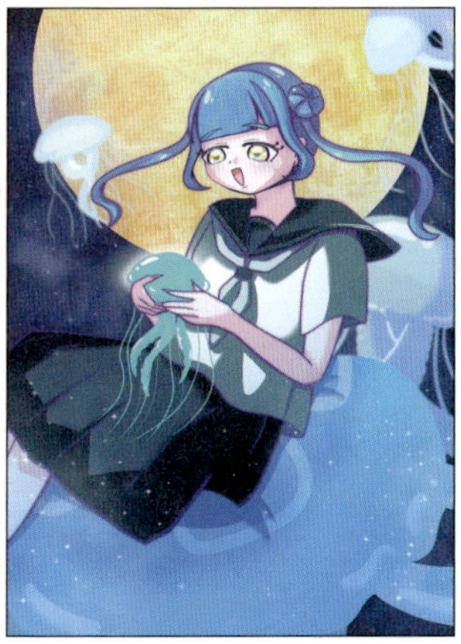

愛媛県・山下栞・13歳

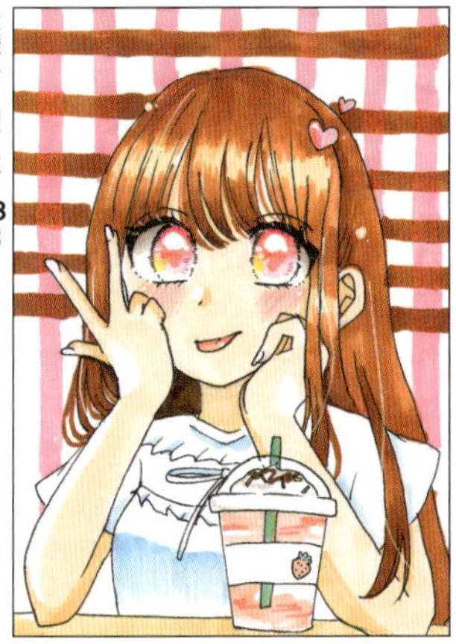

青森県・iki

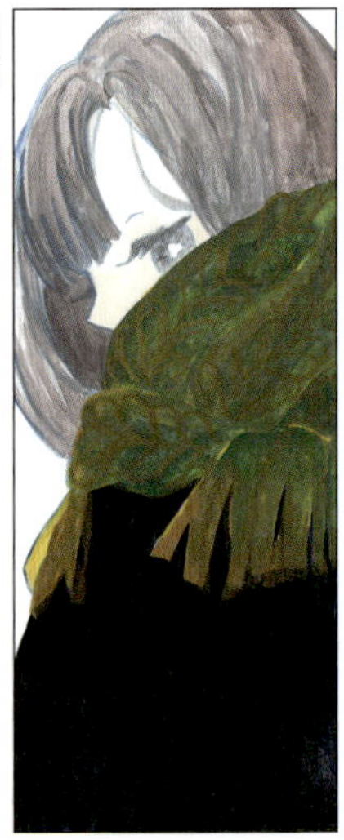

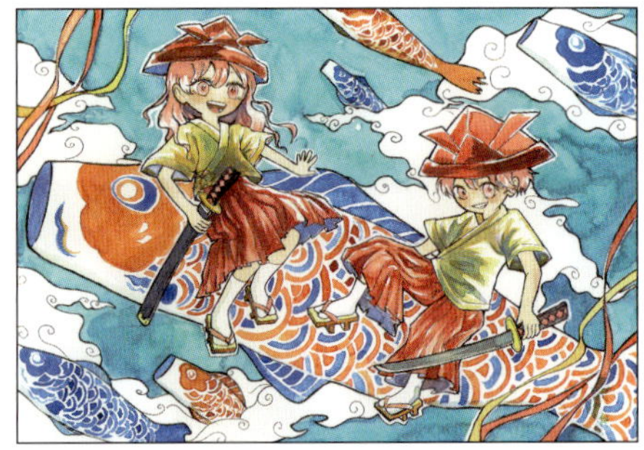

東京都・fio

兵庫県・メルシー

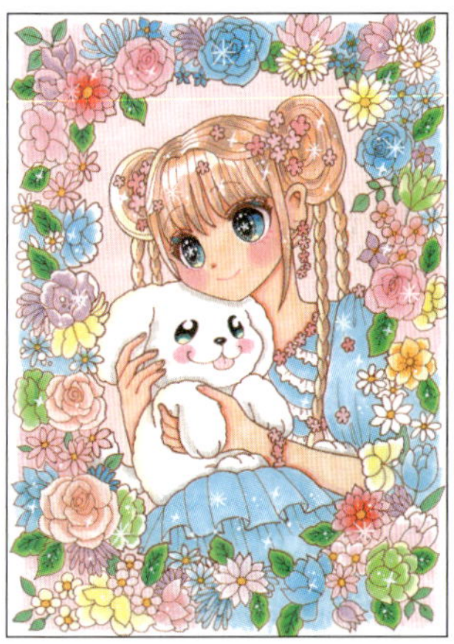

高知県・Neije

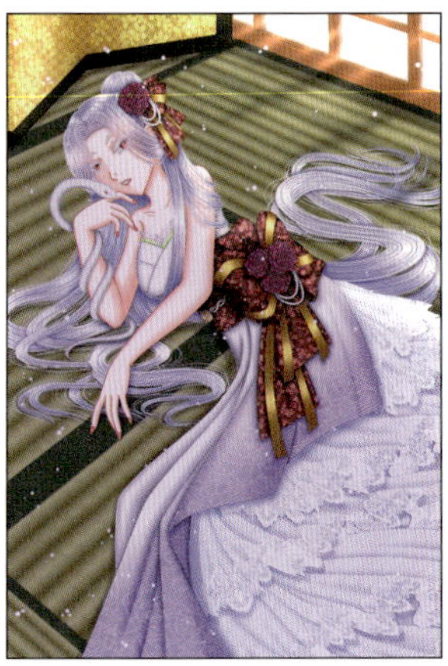

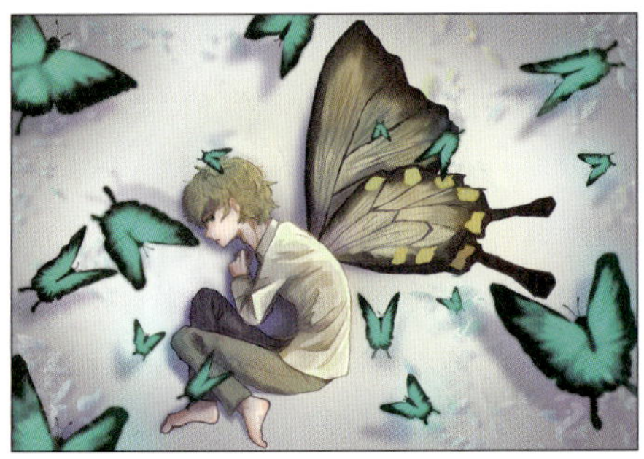

福島県・木野雷哉

香川県・kuru.e きな子くるみ・9歳

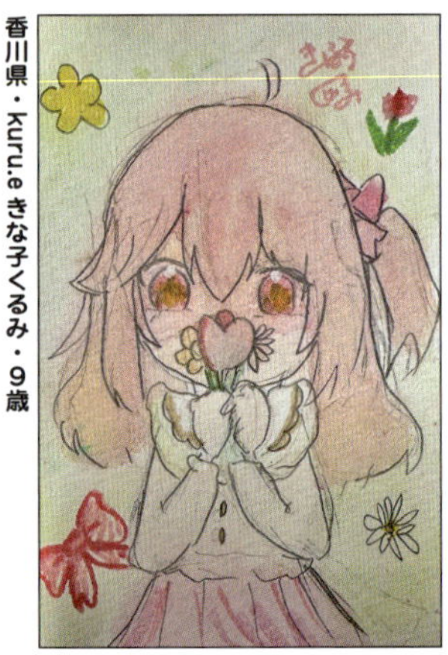

アメリカ・RF3RD

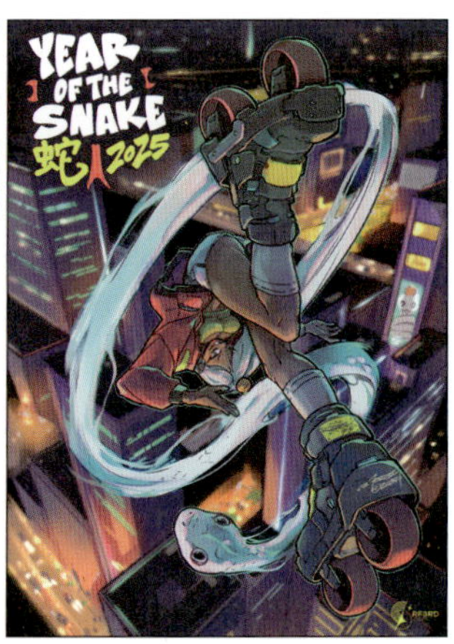

東京都・マディー

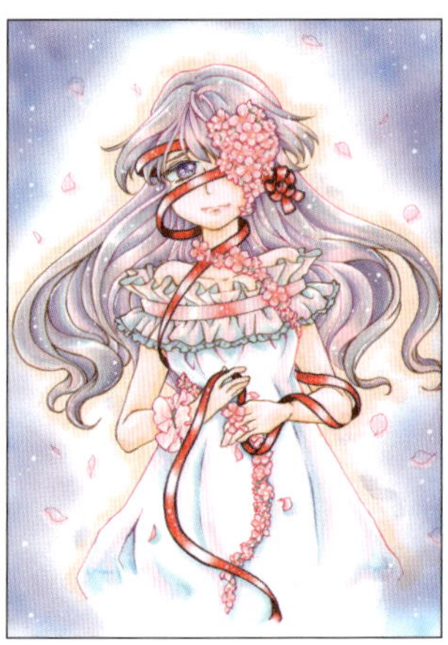

愛知県・Rei

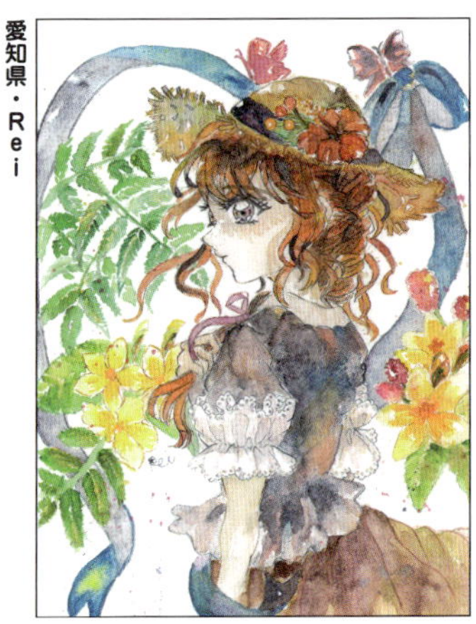

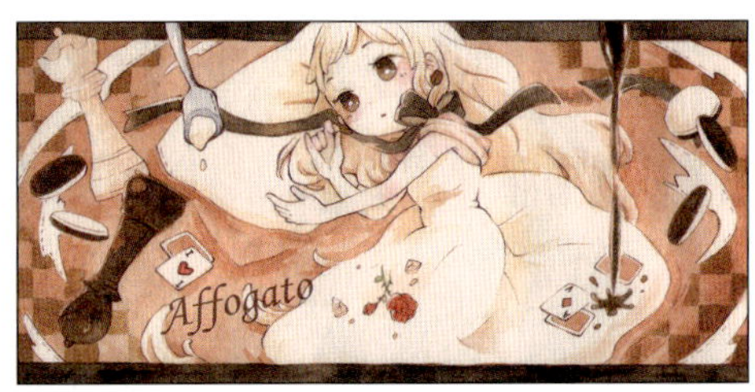

兵庫県・桜羽こすも

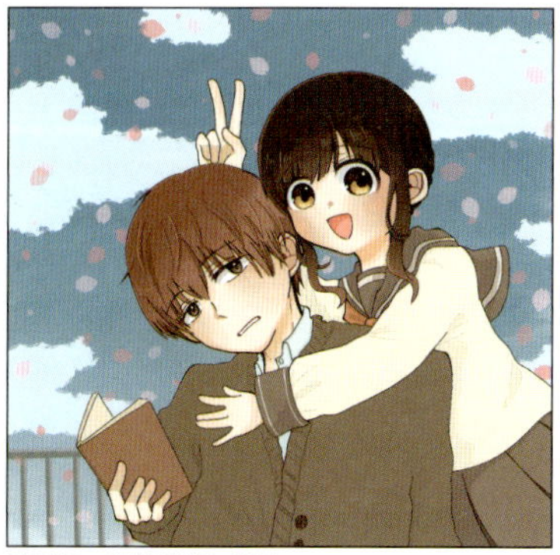

群馬県・みやきあいまる

神奈川県・Sunny・24歳

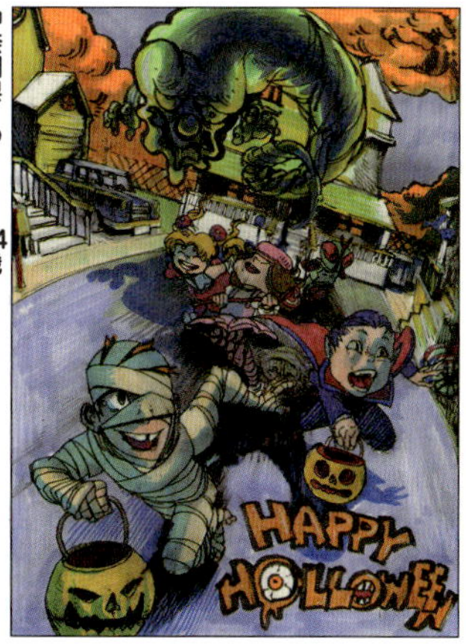

高知県・柴イヌ

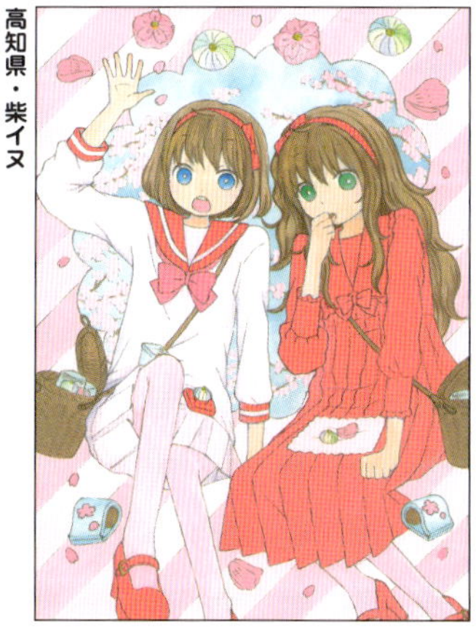

福岡県・SHOU

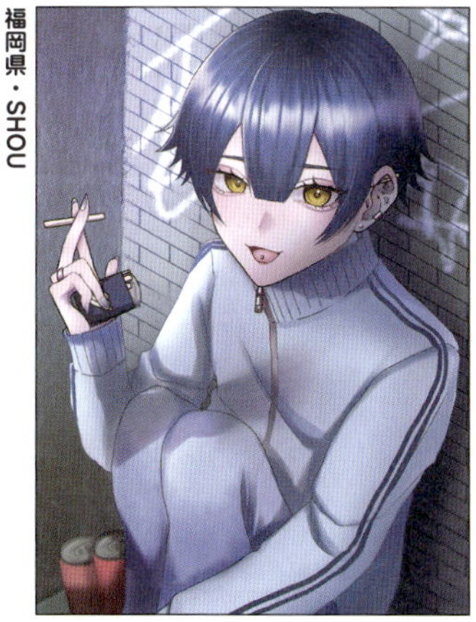

神奈川県・UMI

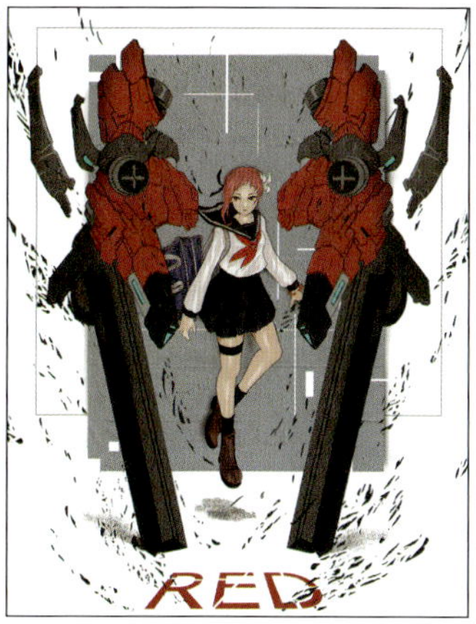

神奈川県・アンゲっち

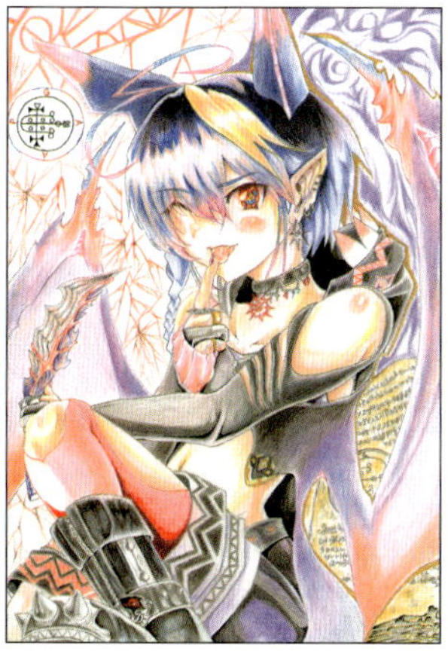

秋田県・tqsk

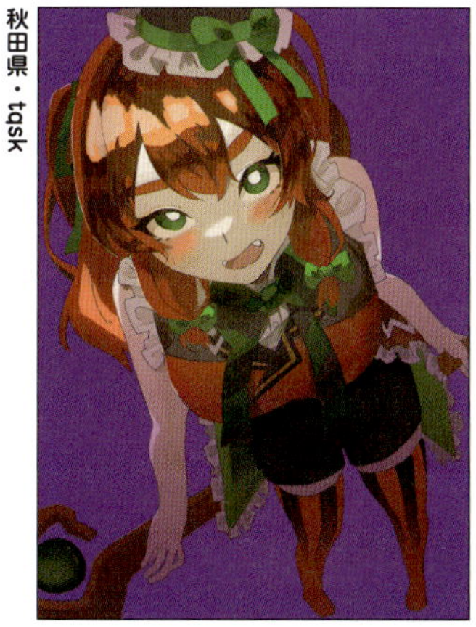

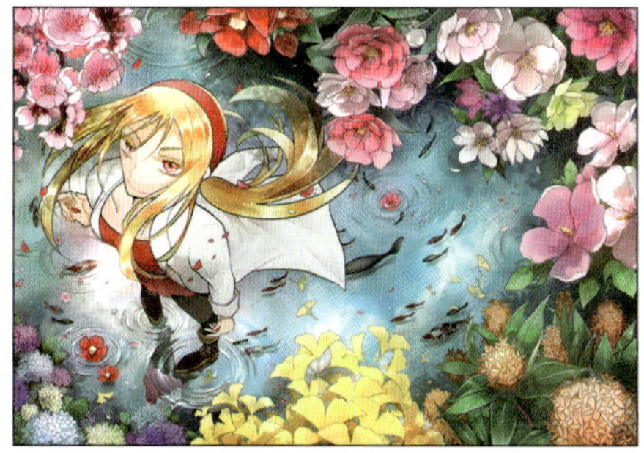

神奈川県・削木・33歳

栃木県・あすく。

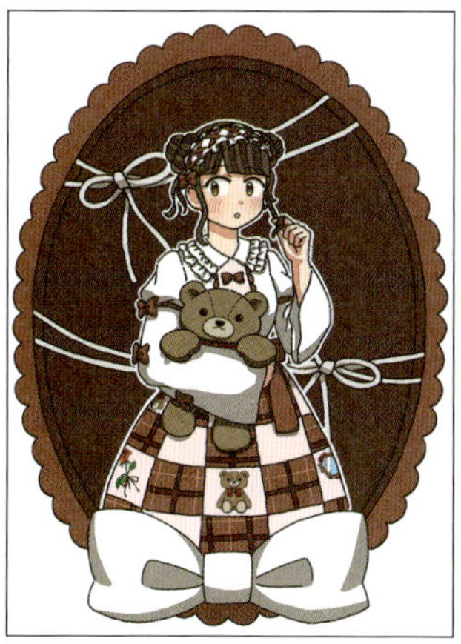

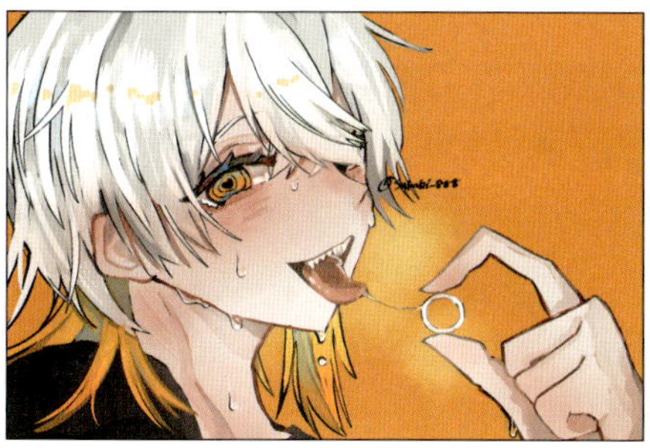

大阪府・榊あか・21歳

静岡県・春巻き（はるまき）

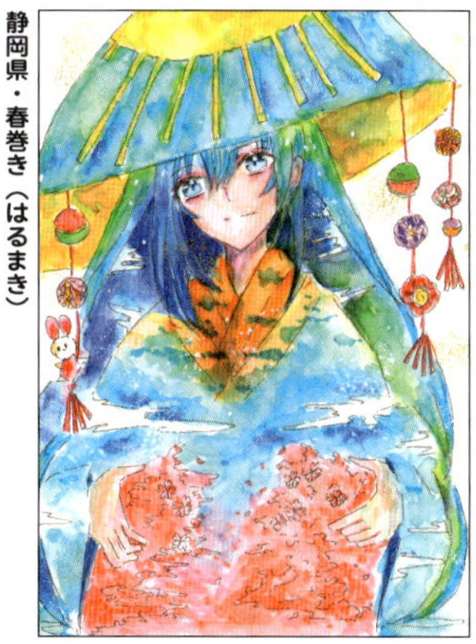

福島県・yumemisor@

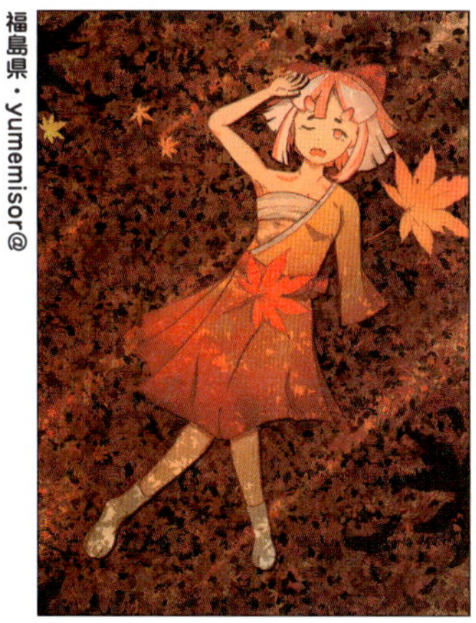

千葉県・カワタ

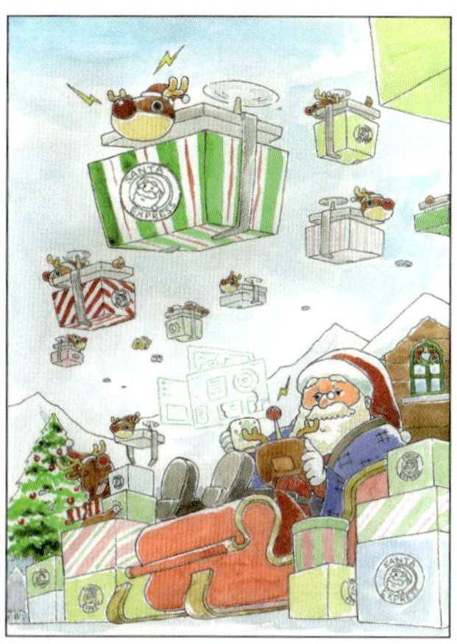

茨城県・天使のサンダル

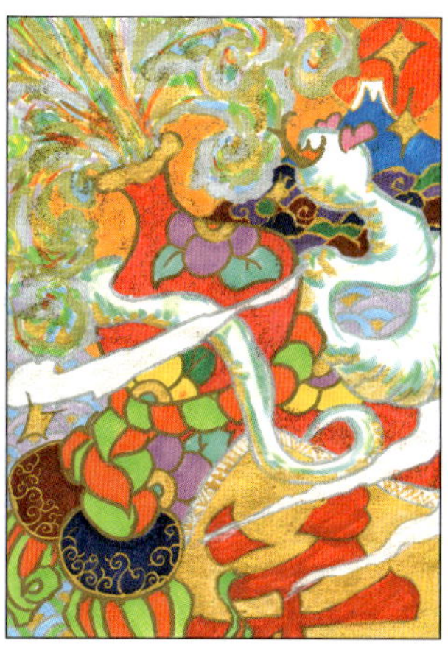

大阪府・いかにして

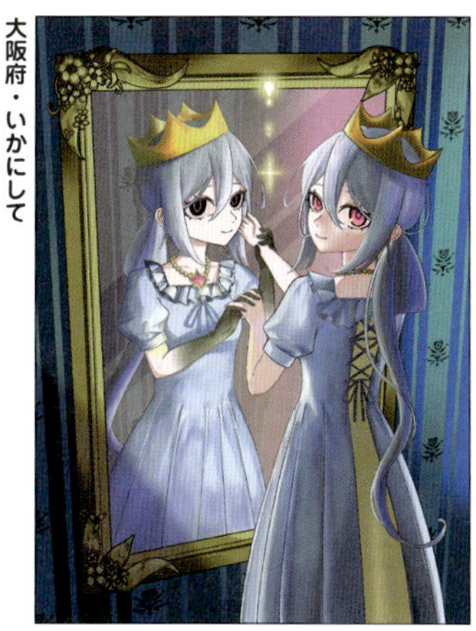

新潟県・あぶらゆ

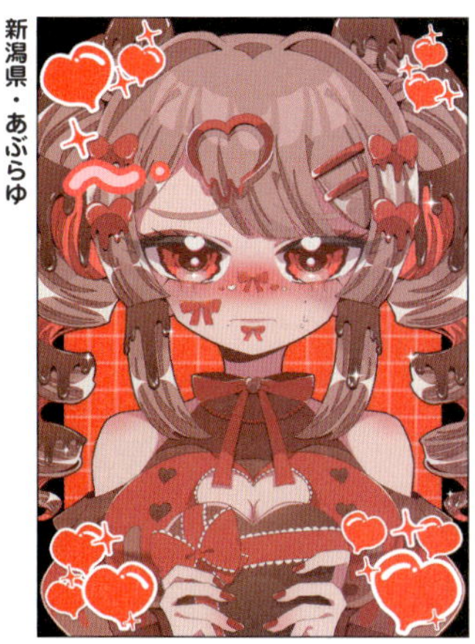

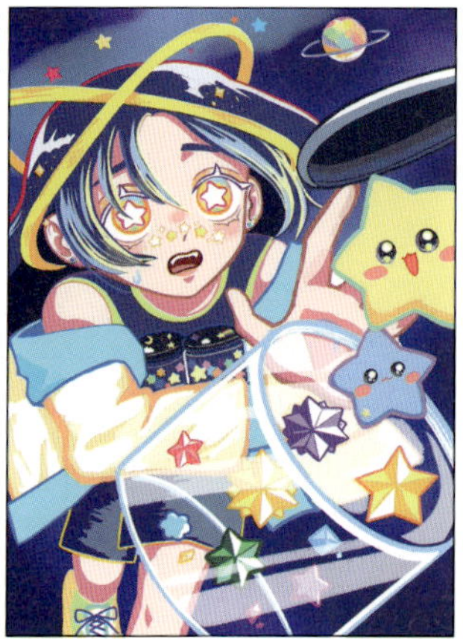
愛知県・くろた

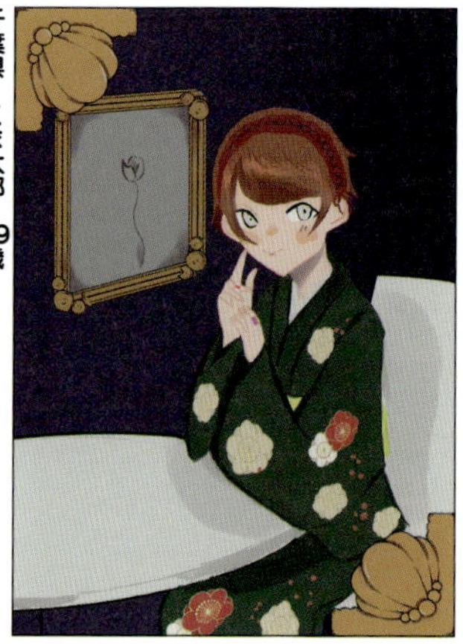
千葉県・くま太郎・19歳

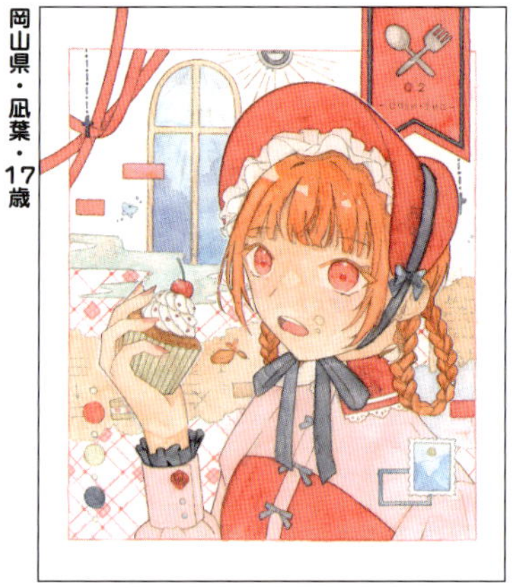
岡山県・凪葉・17歳

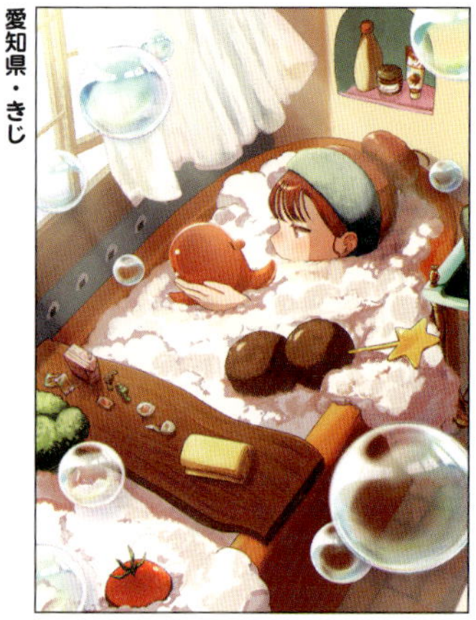
愛知県・きじ

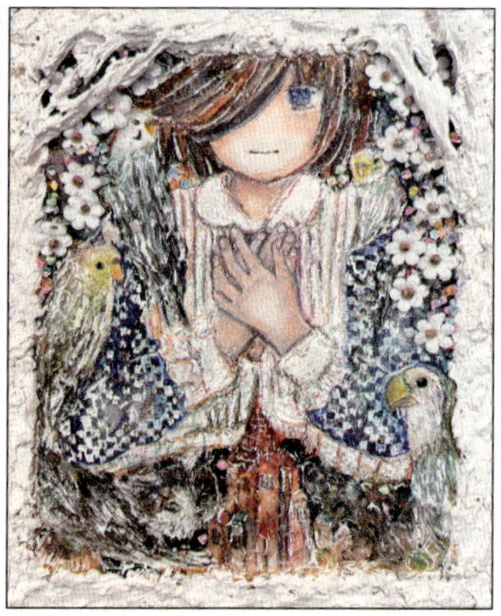
兵庫県・こまきあいか（コウアイ）

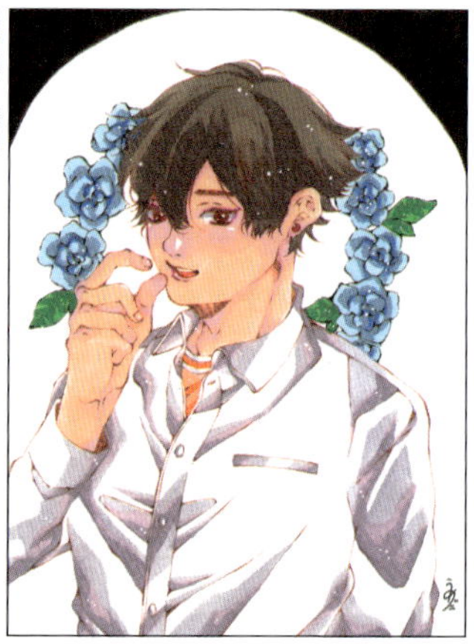
福岡県・梅田

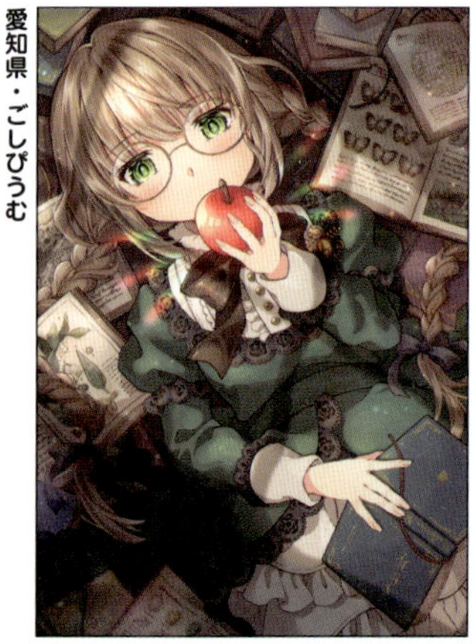
愛知県・ごしぴうむ

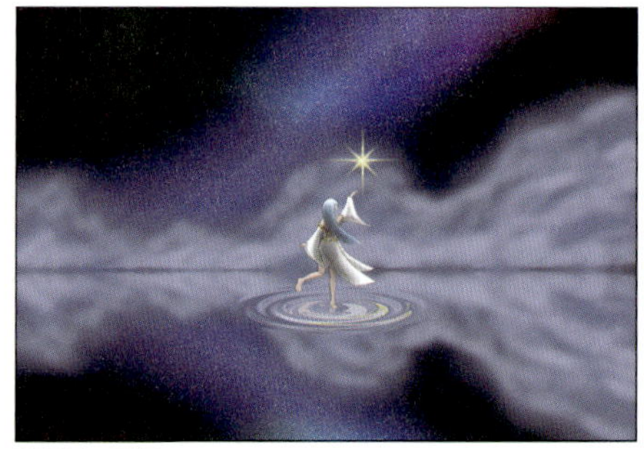
新潟県・鏡無

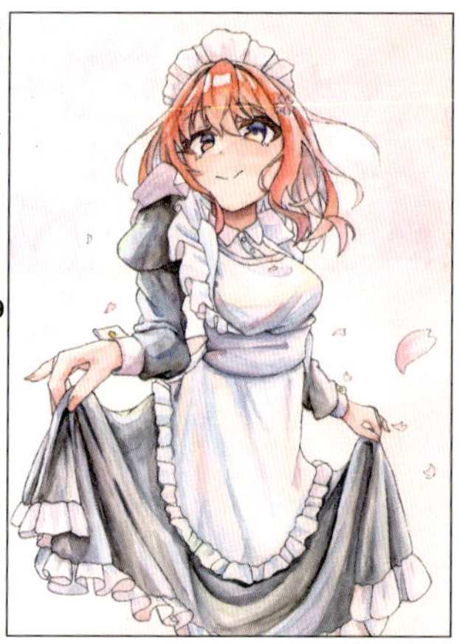
兵庫県・さざなみおいも・19歳

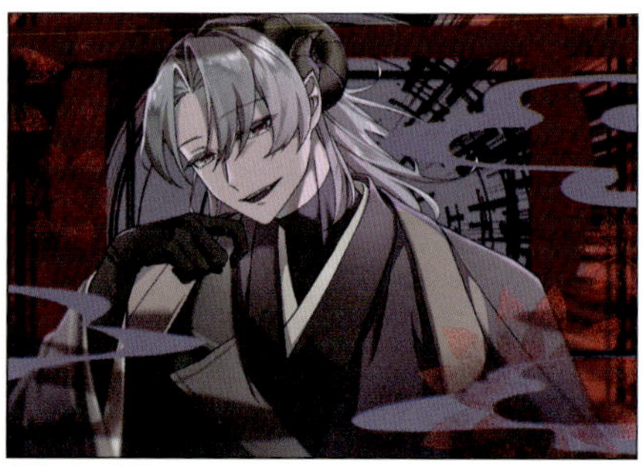
福島県・庵冥

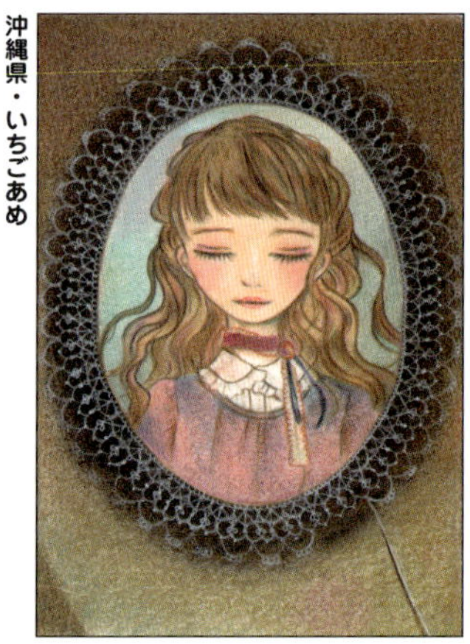
沖縄県・いちごあめ

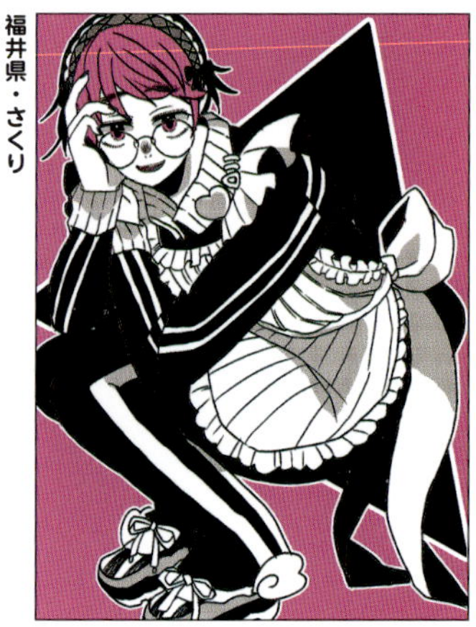
福井県・さくり

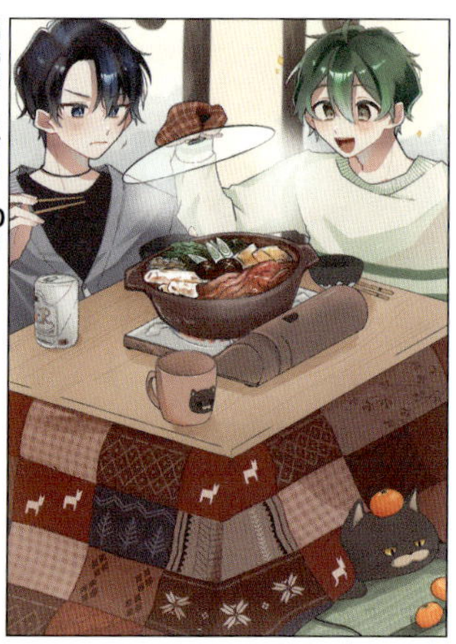
福島県・そぞろ・20歳

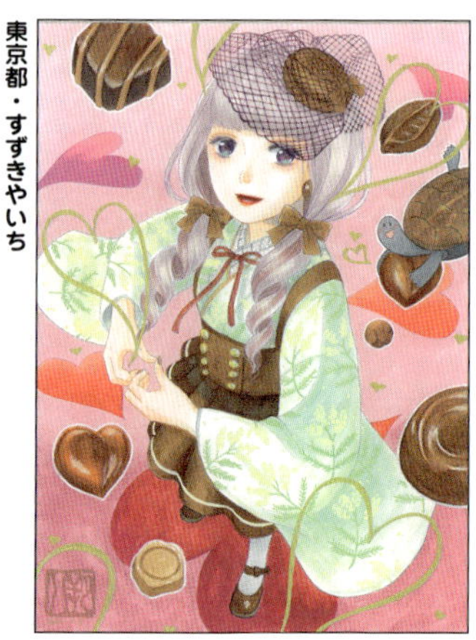
東京都・すずきやいち

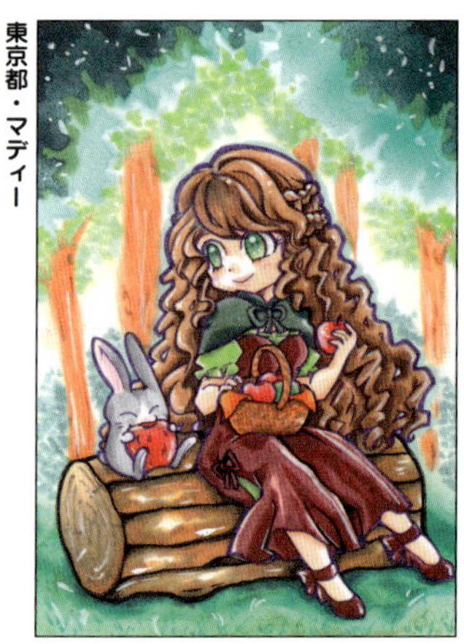
東京都・マディー

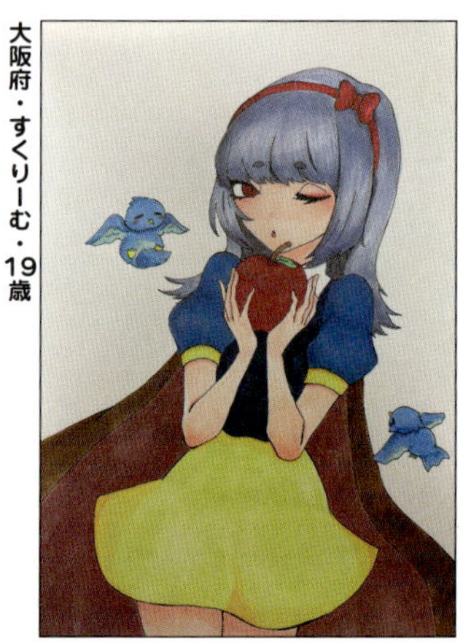
大阪府・すくりーむ・19歳

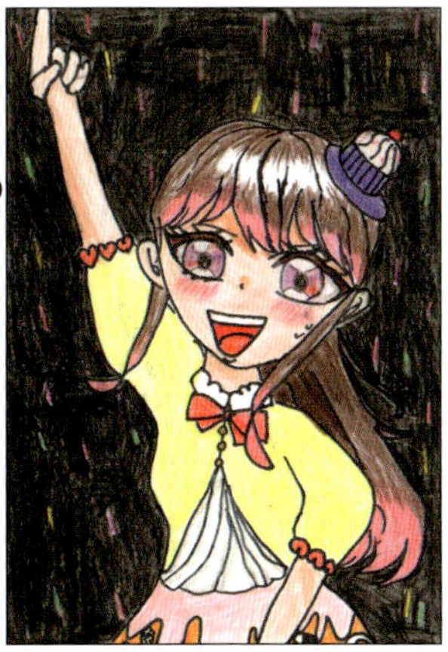
岡山県・メイ・10歳

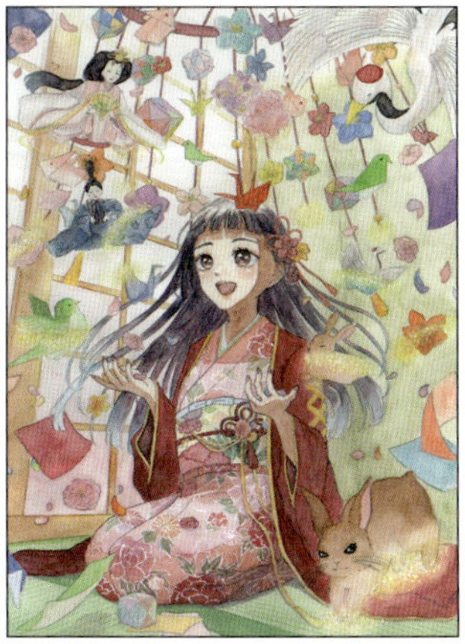
東京都・ちゃも

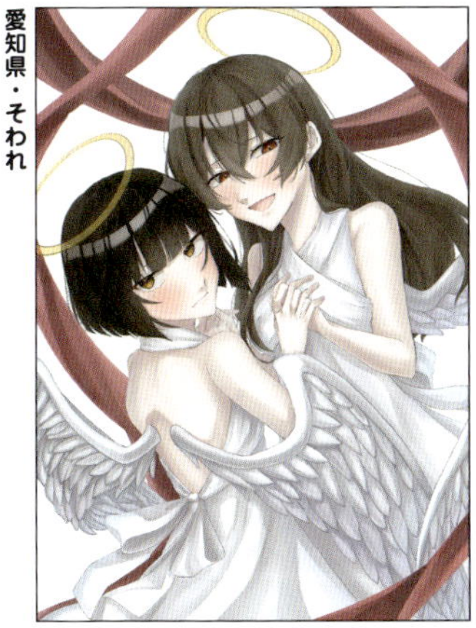
愛知県・そわれ

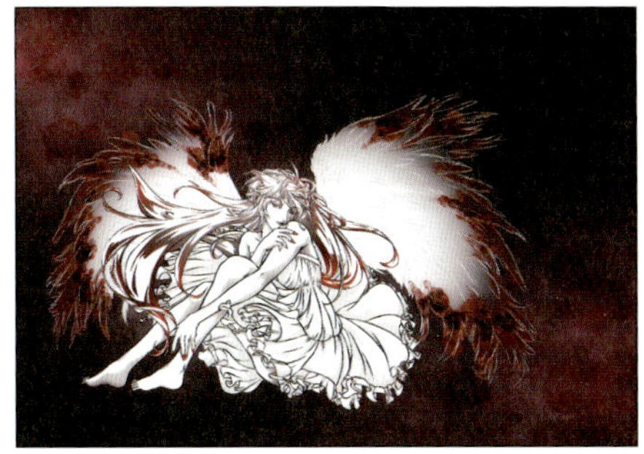
滋賀県・るか☆べろす

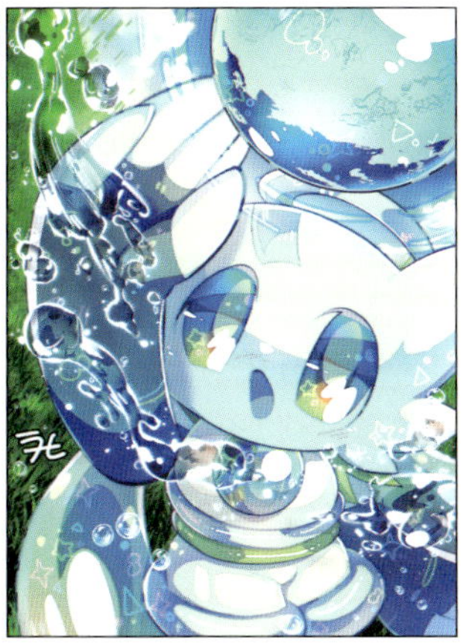
新潟県・ねこノひラル

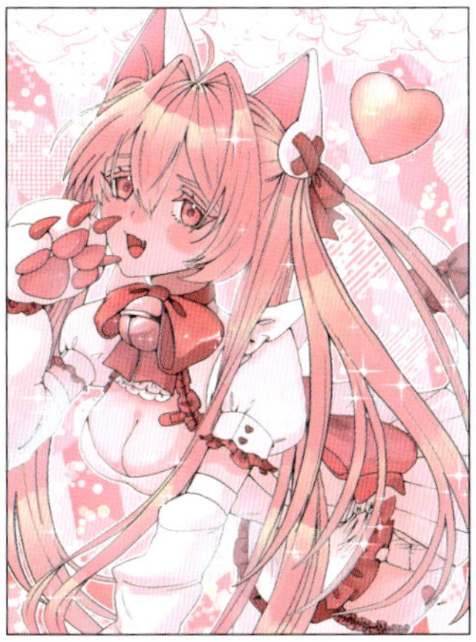
東京都・にゃか

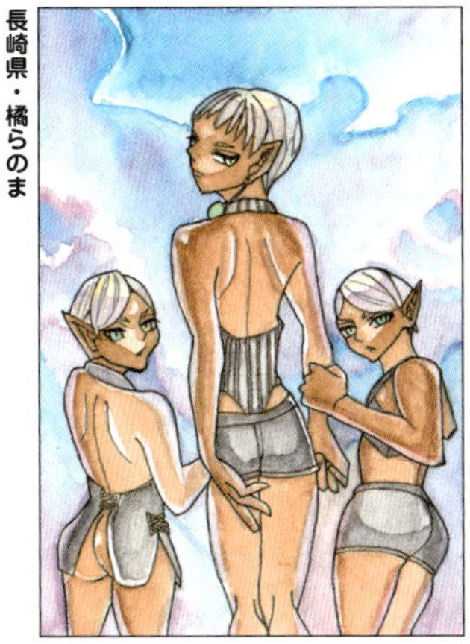
長崎県・橘らのま

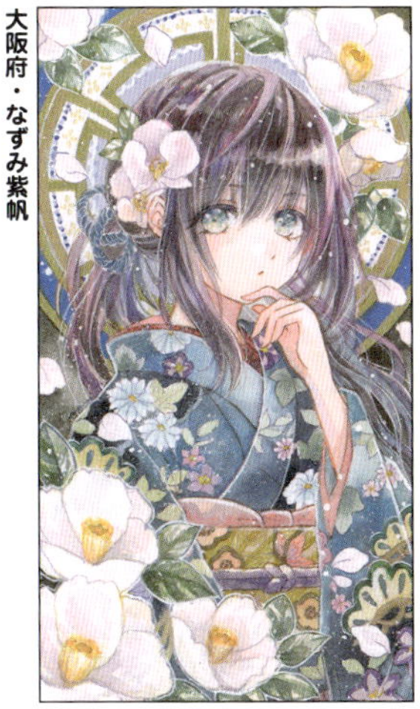
大阪府・なずみ紫帆

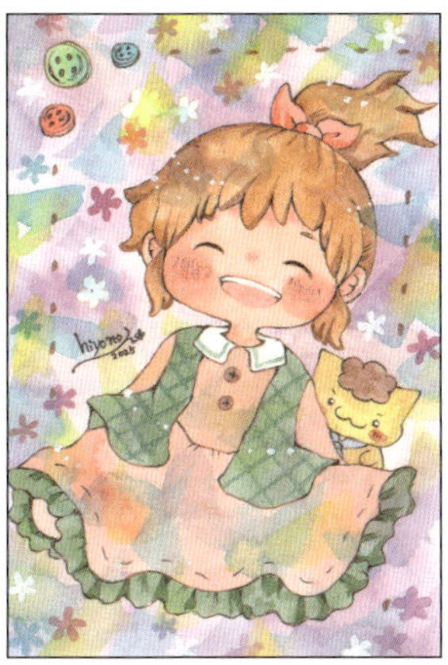
神奈川県・はなのひよの

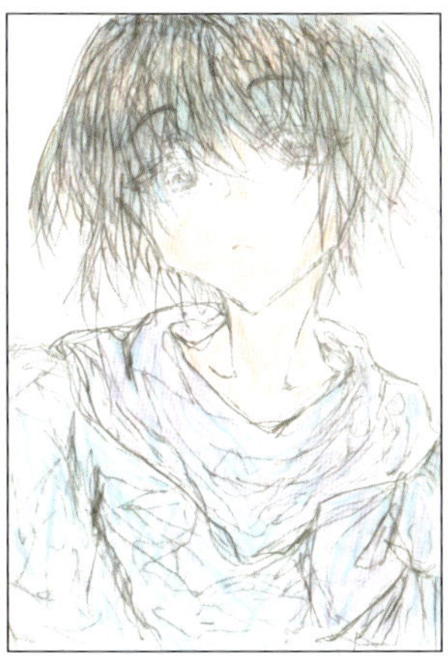
新潟県・色

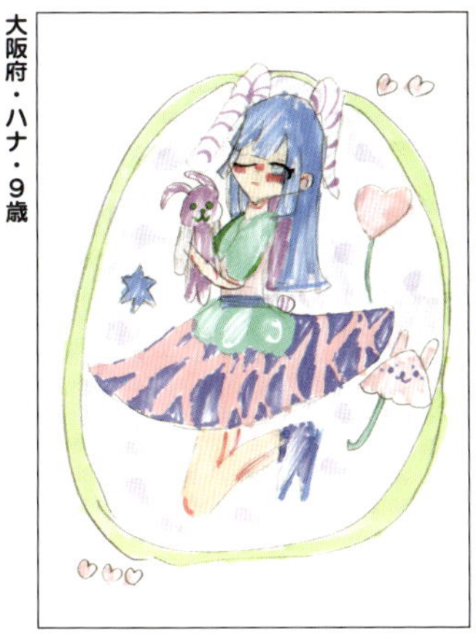
大阪府・ハナ・9歳

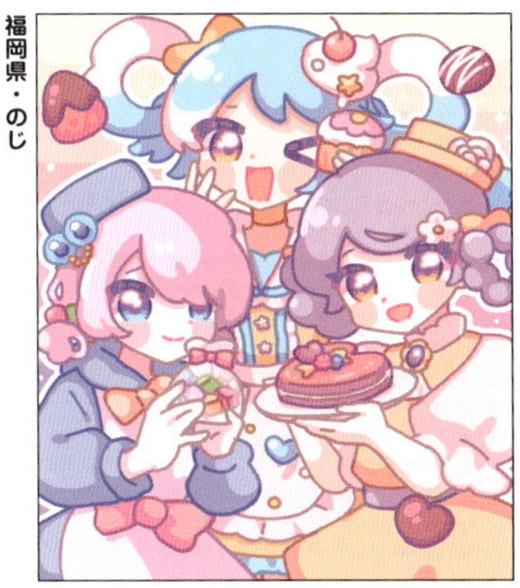
福岡県・のじ

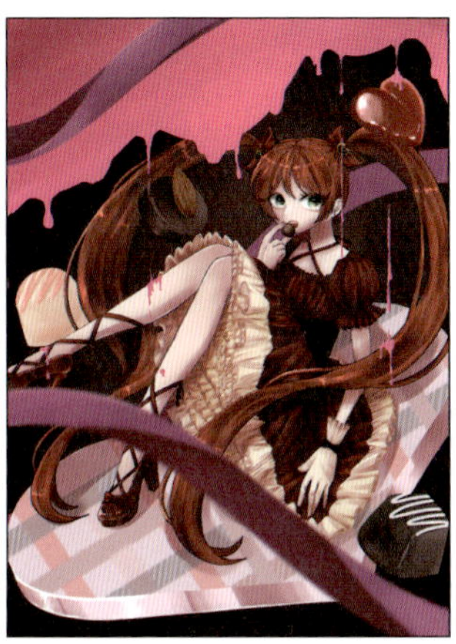
福岡県・はるいろは

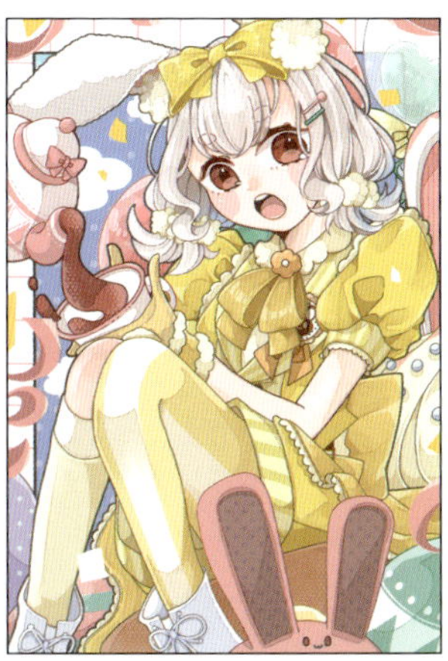
静岡県・ふぅ

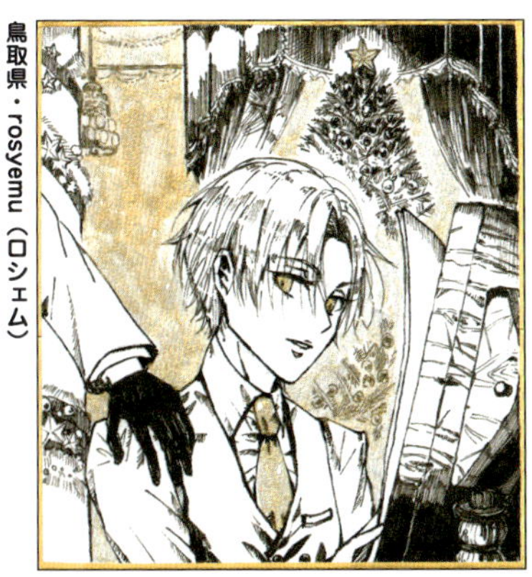
鳥取県・rosyemu（ロシェム）

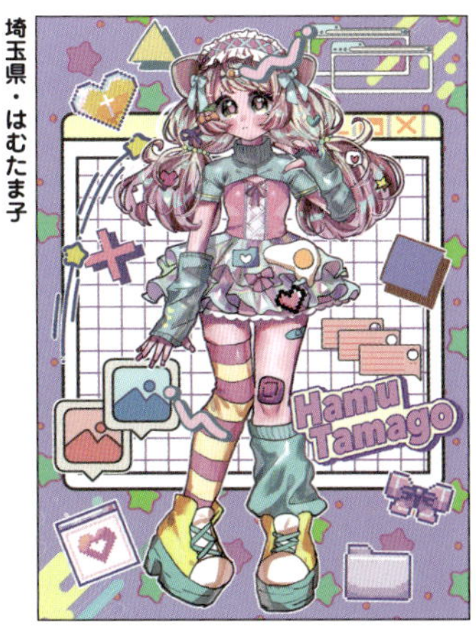

埼玉県・はむたま子

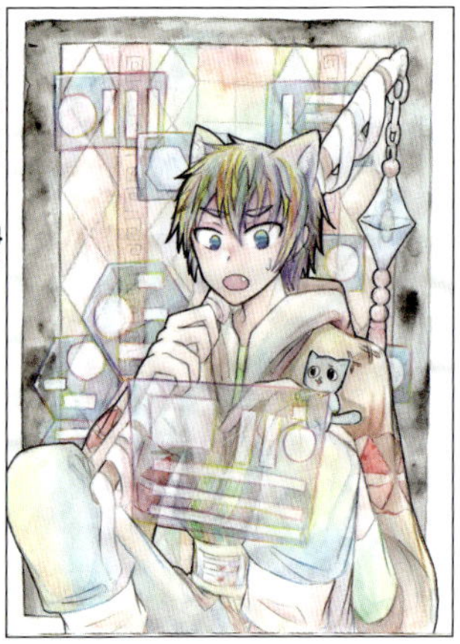
長野県・ブロント・14歳

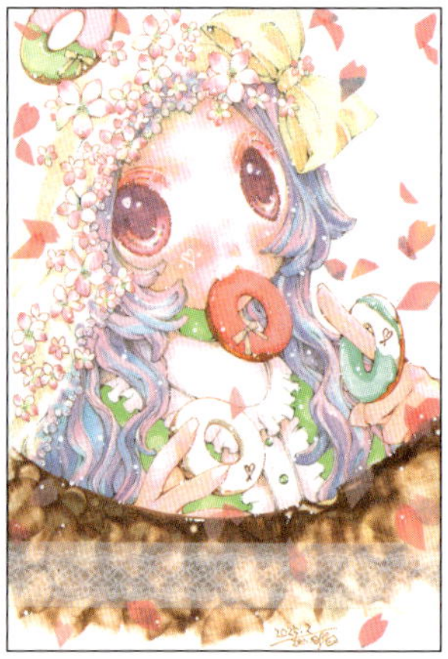
新潟県・チュチュ

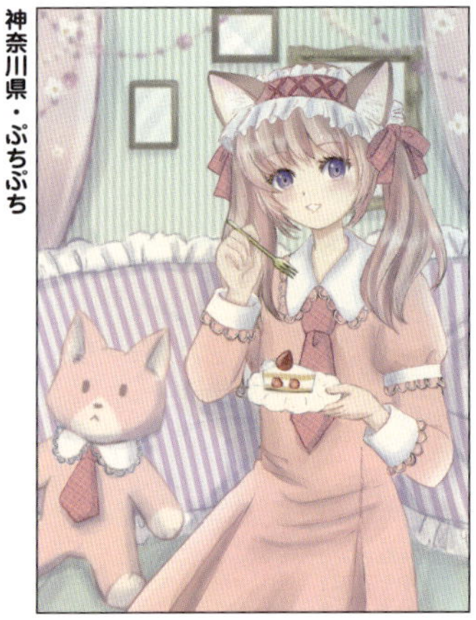
神奈川県・ぷちぷち

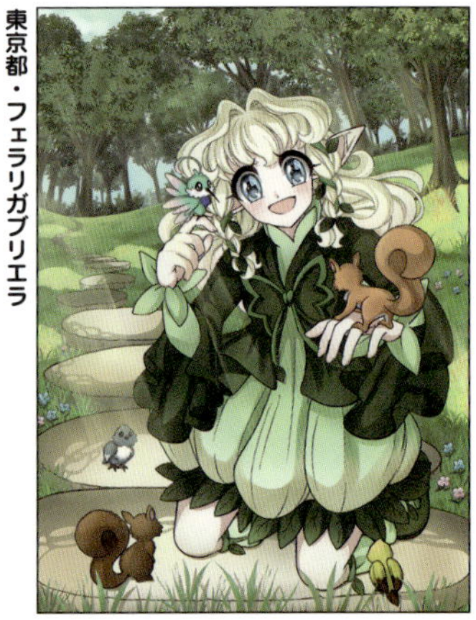
東京都・フェラリガブリエラ

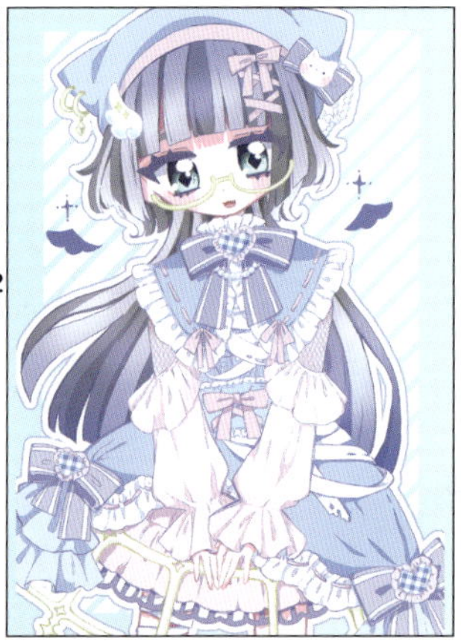
京都府・みやこむくず・22歳

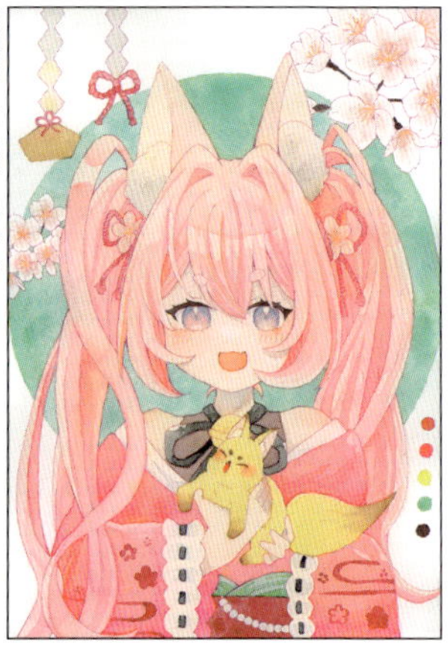
北海道・まんぷくちゃん

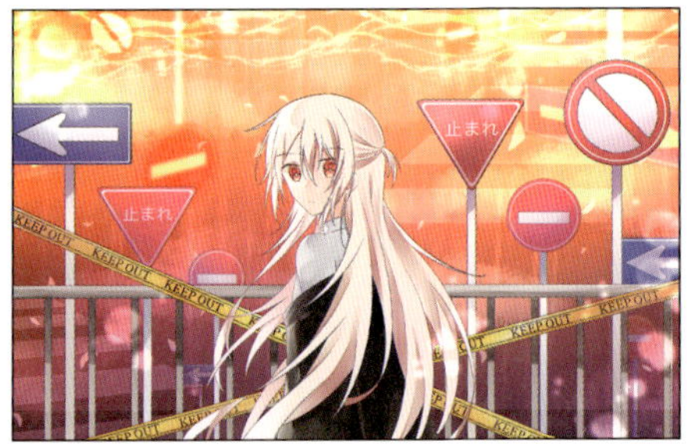
東京都・ネギもち

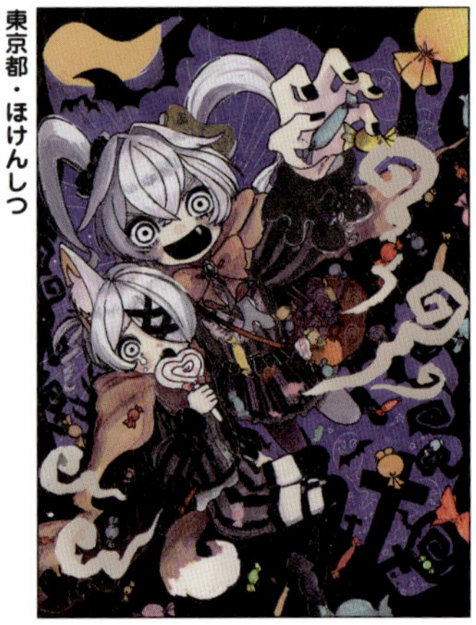
東京都・ほけんしつ

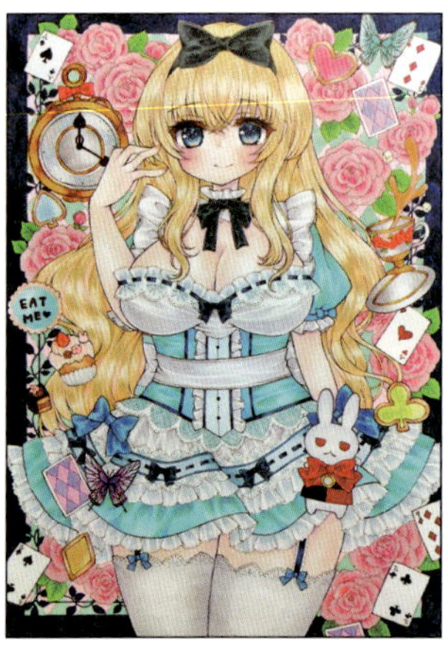
長崎県・ゆにこ

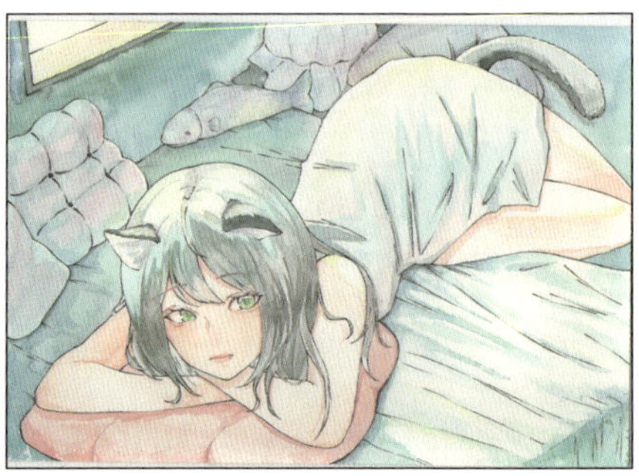
大阪府・ちゃな

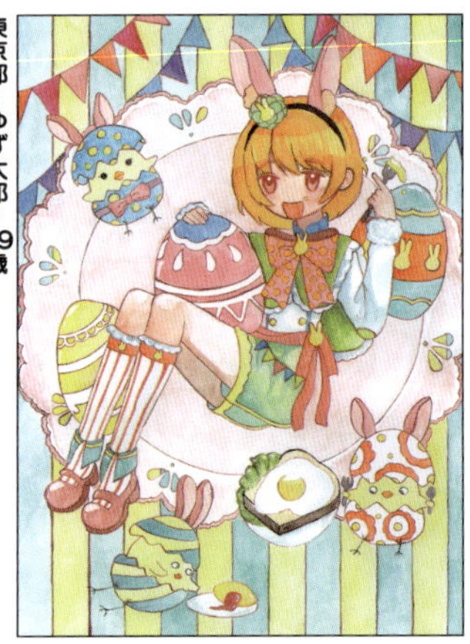
東京都・ゆず太郎・19歳

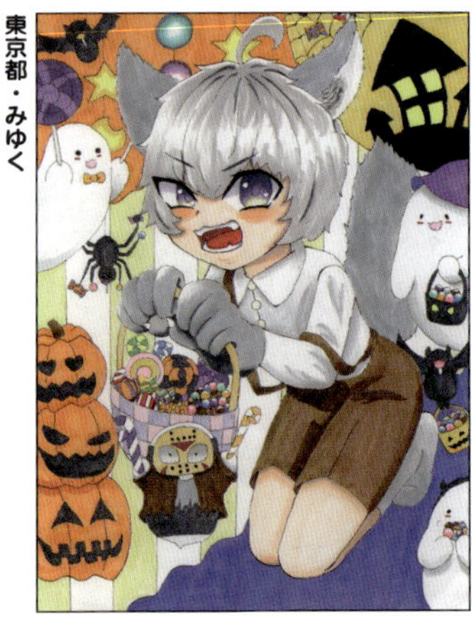
東京都・みゆく

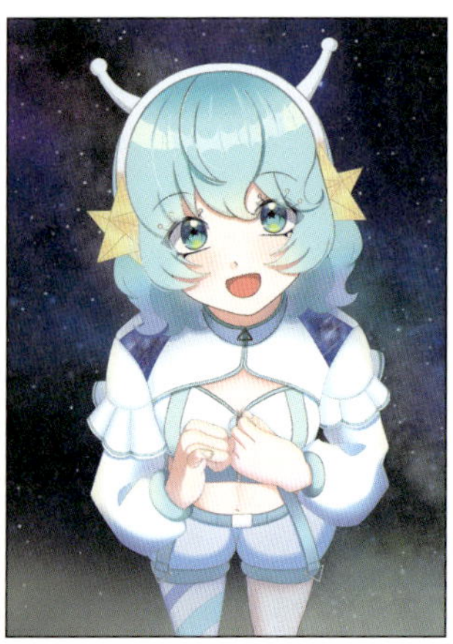
香川県・りるな

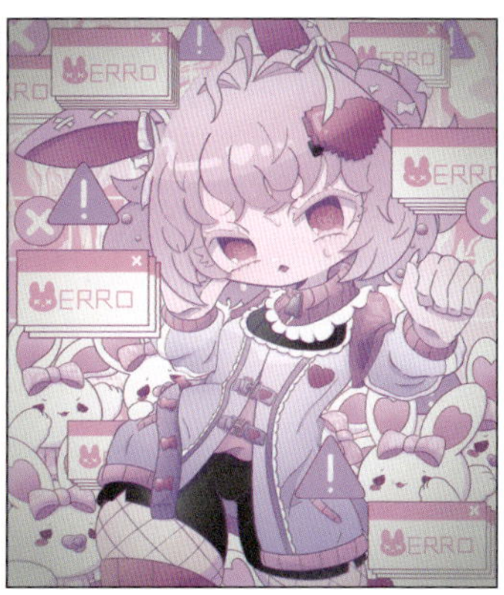
大阪府・よしはる

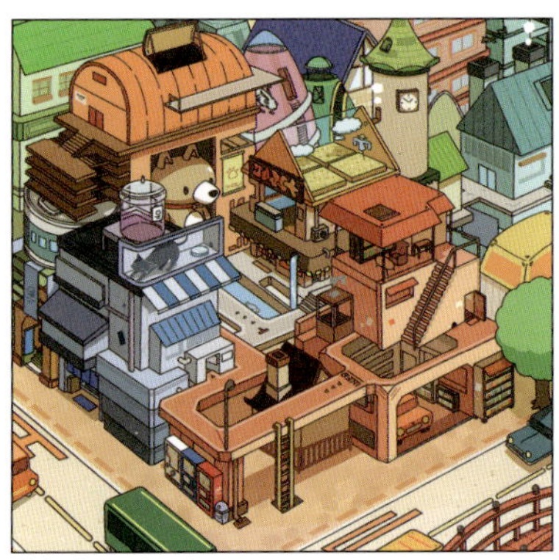
神奈川県・キリミ

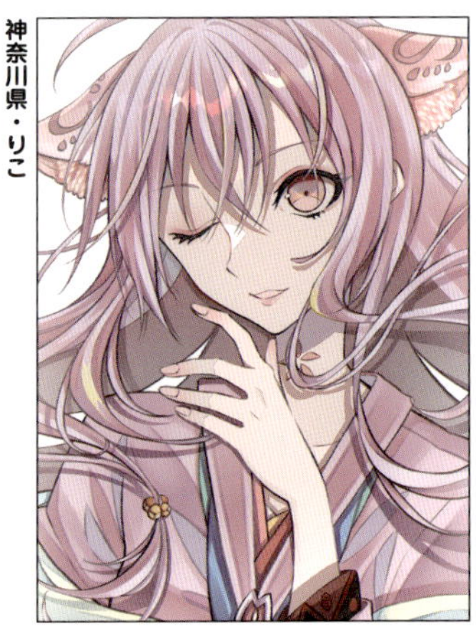
神奈川県・りこ

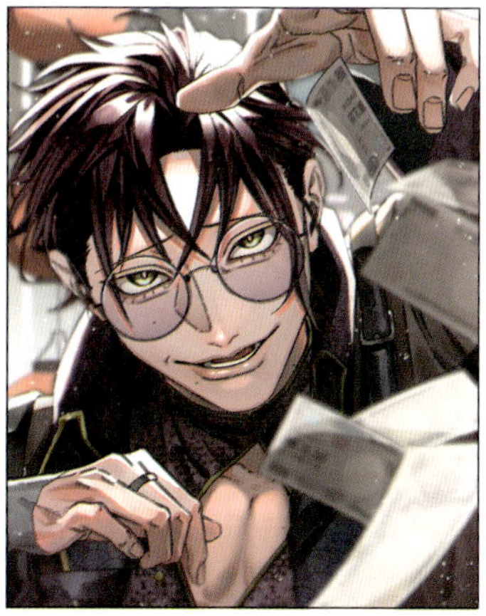
佐賀県・紅葉

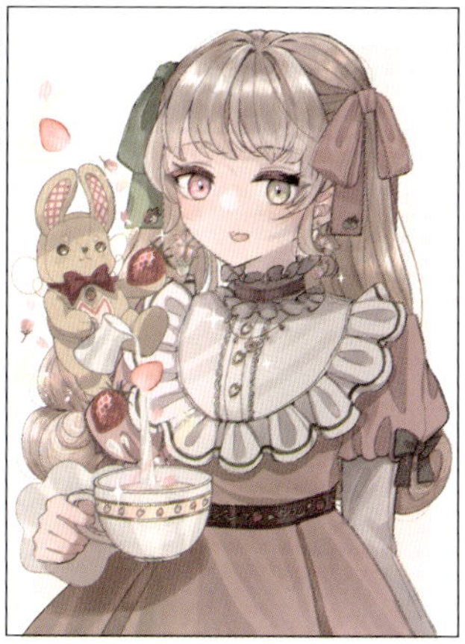
佐賀県・花瓶

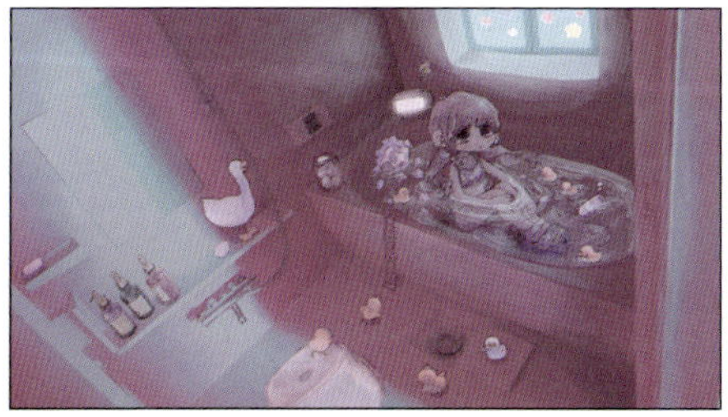
熊本県・たりお。・21歳

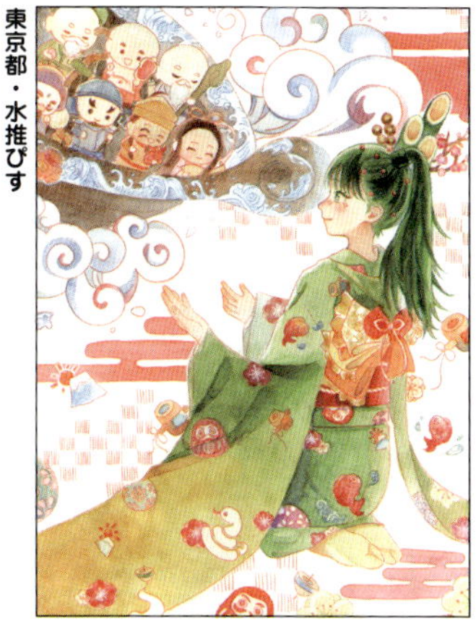
東京都・水推ぴす

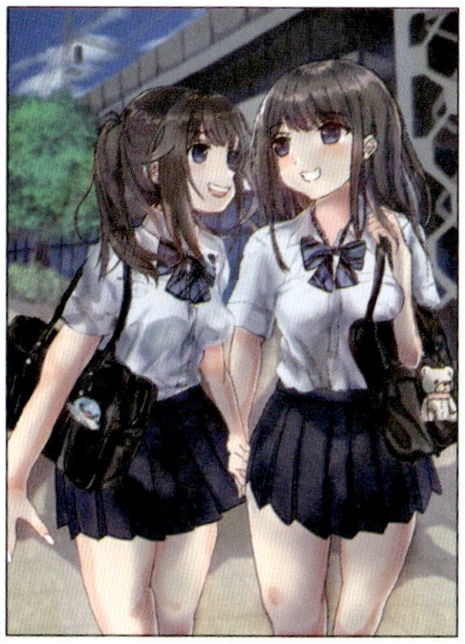
神奈川県・榛名弥生

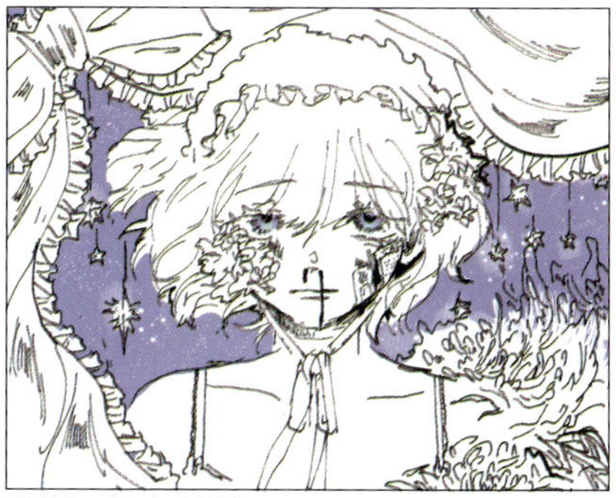
東京都・さいとう菊池

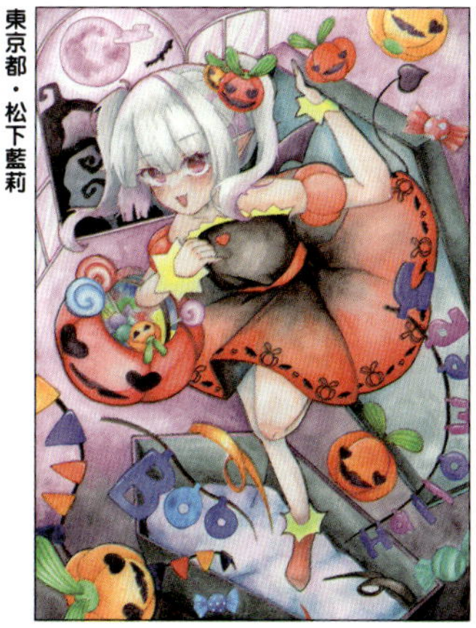
東京都・松下藍莉

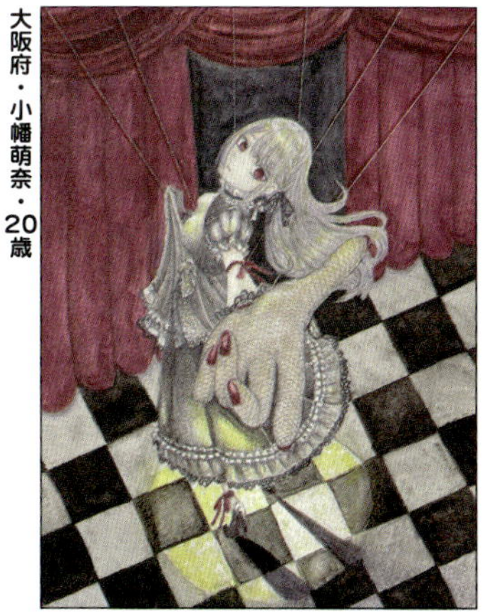
大阪府・小幡萌奈・20歳

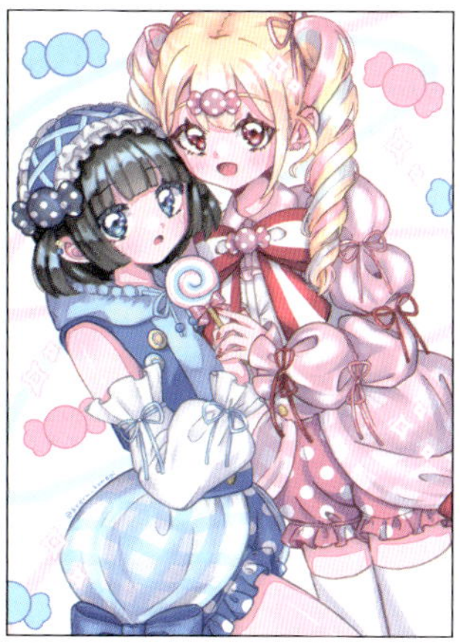
愛知県・水咲コエル

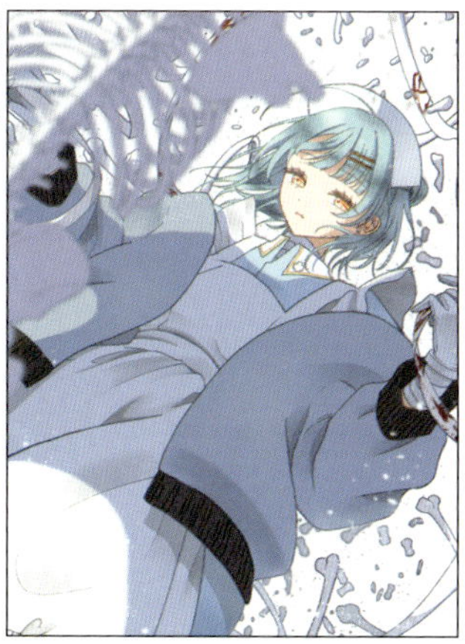
大阪府・尽

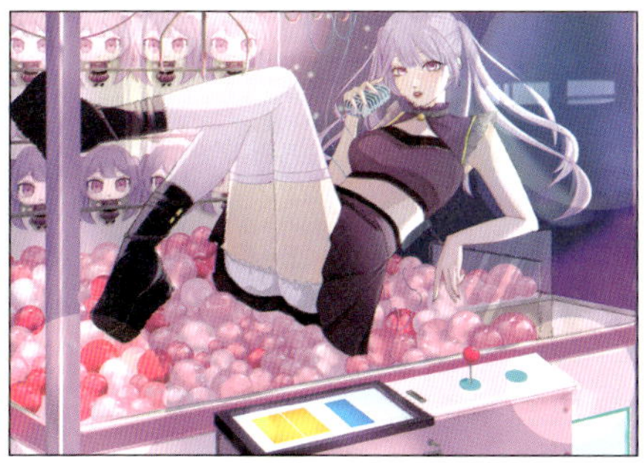
福岡県・こヤギ

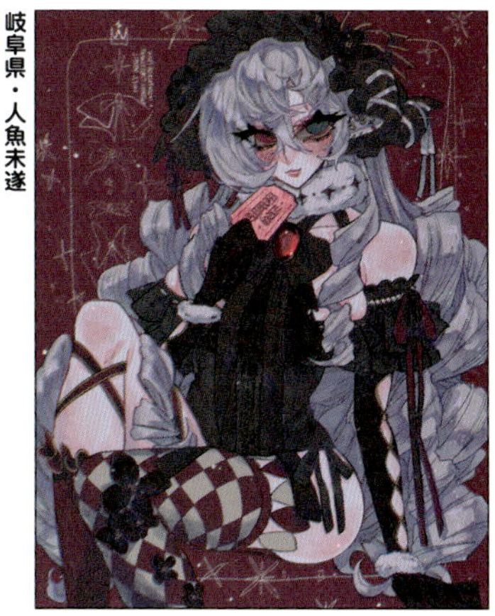
岐阜県・人魚未遂

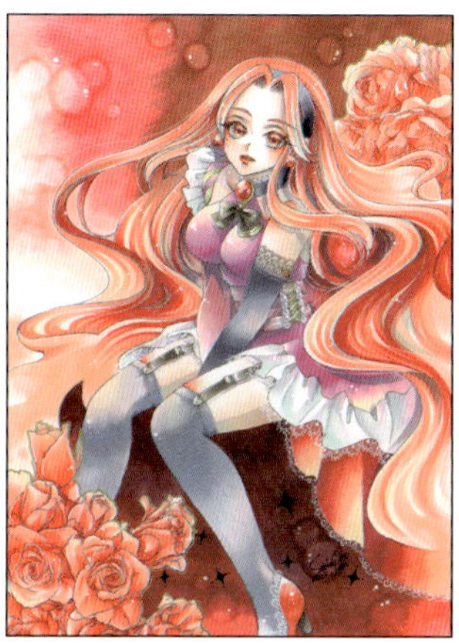
大阪府・菅田おこ

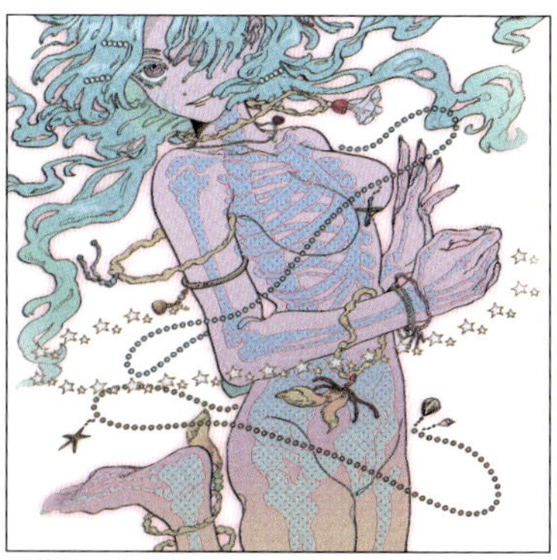
千葉県・イナコ

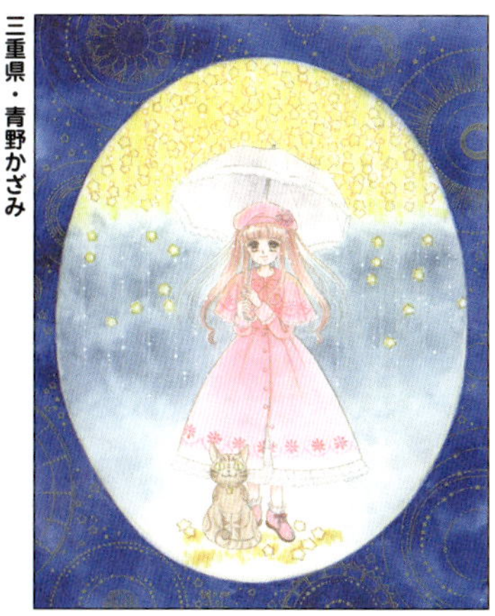
三重県・青野かざみ

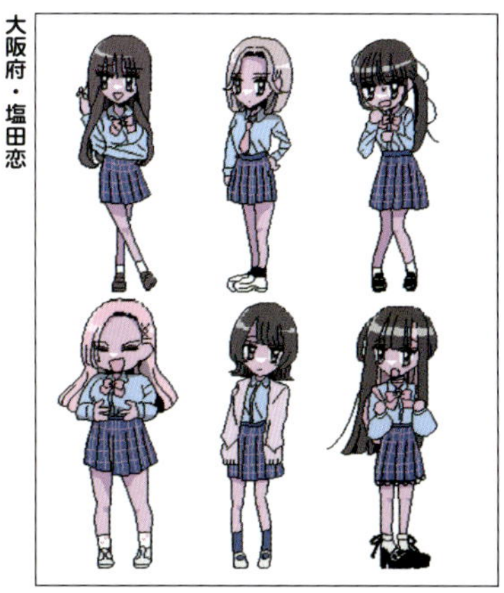
大阪府・塩田恋

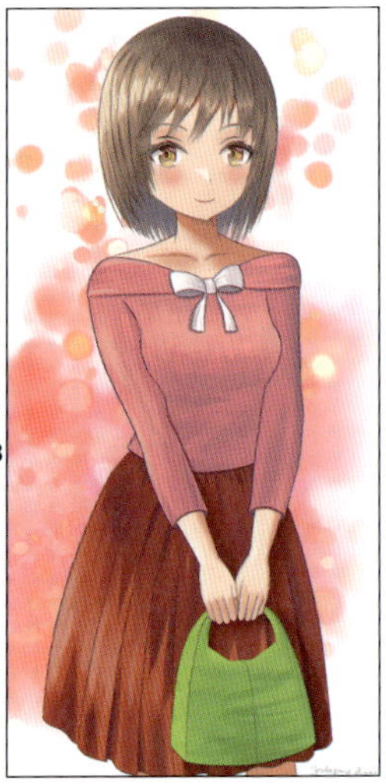
大阪府・雪銀海仁（ゆきがねかいと）・33歳

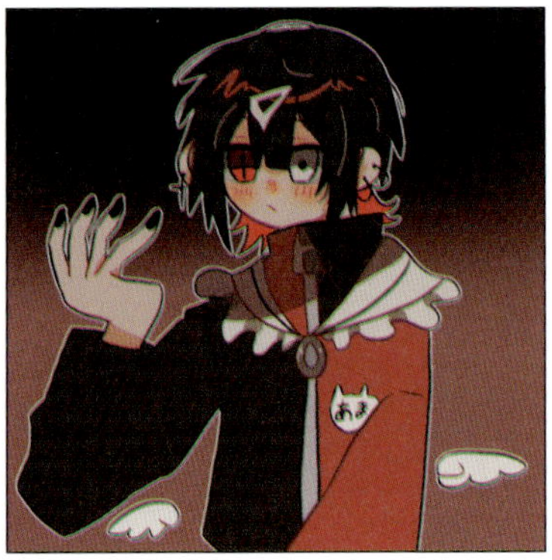
愛知県・あま・16歳

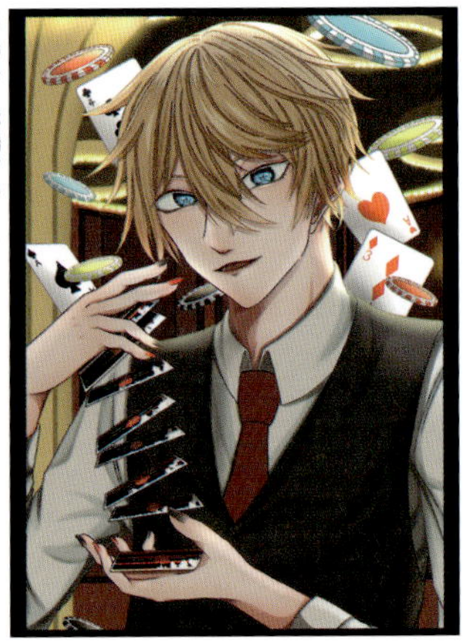
福島県・赤鵜けい

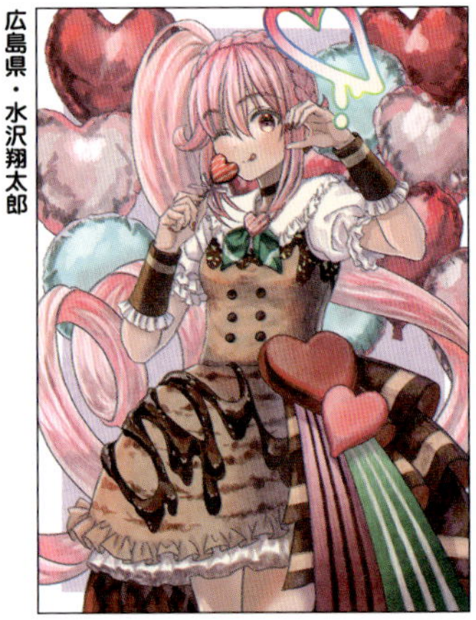
広島県・水沢翔太郎

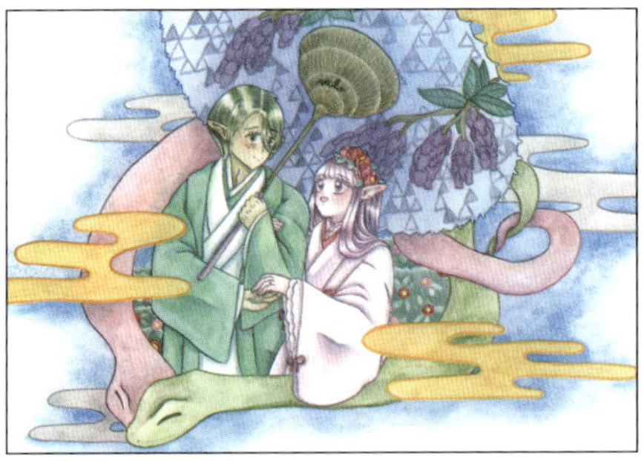
兵庫県・あつと

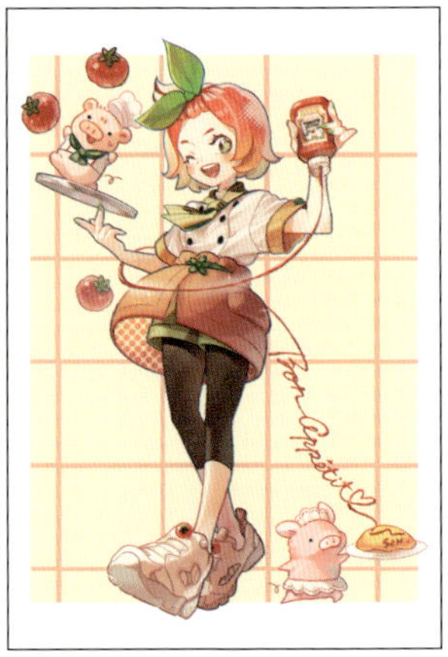

福岡県・早

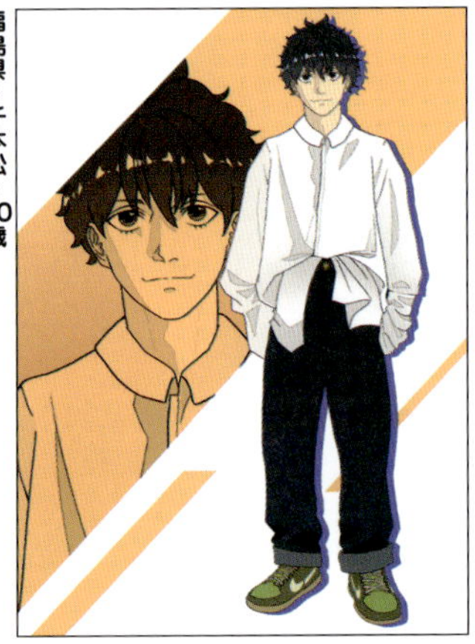
福島県・千本松・20歳

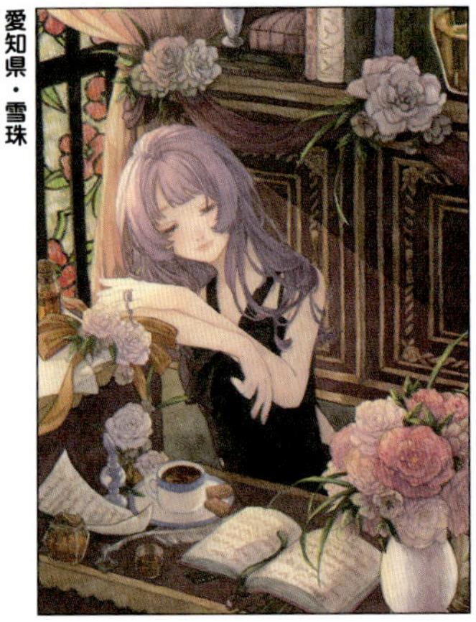
愛知県・雪珠

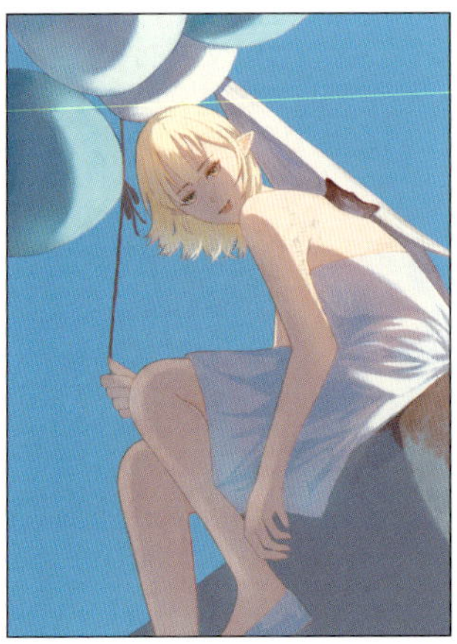
福島県・鏑木

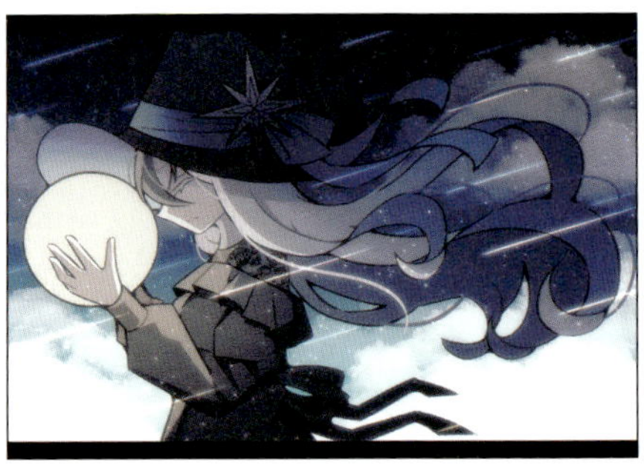
滋賀県・Witch

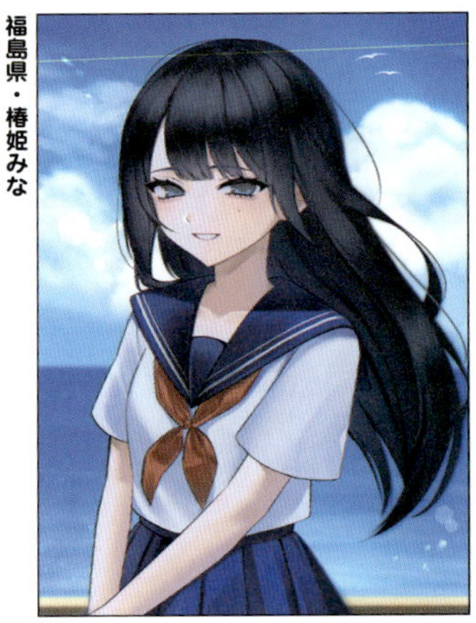
福島県・椿姫みな

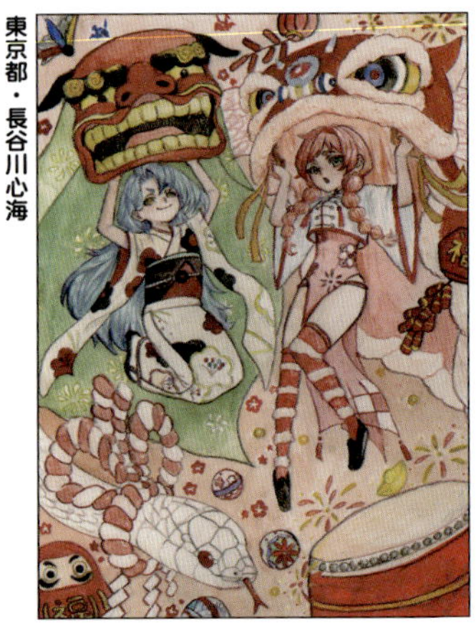
東京都・長谷川心海

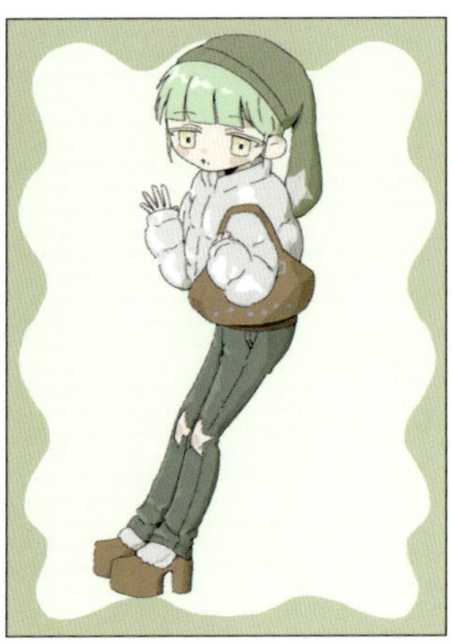
福島県・匿名A

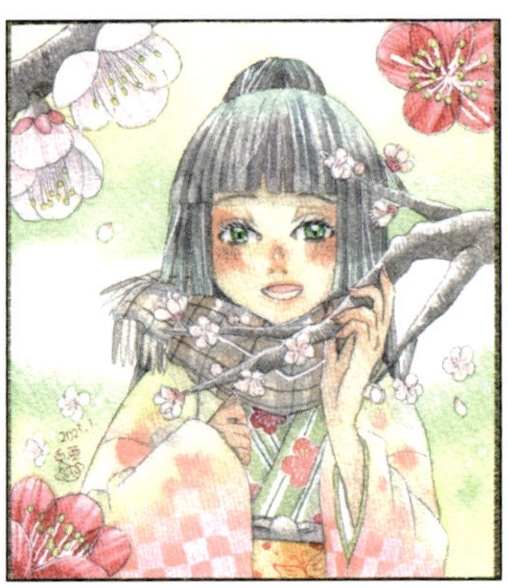
岐阜県・兎亜

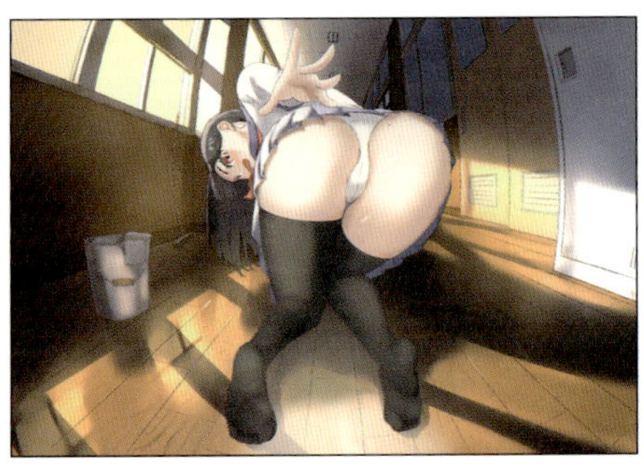
大阪府・Pim・20歳

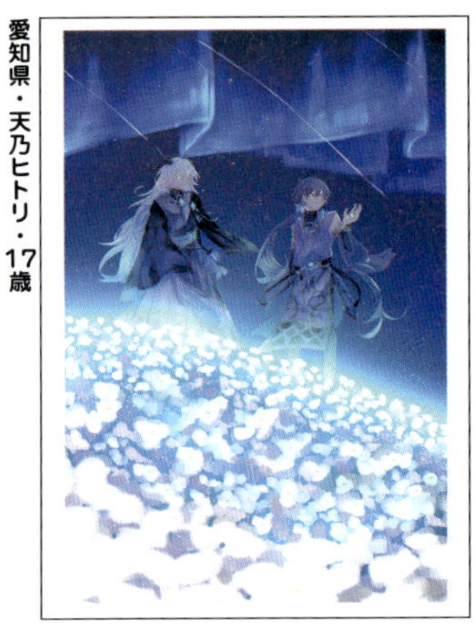
愛知県・天乃ヒトリ・17歳

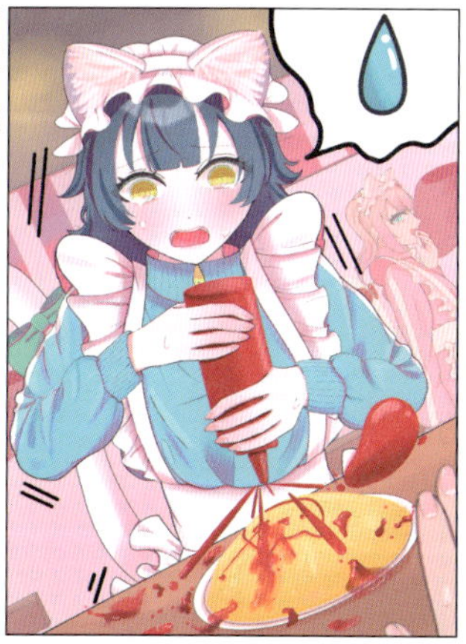
新潟県・猫ざわ

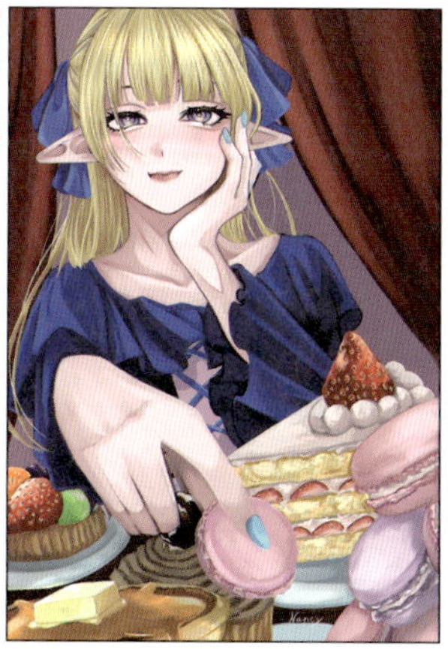
岡山県・楠紫

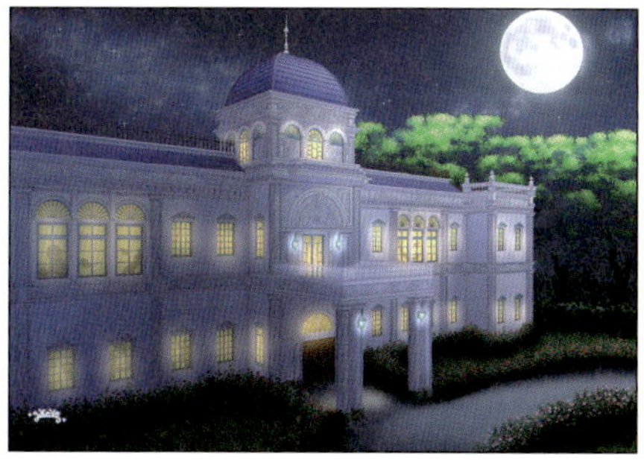
新潟県・NEVE

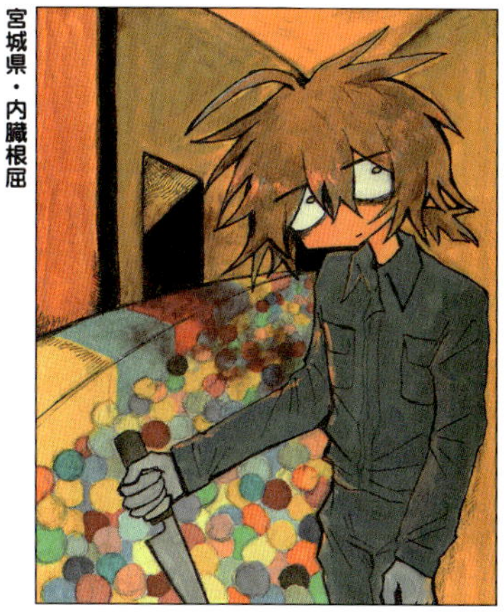
宮城県・内臓根屈

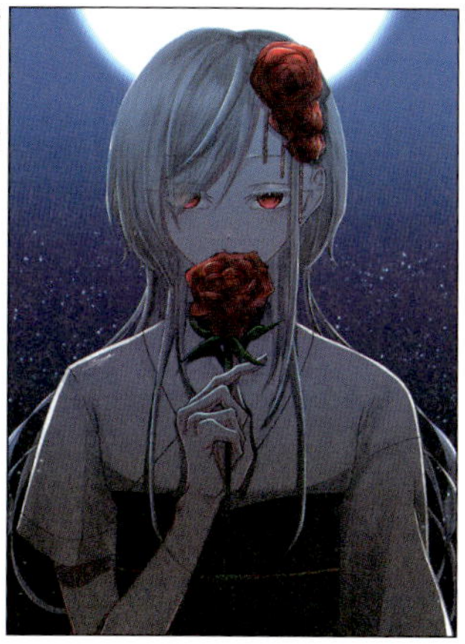
新潟県・憂鈴

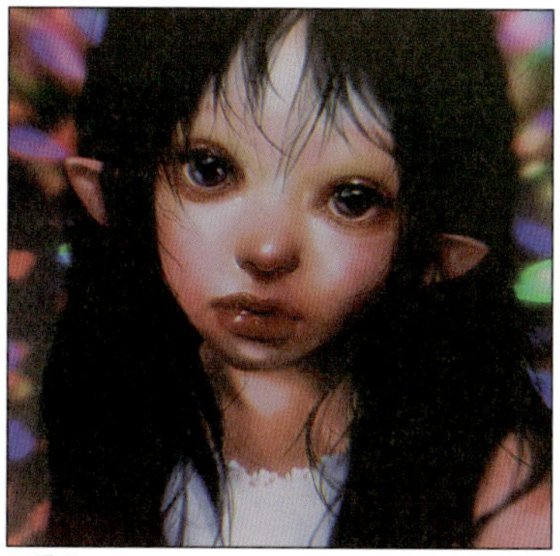
三重県・nanoni

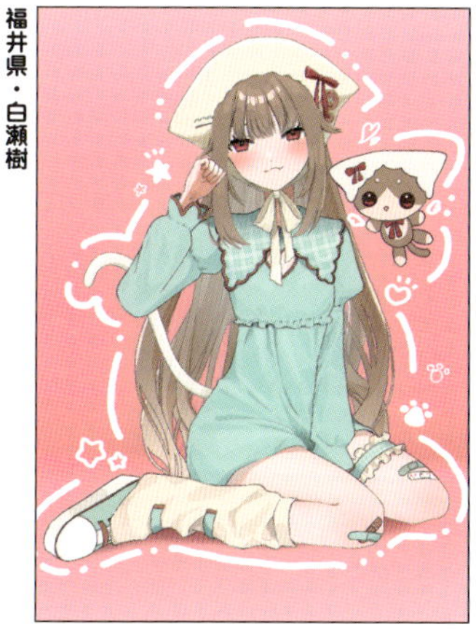
福井県・白瀬樹

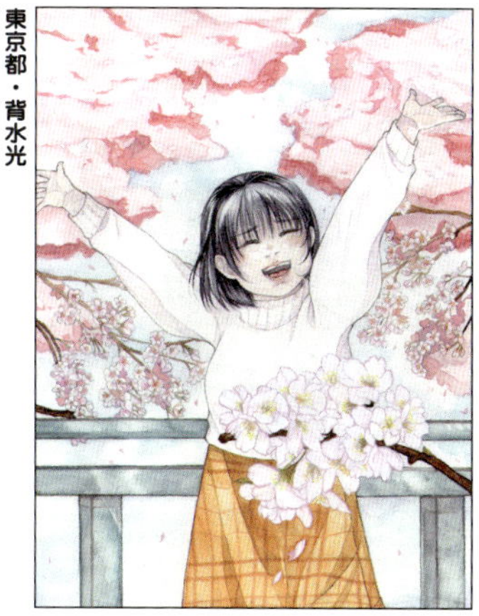
東京都・背水光

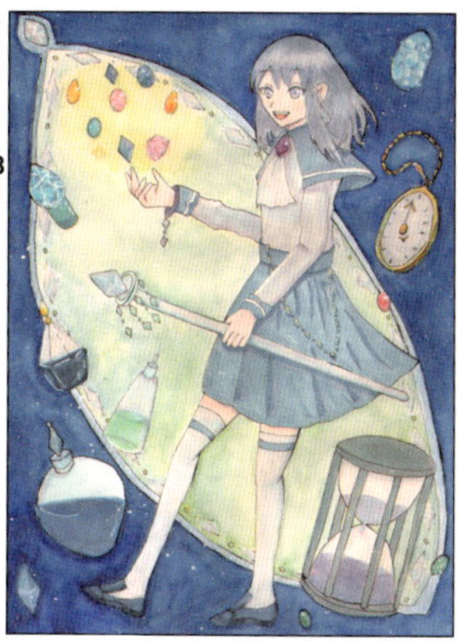
奈良県・梨・13歳

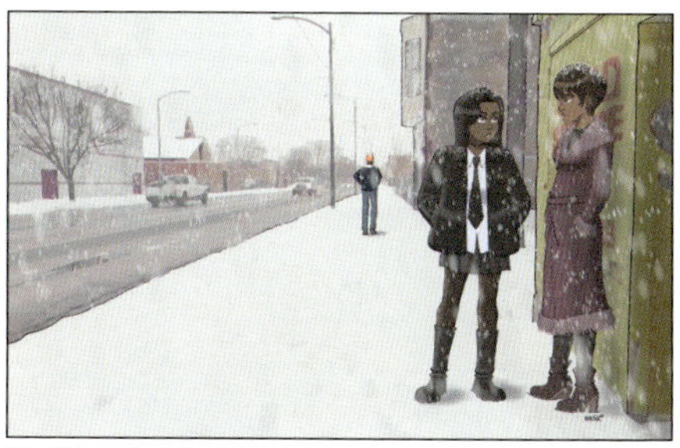
アメリカ・kekfox20

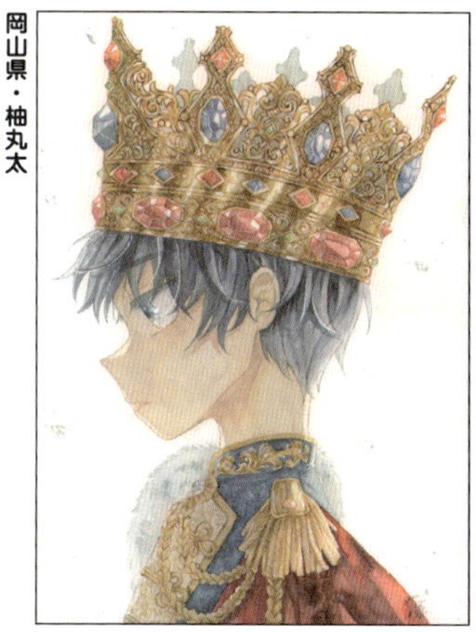
岡山県・柚丸太

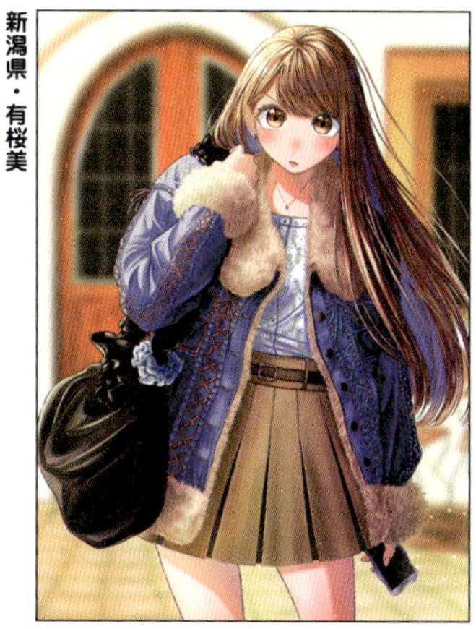
新潟県・有桜美

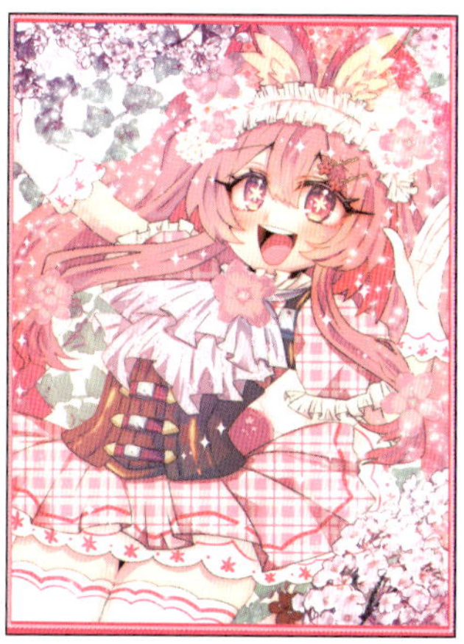
栃木県・零Murder

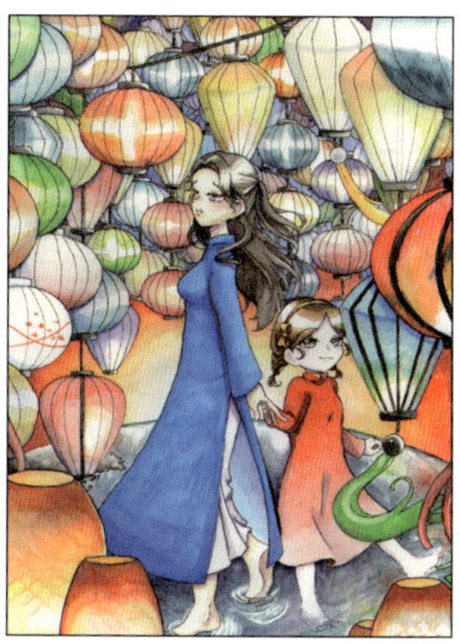
東京都・鈴木愛紗

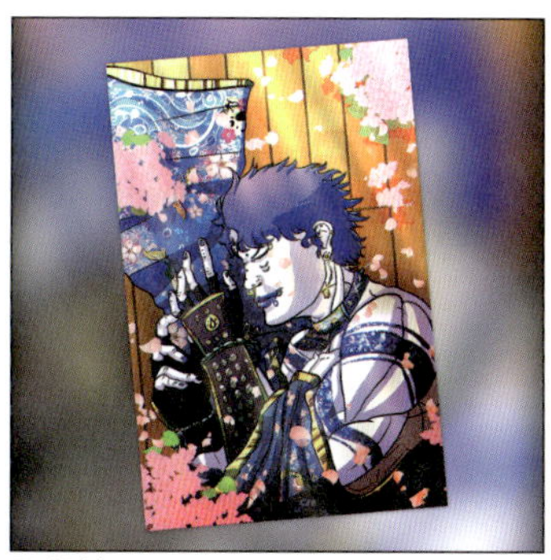
アメリカ・
Soshewa Furu

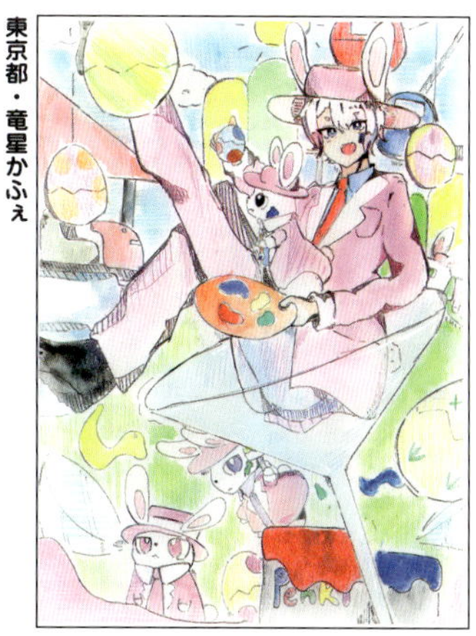
東京都・竜星かふぇ

＼祝20周年!!／ 第14回SS主催 お絵描き合宿を開催予定！ 参加者を募集します～！

「ＳＳ」編集部企画《お絵描き合宿》開催！

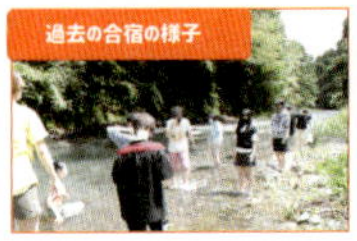

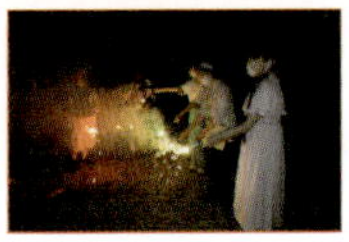

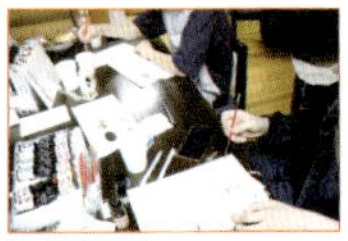

2005年春に第1回を開催した《お絵描き合宿》は、「ＳＳ」のお姉さん雑誌「季刊エス」で人気の企画でした。「SS」では2010年から開催され、本年度で14回目となります！ この合宿は栃木県日光市にある豊かな自然に囲まれたログハウスに宿泊して、参加者たちで絵を描いたりお話をする集まり。絵を描くのが好きな人たちや「ＳＳ」に投稿している人たちが、みんなでお泊りして、ゆっくり親睦を深め、将来のことや自分の作風について話し合って交流しよう！ という主旨で開かれています。中高生の学生さんや社会人の方、絵を描き始めたばかりの人、「ＳＳ」の表紙を描いた絵描きさんまで、幅広い方に参加いただきました。誰かと一緒に絵を描きたい人、絵についてお話してみたい人、交流してみたい人は、ぜひ参加してくださいませ～！

第14回 ＳＳお絵描き合宿日程

絵が好きな方なら大歓迎！
初心者も大勢いますし、皆さんと楽しい「お絵描きライフ」を過ごせたらと思います。興味のある方は、是非応募してみてください。
予想以上に楽しいことうけあいです！

□開催日：2025年 7月25日(金)～7月27日(日)の2泊3日

※参加人数が定員に満たない場合は、中止になることがございますのでご了承ください。

参加地

栃木県日光市にある、緑に囲まれたログハウス
「WOODSMANS VILLAGE」
（最寄り駅は東武線「下今市」駅）
https://infinity-arts.wixsite.com/woodsman

参加費用

23,500円（宿泊費、食費込み）

※交通費は参加者の住まいによって異なりますが、会場まですべて自己負担となります。目安として、東京の浅草から、最寄り駅の東武線「下今市」まで片道3540円（指定席の場合）です。「下今市」からタクシーに30分ほど（タクシー代は割り勘）乗って到着です。

現地行程

1日目：イラスト制作、絵に関しての交流会話・メイキング講座
2日目：イラスト制作、河や森への散歩やスケッチ、花火やバーベキュー
3日目：イラスト制作、作品についての交流会話 などを予定

※編集部から自由に使える透明水彩やコピックなどの画材も持っていきます。

【今年もニュー企画を予定！】
☆自分のキャラ、うちのこを皆さんで描き合うミニイベントも予定。
少人数で島になって、うちのこを紹介しながら描き合いましょう～！
☆野外スケッチ会を行います！（雨天の場合は中止）
ログハウスの周辺に赴いて、スケッチを楽しみましょう～！

応募方法

① まずは合宿の要項を確認

…ネット環境のある方
下記アドレス（QRコード）からご覧ください。
https://www.s-ss-s.com/events/91

…ネットが見られない方
本誌巻末付属のアンケートハガキ（切手不要）または、普通のハガキで資料請求してください。
ハガキには、自分の「住所、氏名、ペンネーム、年齢、性別」を書いて投函ください。

■ハガキで資料請求する方は、以下の宛先にお送りください。
150-0041 東京都渋谷区神南1丁目13-3 アーク神南ビル2F
「季刊エス、Ssスモールエス」編集部「ＳＳ《お絵描き合宿》資料請求」係

資料請求締切

2025年5月19日（月）※当日消印有効

② 資料を見て参加を決めた方は、申し込みください

…ネット環境のある方
①のページにある、参加フォームを使用して申し込みください。
…ネットが見られない方
資料と一緒に郵送する返信専用ハガキから申し込みください。

申し込み締切

2025年6月2日（月）※当日消印／送信分有効

※参加者多数の場合は抽選になります。予めご了承ください。
※部屋の都合上、女性のみの募集となっています。

合宿参加資料
参加フォーム

参加施設のサイト
「WOODSMANS VILLAGE」

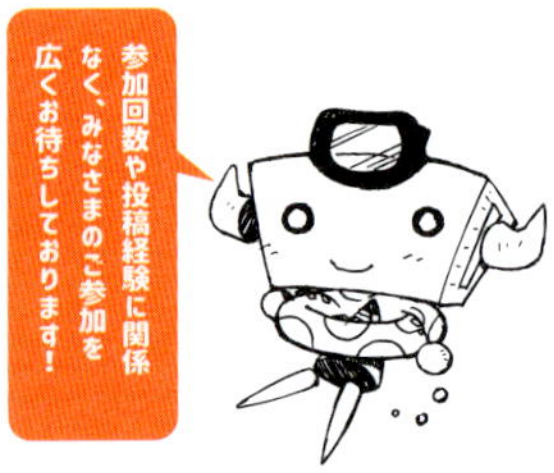

初音ミク × スモールエス

ピアプロ公式コラボにて イラスト・オンガク コンテスト開催決定

さらに、入賞作品の展示会開催＆グッズ化が決定！

イラスト部門

入賞作品は
スモールエス付録のミニ画集に収録
最優秀作品は
スモールエスの表紙になります！

オンガク部門

入賞作品は
展示会のBGMとして使用
最優秀作品は
スモールエスにて受賞者インタビューを掲載！

※詳細はスモールエス2025年7月発売号にて発表予定！

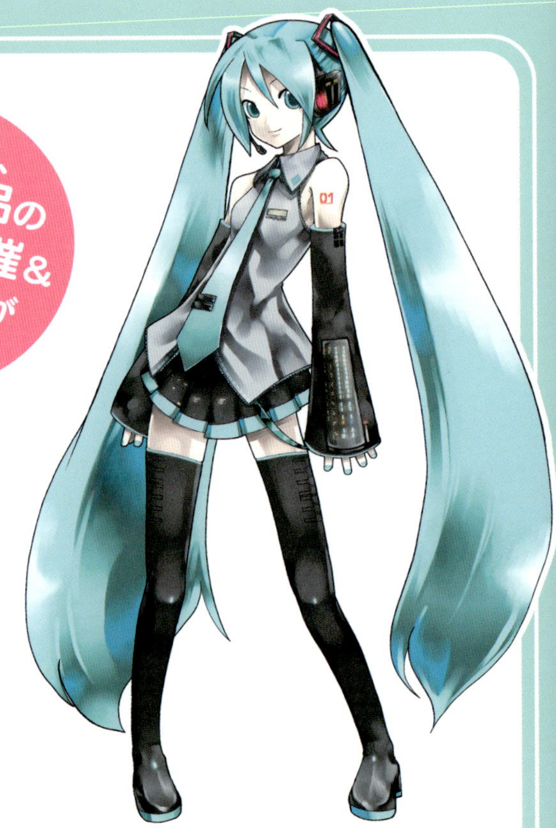

KUNSTKAMMER SS
クンストカマー

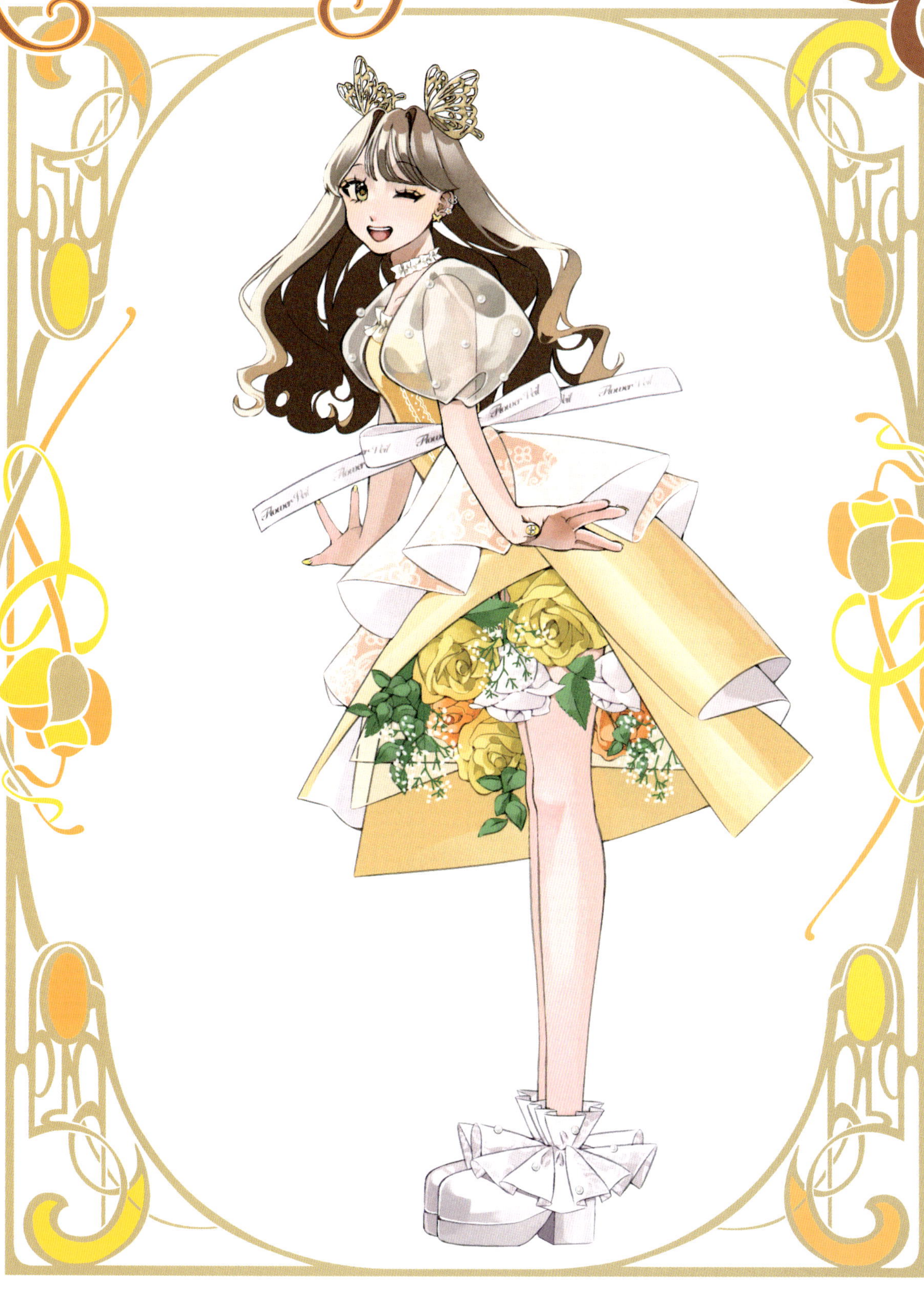

架空のアイドル「FLOWER VEIL」のローズイエロー担当ちゃんです！
細かい装飾までこだわりました！
京都府・あはちゃ【アイビスペイント】

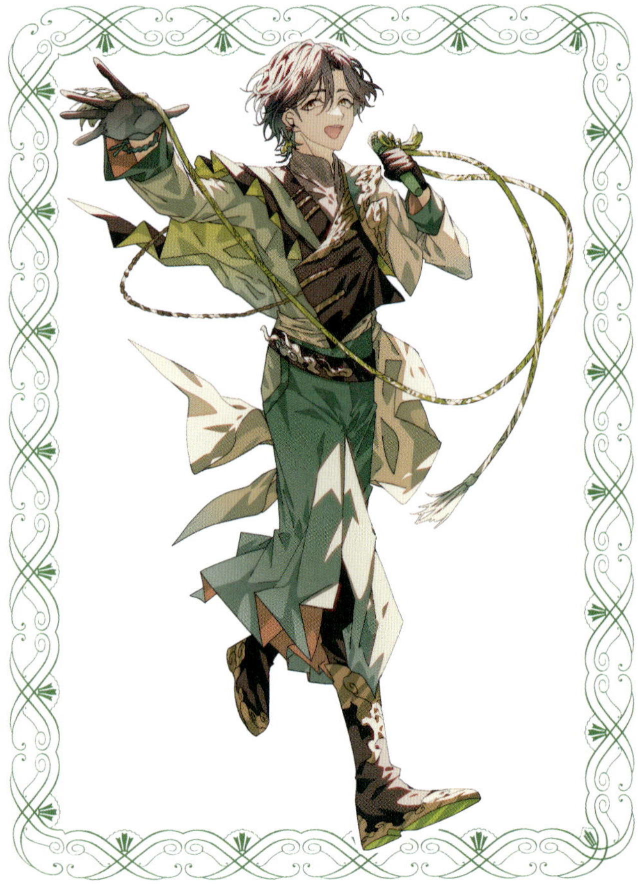

狸の妖怪で、妖怪であることを隠しながらアイドル活動をしています！
穏やかで優しい男の子です！
大阪府・potato

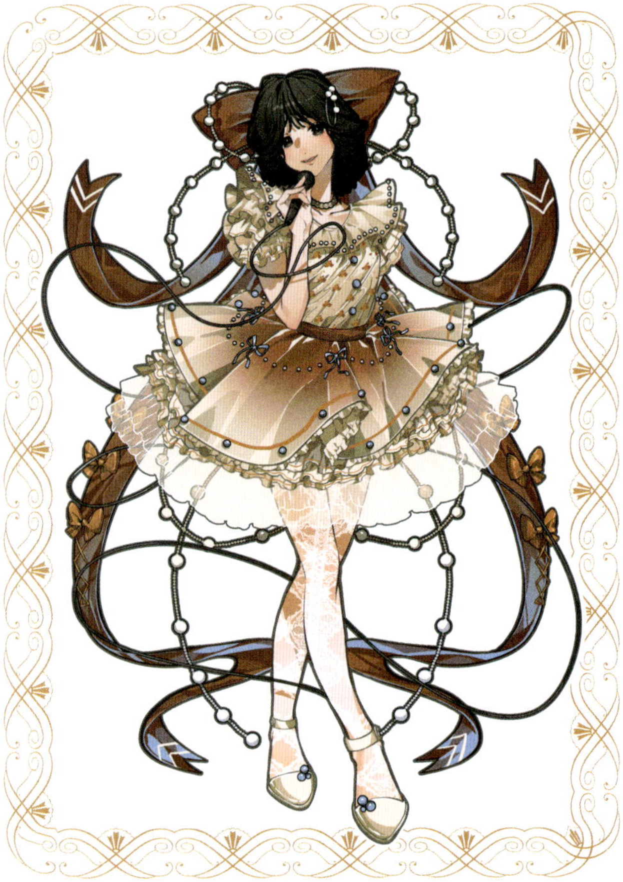

今回はアイドルというテーマだったので、
70～80年代の女性アイドルをイメージしてデザインしました。
大阪府・ゆめ・16歳

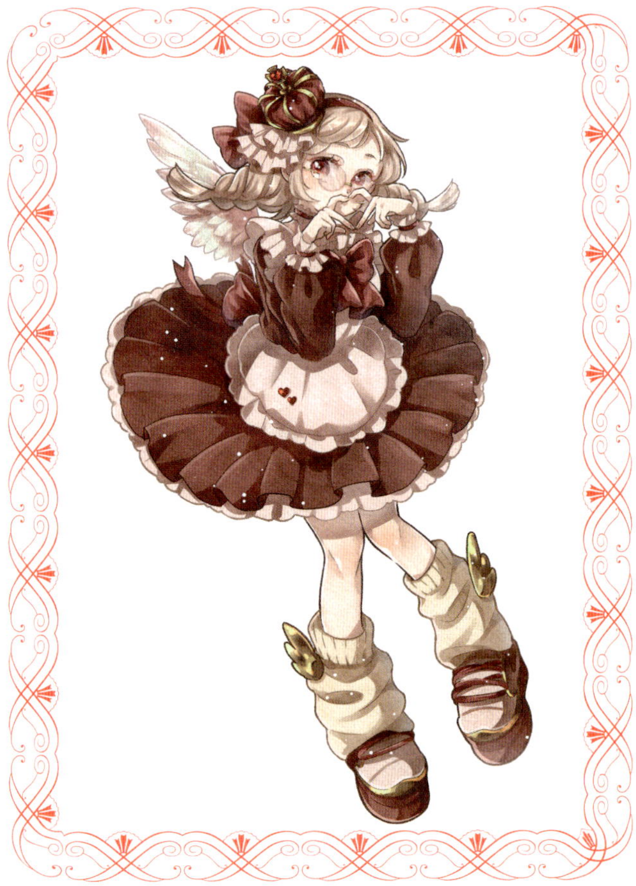

バレンタインデーアイドル。
無表情がデフォのため、笑顔を見れると幸せが訪れると言われている。
石川県・なかだ絵眞

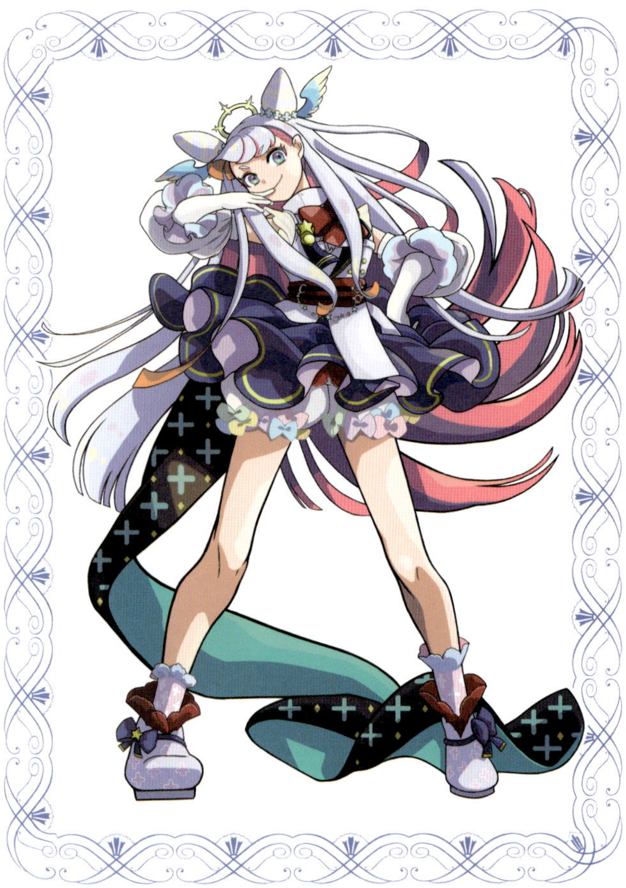

現役天使、手っ取り早く使徒達を増やすためにアイドルになる
アイドル活動の方が楽しくなってきている事はナイショである。
鹿児島県・ハゲヅラ・44歳

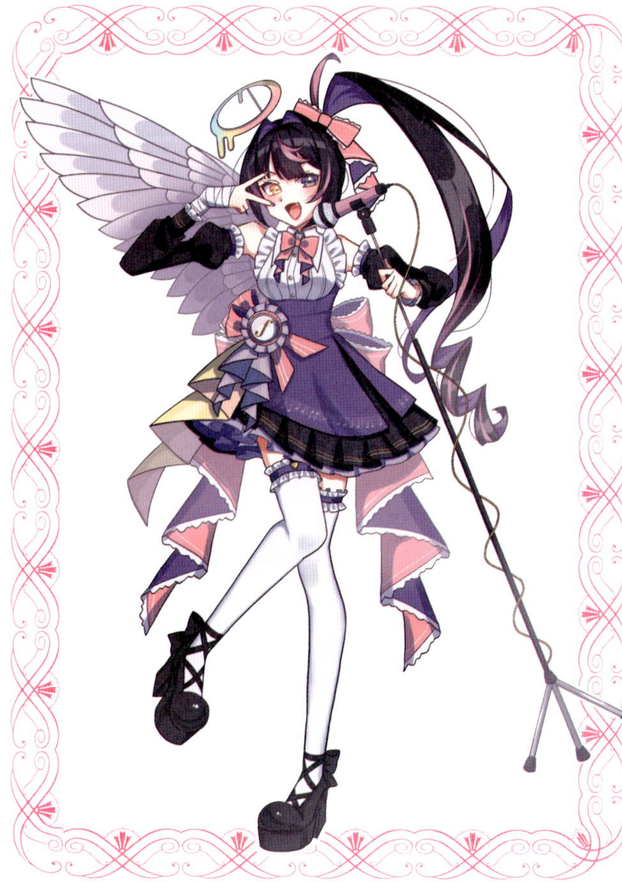

時々右眼が疼くアイドル。
自身を「天界より舞い降りし片翼の天使」と自称しているが、そんなことはない。
岡山県・ななみっつ

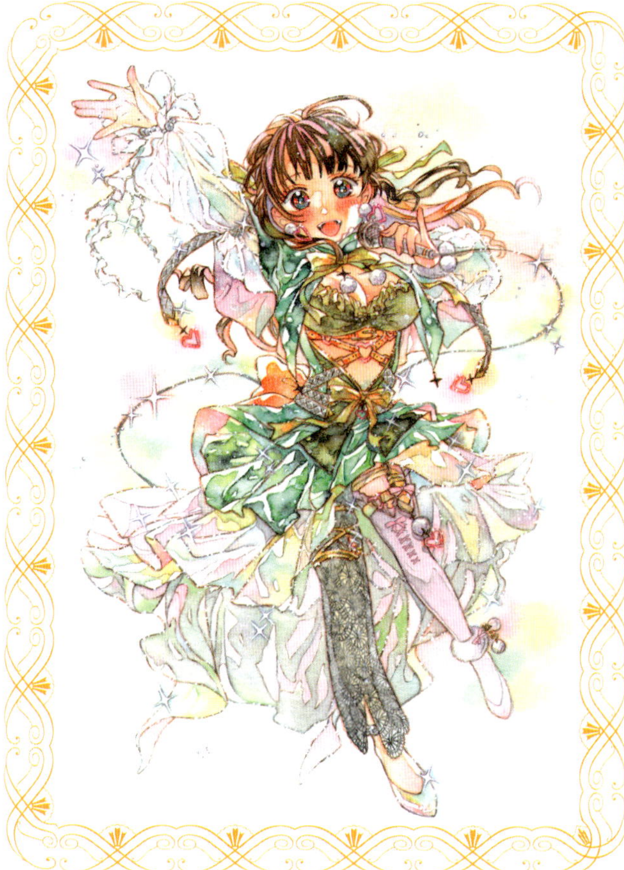

ついに夢見たセンター！　衣装がいつもの数倍着づらいけど
私、頑張ります！
沖縄県・すきっぱねずみ

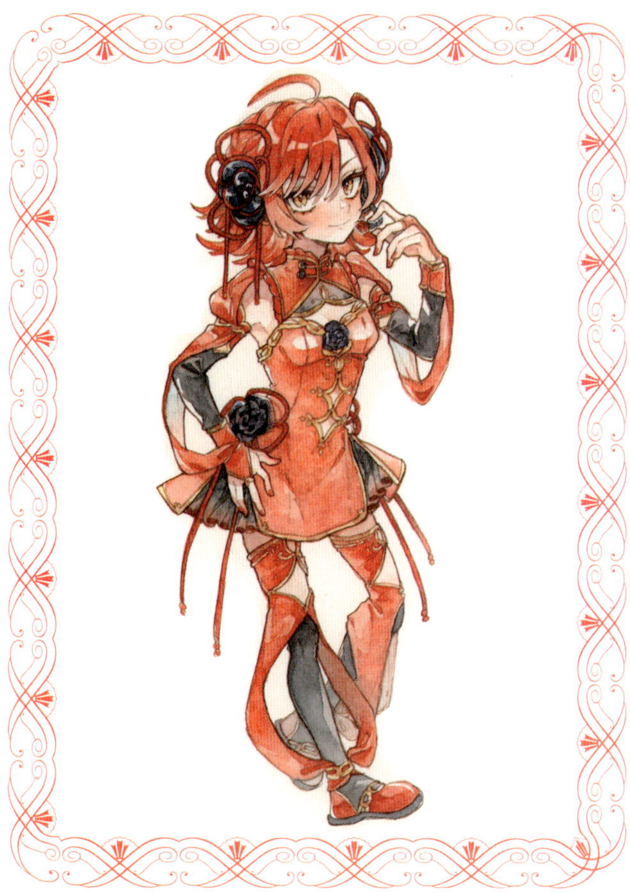

華のアイドルです。
北海道・伸紅

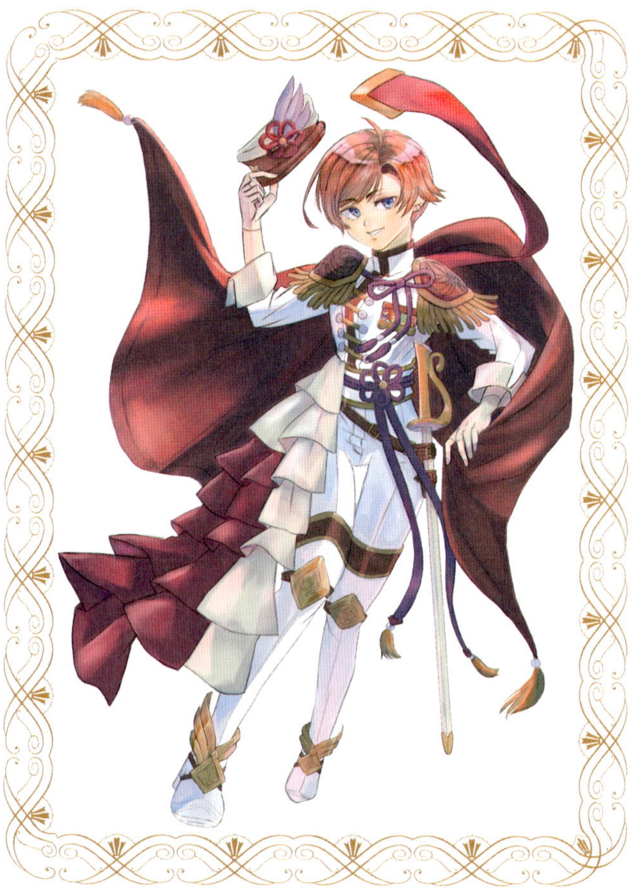

歌劇団の人気男役。普段はスイーツ大好きなお姉さん。
最近の悩みはプライベートで男性に間違われること。
三重県・シゲ

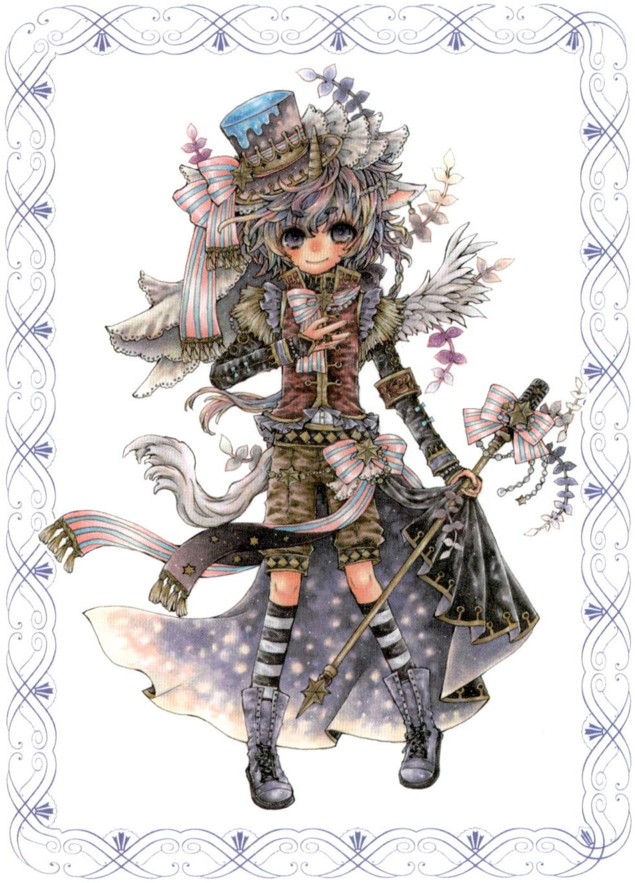

ユニコーンの王子様。バイコーンの王子とアイドルユニットを組んでいる。
大阪府・ハルサメマナナ

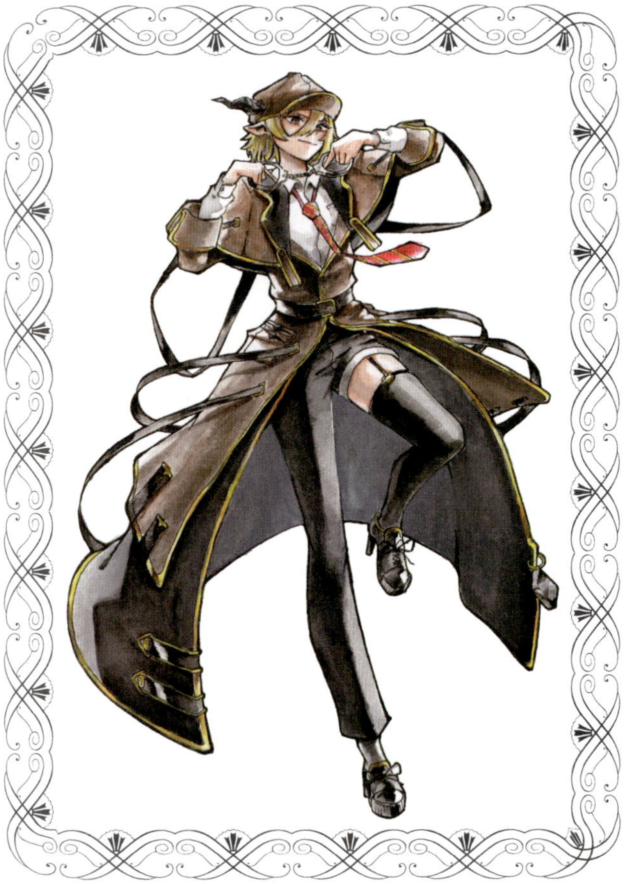

魔界から来た迷宮無しの名探偵
人間を下等生物だと思っていて、5件に1件は冤罪をふっかけている。
滋賀県・ザックるんだ・16歳

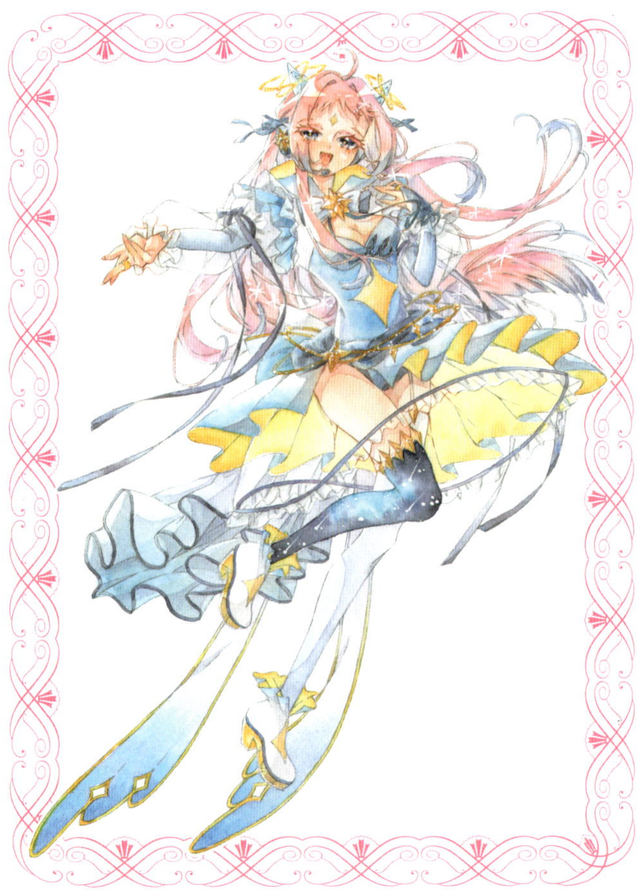

銀河系を中心にアイドル活動している宇宙人の女の子。
宇宙を翔けるコズミックアイドル。
埼玉県・木野白

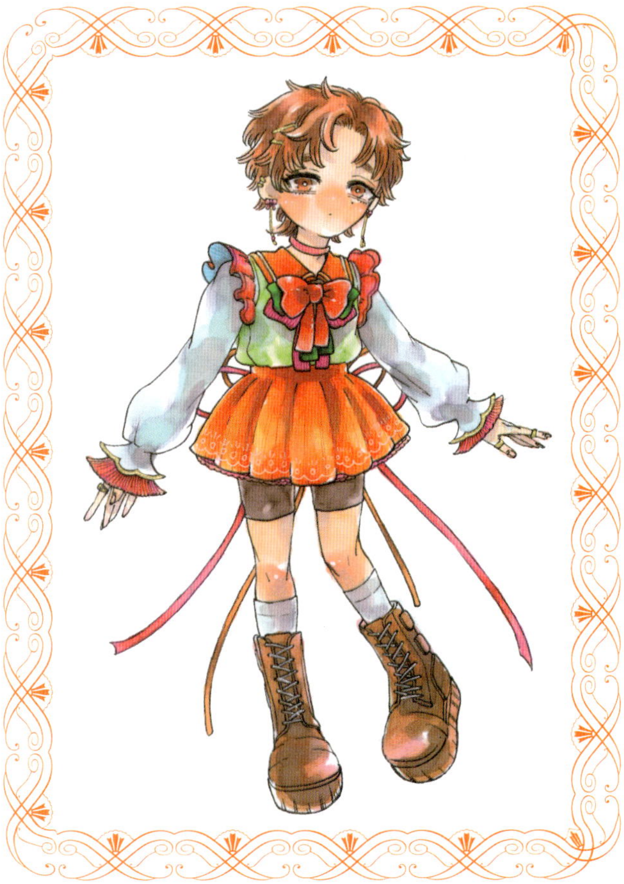

アイドル君。元々長身に厚底なので大きい子(190㎝超え)
福岡県・無月

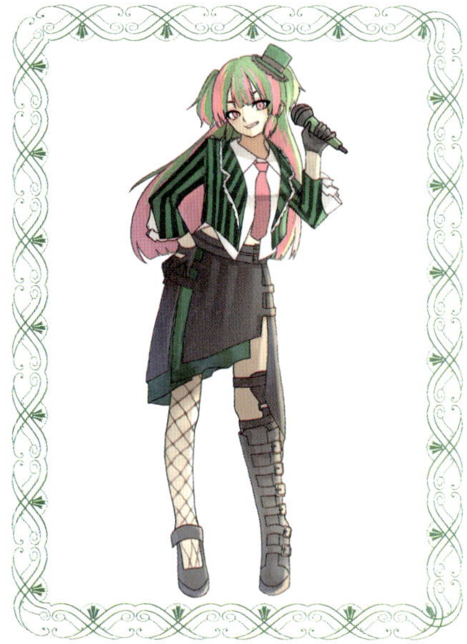

ロックアイドルをテーマに描きました。イメージカラーは緑で歌が好きな16歳です。
福岡県・なたね

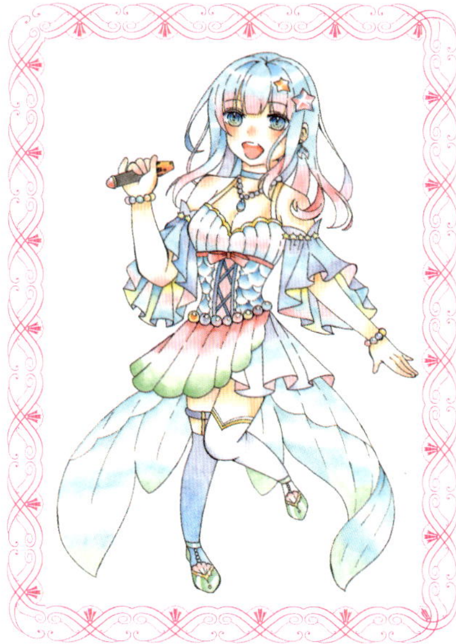

歌が大好きな人魚の歌姫。人間に変身してアイドルとして美しい歌声でみんなに癒しや元気を届けたい！
新潟県・チョコラ

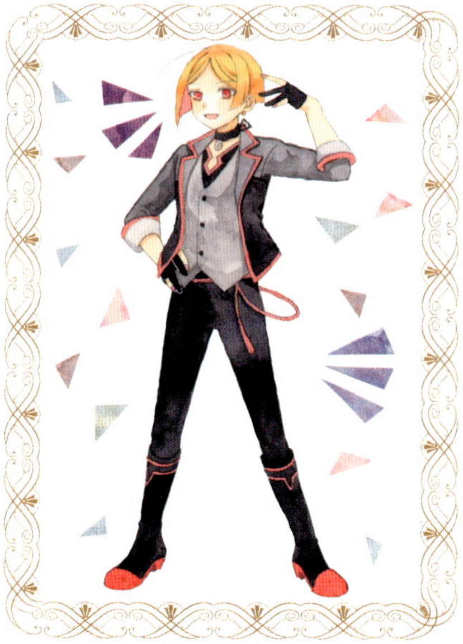

誕生石や誕生色などを集めたキャラです。アイドル設定。
群馬県・RB

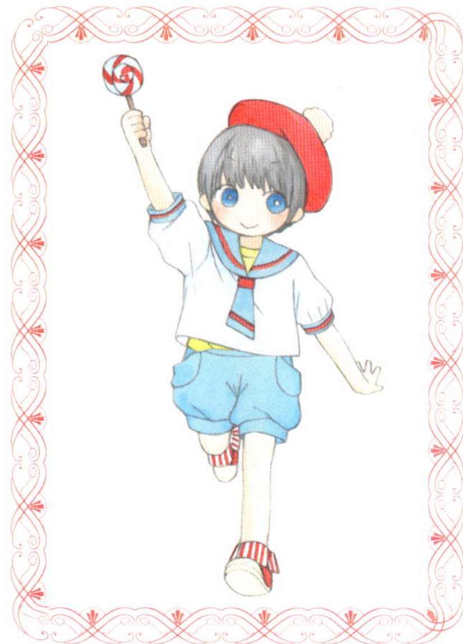

山本家のアイドル的存在のたすくくんです。マイクがわりにお菓子を持ってます。成長したらクールな人になります。
高知県・柴イヌ

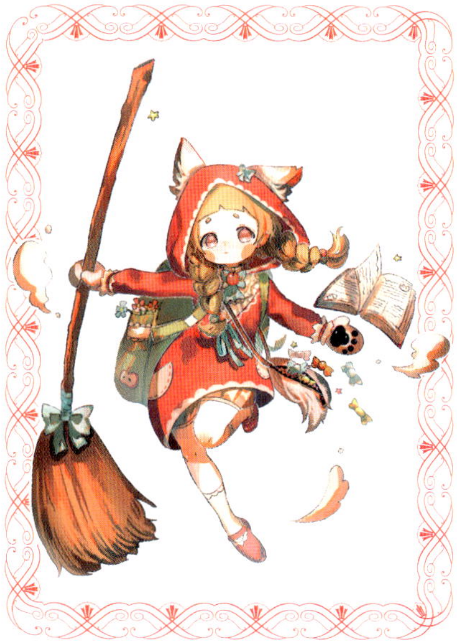

ポム・プップ・ポンプルピー
おっとりした性格で、ステージでもほやほやとしている。
福島県・ヨニマル

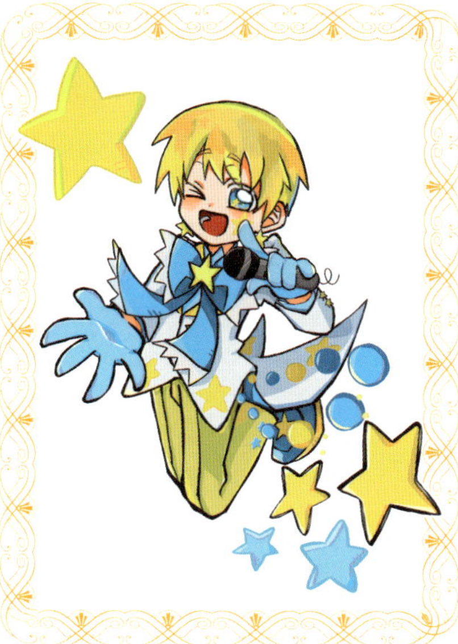

みんなの星をキラキラ光る星に！
世界的アイドル、愛称は『スター』。
群馬県・ユキガト・17歳

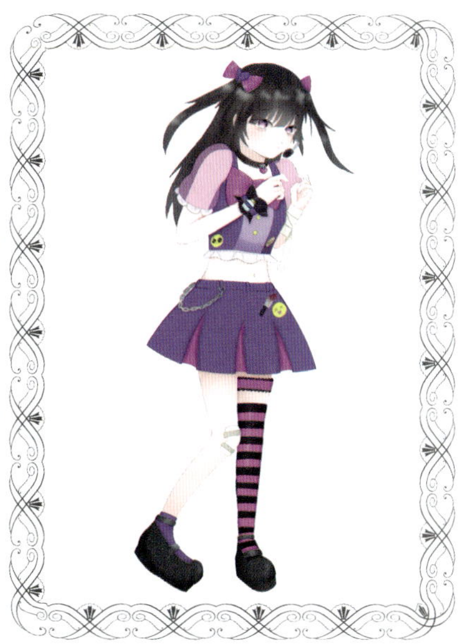

控えめでネガティブな病み系アイドルを描きました！グルグルおめめとクマがチャームポイントです
千葉県・はく

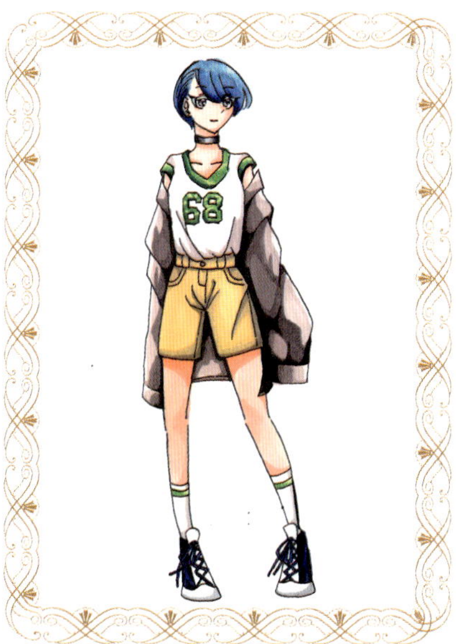

男性アイドルグループに所属しているけれど本当は女の子。自分では隠せていると思っている。ファンの間ではバレバレ。
岐阜県・紗綾・13歳

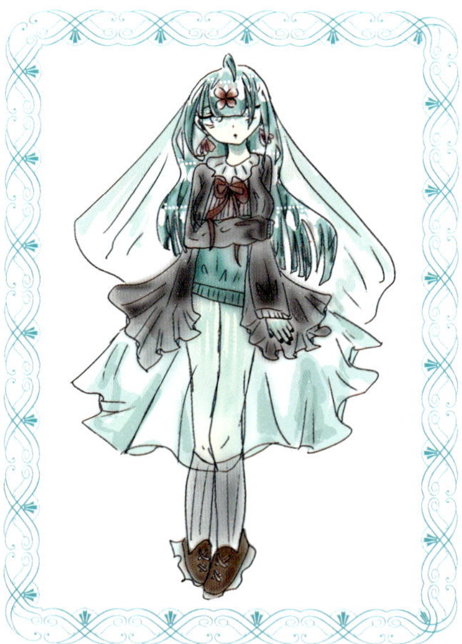

クンストカマーSSは初めてです。がんばって全身かきました。
大阪府・マナ・11歳

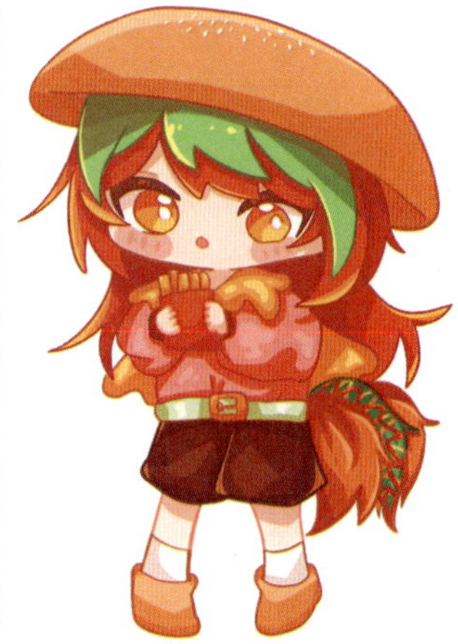

コスプレが大好きなアイドルの女の子
ヘンテコな衣装を着ることが多いけどなんだかんだ似合ってる
埼玉県・なきなき

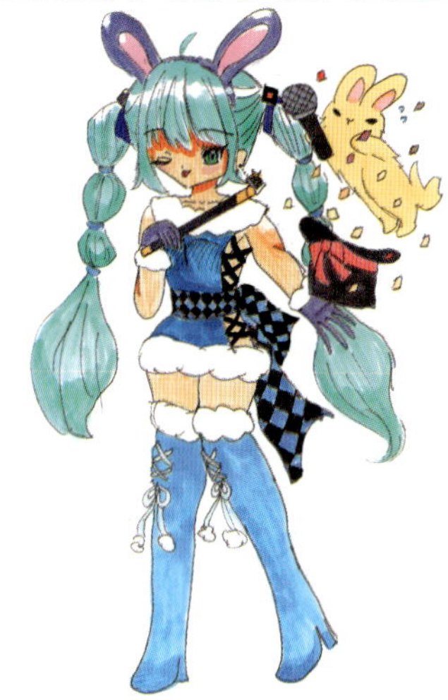

マジシャンアイドルのリリー。ウサギのミミをパートナーに、マジックで観客を魅了しステージを彩る。
東京都・Kaho・10歳

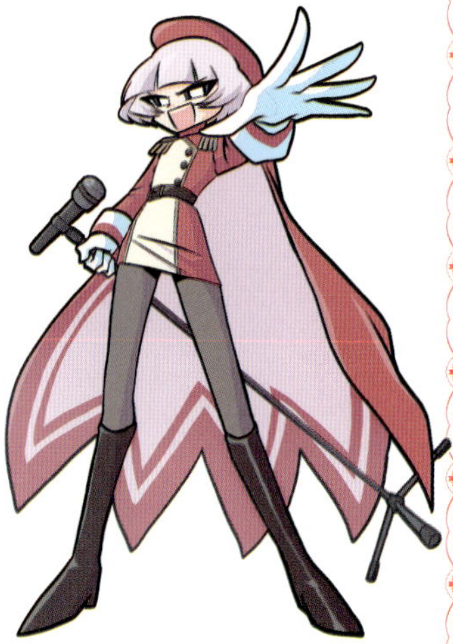

未来のアイドル、常磐果林（ときわかりん）。リンゴをモチーフにした軍服テイストの衣装がトレードマーク。
東京都・鷹松かおる

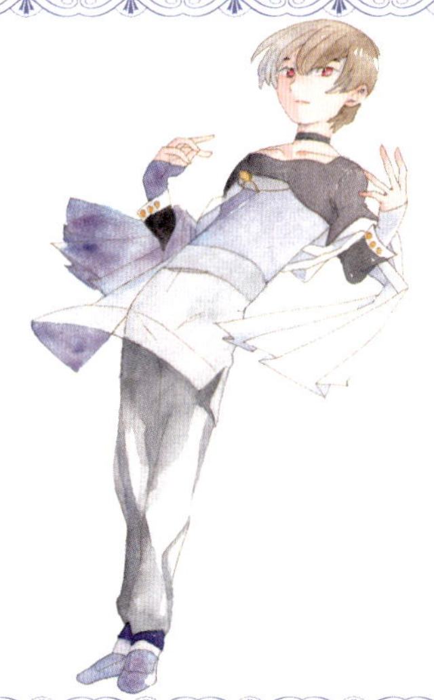

エレガントかつセクシーな天性のダンサー。紫のオーラを纏い、楽曲の本質を体現する。小柄なことが悩み。
大阪府・香水あわわ

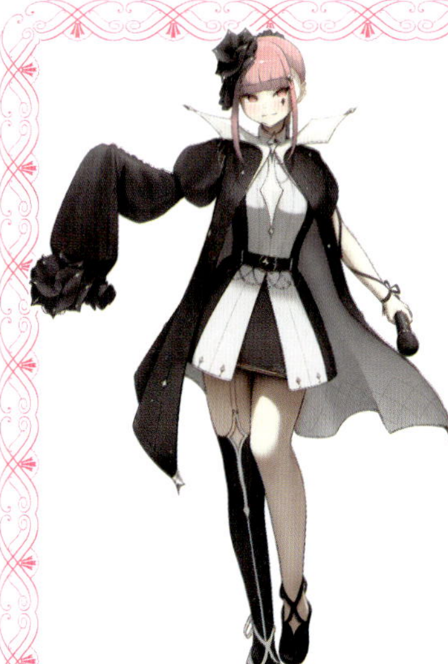

自分自身に自信を持っており、その性格から衣装にもきらきらとしたとげとげしい装飾があしらわれている
三重県・さすず・19歳

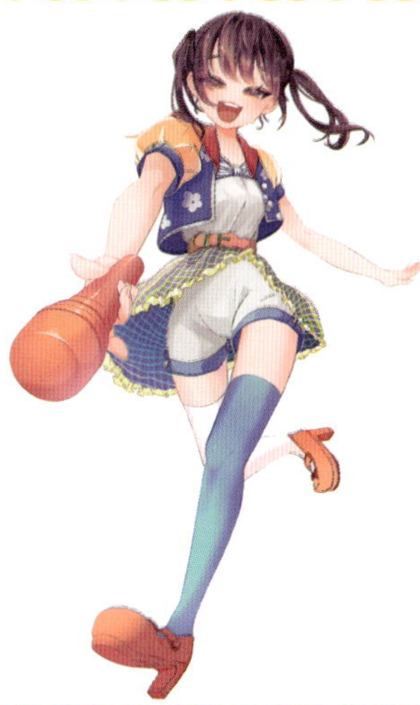

どんな色も服も着こなし、見る人を思わず笑顔にさせる元気っ子アイドル
宮崎県・しゅに

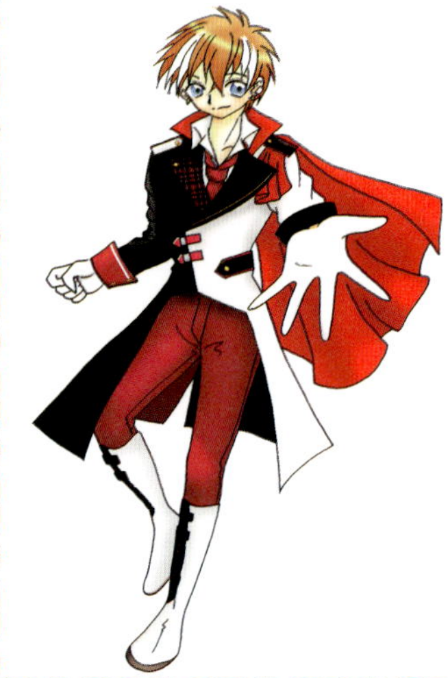

影岩 冴紅雨（かげいわ こくう）
謙虚で真面目な性格と派手な容姿の不一致に苦労しながら、期待に応えるために演じる。
愛知県・うかいわゆ

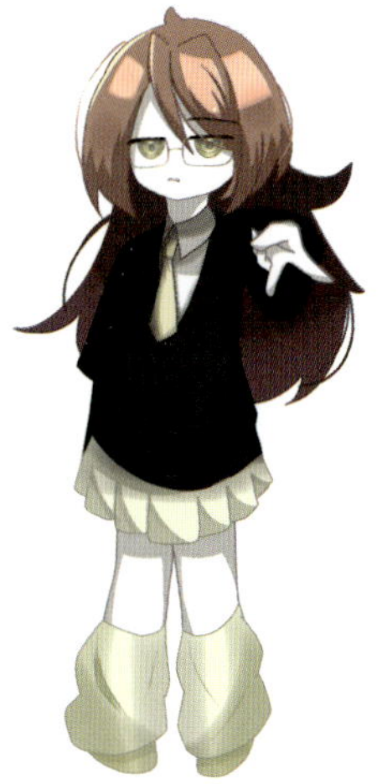

名前：イエベちゃん
黄色系統のだるがりっぽい女の子を描きました
滋賀県・かやまろ

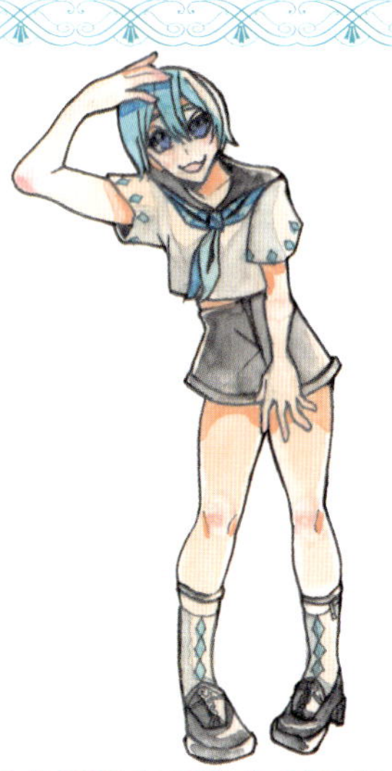

かけ出しの少年アイドル。セーラー服と星がトレードマーク。
長崎県・橘らのま

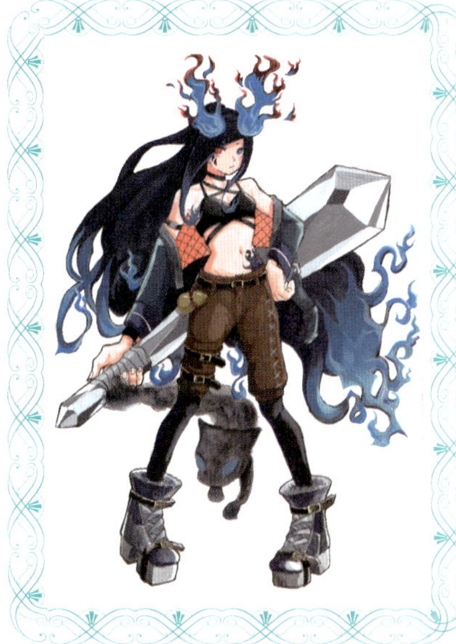

炎の鬼の女の子で呪いの猫を従えている。自由奔放で世界中を旅している。金棒は護身用。
滋賀県・鳥龍・16歳

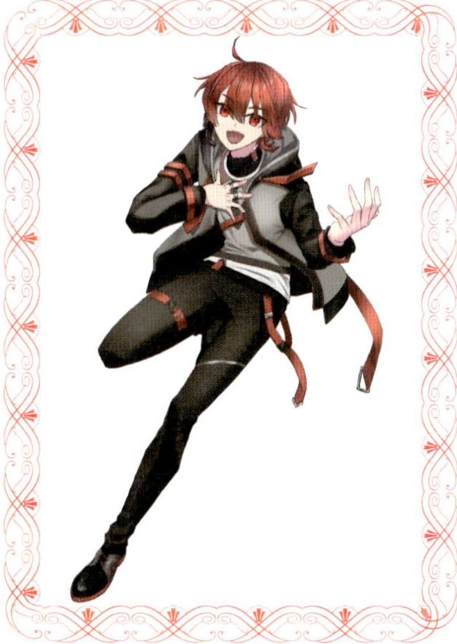

ネット上のアイドル。歌唱力が高すぎると話題になっている。
神奈川県・石垣

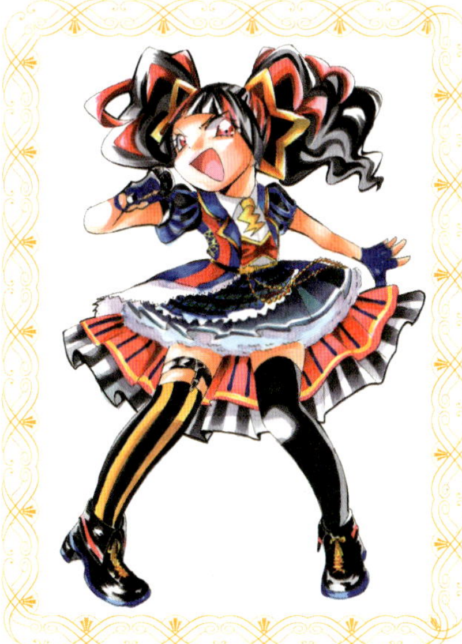

トガった曲を歌ったり、トガった発言をしたりアイドル界では珍しい女性アイドル。
神奈川県・キカいおん・17歳

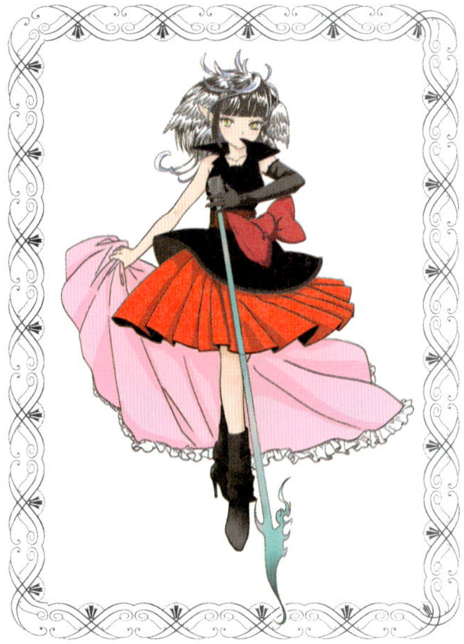

黒系統が好きな天使の歌うたいです
福島県・伊藤駒・49歳

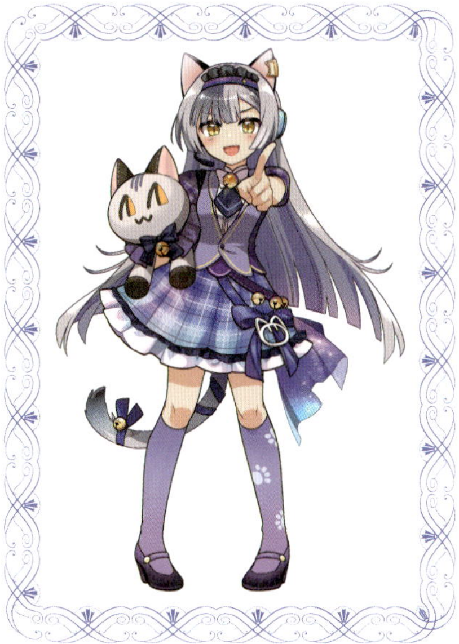

猫がモチーフのアイドル事務所に所属している少女。猫耳やぬいぐるみはお手製で、毎日手入れしています。
石川県・山路みにゃも

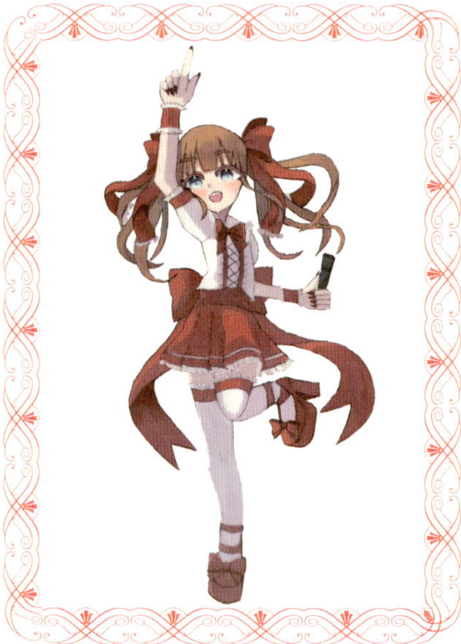

エイプリルフールに女装したところ想像以上の人気が出てしまい本業が女装アイドルになってしまった男の子。
神奈川県・西園寺けい

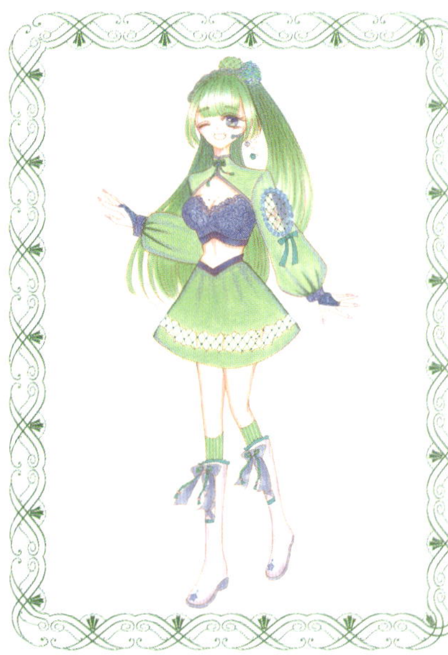

魔界で人気沸騰中の魔界的アイドルユニット『らら♡みー』のおっとりイメージのらら。類まれな魔法の技術を持ち、操りながらの変幻自在な歌とパフォーマンスが話題。
岩手県・花灯こはく

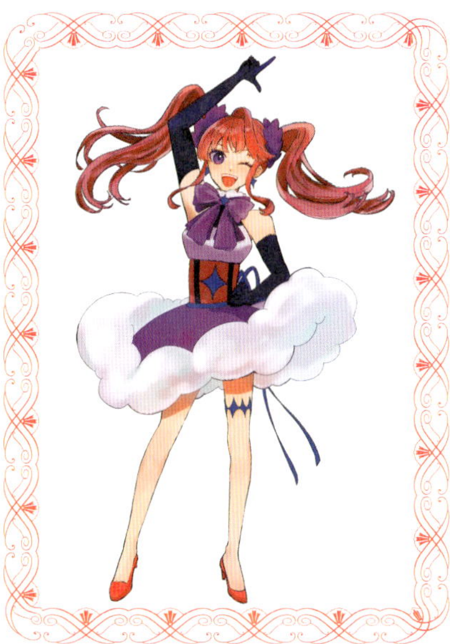

作詞作曲、衣装やダンスまでセルフでこなすがたまに天然が出てしまうこともあります。
東京都・黒椿

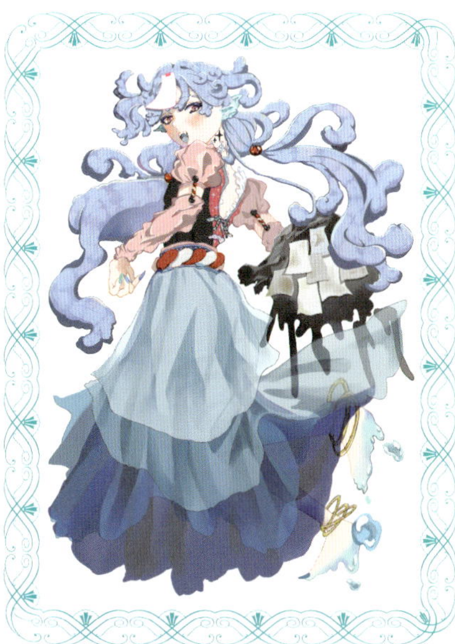

封印されている水の神様。沼の岩がお供であり友達。いたずらっ子だが封印されているので毎日歯痒い思いをしている。寂しがり屋で、暇さえあればお供の岩や河童と遊んでいる。自分のことをかわいいと思っていて身だしなみを整えるのに余念がない。最近村の子どもと仲良くなってビーズのブレスレットをもらったらしい。次はイヤリングをリクエストしている模様。
高知県・五月の朝食

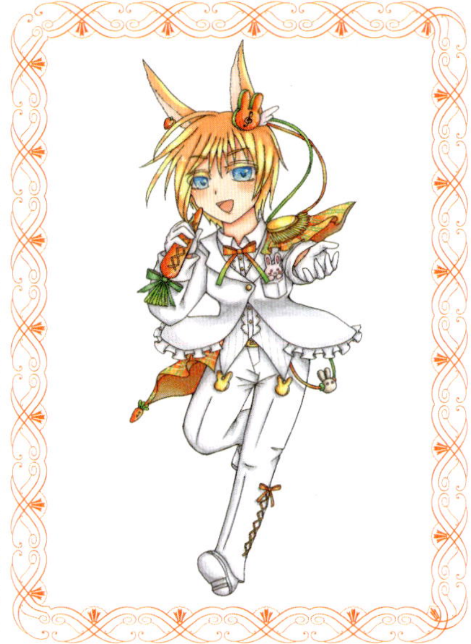

うさ耳アイドル。うさぎとにんじんをモチーフにした衣装に身を包み、歌とダンスをあなたに届けます！
島根県・永井あゆみ

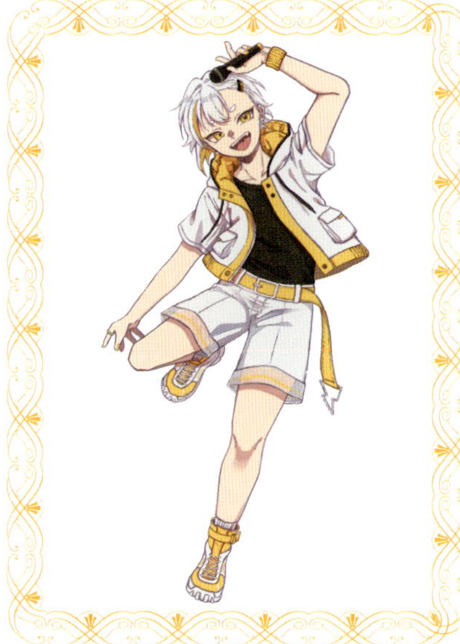

ダンスが得意なアイドルの少年です。
岡山県・柚丸太

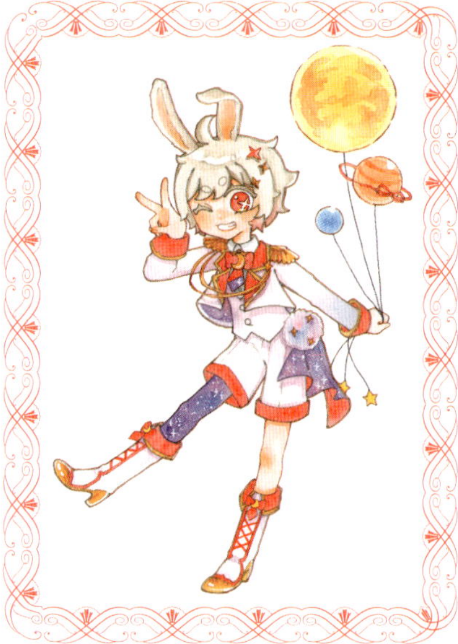

「宇宙の果てまで追いかけて！」
担当カラーは赤。元気いっぱいな宇宙うさぎ。双子の姉がいる。
宮城県・まめもひ

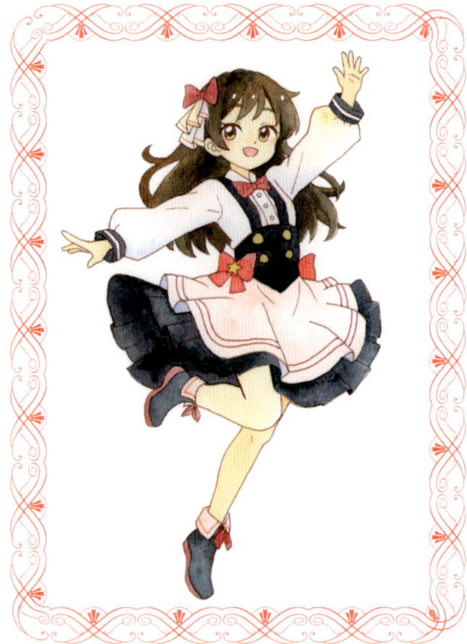

「みんなにスマイルを届ける太陽アイドル！」
明るく前向きでファンを笑顔にする「みんなの元気の源」的なアイドル
京都府・梅山えみ

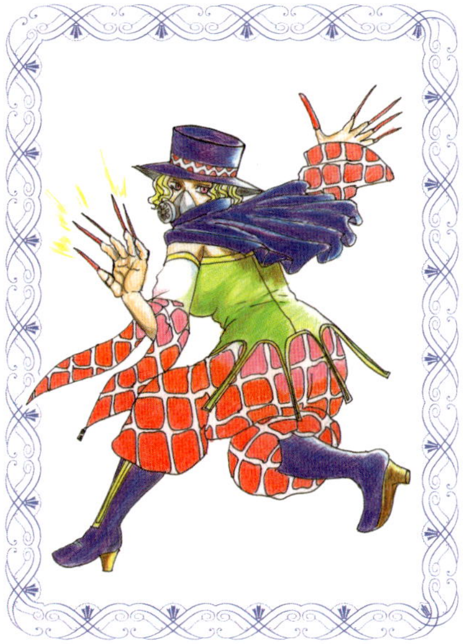

闇に潜むべき暗殺業のギャル爪。猛毒の爪が由来だが、誰も火焔という名を呼ばず、認知されたく表舞台に
岩手県・あひるフロスト

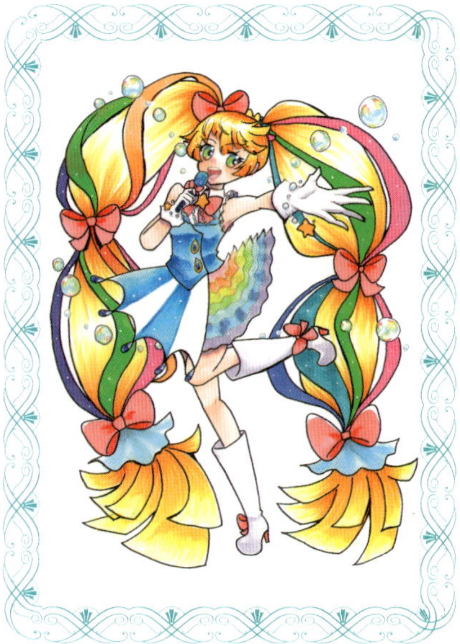

キャッチコピーは「虹の向こうから来たアイドル」いつも明るい太陽のような存在。しかしながら出身地様々なプロフィールが謎に包まれており、いつから活動してるかさえ誰にもわからないという…
秋田県・とづき

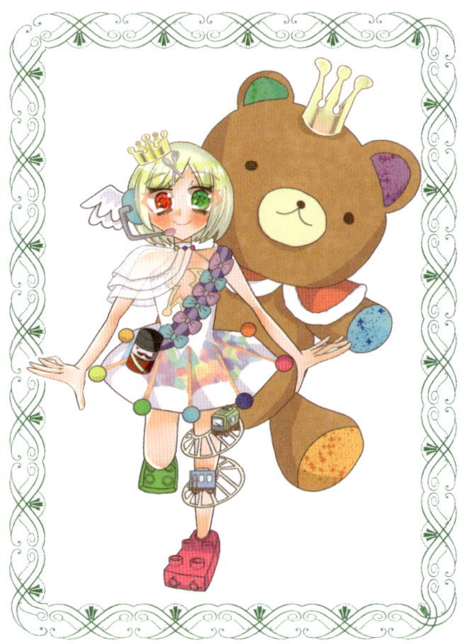

おもちゃ箱から飛び出してきたアイドルがコンセプト。
相棒のくまさんを背負っている。
秋田県・木白らべ

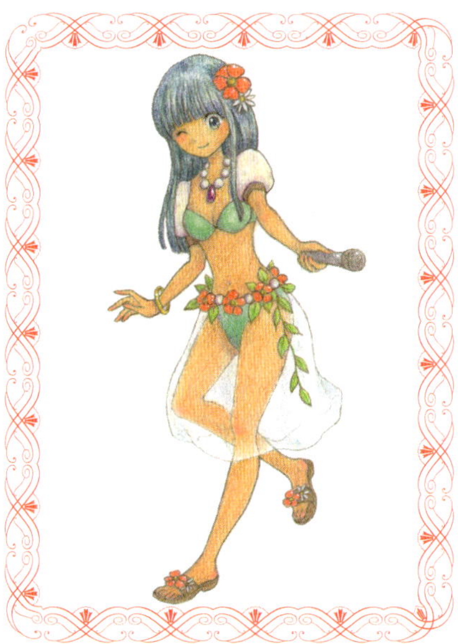

南国の村のアイドル、ララ。
村の平和と安全を願い、皆にパワーを届けるため、今日も楽しく元気に歌い踊る！
長崎県・うめ

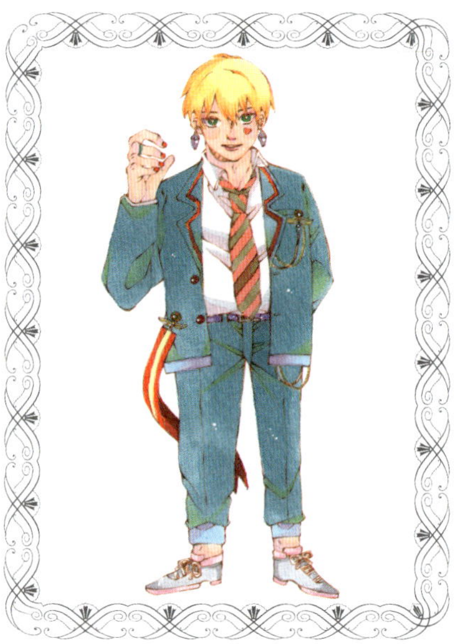

アイドルグループ、カラフルのメンバー、ヨウです。
歌が上手で、ファンには猫のような態度を取ることも。
福岡県・梅田

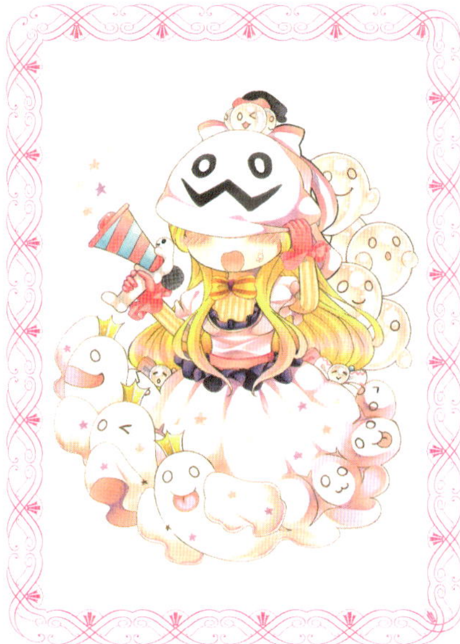

恥ずかしがり屋のゴーストアイドル
大きなお化け帽子で顔を隠して歌います！
ハロウィンの日は特に盛り上がりがすごい！
福島県・RENGE∞

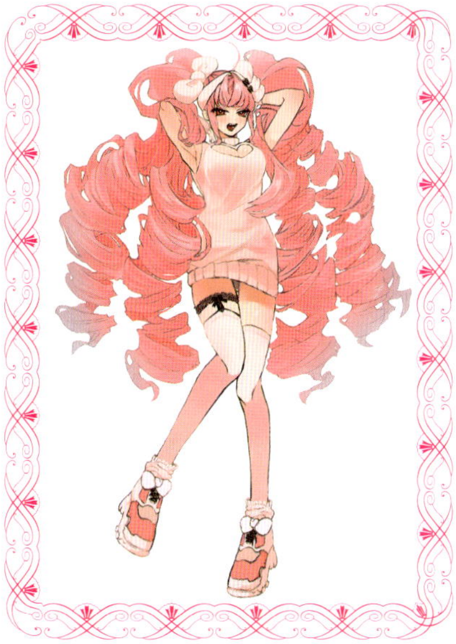

ファッション系を主に扱うインフルエンサー
ファンも信者もアンチもあまり気にせず、楽しく活動している
宮城県・またたび

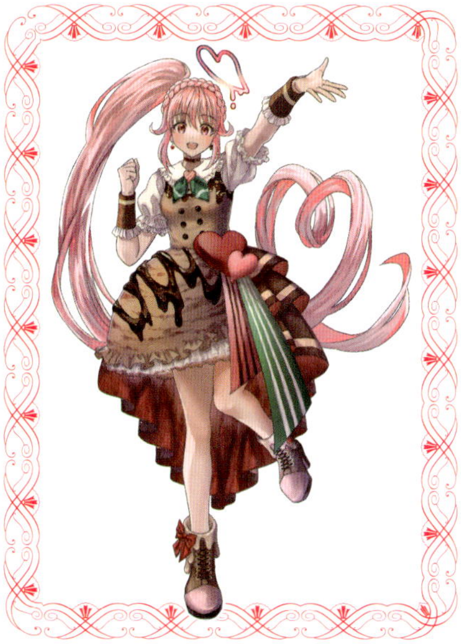

バレンタイン×アイドルをテーマに描きました
ハート、チョコレート、天使がモチーフです
恋する女の子を応援してくれます
広島県・水沢翔太郎

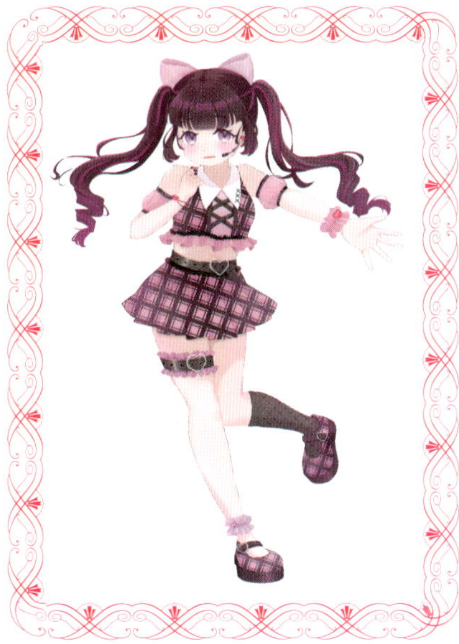

ピンク×黒にチェック柄を合わせた王道甘辛アイドル衣装
おっとりしたように見えますが芯の強い子です。
兵庫県・ねころね

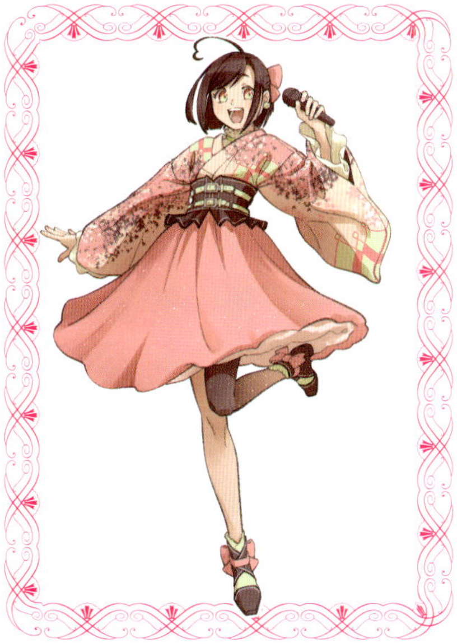

「咲かせてみせます、八重桜！」
和洋折衷アイドル、満開目指して成長中。
ユニットメンバーも募集中！
滋賀県・アヤノメグム

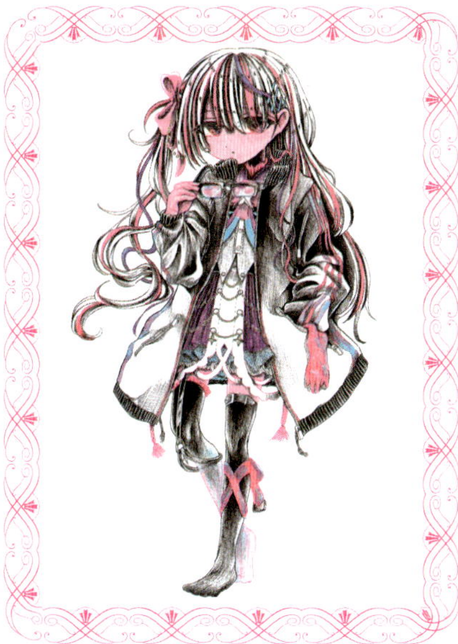

仕事する直前のアイドルさんをイメージして描きました。
鹿児島県・まごたに・15歳

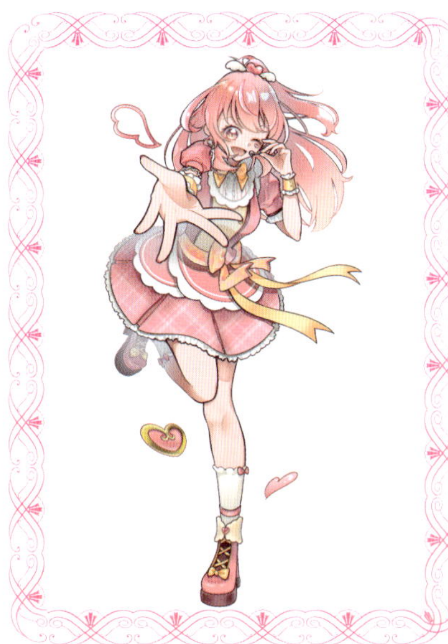

私はエンジェルハートとして町の平和を守っている幸橋あかり！
今日はアイドル姿で愛を満たしてあげるわ！
静岡県・ケオマニボンアユミ・19歳

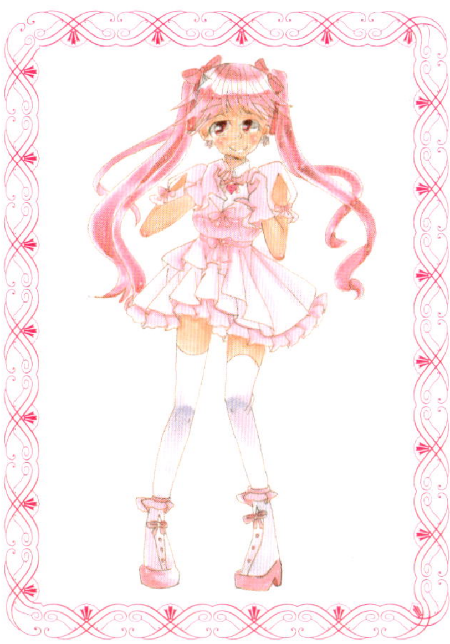

地下アイドルの女の子です。
ミリタリーゲームの実況が動画サイトで人気だったりします。
長野県・谷川りおん

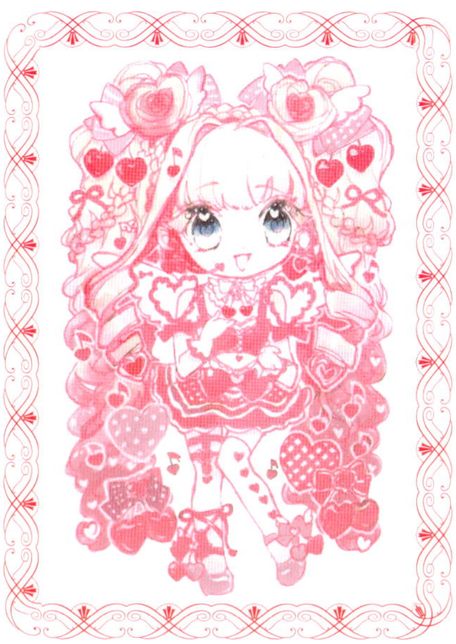

ミシェル♪　天使の歌姫のアイドルの姿です♡
薔薇が咲きさくらんぼの実る頃の生誕祭ライブステージ開演です♡
高知県・まろやか

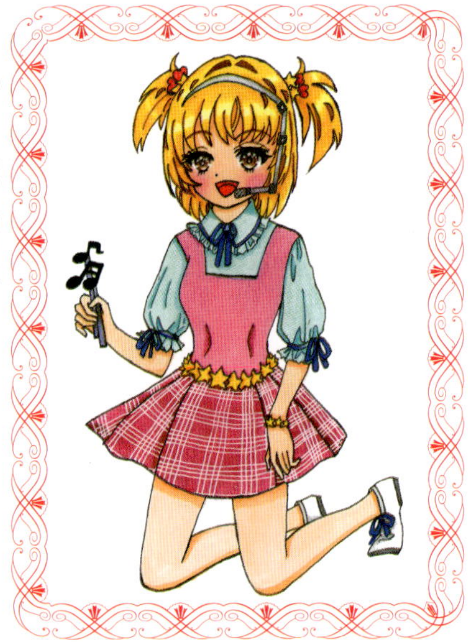

テーマ「アイドル」を描いた。
時々歌好きでミニコンサートをしている舞（まい）ちゃん。14歳。
広島県・貴希

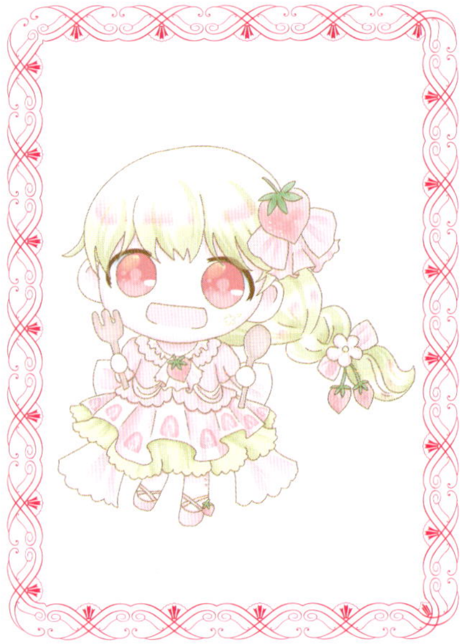

ケーキ界のアイドル（?・）なショートケーキちゃん。
美味しそうに食べて良さを伝える食レポ系アイドル。
東京都・りわ

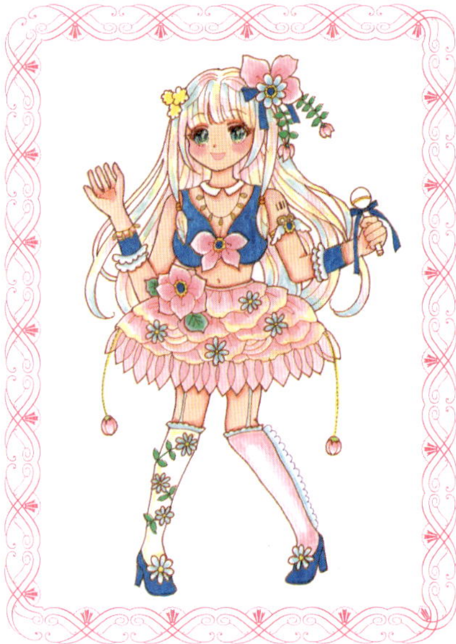

通称お花ちゃん。実はアンドロイドでAIと自然の隔合を願って創られたアイドル。
兵庫県・メルシー

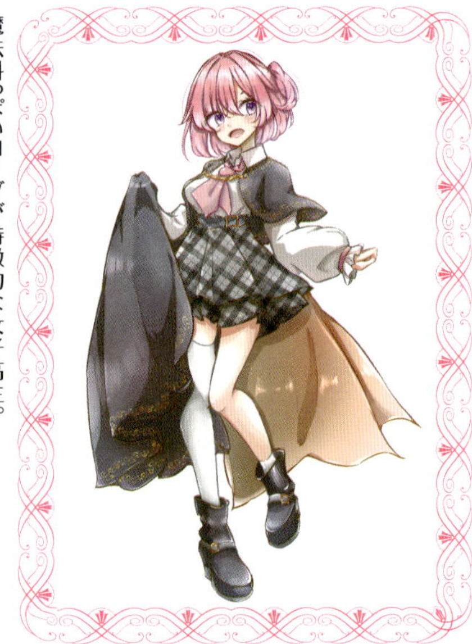

魔法科っぽいローブが特徴的な女子高生。
ただし本人は活発で少し疎ましく思っている。
山梨県・モンテ・クリスト

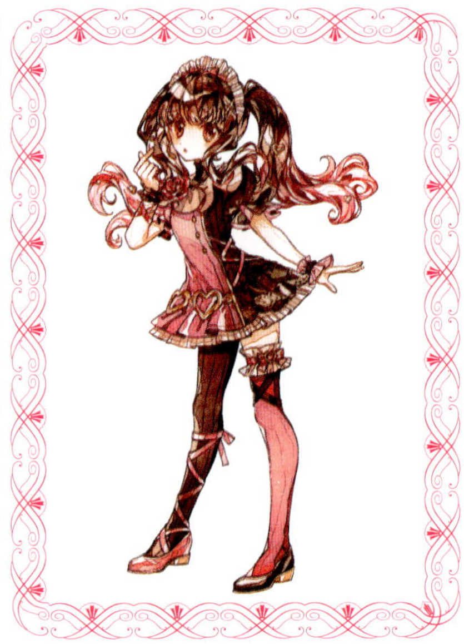

年に一度だけ現れるちょこれいとアイドル。
会場でもらえるチョコレートはとっても美味しいらしい。
静岡県・鴉堂

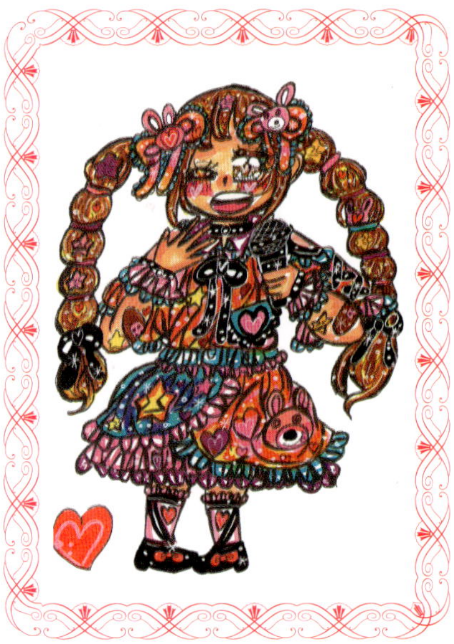

ゆめかわな衣装を着る地下アイドルをテーマに描きました。
東京都・ひろくまひろみ

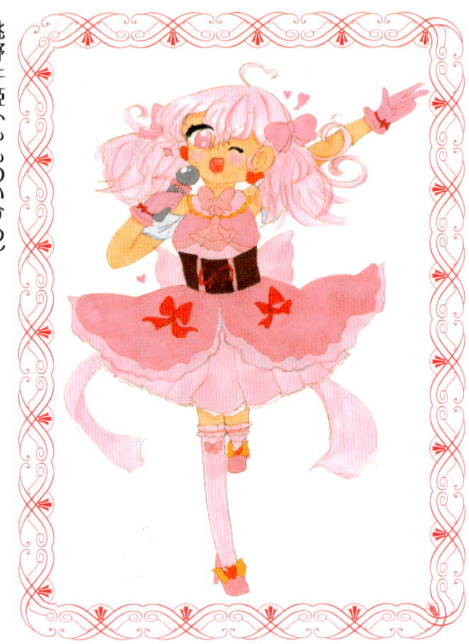

桃野井姫（もものいひめ）
テンション爆上がりした両親によって姫と名付けられる。
ふわふわした、人気アイドル。
群馬県・スノー・11歳

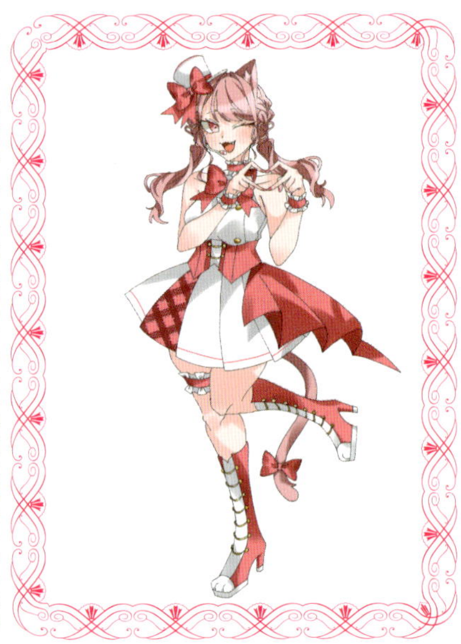

ネコと人間のハーフ。自分のカワイさを全世界に知らしめるためにアイドルとなり日々努力している。
長野県・とり

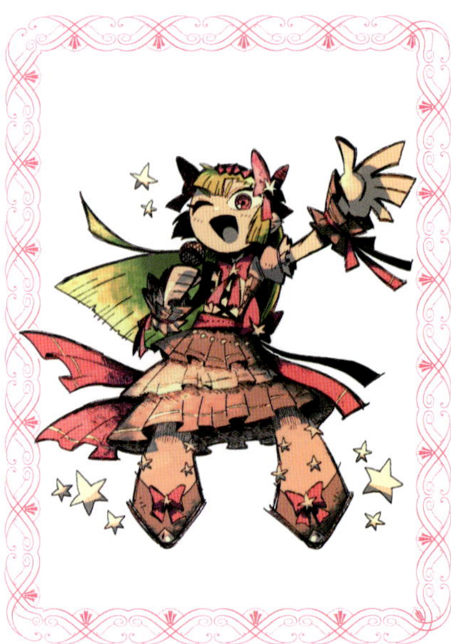

男の娘アイドル・スピカ。
可愛いらしい衣装とライブで今日も人々を魅了する。
東京都・かりがり

sea S

monochrome illust collection

今号も素敵なモノクロイラストを投稿ありがとうございます！
これからもたくさんの投稿をお待ちしております!!

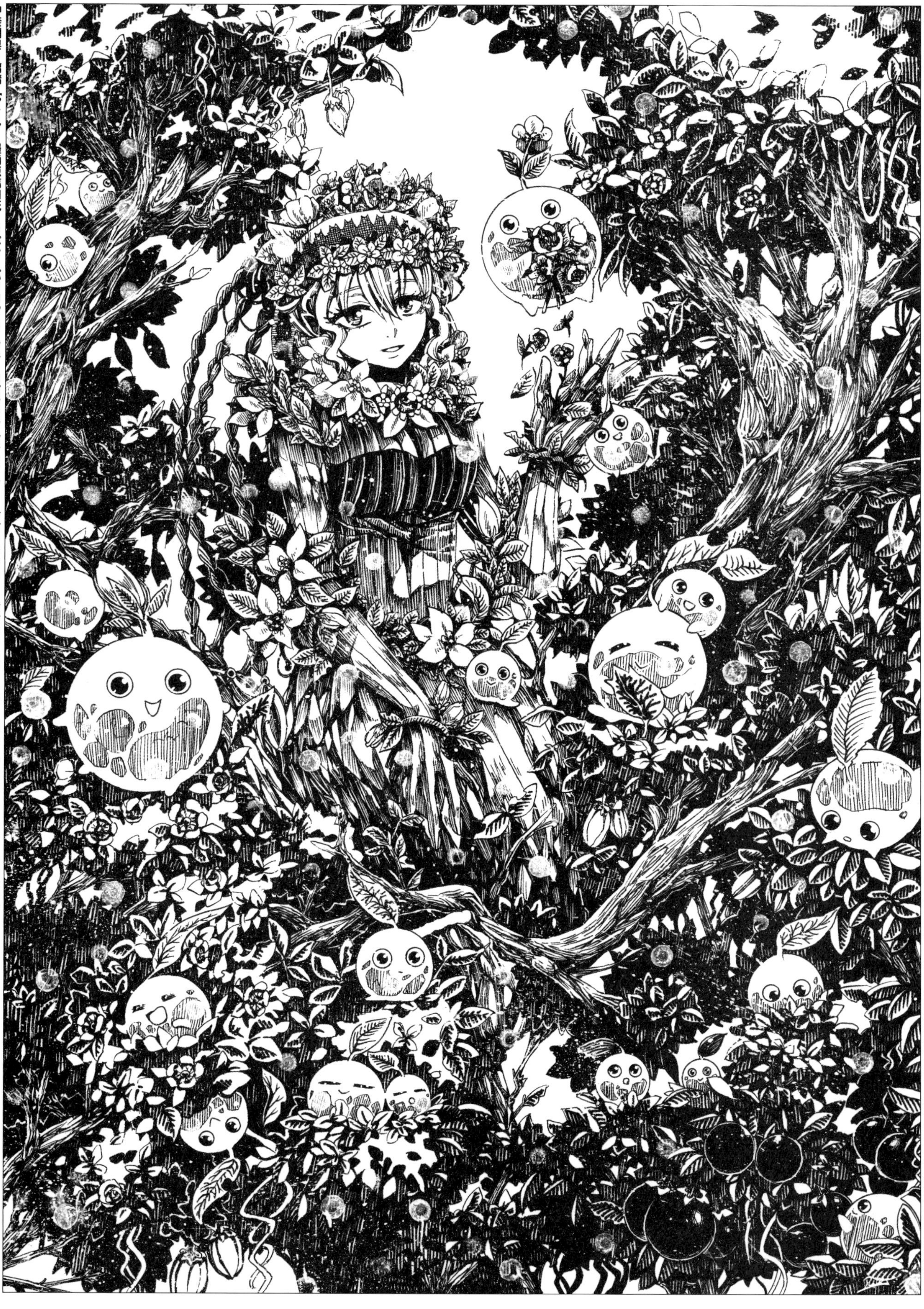

神奈川県・璃緒【アイシー漫画原稿用紙・Gペン・パイロットインキ・コピックマルチライナー・ゼブラマッキー・ゼブラマッキーケア・ミスノンホワイト・綿棒・歯ブラシ】

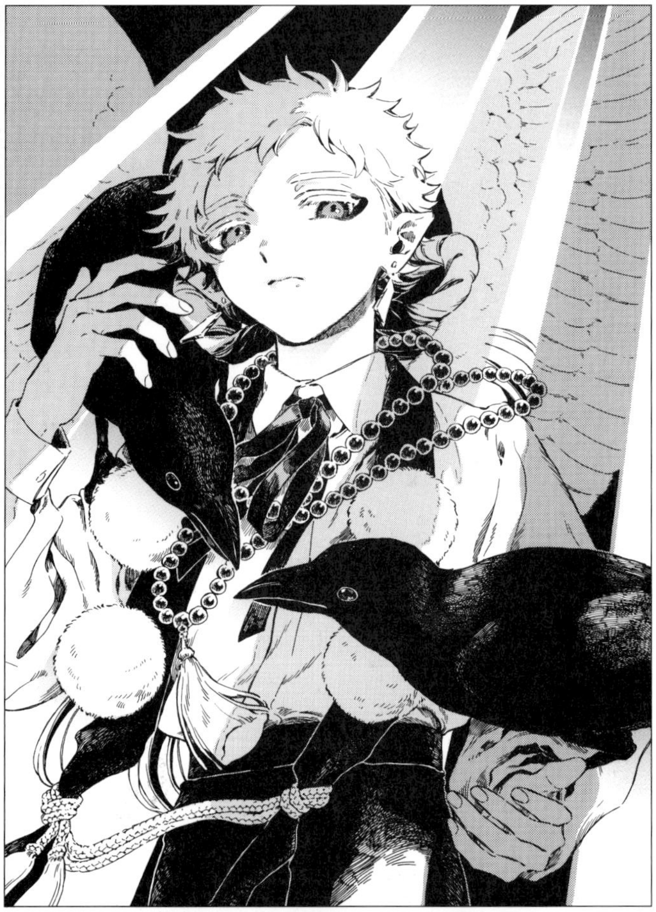
熊本県・ひらき【つけペン・筆ペン・HI-TEC-C・スクリーントーン】

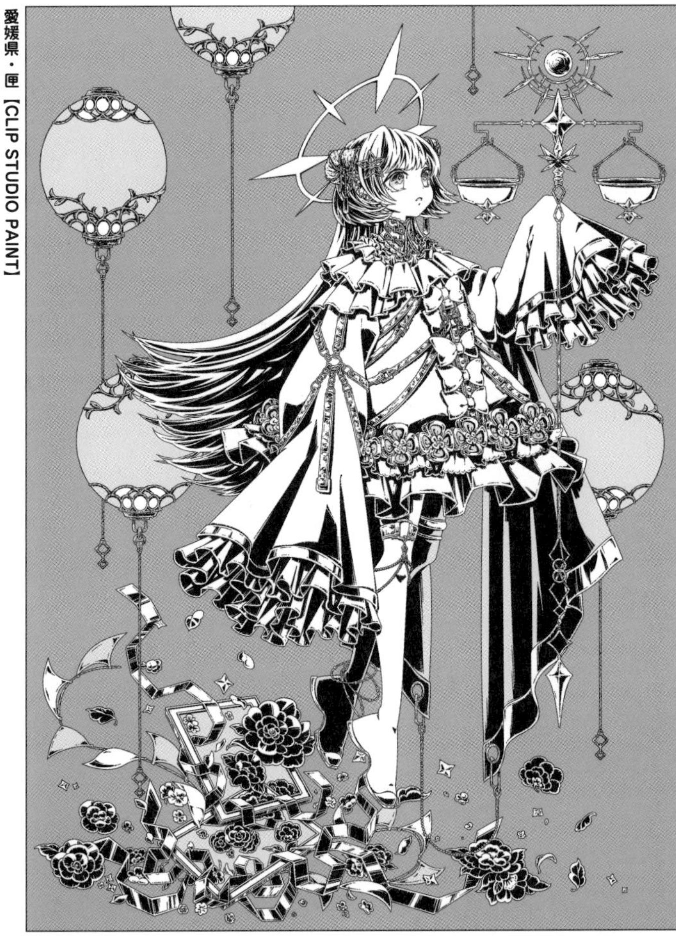
愛媛県・匣【CLIP STUDIO PAINT】

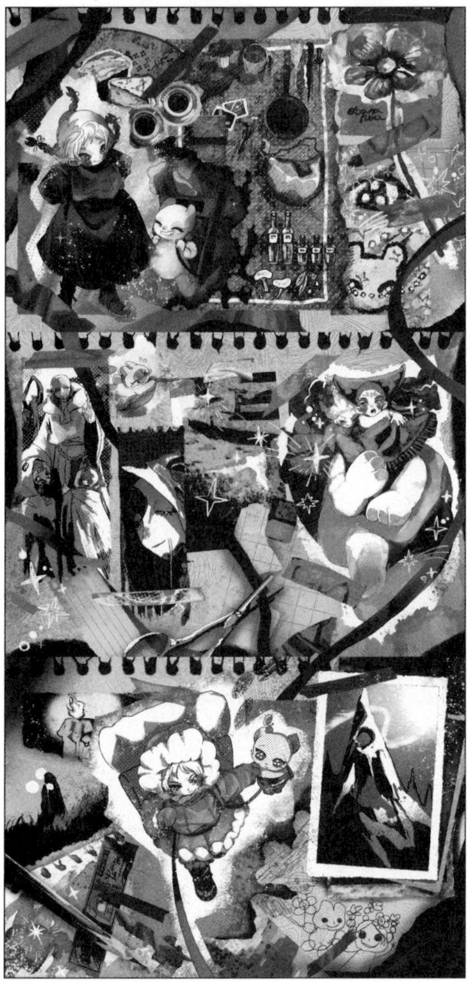
京都府・笹蒲ぼこ【Procreate】

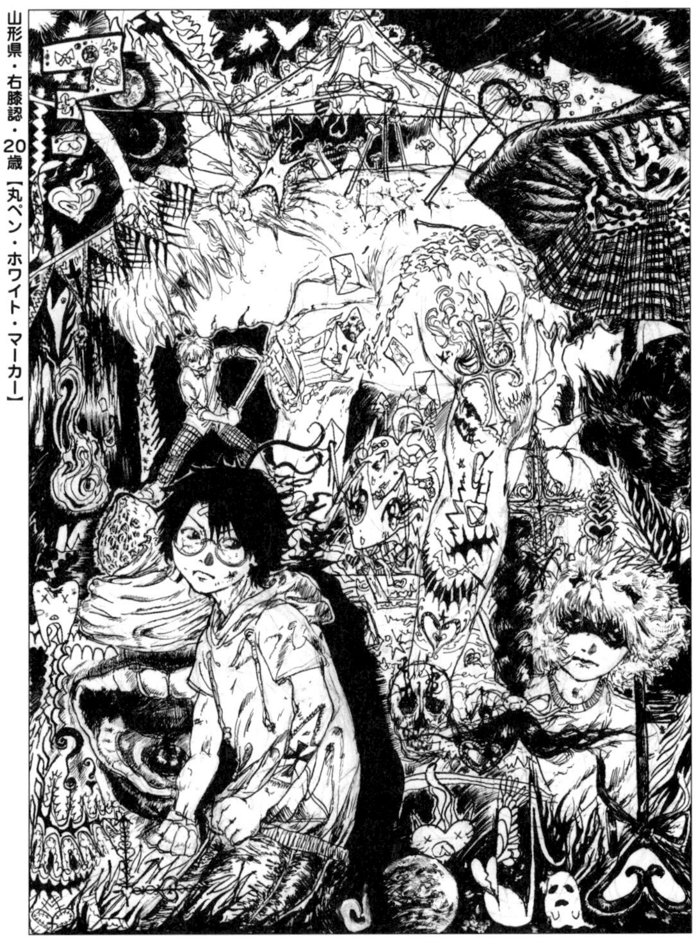
山形県・右膝認・20歳【丸ペン・ホワイト・マーカー】

神奈川県・るりるり・39歳

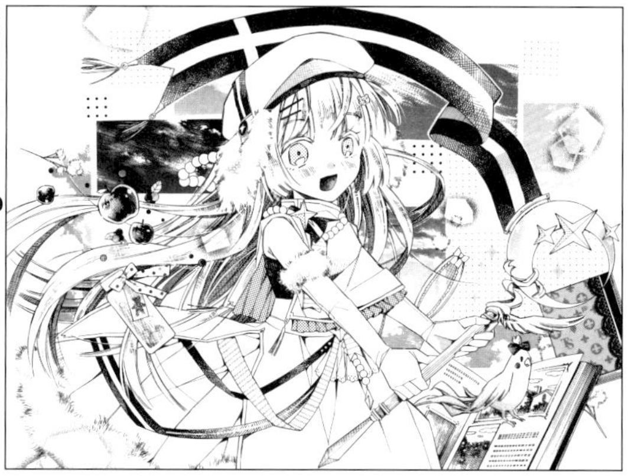

三重県・伊江田

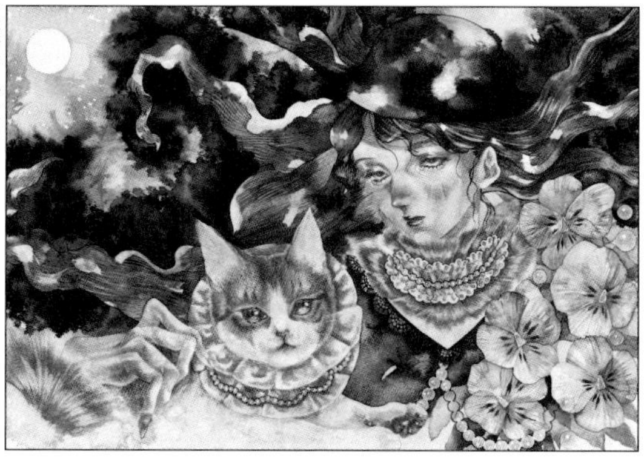

福島県・ゆう

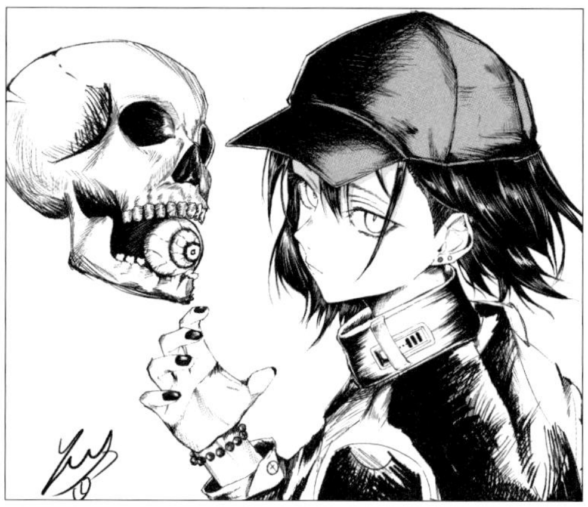

石川県・紅珈緑茶

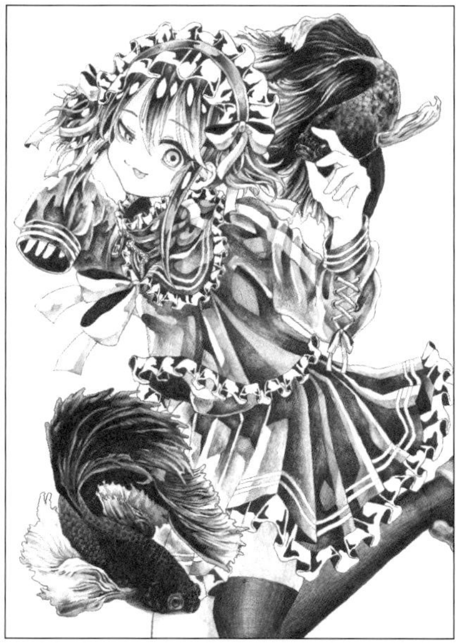

愛知県・BB

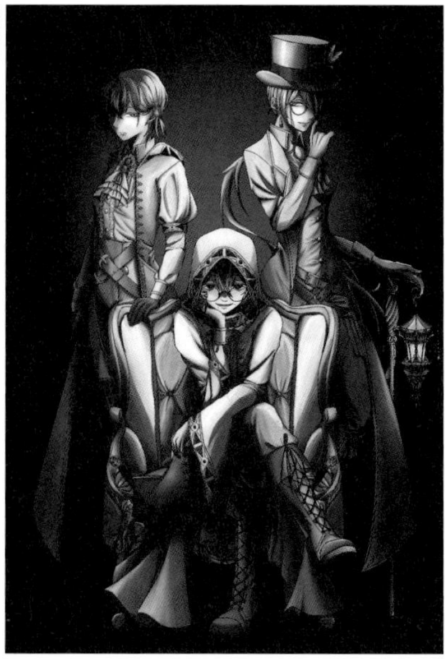

石川県・庭一

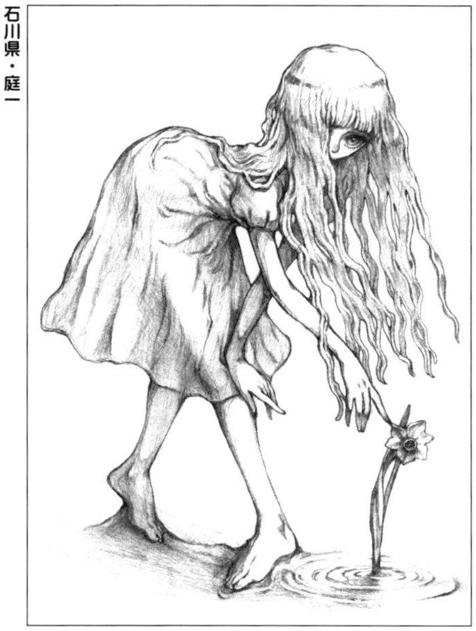

埼玉県・参崎シュリ

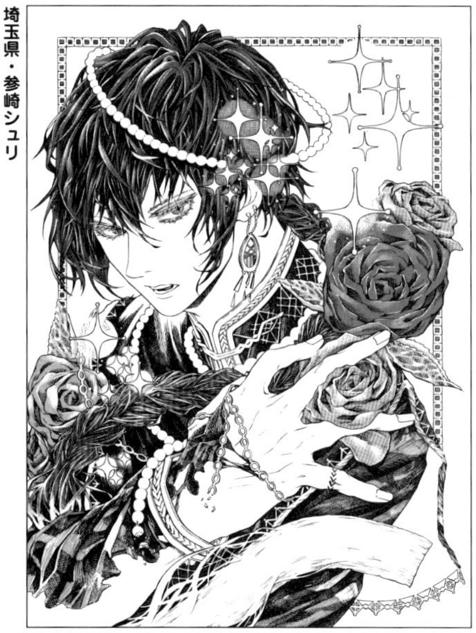

静岡県・鴉堂

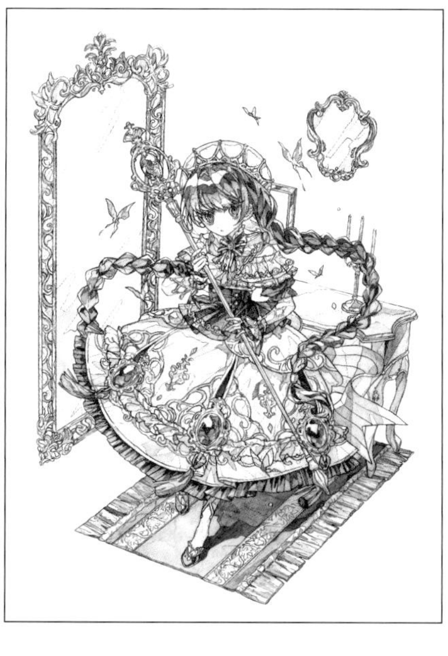

北海道・緋澄

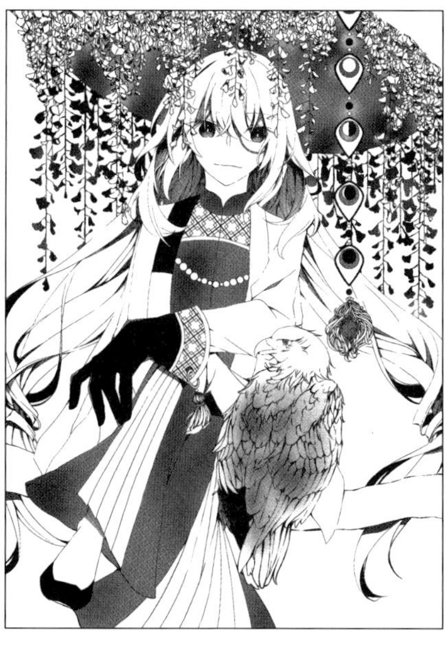

福岡県・高世峡・19歳

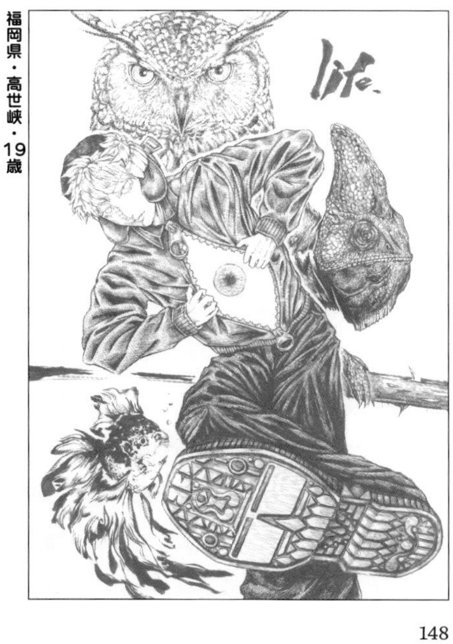

北海道・みか・14歳

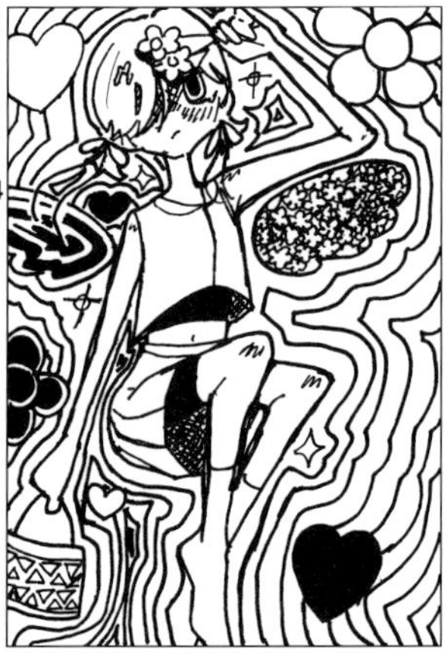

大阪府・融月りる

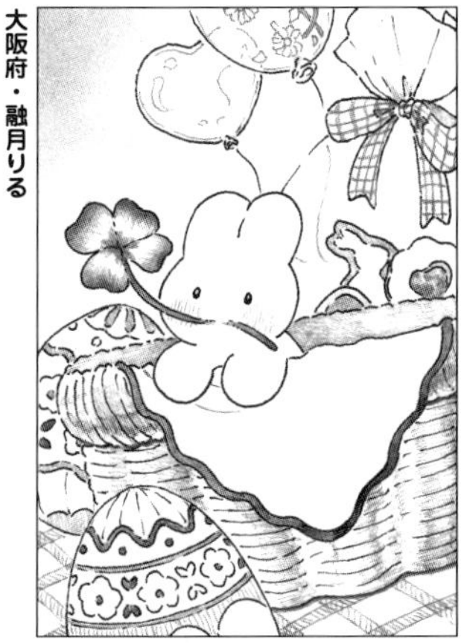

愛知県・つむジロ

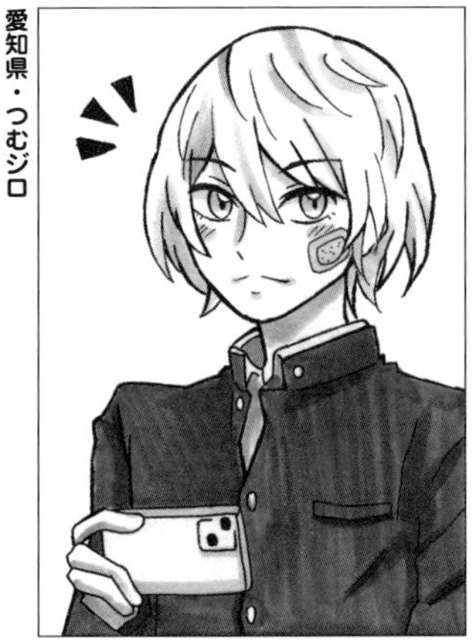

神奈川県・のさん

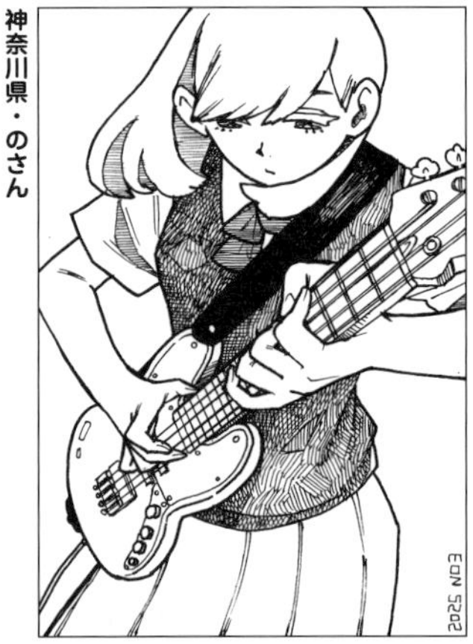

京都府・あはちゃ

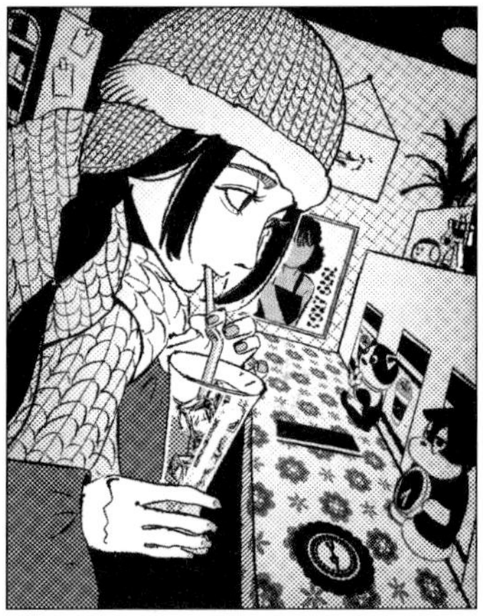

栃木県・あすく。

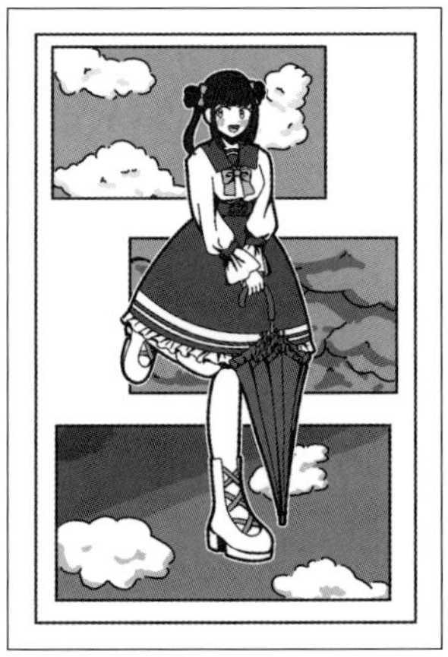

青森県・iki

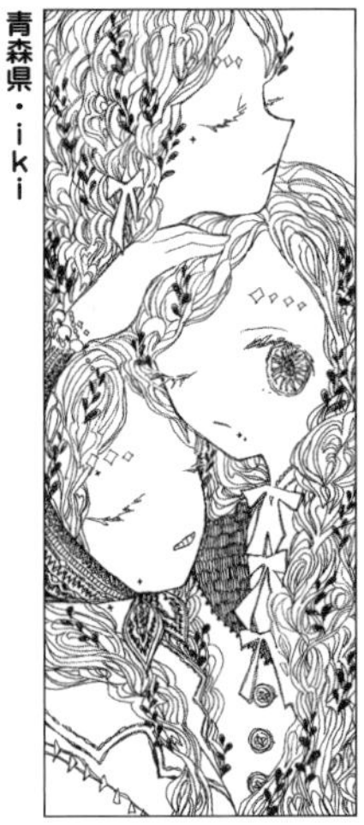

福島県・Hi. To

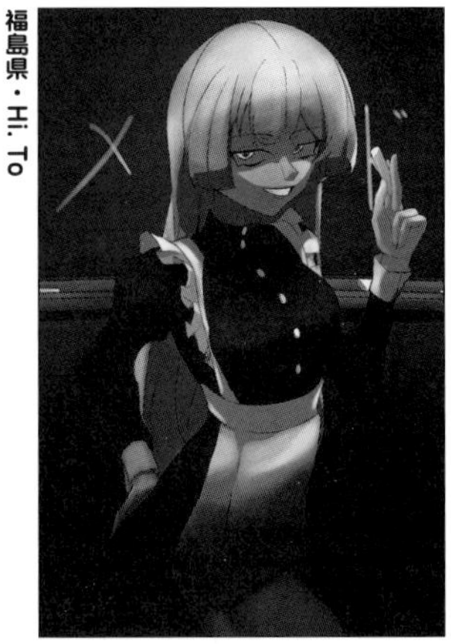

広島県・せお

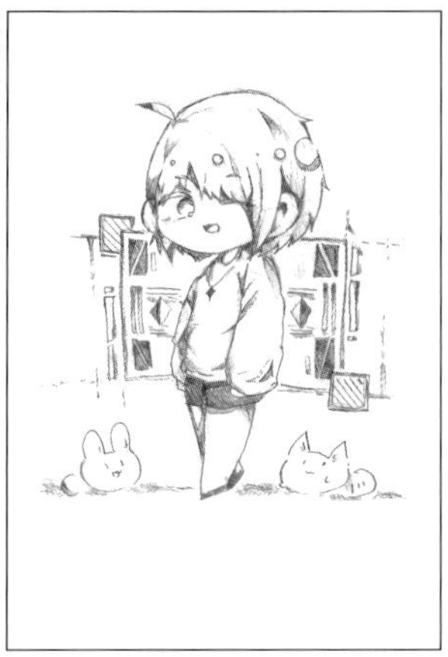

福岡県・まがり竹

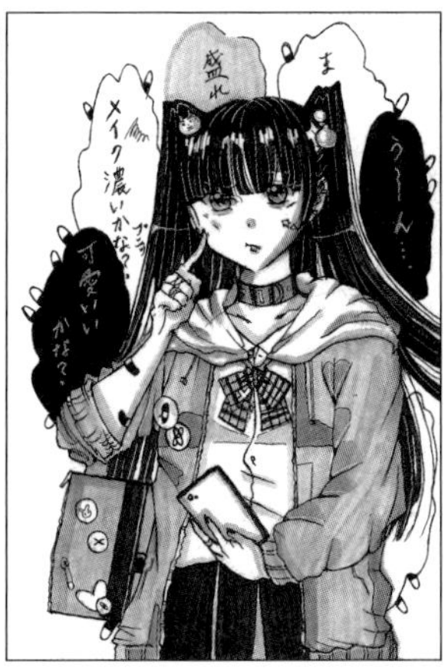

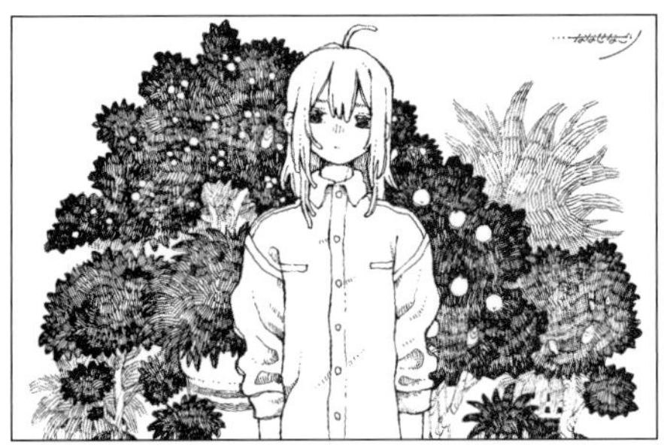

福岡県・七瀬なごり

群馬県・マユリ・33歳

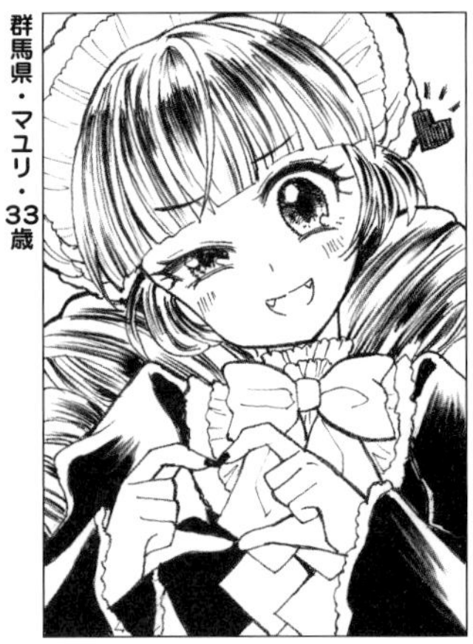

長野県・めいりん

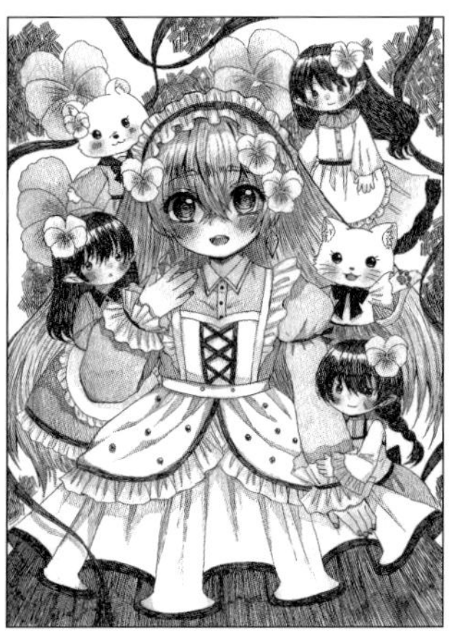

福岡県・ことみ・19歳

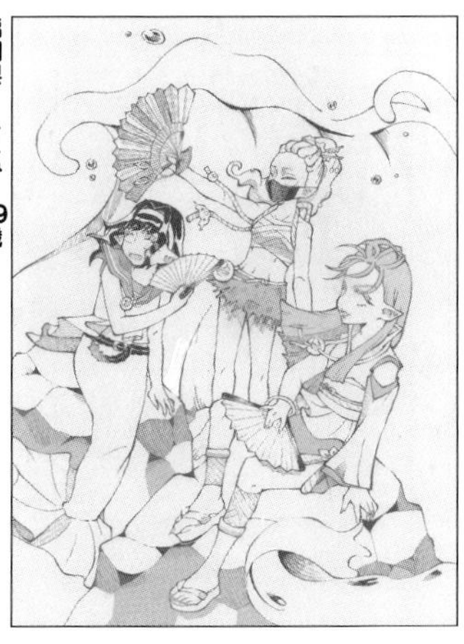

福岡県・ぎんもくせい

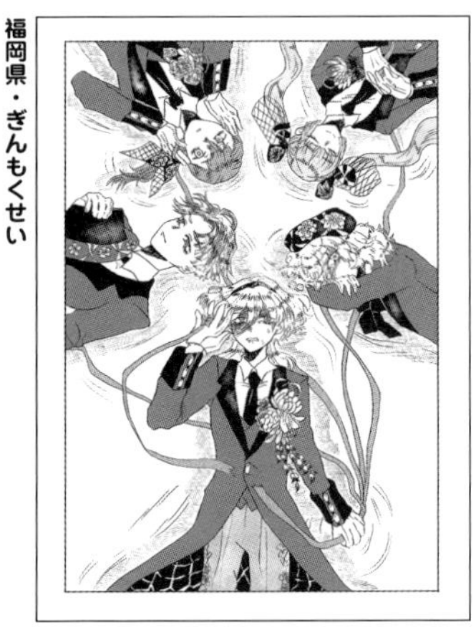

東京都・かりがり

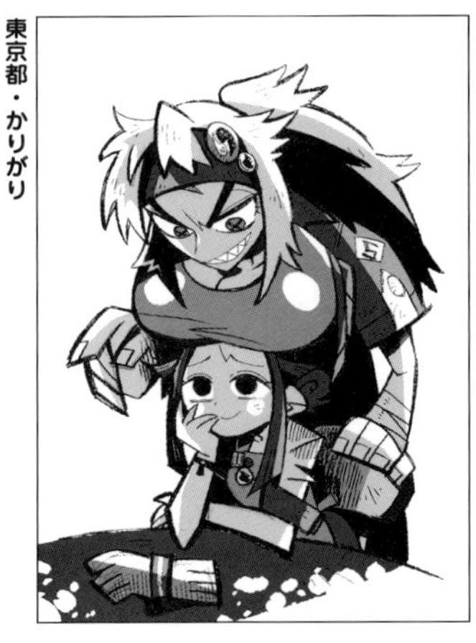

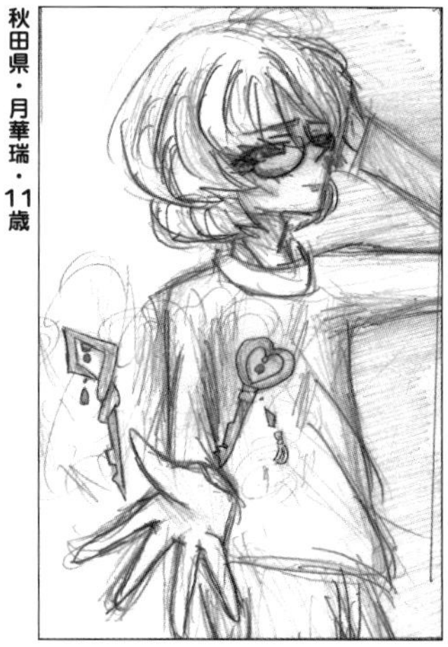
秋田県・月華瑞・11歳

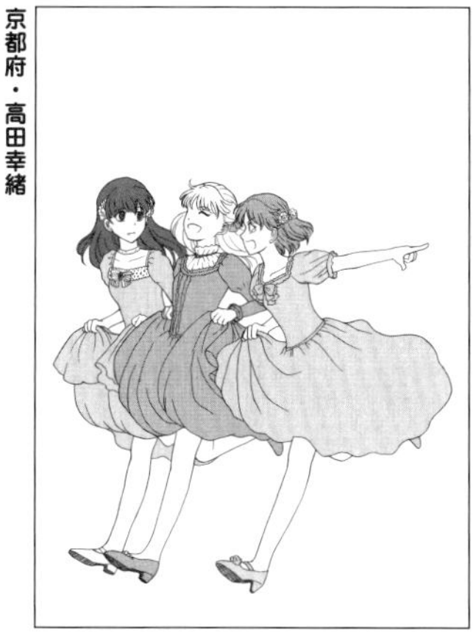
京都府・高田幸緒

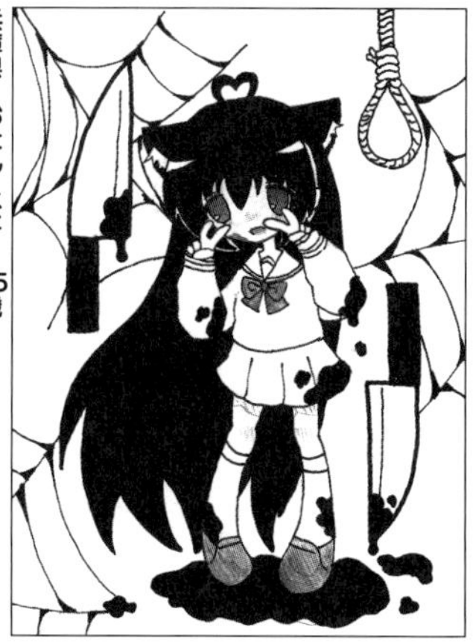
兵庫県・おたんこなす・15歳

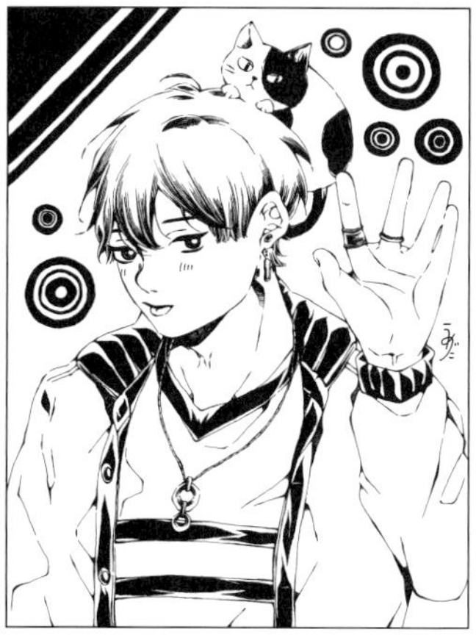
福岡県・梅田

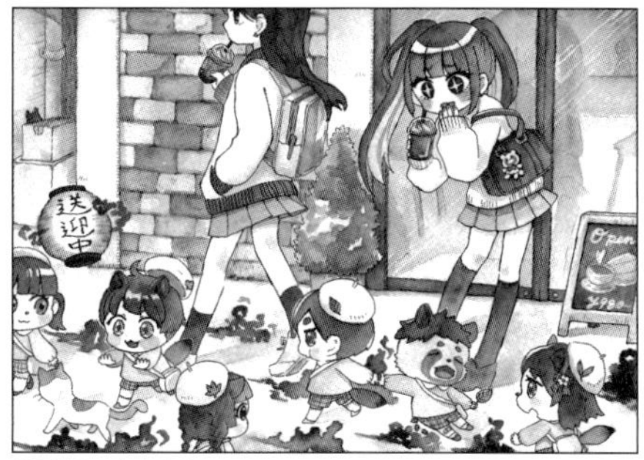
宮城県・まめもひ

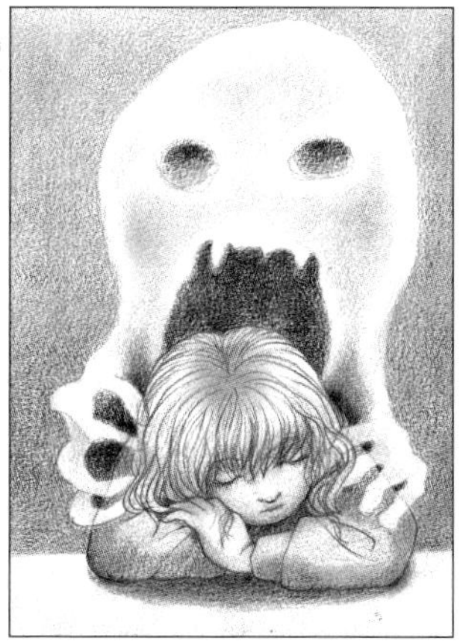
福島県・Azzurro.

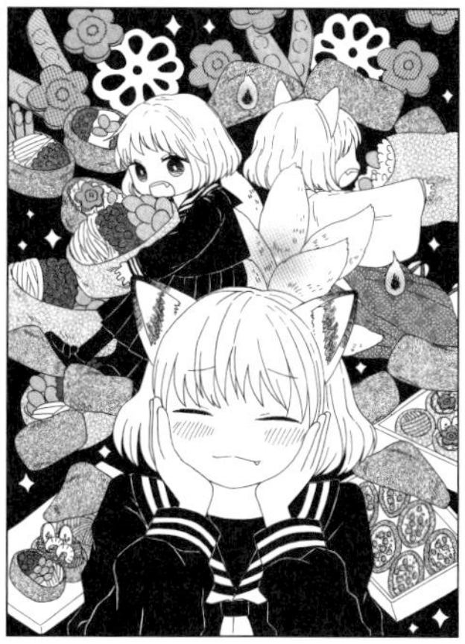
高知県・柴イヌ

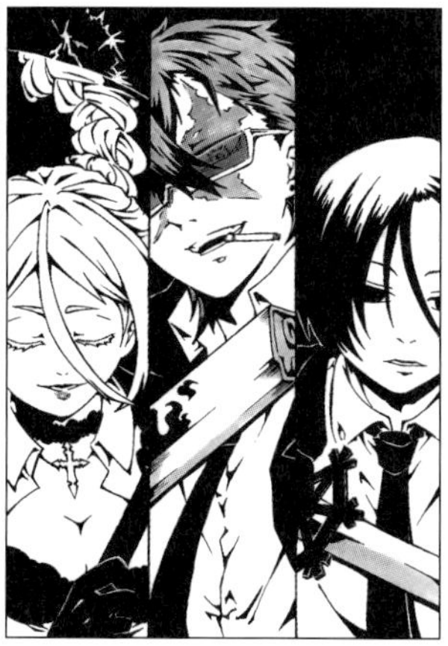
新潟県・真継

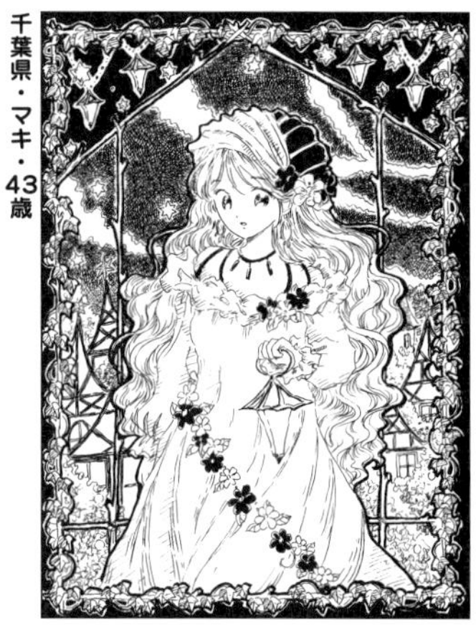
千葉県・マキ・43歳

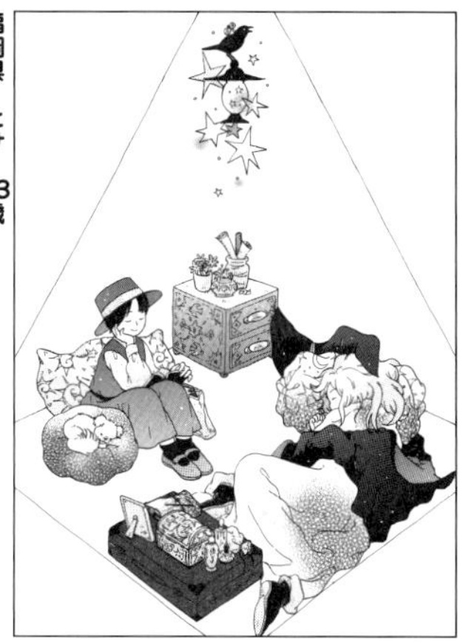
福岡県・ヒサ・43歳

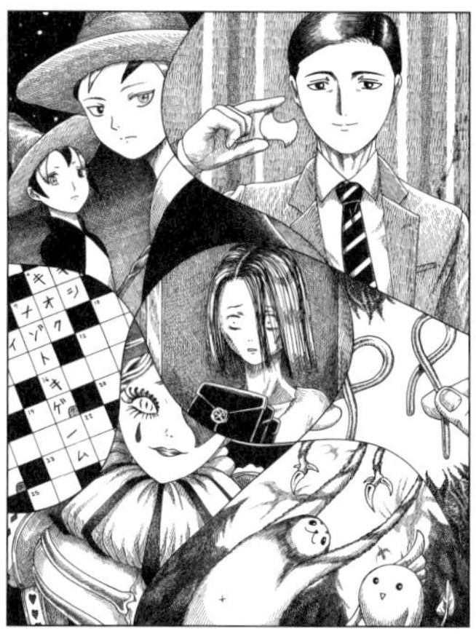
北海道・木村マ衣

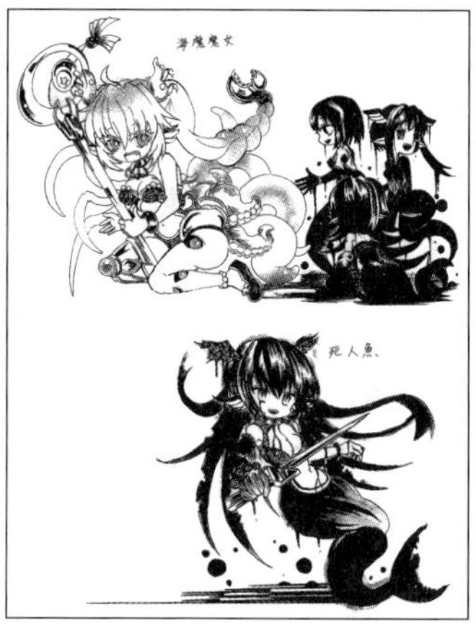
大阪府・ラブバード

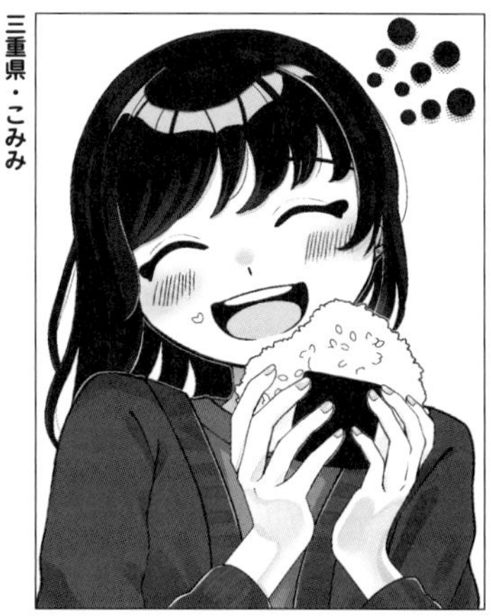
三重県・こみみ

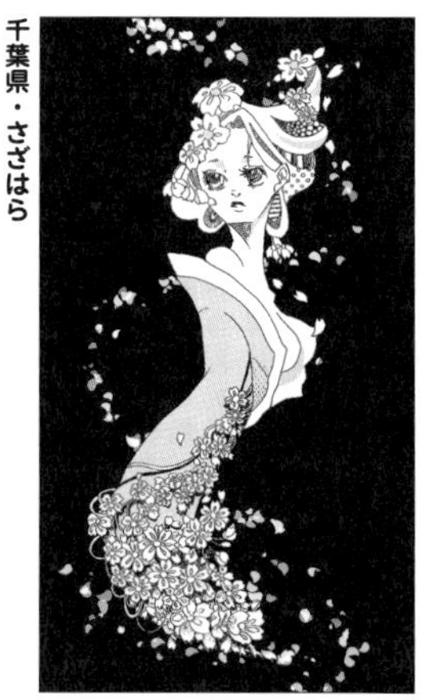
千葉県・さざはら

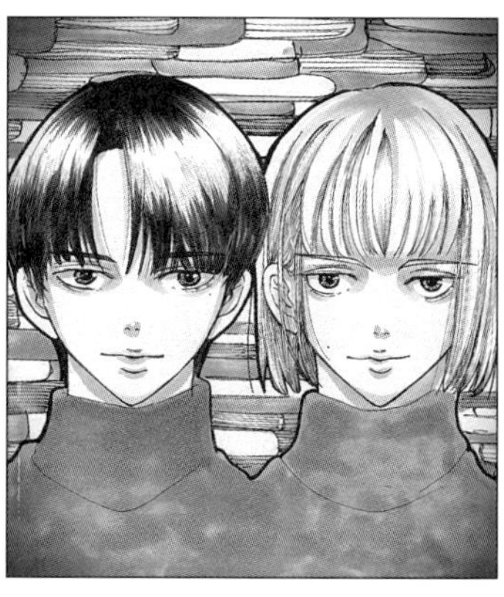
福島県・ジョンブリアン

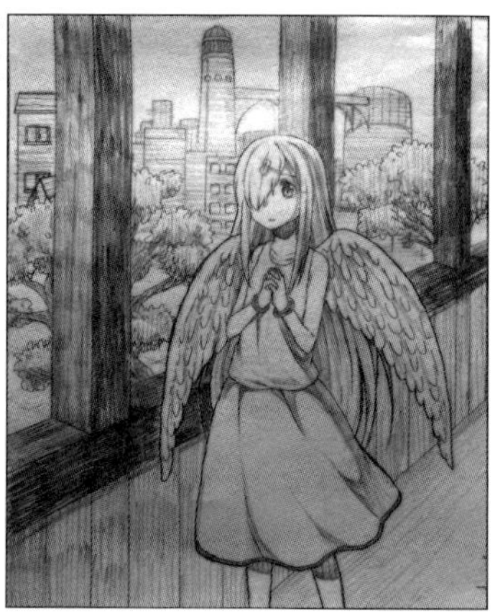
埼玉県・セコイセ

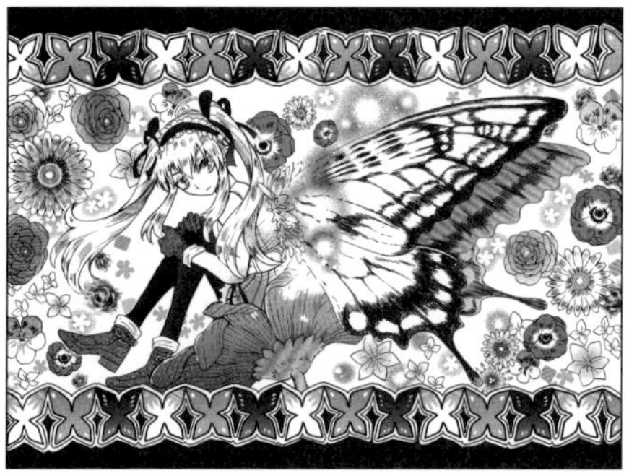

神奈川県・削木・33歳

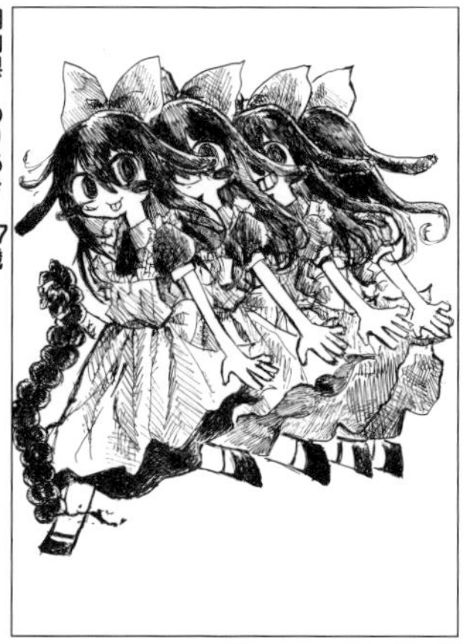

岡山県・のりあき・17歳

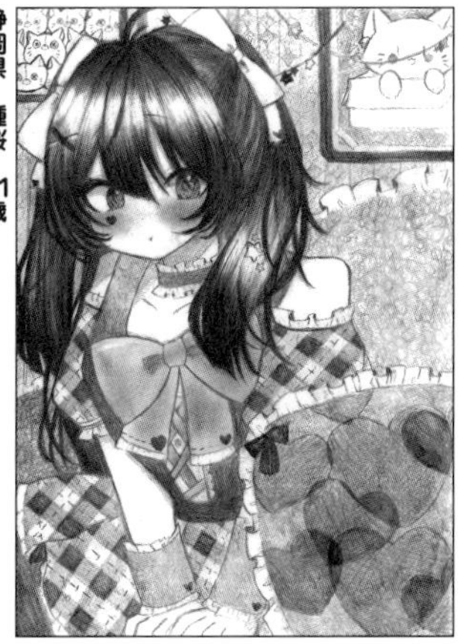

静岡県・種桜・11歳

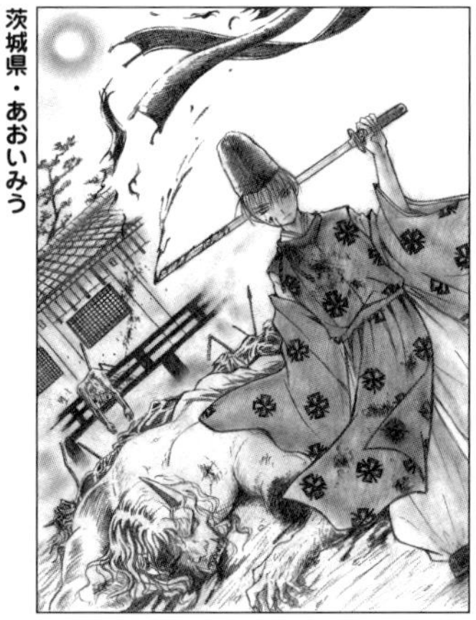

茨城県・あおいみう

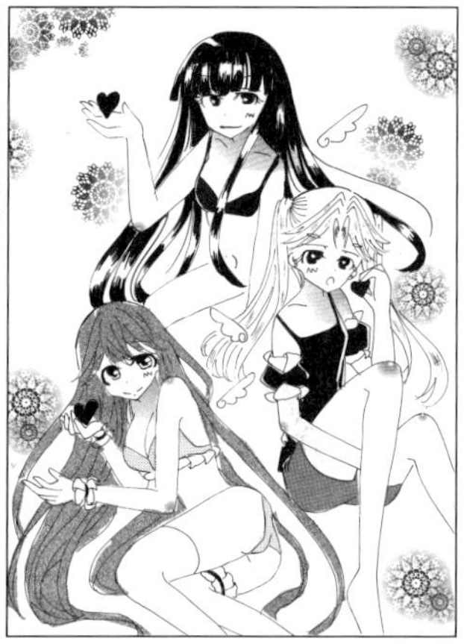

長野県・谷川りおん

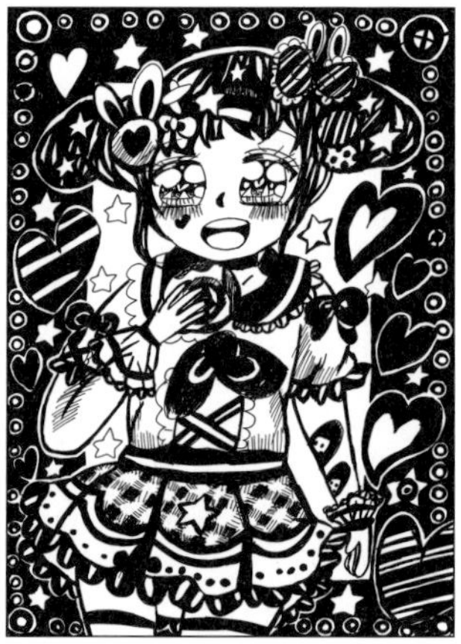

東京都・ひろくまひろみ

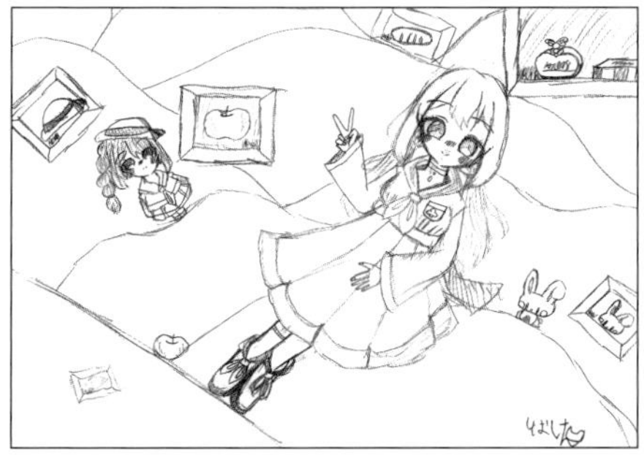

長野県・しばけん（Tomoches 改め）・10歳

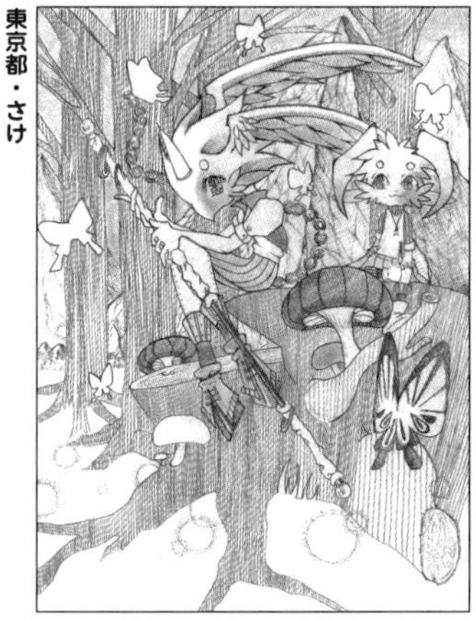

東京都・さけ

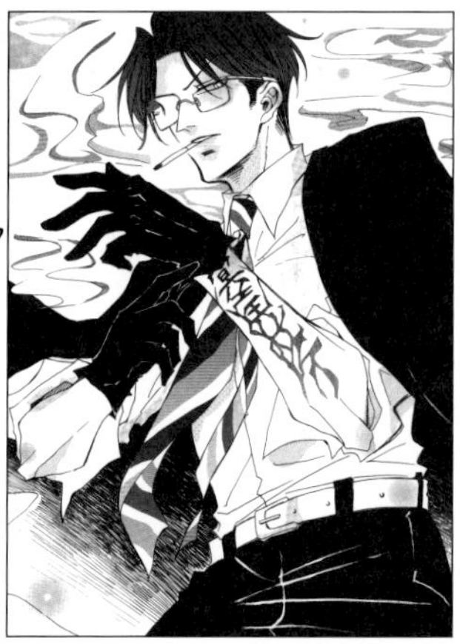

大阪府・大井淑世・37歳

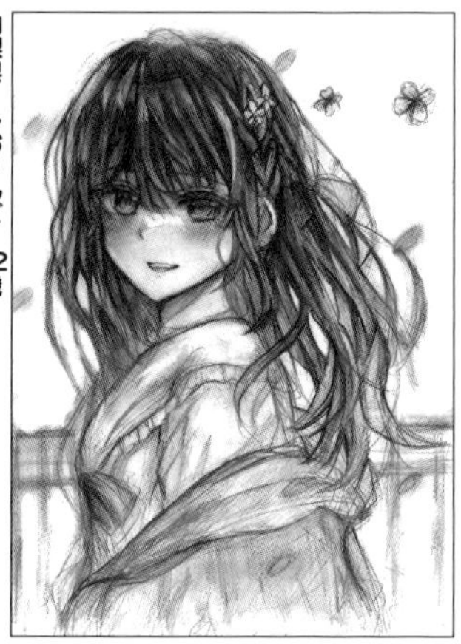

山梨県・しおりんご・12歳

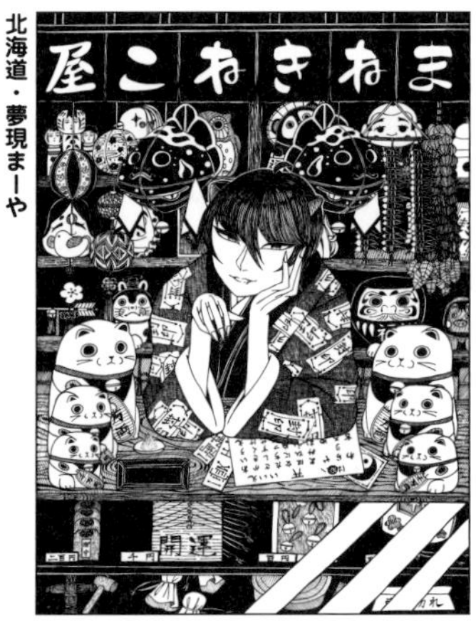

北海道・夢現まーや

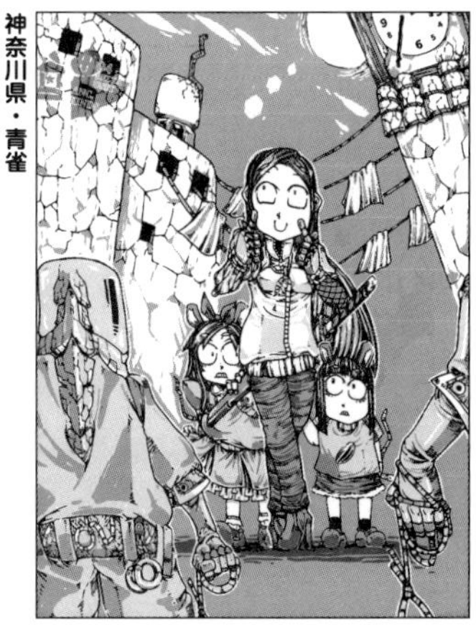

神奈川県・青雀

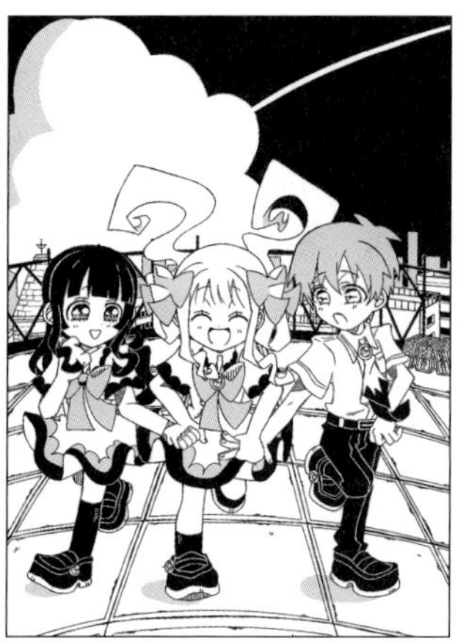

群馬県・ユキガト

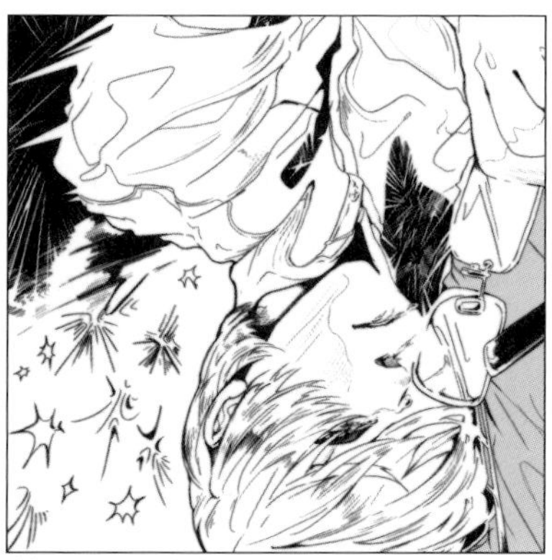

高知県・五月の朝食

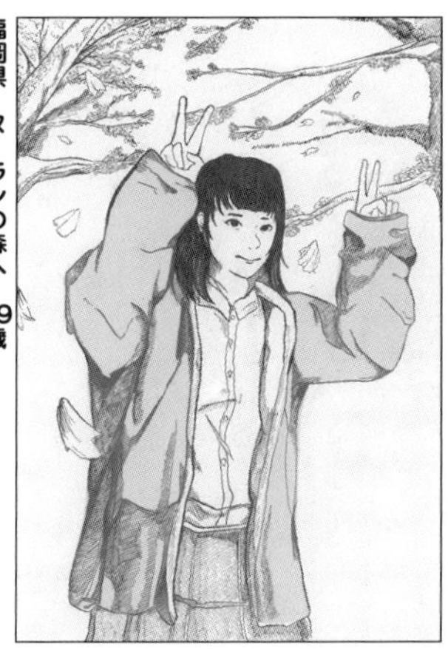

福岡県・ヌーランの森へ・19歳

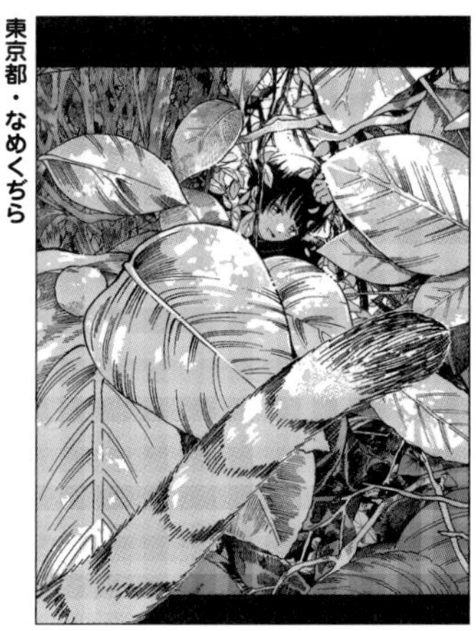

東京都・なめくぢら

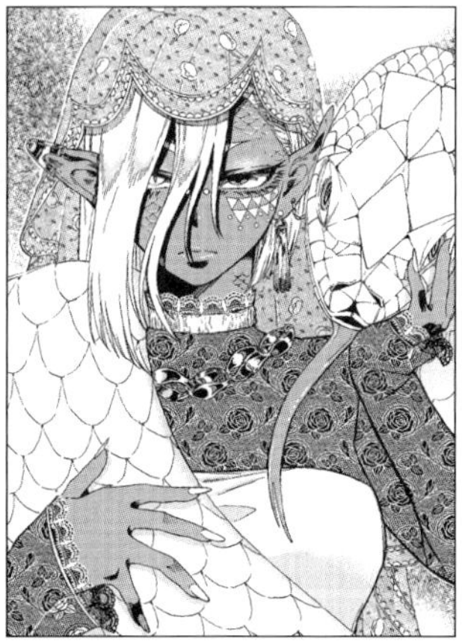
福岡県・伊月美錬

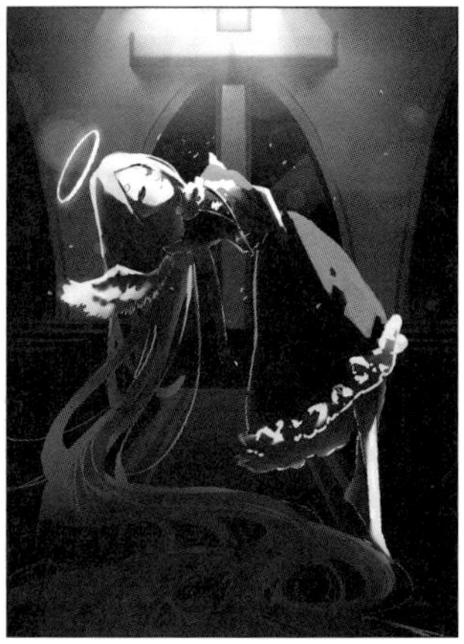
静岡県・鮎

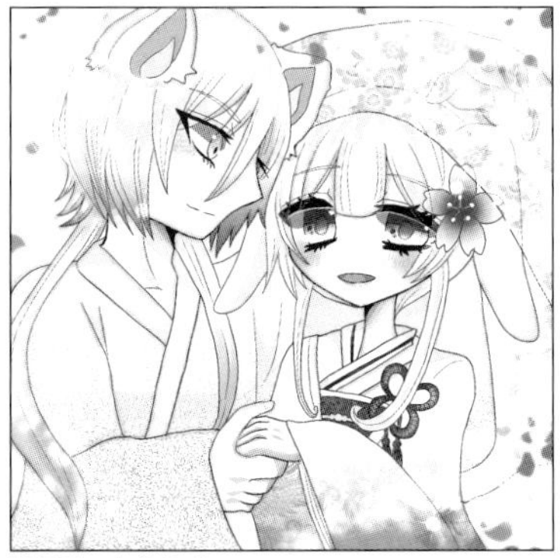
秋田県・木白らべ

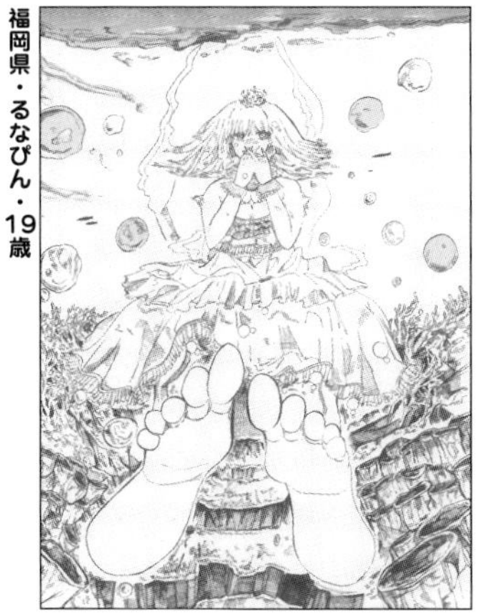
福岡県・るなぴん・19歳

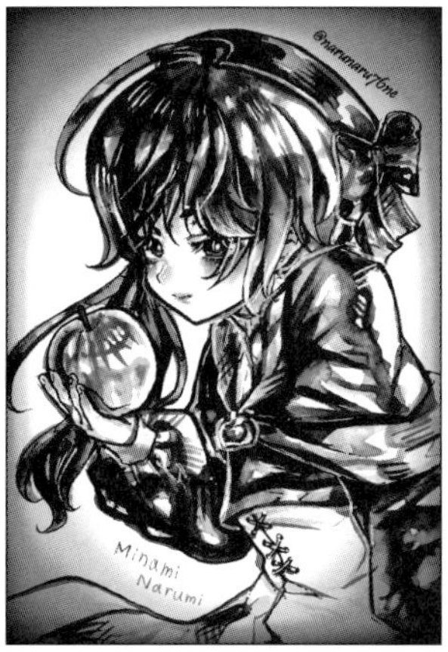

埼玉県・皆見成海

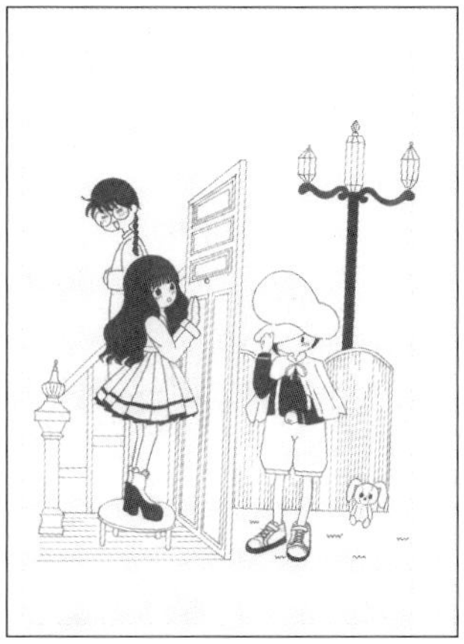
福岡県・歌

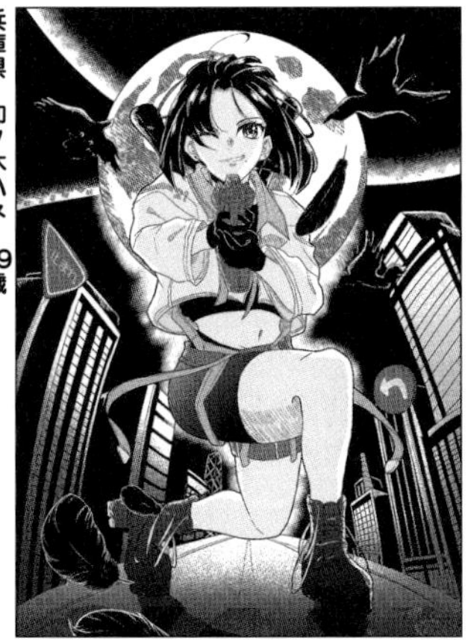
兵庫県・卯ノ木ハネ・19歳

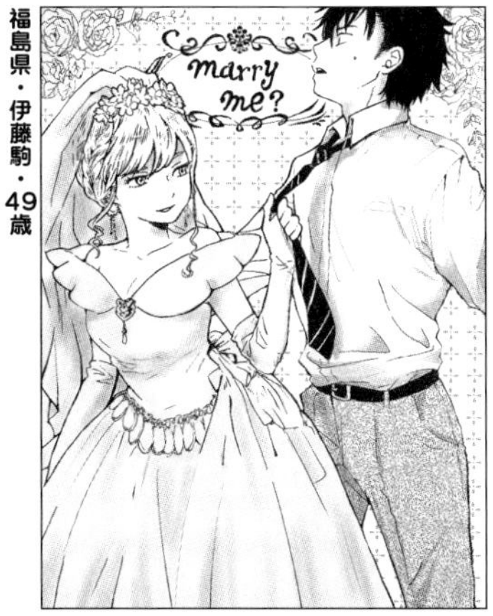

福島県・伊藤駒・49歳

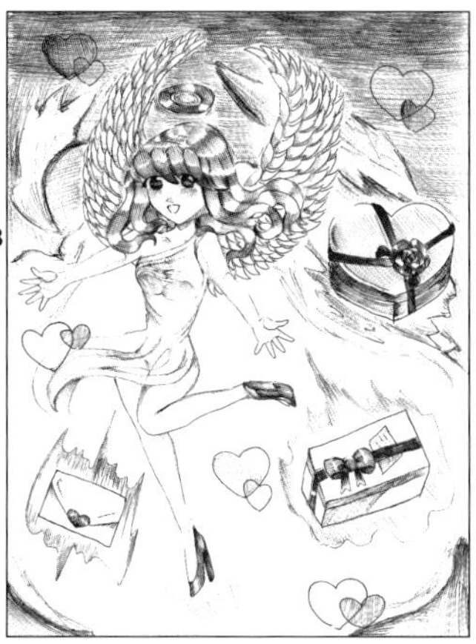
愛知県・稲垣友子・18歳

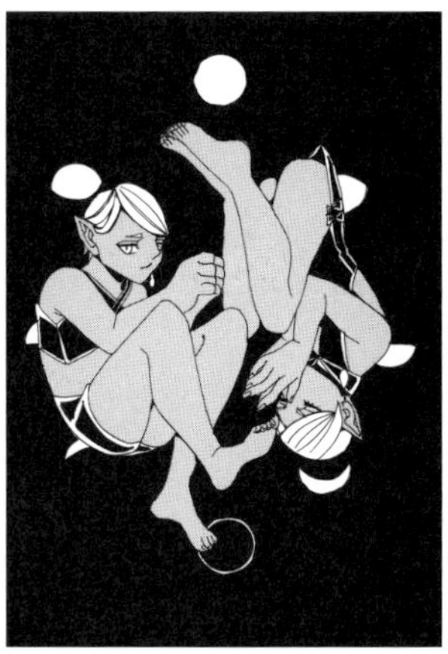
長崎県・橘らのま

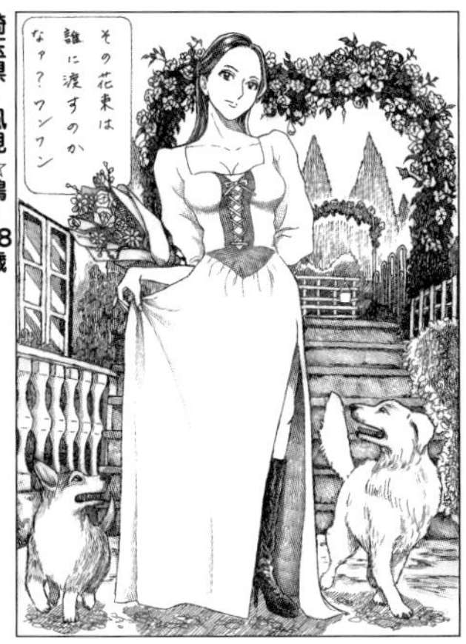

埼玉県・風見☆鶏・68歳

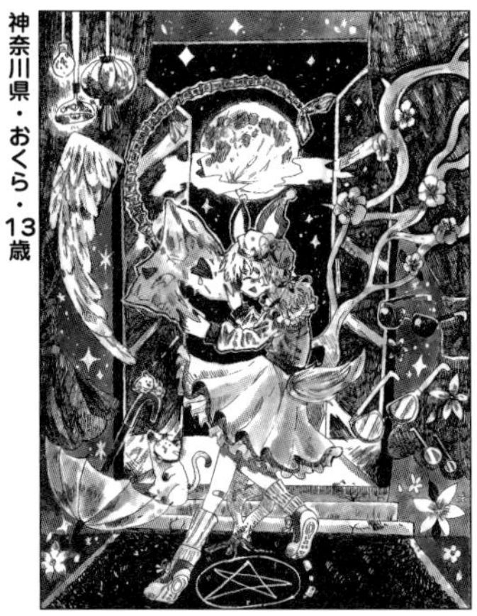
神奈川県・おくら・13歳

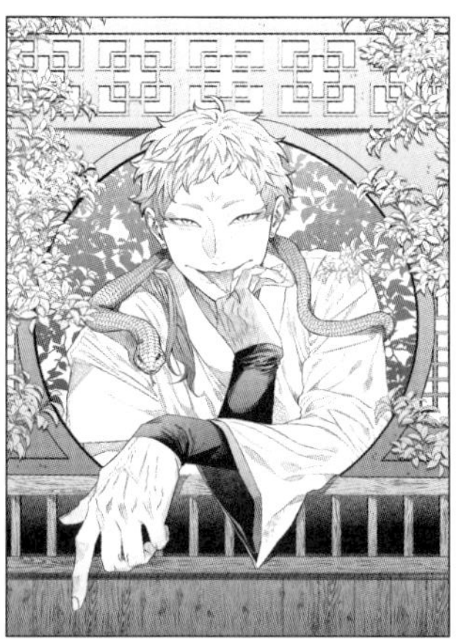
佐賀県・紅葉

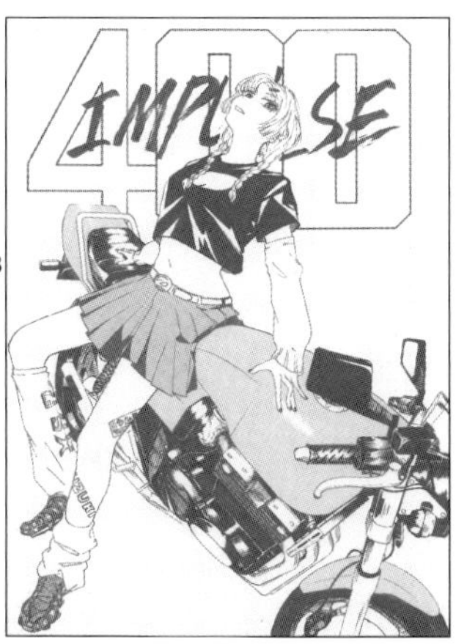
福岡県・江藤匡汰朗・18歳

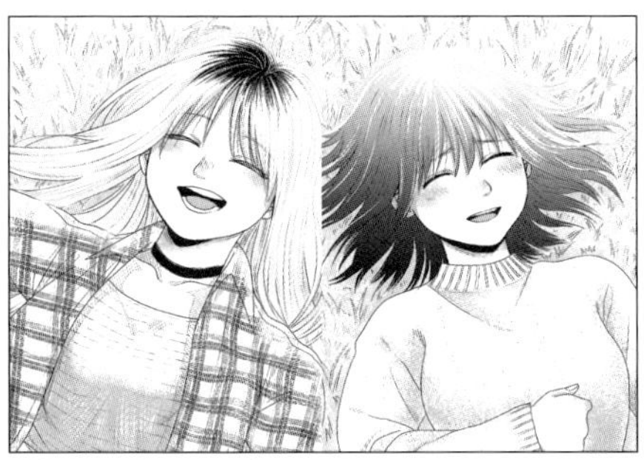
岐阜県・ひさん・19歳

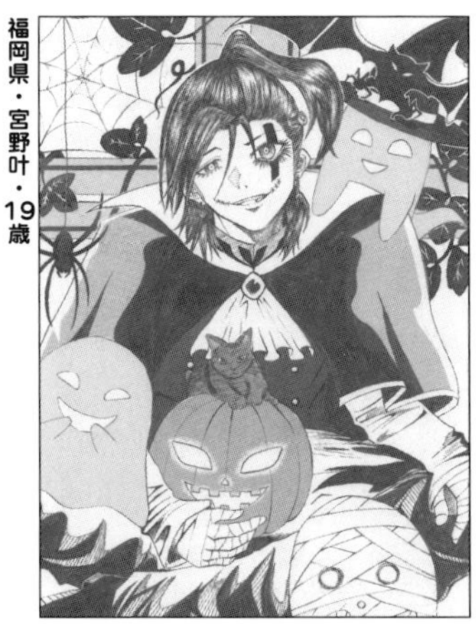
福岡県・宮野叶・19歳

福岡県・紫月・16歳

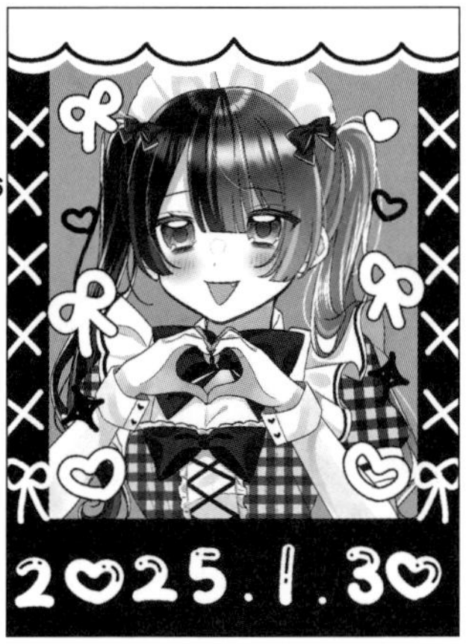

佐賀県・四月遡日万詞

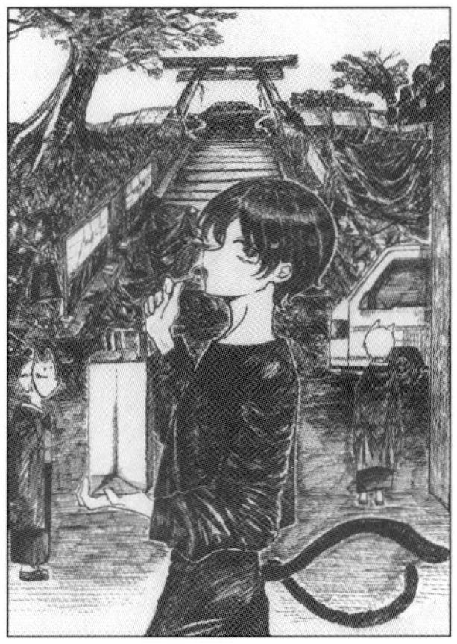

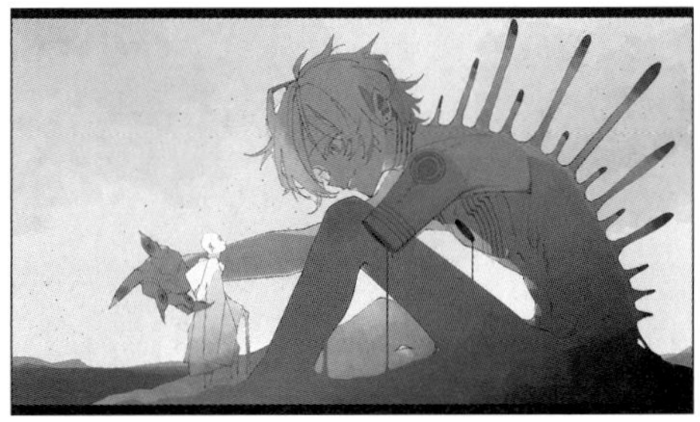

佐賀県・OYAKATA

兵庫県・戎井幸一

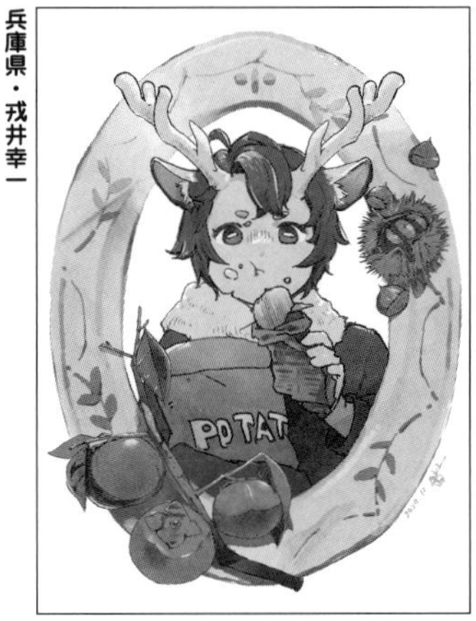

奈良県・織衣草安

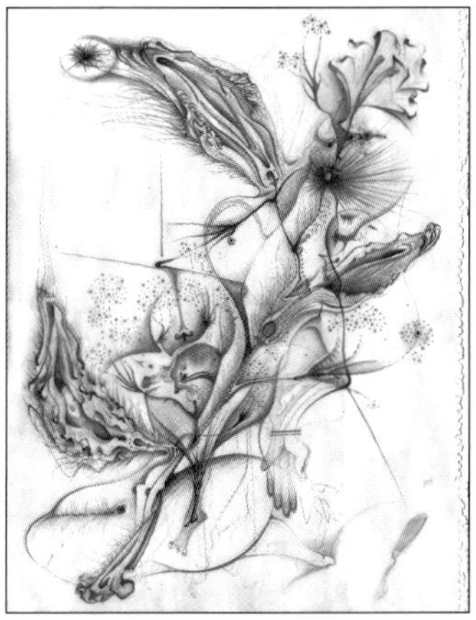

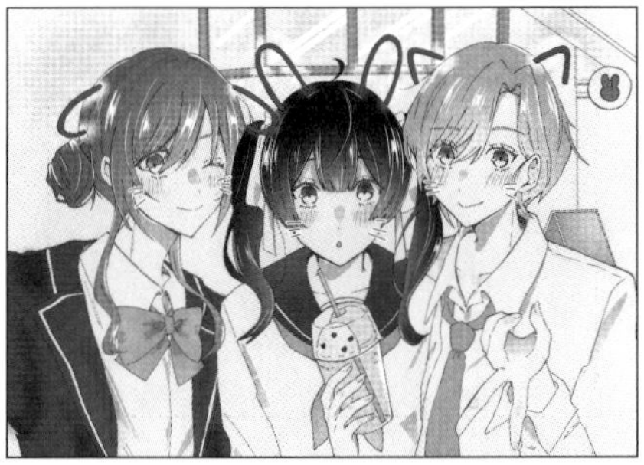

福岡県・香澄あこ

福岡県・小原一叶・19歳

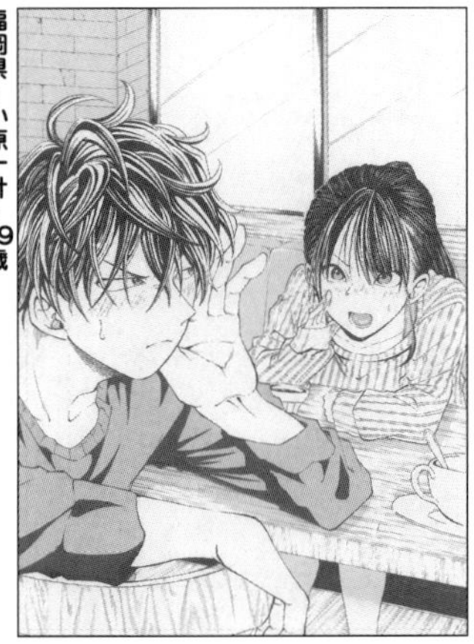

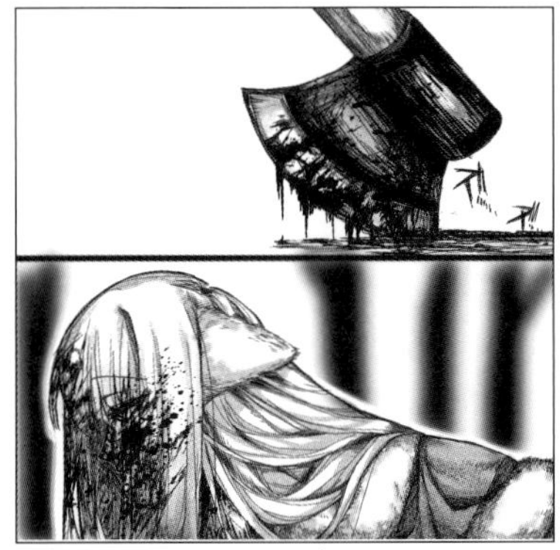

神奈川県・うさまる。・18歳

神奈川県・石垣

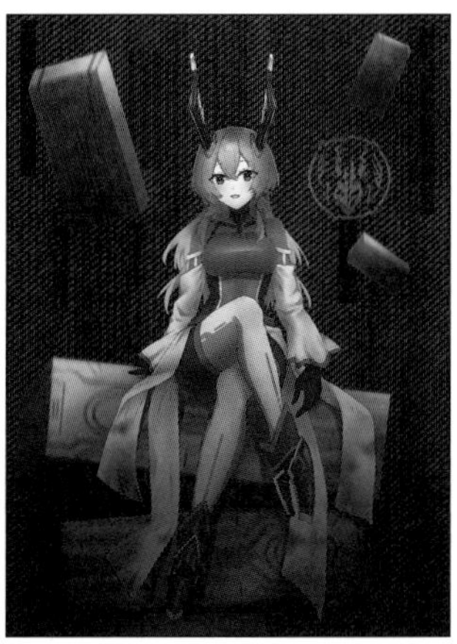

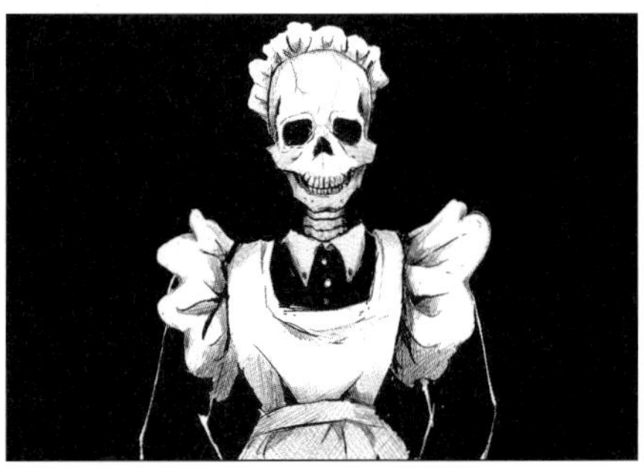

福島県・Choco

福岡県・青葉のん・19歳

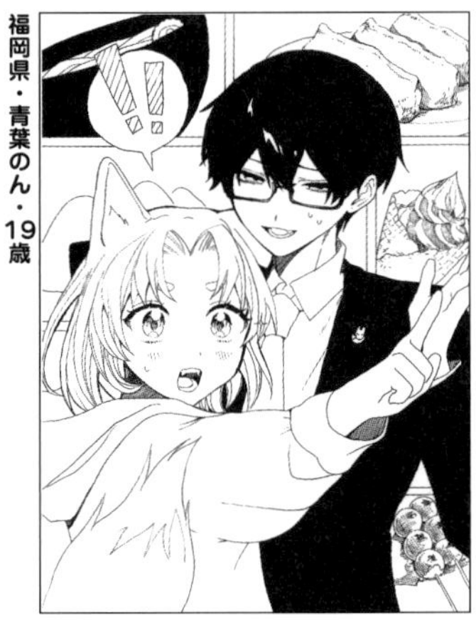

山口県・森瀬奈貴

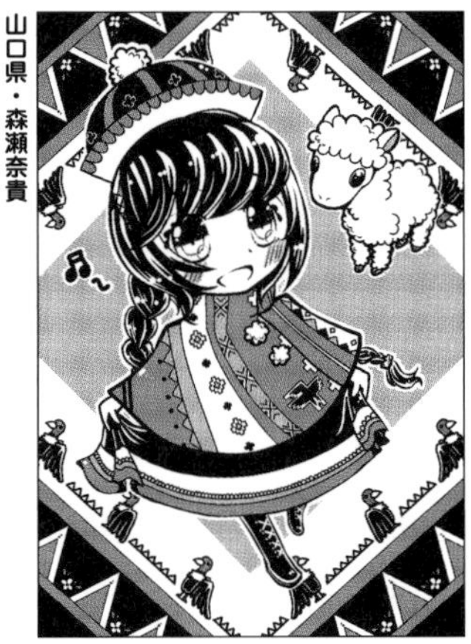

千葉県・林檎椿

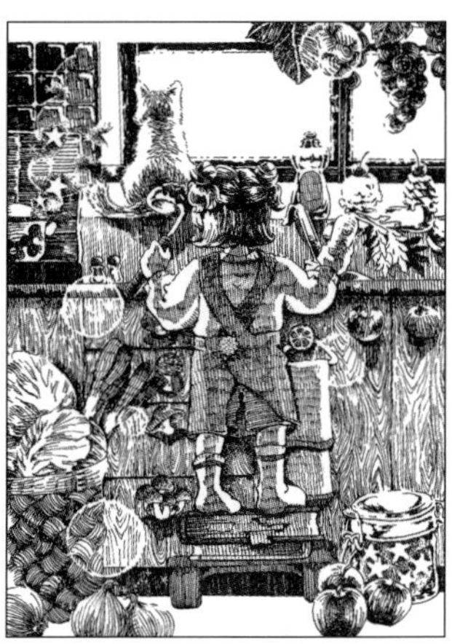

広島県・夜万尋

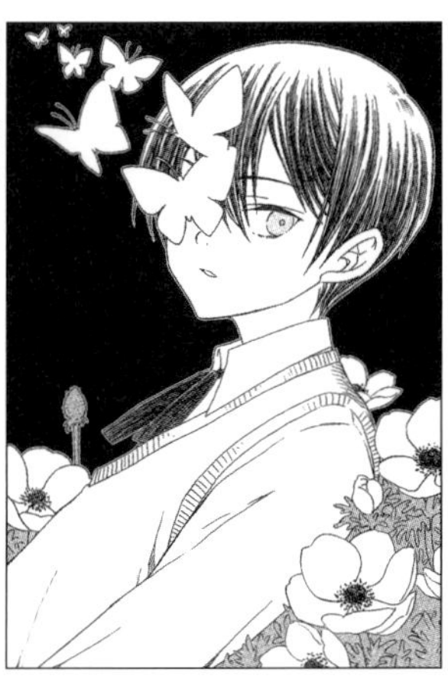

新潟県・鳥屋部カナメ

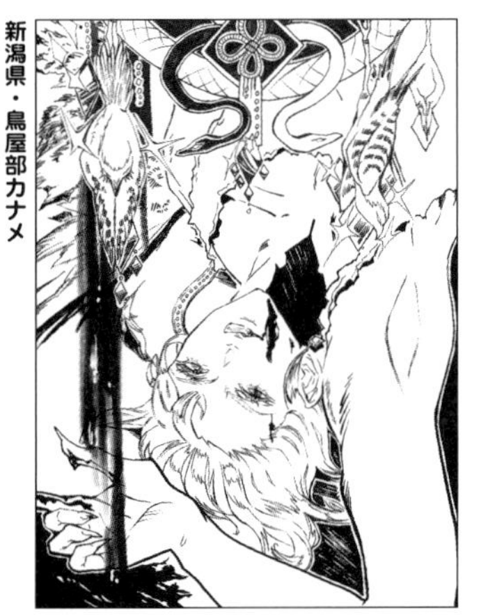

福岡県・蒼瀬海翔・18歳

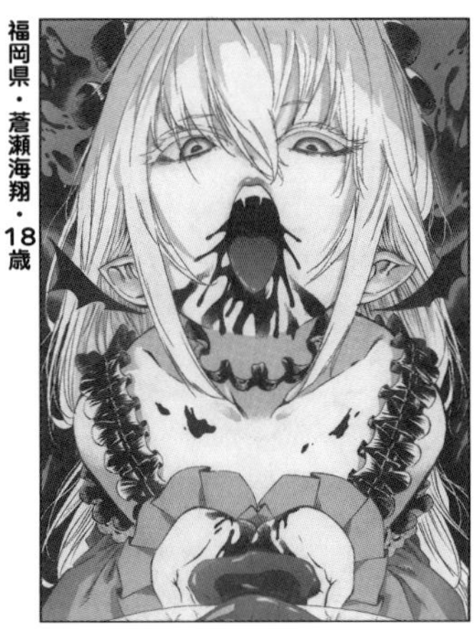

KUNSTKAMMERSS

クンストカマー

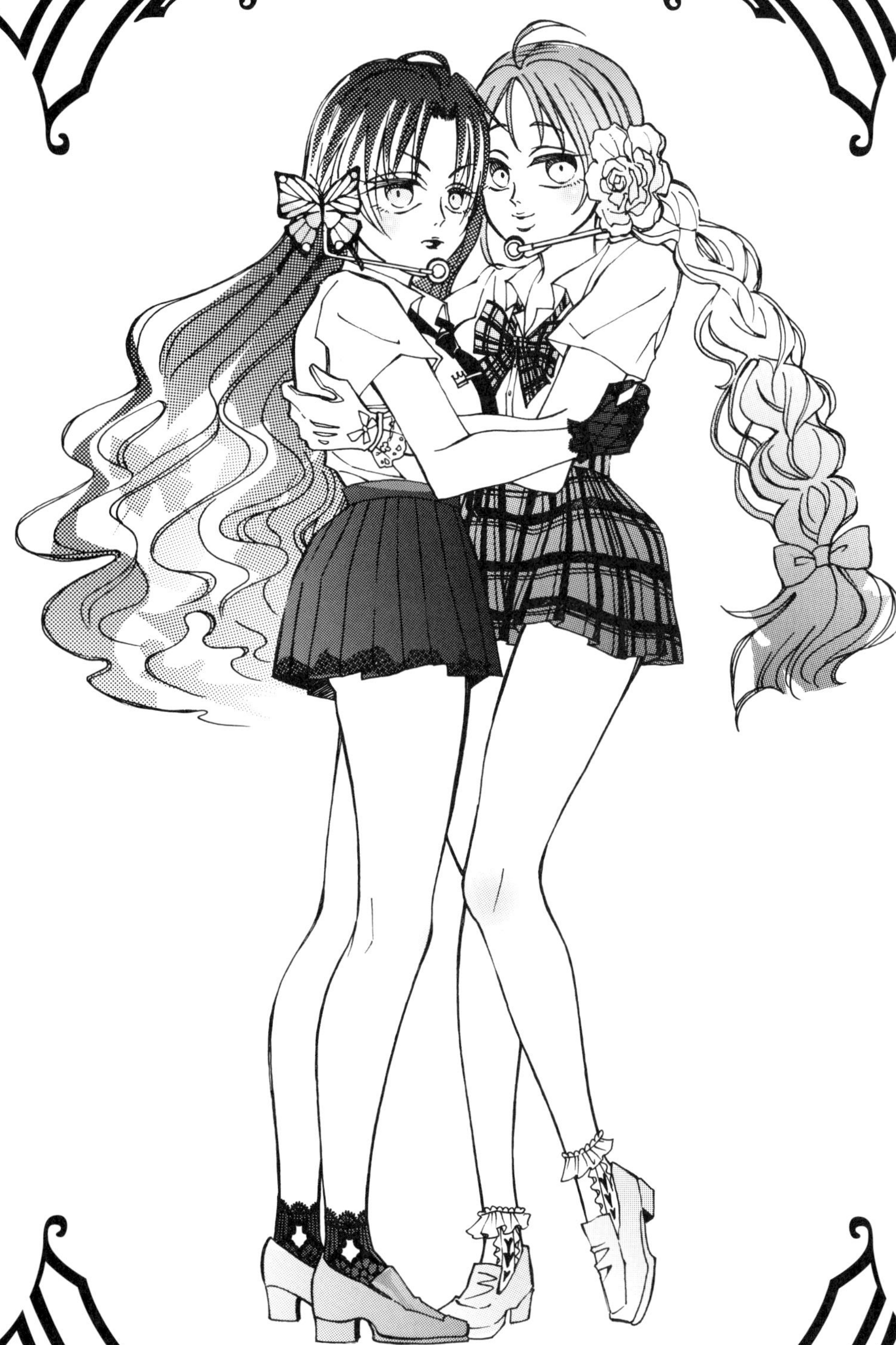

美脚を武器にしたユリ系現役女子高生アイドルです。
大阪府・大井淑世・37歳【ミリペン・トーン】

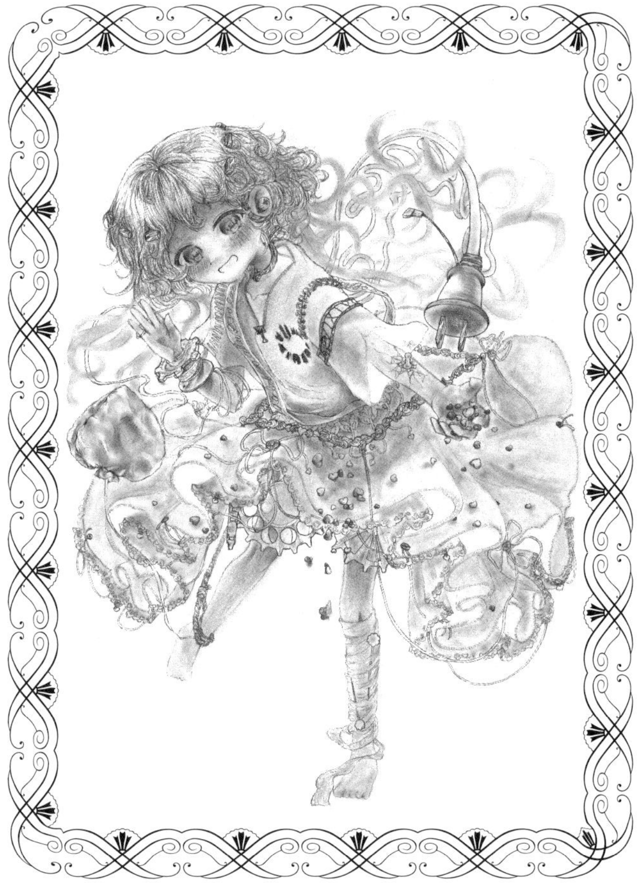

肉体を離れた魂の進路相談役をしている子。
偶像崇拝から生まれた死後の世界のアイドル。
鹿児島県・まごたに・15歳

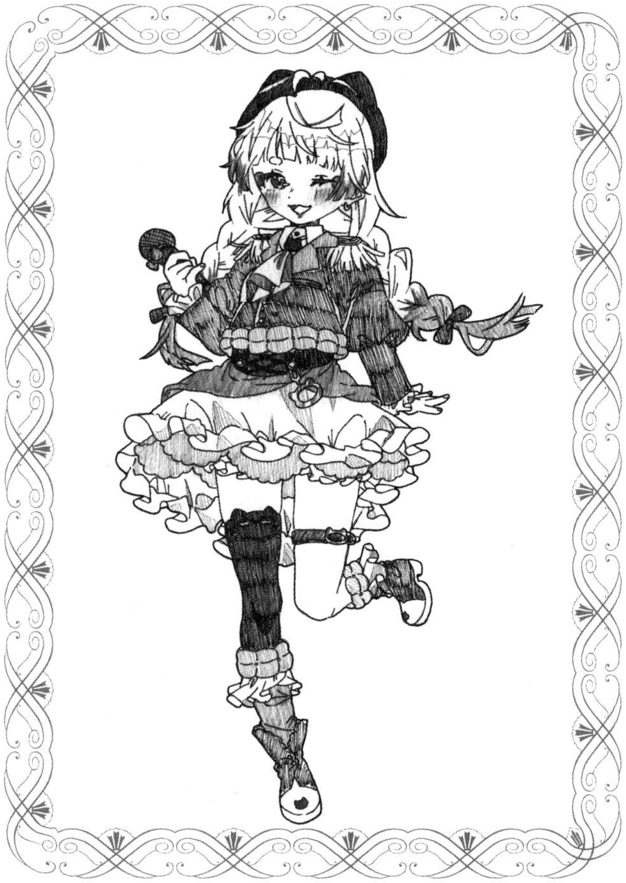

テレビで人気急上昇中のアイドル「ふわニャ」。
子守唄のような歌声が子どもから大人まで大人気。
見た目どおり、猫好き。
秋田県・桜モチ

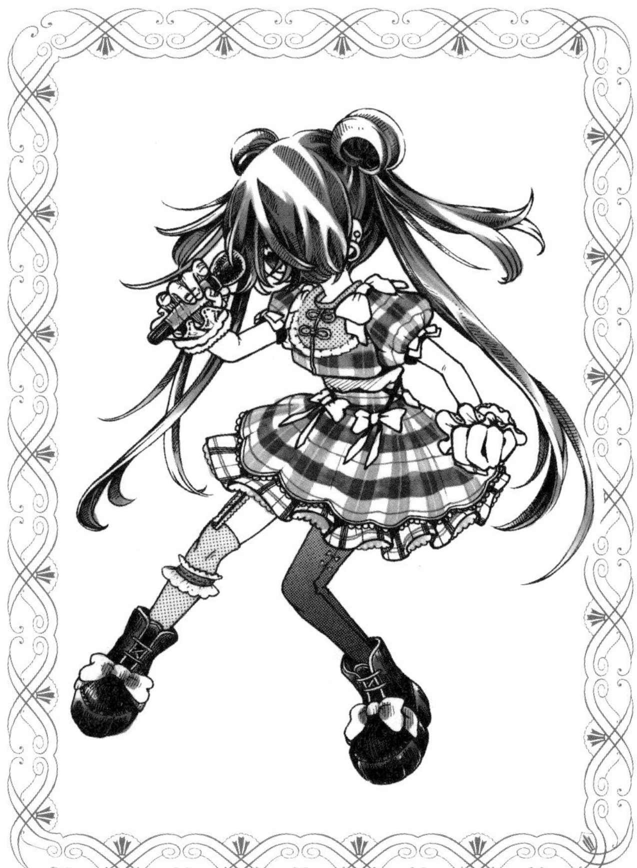

顔だししないアイドル。歌上手。
動きは激しいのに絶対に顔が見えない謎。
福岡県・無月

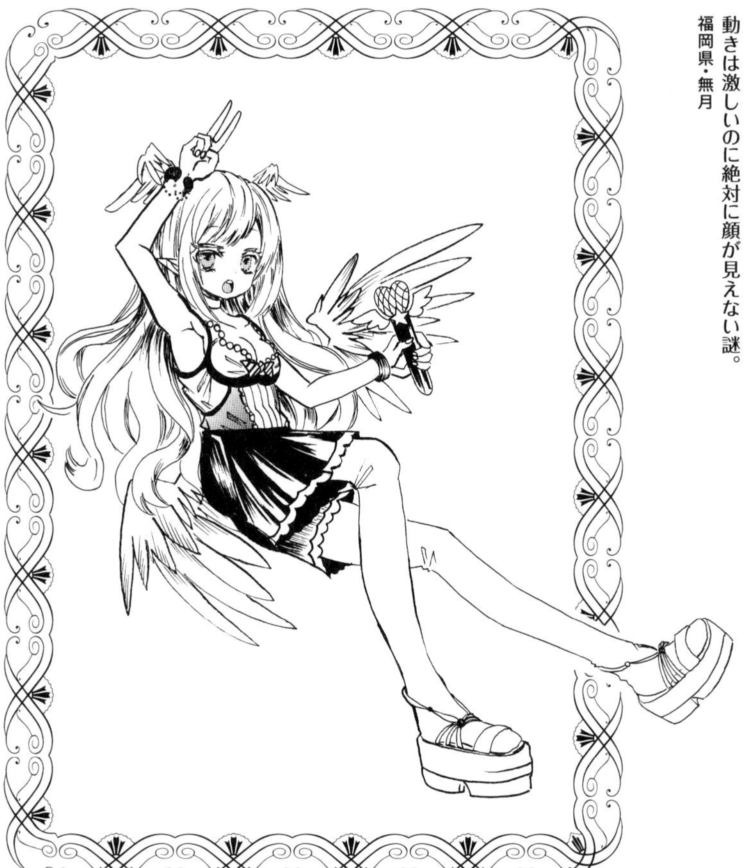

暇潰しで天界から人間界へやってきた天使。
愛らしい容姿と歌で人間を魅了する。
大阪府・ラブバード

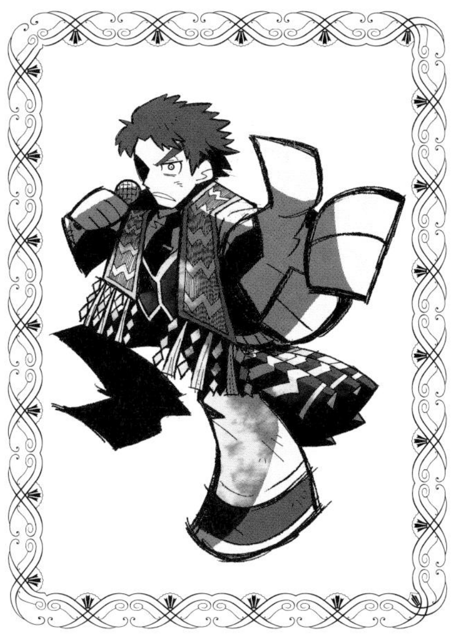

男性アイドルユニットのメンバー。
鍛えられた大きな体で、安定した歌唱力を披露する。
東京都・かりがり

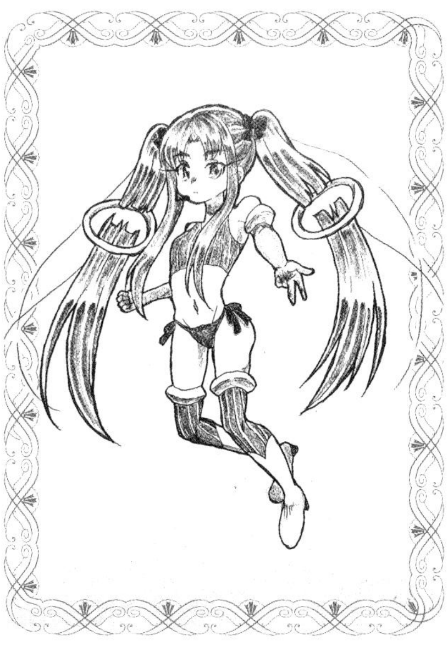

ＳＦ世界のアイドル。
最新の技術がふんだんに使われたステージで観客を沸かす。
埼玉県・セコイ也

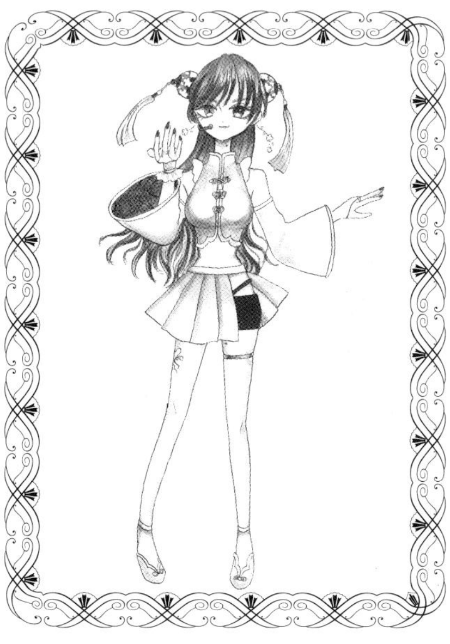

魔界で人気沸騰中のアイドルユニット『らら♡みー』のクールなみー。
魔法の技術もさることながら独自の世界観が話題。
岩手県・花灯こはく

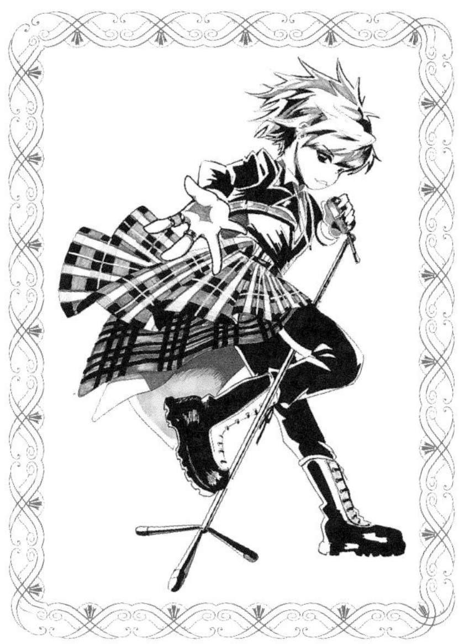

ロックをメインに歌い踊る男性アイドル。
ライブではギターを弾きながら歌うこともある。
神奈川県・キカいおん・17歳

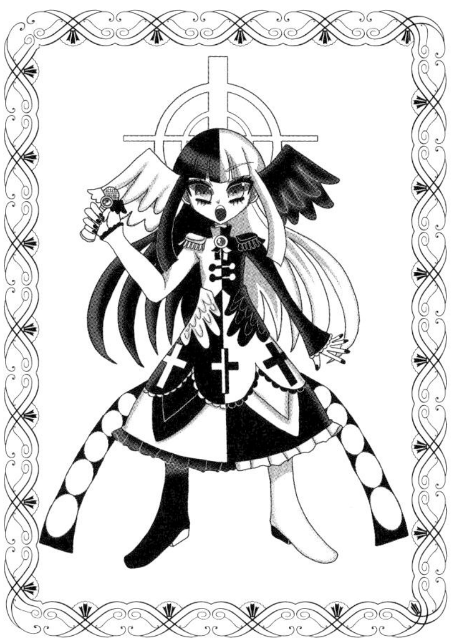

モノクロ世界の歌姫。ロックを好んで歌う。
秋田県・木白らべ

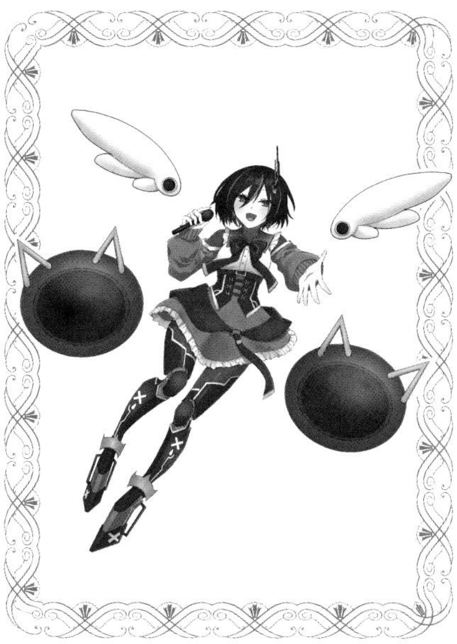

微病み系アイドル型メカ少女の『ブーゲンビリア』。
周囲に浮かせたスピーカー４機でより歌声を響かせる。
神奈川県・石垣

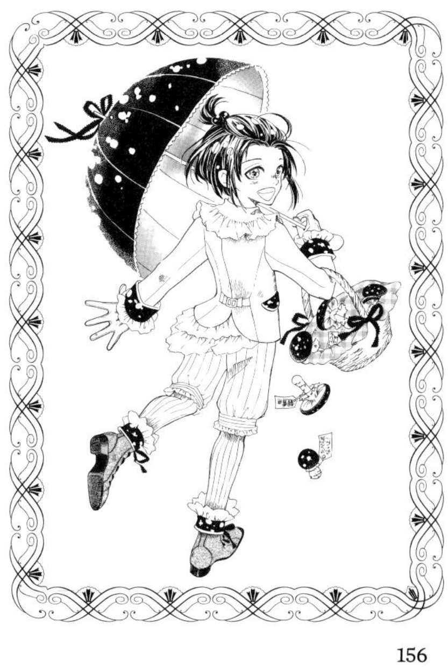

きのこ界のアイドルベニテングダケちゃん
「森で僕と出会ったら、幸運が訪れるよ」
「赤いかさをさして待ってます」
千葉県・都栄

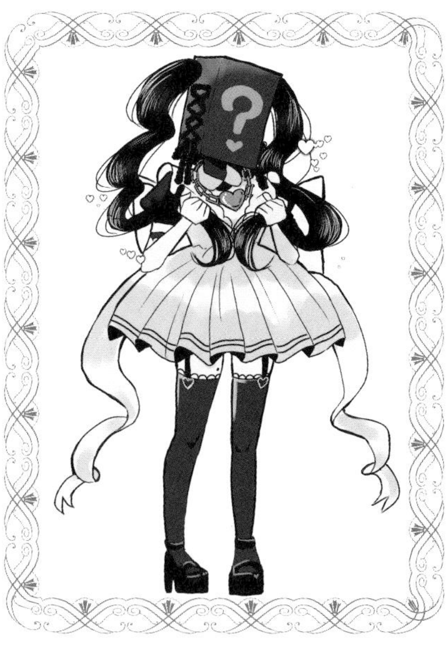

謎の覆面アイドル。
プロフは非公開、歌声はボイチェン。
露出はふわふわのツイテと太ももとそのほくろのみ。
大阪府・塩田恋

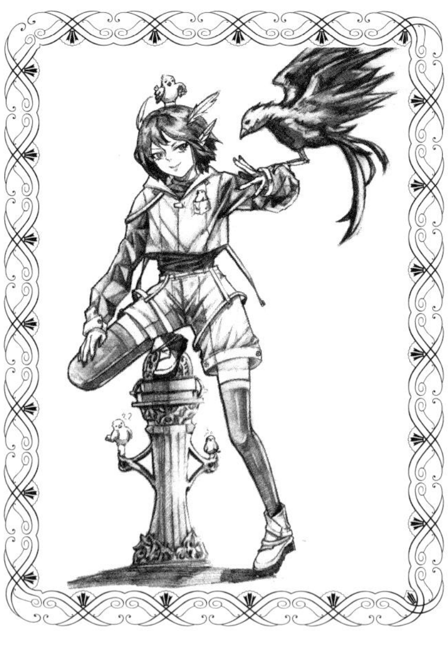

鳥と少女というコンセプトで描いたイラストです！　人間と鳥のハーフという設定であり、鳥はみんな彼女に好意をもって近づいてきます！　特に小鳥たちに引っ張りだこらしいです！　人間の言葉はもちろん、鳥の言葉もわかる彼女は鳥たちの悩み事を聞いたり、単純におしゃべりをしたりして日々を過ごしているようです！
大阪府・みん

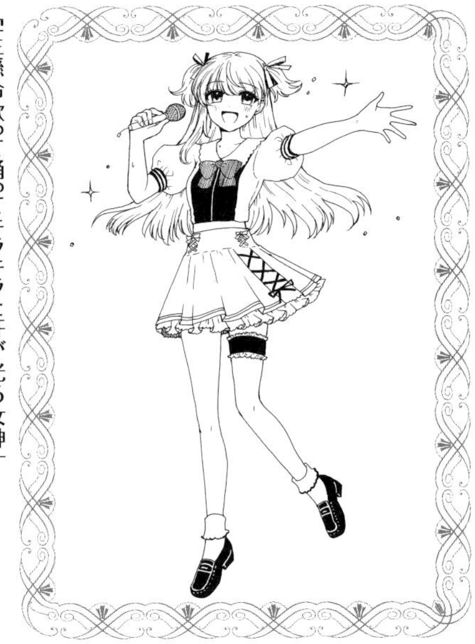

「一生懸命歌って踊ってキラキラと汗が光る女神」
群馬県・RB

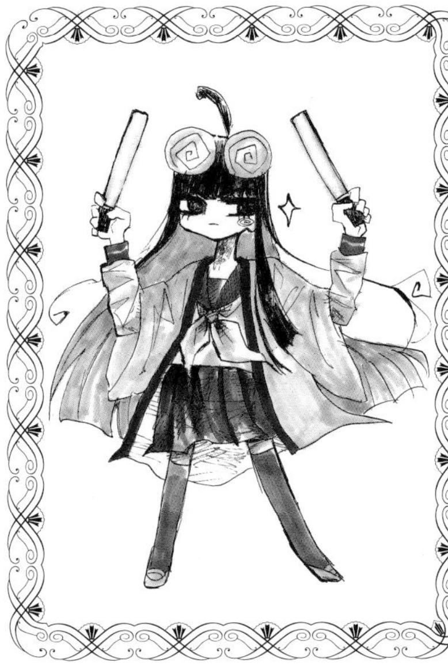

隠れドルオタアイドルゆっきー
完璧美少女にみえるが実はアイドルの幼馴染ちゃんオタク。
頭のメガネは変装用。
岡山県・のりあき・17歳

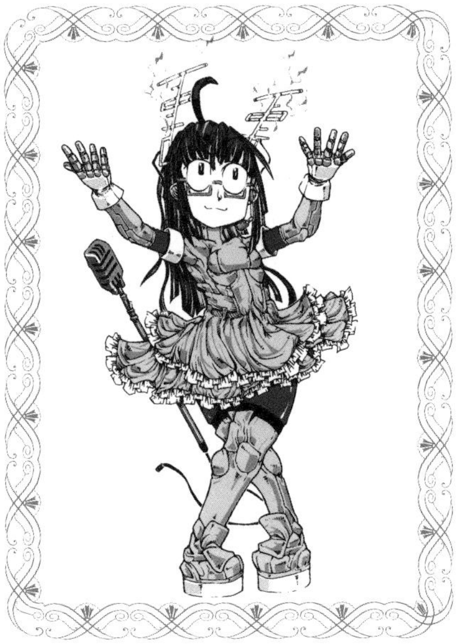

「ライフワークが2つあるアイドル少女(ではない(成人))。
プライベートのライフワークも音楽。仕事が3つ有る」
神奈川県・青雀

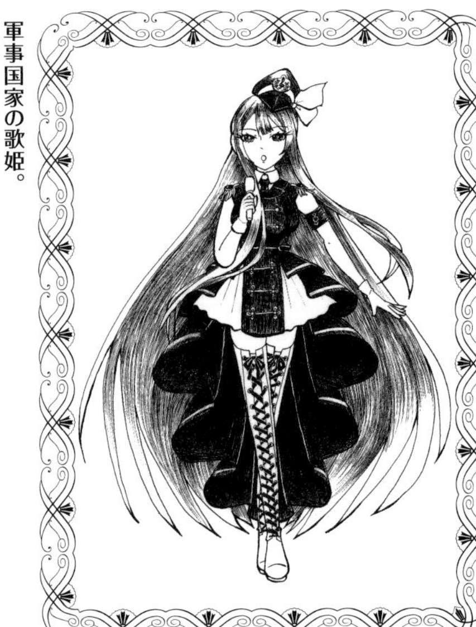

軍事国家の歌姫。
その麗しき見た目とは裏腹に、力強い歌声で他を圧倒する。
幼い頃からレッスンを欠かさない努力家な一面も持つ。
秋田県・とづき

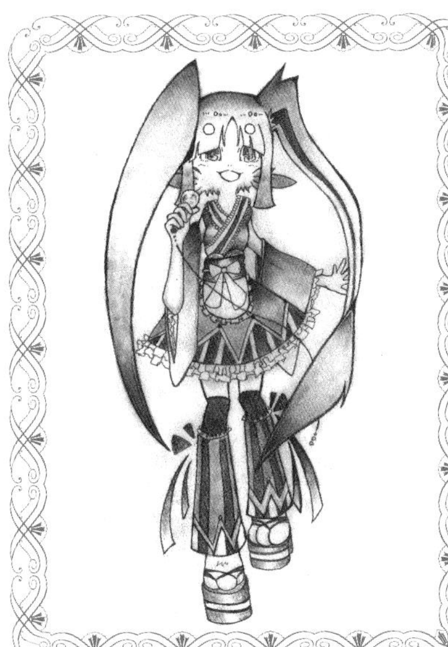

アイドルグループの一人　姫カットは忘れない
恥ずかしがり屋なため、目を髪で隠してる
東京都・さけ

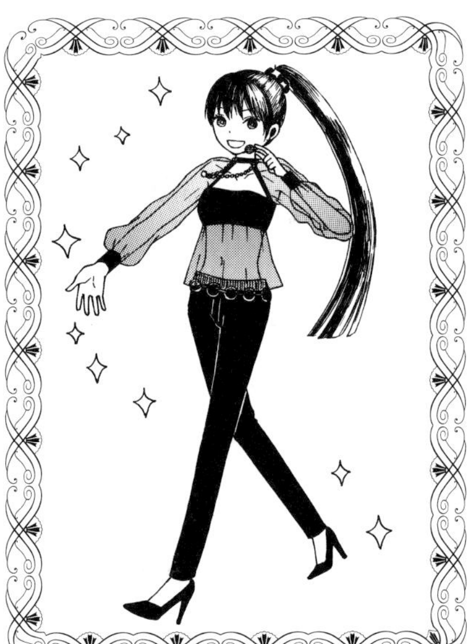

クール系アイドルのキキです。
経営側にまわりたい夢を、数年後異世界にとばされて叶えます。
高知県・柴イヌ

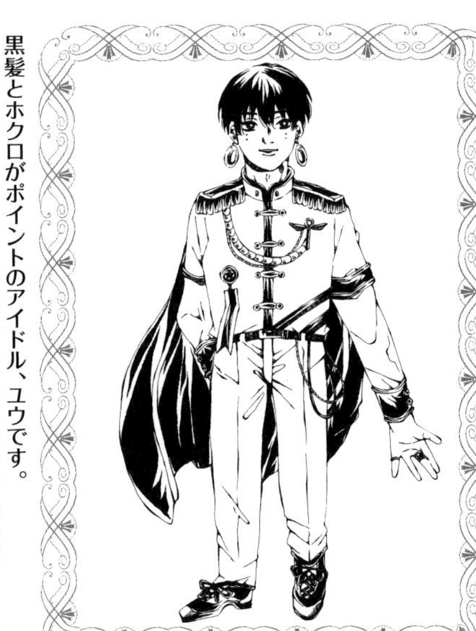

黒髪とホクロがポイントのアイドル、ユウです。
ダンスがとても上手で、笑顔が可愛いですが塩対応(笑)
福岡県・梅田

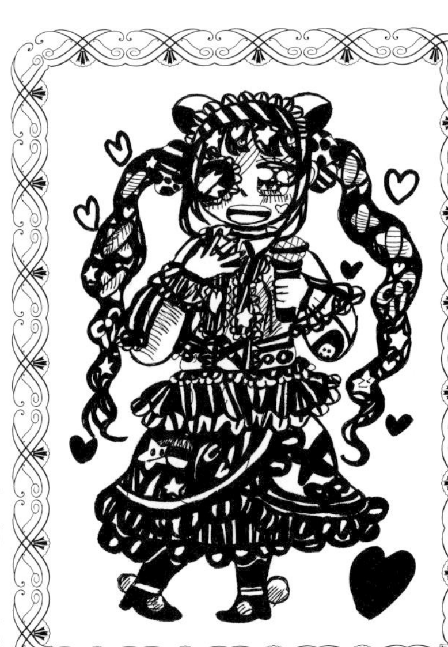

ケモ耳カチューシャをつけてるフリフリアイドルを描きました。
東京都・ひろくまひろみ

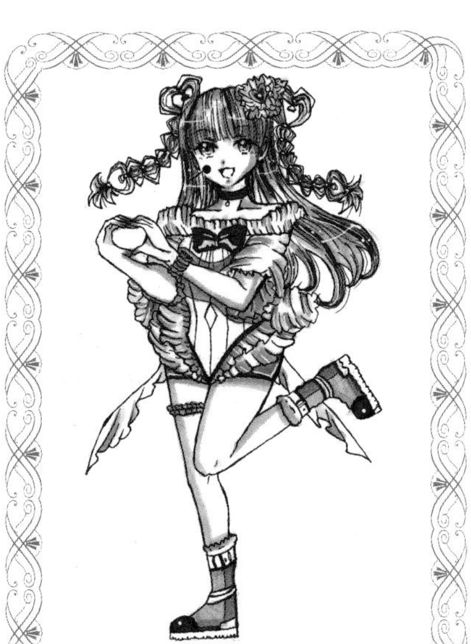

ハートと笑顔が持ち前。名はルルラハート。
笑顔で皆に愛と元気を届けるアイドルです。
福岡県・まがり竹

Sstory

絵と文字
〜セリフや詩やモノローグ etc.
で綴る絵物語のコーナー

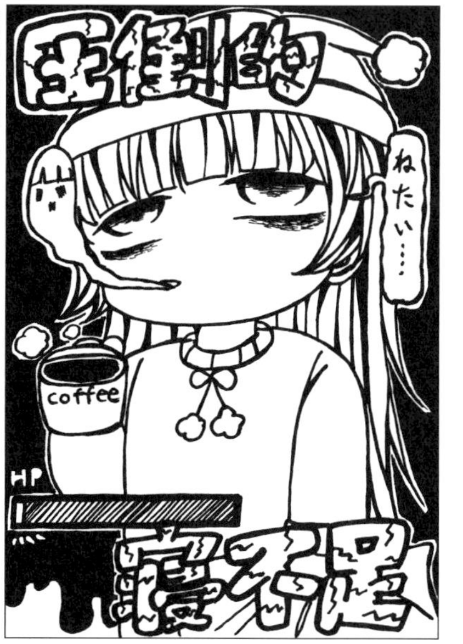

北海道・夢現まーや

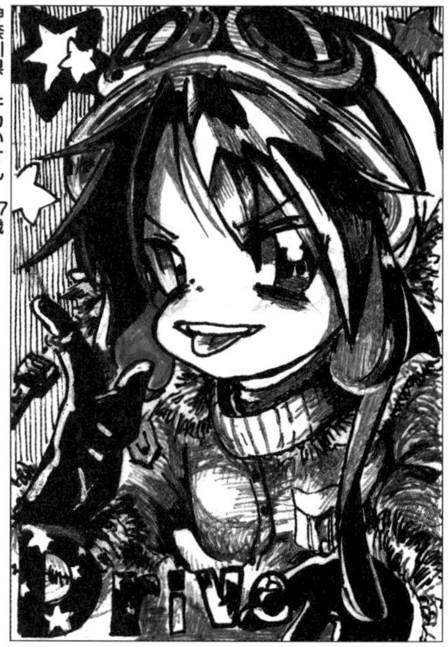

神奈川県・キカいおん・17歳

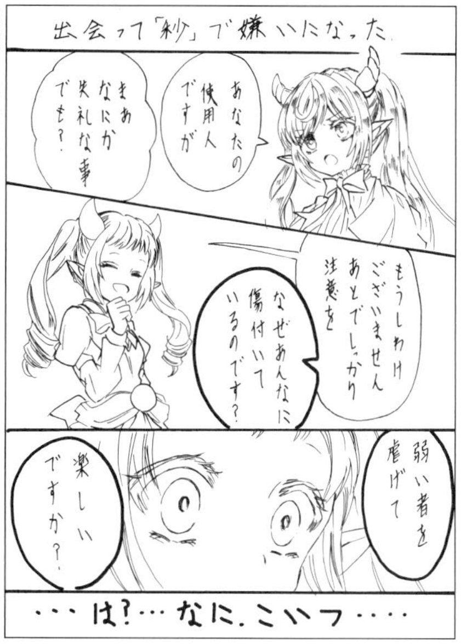

大阪府・ラブバード

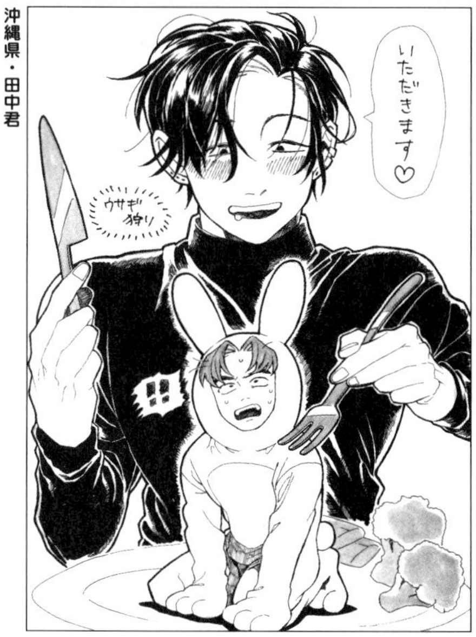

沖縄県・田中君

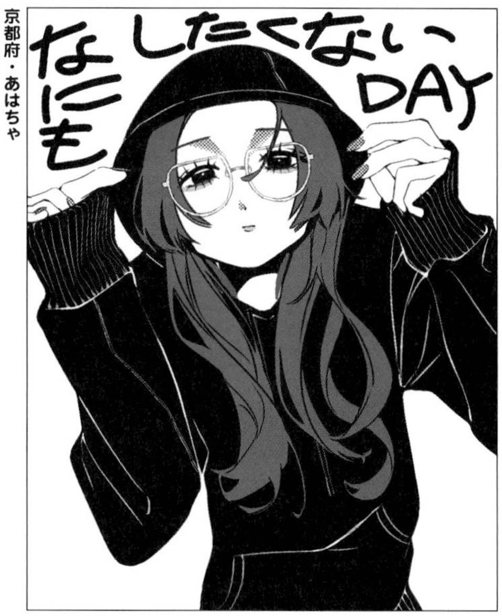

京都府・あはちゃ

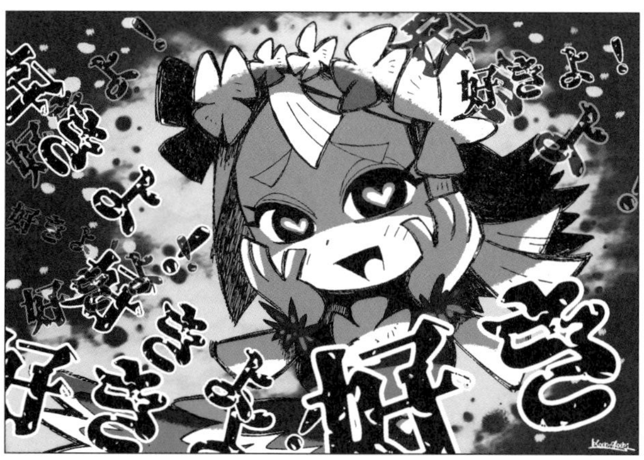

東京都・かりがり

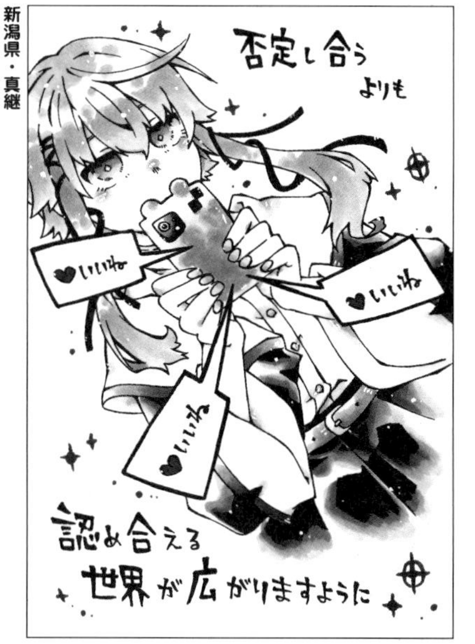

新潟県・真継

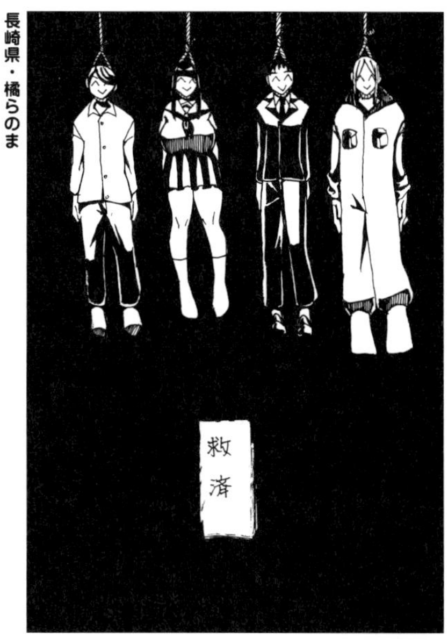

長崎県・橘らのま

三重県・シゲ

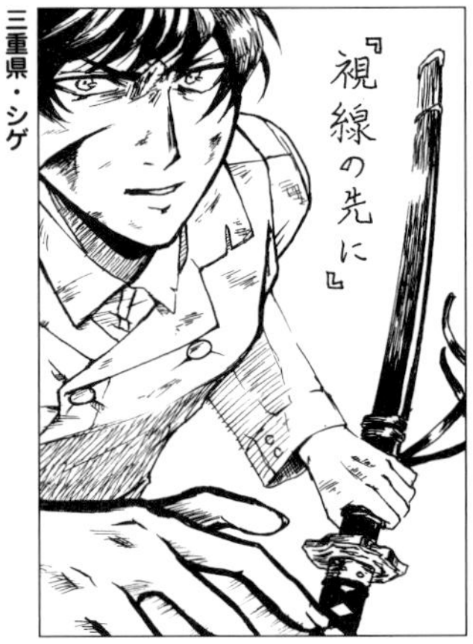

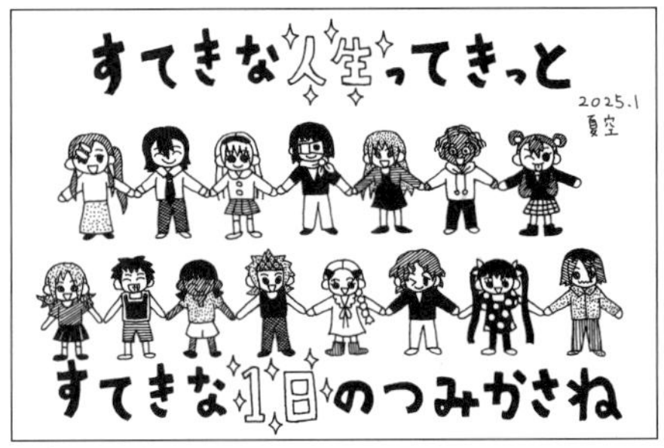

兵庫県・夏空

新潟県・色

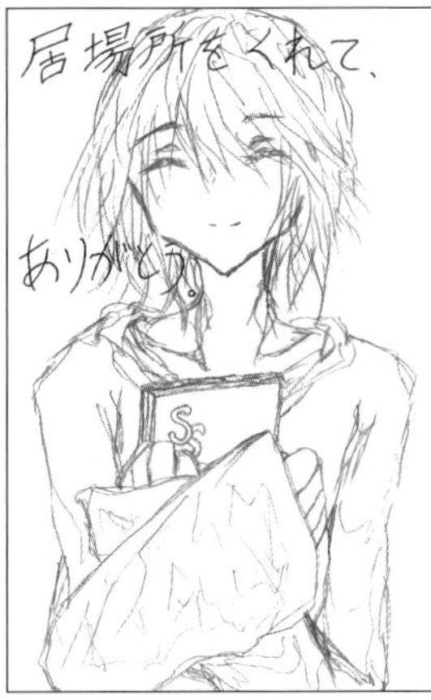

福島県・Azzurro.

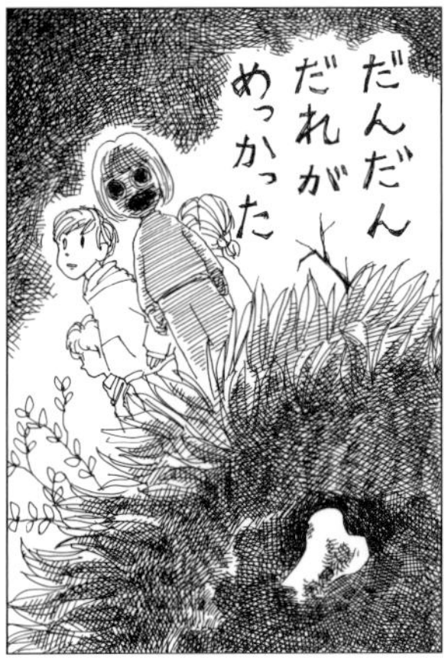

大阪府・香水あわわ

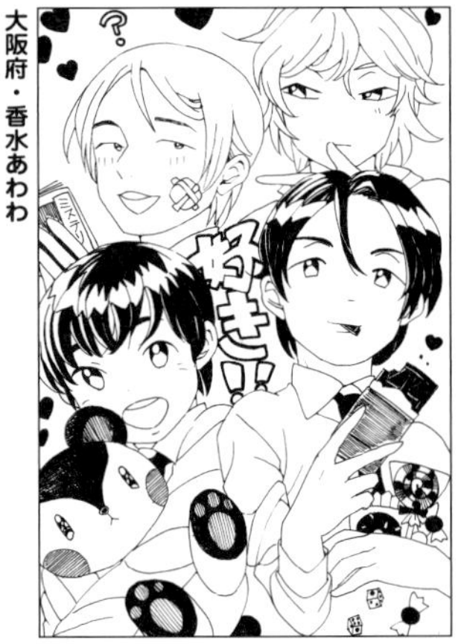

宮城県・秋津捨博・43歳

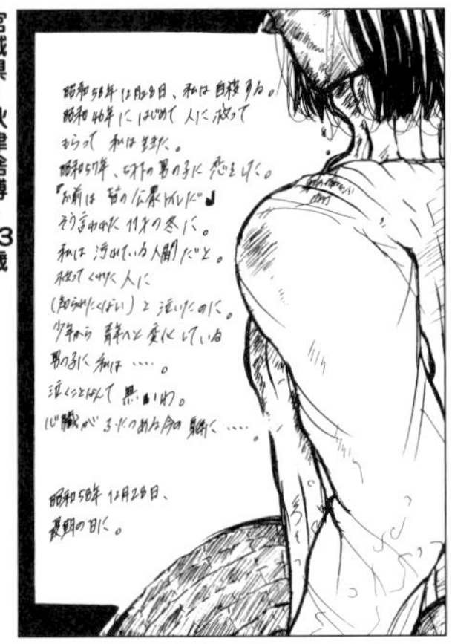

神奈川県・アンゲっち

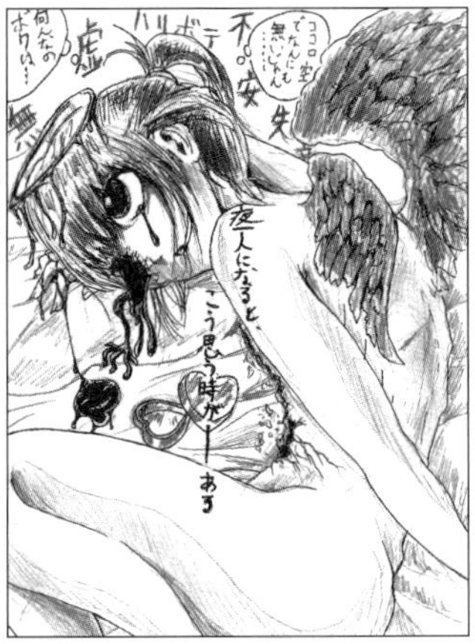

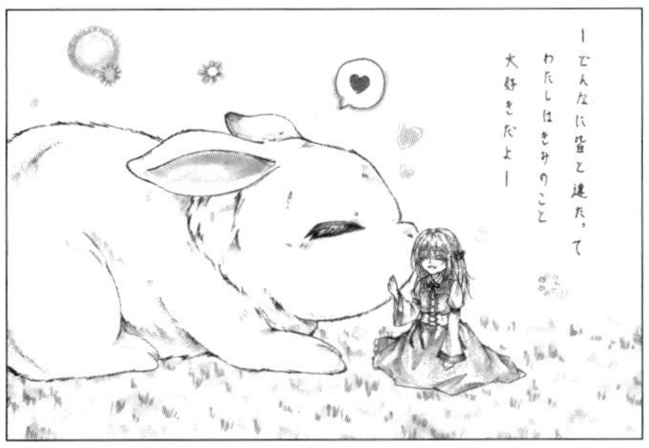

神奈川県・眠夜トーカ。

長野県・kou.

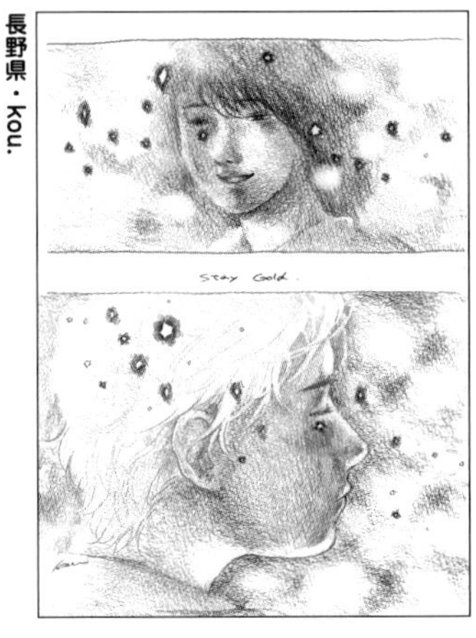

神奈川県・うさまる。

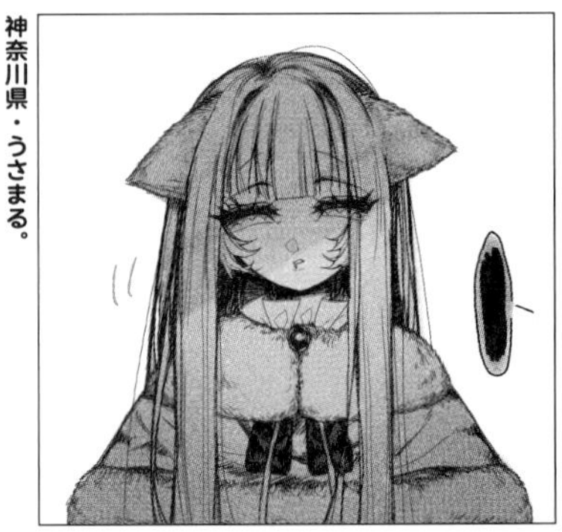

神奈川県・ねこにょ

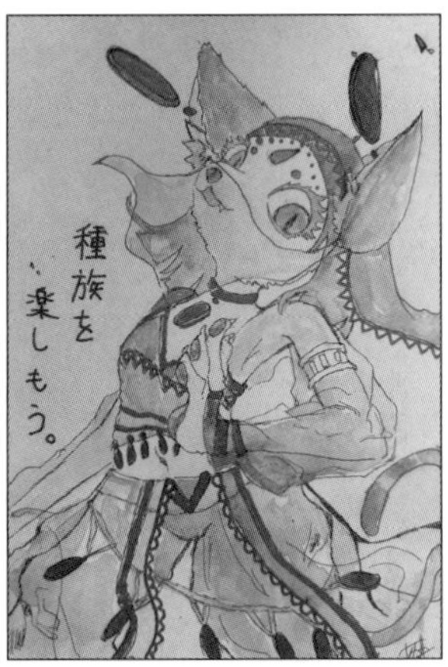

鹿児島県・ミセト

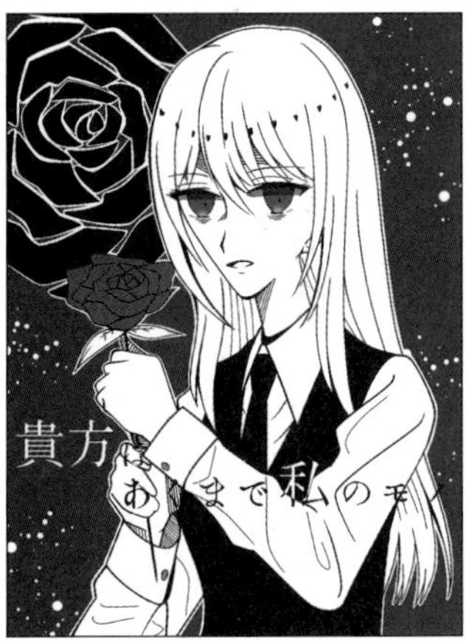

長野県・小林求・49歳

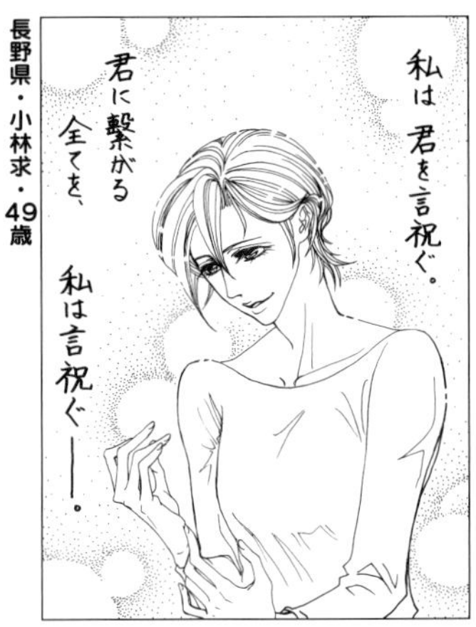

愛媛県・山下栞・13歳

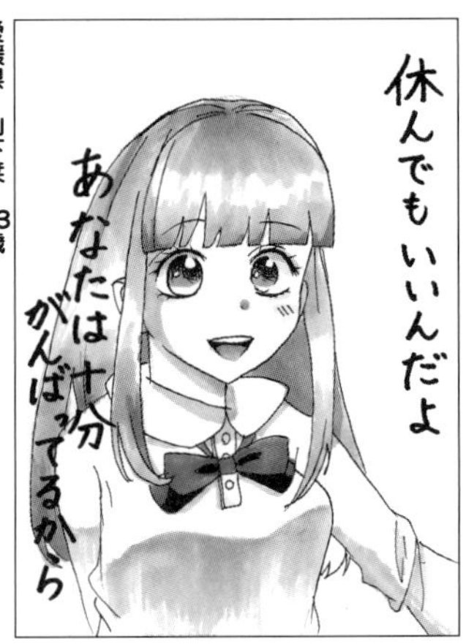

福岡県・梅田

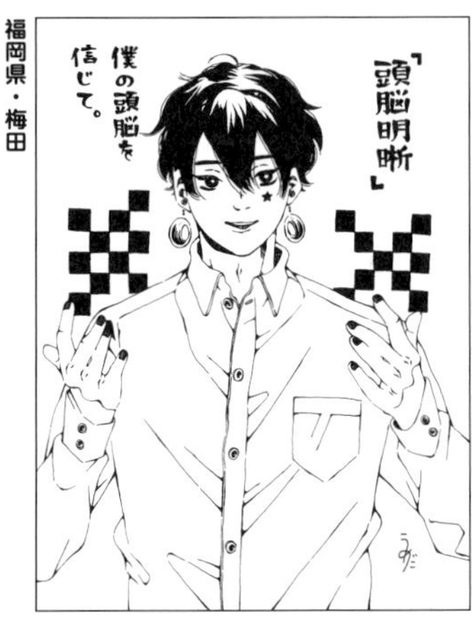

茨城県・あおいみう

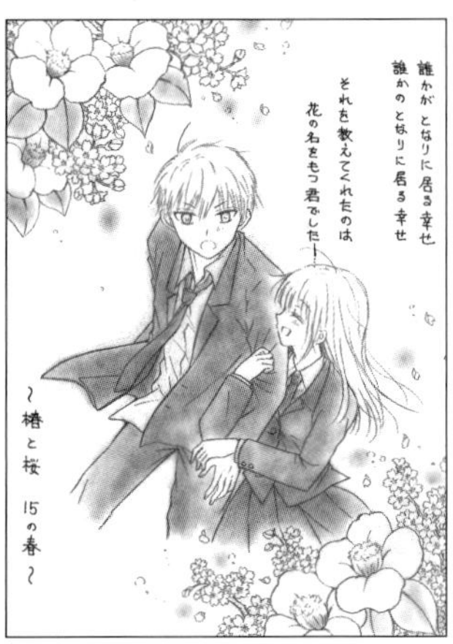

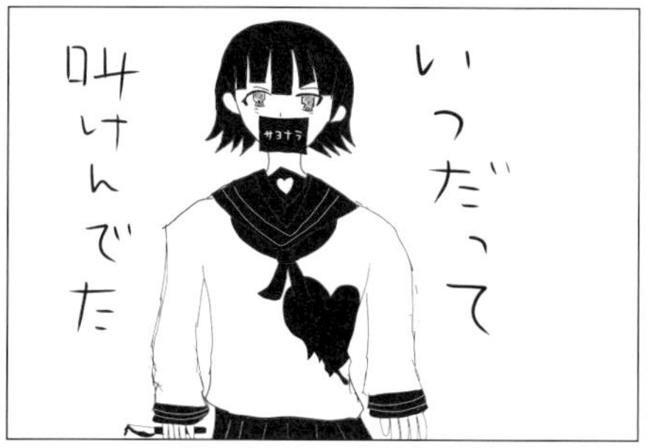

兵庫県・もちづき。・35歳

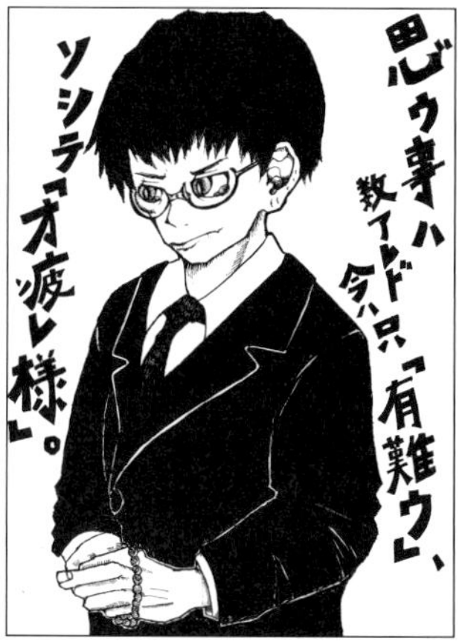

和歌山県・ひろいうみ

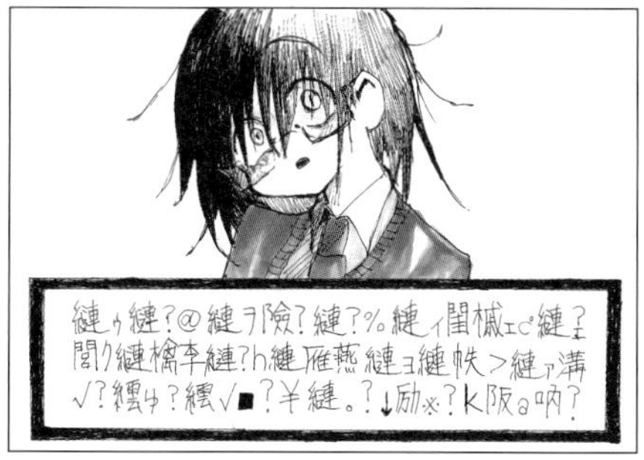
岡山県・のりあき・17歳

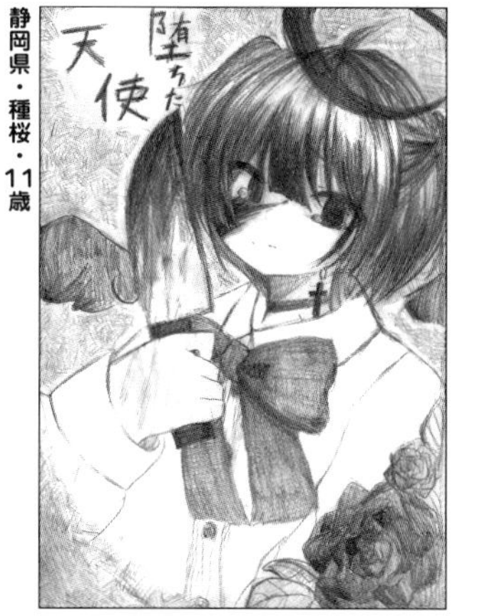

静岡県・種桜・11歳

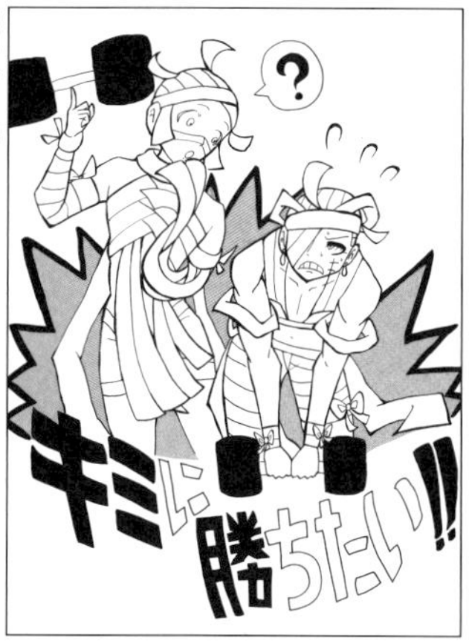

秋田県・とづき

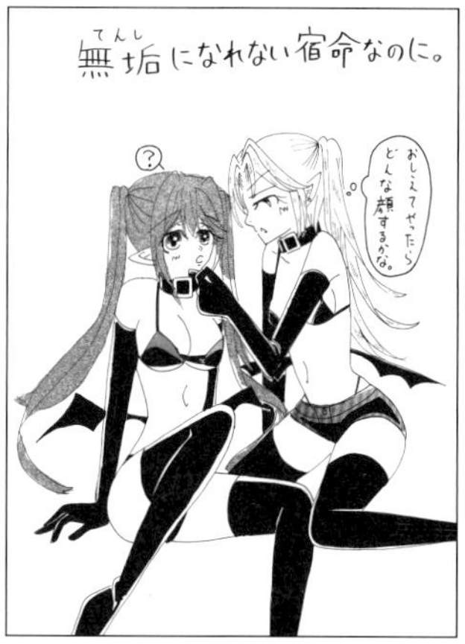

長野県・谷川りおん

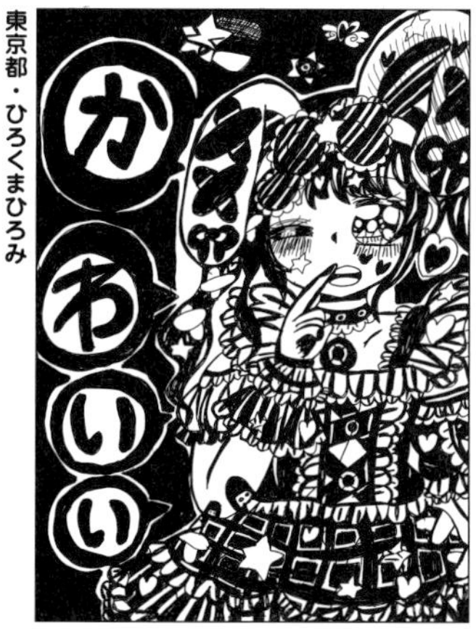

東京都・ひろくまひろみ

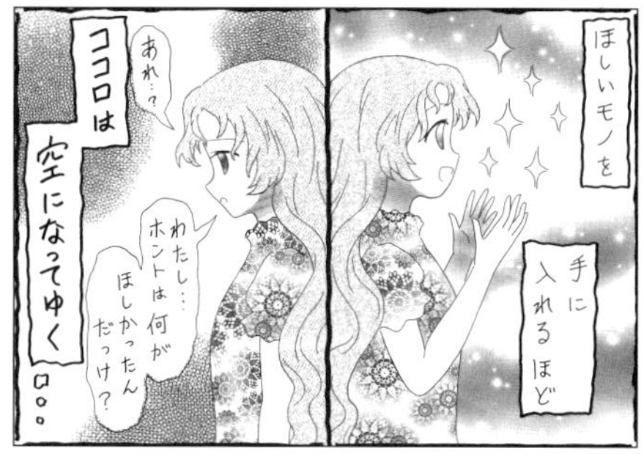

東京都・三田由子

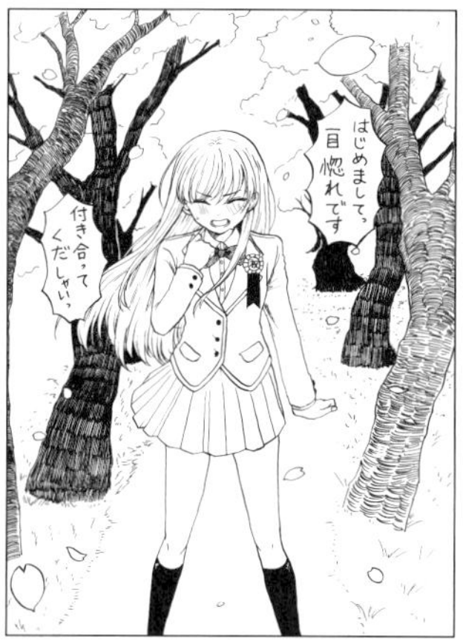

群馬県・RB

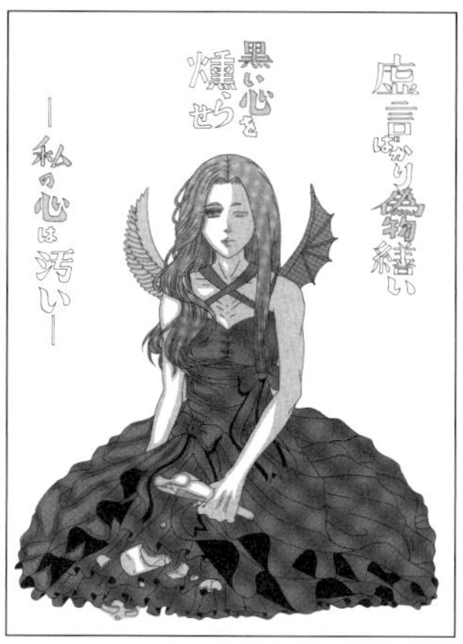

長野県・紅朱雀

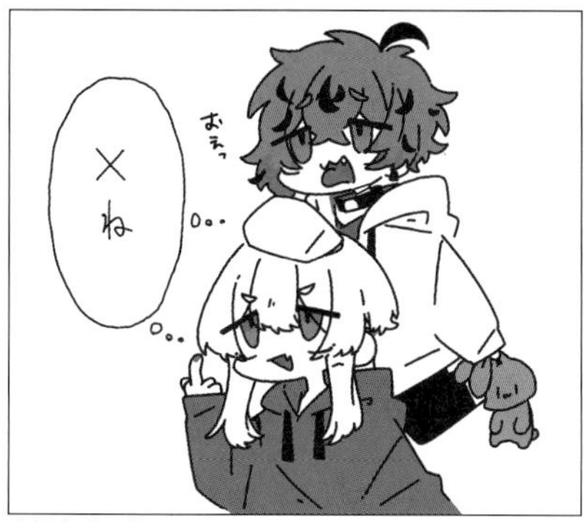

鹿児島県・鯨-いさな-

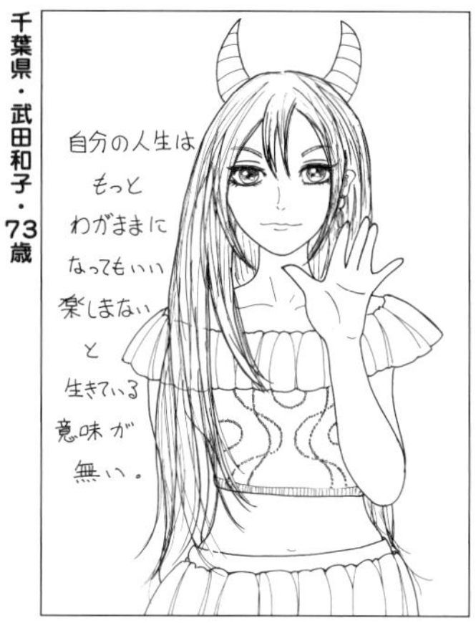

千葉県・武田和子・73歳

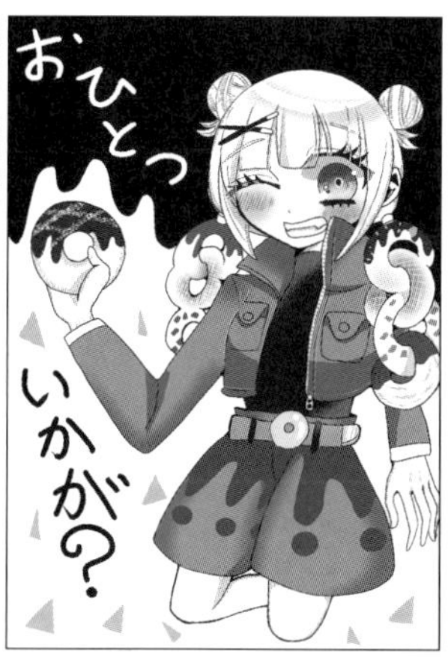

秋田県・木白らべ

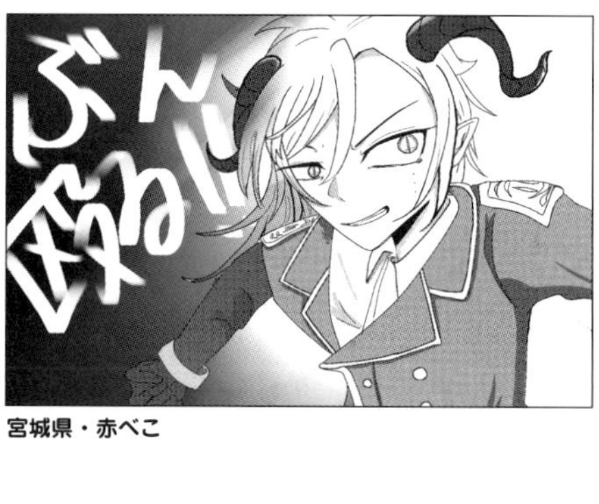
宮城県・赤べこ

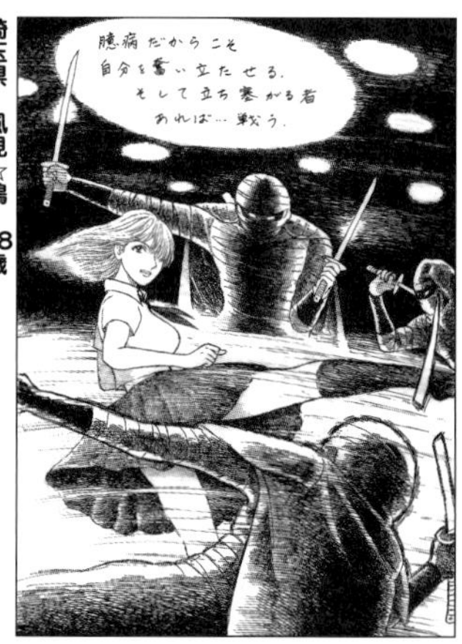

埼玉県・風見☆鶏・68歳

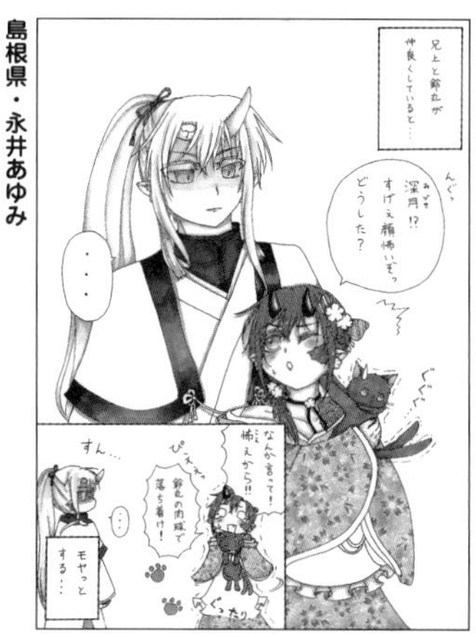
島根県・永井あゆみ

S stage

自由に描いた1ページ漫画劇場

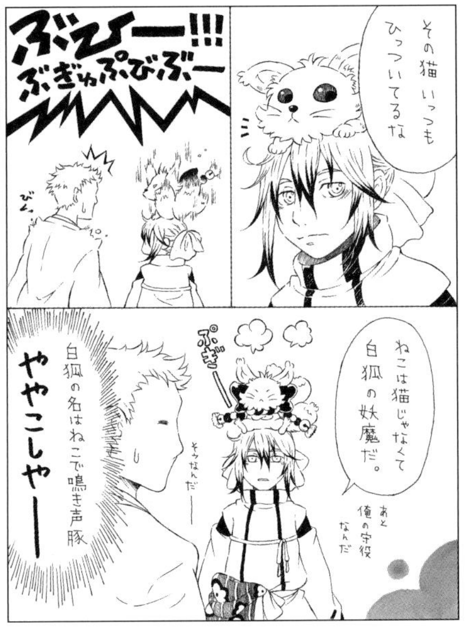

秋田県・鈴河馬

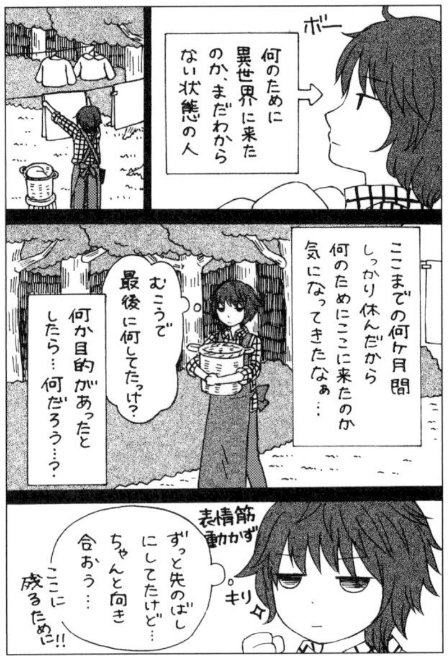

高知県・柴イヌ

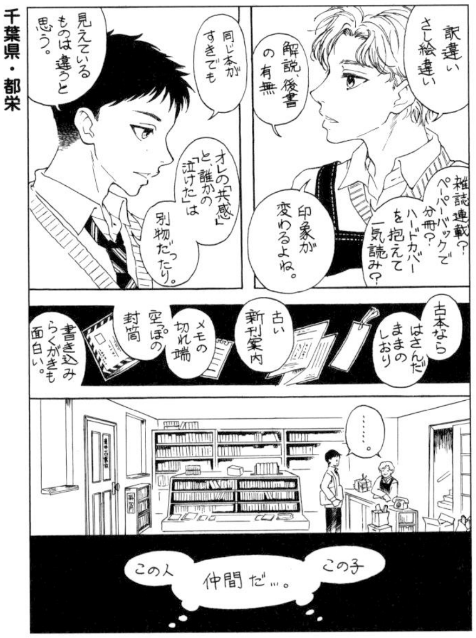

千葉県・都栄

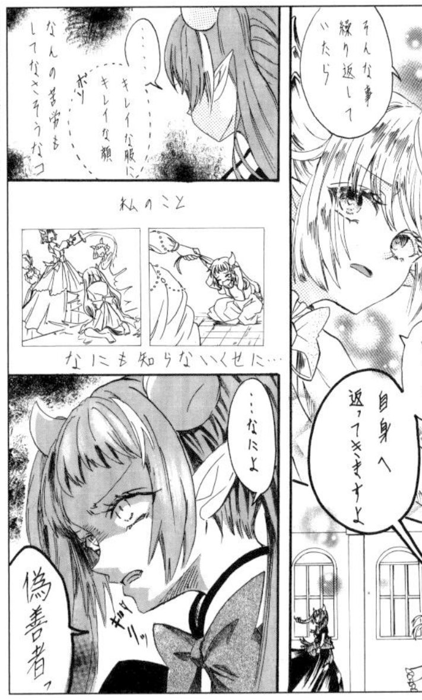

大阪府・ラブバード

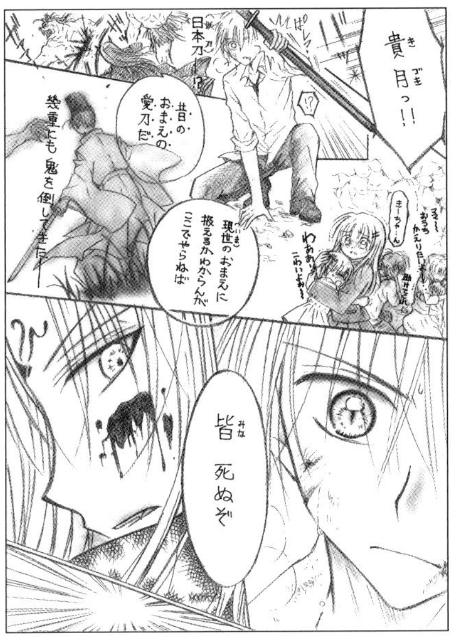

茨城県・あおいみう

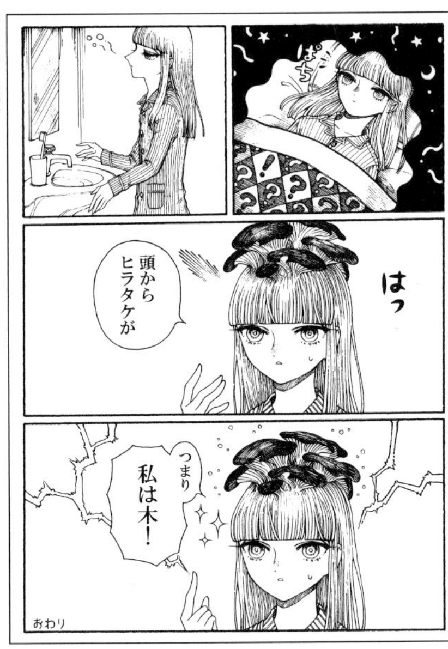

石川県・庭一

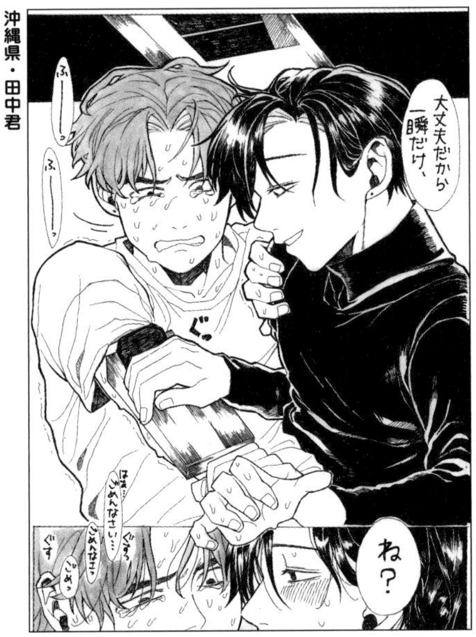

沖縄県・田中君

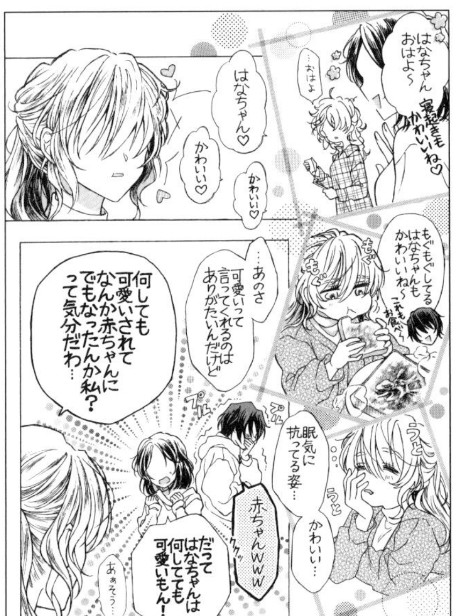

沖縄県・すきっぱねずみ

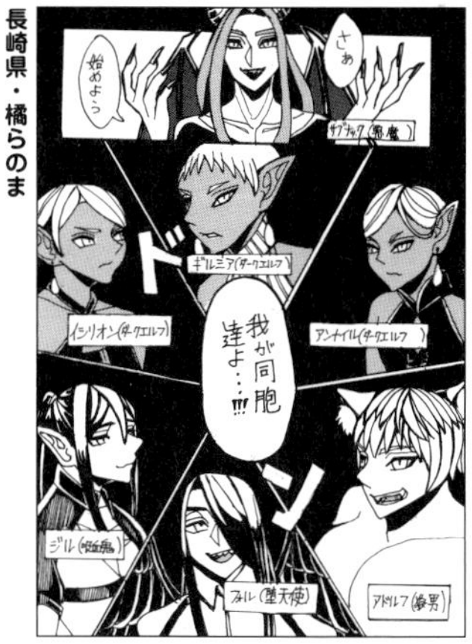

長崎県・橘らのま

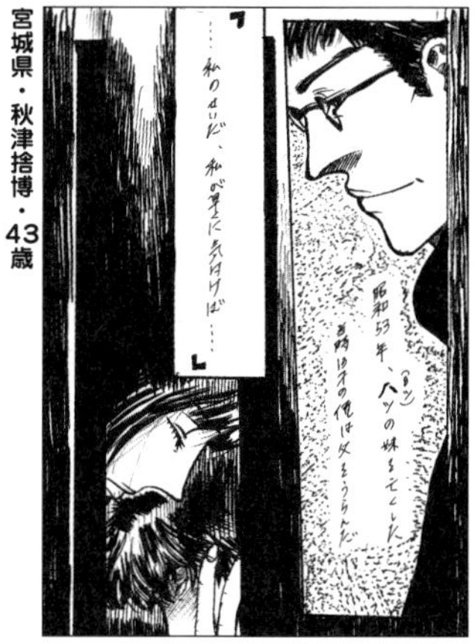
宮城県・秋津捨博・43歳

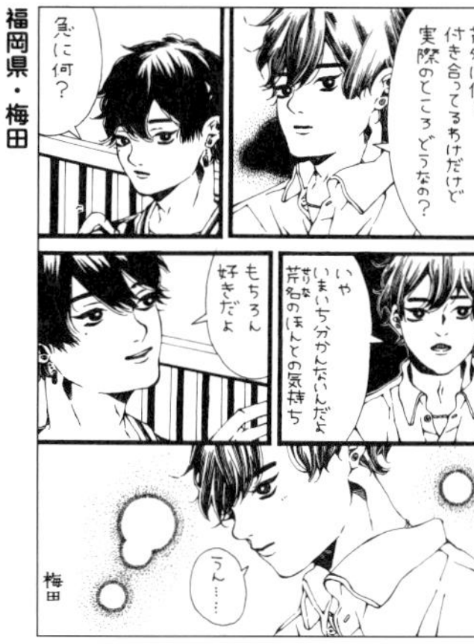

福岡県・梅田

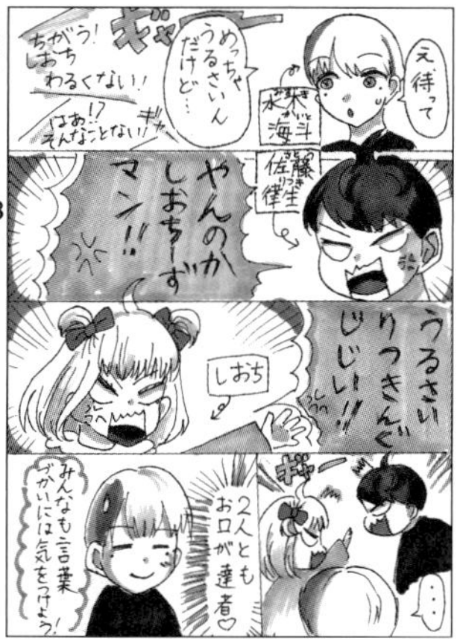

愛媛県・山下栞・13歳

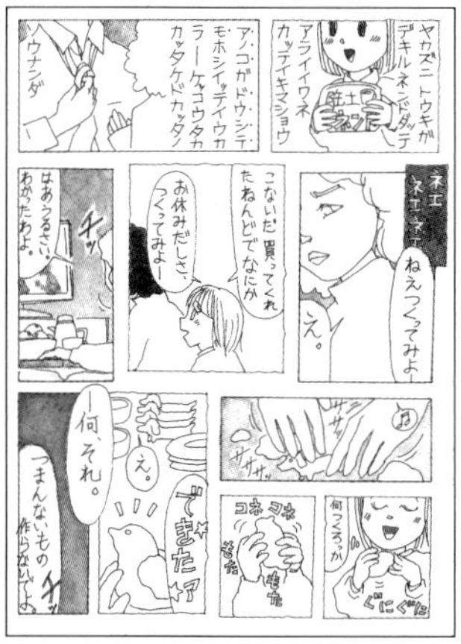
福島県・Azzurro.

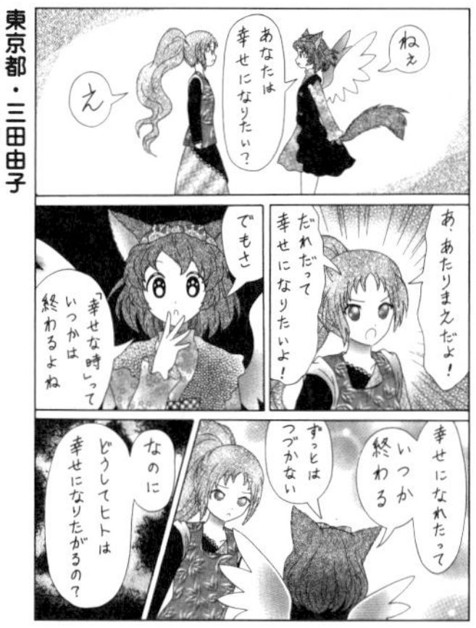

東京都・三田由子

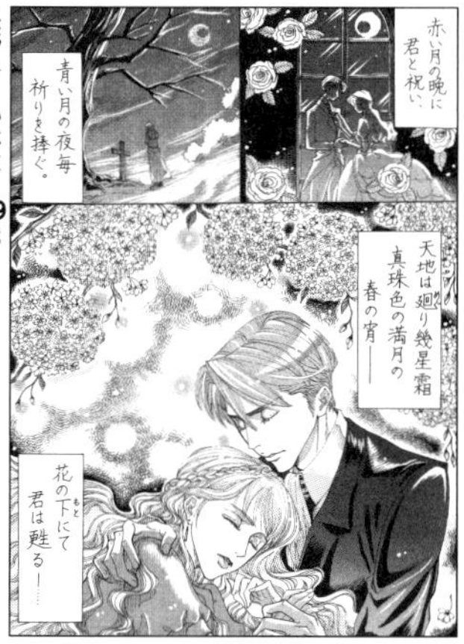

長野県・小林求・49歳

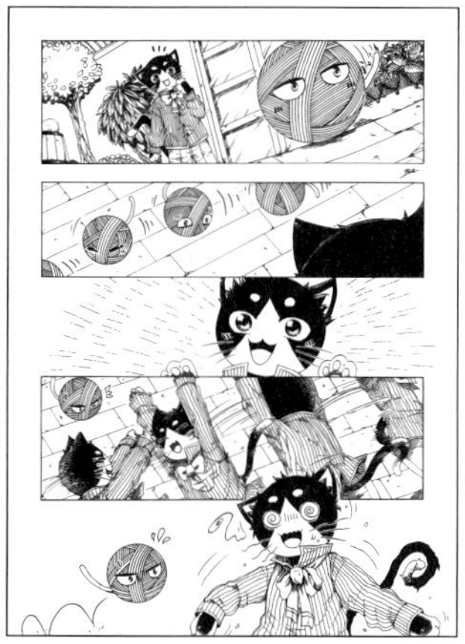
神奈川県・璃緒

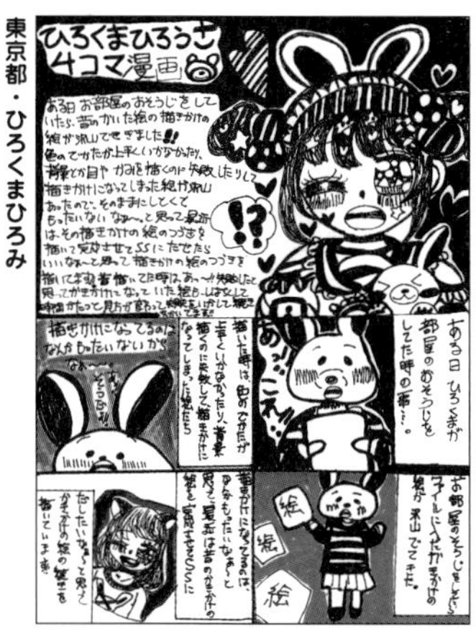

東京都・ひろくまひろみ

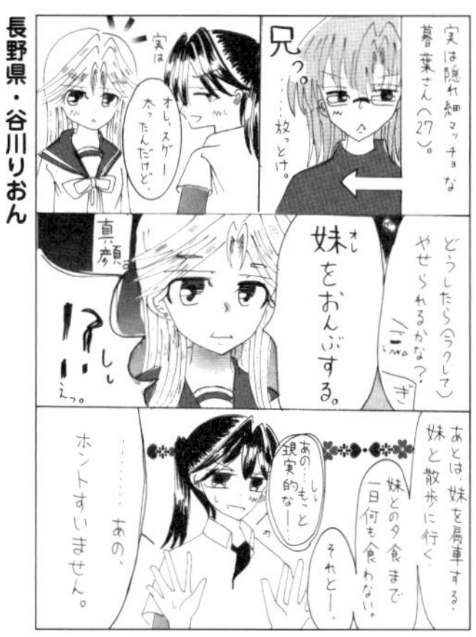

長野県・谷川りおん

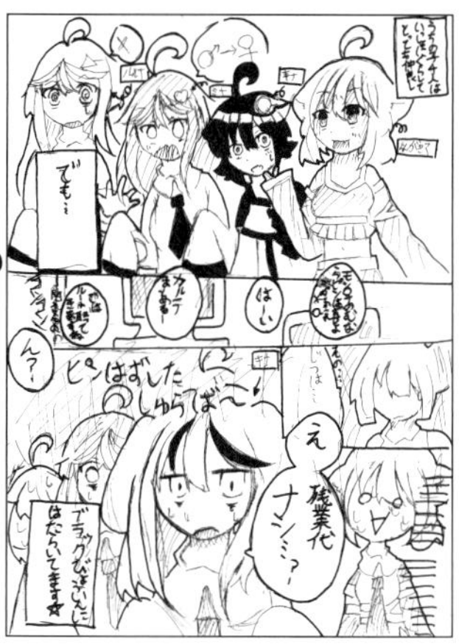
神奈川県・りすりす・10歳

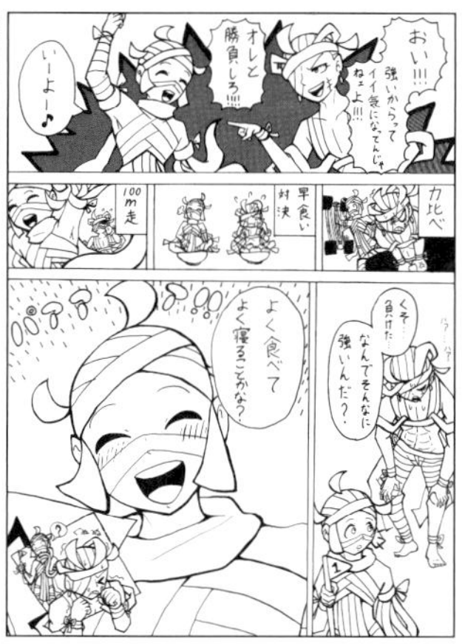

秋田県・とづき

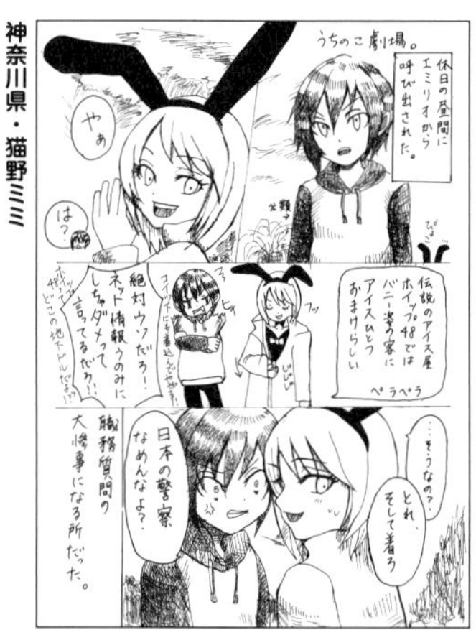

神奈川県・猫野ミミ

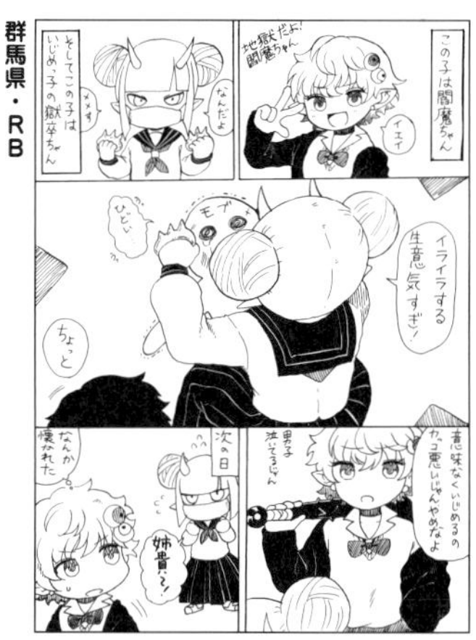

群馬県・RB

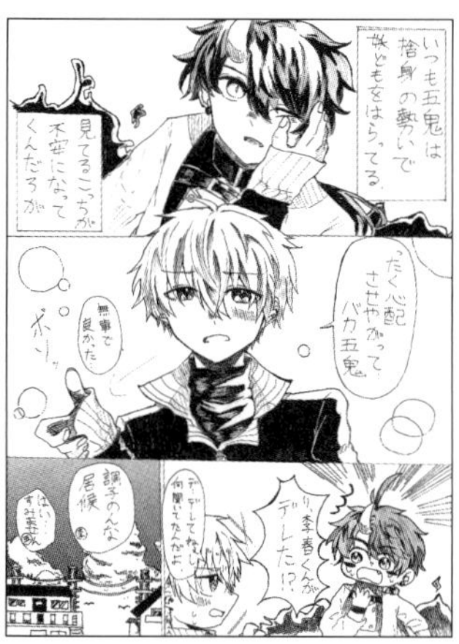
兵庫県・yakumo

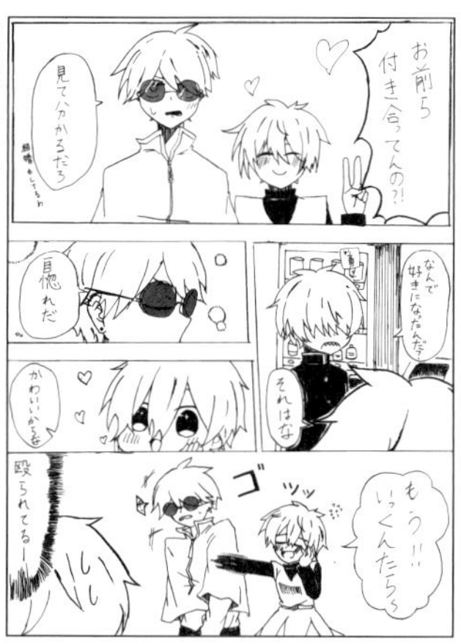

兵庫県・シャケ

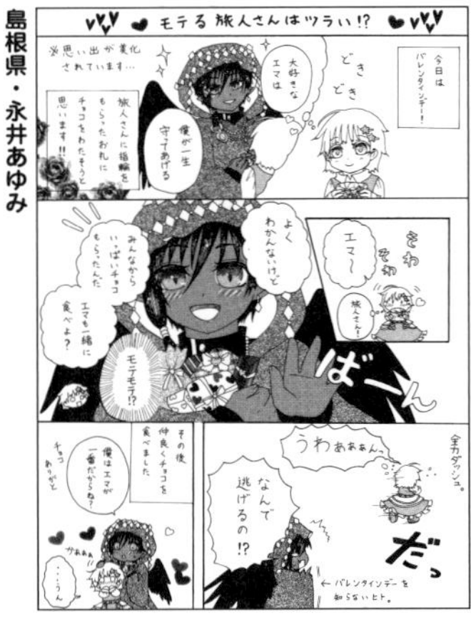

島根県・永井あゆみ

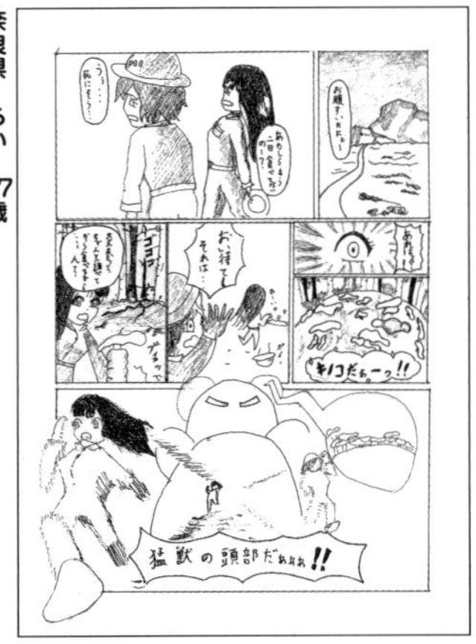

奈良県・らい・17歳

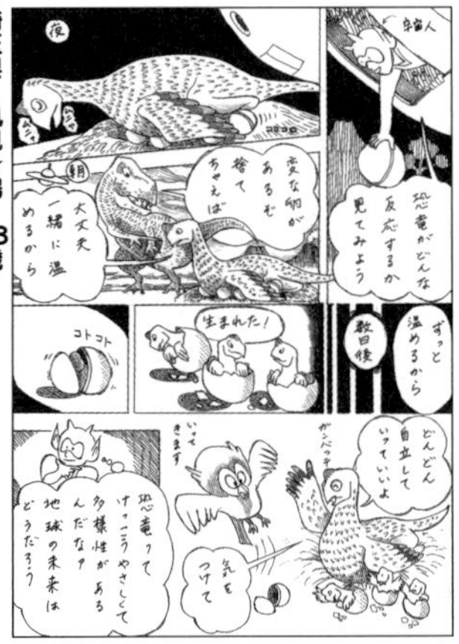

埼玉県・風見☆鶏・68歳

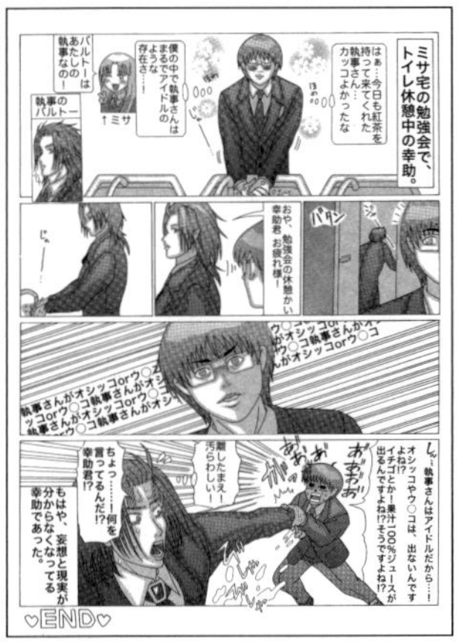

長野県・紅朱雀

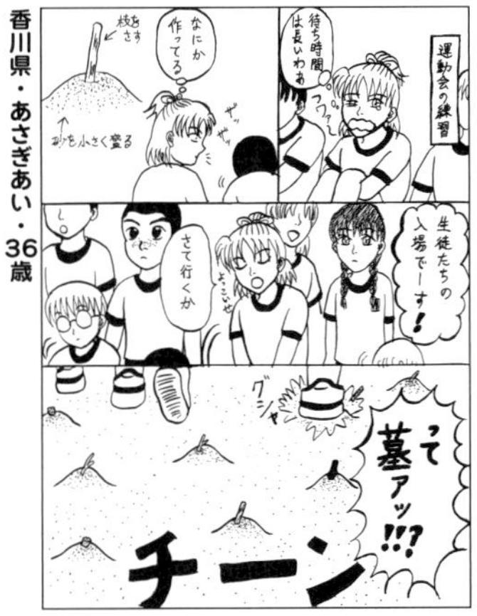

香川県・あさぎあい・36歳

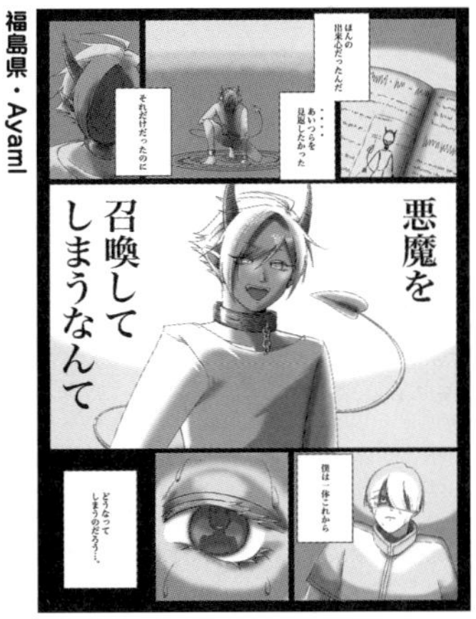

福島県・Ayami

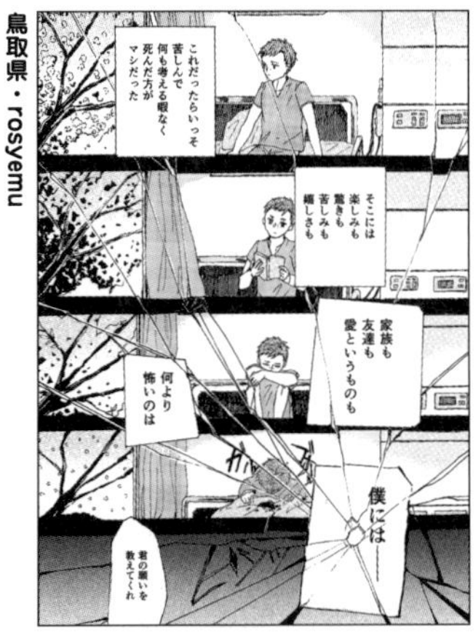

鳥取県・rosyemu

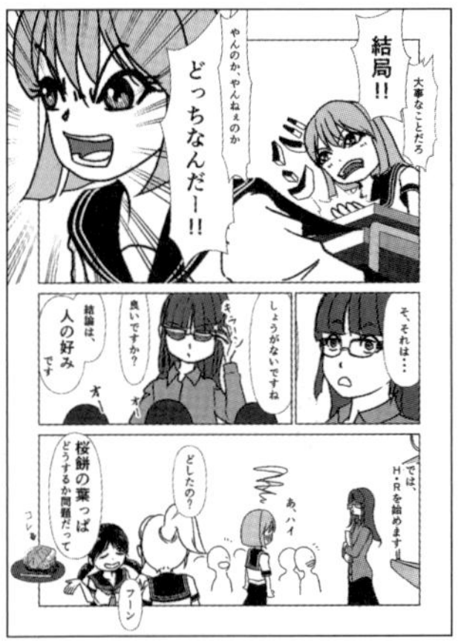

東京都・うつろう

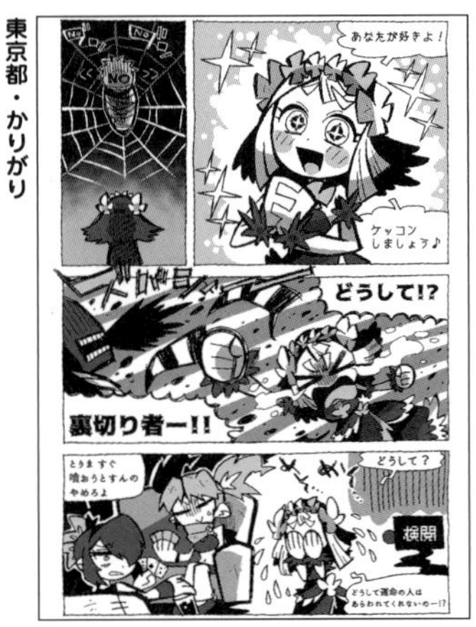

東京都・かりがり

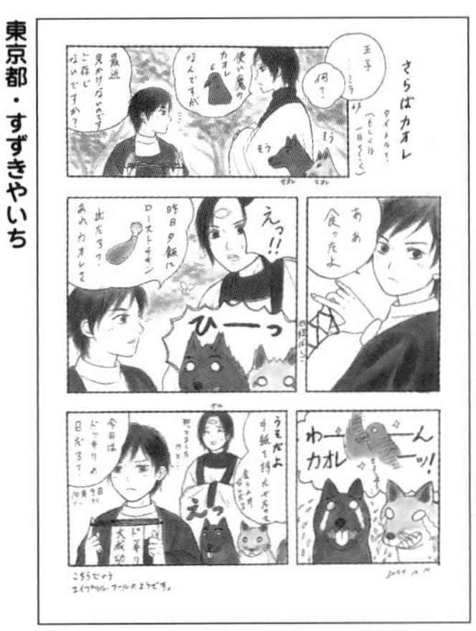

東京都・すずきやいち

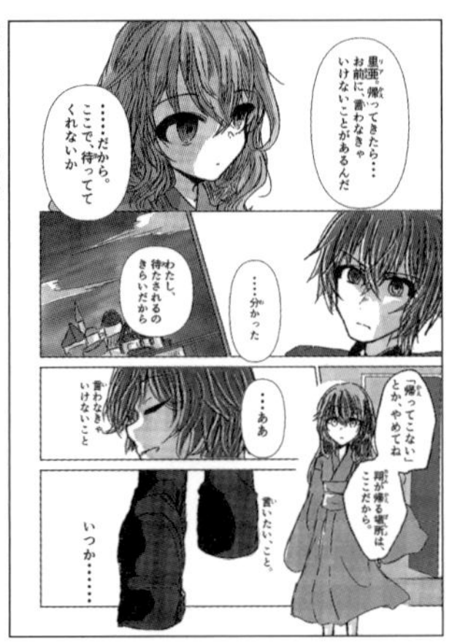

東京都・ともしび

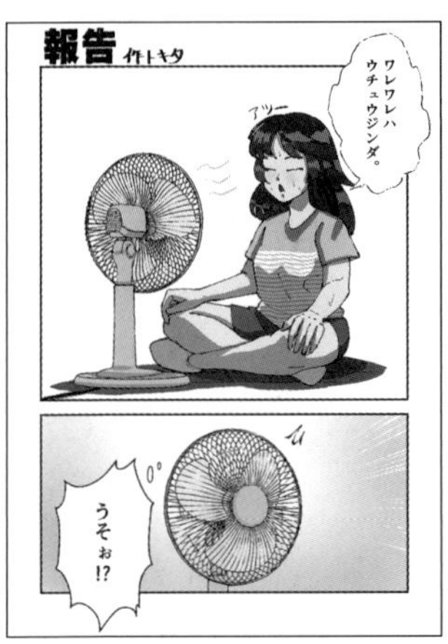

大阪府・時田夏名

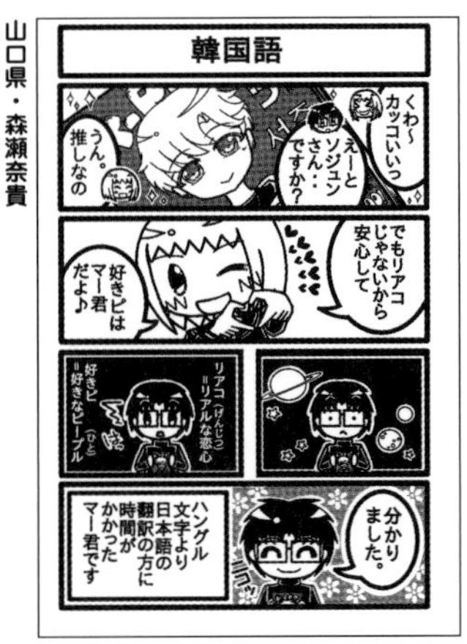

山口県・森瀬奈貴

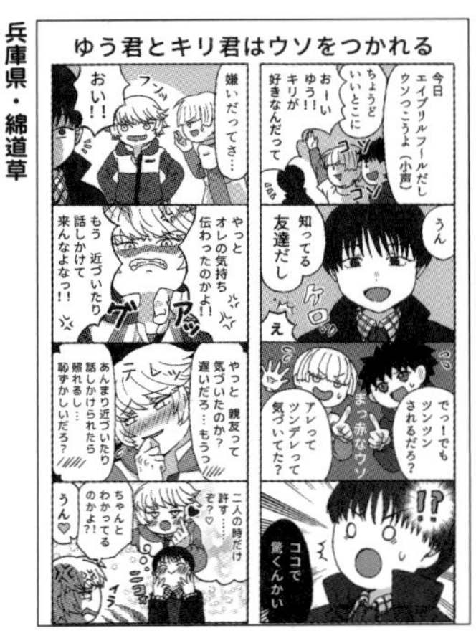

兵庫県・綿道草

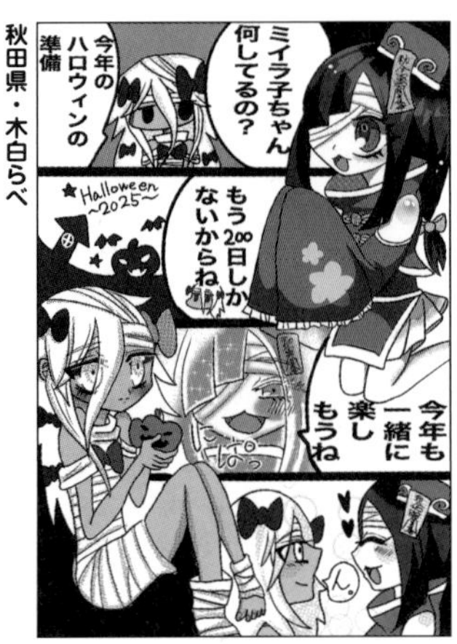

秋田県・木白らべ

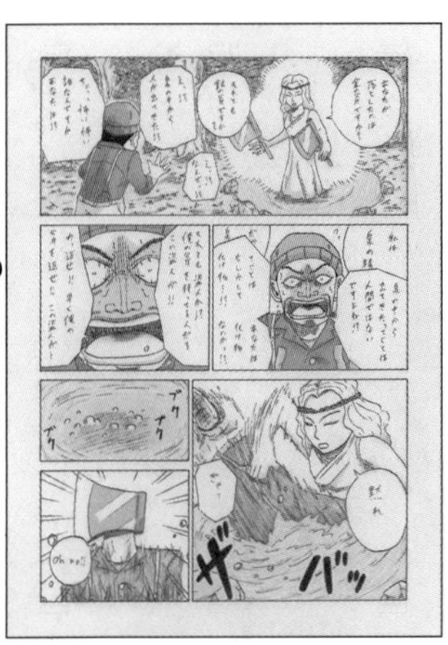

福岡県・与那嶺小鉄・19歳

S something

みんなの近況などを描いた四コマ漫画を紹介！

毎号、楽しい四コマをありがとうございます。みなさんの近況などを知ることができてとてもうれしいコーナーです！

大阪府・ラブバード

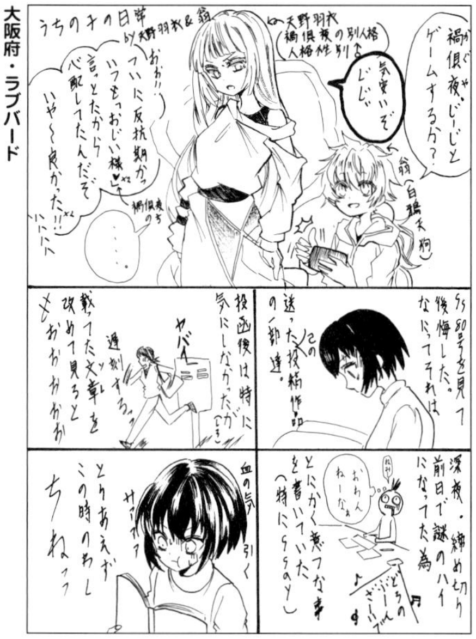

長野県・小林求・49歳

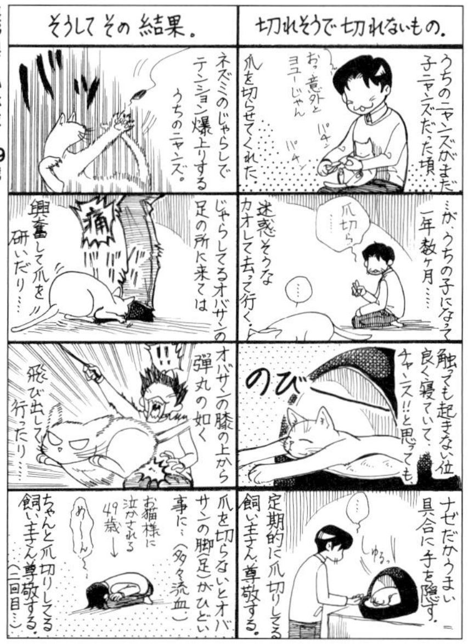

茨城県・あおいみう

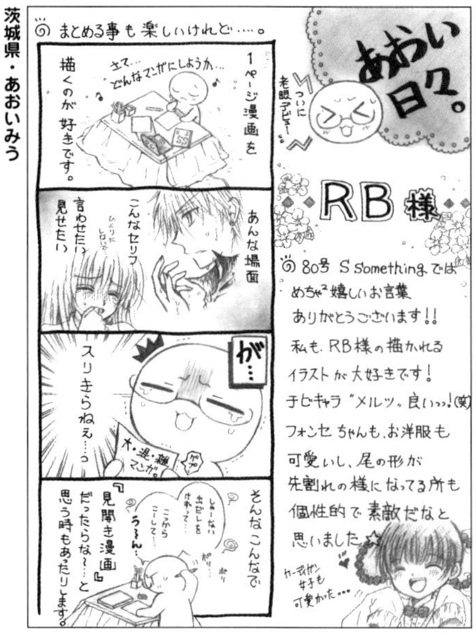

神奈川県・るりるり・39歳

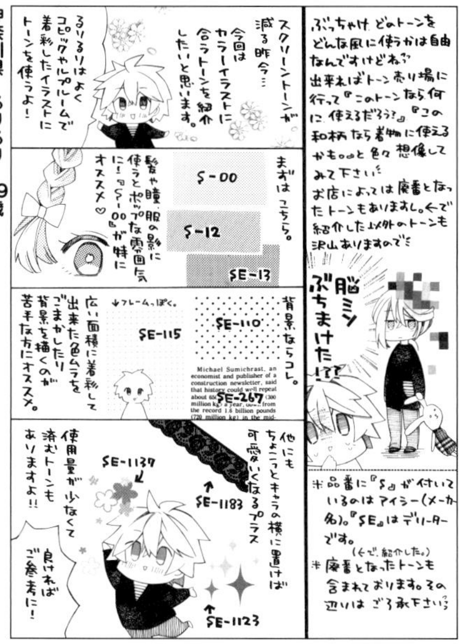

神奈川県・りすりす・10歳

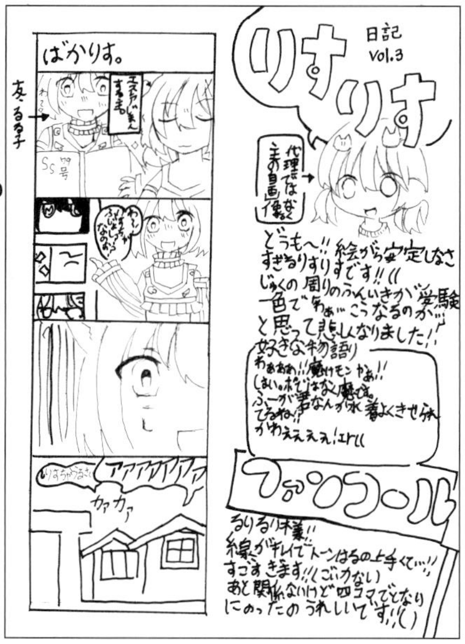

茨城県・めーたん・16歳

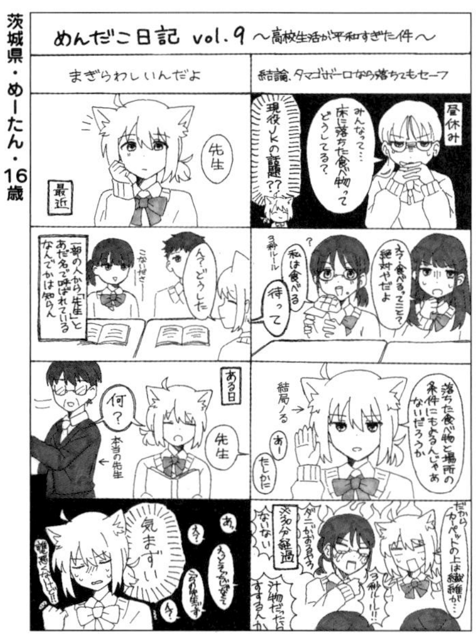

岡山県・のりあき・17歳

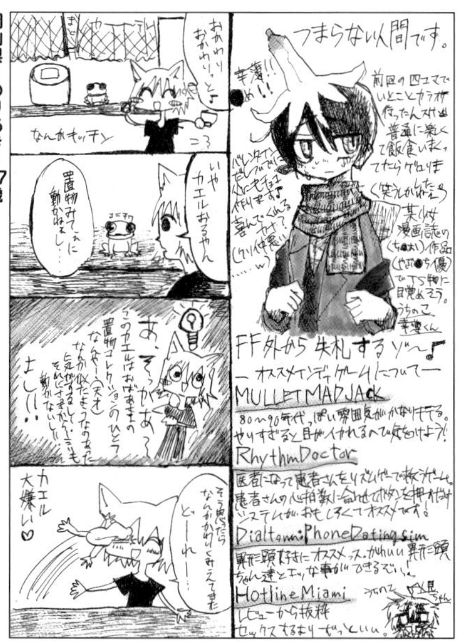

新潟県・真継

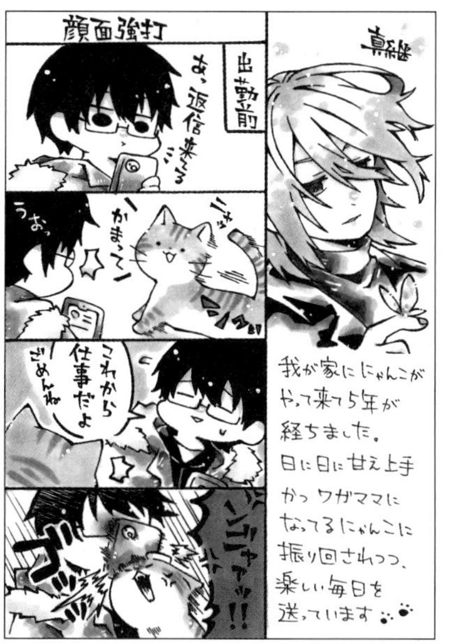

長崎県・橘らのま

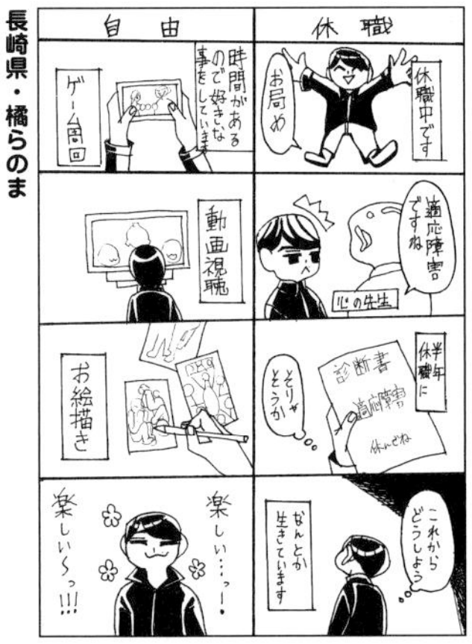

宮城県・秋津捨博・43歳

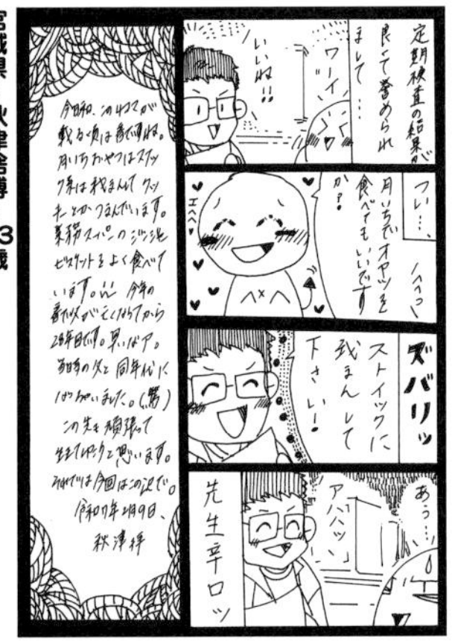

愛媛県・山下栞・13歳

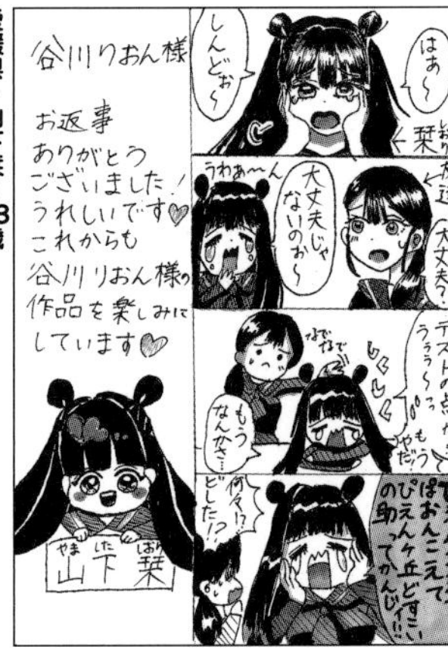

福岡県・えがおくらげ。

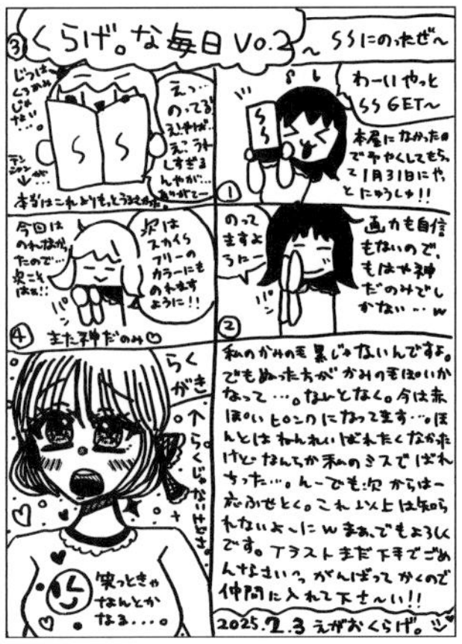

神奈川県・キカイオン・17歳

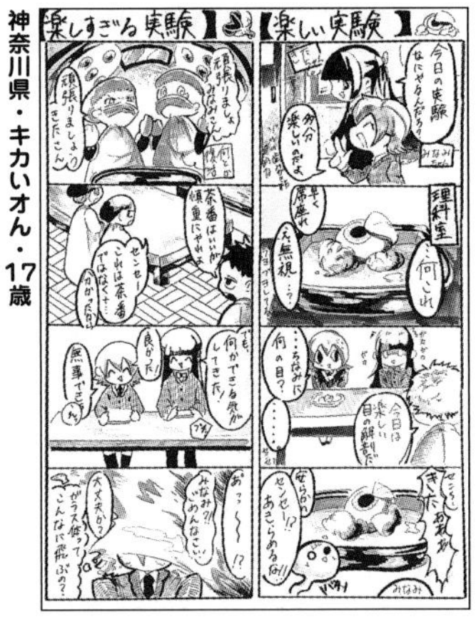

埼玉県・セコイ也

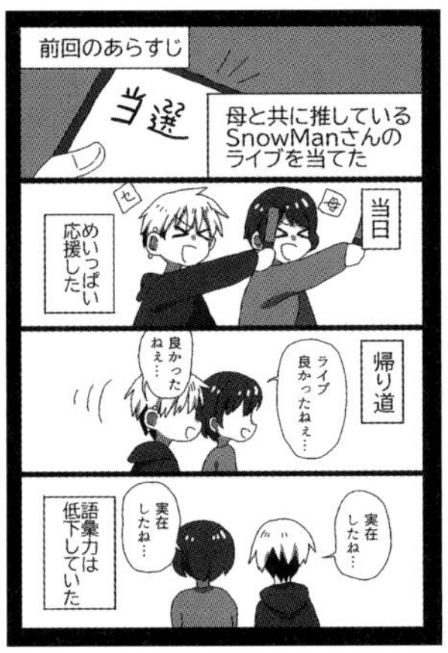

岡山県・森野つむぎ

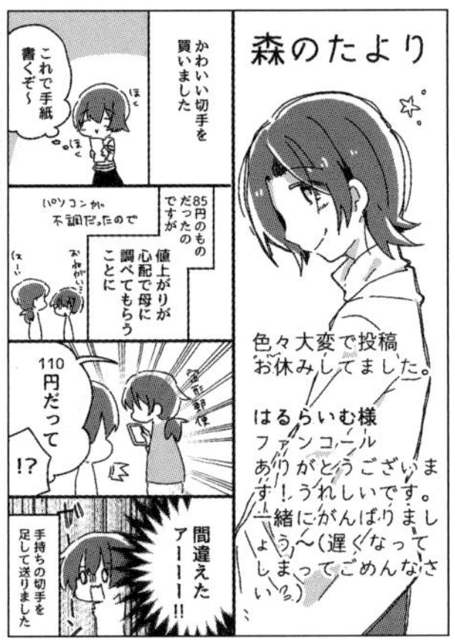

大阪府・棚田

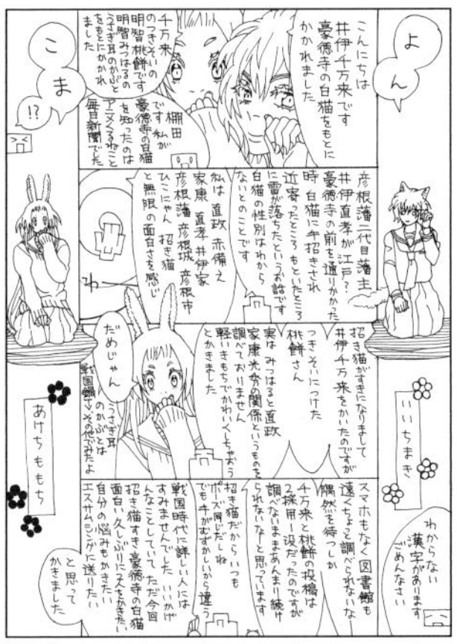

兵庫県・もちづき。・35歳

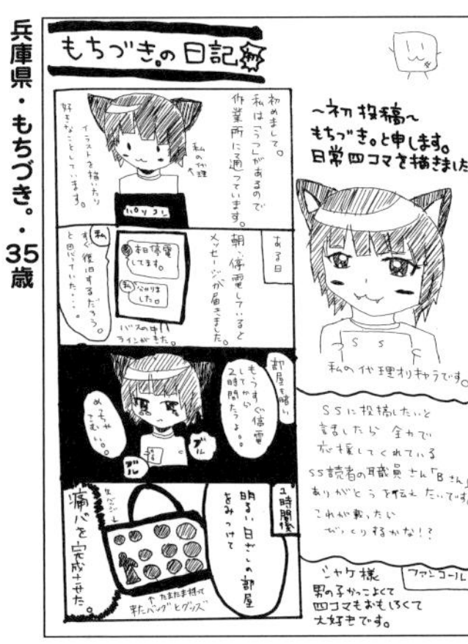

兵庫県・シャケ

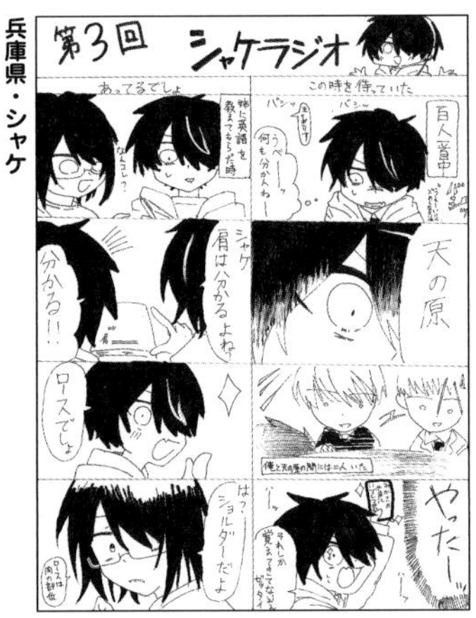

大阪府・和桜恋・12歳

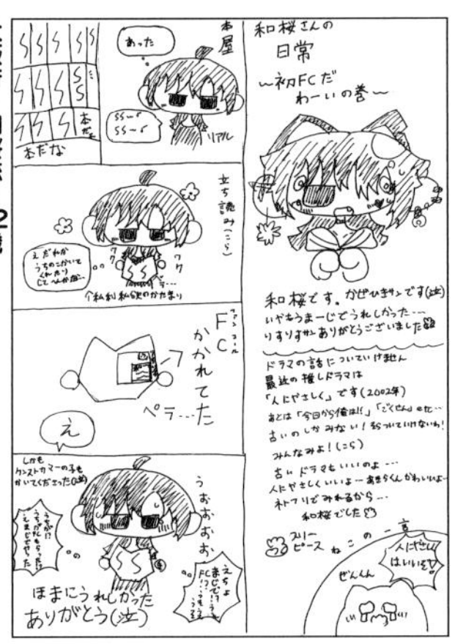

群馬県・RB

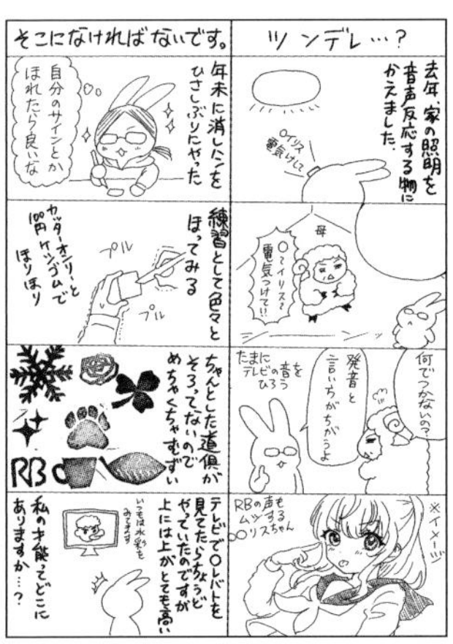

神奈川県・ゆるゆる・9歳

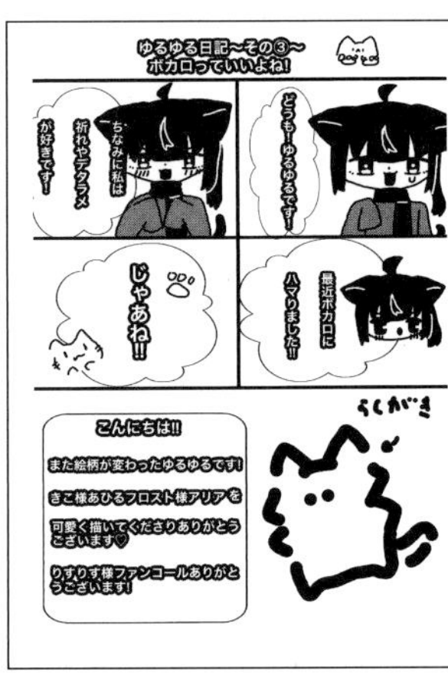

東京都・ひろくまひろみ

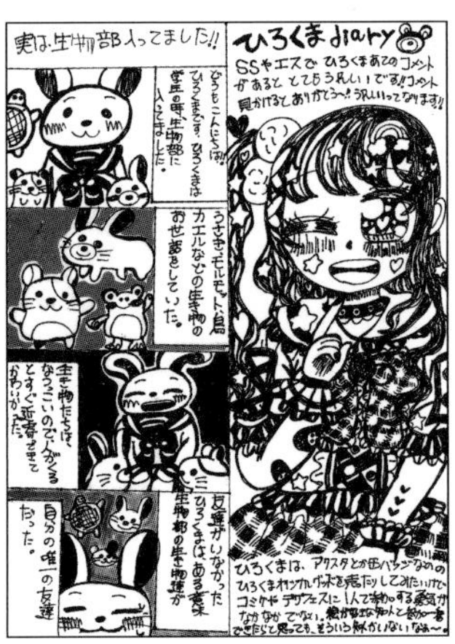

東京都・三田田子

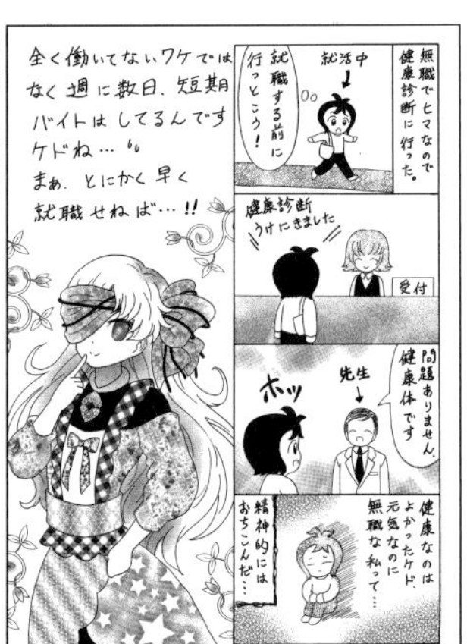

長崎県・うめ

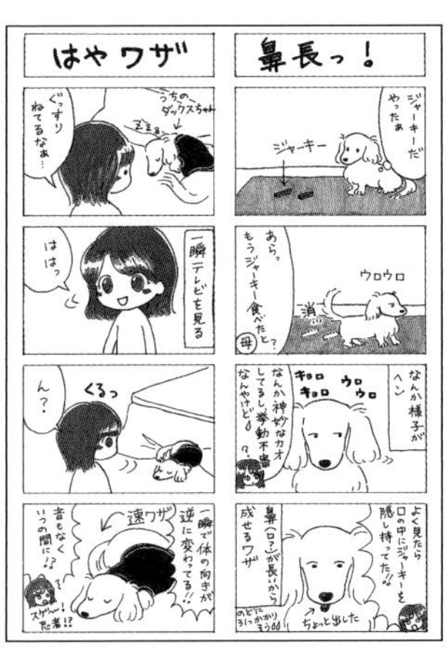

S say

フリートーク的な文字投稿コーナー。
近況や、みんなへの報告など
いろんな話題を紹介するよ！

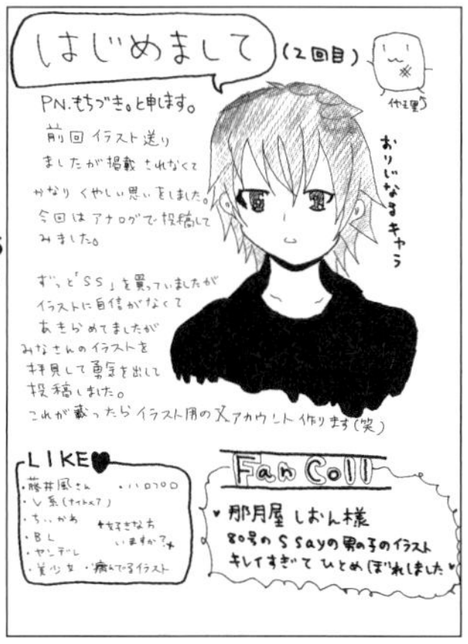

兵庫県・もちづき。・35歳

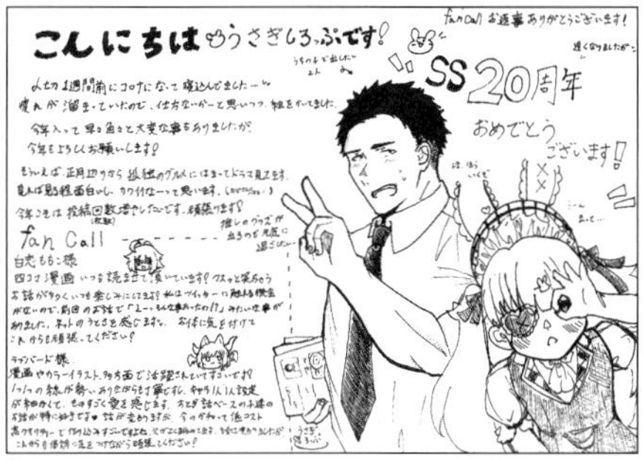

静岡県・うさぎしろっぷ

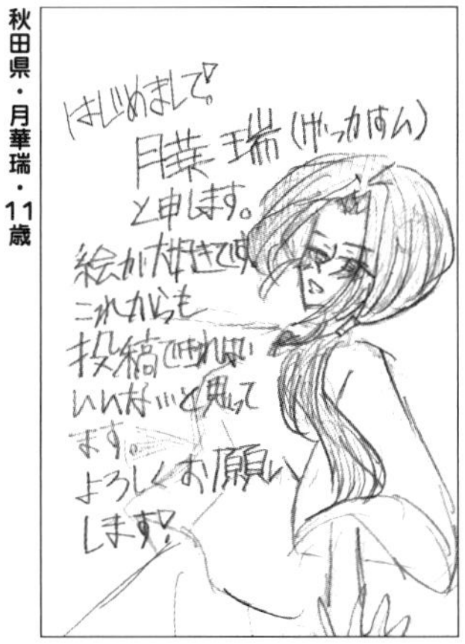

秋田県・月華瑞・11歳

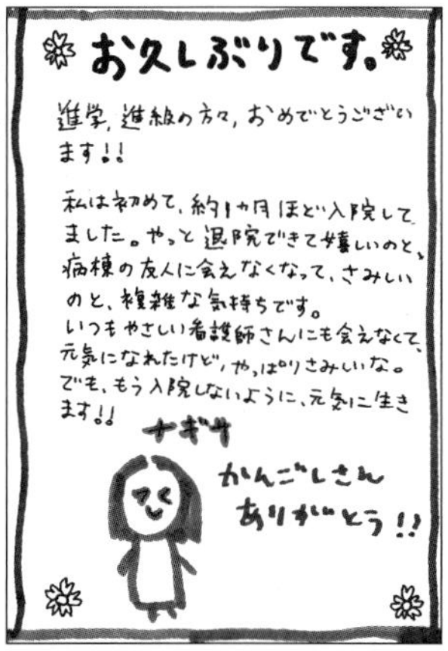

岐阜県・凪砂

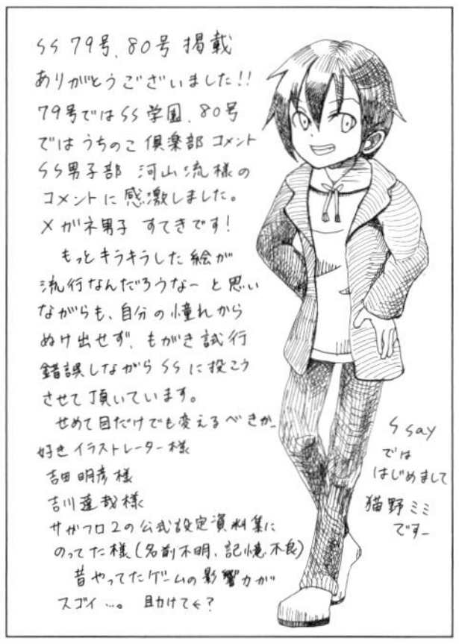

神奈川県・猫野ミミ

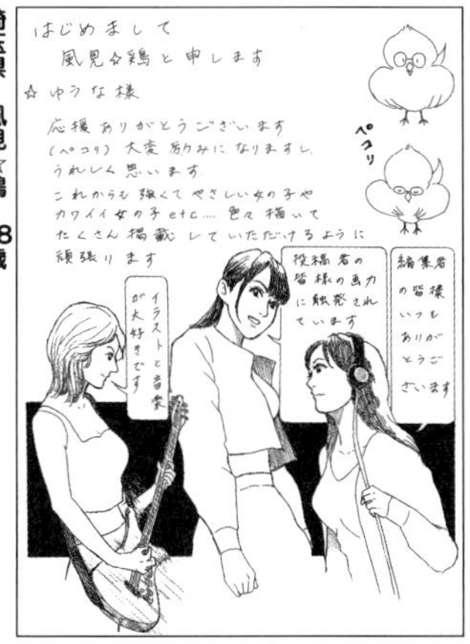

埼玉県・風見☆鶏・68歳

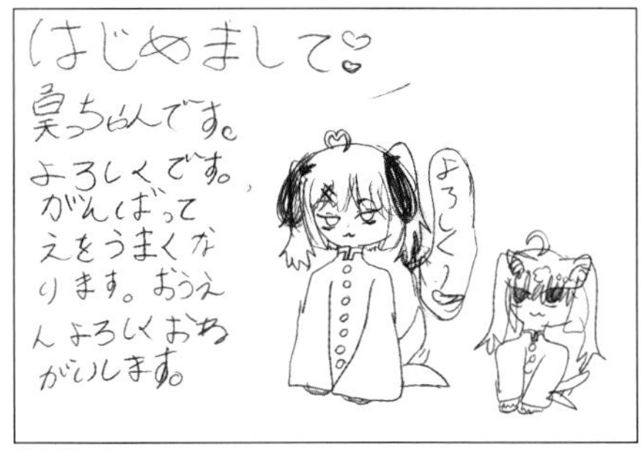

鹿児島県・昊っちゃん

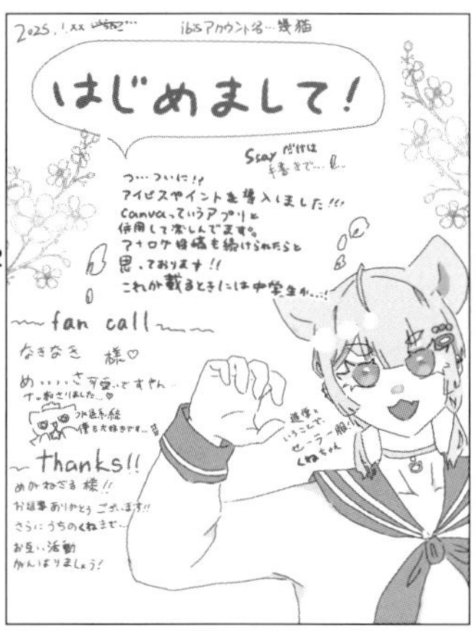

徳島県・いくらねこ・12歳

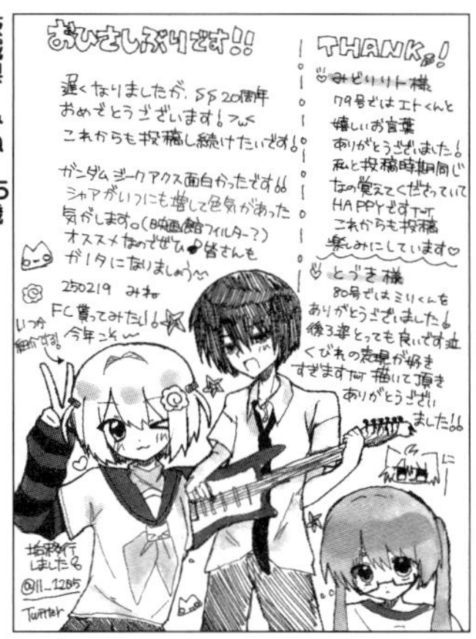

茨城県・みね・15歳

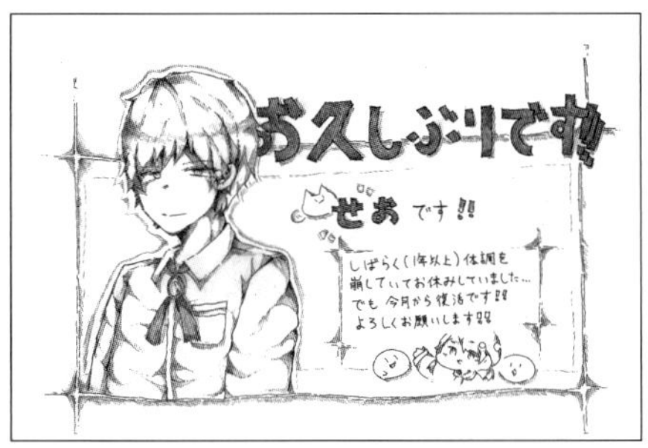

広島県・せお

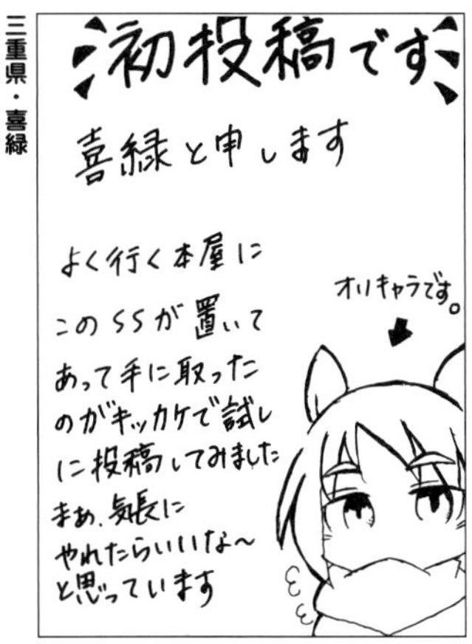

三重県・喜緑

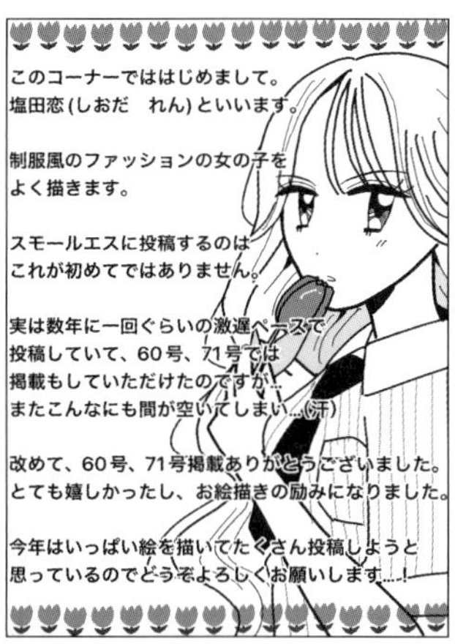

大阪府・塩田恋

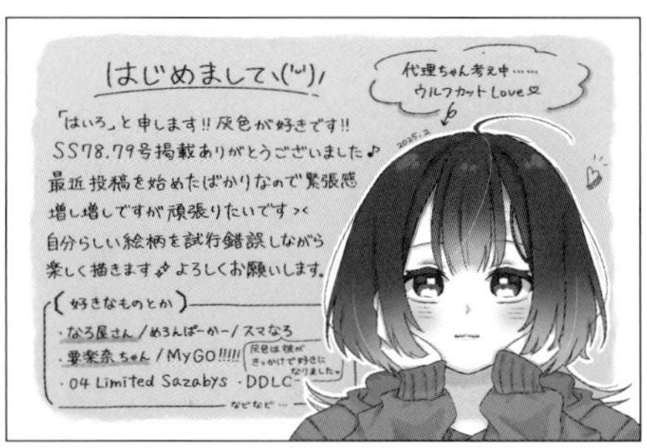

鹿児島県・はいろ

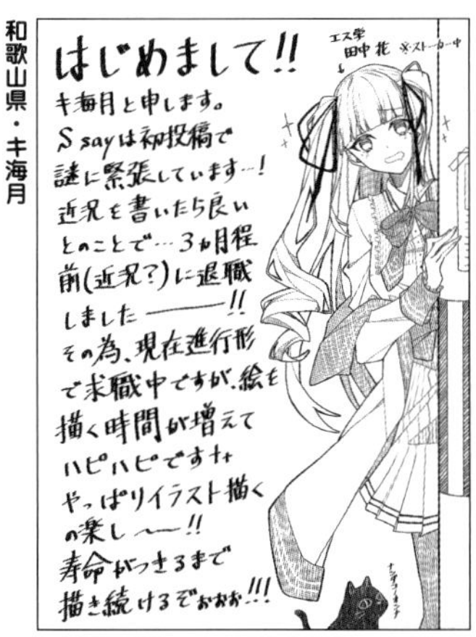

和歌山県・キ海月

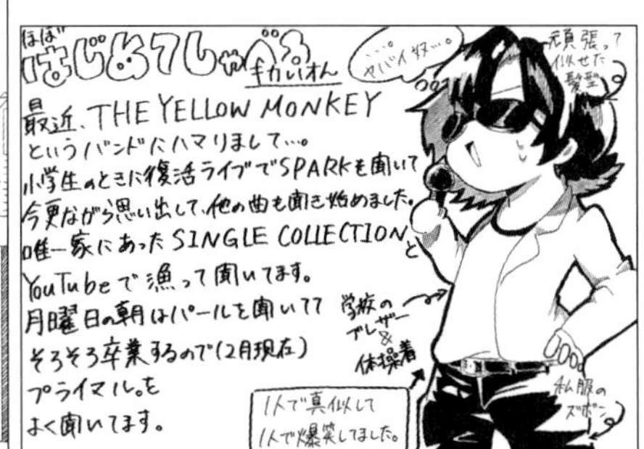

神奈川県・キカイオン・17歳

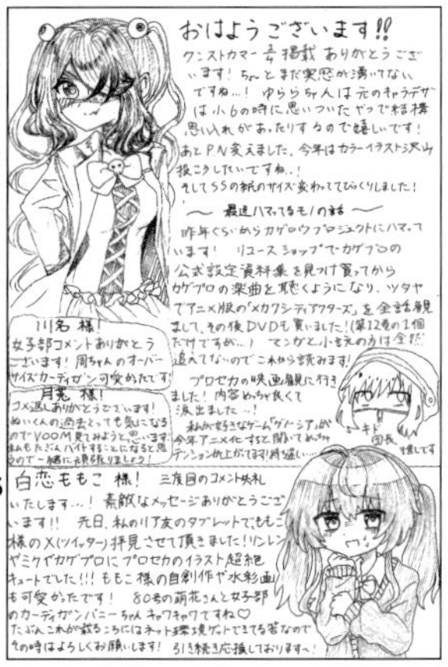

鹿児島県・まごたに（みどりリト 改め）・15歳

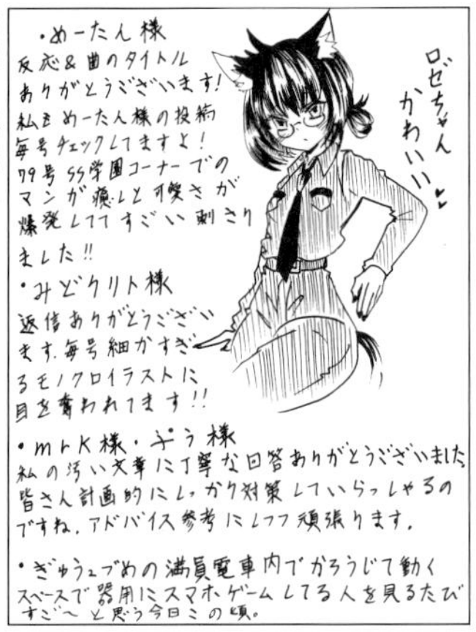

大阪府・ラブバード

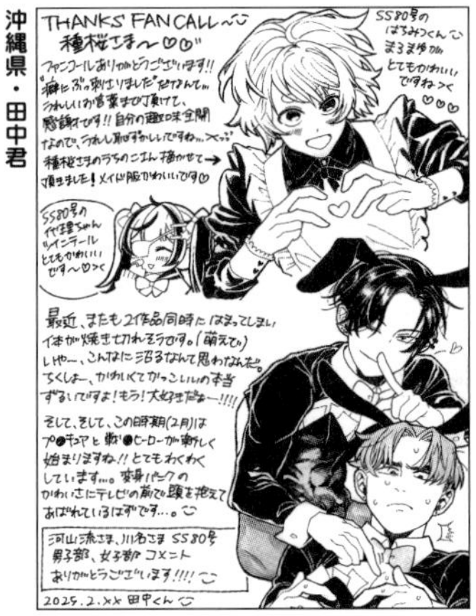

沖縄県・田中君

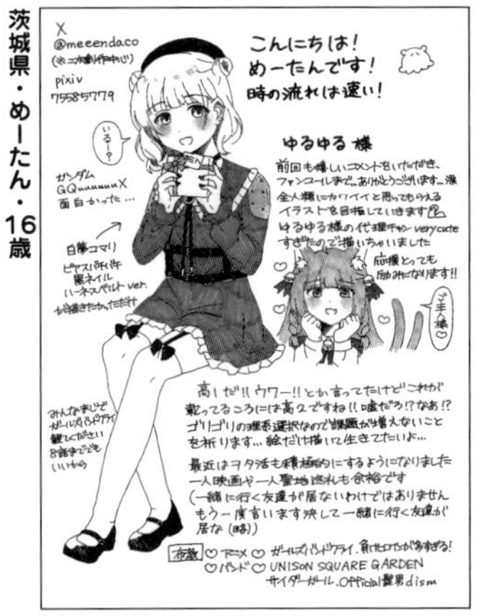

茨城県・めーたん・16歳

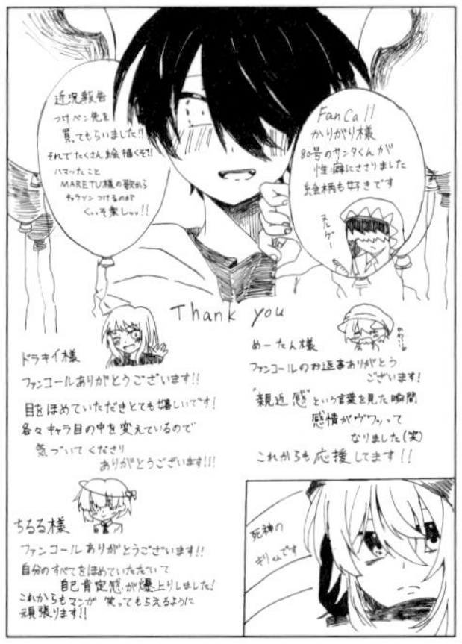

兵庫県・シャケ

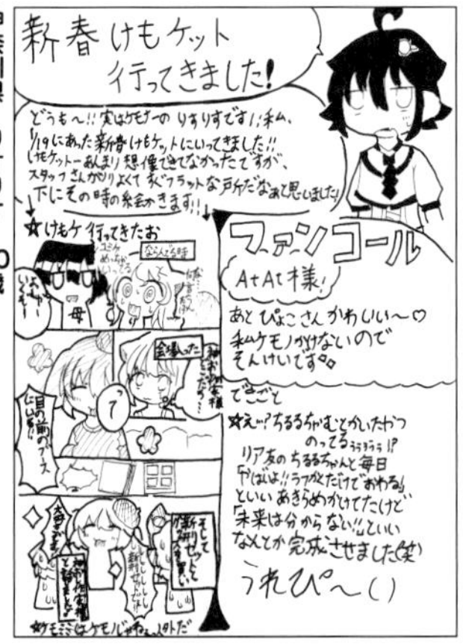

神奈川県・りすりす・10歳

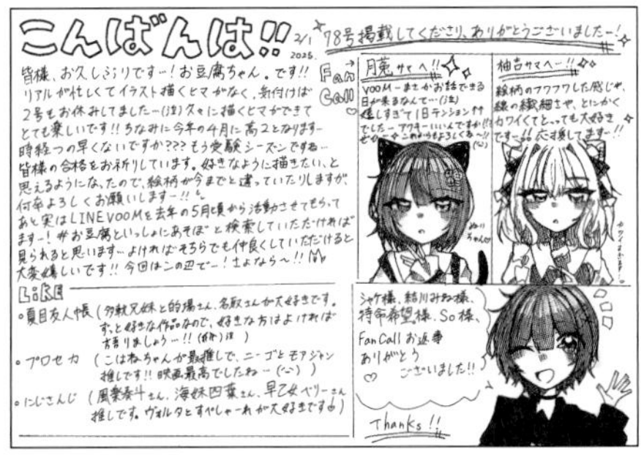

大阪府・お豆腐ちゃん。・16歳

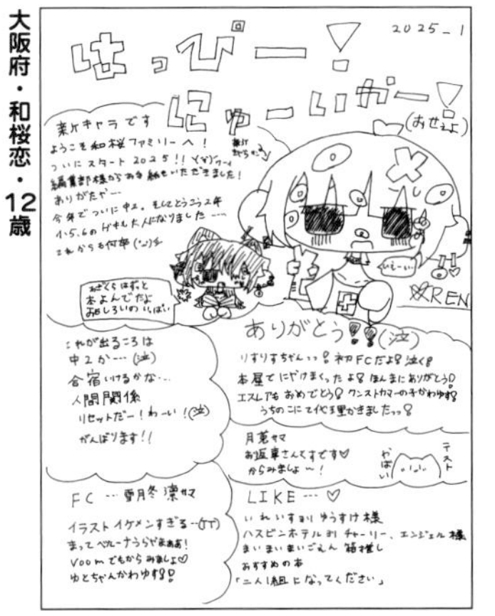

大阪府・和桜恋・12歳

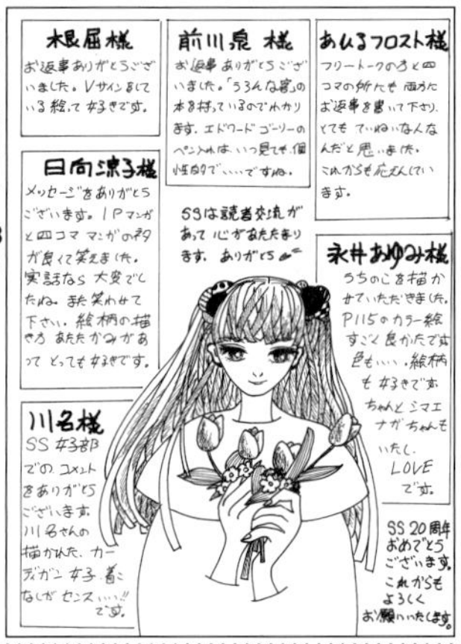

千葉県・武田和子・73歳

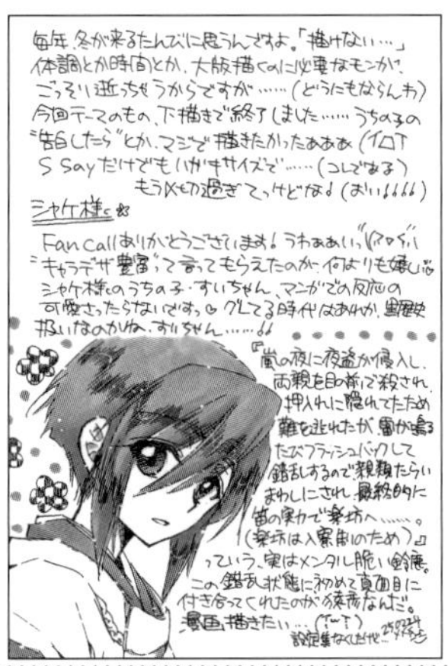

千葉県・前川泉

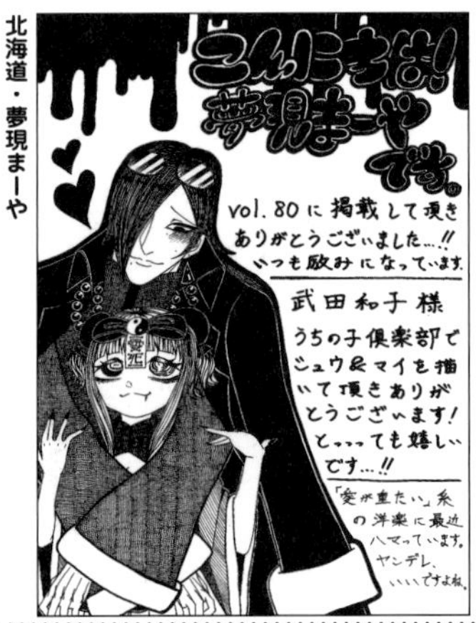

北海道・夢現まーや

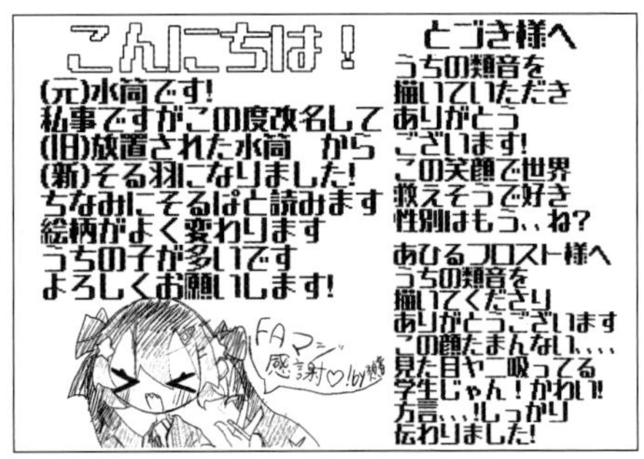

岩手県・そる羽（放置された水筒 改め）・12歳

皆さん、こんにちは～。SSナビゲーターの絵澄えすです。

えす丸です。みなさんのお便りを紹介する「SS say」のコーナーです。テクニックに関する質問から、近況報告、進路や絵柄についてのお悩みなど、文字投稿もぜひお送りくださいませ。

そうですね。気になることはメイキングでも取り入れて行きたいと思っています！　それでは今回も早速オハガキをご紹介しましょう～。

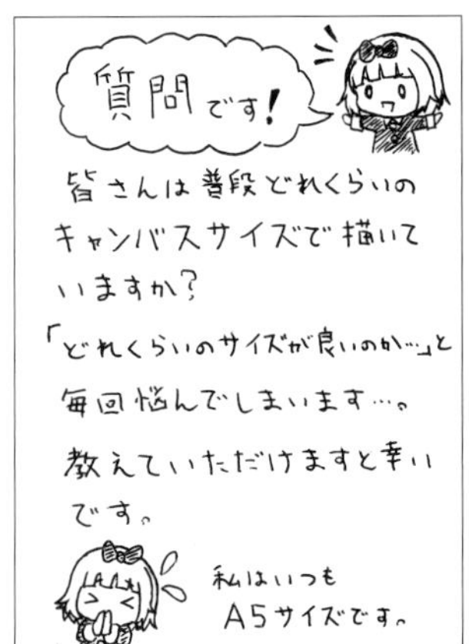

兵庫県・星河夕夏

デジタルで描く時のキャンバスサイズについてのご質問です。

将来に画集を作ったり、グッズをつくることを考えると、大きいサイズがいいかもしれないですよね。夏目レモンさんと惠いたさんはどうされていますか？

夏目レモン　キャンバスサイズはA4、350dpiを基準として、必要に応じて縦横を調節しています。そこまで大きなグッズを作る予定もない場合は、印刷物の解像度としても十分ですし、作業中に動作が重くもなく、ちょうどいいのかなと思っています。

惠いた　私はピクセルサイズで描いています。アイビスペイントで言うと、2000×3000で描いています。アイビスペイントは大きいサイズだと描きづらいところもありまして。印刷をすると少し足りないくらいかもしれません。

そのピクセルサイズですと、印刷物のB5サイズに相当しますね。雑誌でいうと「週刊少年ジャンプ」のサイズ。同人誌も皆さんそれくらいで作りますから、大丈夫なイメージですね。印刷に必要な解像度は350dpiと言われています。なので、将来的にA4サイズでクリアファイルを作ってみたいと思う絵は、前もってA4の350dpiを設定すると良いでしょう。それはピクセルサイズで言うと、大体3000×4000です。かなり大きいデータになりますから、動作が重くなって描きにくい人もいると思います。300dpiでも画像が粗くなることはないですから、随時調整すると良いと思います。ちなみにワダアルコさんは、今回の表紙をA4、600dpiで描いており、前号のヤマコさんは、A4、350dpiで描いています。イラストレーターさんは大きなサイズで描いているようですね。

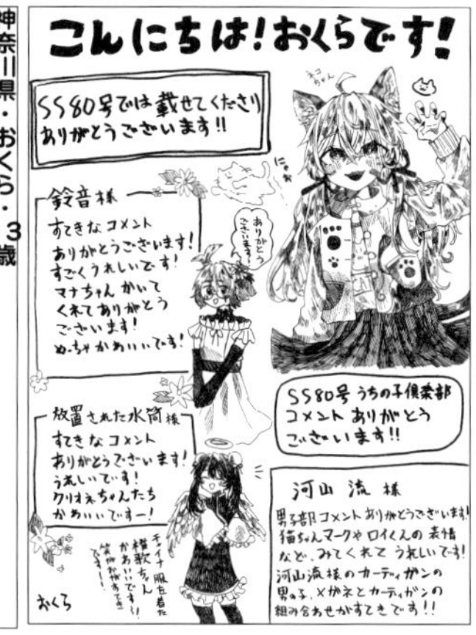

神奈川県・おくら・13歳

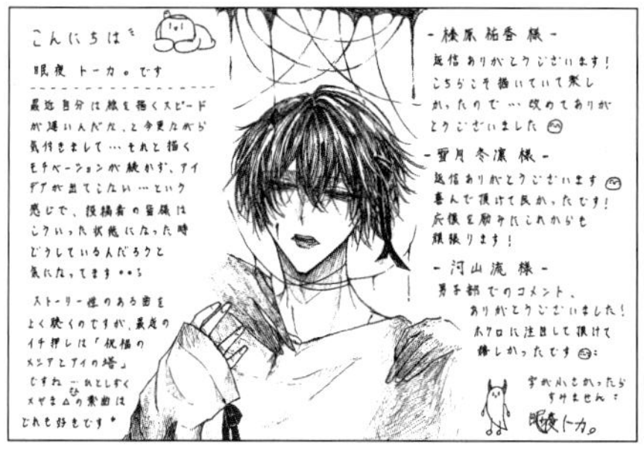

神奈川県・眠夜トーカ。

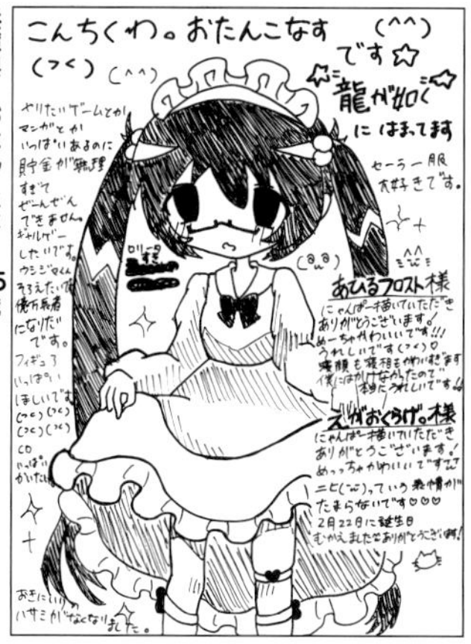

兵庫県・おたんこなす・15歳

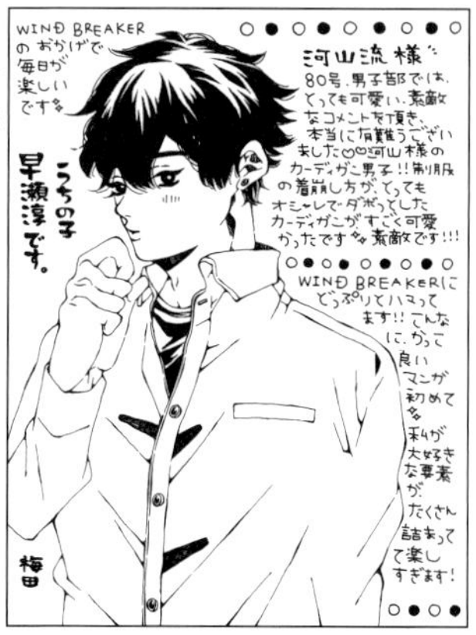

福岡県・梅田

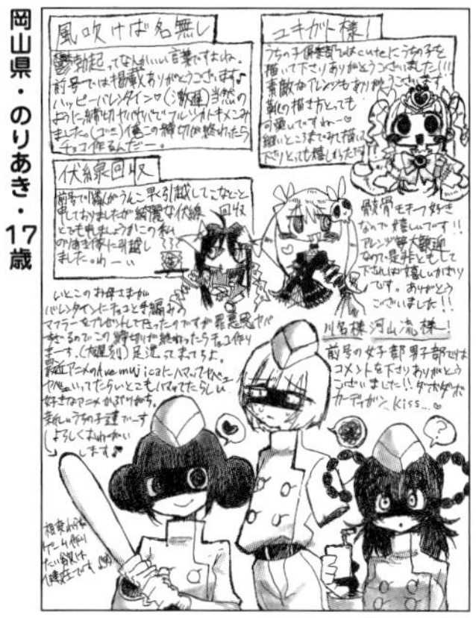

岡山県・のりあき・17歳

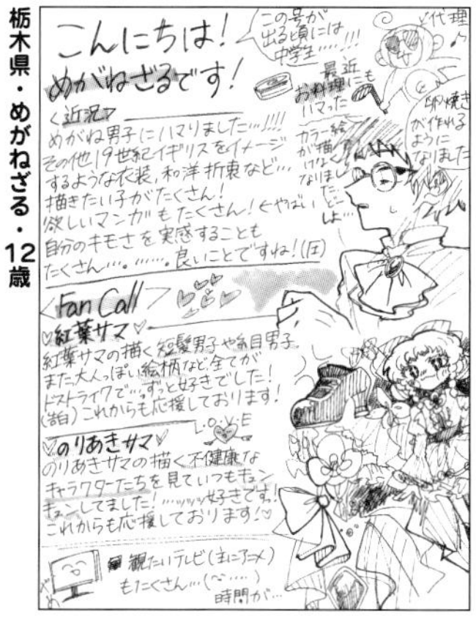

栃木県・めがねざる・12歳

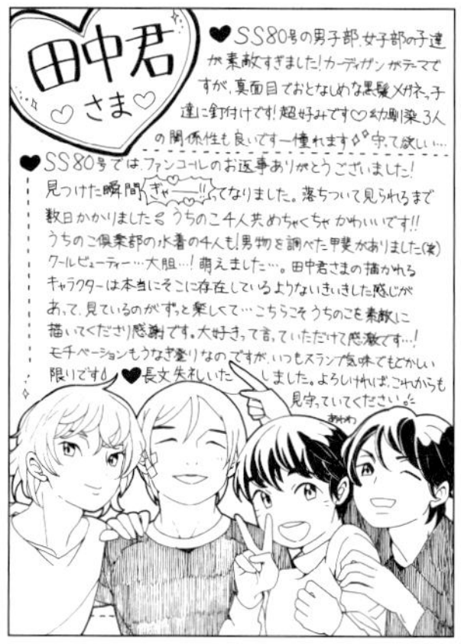

大阪府・香水あわわ

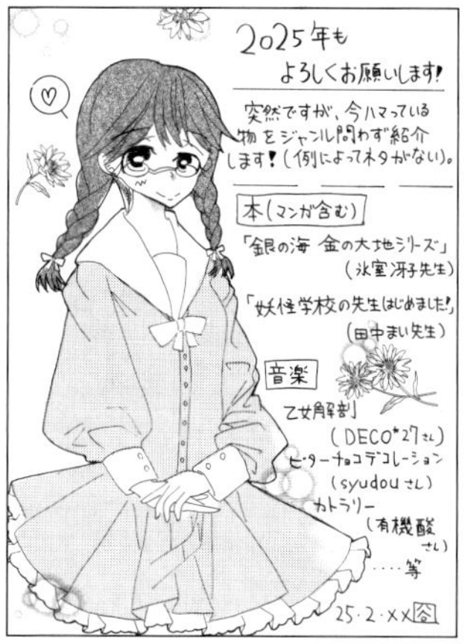

長野県・谷川りおん

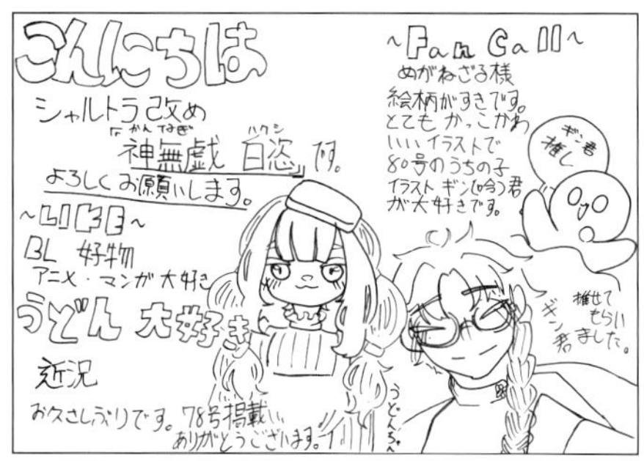

鹿児島県・神無戯白恣・16歳

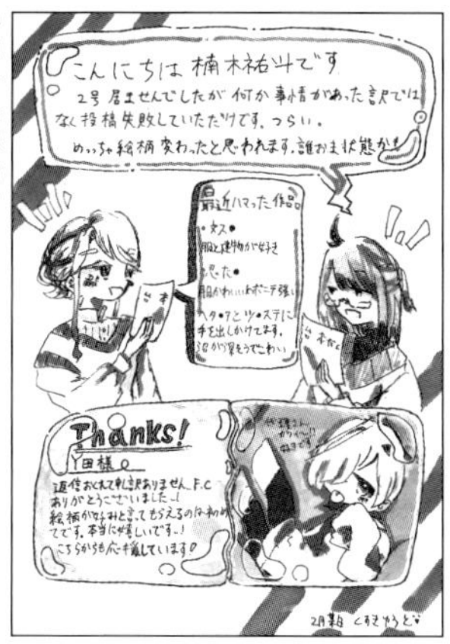

静岡県・楠木祐斗

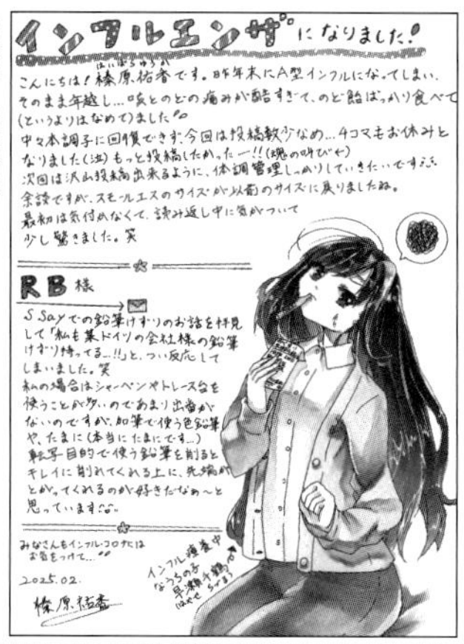

広島県・榛原祐香

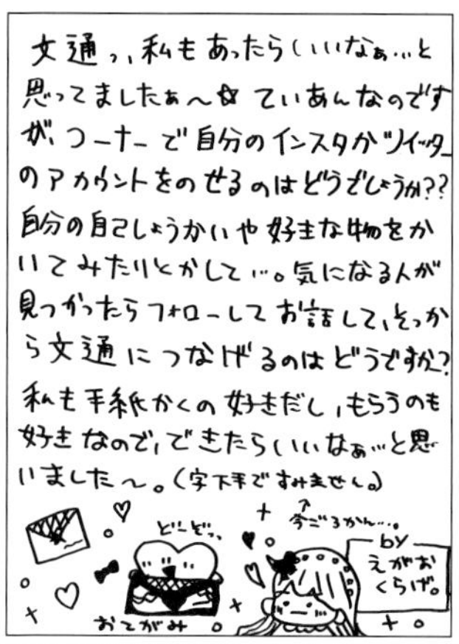

福岡県・えがおくらげ。

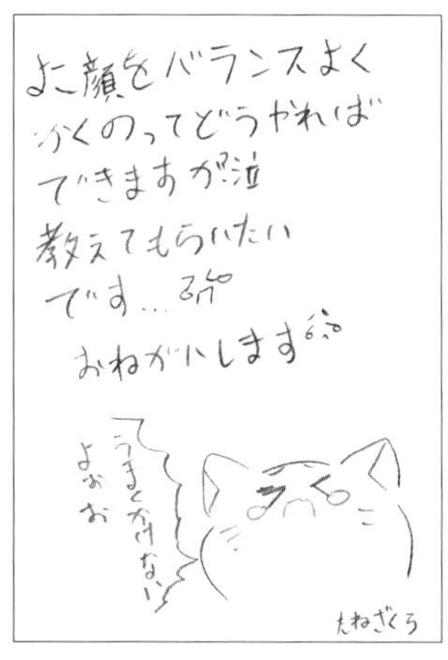

静岡県・種桜・11歳

横顔は目をどのあたりに描くといいか、確かに悩むことがあります。

そうですね。鼻の起伏を描く線など、気をつけるところがありますよね。これも夏目レモンさんに聞いてみましょう。

夏目レモン 横顔は、可愛い系はより丸みを帯びた強弱の強いシルエットにして中顔面を短く、綺麗系はほどよく反りを入れてしなやかさを意識します。イケメン系は骨格を強調して角張った印象に。中顔面は長めにとっています。どのキャラも瞳孔付近から鼻の始まりを描くとバランスが取れると思います! 図示してみますね。

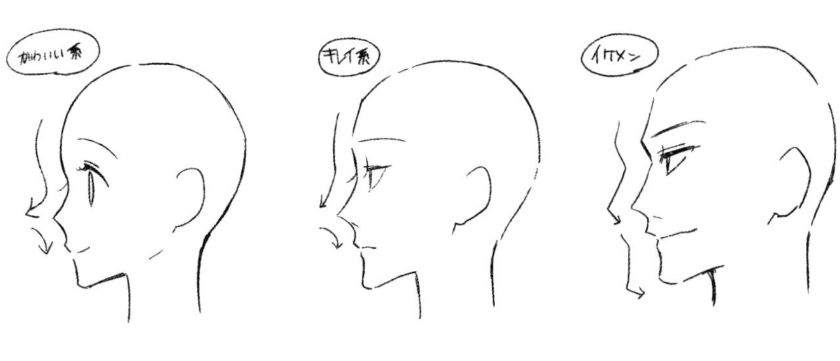

福島県・Y田・13歳

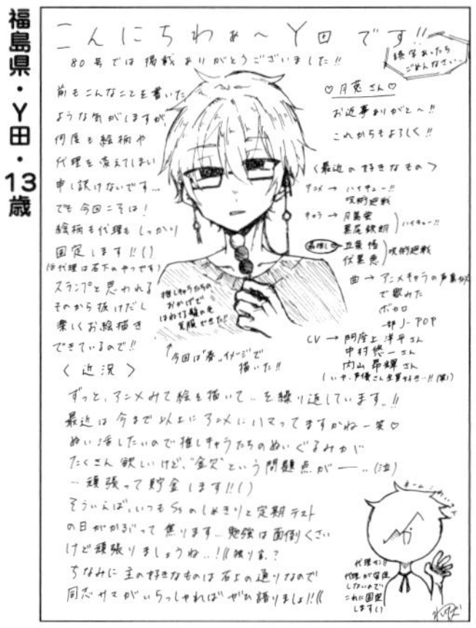

静岡県・種桜・11歳

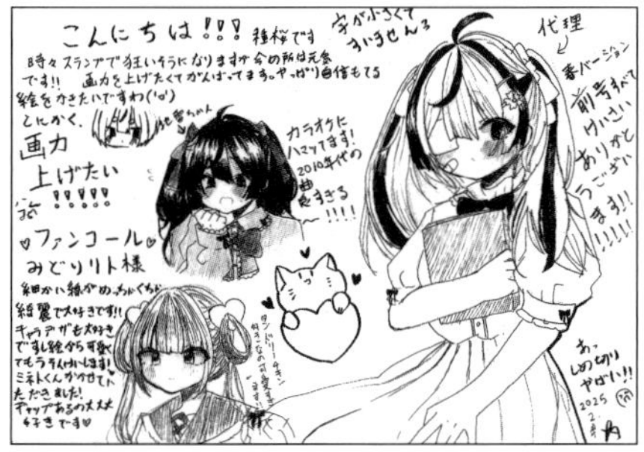

山形県・まるん

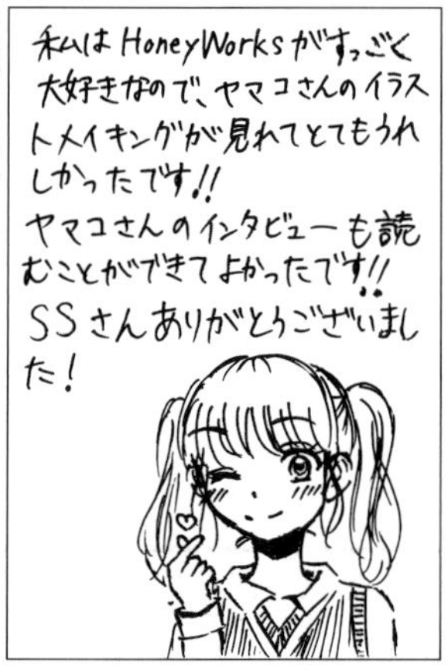

長野県・しばけん（Tomoches改め）・10歳

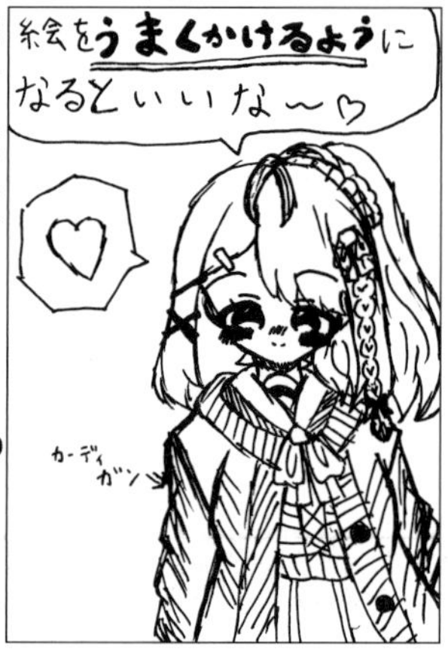

埼玉県・AtAt

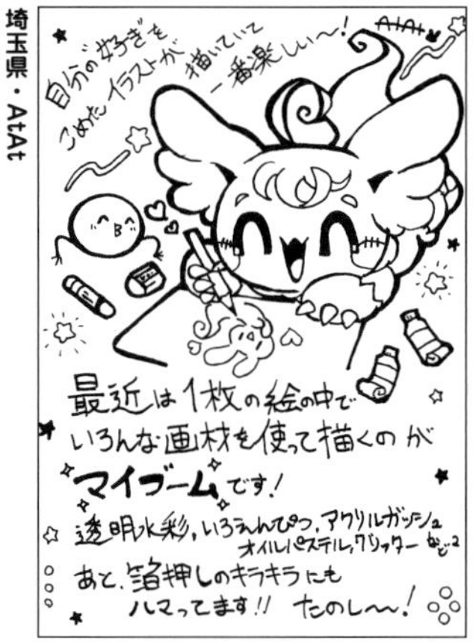

岐阜県・兎亜

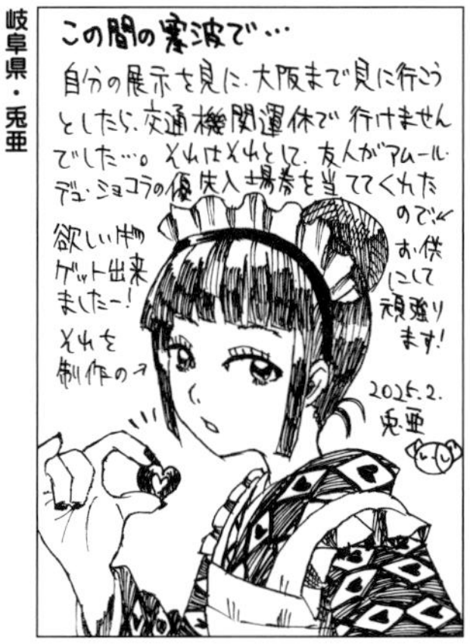

新潟県・色

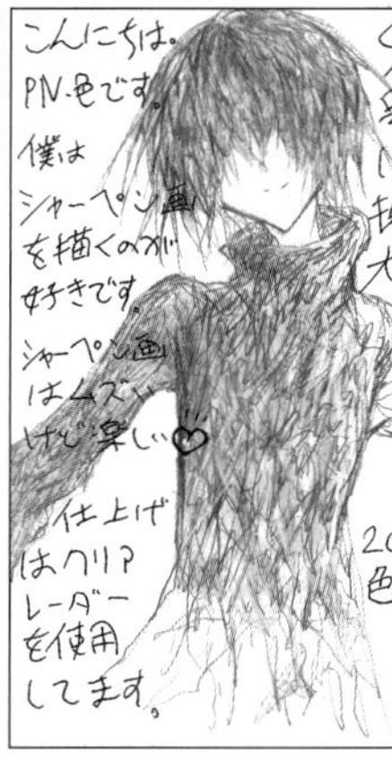

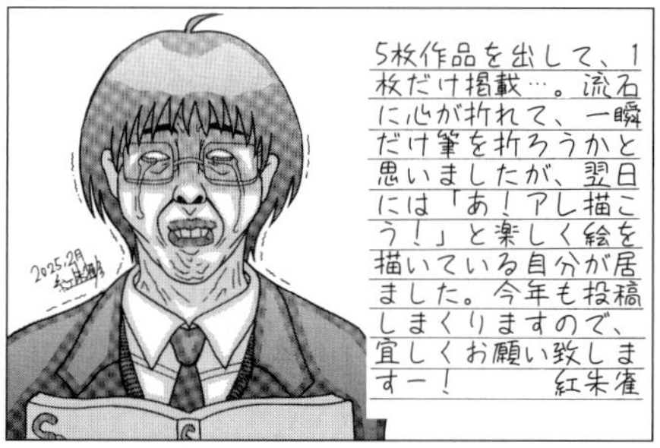

長野県・紅朱雀

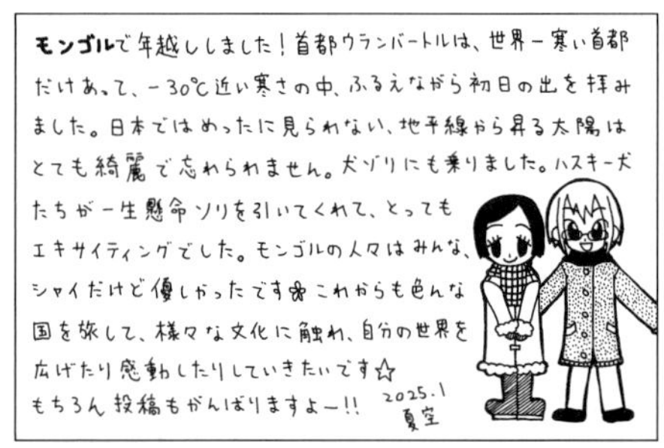

兵庫県・夏空

長崎県・橘らのま

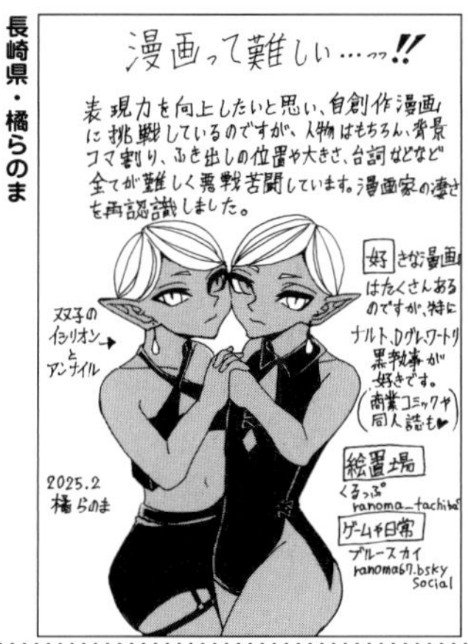

北海道・GENN

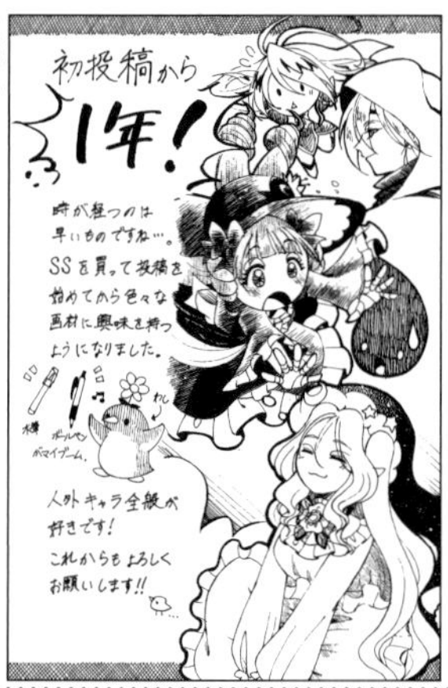

東京都・ひろくまひろみ

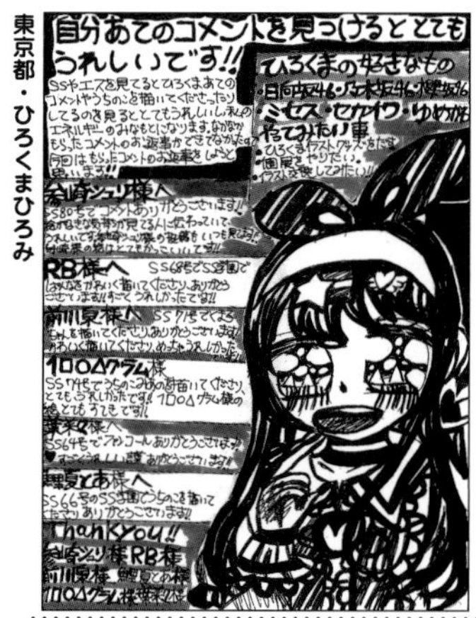

ありがとうございます！　タイプ別に解説いただいたので、それぞれの違いもわかって、ためになります。瞳孔付近から鼻の始まりを描くということなので、目の中心から盛り上がる線を描くと良いのですね。種桜さんも描いてみてくださいませ〜。

香川県・mizuka

手荒れについて
毎年手が荒れます…。しもやけ、あかぎれ、むくみもあって、私はアナログ派なのでペンを持つときちょっと辛いこともあります。ハンドクリームで保湿していますが絵描きの皆さんはどんな対策していますか？

手荒れが心配なのですね。絵を描くときはよく手を使いますから、かゆみがあったりすると気になりますよね。皆さんも対策をされているのでしょうか…。

NORE　ハンドクリームを塗って、それをなじませるためにも指の体操をしています。マッサージで血行を良くするのがオススメです。あとは手袋タイプのカバーも保湿がいいかもしれません。とにかく動かして、指をしっかりと温めることが大事だと思います！

アナログ絵を描いている人たちに聞くと、ハンドクリームは油分があって、紙にオイルがついてしまうので、家にいるときに意外と塗れないという声も聞きます。NOREさんがお話してくれた「動かして温める」というのは良い方法ですね！

福岡県・えがおくらげ

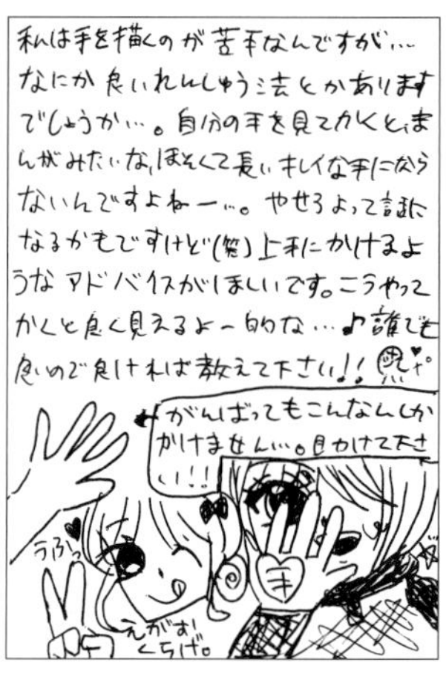

手の描き方についてのオハガキです。良い練習方法を知りたいそうです。

手はキャラクターの個性をこめられますし、上手く描けるようになると良いですよね。NOREさんと芦屋マキさんに聞いてみましょう。

芦屋マキ　指を一本ずつ描く前に、親指とその他の指は可動域が違うので、ミトンのように考えること

岐阜県・七茶

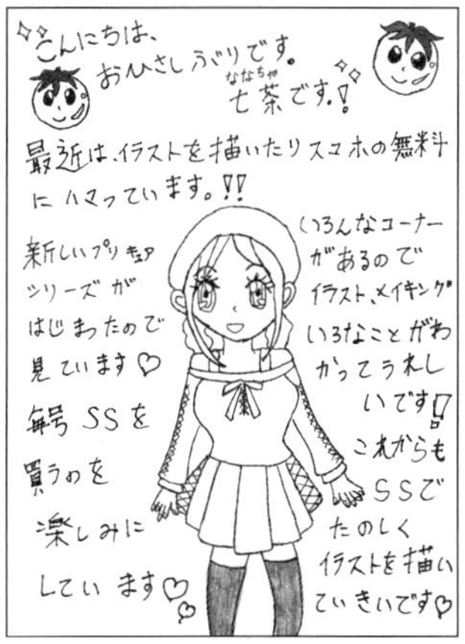

宮城県・秋津捨博・43歳

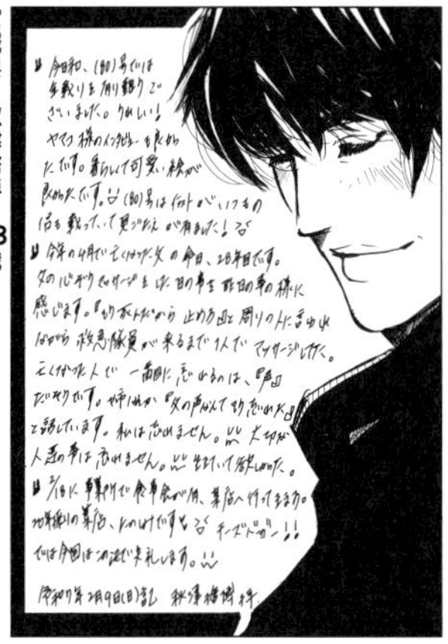

愛媛県・山下栞・13歳

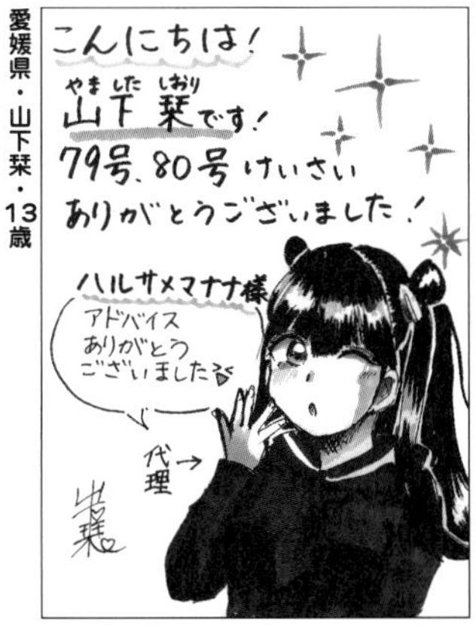

大阪府・大井淑世・37歳

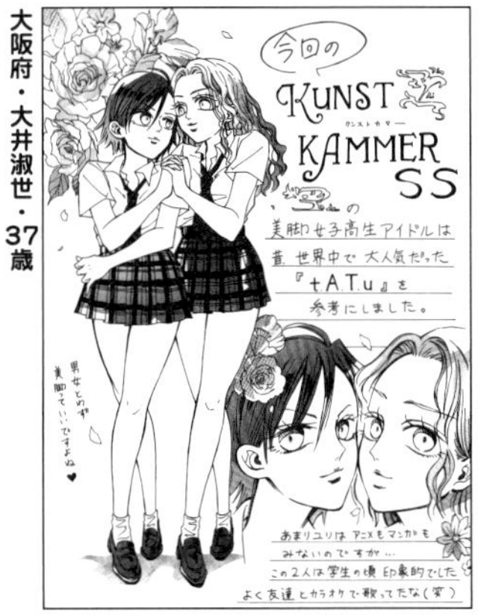

佐賀県・ほしぞら

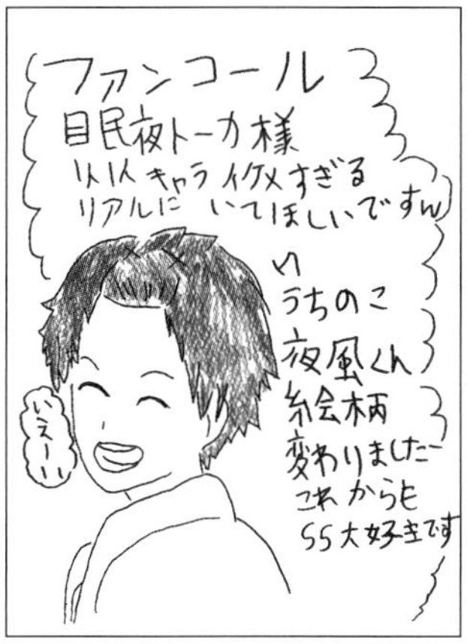

神奈川県・アンゲっち

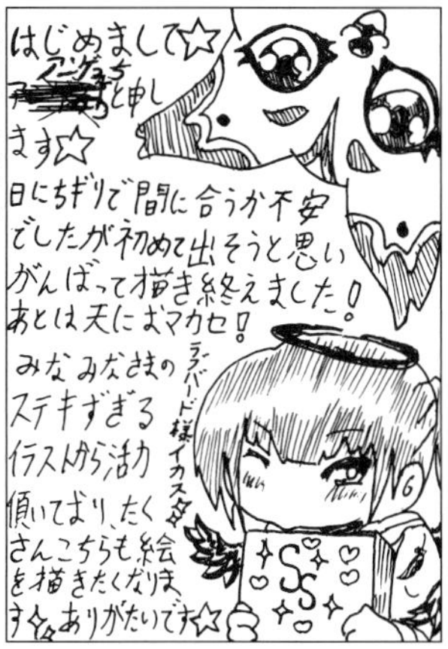

徳島県・阿波アイ

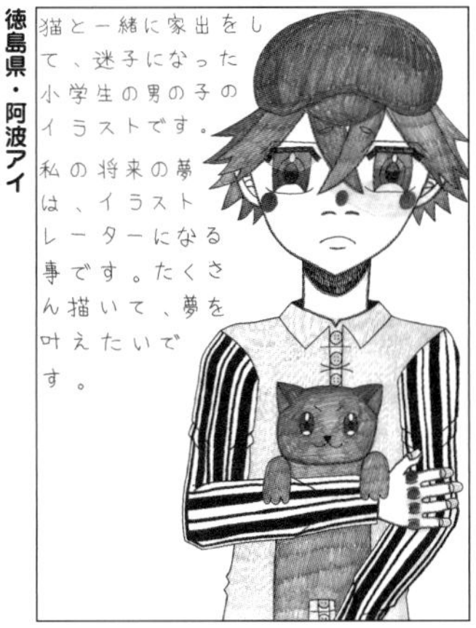

岩手県・あひるフロスト

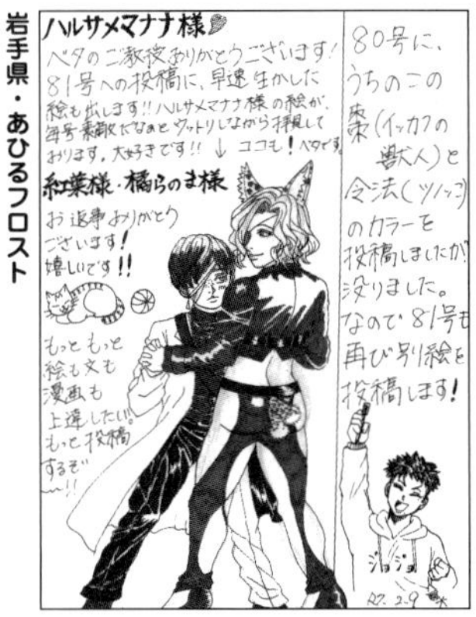

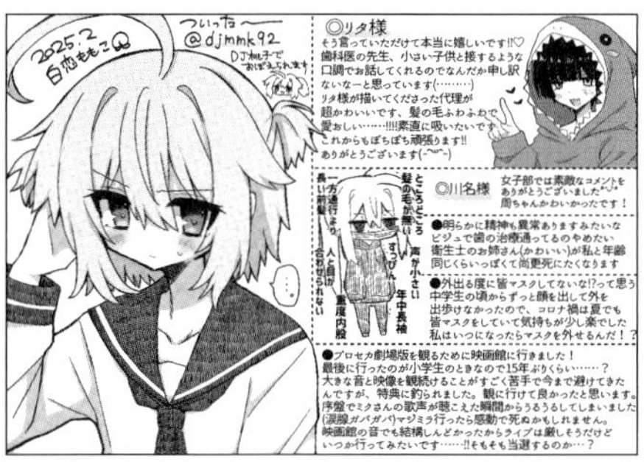

鹿児島県・白恋ももこ

京都府・あはちゃ

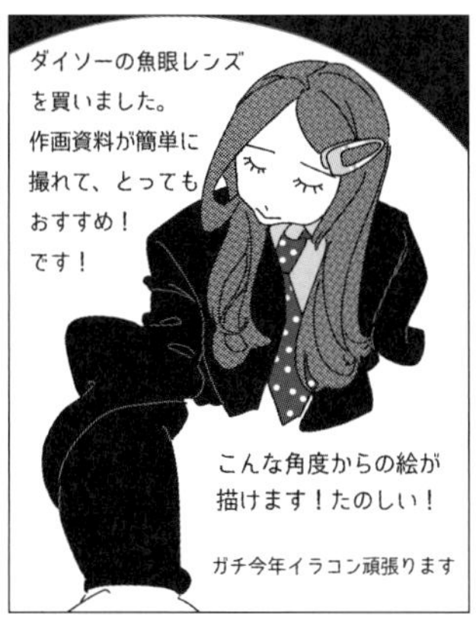

山梨県・sau

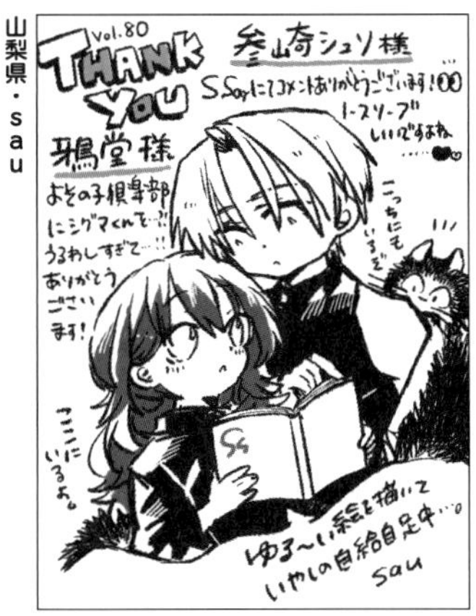

岩手県・まわるそら

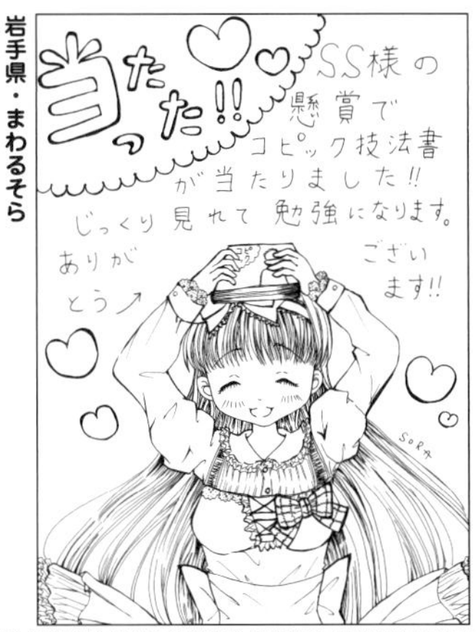

にしています。親指を独立させる感じです。そうすると立体感を捉えやすくなります。その後に爪の向きを意識して形を作ります。一度にすべてのディテールを描くことを考えるのではなく、一つ、二つとステップを分けて描いていくと良いかもしれません。見て描くことも大切ですが、どう動くのかを観察すると、描き方がわかっていくと思います。

NORE　手のパーツを箱のようにして描くのも良いと思います。五本の指、手のひらをそれぞれ分割して、長方形の箱をイメージします。指の関節も一つ一つを箱だと思って区分けします。あとは自分でポーズを取って、曲がるという構造を観察します。長くスラッとした指についてですが、実際の人間のイメージよりも伸ばして描くくらいがちょうど良いと思います。絵のウソということで長めにする感じです。

そうですね。手は複雑な形をしているので、描くのが大変という気持ちもあると思います。芦屋さんとNOREさんが言うように、段階を分けて理解していくのも良いですね。立体物がたくさん組み合わさっているようなものですから、単純化して形を押さえつつ、構造をつかんでいきましょう。

神奈川県・眠夜トーカ

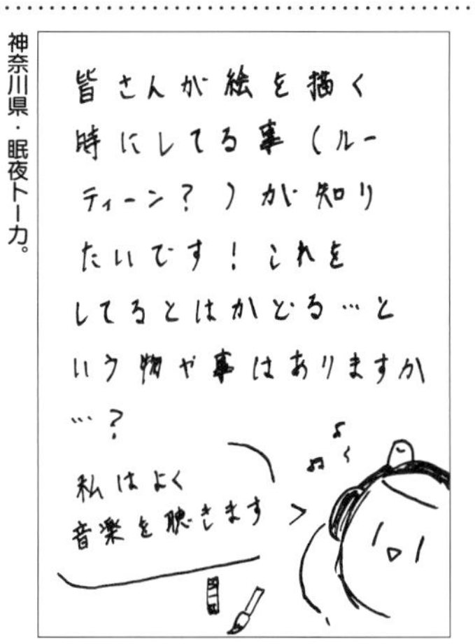

絵を描くときのルーティンは何でしょうという質問です。皆さん何かありそうですよね。

ずっとデスクに向かって描くこともあるでしょうから、居心地の良い方法を見つけたいですよね。時雨さん、芦屋マキさんはどうですか？

時雨　自分も音楽をよく聴きます。洋楽や歌詞がない曲は、集中できる気がします。あとはガムを噛んだり、ラムネやチョコとか、茎わかめを食べています。

芦屋マキ　私はJ-popなどの音楽を聴いていることが多いです。YouTubeの動画も見ます。あと、作業前に必ず歯磨きをしますね。口の中をリセットすると作業がはかどるんです。書き詰まったらお風呂に入ってリフレッシュします。また、作業中は、さゆを飲んでいます。さゆは味がしないから、思考の邪魔にならないんです。ジュースだと「ジュースの味が美味しい！」と、美味しさで頭がいっぱいになってしまうので、さゆが良いと感じています。

ありがとうございます。お二人とも集中できるように、気が散らない方法を考えているの

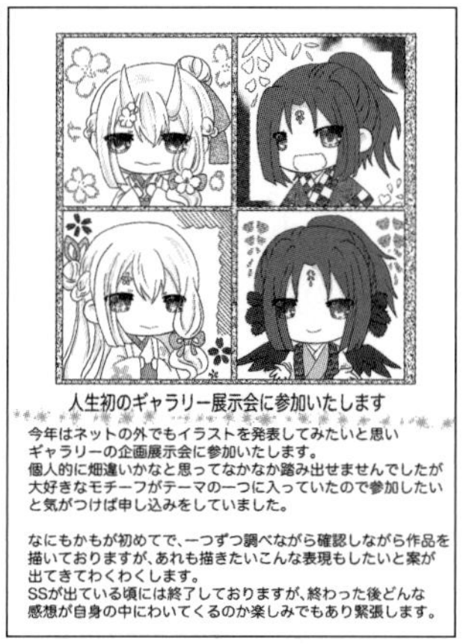

東京都・りわ

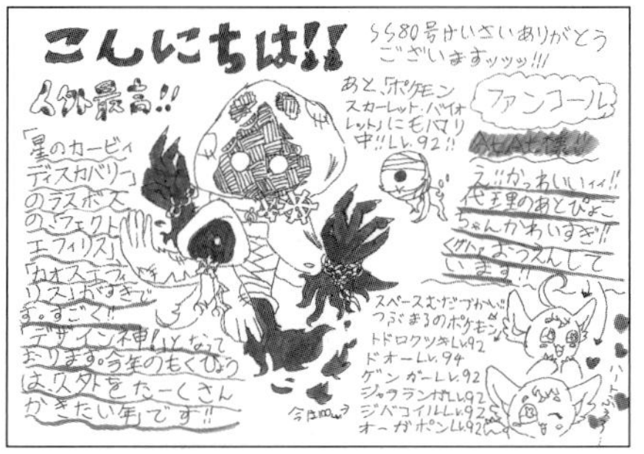

東京都・つぶまる・9歳

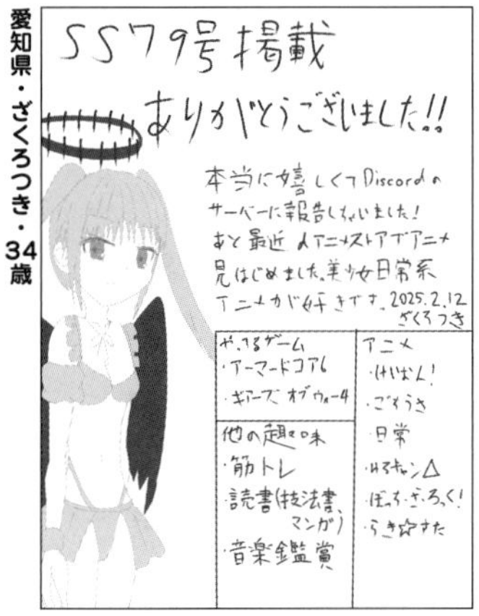

愛知県・ざくろつき・34歳

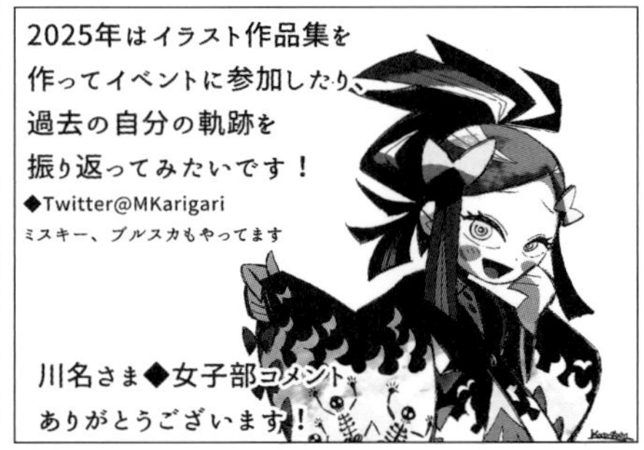

東京都・かりがり

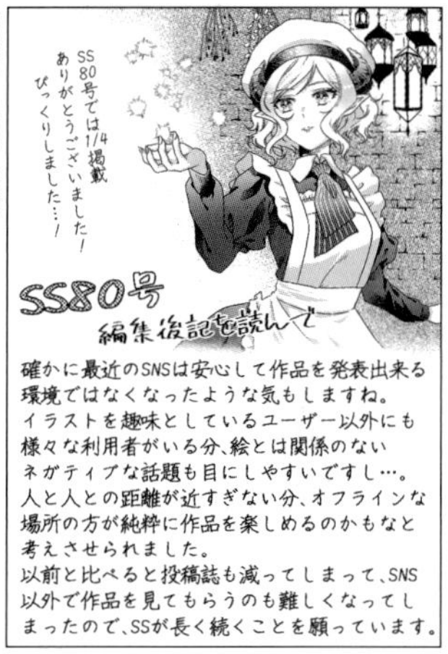

北海道・神足・41歳

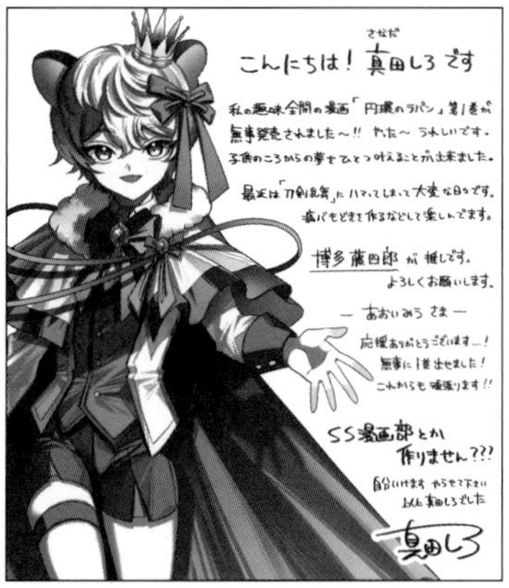

滋賀県・真田しろ

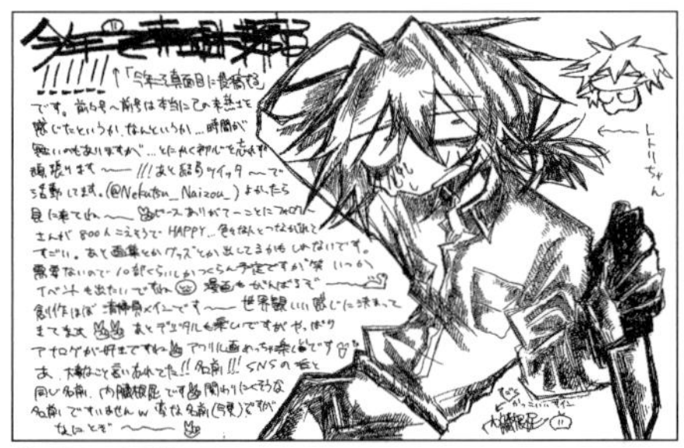
宮城県・内臓根屈

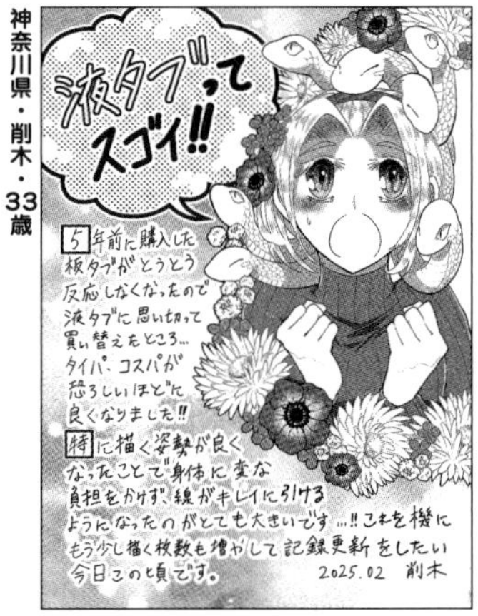

神奈川県・削木・33歳

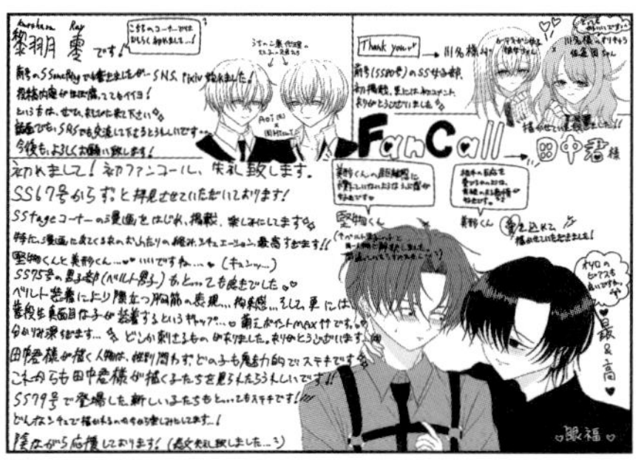

埼玉県・黎羽月零

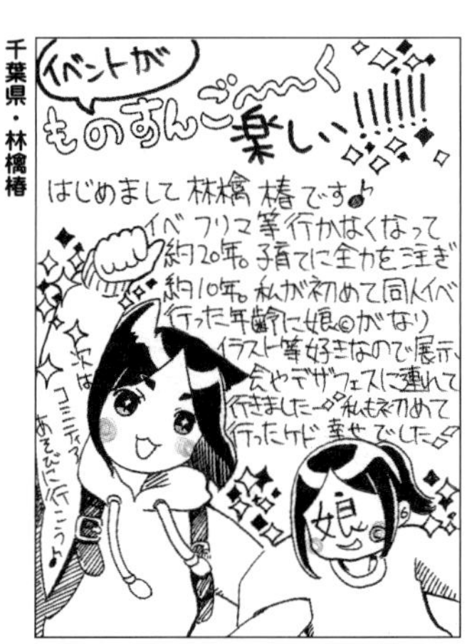

千葉県・林檎椿

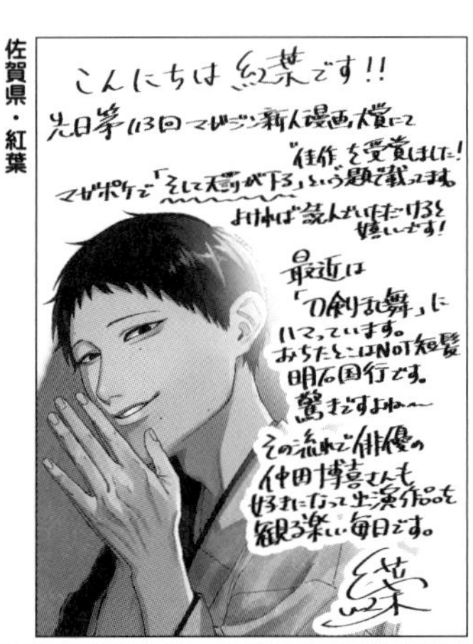

佐賀県・紅葉

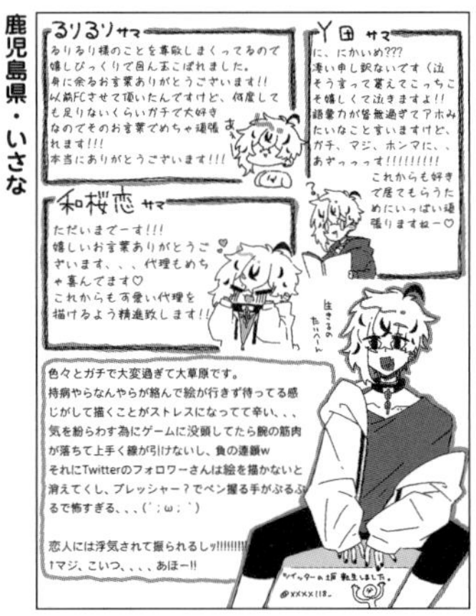

鹿児島県・いさな

ですね。音楽を聴く作家さんはとても多いです。漫画家さんに「制作してるときに手放せないものは?」というアンケートをとったことがあるのですが、「音楽」「ラジオ」「コーヒー」が一番多かったです。皆さんもルーティンがあったら教えてください〜。

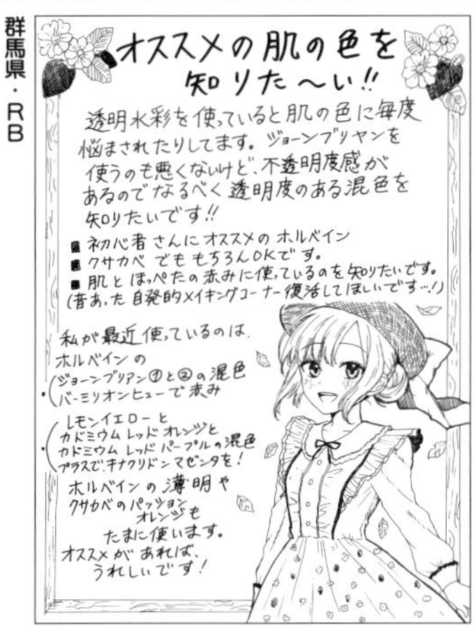

群馬県・RB

オススメの肌の色を知りたいというオハガキです。RBさんは透明水彩をつかわれているそうです。

絵具のメーカーによって違いはあると思いますが、気になりますよね。夏目レモンさんと時雨さんに聞いてみましょう。

夏目レモン　ベースはホルベインのジョーンブリヤンNo.2にシェルピンクを混ぜてつかうことが多いです。頬の赤みは絵によって変わるのですが、ピンク系のブリリアントピンク、オレンジ系のブリリアントオレンジのどちらかを混ぜることが多いです。

時雨　クサカベさんのネーブルスアイボリーとピーチピンクを混ぜたものを肌の下地によく使います。赤みはジョンブリアンNo.2、チャイニーズホワイト、オペラ、バーミリオンヒューを混ぜたものを作ってハーフパンに入れています。ホルベインさんもクサカベさんも、不透明度が少し高めの絵具なので、素で透明感を出すというよりかは、肌に薄い青（ラベンダーとか）を混ぜたり、グラデーションにすることで、それっぽい効果になると思います。

ありがとうございます〜。七神マナさんはクサカベのネーブルスアイボリーを肌のベースにして、ネーブルスアイボリー、ブリリアントオレンジ、ブリリアントオペラローズを混色して頬の赤みを塗っていました。絵具の名前や色味は会社によって違いますね。ちなみにホルベインは「ジョーンブリヤン」、クサカベは「ジョンブリアン」と表記しています。ホルベインのほうが少し黄味があると思います。作家さんたちは、気に入った色なら別のメーカーでも足して塗っていますよね。RBさんもいろいろ試してみてください。

他にもいろんな話題をオハガキでお寄せください。絵についての質問や気になる話題、今号のハガキへの御返事もお待ちしております〜。

うちのこ倶楽部（くらぶ）

「うちのこ倶楽部」&
新コーナー「うちのこきゅん場面」の作品を募集中！

自分のオリジナルキャラクター、つまり「うちのこ」を発表して交流する投稿コーナーです！　皆さんの「うちのこ」のキャラクターイラストを描いて、その紹介文章も同じ画面のなかに描いて下さい。そして、さらに交流ができたら楽しいのではないかと思い、その「うちのこ」は基本的に「SS」を見ている他の投稿者さん、読者さんに描いてもらってOKとします。このコーナーは、自分の「うちのこ」を描いて送るだけでなく、誌面に掲載された他の絵描きさんの「うちのこ」を描くことでも楽しめます。自分の「うちのこ」と、他の投稿者さんの「うちのこ」を共演させて描くのもOK！　皆さんのオリキャラを紹介しあって、描きあって遊びましょう！　掲載イラストにはSS編集部でコメントを入れさせていただきます～！　また、新コーナー『うちのこきゅん場面』(通称：『うちきゅん』)では、毎号SS編集部が出すお題に合わせて、皆さんのうちのこがどんなリアクションや表情をするのかを募集します～！

「うちのこ倶楽部」
応募ガイド

東京都・すもこ

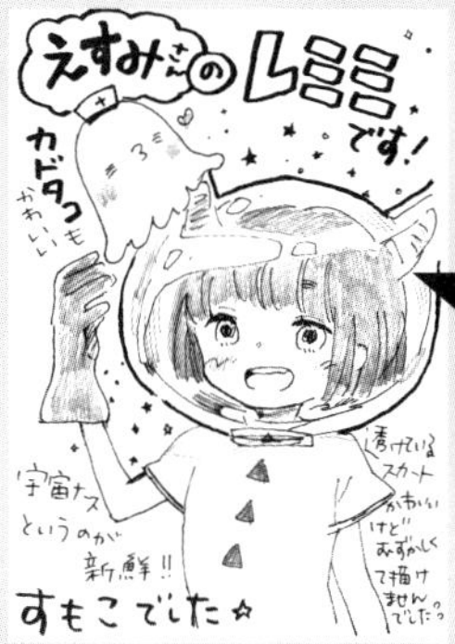

1枚の紙に自分のオリジナルキャラクターの絵、その名前、キャラ紹介文を描いてください。

他の投稿者さんのオリキャラを描く場合は、その人のペンネームとキャラ名もわかるように描いてあげて下さい。(左図はその作例です)

オリキャラは人間以外でもOK。動物や架空の生き物、ミニキャラも自由に描いて下さい。

※人物紹介の文体は自由。セリフを言わせても良いです。※複数のキャラを描いても良いですが、それぞれの名前がわかるようにして下さい。
※自分のうちのこが掲載されていても、他人のうちのこを描いた作品なら、複数掲載されます。

第12回「うちのこきゅん場面」
「告白したら・されたら」

東京都・すもこ
※この作例は「甘いスイーツをもらったとしたら」です

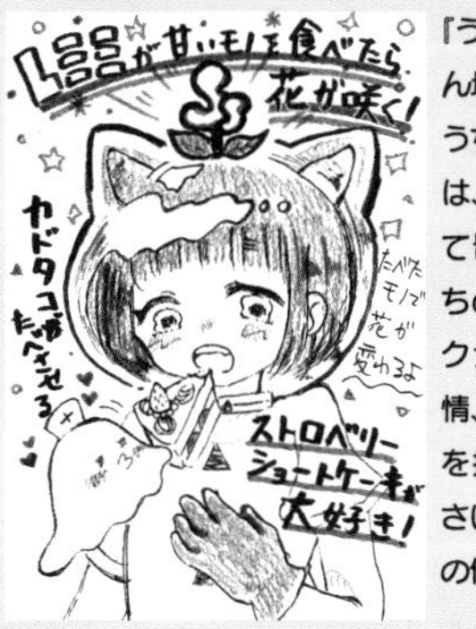

『うちのこきゅん場面』(通称：うちきゅん)では、お題に沿って皆さんのうちのこのリアクションや表情、セリフなどを描いてください(左図はその作例です)。

第13回目のお題は、うちのこに**「ケモ耳が生えたら」**です！　さらなるうちのこの魅力を伝えていきましょ～！

石川県・庭一
事件を台無しにしてくれちゃう(!?)探偵ちゃん(仮)。左目が＋、右目が一の大きな瞳がキュート♡

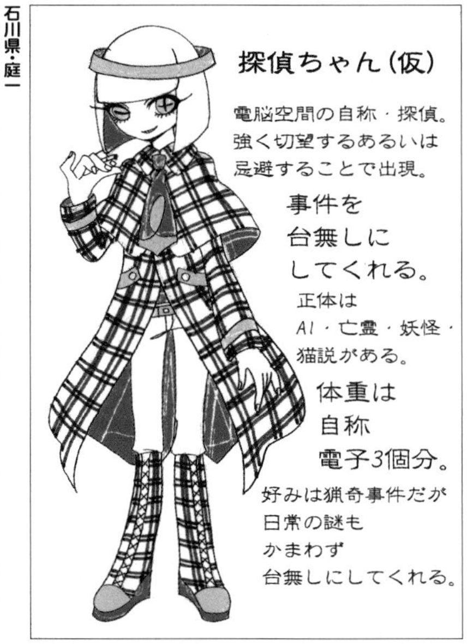

岡山県・のりあき・17歳
ぽってりフォルムにおねだりヒップのサルコファゴス♡　エロティカの顔もイイ…♡
（次回男子部夜露死苦）

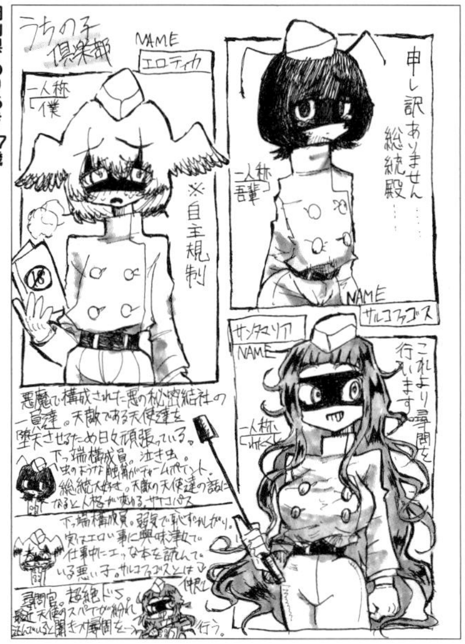

宮城県・内臓根屈
女子部でも登場したプジカが再び出まし★　ハート形のアホ毛にギザ歯の脳筋メイドちゃん♡

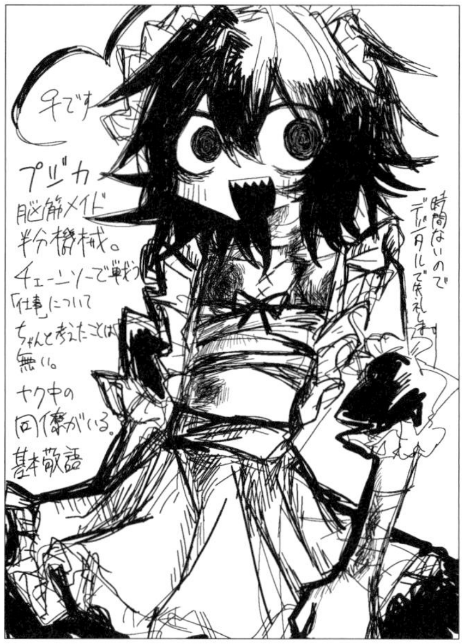

栃木県・めがねざる・12歳
役場で働くデリくんとレナード。髪を一つに結んだレナードがセクシー。"同棲の噂"にドキドキ…ッ。

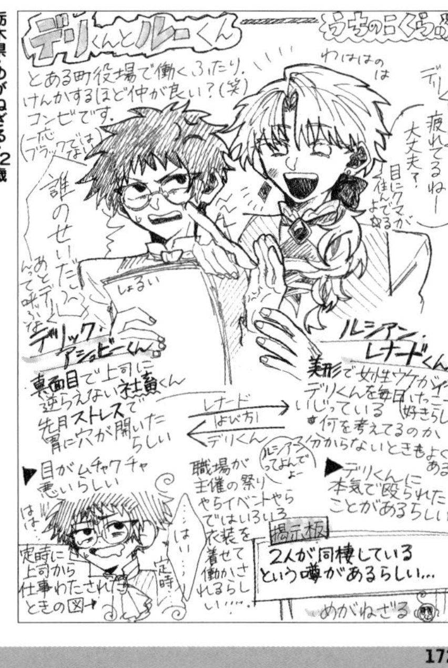

兵庫県・獅子冬
半分人間&半分幽霊な氷劉。黄緑に薄水色を混ぜた髪色に煙管(キセル)を吸う姿がカッコいい。

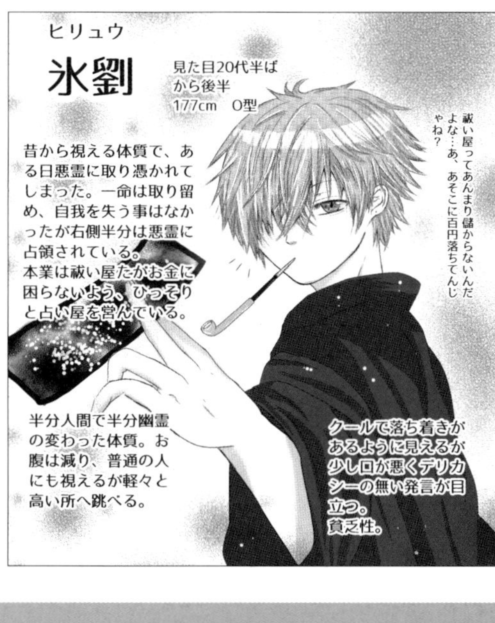

沖縄県・田中君
田中君の描く蟹羽さんちのアポロ&カプリコ。ふたりの絡みのポーズや表情の差にグッとクル～～ッ！

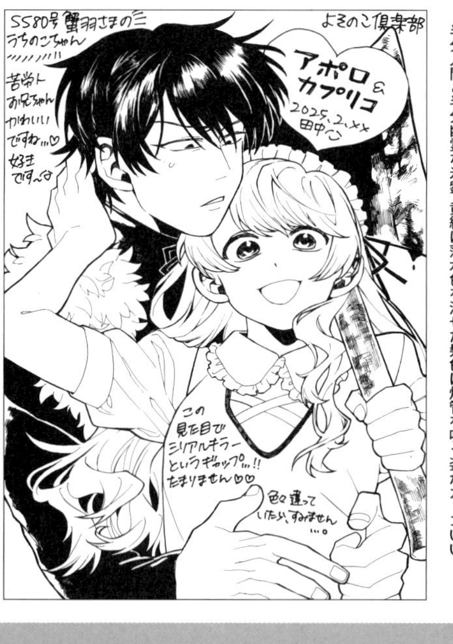

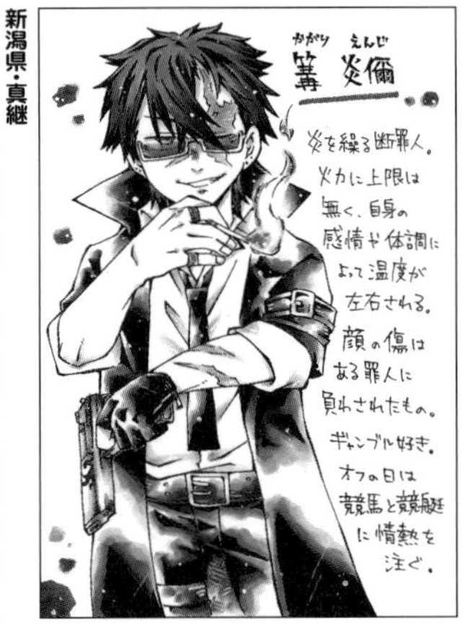

新潟県・真継
炎を操る断罪人・炎僴。氷砂(SS80号掲載)の上司。顔や腕に刻まれた傷跡がカッコいい…。

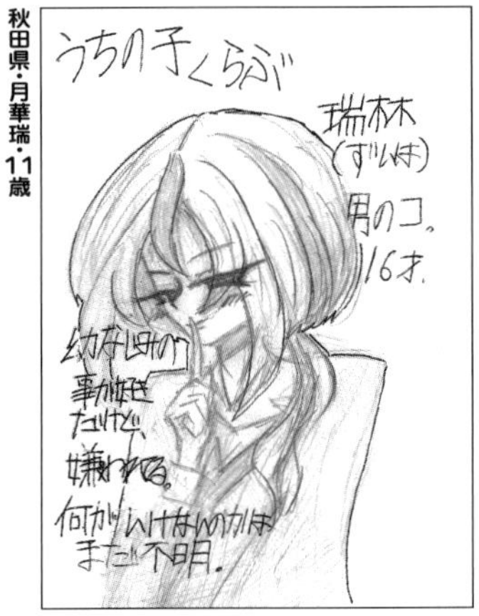

秋田県・月華瑞・11歳
長い髪とまつ毛が美しい、セクシーな瑞林。幼なじみも気になる…。

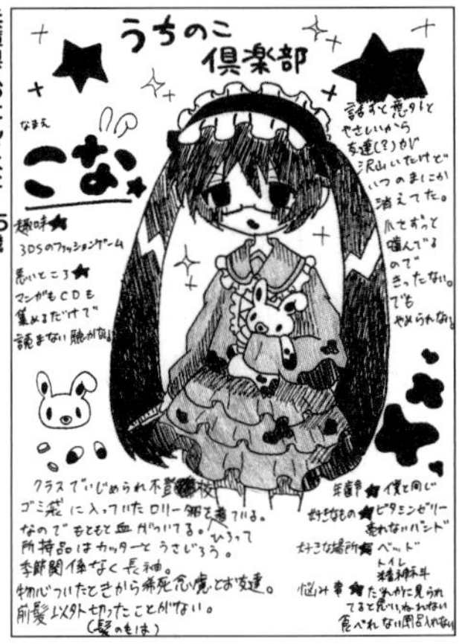

兵庫県・おたんこなす・15歳
おたんこなすちゃんと同じ年齢のこなチャン♡ こなチャンに会いたくなっちゃったナ♡

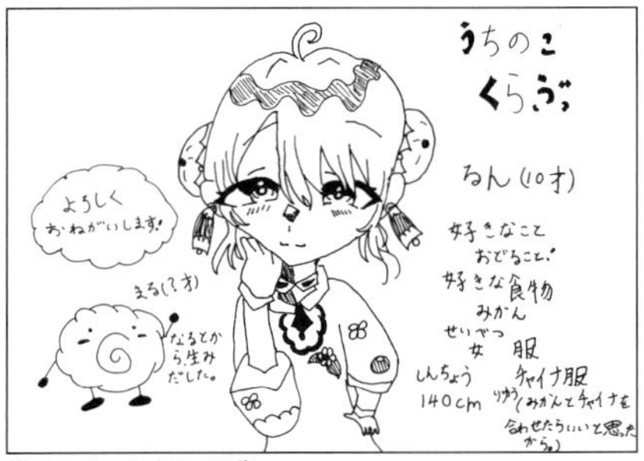

静岡県・ひつじまる・10歳
おどることが好きな、るん(10才)♡ 衣装も細かくて素敵。まるも一緒にみんなでおどろう～！(1/2成人式おめでとう♡)

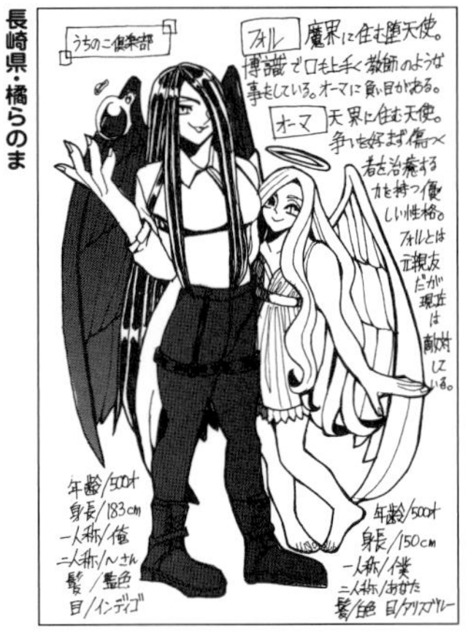

長崎県・橘らのま
元親友の天使・オーマと堕天使・フォル。敵対してしまったふたりが気になる…。

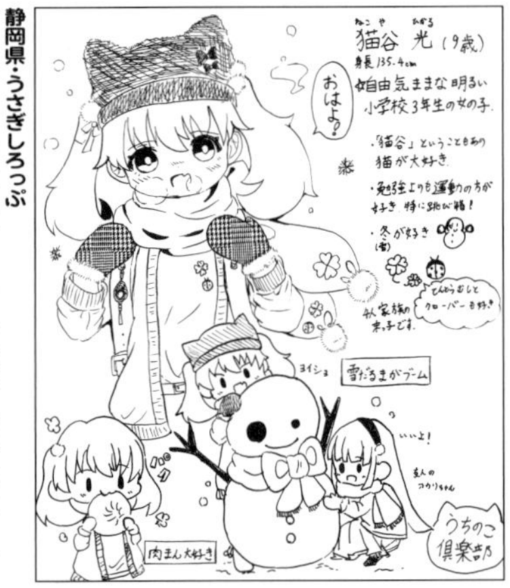

静岡県・うさぎしろっぷ
猫が大好きな9歳の女の子♪ 肉まんを頬張る姿が可愛い♡ モフモフ×少女＝最高!!

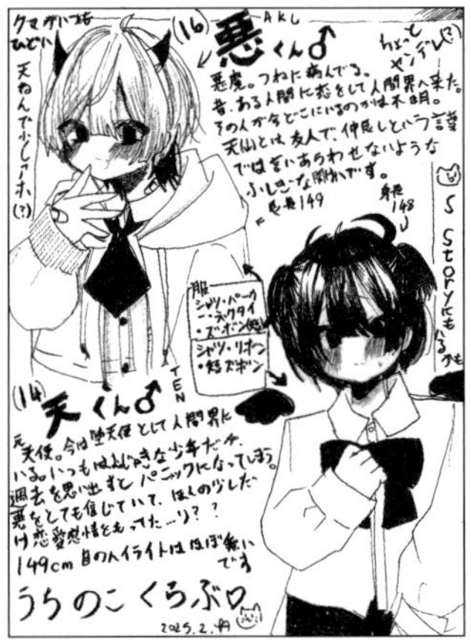

静岡県・種桜・11歳
種桜さんの性癖をギュッと濃厚に詰めたふたり♡ 元天使な天の黒髪ハーフツインが可愛い！

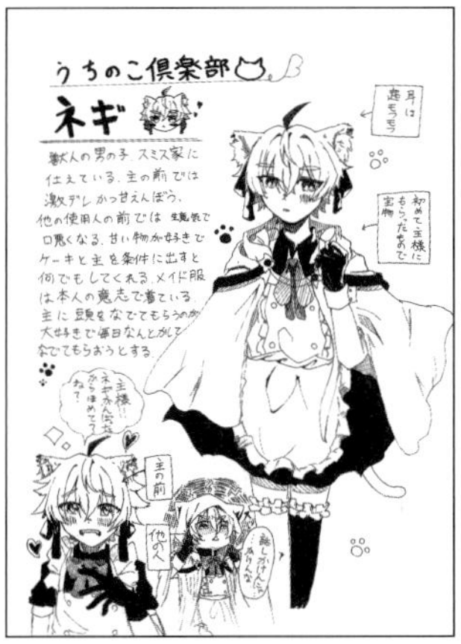

兵庫県・yakumo
yakumoさんの好きを詰め込んだネギ。主にだけテレデレな姿にキュン！ アホ毛もイイね～♪

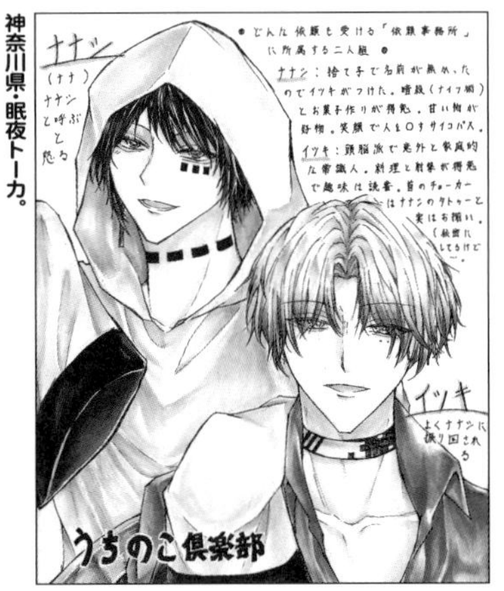

神奈川県・眠夜トーカ
眠夜トーカ。さんちのナナシとイッキをリメイク★ クールな目元がカッコいい～。

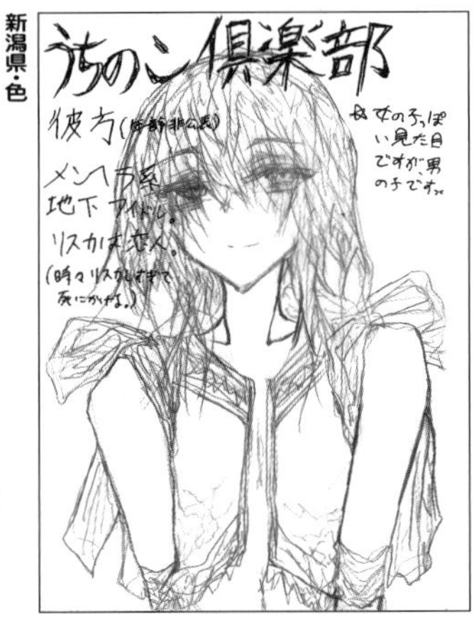

新潟県・色
メンヘラ系メンズ地下アイドル・彼方。前髪で隠れた瞳が儚げ…。

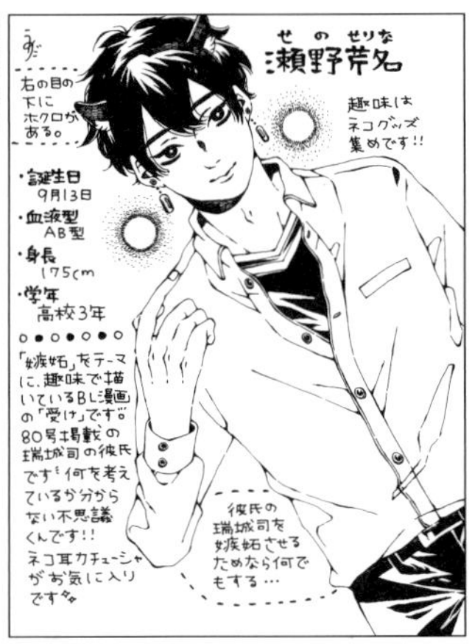

福岡県・梅田
ネコ耳カチューシャを自分でつけちゃう(!?)瀬野があざといっ！

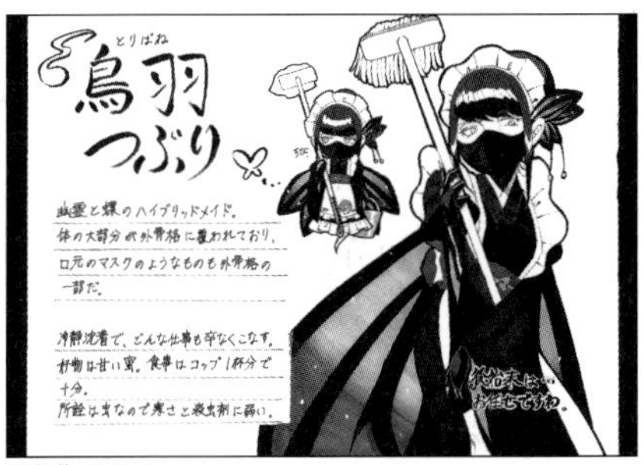

北海道・GENN
幽霊と蝶のハイブリッドメイド。黒マスクを外した姿も見てみたい…。

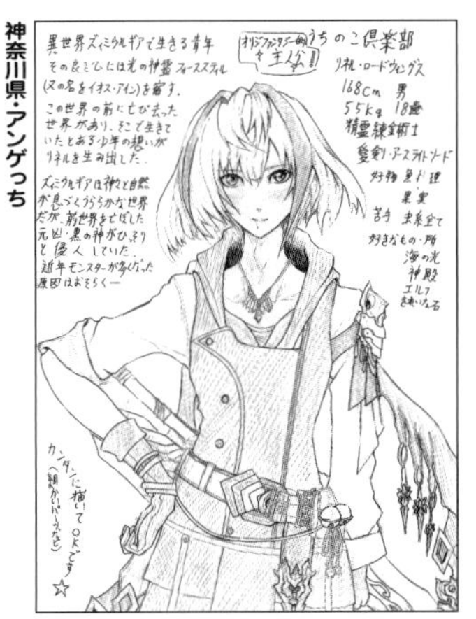

神奈川県・アンゲっち
精霊錬金術師・リネル。まっすぐな眼差しが心強い！(初投稿ありがとう)

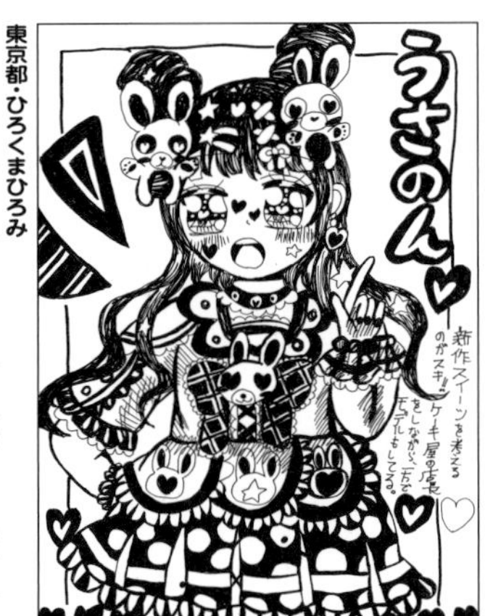

東京都・ひろくまひろみ
ケーキ屋の店長でありモデルのうさのん♡ 新作スイーツ食べたい！

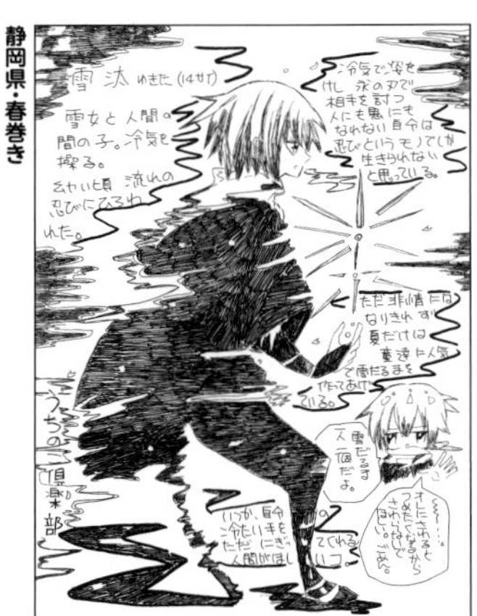

静岡県・春巻き
雪女と人間のあいだに生まれた雪汰。一見冷たく見えるが、実は両親が大好きな心優しい子だぞう。

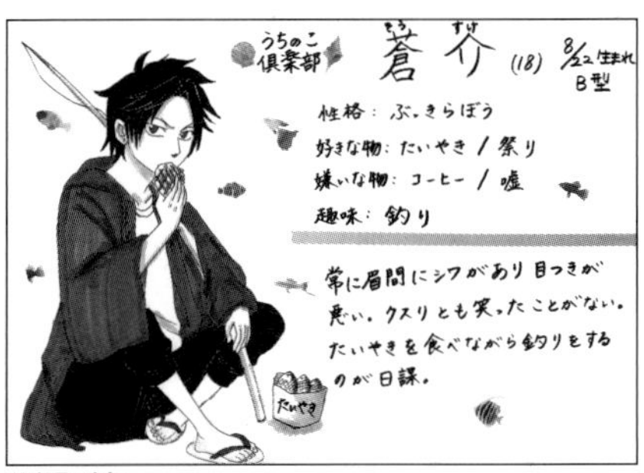

兵庫県・涼色
ツンデレ好きな涼色さんの描くぶっきらぼうな(?)蒼介。たいやきを差し入れたい♡

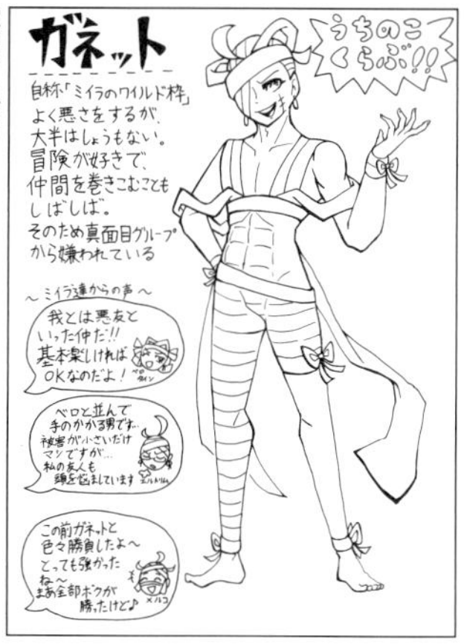

秋田県・とづき
ミイラのワイルド枠!? ガネット! 腹筋バッキバキだ〜〜〜!

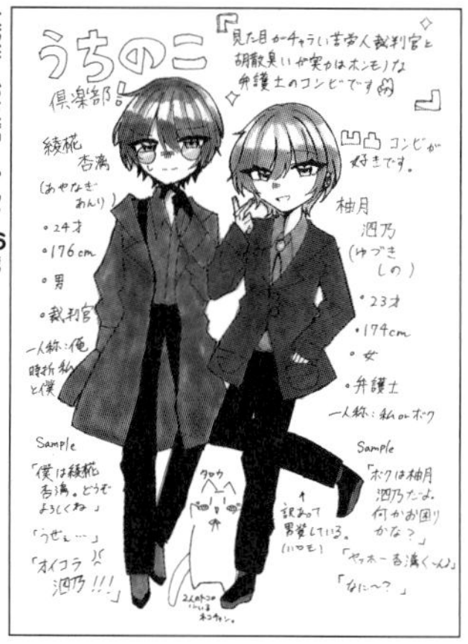

大阪府・お豆腐ちゃん。16歳
ちょいチャラめな凸凹コンビ☆ 二人のドラマが観たいッ!

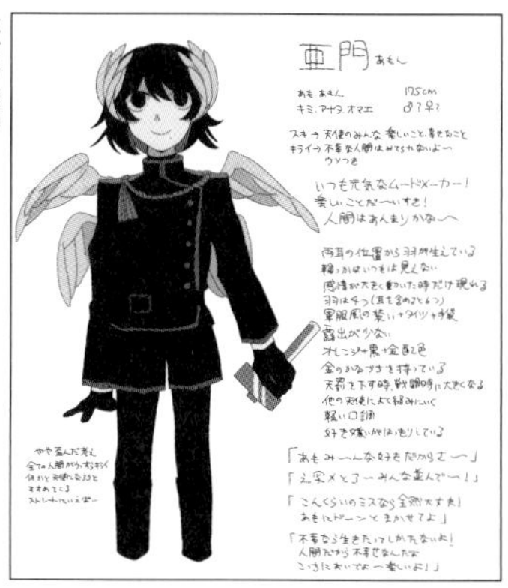

大分県・蟹羽
天使の亜門。口もとにホクロ、髪のインナーカラーが良い!

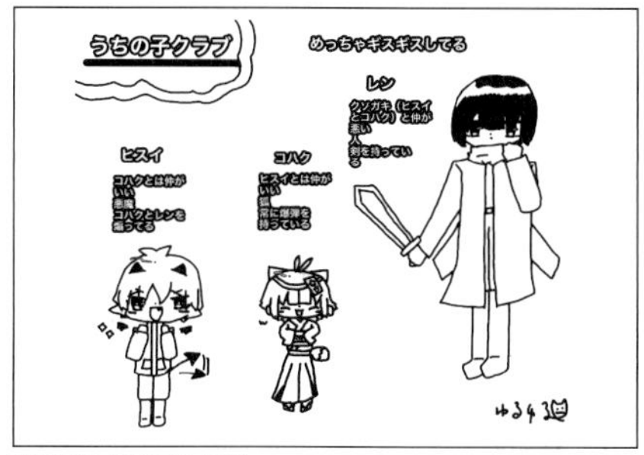

神奈川県・ゆるゆる・9歳
レンがコハクとヒスイにめっちゃ振り回されてそう(笑)。ダイスキッ!!

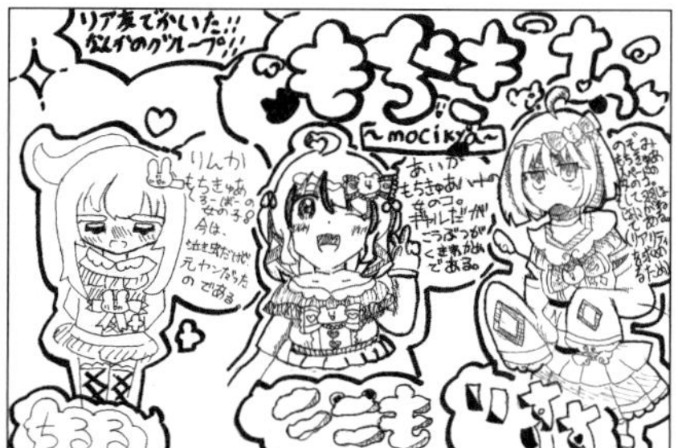

りすりす&ここも&ちるる(合作)
トランプマークの衣裳がキュートなグループ「もちきゅあ」! グループ活動について、教えて〜!

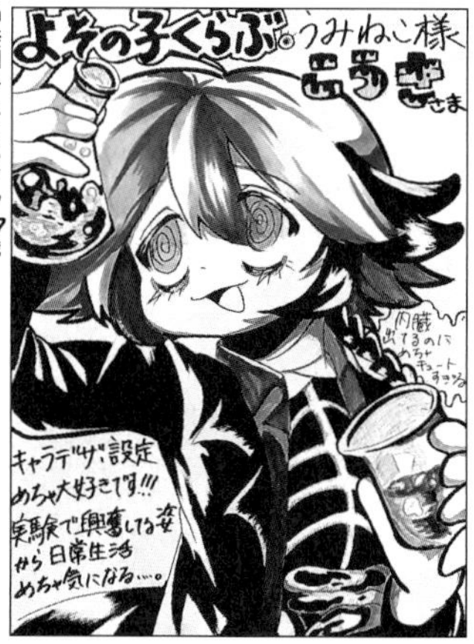

神奈川県・キカイオン・17歳
実験にとってもお熱なぐるんと目表情が好き♡ 内臓がチラリ☆

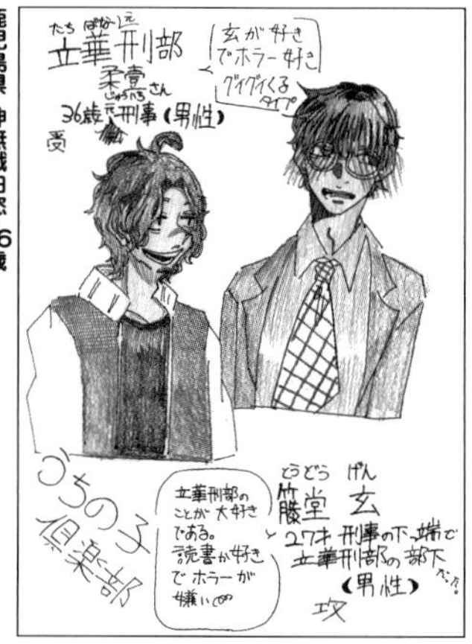

鹿児島県・神無戯白悠・16歳
神無戯白悠さんちが描く、刑事なふたりの恋愛模様が気になる♡

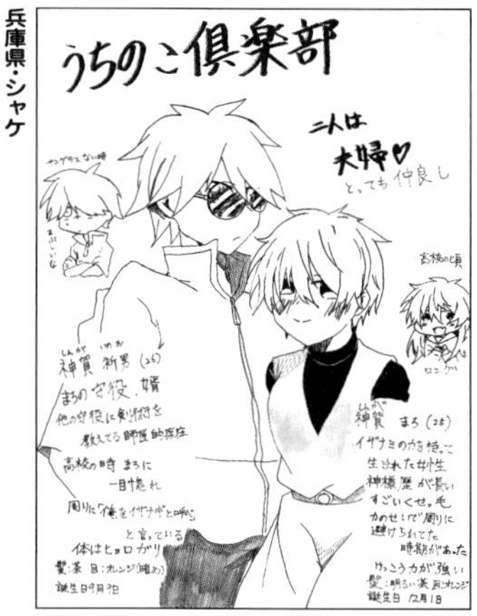

兵庫県・シャケ
シャケさんちの神賀夫婦♡ 祈男のサングラス姿&一途さがステキ♡

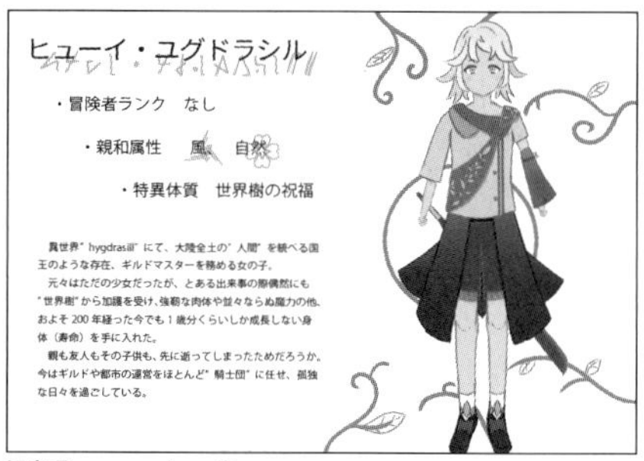

福島県・yumemisor@
世界樹から加護を受けた女の子。なぜ、加護を受けたのか物語が気になるッ…!

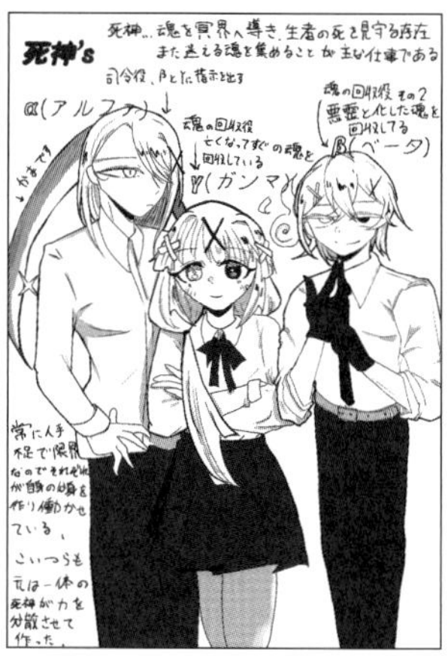

宮城県・赤べこ
魂の回収方法と、三人がどんな会話をしているんだろう〜!?

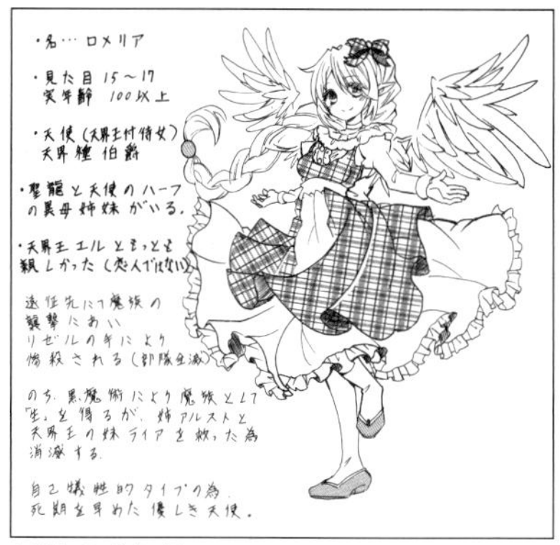

大阪府・ラブバード
自己犠牲的タイプのロメリアの、優しげな表情に隠されたバックボーンにグッとくる(涙)。

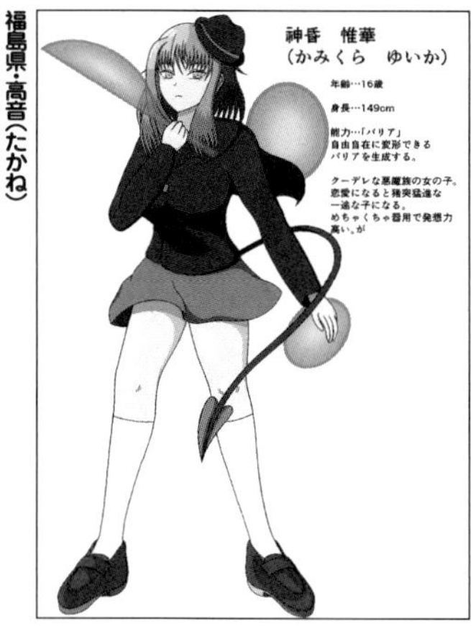

福島県・高音(たかね)
バリアを自由自在に生成する惟華。クーデレな様子を見たい♡

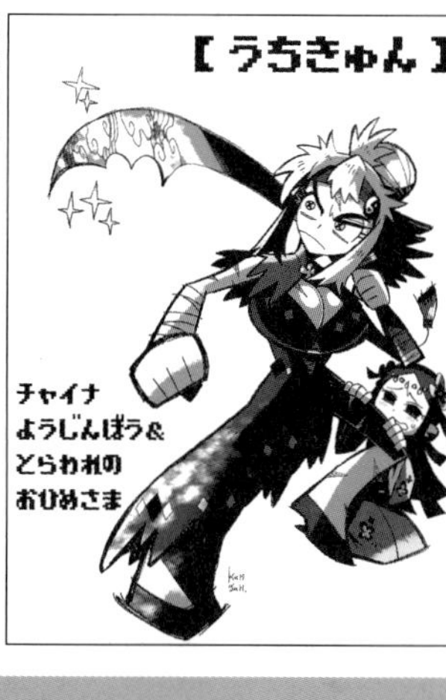

東京都・かりがり
かりがりさんちの前号のうちきゅん。チャイナ服を着た用心棒のベリルと、助けられたお姫様のアコヤ。カッコい〜!

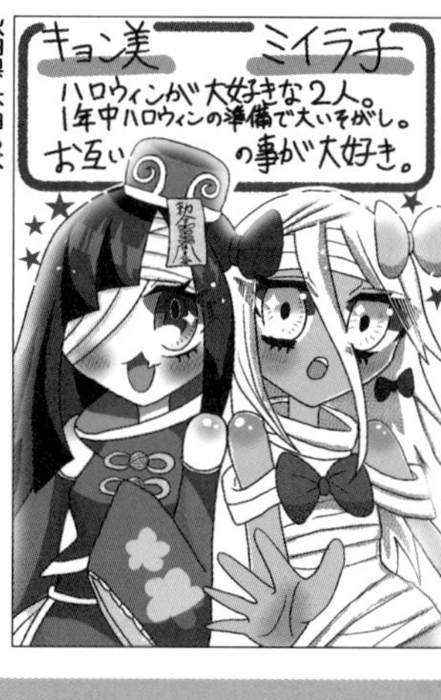

秋田県・木白らべ
ギャルみのあるキョン美とミイラ子よき♡ ぱっちり瞳とツヤ肌☆

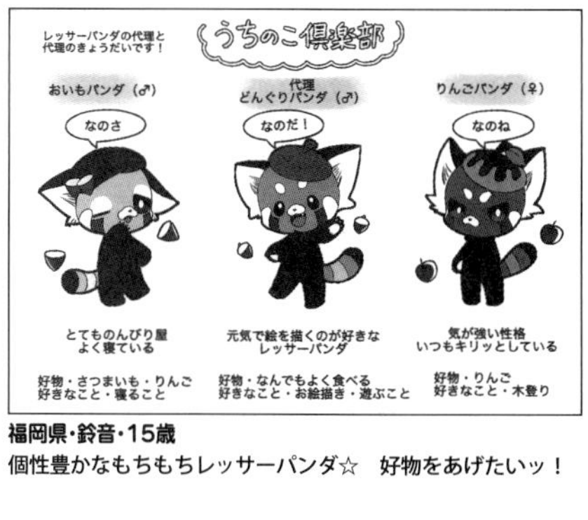

福岡県・鈴音・15歳
個性豊かなもちもちレッサーパンダ☆ 好物をあげたいッ!

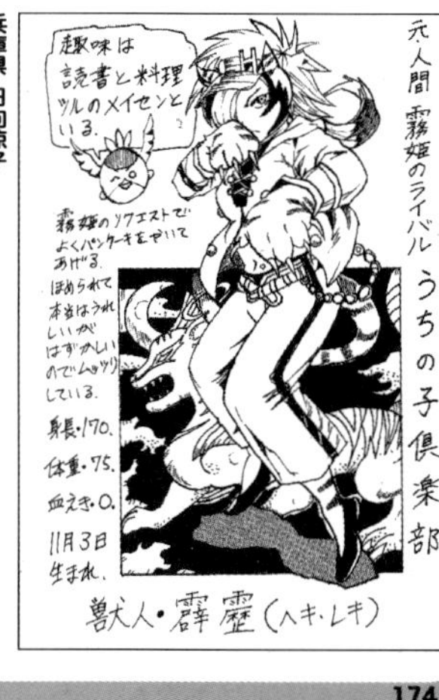

兵庫県・日向涼子
獣人・霹靂のケモケモポーズがスタイリッシュ♡ ムッと顔ラブ♡

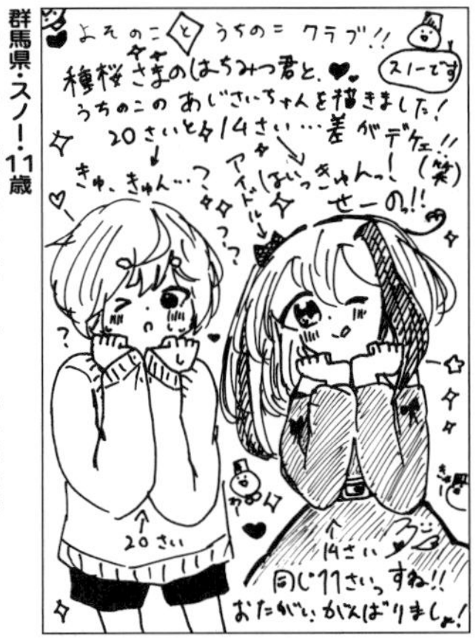

群馬県・スノー・11歳
きゅるきゅるな笑顔にきゅん♡　ラブリーな二人を激推!!

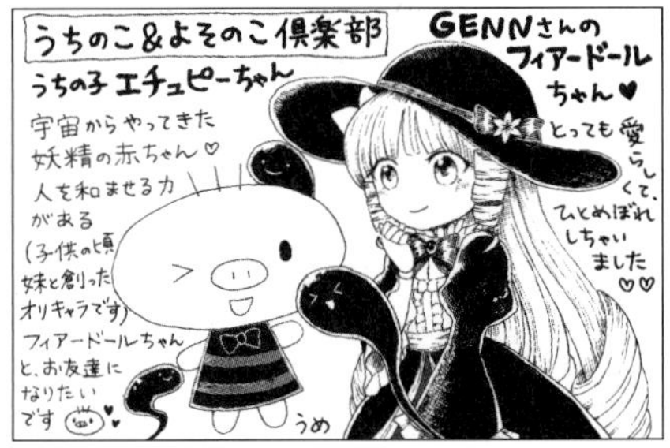

長崎県・うめ
ころんとしたエチュピーちゃんに癒され〜♡　フィアドールも愛しき♡

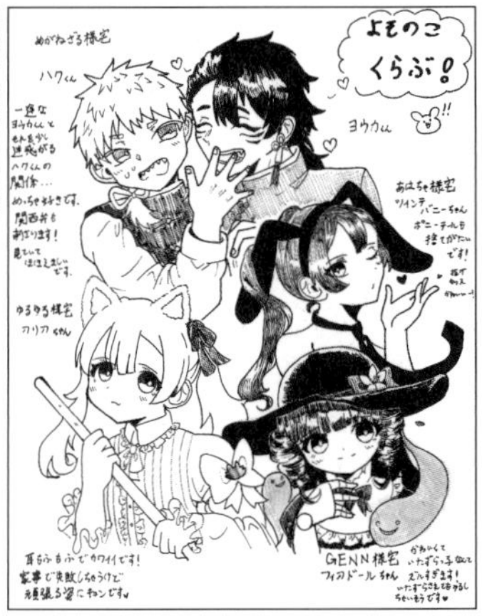

静岡県・うさぎしろっぷ
ヨウカ&ハクの絡みが良すぎるッッ!　アリアのもふ耳をもふる…。

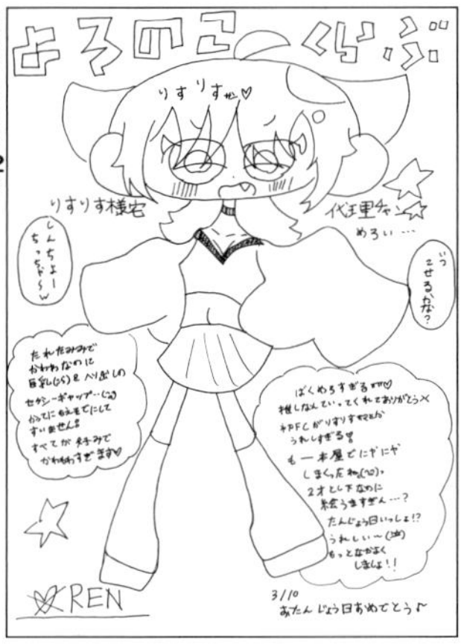

大阪府・和桜恋・12歳
りすりすさんの代理ちゃんにメロつく〜♡　萌え袖アレンジ好き!

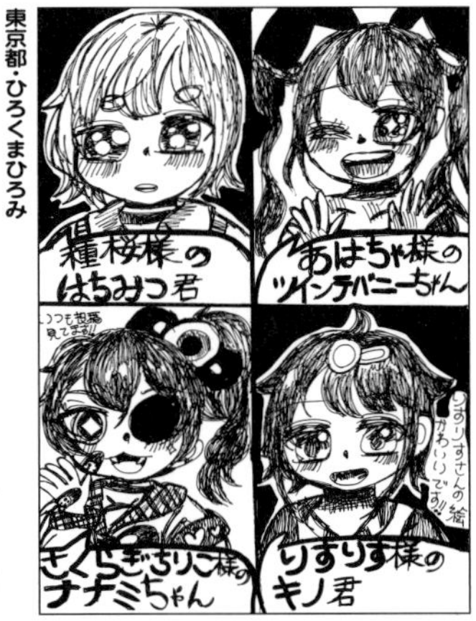

東京都・ひろくまひろみ
はちみつのうるうる眼差しにドキドキ♡　ナナミの八重歯スマイル☆

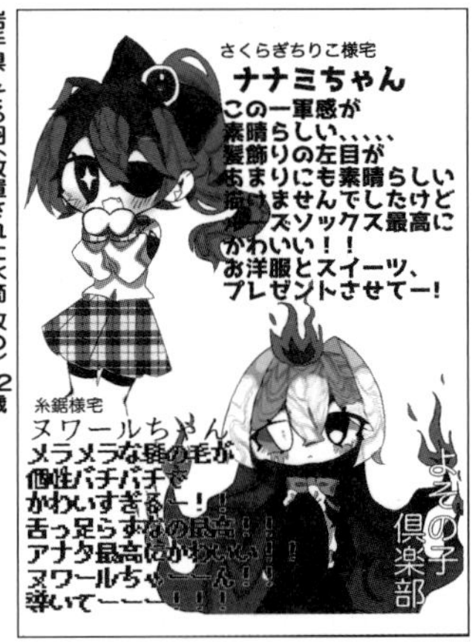

岩手県・そる羽（放置された水筒 改め）・12歳
そる羽さんタッチのナナミ&ヌワールが可愛すぎるッ!(改名するの…?)好きだ……。

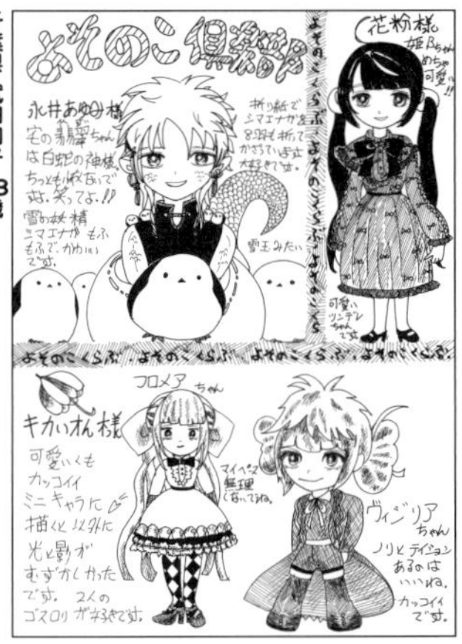

千葉県・武田和子・73歳
翡翠がシマエナガでもふってる笑顔を守りたい〜♡　ミニキャラきゃわ!

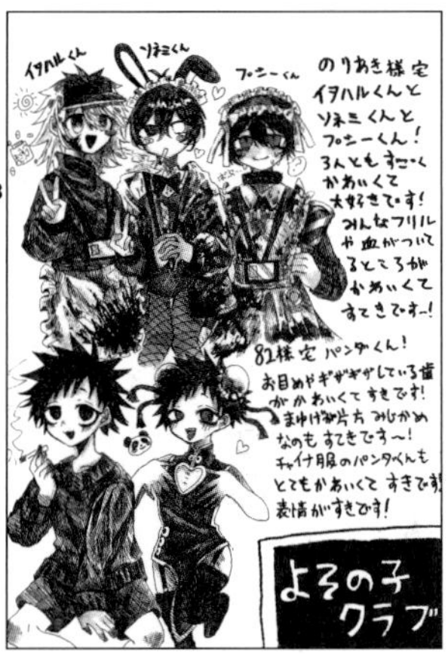

神奈川県・おくら・13歳
治安悪め〜なよそのこが集結♡　プシーのバブみに包まれたい…。

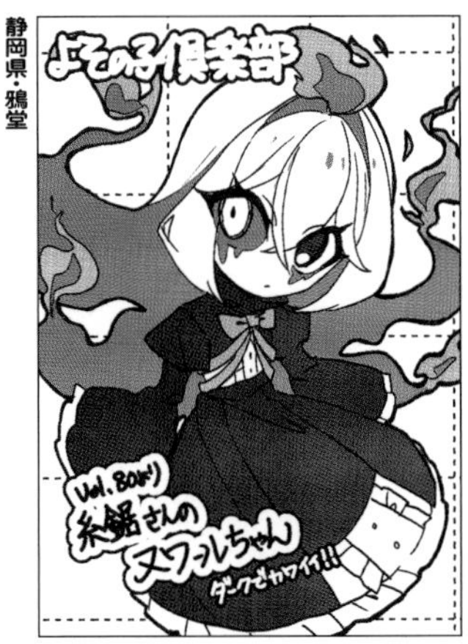

静岡県・鴉堂
ヌワールの上目づかいがダーク可愛い!!　なでなでしたいコロンと感♡

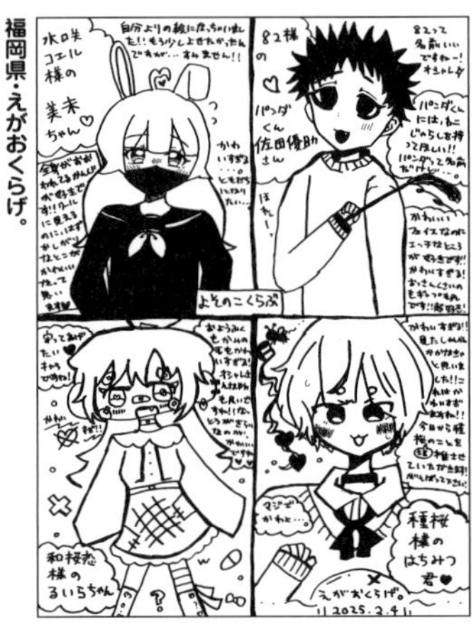

福岡県・えがおくらげ
パンダ、えっちフェイスですよね〜♡　私もるいらを守りたいよ!

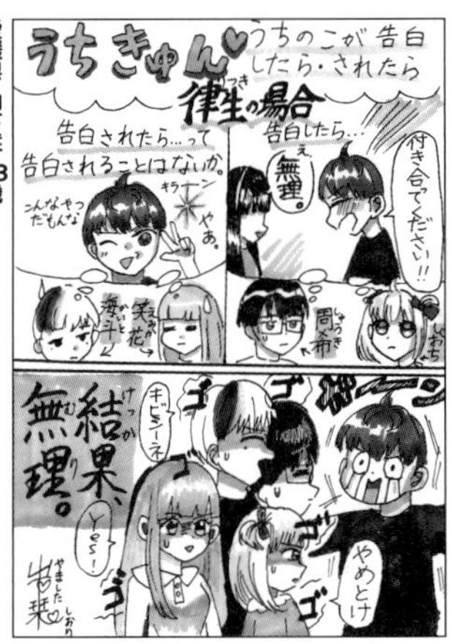

愛媛県・山下栞・13歳
律生が不憫可愛いな〜!　みんなの対応が辛辣すぎるぅ!(笑)

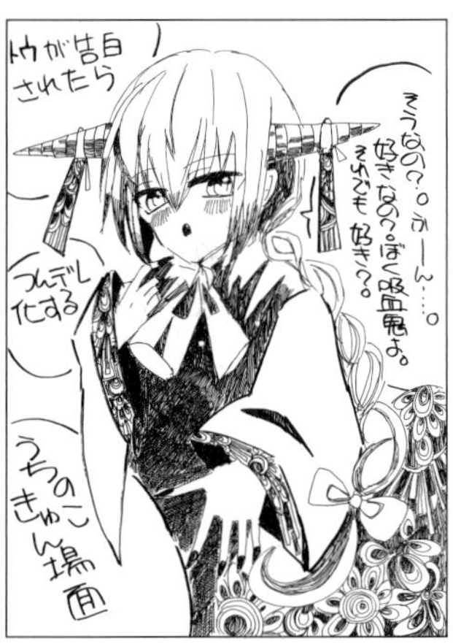

静岡県・春巻き
はぁ〜〜〜ん!　トウのつんデレな表情、仕草に心を撃ち抜かれ……。

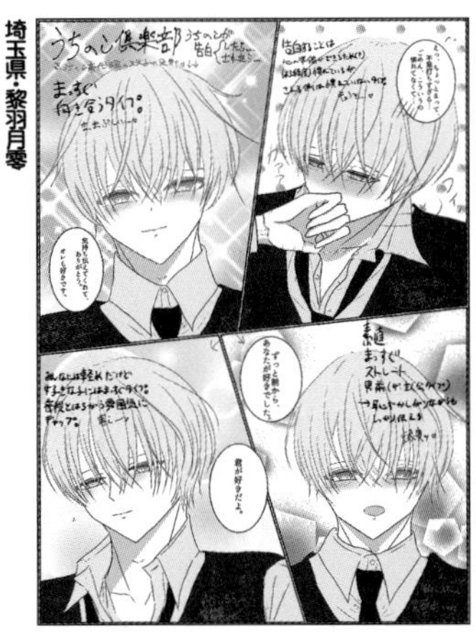

埼玉県・黎羽月零
告白に照れてる双子顔〜!!　男前の素直な雰囲気ギャップ萌えすぎる。

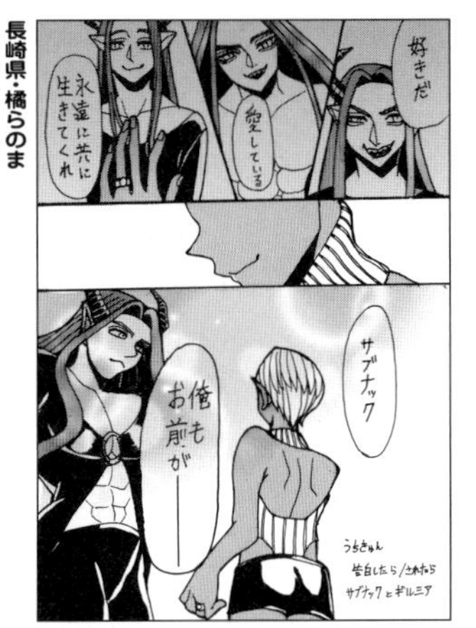

長崎県・橘らのま
ギルミアとサブナックの揺るぎない関係性が伝わってきます…(尊)。

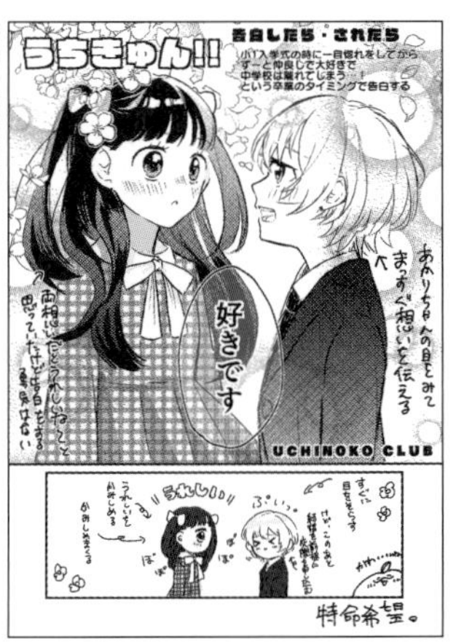

東京都・特命希望。
特命希望。さんちのうちきゅん♡　告白後のあおいちゃんの照れ顔カワイイ

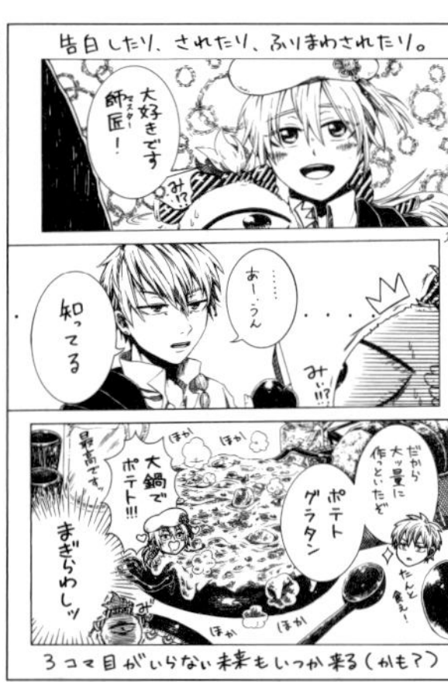

神奈川県・璃緒
毛玉と一緒に心を掻き乱されましたッ(泣)。ポテグラ食べてお幸せに…!!

SS男子部

～男子の魅力をマニアックに特集～

男子部のテーマ大募集 !!
巻末にあるアンケートハガキの「フリースペース」に「男子部リクエスト宛て」と書き、あなたが描いて欲しいテーマと熱い想いを記入してください !! 皆さんのご応募お待ちしています。

「SS 男子部」では、「男子のこんなトコがたまらない！」という思いを皆で発表していけたらと思います。
そこで、毎回異なるテーマを設けてイラストを募集しています。
第 51 回目は、ナビゲーターの８２さんと一緒にお送りする「バニーボーイ」特集です！

第51回「バニーボーイ」特集 ８２(やぶ)さんのコメントと一緒にお送りします！

82 さんコメント
エロの権化と言っても過言ではないバニースーツ♡　露出が多くても少なくても魅力的だよねぇ。男ならではの骨格が見えるのもポイントだと俺は思うけど、皆はどう？　今回はパンダくんこと、俺がコメントしてくよ～♡

次回は「メンヘラ男子」を募集
Tシャツから自傷行為の跡が覗く束縛系メンヘラ男子、クスリの過剰接種で判断力が溶けたふわふわ系メンヘラ男子、輸血パック＋包帯をつけたネガティブ思考のメンヘラ限界高校生など、皆さんのあらゆる「メンヘラ男子」に対するツボをお寄せください～！
次回のナビゲーターは、のりあきさんです！

今回のナビゲーター：82

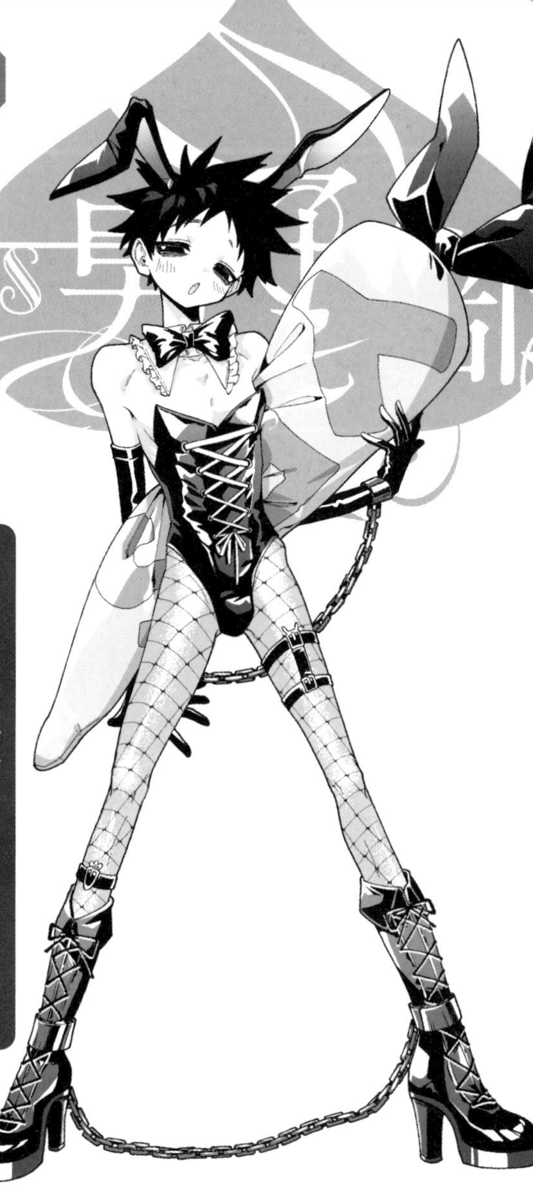

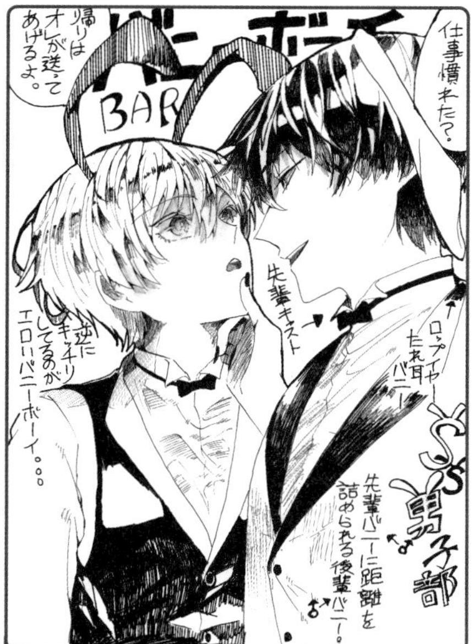

北海道・シズ
露出なくしっかりした白黒反転お揃い衣装がカッコイイねぇ～♡　イケメン先輩がたれ耳付けてるギャップが萌えだね～ (82)

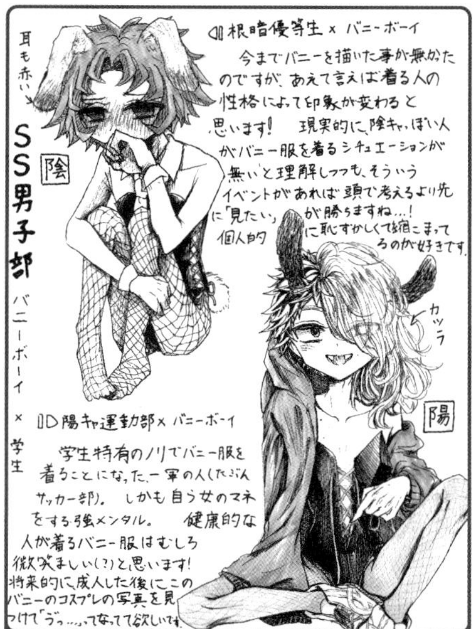

鹿児島県・まごたに・15 歳
陰キャと陽キャの反応の対比が良いねー。陽キャくん、よく見たらホクロあるよねぇ？　上着着ないでもっと見せてよ～♡ (82)

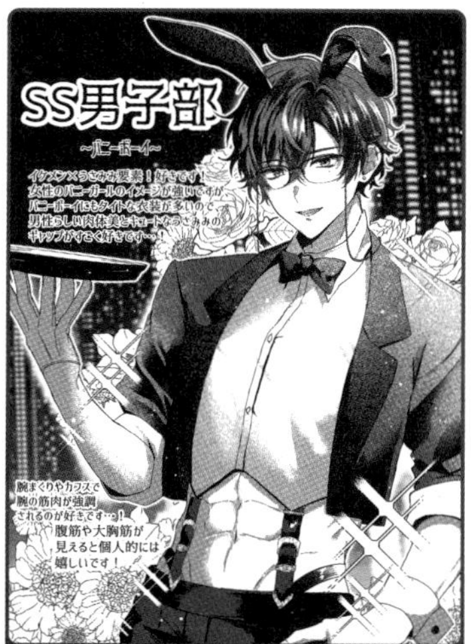

大阪府・眞城まこ
うお…腹筋……♡　このスーツ型で大胆に露出があるのはえっちだねぇ。男の肉体美、男のロマン……♡　良いバニーさんだぁ (82)

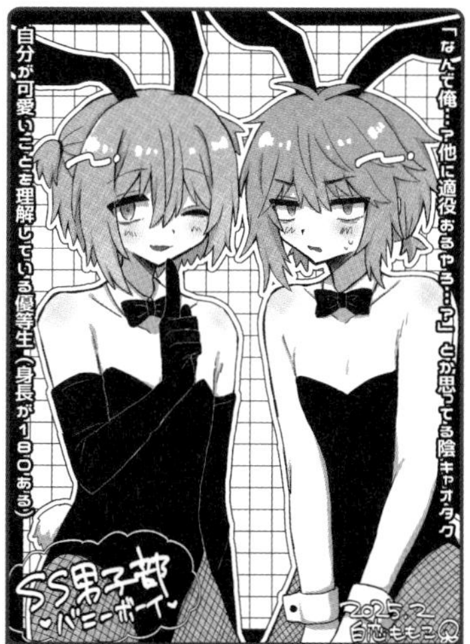
鹿児島県・白恋ももこ
他に適役？　おらんがな～ (笑)。君たち二人並んでるからお似合いだよ……♡　反応と仕草に差が出ててカワイイね♡ (82)

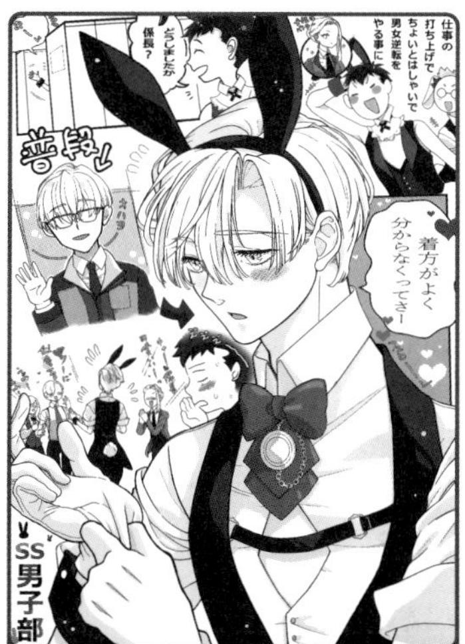
鹿児島県・ハゲヅラ・44 歳
おーこれはクラシカルなバニーだね。お兄さんの長いまつ毛が映えますなぁ！　胸元がひっそり開いてるのがポイント高い～♡ (82)

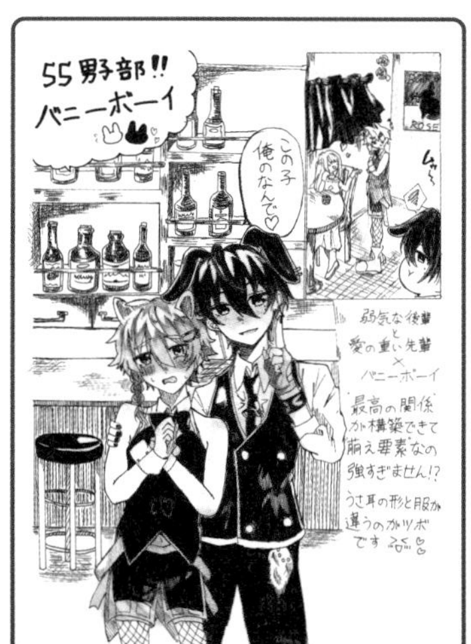
兵庫県・yakumo
後輩を独り占めする先輩♡　仕事中だぞ♡　見せつけやがって♡　細かい装飾で個性が出てて良いねぇ、俺も会いに行きたいな (82)

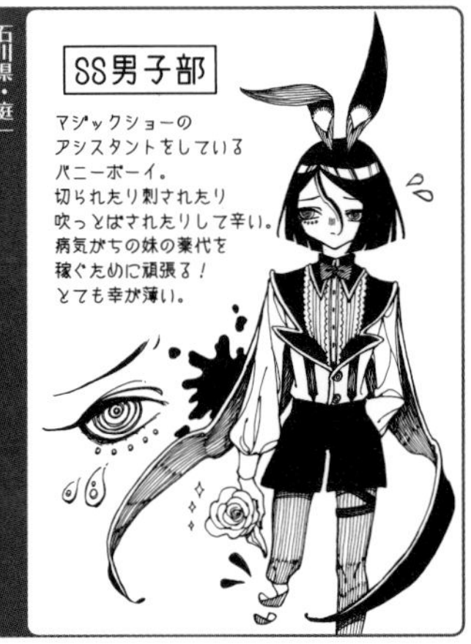

石川県・庭一
随分過激なマジックショーだねぇ(笑)。フリルがいっぱいでマジシャンらしい～♡ 短パンはシンプルなのがまたZですな～(82)

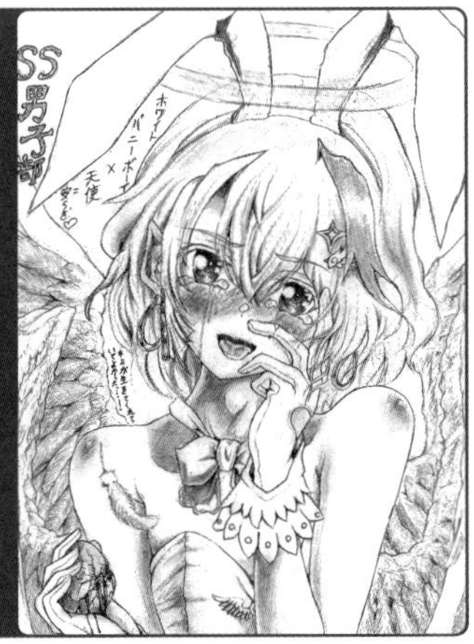

神奈川県・アンゲっち
真っ白バニーボーイ！ バニーテーマで出てこなそうな表情で良いねぇ。天使らしい装飾もあってこだわり感じる～！(82)

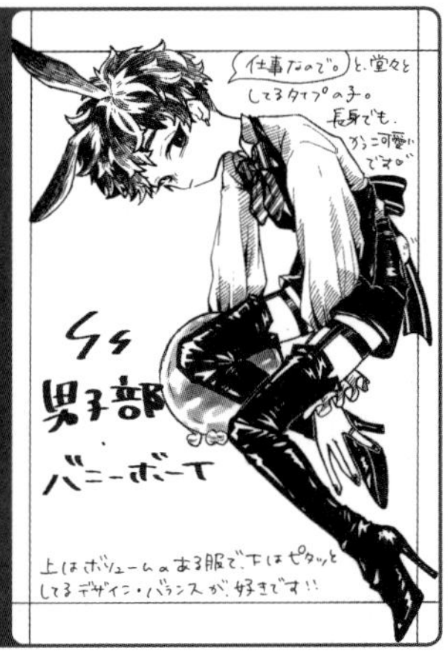

福岡県・無月
俺も上にボリュームある服好き～♡ 尻尾もついてて可愛いね～♡ ロングブーツが可愛い！下半身に対して辛口で効いてるね～(82)

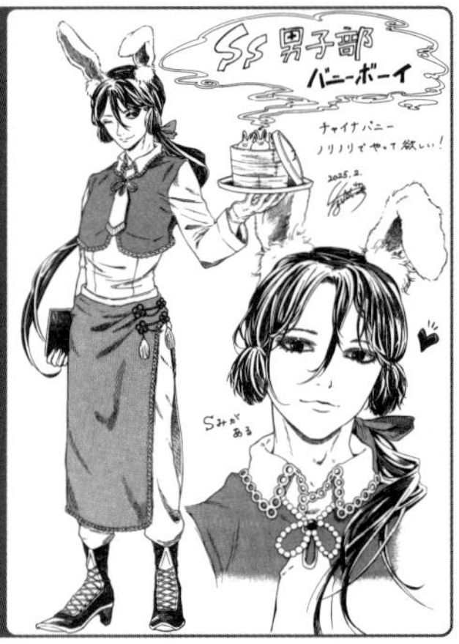

埼玉県・参崎シュリ
中華屋さんのバニーボーイかぁ、オッシャレ～！ 耳の付け根がフワフワしてて、煌びやかだけど可愛いところもあって好き♡(82)

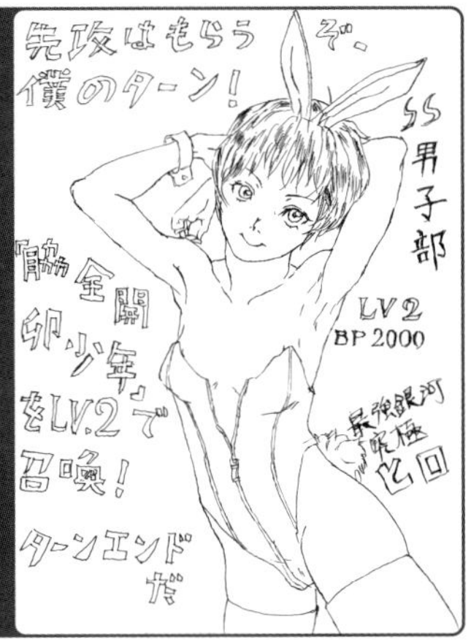

大分県・ヒロ
そんな大胆に脇見せちゃって大胆～♡ 真ん中のチャック、全開できちゃう？ シンプルさが健康そうな身体に似合う～♡(82)

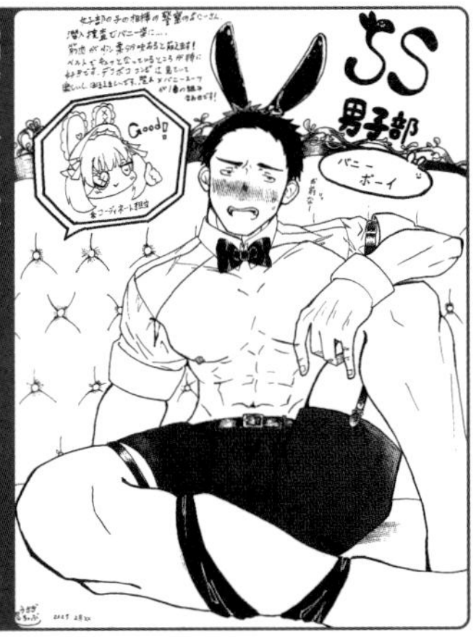

静岡県・うさぎしろっぷ
ケーサツのおにーさんがそんなえっちな恰好して大丈夫～!? 俺が手取り足取り教えてあげるからさぁ、筋肉触らして～♡(82)

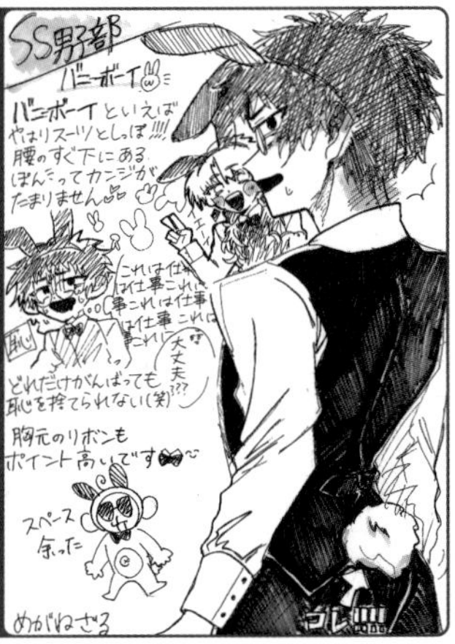

栃木県・めがねさる・12歳
尻尾付きいいよねぇ～♡ 露出ゼロでビシっと決めてるのにうさちゃん要素がラブリーなんだよなぁ。ノリノリの子も可愛いね♡(82)

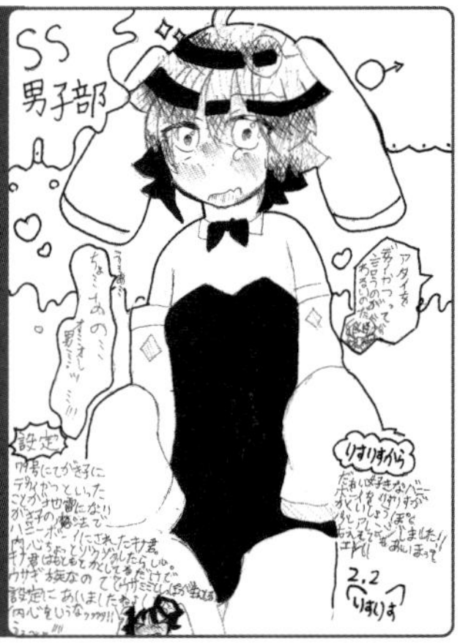

神奈川県・りすりす・10歳
内心ちょっとゾクゾクしたんだ? ふ～ん♡ 耳と尻尾が自前なの良いねぇ！ 袖が長いのもショタみがあってよく似合うよ♡(82)

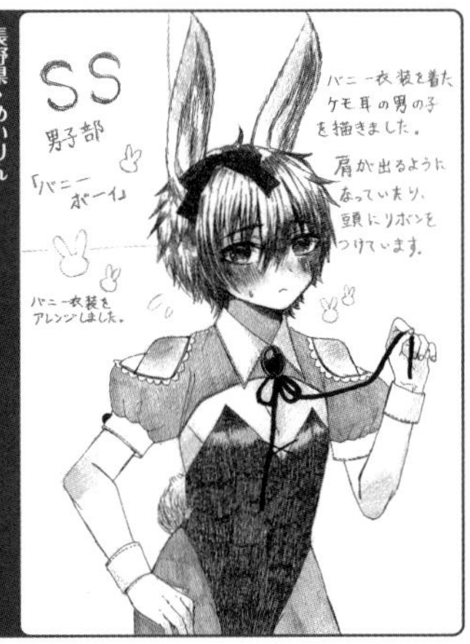

長野県・めいりん
女の子みが強い衣装で可愛いねぇ♡ フワフワの耳と尻尾、触りたくなっちゃうな～。ガード固めに黒タイツなのも良いね♡(82)

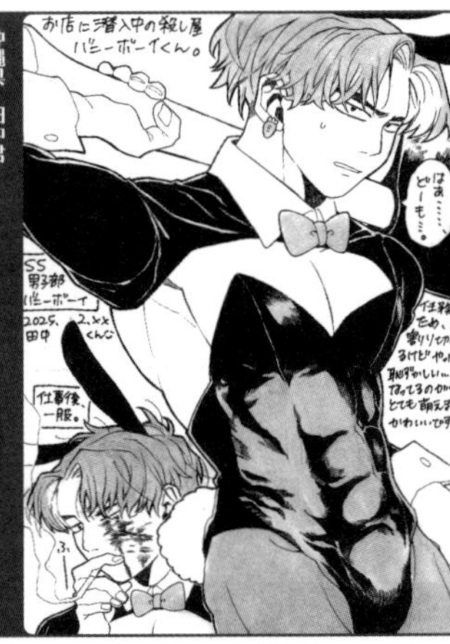

沖縄県・田中君
腹筋がスーツの光沢感で更に引き立つねぇ♡ ニンジンピアスだけがやたらキュートで不釣り合いなのがまた良いね～(82)

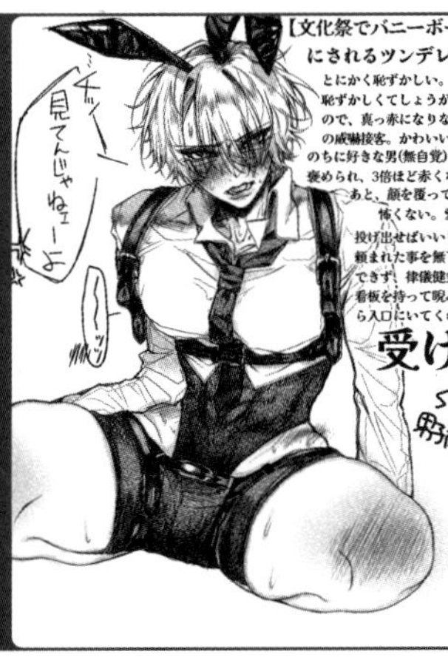

神奈川県・うさまる。
めっちゃ悪態ついてるのに律儀に看板持っててくれるんだ～♡ こんな子の腰回りにやらし～露出があるのがサイコーだね♡(82)

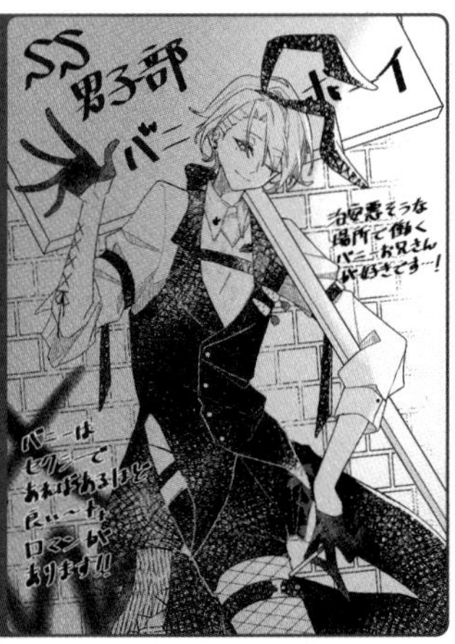

和歌山県・キ海月
澄ましたヨユーそうな表情がそそられるねぇ。こんなお兄さんにキャッチされたら、俺ならホイホイついてっちゃうな♡(82)

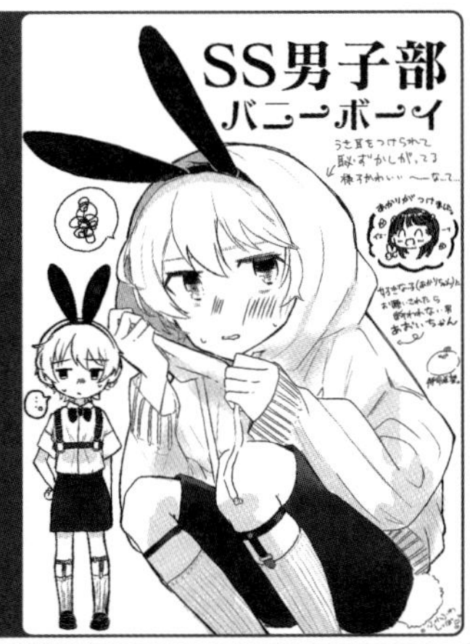

東京都・特命希望。
あかりちゃんよくやった(笑) パーカーで隠しちゃうのもったいないよ♡ 尻尾が裾から出ちゃってるのがまた可愛いねぇ♡(82)

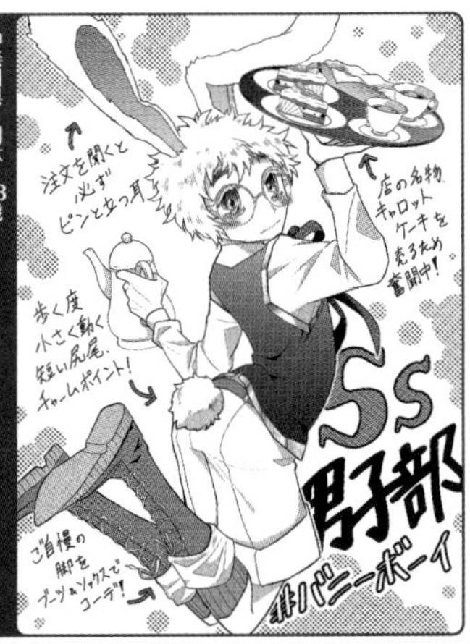

神奈川県・削木・33歳
ブーツからソックスが見えるのオシャレ～！ 大きな眼鏡もよく似合ってる♡ パタパタ働いてるのを眺めに行きたいな♡(82)

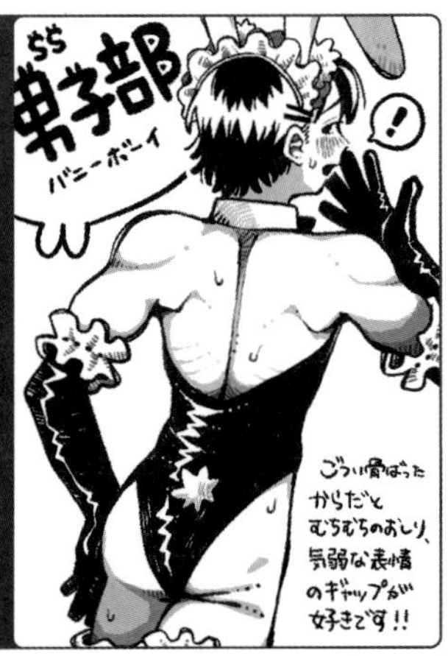

福岡県・七瀬なごり
男のバニーはやっぱこの骨感が良いよねぇ。対してお尻はムチムチなの、罪深いねぇ♡ 後ろ姿ずっと眺めてたいよ♪～(82)

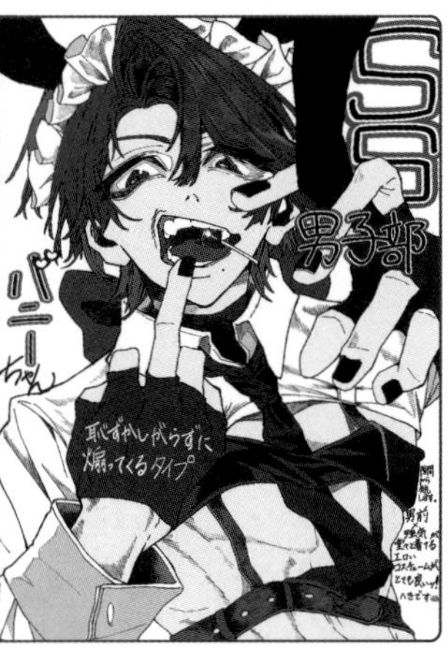

神奈川県・玄石
カワイ～服着てオラついちゃってぇ♡ ベルトもネクタイも内側のエロだね～。胸元捲れてるけど俺のコト誘ってるよねぇ？(82)

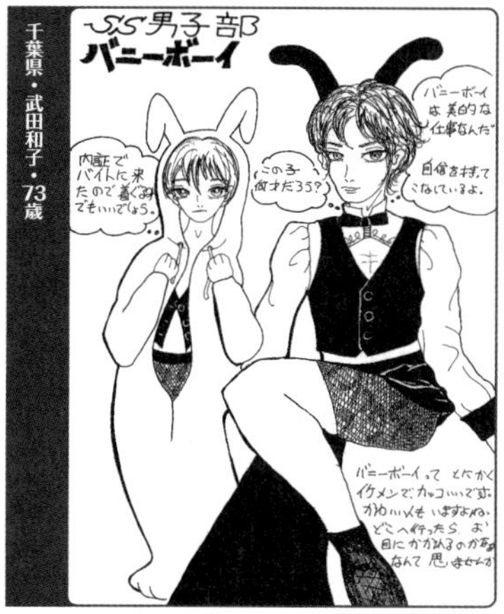

千葉県・武田和子・73歳

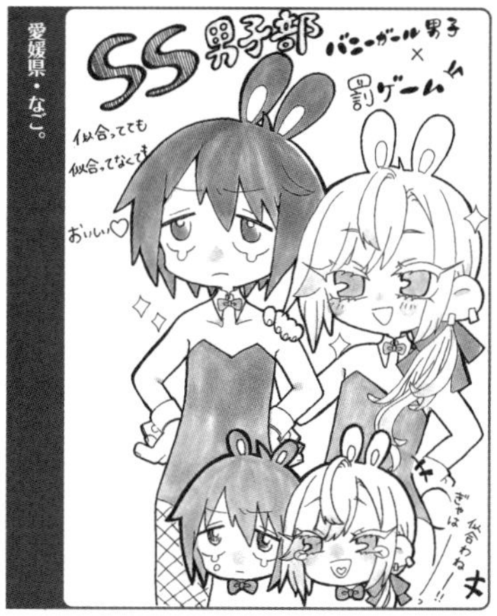

愛媛県・なご。

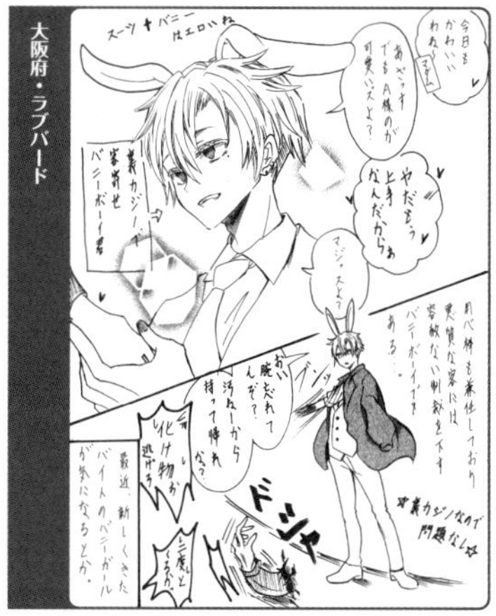

大阪府・ラブバード

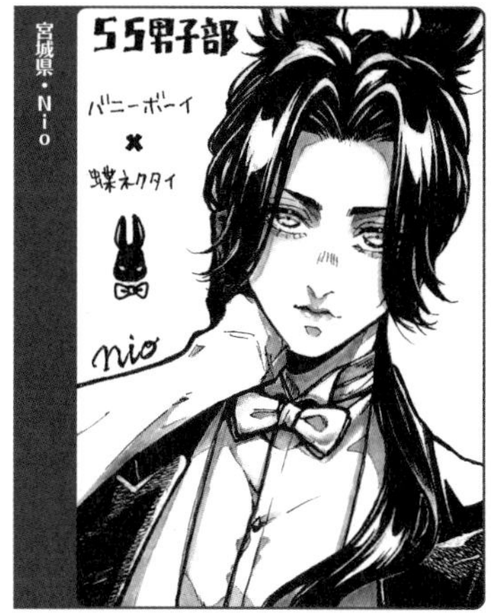

宮城県・Nio

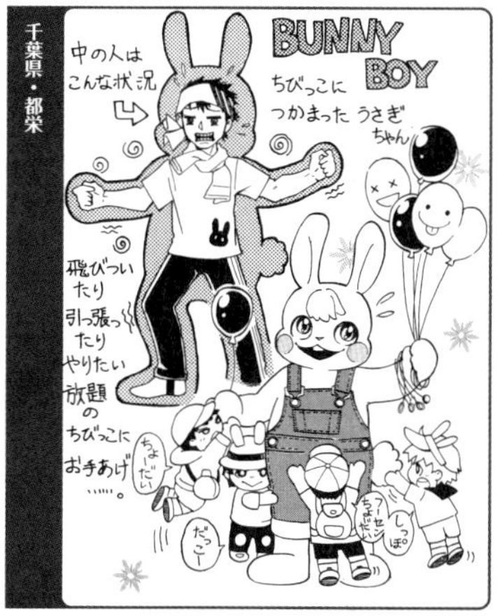

千葉県・都栄

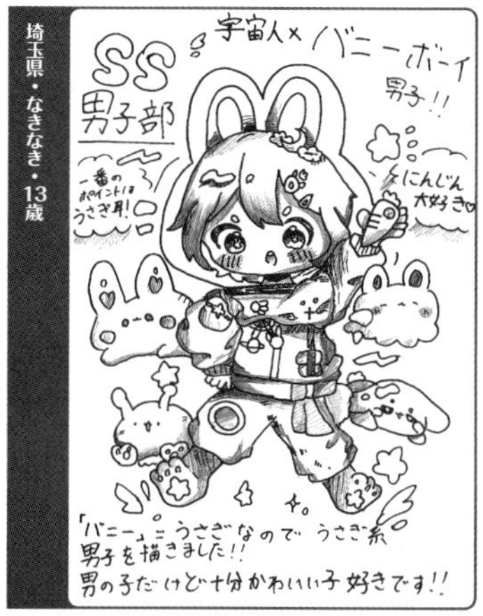

埼玉県・なきなき・13歳

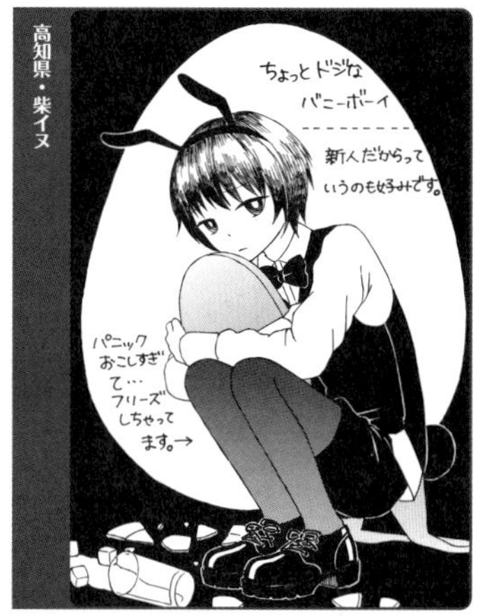

高知県・柴イヌ

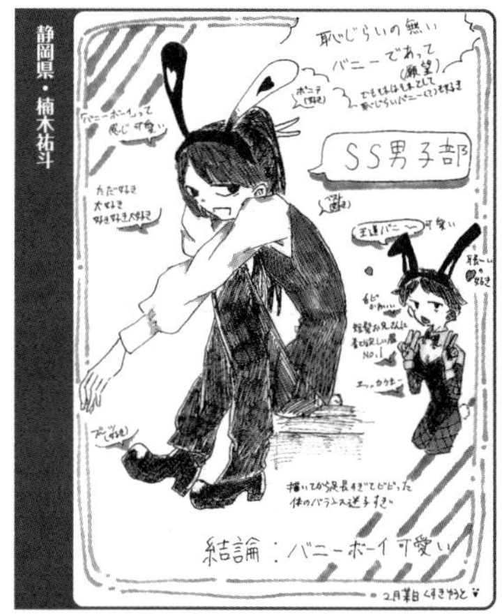

静岡県・楠木祐斗

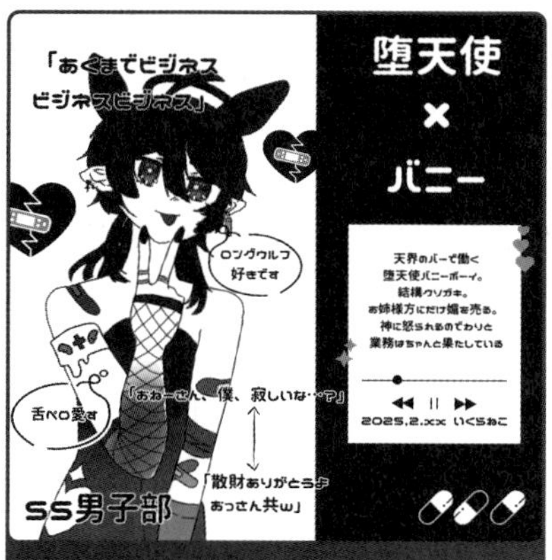

徳島県・いくらねこ・12歳

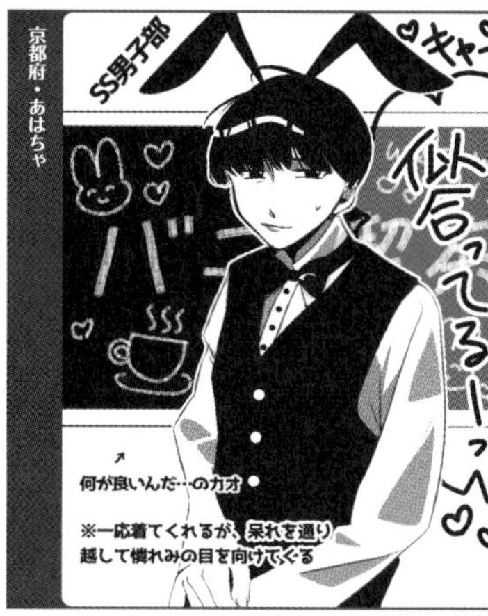

京都府・あはちゃ

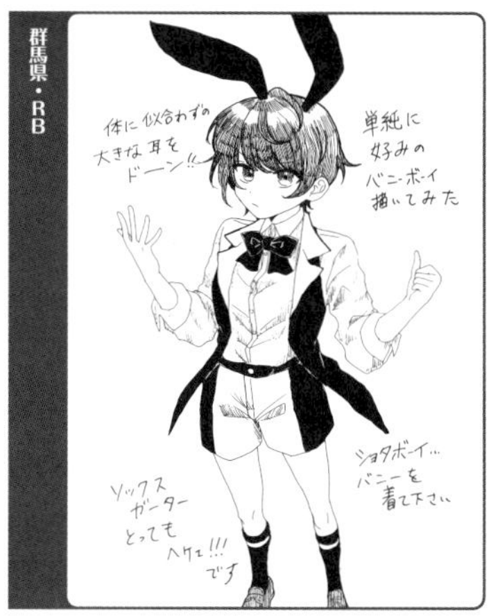

群馬県・RB

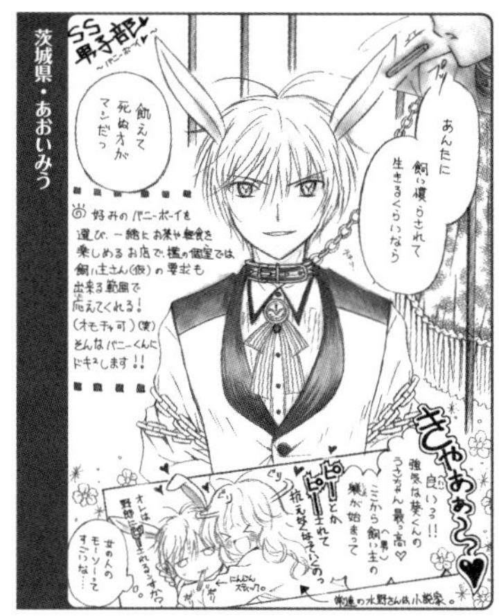

茨城県・あおいみう

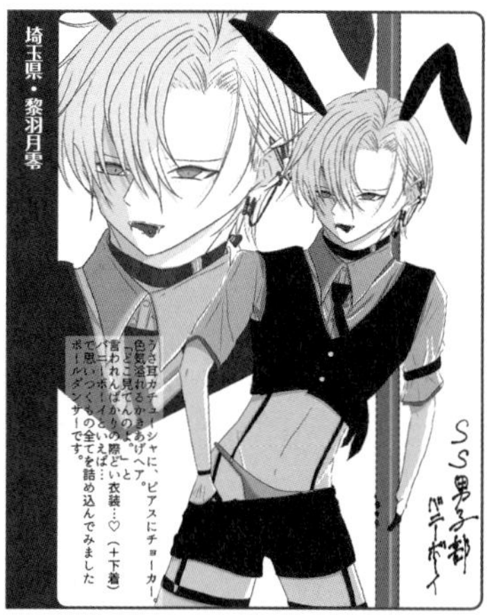

埼玉県・黎羽月零

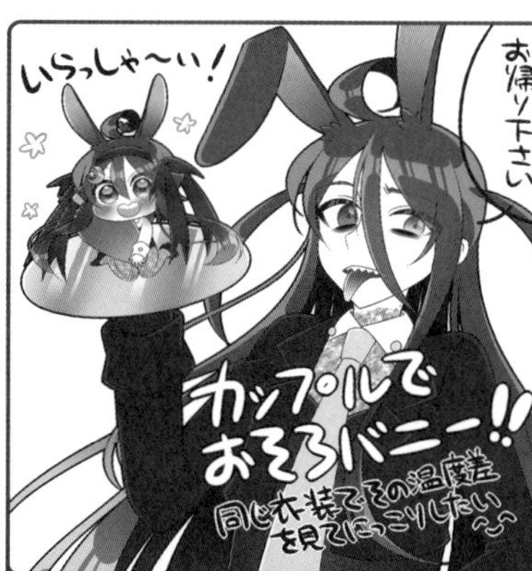

茨城県・練乳。

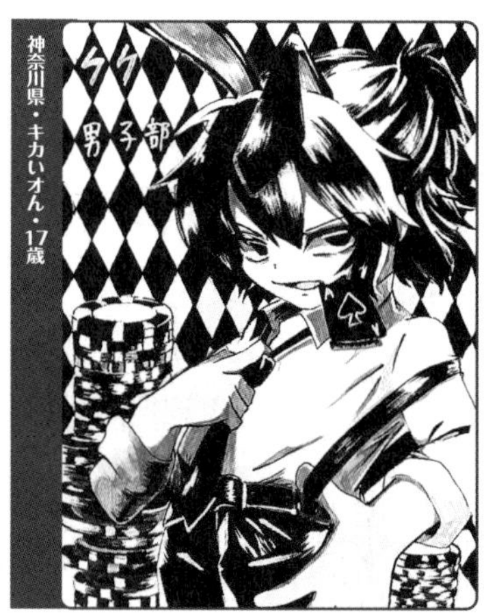

神奈川県・キカいおん・17歳

魔界のカジノで働く悪魔のバニーボーイ
人の欲望を引きずりだすチカラを持つ

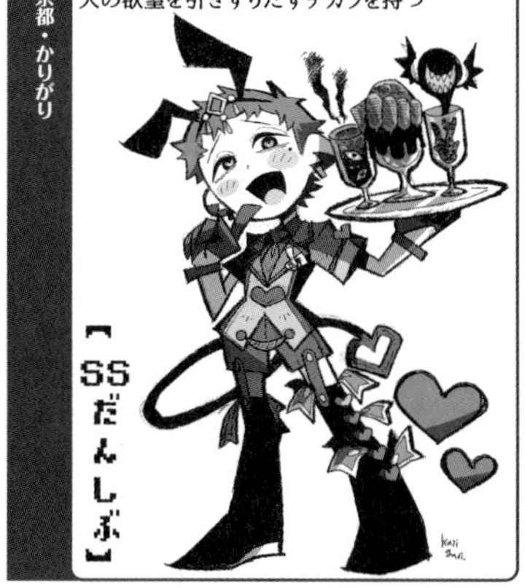

東京都・かりがり

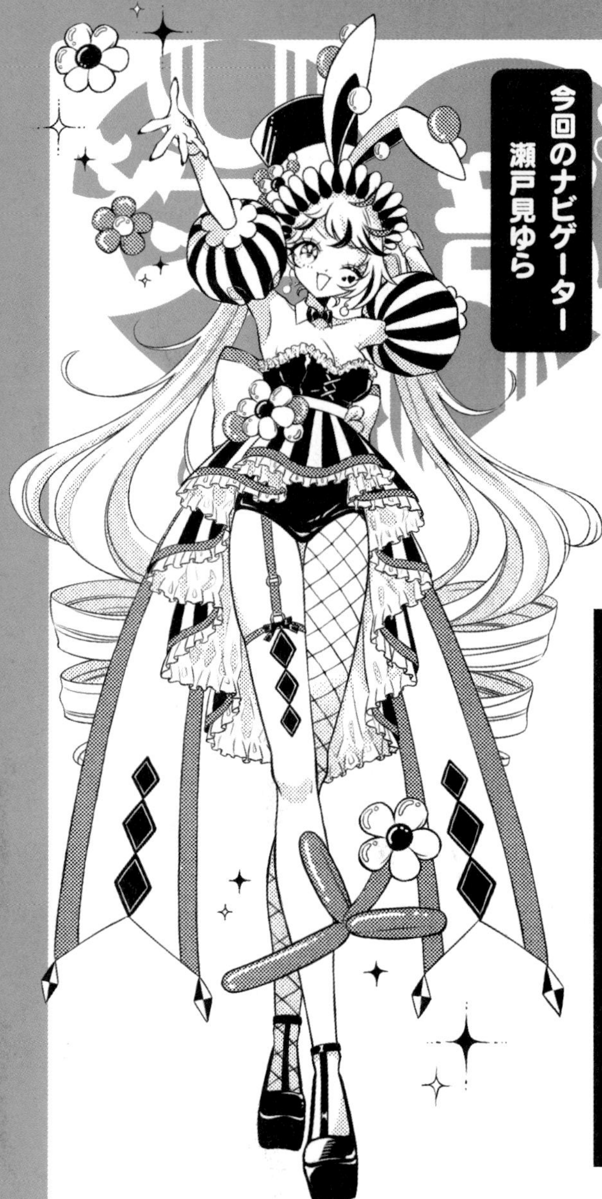

今回のナビゲーター
瀬戸見ゆら

SS女子部

〜女子の魅力をマニアックに特集〜

女子部のテーマ大募集!!
巻末にあるアンケートハガキの「フリースペース」に「女子部リクエスト宛て」と書き、あなたが描いて欲しいテーマと熱い想いを記入してください!! 皆さんのご応募お待ちしています。

「SS女子部」では、「女子のこんなトコがたまらない！」という思いを皆で発表していけたらと思います。
そこで、毎回異なるテーマを設けてイラストを募集しています。
第51回目は、ナビゲーターの瀬戸見ゆらさんと一緒にお送りする「バニーガール特集」です！

第51回「バニーガール」特集 瀬戸見ゆらさんのコメントと一緒にお送りします！

次回は「メンヘラ女子」を募集
寂しがりやで依存気質の地雷系女子、コンカフェで働く堕天系女子、パツパツのレザーショートパンツから見えるレッグカットを自撮りしてSNSにアップする女子、崇拝系メンヘラ女子など…、皆さんのあらゆる「メンヘラ女子」に対するツボをお寄せください〜！　また、次号のナビゲーターはX(@kikan_s_ss)にて発表します！

瀬戸見ゆらさんコメント
「春のパレード」をイメージした、ハッピーオーラ満載のバニーガールを描きました♪　うさ耳・女性らしいボディラインという王道要素は残しつつ、バルーンモチーフやマジシャンの雰囲気を取り入れています☆今回のテーマではセクシー・かわいい・かっこいい…、描く人によって色んな雰囲気のバニーちゃんが楽しめそうです！　ワクワク！

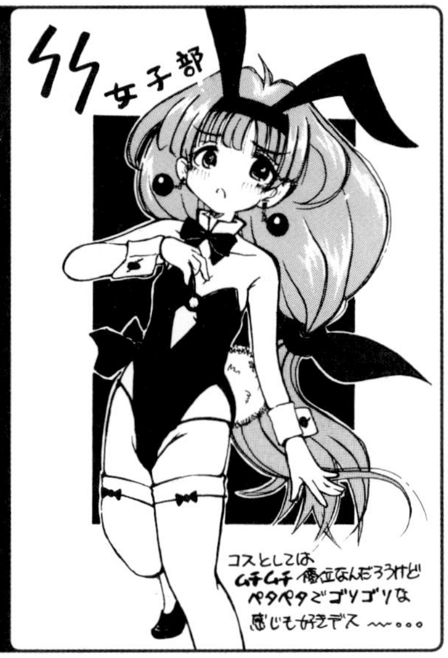

愛知県・いいづきにか
これぞまさに王道バニーガール!! 胸元のざっくりとしたスキマ、太もも周辺のムチムチ&くいこみ具合に目を奪われます…。こんなにセクシーな服を着ていないがら、恥じらう表情もたまりません♡(瀬)

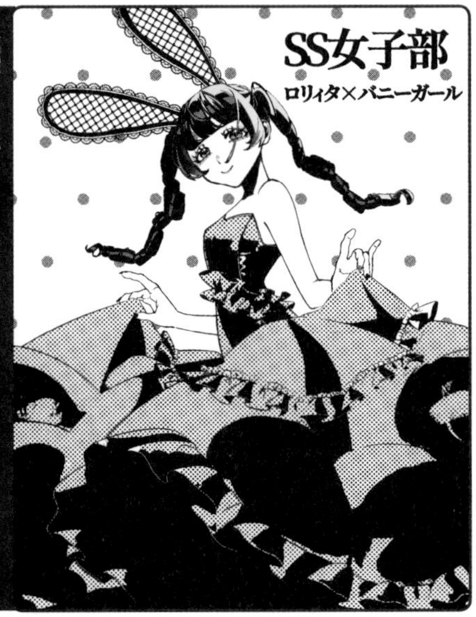

京都府・あはちゃ
なんて上品なバニーガールちゃん！　動きのあるツインテールの縦ロールの描き方もすごく大好きです…♡　ボリュームたっぷりなスカートの曲線、スカートをもつ指先の表現も芸術的です！　今にも踊りだしそうな雰囲気ですね♪(瀬)

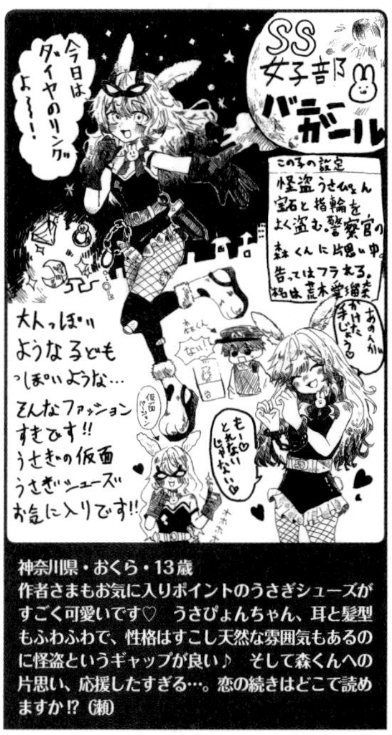

神奈川県・おくら・13歳
作者さまもお気に入りポイントのうさぎシューズがすごく可愛いです♡　うさぴょんちゃん、耳と髪型もふわふわで、性格はすこし天然な雰囲気もあるのに怪盗というギャップが良い♪　そして森くんへの片思い、応援したすぎる…。恋の続きはどこで読めますか!?(瀬)

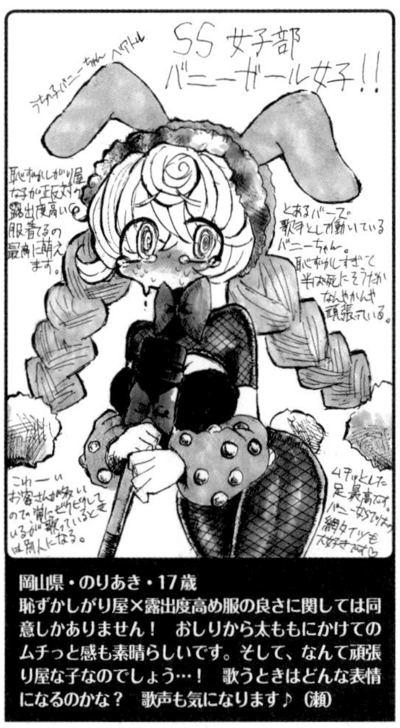

岡山県・のりあき・17歳
恥ずかしがり屋×露出度高め服の良さに関しては同意しかありません！　おしりから太ももにかけてのムチっと感も素晴らしいです。そして、なんて頑張り屋な子なのでしょう…！　歌うときはどんな表情になるのかな？　歌声も気になります♪(瀬)

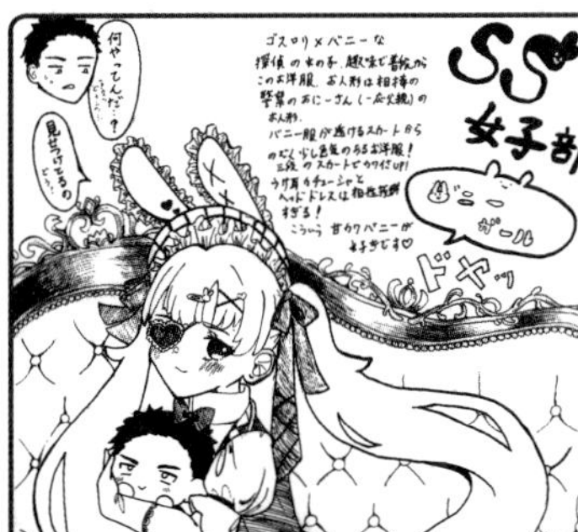

静岡県・うさぎしろっぷ
透けるスカート、良いですよね…隠すはずのものが隠せていない上によりセクシーさをUPさせるというギャップ!! むしろこの子がセクシーすぎて逮捕せざるをえません！　探偵事務所もゴシックな雰囲気で素敵なんだろうなあと妄想しました♡(瀬)

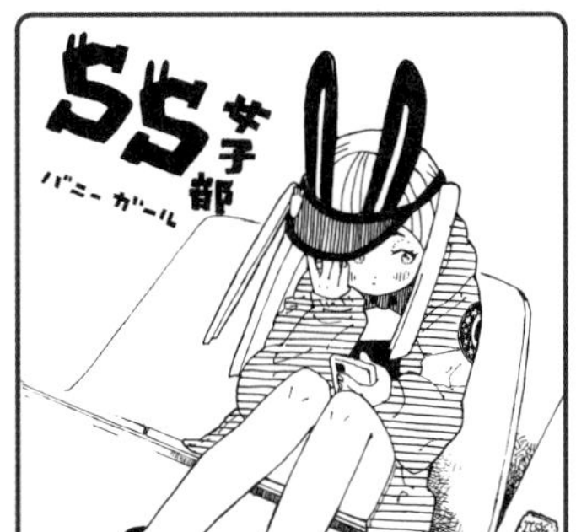

岐阜県・ずめ子
な…新ジャンル来ました!!　スポーティ系バニーさんですと?!　発想も女の子の描き方もセンスが溢れすぎです♡　にんじんデザインのヘアピンやサンバイザー、スニーカーもオシャレ♪　スポーティながらもおみ足は見せていただき感謝です(瀬)

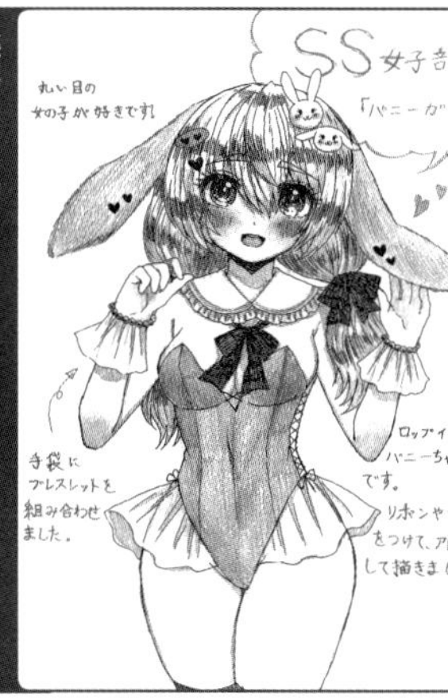

長野県・めいりん
エーー!!! とってもガーリーでふわふわな雰囲気が可愛すぎて、リアルに声が出てしまいました！ フリルの透け感も女の子に似合ってます♡ 癒し系バニーちゃんという、新たな扉が開きました！ (瀬)

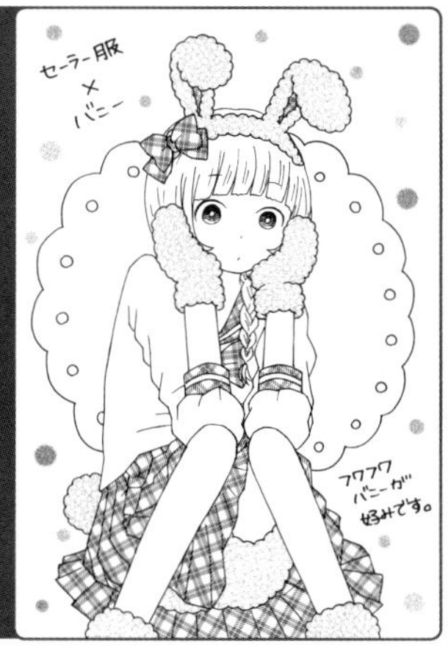

高知県・柴イヌ
わ〜!! 大正義のもこもこに、バニーとセーラーを組み合わせるなんて最高です…！ 思わずぎゅ〜っとしたくなってしまいますね♡ もこもこパンツは冷えやパンチラ対策にもなる神アイテム！ 見えても可愛い♪ (瀬)

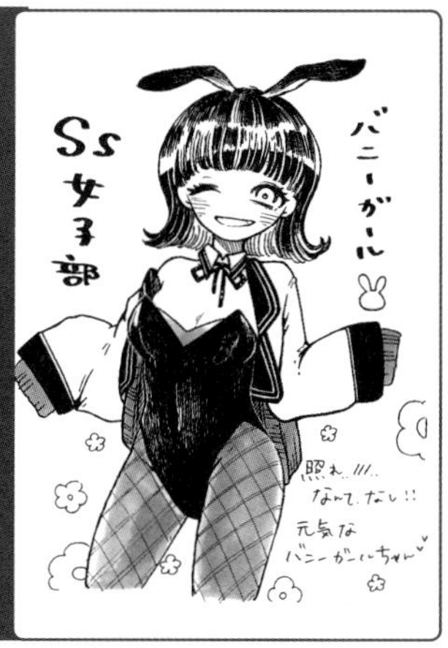

福岡県・無月
はい、太陽属性な元気っこバニーちゃん、わたしも大大大スキでございます♪ ただ羽織がすこしずれて肩見せしていたり、萌え袖だったりと「あざとさ」もちゃんとありますね⁉ これは天然なのかはたまた計算なのか…（どちらも良い） (瀬)

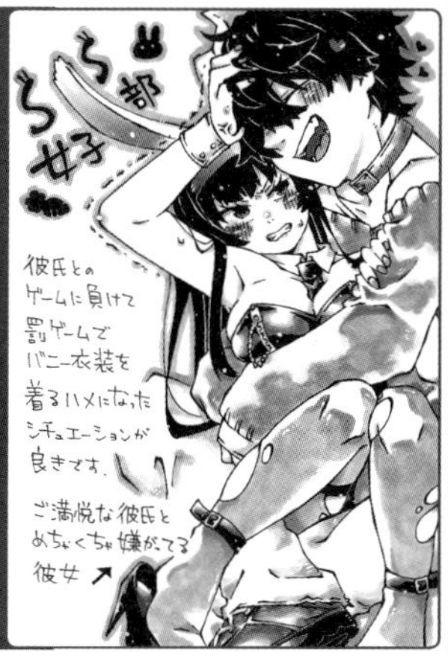

新潟県・真継
コレは‼ 「リア充爆発しろ！」（古い⁉）という私の中の中「が呼び起」されたと同時に、なんて可愛いカップル〜‼ お胸のチャックや敗れたタイツがセクシー♡ 少しツンツンな彼女とデレデレ彼氏の組み合わせ大好物です！ さてと私はお邪魔なので失礼するとしますか… (瀬)

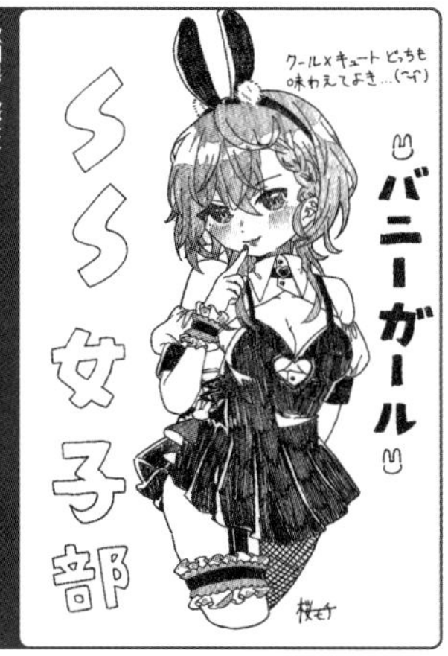

秋田県・桜モチ
小悪魔な雰囲気のバニーちゃんキター‼ つやんつやんな唇をしばらくガン見してしまいました♡ そしてスカートのサイド、大変短いのですが⁉ 美しいお尻&太ももをありがとうございます！ (瀬)

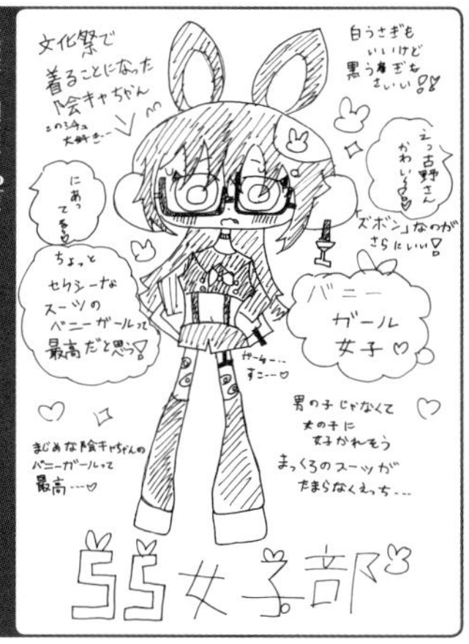

大阪府・和桜恋・12歳
ハッ、メガネという超伝統的な萌えアイテムを失念しておりました（反省）。黒髪ロング×メガネ、そしてガーター×ショートパンツの組み合わせは間違いありません！ クラスの子がこんな格好をしていたら目のやり場に困りそうです（でも見る） (瀬)

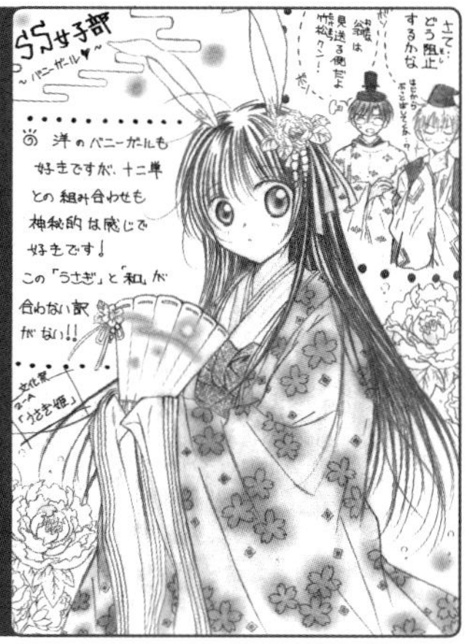

茨城県・あおいみう
「和」×バニーガール！ あどけない女の子の表情にキュン…！ うさぎ姫ちゃんとのことで、もう世の中のありとあらゆる悪の手からこの子を守りたいです。サラツヤな髪の毛も大変うるわしゅう御座います♡ (瀬)

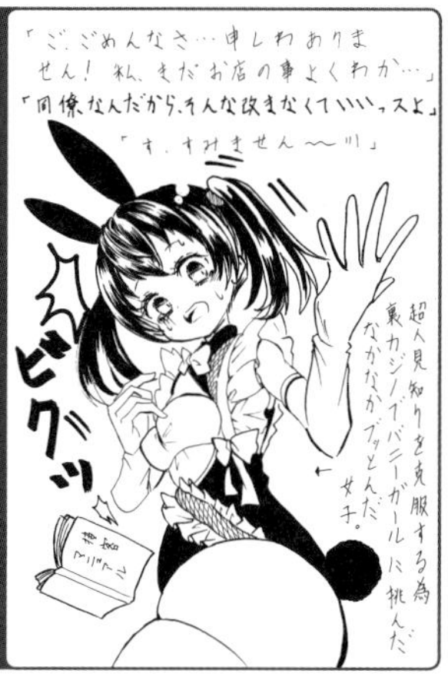

大阪府・ラブバード
新人の頃の慣れてない感じは、期間限定だからこそ良い…！ そしてこの下からのアングル‼ お尻のムッチリ感が美しいです♪ バニー服が部分的に網目になっているのも、チラリズム好きとしては見逃せません！ (瀬)

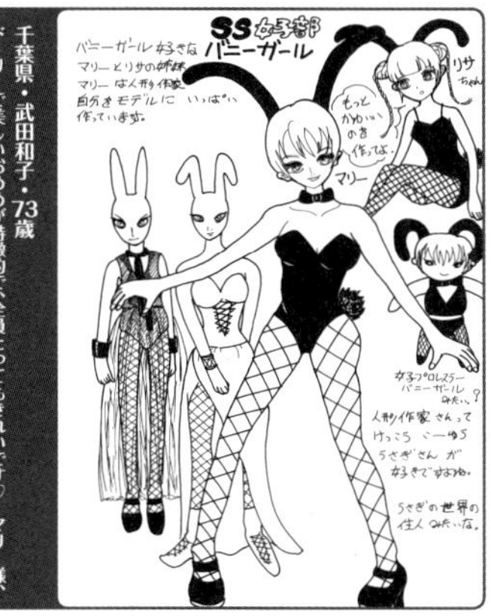

千葉県・武田和子・73歳
ドーリーで美しいおめめが特徴的で、全員とってもきれいです♡ マリー様、ショートカットヘアなのもあってでしょうか…。バニー服を着ているにも関わらずセクシーというよりかっこいい雰囲気！ 人形の服もオシャレで素敵です♪ (瀬)

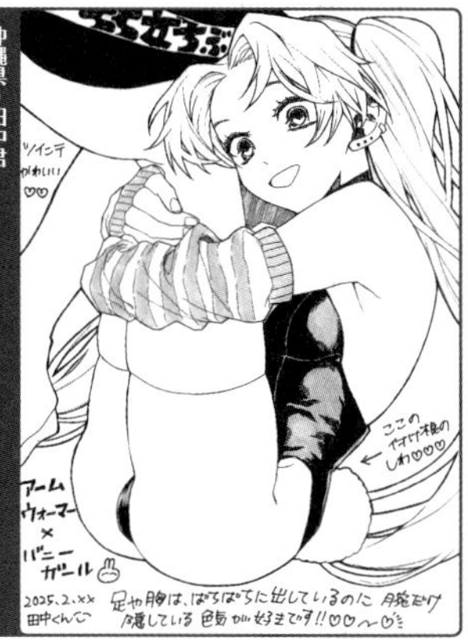

沖縄県・田中君
コメントを拝見しながらずっと「分かる〜！」とうなずいていました。すべてに激しく同意いたします。かわいさも色気も増すアームウォーマーに感謝‼ あらゆる部位の曲線美、くいこみを堪能させていただきました♡ (瀬)

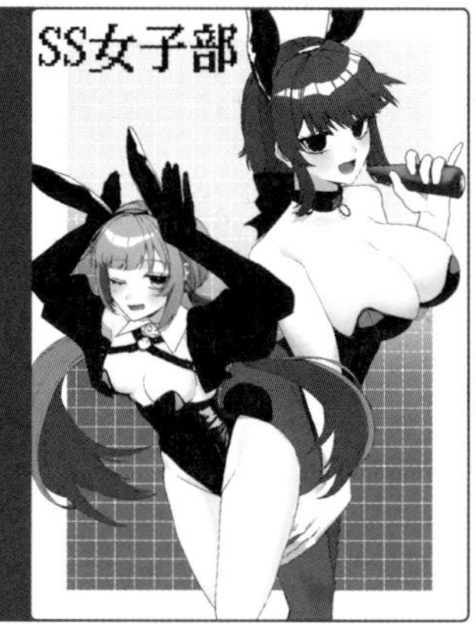

北海道・ギフカデ
お胸部分の布地がかなり少なめな気がしますが⁉ こんなにギリギリまで見せていただけるなんて、良いのでしょうか⁉ 左の子の鎖骨〜胸上部分のベルトもセクシーで好きです♡ (瀬)

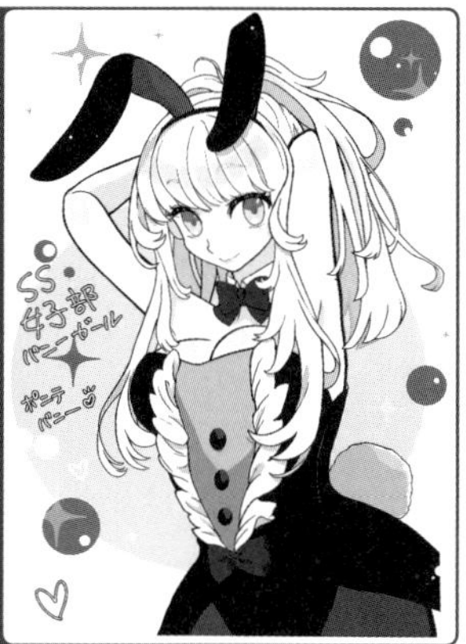

鹿児島県・ハゲヅラ・44歳
爽やかなイメージのあるポニーテールとセクシーなバニーガールの組み合わせ、良すぎます♡ さらふわなポニーテールを揺らしつつ、ヒールで颯爽と歩く姿をただただ観察したいです (瀬)

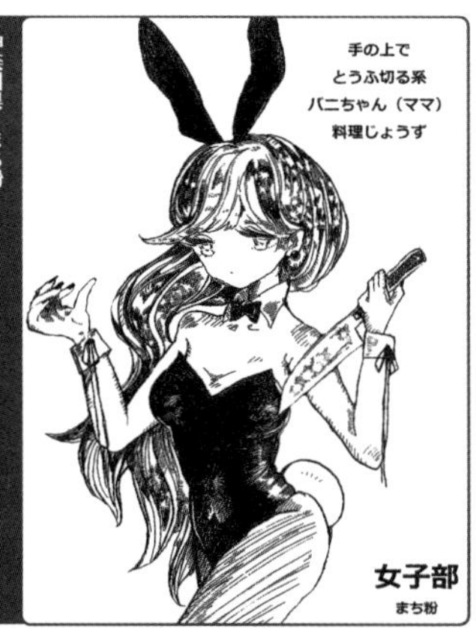

神奈川県・まち粉
王道バニーコスで美人なママ♡ セクシーな目線にもドキドキしてしまいます。お料理上手という家庭的な一面もあるなんて…！ ママのお姿と手料理を楽しむために、お店に通うファンも多そう♪ (瀬)

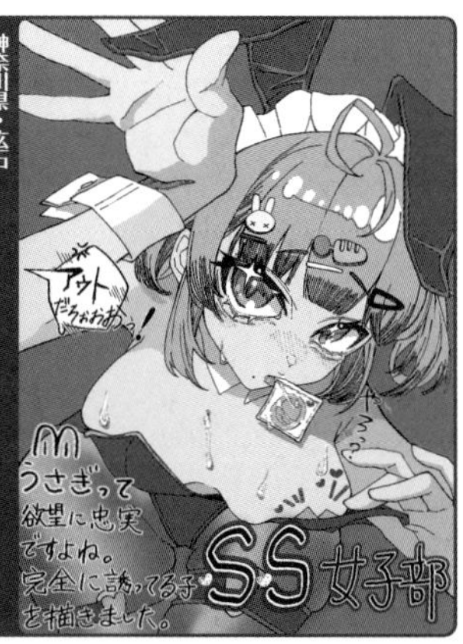

神奈川県・玄石
お胸に吸い込まれそうになる神アングル！ うさぎは繁殖能力がめちゃめちゃ高いと聞いたことがあります。つまり…そういうこと⁉ 恥じらいつつも超超積極的なバニーちゃんに翻弄されまくり！（ここから先は暗転） (瀬)

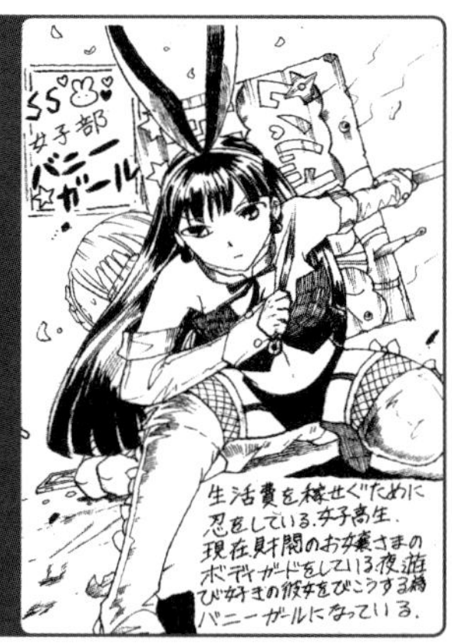

兵庫県・日向涼子
ハンサムなJKバニーちゃん登場！ お嬢様のためにバニーガールになるという設定も最高です！ 個人的には腹筋の縦筋とガーターベルトが推しポイント♡ ポージングもかっこいい…!! はい、守られたいです (瀬)

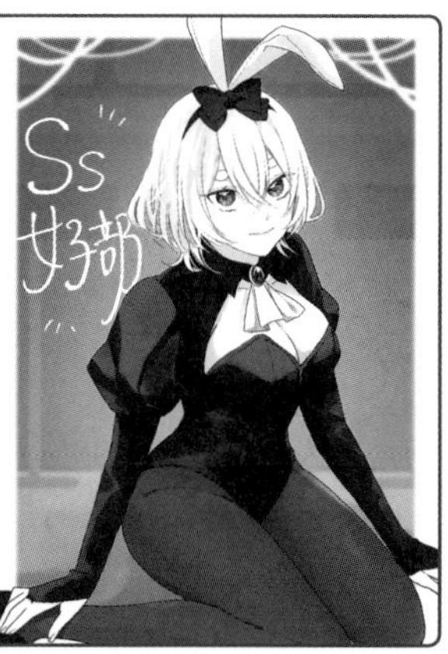

神奈川県・萩原あろ
こ、これは…!! 肌見せ部分が少ないからこそ、お胸が強調されていて、白い肌がもはや眩しいッッッ! 髪型はウルフカットでクール系な雰囲気ですが、ボディはムチムチなギャップも大変好みです♡ (瀬)

福岡県・えがおくらげ。

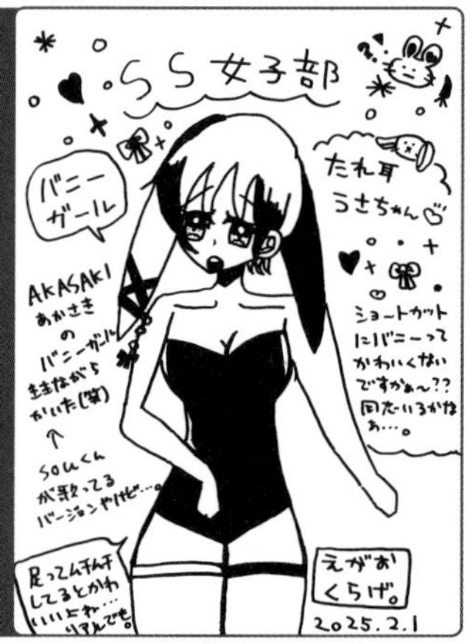

愛媛県・なこ。

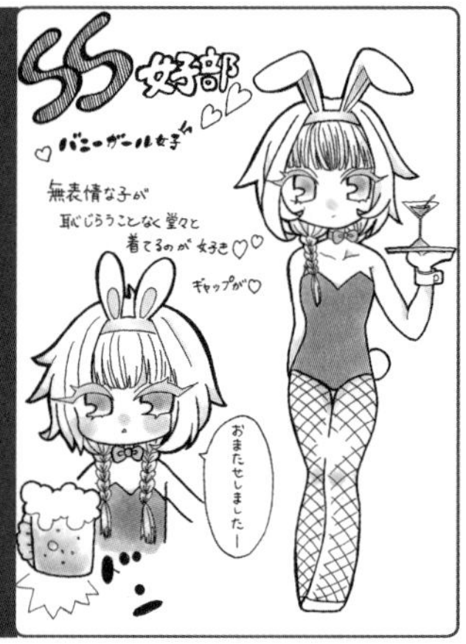

兵庫県・夏空

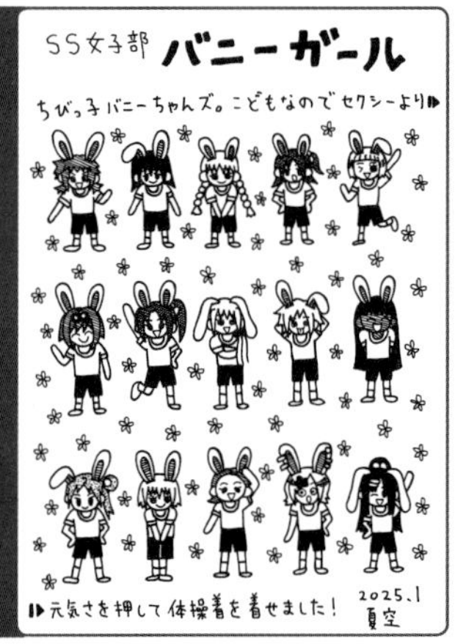

神奈川県・梨玖

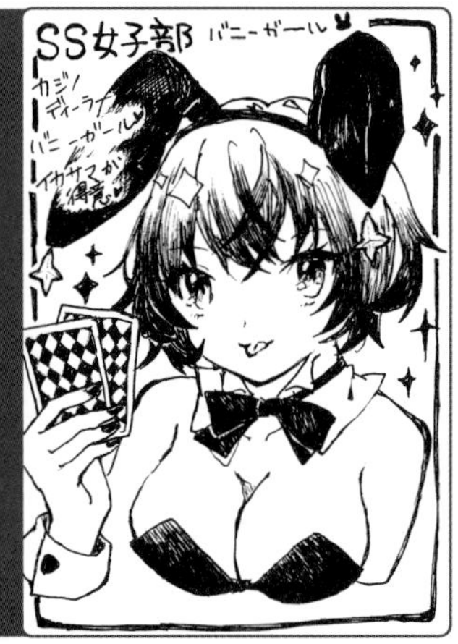

埼玉県・風見☆鶏・68歳

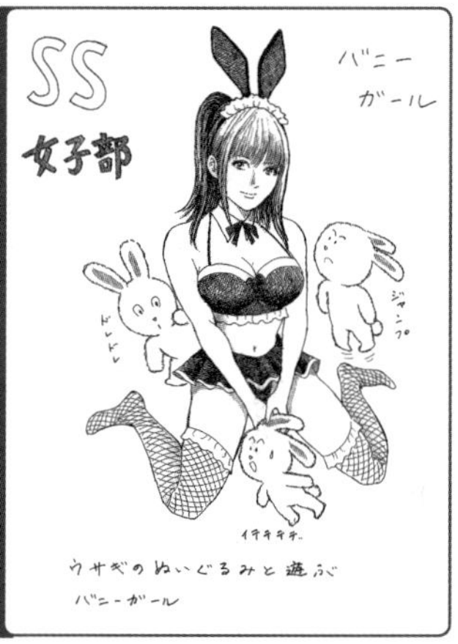

長野県・しばけん（Tomoches 改め）・10歳

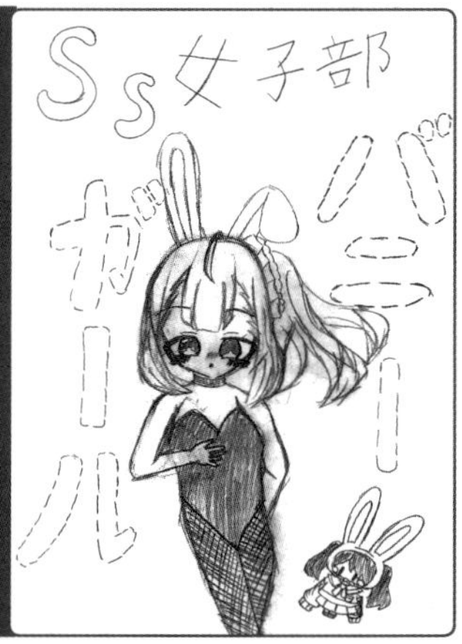

愛媛県・山下栞・13歳

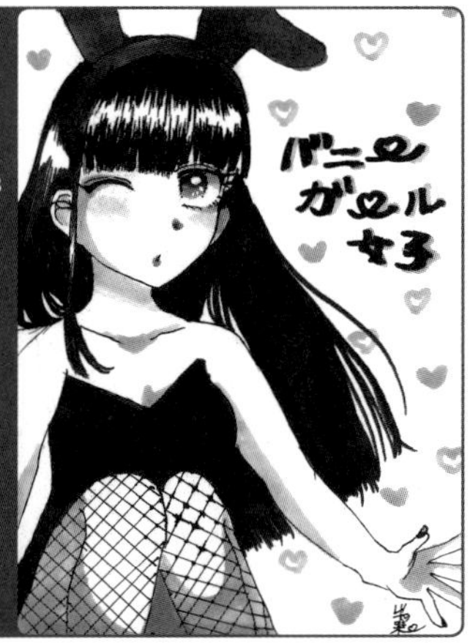

長野県・小林求・49歳

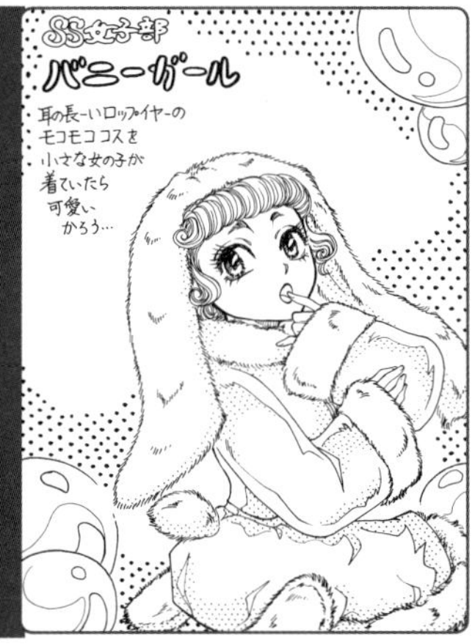

和歌山県・キ海月

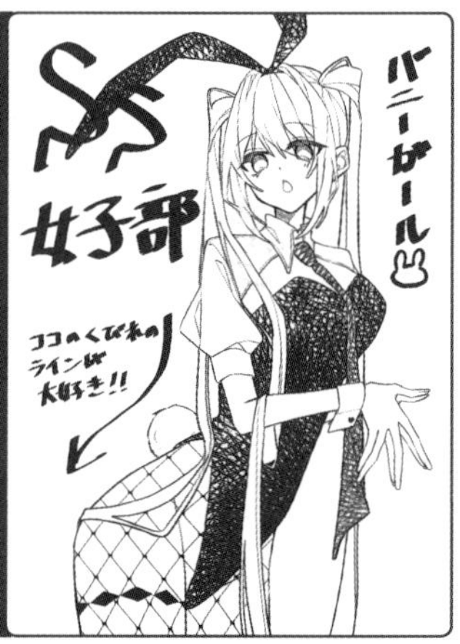

神奈川県・キカいおん・17歳

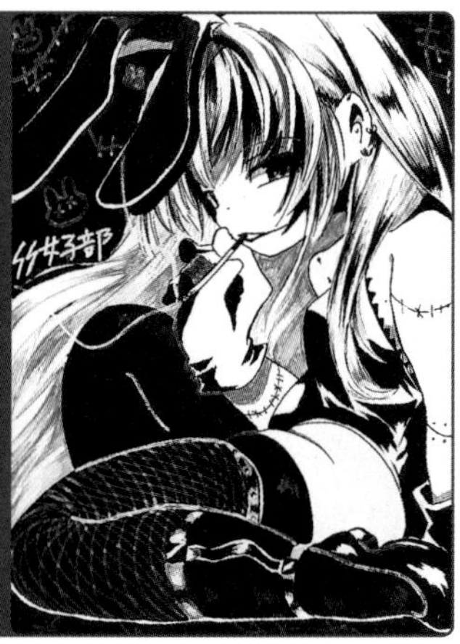

東京都・かりがり

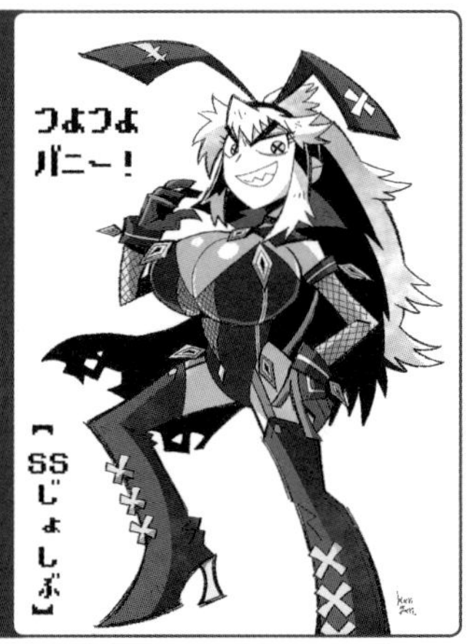

神奈川県・うさまる。

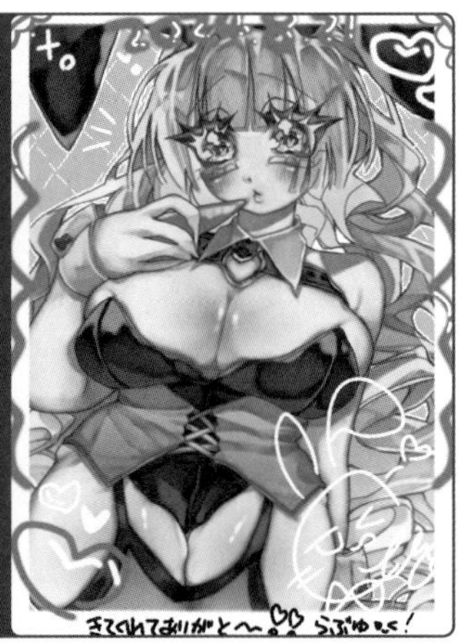

兵庫県・綿道草

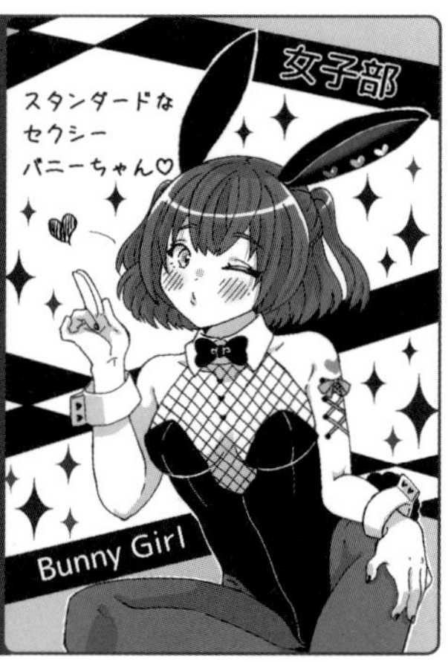

宮城県・赤べこ

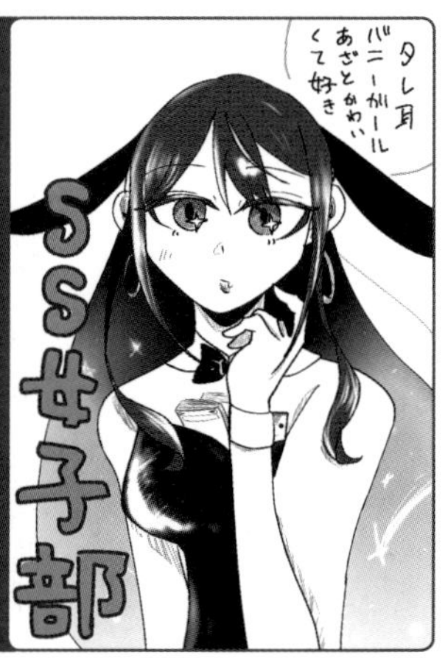

千葉県・くろむ

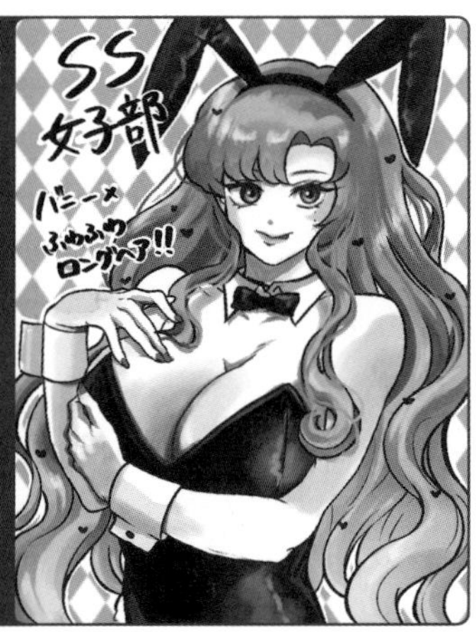

埼玉県・クレマチス

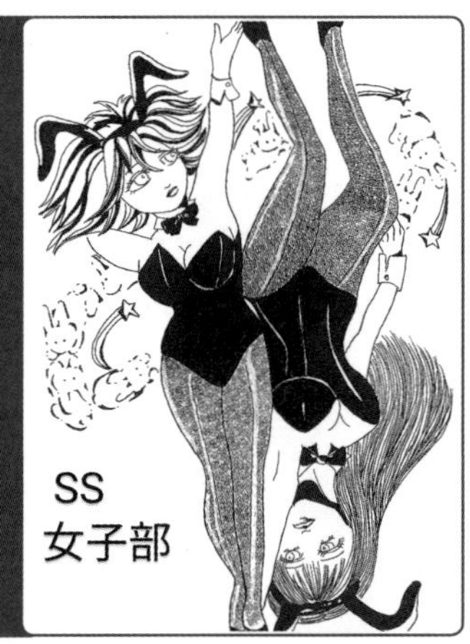

SS恋愛部

～絵を描くみんなの恋愛を考えてみる～

恋愛や性についての話題は、身の回りの友人とは話しにくいもの。でも他の人はどうなのか気になりませんか？　だから「SS」誌上で自分の考えや体験を話し合ってみましょう。初恋の話題、告白の仕方、実際の恋愛体験談、好きな人の間に起きたトラブル、同性を好きな気持ち、恋愛には興味がない、自分は男でも女でもない。幅広い話題もしていきたいです。「SS恋愛部」にご相談をお寄せください～！

「SS恋愛部」は皆さんの恋愛体験談や感じたことを話し合うページ。ナビゲーターのピノです！「SS恋愛部」は、雑誌の誌面ですから、直接、身の周りの人になにか言われることもない。SNSのように悪口や茶化すコメントがくる心配もない。自由に、気軽に感じていることをオープンにできる場です。今回は皆さんのオハガキを紹介します！

兵庫県・もちづき。

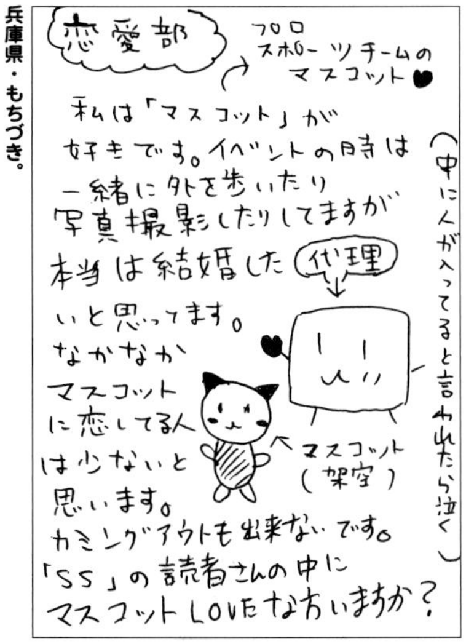

恋愛部

プロスポーツチームのマスコット♥

私は「マスコット」が好きです。イベントの時は一緒に外を歩いたり写真撮影したりしてますが本当は結婚した（代理）いと思ってます。なかなかマスコットに恋してる人は少ないと思います。カミングアウトも出来ないです。「SS」の読者さんの中にマスコットLOVEな方いますか？

（中に人が入ってると言われたら泣く）

マスコット（架空）

ピノ　プロスポーツチームのマスコットが好きというもちづき。さん。結婚したいほど好きなのですね。私たちエス編集部には、プロ野球チームのマスコットを好きな人がいて、「スモールエス」のお姉さん雑誌「季刊エス」で取材記事を作ったことがありました。筆談で質問に答えてくれて、素敵な体験だったようです。もちづき。さんの周りには同志がいないとのことですが、一緒に愛を語る人が欲しいですね～。

匿名希望

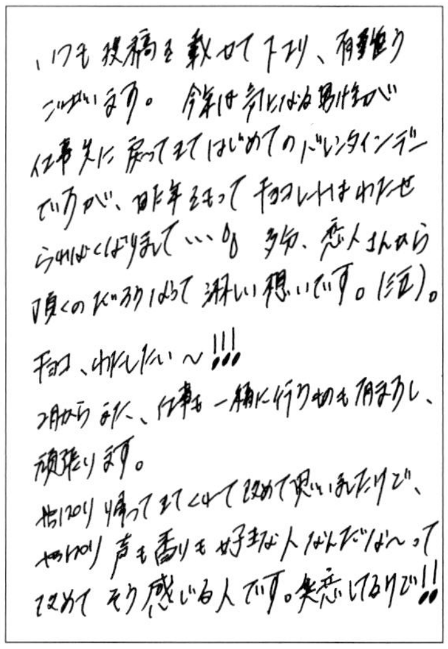

いつも投稿を載せて下さり、有難うございます。今年は好きな男性が仕事先に戻ってきてはじめてのバレンタインデーでしたが、昨年と違ってチョコレートはわたせられなくなりまして…。多分、恋人さんから頂くのだろうなって淋しい想いです。(泣)。

チョコ、わたしたい～!!!

7月からまた、仕事も一緒に行う事も有るかもし、頑張ります。

やっぱり帰ってきてくれて改めて思いましたが、やっぱり声も香りも好きな人なんだなぁ～って改めてそう感じる人です。失恋してるけど!!

ピノ　匿名希望さん、いつも恋愛部に投稿をありがとうございます。職場にいた好きな男性が、一度は退職したけれど戻ってきて、嬉しいけれど動揺したりしていましたよね。バレンタインデーがあったけど、チョコを渡せない感じだったそうです。残念でした…。バレンタインデーは、その機会を利用して気持ちを伝えられるから、自分から言い出せない人にとっては、良い後押しの日だと言いますよね。以前より恋人がいるお相手とのことでしたが、それでも自分の「好き」という思いを大事にしている匿名希望さんは素敵だと思います。お相手に恋人がいても、自分のなかに湧いた「好きな気持ち」は簡単になくせるものではないですよね。本当の気持ちであればそれだけ止められるものではない。つらくても、純粋にその気持ちに向き合うことは良いことだと思います。

匿名希望

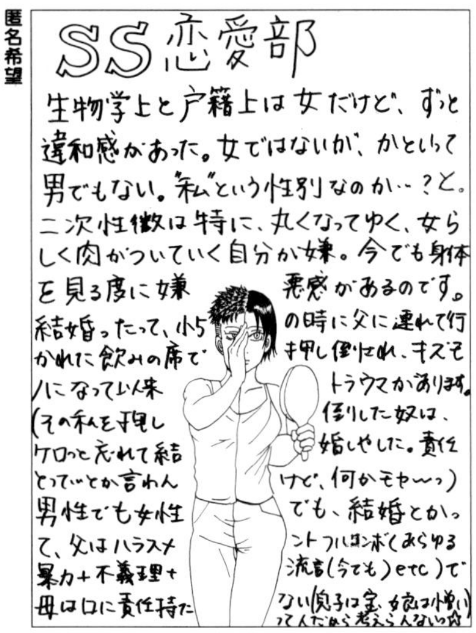

SS恋愛部

生物学上と戸籍上は女だけど、ずっと違和感があった。女ではないが、かといって男でもない。"私"という性別なのか…？と。二次性徴は特に、丸くなってゆく、女らしく肉がついていく自分が嫌。今でも身体を見る度に嫌悪感があるのです。

結婚ったって、小5の時に父に連れて行かれた飲みの席で押し倒され、キスでトラウマになって以来トラウマがあります。

(その私を押し倒した奴は、ケロっと忘れて結婚しやした。責任とってーとか言わんけど、何かモヤ～っ)

男性でも女性でも、結婚とかって、父はハラスメントフルコンボ（あらゆる暴力＋不義理＋流言(今でも) etc）で母は口に責任持たない奴。息子は宝、娘は憎いって人だから考えらんない☆

ピノ　自分の生物学上の性別に違和感があるというオハガキです。SS恋愛部では、同じように感じている投稿がこれまでも寄せられてきました。そしてトラウマもあるから、結婚などの現状の社会制度も受け入れにくいというお話です。確かに社会的な価値観は、昔の権力者たちが作り出した一つの虚構だと言われています。全世界で共通の絶対的なものではないと。極端な話、平時の状態では殺人が禁じられているけど、戦争になると人を殺しても良い。決まりって、誰かが作った約束事に過ぎないんですよね。だから、社会の決まりに合わない人がいて当然だと思います。そんなとき、助けとなるのは、社会がどうであろうが、信頼できる仲間かもしれません。決まり事がどうであろうが、私はあなたを信じますよ、と言い合える関係。そんな関係を作ることができれば…。私も、そういった絆のことをよく考えます。

福岡県・えがおくらげ。・21歳

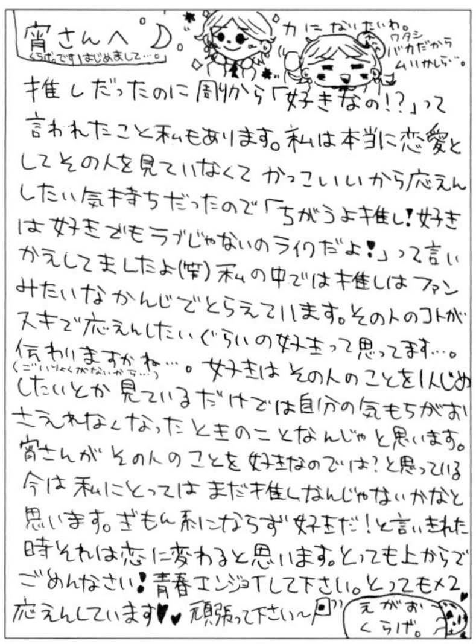

宵さんへ☽。

くらげ。です！はじめまして…。

力になりたいわ。

ワタシバカだからムリかしら。

推しだったのに周りから「好きなの!?」って言われたこと私もあります。私は本当に恋愛としてその人を見ていなくてかっこいいから応えんしたい気持ちだったので「ちがうよ推し！好きは好きでもラブじゃないのライクだよ！」って言いかえしてましたよ(笑) 私の中では推しはファンみたいなかんじでとらえています。その人のコトがスキで応えんしたいぐらいの好きって思ってます…。伝わりますかね…。（ごいりょくがないから…）好きはその人のことをひとりじめしたいとか見ているだけでは自分の気もちがおさえれなくなったときのことなんじゃと思います。宵さんがその人のことを好きなのでは？と思っている今は私にとってはまだ推しなんじゃないかなと思います。ぎもん系にならず好きだ！と言いきれた時それは恋に変わると思います。とっても上からでごめんなさい！青春エンジョイして下さい。とってもメ2応えんしています♥♥ 頑張って下さい～

えがおくらげ。

ピノ　SS79号に投稿された宵さんの「推しと好きはどう違うの？」という質問に対するお答えですね。ありがとうございます。えがおくらげ。さんは「応援したい」という気持ちなら「推し」だと思うと言っていますね。確かに「推し」は自分の生きる糧で、かけがえのない支えになるまで上り詰めることはありますが、一対一で二人だけの世界を作りたいという願いとは違う感触があると言えます。恋愛関係が想定される「好き」は、相手を受け入れると同時に、自分をさらけだして受け入れてもらう相互関係を目指します。互いに「あなたでなければダメだ」と感じ、相手の人生を変えてしまう部分も出てくる。「推し」の場合は自分の介入によって相手を変えるよりも、見守って応援する感じがあるかもですね。

神奈川県・雪月冬凛・17歳

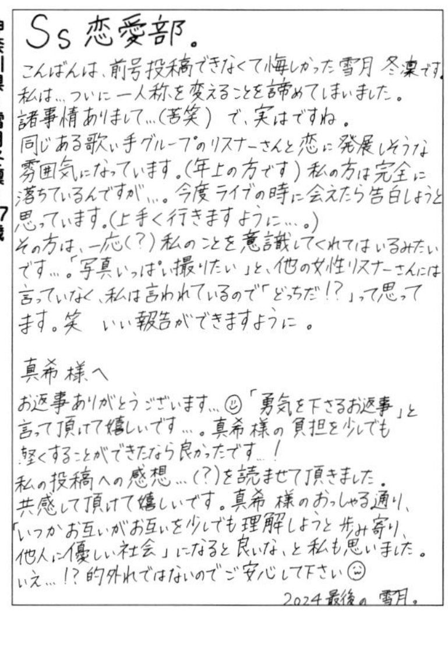

Ss恋愛部。

こんばんは、前号投稿できなくて悔しかった雪月冬凛です。私は…ついに一人称を変えることを諦めてしまいました。諸事情ありまして…(苦笑)で、実はですね。同じある歌い手グループのリスナーさんと恋に発展しそうな雰囲気になっています。(年上の方です) 私の方は完全に落ちているんですが…。今度ライブの時に会えたら告白しようと思っています。(上手く行きますように…。) その方は、一応(？)私のことを意識してくれてはいるみたいです…。「写真いっぱい撮りたい」と、他の女性リスナーさんには言っていなく、私は言われているので「どっちだ!?」って思ってます。笑　いい報告ができますように。

真希様へ

お返事ありがとうございます…☺「勇気を下さるお返事」と言って頂けて嬉しいです…。真希様の負担を少しでも軽くすることができたなら良かったです…！私の投稿への感想…(？)を読ませて頂きました。共感して頂けて嬉しいです。真希様のおっしゃる通り、「いつかお互いがお互いを少しでも理解しようと歩み寄り、他人に優しい社会」になると良いな、と私も思いました。いえ…!? 的外れではないのでご安心して下さい☺

2024最後の雪月。

ピノ　性自認の感覚として、自分の一人称は「俺」が自然だけど、なかなかそれで通しにくい世の中で…とお話してくれていましたね。そして、肉体は女性だけど、心は男性だと感じるという真希さんと誌面で意見交換をされていました。今回の雪月冬凛さんのお話ですが、恋に発展しそうな出来事があったのですね！　それは良いお知らせです。告白される予定ということで、ぜひ報告してほしいです。自分に起きた出来事によってどう動くかわからないのが恋愛部の報告の興味深いところ。次号も、皆さんのお便りをお寄せくださいませ。恋愛のことや、自分の性別の悩み、なかなか人に言えない思いを語っていただけたら嬉しいです。それは、同じように悩んだり、他の人がどう感じているか気になるという読者の皆さんの力になると思います。ぜひよろしくお願いします。

SS恋愛部　投稿募集

皆さんが恋愛や性について感じていること、恋愛体験談をオハガキでお寄せください。人にはなかなか話せないし、聞けないこと。ここで皆さんが話してくれたら、知らなかったこと、聞けなかったことにふれることができます。特別なことでなくて大丈夫。自分では何でもないと思うことでも、他の人にとっては新鮮です。SS編集部も相談のお答えをしますし、ゲストも迎えながら、皆さんのお話を一緒に考えていきましょう！　ぜひ協力してください～！

(例：以下のような実体験や具体例を交えつつ語ったりしていきましょう)

- ●恋愛をする機会がないので、皆がどうしているのか知りたい。
- ●告白した、告白された。そのときどうしたか、という体験談。
- ●いま恋愛が楽しい！　素敵な体験をした、という自分の恋愛報告。
- ●いま交際中の相手がいるけれど、うまくいかないから相談したい。
- ●自分は女性ではなく、無性／男性であると感じる。同じ人はいますか？
- ●同性を好きな気持ちがある。思いを伝えるべきか悩んでいる。
- ●性欲はあるが、自分が性体験をする想像がつかない。どうしたらいいか。
- ●皆が恋愛前提なのが困る。自分は一人で生きたい。同じ人はいますか？

スモールエス編集部の単行本のお知らせ

草森秀一アニメーション美術画集が発売

数々のアニメーションで美術監督を歴任してきた草森秀一（旧名：平田秀一）の初の作品集が発売された。一九八〇年代初頭より背景美術を手がけて、テレビシリーズの『機動警察パトレイバー』（ヘッドギア原作、吉永尚之監督）第二話「香貫花が来た」で初の美術監督（クレジットは「美術」）を務め、一九九二年には『風の大陸 The Weathering Continent』（竹河聖原作、真下耕一監督）で劇場映画の美術監督（クレジットは「美術」）を担当した。その後は『メトロポリス』（手塚治虫原作、大友克洋脚本、りんたろう監督）、『イノセンス』（士郎正宗原作、押井守監督）、『X-エックス・劇場版』（CLAMP原作、りんたろう監督）や、「PSYCHO-PASS サイコパス」シリーズなどで美術監督として活躍し、目を見張る背景美術を描いてきた。それらは、現実の街並みや自然を写し取るものではなく、SFやファンタジーの世界観を築くために想像上の風景として描き出されたもの。草森秀一の美術の真骨頂は、架空の世界を圧倒的なリアリティをもって伝えることだ。長いキャリアの間で、絵具で描いた迫真の美術原画と、3Dをつかった精緻なデジタル描写の両方で高い表現性を見せてきた。本書では、上記にあげた作品のほかに、『Infini-T Force（インフィニティフォース）』（鈴木清崇監督）、『ディバインゲート』（阿部記之監督）、『機動警察パトレイバー the Movie』（ヘッドギア原作、押井守監督）、『GHOST IN THE SHELL／攻殻機動隊』（士郎正宗原作、押井守監督）など、多岐にわたる作品の美術に加え、森見登美彦の『有頂天家族』や、乙一の『銃とチョコレート』の小説装画、そしてオリジナル描き下ろしも収録している。草森秀一のこれまでの四〇年間のアニメーション美術を網羅的に通観する画集をぜひ手にとって欲しい。

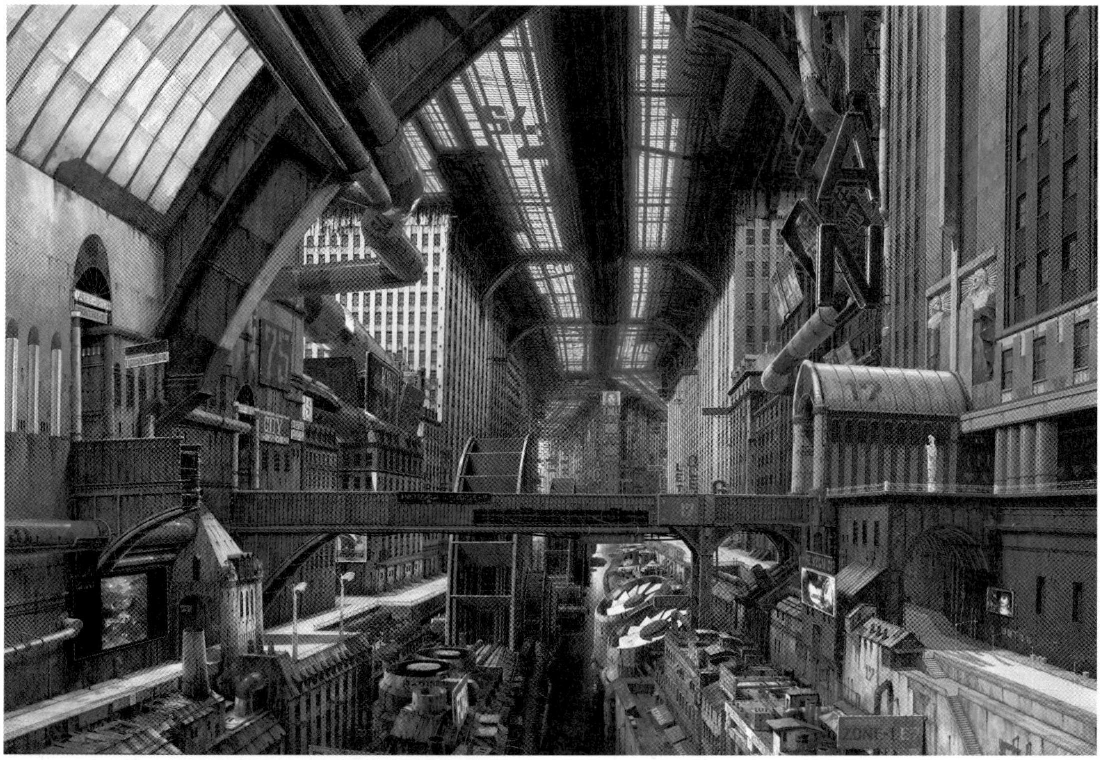

収録作品『メトロポリス』より　©手塚プロダクション／METROPOLIS製作委員会

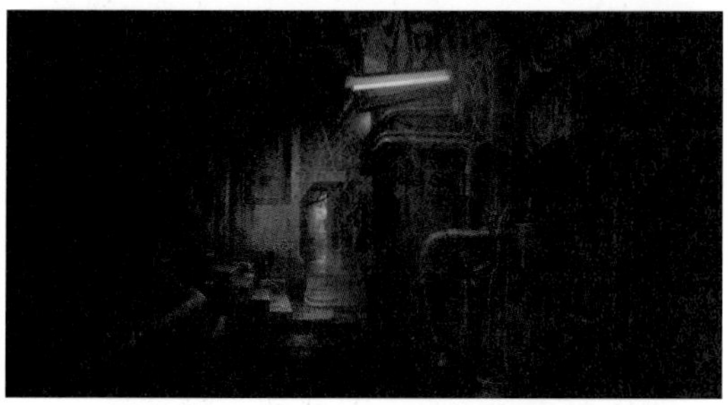

収録作品『イノセンス』より　©2004 士郎正宗/講談社・IG, ITNDDTD

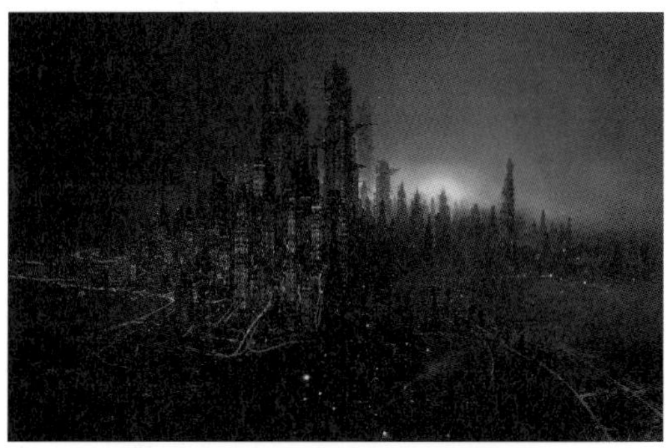

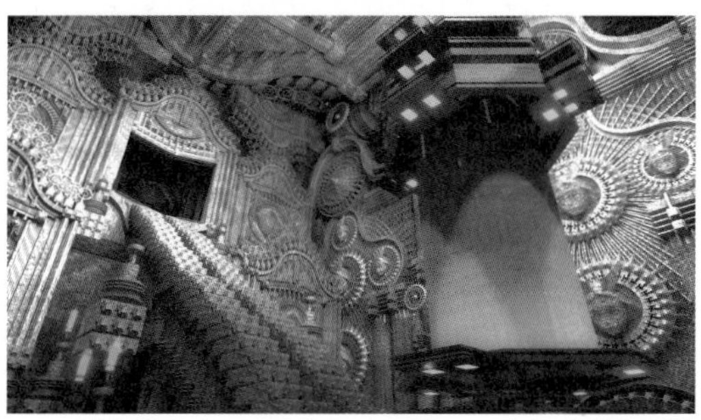

収録作品『PSYCHO-PASS サイコパス』より　©サイコパス製作委員会

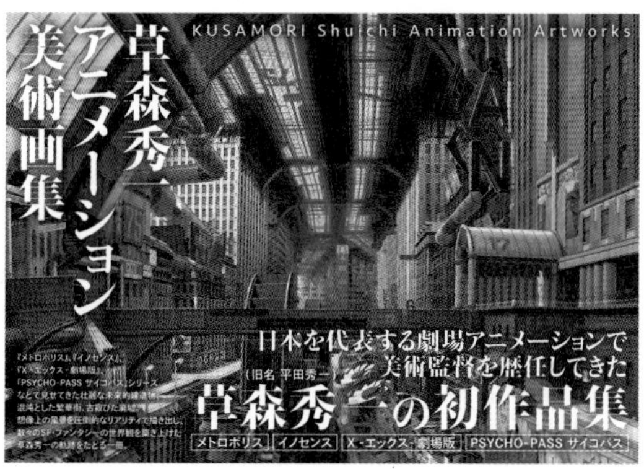

草森秀一アニメーション美術画集

●定価：5,500円（税抜）

●発行：パイ インターナショナル

「SS」投稿の応募要項

カラーイラスト投稿コーナー

※サイズ:ハガキ～A4サイズまでなら大きさは自由。

Sky S （テーマ投稿が「Kunstkammer SS(クンストカマーSS)」にリニューアル！）

●Sky Sは自由に描いたカラーイラストと、新コーナーである「Kunstkammer SS」の、2コーナーを大募集！

1、「Sky S フリー」自由に描いてもらったカラーイラスト。(※間違えて旧コーナーのテーマ投稿に送られた作品はフリーに掲載します)

2、「Kunstkammer SS」～美術蒐集室の新企画～ 背景無しで、キャラの立ち絵を全身で描く！ SS編集部が作品を額縁に入れてデザインします。次回テーマは「けもの耳キャラ」。50文字以内のキャラ説明（キャラ名あれば、それを含めて50文字）を、絵の裏の応募要項に明記。原則は1人のキャラで！ 企業権利ものは題材にしないこと。

※背景は色も無しです。データに詳しい人は「背景透過のpsd形式」で投稿ください。

●「SS学園」 あなたの描いたSS学園の生徒を募集！ 絵の中に必ずキャラ名と説明を明記。詳しくはSS学園ページを見てね！

カラーイラストのサイズはハガキからA4まで

※これより小さいと絵が小さくしか掲載できません。

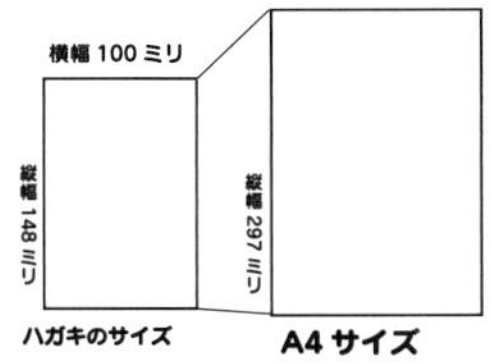

モノクロイラスト投稿コーナー

※サイズ:ハガキ～A4サイズまでなら大きさは自由／★封筒の表にコーナー名を明記

Sea S （次号より、テーマ投稿が変わります！ 「Kunstkammer SS(クンストカマーSS)B&W(ブラック＆ホワイト)」にリニューアル！）

●Sea Sは9個のコーナーで、イラストや文章、漫画を大募集！
巻末ハガキは、切手を貼らずに無料で出せるので、そちらでの投稿も大歓迎！

1、「Sea S Sense」自分のセンスで自由に描いてもらった白黒イラスト。

2、「Kunstkammer SS(B&W)」 カラーと同じく、テーマを決めた絵を、美麗な額縁に入れて見せる「美術蒐集室」の白黒版。次号のテーマは「けもの耳キャラ（背景無しでキャラの全身を！）（キャラ名を含む説明文を50文字で応募要項に明記）

3、「S Stage」自由に描いた1ページ漫画劇場。1枚で1ページマンガを描いてください。

4、「S Something」近況や好きなものを題材にした4コマ漫画。エッセイ漫画のように自分の体験したことを描く漫画です！

5、「S Story」絵と文で綴る作品。1枚のなかに絵と詩やモノローグ、セリフを配してください。

6、「S Say」フリートーク文字投稿。近況や好きなものを語ったり、絵についてのお悩みなども待っています。

7、「女子部」「男子部」 女子＆男子の「ココが好き！」「グッとくる」というポイントを描いて送ってね。毎回違うナビゲーターが登場します！

8、「うちのこ倶楽部」自分のオリジナルキャラクター、「うちの子」を絵と文で描こう！詳細はうちのこの最初のページ！

9、「SS恋愛部」皆さんの恋愛体験談、お悩み、気になる話題を送ってください。イラスト付きも歓迎です！

※SS恋愛部では、投稿者の方にメールやリモートでお話を聞きたいので、メールなどの連絡方法をお書きください。

※「S Say」「SS学園」「うちのこ倶楽部」の文字は小さいと読めないので、ご注意を！

モノクロイラストのサイズはアンケートハガキのフリースペースからA4まで

※サイズの小さいイラストは、小さくしか掲載できませんのでご了承下さい。

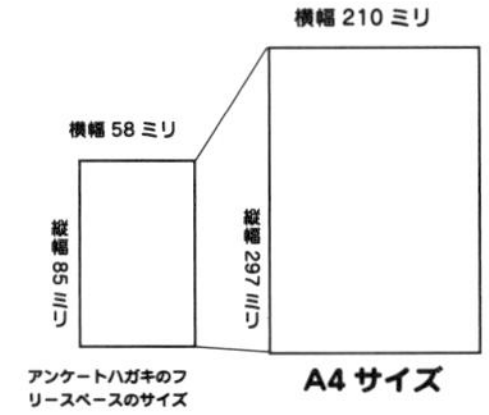

「S Stage」1ページマンガの原稿例

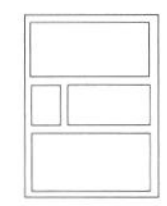

「S Stage」もハガキ～A4サイズまでの大きさで応募下さい。1ページ漫画を1枚の中でコマ割りして描いていただければオッケー。

「S Something」4コママンガの原稿例

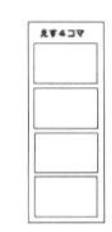

「S Something」もハガキ～A4サイズまでの大きさで応募下さい。サイズは自由ですが、コマを4つに割った漫画でお願いします。一枚の紙に2本描いてくださっても大丈夫です。

「S Story」絵と文の原稿例

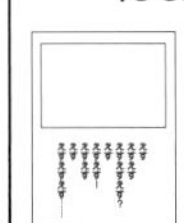

「S Story」もハガキ～A4サイズまでの大きさで応募下さい。形式は自由です。左図のように上に絵、下に文字というもののほか、全面に絵を描いて、その背景として文字を並べてもらっても良いです。

注意！ イラストの裏面に必要な応募事項（住所や氏名など）の記載がない場合、イラストを載せられないことがあります。

★応募要項

以下の要項を作品の裏面に記入し、各コーナー宛にお送りください（複数作品応募される場合も必ず全部の絵に書いて下さい）

1、SS何号の、どのコーナー宛のイラストなのか明記

2、郵便番号、住所、氏名、ペンネーム、年齢（非公開希望の方は「非公開」と明記。年齢は郵送時のもの。掲載時の年齢を気にする必要は無し）電話番号またはメールアドレス（原稿依頼のための連絡先。連絡がつかない時はお手紙で連絡させていただきます）

3、作品に関して一言（クンストカマーの場合は、キャラ設定文と、絵についてのコメントは、区別してお書きください）

4、使用画材（Ssayのコーナーで集計を取るので、お書き下さいませ。アナログ投稿は、用紙の種類、メーカーも書いてくれると嬉しいです）

5、SNSの活動歴（XやPixivのアカウント。例【@esuesu】）、「SS」への掲載歴（初投稿の人は特に明記してください）。

※ネットの投稿サイト（Pixiv等）や自分のHPなど、過去どこかに発表したことのあるイラストも、SSに投稿可能です。

★注意事項

1、作品の天地左右がわかりにくいイラストは裏に明記すること。

2、返却希望の人は投稿時と同額の切手を貼った自分の住所氏名を書いた封筒を同封し、作品の裏に赤で「要返却」と書くこと。

3、投稿イラストには、全部で何枚あるか全てコーナーを通して全部のイラストの裏面に番記する。※封筒は1つにまとめて入れて大丈夫です。（例えばSkySに1枚、SeaSに2枚の計3枚を投稿した場合、原稿の裏に1／3、2／3、3／3と書いて下さい。1枚の場合は、1／1）

4、イラストのサイズは、ハガキ～A4サイズまでなら自由。規定より大きいと印刷所で扱えず、破損する恐れもあるのでお止めください。

5、郵送時に雨に濡れる恐れがあるので、気になる人はビニールなどに入れて投稿ください。封筒サイズが窮屈だったり、テープが絵についていると開封時に破損するので注意！

※返却を希望される方は、必ず「要返却」と書いて返却用封筒を同封してください。

不足していると、返却に時間がかかる場合があります。どうぞよろしくお願いします。

この号に掲載されているイラストの返却時期について

SS81号に掲載された作品、投稿したイラストの返却時期は、SS83号の発売日（2025年10月20日）前後となります。返却を希望されている方は、お待ち下さい。よろしくお願い致します。

電子版も発売開始！

SSの72号の内容から、電子書籍の発売がスタート！ 投稿されたイラストは電子版にも掲載されます！ 両方同じ内容です！ よろしくお願いします！

〒150-0041 東京都渋谷区神南1丁目13-3 アーク神南ビル2F
SS編集部「（宛名に、投稿するコーナー名を書いてください）」係

※「SS」のお姉さん雑誌「季刊エス」の投稿コーナー「Star S」や「Space S」への投稿と同じ封筒でも受け付けます。その場合は、両方の投稿が入っている事がわかるように封筒に明記してください。(例：Star S＆SkySフリーあて)
また、「SS」投稿用の絵の裏に「SS」係宛と書いてください。複数枚での投稿の方は、その中からどれかを「SS」宛にしてくださればオッケー。

●ネットワーク投稿も受け付けます。

季刊エスのサイト【http://s-ss-s.com/】に設置しているメールフォームから送ってください。

サイトにネットワークで投稿する際の注意事項も掲載しています。クンストカマーのキャラ設定はメッセージ欄に記入。

※解像度はサイズ原寸で300dpiが理想です。それより低い解像度の場合は、掲載サイズが小さくなる恐れがあります。ご了承ください。

SS82号に投稿するイラストの返却時期は、SS84号が発売される前後（2026年1月）になります。

● 締切：2025年5月22日(木)※当日消印有効（ネットワーク投稿は当日送信有効）

● 発表：「SS」第82号 発売日 2025年7月23日予定

「ギャラリーエクリ」の5月のお知らせ
5月17日(土)～6月1日(日)
ハモンド華麗、河山流、天嶺ジウ 3人展

3人がアナログ画材をつかい、少年を題材に描いた原画を展示します。詳細はXで告知します。

スモールエスが運営するギャラリー
「ギャラリーエクリ」企画開催中！

展示の内容は、Xで告知していきますので、ぜひチェックしてください～！

★アクセス 渋谷駅から徒歩7分
東京都渋谷区神南1丁目13-3 アーク神南ビル2F
Googleマップで「ARK神南」で表示！
TEL 03-6455-0223
twitter @galleryecrii